西周王朝とその青銅器

角道亮介
Ryosuke Kakudo

六一書房

序

　中国古代史において，西周時代をどのように位置づけるべきであろうか。漸次的に変化する考古資料の中から「西周時代」のみを抽出して，その特徴を語ることは難しい。そこには，西周という時代が基本的には考古資料からではなく，文献資料によって設定された概念であるという根本的な問題が関わっている。したがって，西周史研究にあたってはひとり考古資料のみならず，甲骨文・金文といった同時代の文字資料や後代になって編纂された文献資料とを総合した検討が要求されることは不可避である。換言すれば，それぞれの資料を相補的に活用することによって，当時の社会の実相に迫ることが可能になるであろう。本書は，古代社会の変化・発展のなかで西周時代が担った役割を明らかにし，それによって中国における古代国家形成の過程を論ずる際の一つの確実な基礎を設定しようとする試みである。

　中国古代史における西周時代とは，紀元前11世紀後半に周の武王が殷王紂を滅ぼしてから前8世紀に平王が東の洛陽に遷都するまでの間，現在の陝西省関中平原に王朝が存在した時代と位置づけられる。「夏」「殷」に続く王朝の時代であると理解され，併せて「三代」とも称される時代である。

　西周時代に後続する春秋・戦国時代には各地に領域国家が成立し，互いに明確な境界を持った集団が対立を繰り返しながら，それまでの地域社会の再編成を行ったことが多くの歴史書の記述によって知られている。これらの国家は続く秦・漢代に統一され，初めての統一国家を完成させるが，この統一国家形成の原動力となったのは，春秋・戦国時代の各領域国家による「中華」世界統一への意志であった。東周期の資料にみえる「中華」の意味とその範囲が諸侯国ごとの正統観によって互いに大きく変化するものであることは，近年の多くの研究の中ですでに詳細に検討されており，本書で扱うところの「中華」世界もまた，地理的範囲を伴う実態や「華夏族」なる民族が活動した範囲を指すものではなく，春秋・戦国期の諸侯国において「中華」「華夏」「夏」などの語で表現された，自らの領域的範囲を超えたまとまりとしての観念的な広がりを指すものである。重要な点は，春秋時代に領域国家が成立した時点において，すでに精神的な共同体としての「中華」が観念として成立していることである。しかしながら，中国国内の研究で「中華」世界成立の具体的な道程を論じた研究は多くない。

　中国新石器時代研究の第一人者である蘇秉琦氏は，1970年代に「区系類型論」の観点を提唱した。氏の研究によれば，新石器時代の中国からは物質文化の面で共通性のある六つの地域が抽出でき，これらの地域文化圏が相互に交流しあいながら中華文明を作り上げたという。氏のこの見識は新石器時代中国各地の出土資料を駆使することによって，それまでの中原地域を中心とした単線的な国家形成観を否定し，各地域に息づいた豊かな新石器文化を積極的に評価したという点において非常に意義のある研究であった。しかしながら，新石器時代後期において中国各地の地域文化圏が接触・融合し中華文明の担い手である「華夏族」を作り上げたという結論は，1980

年代に費孝通らによって提唱された「中華民族多元一体論」と強く結びつき，結果として当時の中華人民共和国の統治範囲の歴史的正当性を支持することとなった。この多元一体論は現在でも中国政府の民族政策に対する理論的支柱として多大な影響を与え続けているように思われる。考古学研究の場においても，蘇秉琦による中華文明形成論が広く受け入れられ，新石器時代後期に中華世界がすでに形成されていたことが，その「中華世界」自身の具体的な様相も検討されないままに，所与のものとして議論されている。

　蘇秉琦氏が指摘した新石器時代の各地域文化圏は後の戦国時代の各国の領域とも相関し，大枠としての地域設定は妥当である。氏はその地域文化圏を超えて土器や玉器が分布しあるいは融合するという事象を重視するが，より重要であることは土器・玉器・青銅器が越境し融合することの背景をいかに解釈するかにあるのではないか。交易による物質文化の拡散と権力を背景とする植民化の拡大とではそれぞれの社会に対する評価は大きく異なるはずである。つまり，春秋・戦国時代にすでに存在していた「中華」世界という観念上の共通意識は，いつごろ，どのように形成されたのかという問題は，各時代の社会様相を具体的に検証することによってのみ，明らかにすることができると信じる。そして，このような共通意識の拡大と，周王朝が成立し政治的な支配構造が変化していったこととは無関係ではあるまい。

　本書では西周期の青銅器に焦点を当てながら西周王朝の政治的な構造を解明し，諸侯国の視点に注意しながら王朝的枠組みの広がりを検討することで，西周期における王朝の実態を実証的に明らかにすることを試みるものである。西周王朝下における政治的・思想的な広がりを確かにすることは，「中華」的世界観が形成されてゆく背景を考える上で大きな手掛かりとなるであろう。また，当時の人々による「中華」世界への認識がどのような過程で一般化していったのかを考察することは，単なる中国古代社会の復元に寄与するのみならず，東アジア古代社会における国家成立の原理と政治構造の根本的な変化過程を解き明かすという普遍的なテーマに対する格好の材料になると考えている。

目　次

序

第1章　西周史研究の意義と課題 … 1

第1節　文献資料に記載される西周史 … 1
第2節　西周史研究と問題の所在 … 4
1. 西周遺跡の発掘史 … 4
2. 西周王朝とその青銅器をめぐる研究史 … 7
3. 課題の設定 … 10

第2章　西周青銅器の広がり … 15

第1節　西周青銅器編年の枠組み … 15
第2節　西周期の青銅彝器分布 … 33
第3節　西周期の青銅器文化圏 … 98
1. 器種組成にみる地域性 … 99
2. 青銅器文化圏の設定 … 102
3. 西周青銅器文化圏の縮小と拡大 … 105
第4節　小　結 … 112

第3章　西周王朝と青銅器 … 119

第1節　関中平原における青銅彝器分布の変化 … 119
1. 関中平原の地理環境 … 120
2. 関中平原における青銅彝器出土状況 … 121
3. 青銅器出土地点の時期的変遷 … 130
4. 西周王畿における邑の性格 … 134
第2節　青銅器祭祀の変革とその背景 … 134
1. 青銅器窖蔵の出現 … 135
2. 斉家村石玦工房区墓地の被葬者と副葬青銅器 … 147
3. 窖蔵の形態と位置 … 153
4. 窖蔵青銅器の意味と周原遺跡の性格 … 157
第3節　周原と宗周 … 161
1. 文献史料と金文史料にあらわれる西周の都 … 161

  2. 宗周の地をめぐる問題……………………………………………… 163
  3.「宗周」で行われる行為と「豐」「蒿」……………………………… 167
  4.「宗周」で行われる行為と「周」「成周」「莽京」…………………… 169
 第4節　小　結………………………………………………………………… 178

第4章　諸侯国における受容形態……………………………………… 185

 第1節　晋国墓地の研究……………………………………………………… 185
  1. 文献記録に見える晋国史…………………………………………… 186
  2. 北趙晋侯墓地の発見と研究史……………………………………… 187
  3. 晋国青銅鼎編年……………………………………………………… 191
  4. 北趙墓地被葬者の再検討…………………………………………… 198
 第2節　彊国墓地の研究……………………………………………………… 201
  1. 彊国墓地の発見とその概要………………………………………… 201
  2. 彊国墓地の男女埋葬とその変化…………………………………… 213
  3. 彊国墓地における副葬品系統の変化……………………………… 220
 第3節　西周青銅器銘文にみる礼制の受容………………………………… 227
  1. 西周青銅器銘文研究と問題の所在………………………………… 227
  2. 諸侯国における青銅彝器組成……………………………………… 228
  3. 金文類型とその地域性……………………………………………… 234
 第4節　小　結………………………………………………………………… 244

第5章　西周の政体と領域……………………………………………… 251

参考文献…………………………………………………………………………… 257
附　　表…………………………………………………………………………… 280
挿図出典一覧……………………………………………………………………… 326
中文要旨…………………………………………………………………………… 328
後　　記…………………………………………………………………………… 333
索　　引…………………………………………………………………………… 335

挿図目次

第 1 図	青銅彝器の器形名称………………………………………………………	16・17
第 2 図	周原出土青銅鼎編年…………………………………………………………	26・27
第 3 図	殷墟婦好墓出土の青銅鼎…………………………………………………	28
第 4 図	西周後期後段の丙類鼎……………………………………………………	28
第 5 図	西周前期と後期の青銅鼎…………………………………………………	29
第 6 図	張家坡西周墓地出土青銅器編年…………………………………………	30・31
第 7 図	主要な西周青銅彝器の出土地点…………………………………………	34
第 8 図	四川彭州竹瓦街出土罍と遼寧喀左北洞村出土罍………………………	43
第 9 図	洛陽市区遺跡分布図………………………………………………………	45
第 10 図	天馬―曲村遺跡と曲村墓地，晋侯墓地…………………………………	60
第 11 図	晋侯墓地平面図……………………………………………………………	61
第 12 図	元氏県西張村出土の青銅甗および同型式の甗…………………………	64
第 13 図	屯渓出土の青銅器…………………………………………………………	72
第 14 図	丹陽出土の青銅彝器………………………………………………………	74
第 15 図	丹徒出土の青銅彝器………………………………………………………	77
第 16 図	南方出土の鐘・鐃…………………………………………………………	78
第 17 図	随州市安居鎮羊子山遺跡 4 号墓出土の神面紋青銅器…………………	83
第 18 図	福建省浦城県出土の青銅彝器と陝西省張家坡出土の青銅杯…………	88
第 19 図	横嶺山出土の青銅鼎と龍子山出土の青銅鼎……………………………	96
第 20 図	各省出土青銅器の用途別組成……………………………………………	101
第 21 図	蟠龍紋を有する盤…………………………………………………………	103
第 22 図	西周時代の青銅器文化圏…………………………………………………	104
第 23 図	殷末周初期～西周前期の青銅彝器が出土した地点……………………	106
第 24 図	西周中期の青銅彝器が出土した地点……………………………………	107
第 25 図	西周後期の青銅彝器が出土した地点……………………………………	108
第 26 図	辛村墓地平面図……………………………………………………………	110
第 27 図	辛村墓地 E 区平面図………………………………………………………	110
第 28 図	辛村墓地出土青銅彝器……………………………………………………	111
第 29 図	関中平原の地形とおもな河川……………………………………………	121
第 30 図	関中平原における主な青銅彝器出土地点………………………………	126
第 31 図	殷末周初期～西周前期の青銅彝器出土地点……………………………	131
第 32 図	西周中期の青銅彝器出土地点……………………………………………	132
第 33 図	西周後期の青銅彝器出土地点……………………………………………	132

第34図	荘白一号窖蔵出土の青銅器	136
第35図	青銅彝器出土遺構の割合	144
第36図	周原・豊鎬の各時期における青銅彝器出土遺構	144
第37図	周原における殷末周初期〜西周前期の青銅彝器出土状況	145
第38図	周原における西周中期の青銅彝器出土状況	146
第39図	周原における西周後期の青銅彝器出土状況	146
第40図	斉家村墓地被葬者の階層	149
第41図	斉家村墓地の時間的変遷	150
第42図	斉家村石玦工房区墓地出土青銅器	152
第43図	関中平原各地の窖蔵	156
第44図	窖蔵の大きさと埋蔵点数	157
第45図	扶風県黄堆村老堡子M55出土青銅器	159
第46図	扶風県黄堆郷強家村M1出土青銅器	160
第47図	頌鼎とその銘文	165
第48図	史頌鼎とその銘文	165
第49図	士上盉とその銘文	166
第50図	歔蠽方鼎とその銘文	172
第51図	鮮鐘とその銘文	172
第52図	玕作父辛器銘文	173
第53図	徳方鼎とその銘文	173
第54図	作冊魖卣とその銘文	174
第55図	金文にみえる儀礼執行地	176
第56図	天馬—曲村墓地出土青銅鼎編年	194
第57図	北趙墓地出土青銅鼎編年	196
第58図	在地的な特徴を示す青銅彝器	197
第59図	彊国墓地の所在	202
第60図	竹園溝墓地・茹家荘墓地	202
第61図	紙坊頭1号墓出土「彊伯」銘を持つ青銅器	203
第62図	竹園溝墓地平面図	204
第63図	竹園溝墓地の夫婦合葬墓	204
第64図	BZM7出土「伯格」銘・BZM4出土「彊季」銘青銅器	205
第65図	茹家荘墓地平面図	206
第66図	茹家荘墓地1・2号墓	207
第67図	BRM1乙室出土「彊伯」銘青銅器	208
第68図	BRM2出土「井姫」銘青銅器	209

第69図	強国墓地出土青銅鼎編年	210
第70図	強国墓地出土土器罐編年	212
第71図	強国1期の竹園溝墓地における墓の分布	215
第72図	強国2期の竹園溝墓地における墓の分布	215
第73図	強国3基の竹園溝墓地・茹家荘墓地における墓の分布	216
第74図	強国墓地における青銅器系統の変化	224
第75図	茹家荘1,2号墓出土の地方型青銅器	225
第76図	強国墓地出土青銅器銘文	226
第77図	西周前期の青銅器組成	231
第78図	西周中期の青銅器組成	232
第79図	西周後期の青銅器組成	233
第80図	衛簋とその銘文	234
第81図	Ⅰ類金文の例	236
第82図	Ⅱ類金文の例	236
第83図	Ⅲ類金文の例	236
第84図	Ⅳ類金文の例	237
第85図	Ⅴ類金文の例	238
第86図	作器対象と叙述形式の相関性	240
第87図	作器対象と出土時期・遺構の相関性	241
第88図	金文の叙述形式と地域差	242
第89図	西周王朝の青銅彝器と祭祀の広がり	244
第90図	西周の国家と青銅彝器	253
第91図	西周王朝の政治的領域と青銅器の広がり	256

系図目次

系図1	周の系図	2
系図2	晋の系図	187

表目次

第1表	周原地区出土青銅鼎一覧	19～25
第2表	関中平原青銅彝器出土遺跡一覧	122～125
第3表	周原遺跡墓出土青銅器	138・139
第4表	周原遺跡窖蔵出土青銅器	140
第5表	豊鎬遺跡墓出土青銅器	141～143
第6表	豊鎬遺跡窖蔵出土青銅器	143

第7表	斉家村墓サイズと副葬品	148
第8表	窖蔵の形態と周囲の遺構	154・155
第9表	金文中にみえる「宗周」	170・171
第10表	金文中にみえる「豊」「蒿」	174・175
第11表	「奉」が行われる地	176・177
第12表	「見」が行われる地	176・177
第13表	北趙墓地出土青銅彝器一覧	189
第14表	簡報に見える青銅器銘文と侯名の比定	189
第15表	曲村墓地および北趙墓地出土青銅鼎一覧	193
第16表	竹園溝墓地出土青銅彝器・武器一覧	206
第17表	茹家荘墓地出土青銅彝器・武器一覧	209
第18表	彊国の時期区分と対応する墓	213
第19表	各墓出土の青銅鼎・簋と類	214
第20表	彊国墓地夫婦合葬墓出土の青銅武器・工具	217
第21表	彊国墓地各墓出土の青銅武器・工具	218
第22表	彊国墓地出土王朝系遺物	222
第23表	彊国墓地出土四川系・在地系遺物	223

附表目次

附表1	西周青銅彝器の省別分布状況	280〜291
附表2	関中平原出土西周青銅器一覧	292〜307
附表3	洛陽出土西周青銅器一覧	308・309
附表4	周原・墓出土の金文類型	310
附表5	周原・窖蔵出土の金文類型	311〜313
附表6	豊鎬・墓出土の金文類型	314・315
附表7	豊鎬・窖蔵出土の金文類型	316
附表8	洛陽・墓出土の金文類型	317
附表9	宝鶏・墓出土の金文類型	318
附表10	白草坡・墓出土の金文類型	319
附表11	三門峡・墓出土の金文類型	320
附表12	天馬—曲村・墓出土の金文類型	321・322
附表13	平頂山・墓出土の金文類型	323
附表14	辛村・墓出土の金文類型	324
附表15	琉璃河・墓出土の金文類型	325

第 1 章　西周史研究の意義と課題

第 1 節　文献資料に記載される西周史

　『史記』の記述によれば，周は紀元前 11 世紀ごろ[1]，武王が殷の帝辛を牧野に破って成立した王朝である。司馬遷は歴代の帝王の事跡を記述した本紀の項の第四として周本紀を置いており，伝説的な帝王による創世神話を主とした五帝本紀を除けば，周は夏本紀・殷本紀に続く第三の王朝として位置づけられる。中国では夏[2]・殷・周をあわせて「三代」と称することも多い。陝西省に本拠を構えた周王朝は，しかしながら第 12 代の幽王のころには権勢衰え，王の死とともに王族の一部は東の洛陽へ遷都したとされる。このいわゆる東遷を以て王朝としての西周は滅び，以降の王朝・時代は東周と呼ばれる。周王朝に関する記述は『史記』以外にも多く見られるが，克殷から東遷までの記述には大きく変わるところがない[3]。

　歴史書にみえるこのような西周の成立から滅亡までの記述が妥当であることは，出土資料，特に甲骨文・金文という出土文字資料によってある程度確認されている。例えば，安陽殷墟で発見された大量の甲骨文中にみえる王名と史籍中の殷王世系とがほぼ合致することが 20 世紀初頭に羅振玉や王国維といった研究者によってすでに指摘されている。1963 年に陝西省宝鶏で出土した何尊の銘文には周の武王によって克殷が行われたことが述べられる（唐蘭 1976）。また，2003 年に陝西省眉県で出土した逨盤には文王から厲王に至る歴代の周王の王名がみえ，史籍の記す周王名と対応していることが指摘されている（秦 84）。平勢隆郎氏は，兮甲盤と虢季氏子組盤・虢季氏白盤の銘文にみえる王の紀年の変化を検討することで，西周末の政治情勢が『竹書紀年』らの記載と符合することを指摘している（平勢 1996・2001a）。20 世紀後半以降の出土文物の増加と先学の丹念な研究によって，西周という時代が実在した過去の一時期であったことは疑いようのない事実となった。現在，中国においては『史記』をはじめとする数々の歴史書に対する信頼は篤く，そこにはかつての「疑古派」が入り込む余地すらなさそうに見受けられる。

　史書にみえる西周史はどのようなものであろうか。『史記』「周本紀」を例にとれば，周人の祖先・后稷棄の出生からその歴史が語られる。棄は帝堯に仕え，農耕に功績を挙げたために帝舜により邰に封じられ，后稷と号し，姫姓を名乗ったという。子の不窋の代には官を失い「戎狄の間」に逃れたものの，公劉の代に治民に成功し，慶節の代には邰から豳へ移ったことが記される。皇僕から公叔祖類までに関してはその即位と崩御が羅列されるのみで，具体的な事跡は述べられない。詳細な記述は古公亶父に至ってようやく出現する。『史記』「周本紀」の記載によれば，戎狄の侵攻を受けた際に古公亶父は

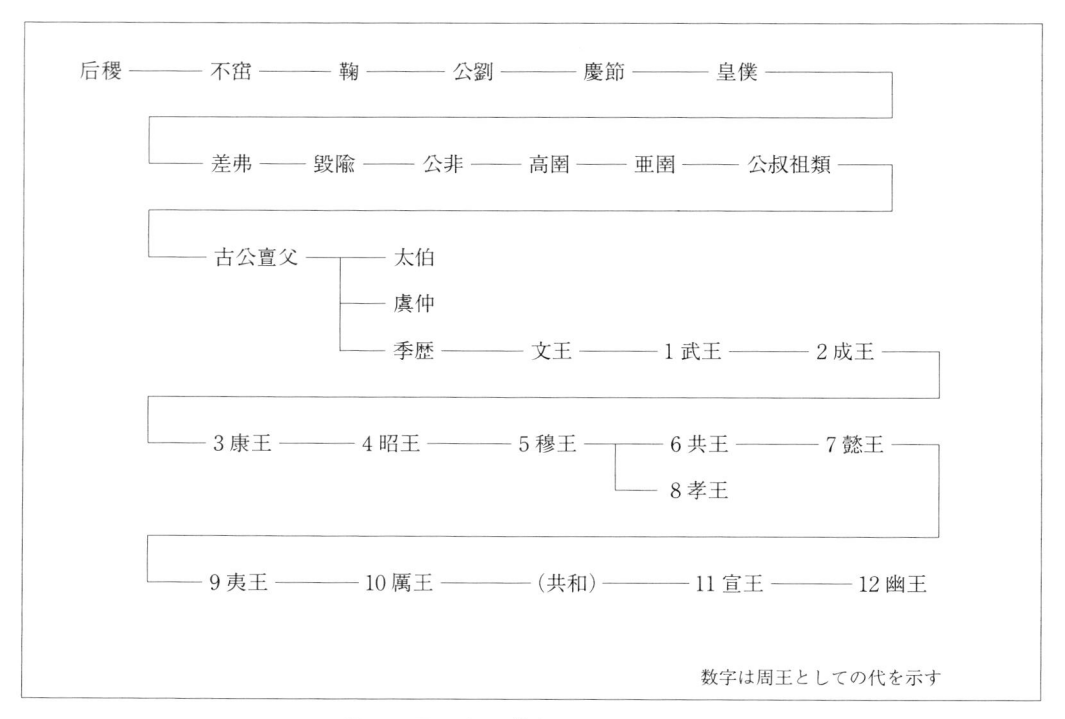

```
后稷 ── 不窋 ── 鞠 ── 公劉 ── 慶節 ── 皇僕
       差弗 ── 毀隃 ── 公非 ── 高圉 ── 亞圉 ── 公叔祖類
       古公亶父 ┬ 太伯
               ├ 虞仲
               └ 季歷 ── 文王 ── 1 武王 ── 2 成王
       3 康王 ── 4 昭王 ── 5 穆王 ┬ 6 共王 ── 7 懿王
                                └ 8 孝王
       9 夷王 ── 10 厲王 ──（共和）── 11 宣王 ── 12 幽王

                              数字は周王としての代を示す
```

系図1　周の系図（『史記』周本紀による）

　古公曰，有民立君，将以利之。今戎狄所為攻戦，以吾地與民。民之在我，與其在彼何異。民欲以我故戦，殺人父子，而君之，予不忍為。
　（古公曰く，民有りて君を立つるは，将に以て之を利せんとするなり。今，戎狄の攻戦を為す所は，吾が地と民とを以てなり。民の我に在るは，其の彼に在ると，何ぞ異ならんや。民，我の故を以て戦はんと欲すれども，人の父子を殺して，之に君たるは，予，為すに忍びず，と。）

と言い，戦わず豳を捨て，漆河・沮河を渡り，梁山をこえて岐下へ至ったという。豳人が古公亶父を慕って岐下に移り住んだと述べられるのも，有徳の君としての古公亶父を強調するものであろう。

　時代が下り，殷代末期に紂王が暴虐の限りを尽くすと，殷に代わって周の文王が「天命」を受け，その子，武王が伐殷の兵を挙げ，遂には殷を破り周王朝を建てる。これが後に言う易姓革命であり，殷から周へ，「天命」が改められたことが述べられる。『史記』によれば，周は殷を継いで成立した正当な後継者であって，天命を有する唯一の支配者であった。武王が卒して後，周公による執政を経て成王・康王の治世となるが，康王の即位に関して『史記』「周本紀」は以下のように記述する。

　康王即位，徧告諸侯，宣告以文武之業，以申之，作康誥。故成康之際，天下安寧，刑錯四十餘年不用。
　（康王，位に即き，徧く諸侯に告げ，宣べ告ぐるに文武の業を以てし，以て之を申ね，康誥を作る。故

に成康の際，天下安寧にして，刑錯きて四十餘年用ひず。）

すなわち，成・康の間は平和な時代が続き，40余年も刑が執行されなかったというのである。この背景として，成王の際に行われた諸侯の「封建」があろう。一般的に周代の封建とは，王室の藩屏として主に同姓諸侯を各地へと遣わし安定的な支配を目的とするものであったと考えられており，『史記』のいう「天下安寧」とはこのような封建の成功によって政局が安定したことを述べるのであろう。「成康の治」とも称されるこの時期は，安定的で広範囲に及ぶ，強固な王朝像が記述されている。

続く昭王に関して『史記』は以下のように記述している。

　　昭王之時，王道微缺。昭王南巡狩不返，卒於江上。
　　（昭王の時，王道微しく缺く。昭王，南に巡狩して返らず，江上に卒す。）

昭王が南征して死んだとする逸話は皇甫謐『帝王世紀』などにも見える。昭王が南征の途中でどのように死んだのか，『史記』は詳述しないが，それを「王道微缺」という文脈の中で記述するのは，南征の失敗の原因を昭王の失徳に起因するものと見做すためであろう。穆王期には，穆王が祭公謀父の諫めを聞かず異民族の犬戎を征伐し，大きな成果がなかったことが記される。『史記』は穆王即位に関して

　　穆王即位，春秋已五十矣。王道衰微。
　　（穆王，位に即くとき，春秋已に五十。王道衰微せり。）

と述べているが，穆王による犬戎征伐の記事も昭王南征と同様に，対外政策の失敗を以て文王・武王の受けた天命を失いつつある状況を強調する意図で述べられたものであろう。総じて，王朝の威光に翳りが生じたこの時期は「昭穆期」としてまとめられることが多い。

穆王の後，共王が即位する。『史記』には共王の事跡について多少は言及されるものの，続く懿王・孝王・夷王に関しては基本的には即位と崩御について記述されるのみで，具体的な事跡が語られない。一言，「懿王之時，王室遂衰。（懿王の時，王室遂に衰ふ。）」という記述があり，これも昭穆期に続く王朝勢力の減退期として捉えられているといえよう。続く厲王は利を好み諫言を聞かず暴政を行ったことが述べられる。

　　厲王即位三十年，好利，近榮夷公。
　　（厲王，位に即きて三十年，利を好み，榮の夷公を近づく。）

　　王行暴虐侈傲。國人謗王。
　　（王，暴虐を行ひて侈傲なり。國人，王を謗る。）

と『史記』「周本紀」にあるように，厲王は非道の人物として描かれる。結果的に厲王は国人の反発に遭い，襲われて彘へと出奔したという。王朝勢力の減退は，厲王の出奔によって決定的なものとして語られる。

厲王出奔の後，『史記』「周本紀」の記載によれば，召公と周公の二人によって政治が行われ，この政治体制を「共和」と号したのであるとする。一方，「共和」とは共国の伯爵である「共伯和」という人物が執政したために「共和」と号されたのであるという説も存在しており，現在で

は後者が広く受け入れられているようである[4]。共和14年，厲王は彘で死ぬ。厲王の王太子であった静が王として即位し，宣王となった。宣王の治世は「宣王中興」とも称され，『史記』「周本紀」も以下のような評価を与えている。

　　宣王即位，二相輔之，脩政，法文・武・成・康之遺風。諸侯復宗周。
　　（宣王，位に即き，二相之を輔けて政を脩め，文・武・成・康の遺風に法る。諸侯復た周を宗とす。）

宣王期の中興について，司馬遷は「文・武・成・康の遺風」を規範としたことを特に記述しており，やはり『史記』において文王〜康王までが評価されるべき理想の治世であり，昭穆期以降，王道は衰え王朝はひたすらに求心力を失っていくものとして意識されていたことが窺われる。この宣王中興に関しても，『史記』は引き続いて宣王の失政（籍田の礼の廃止・「姜氏の戎」への敗戦・魯の継承問題への介入など）について言及しており，かつての天命がすでに周を離れかかっていることが示唆される。宣王が崩じた後に即位した幽王に関しては，即位後の天変地異とその後の王の無能さが記述され，最終的に申侯と繒国と犬戎とによって攻撃され驪山の下で殺されたという。

　以上，『史記』「周本紀」に従って，周王朝の成立から東遷までを概観した。ここで一貫しているのは，天命により殷王朝の跡を継いで成立した周王朝が徐々に勢力を失い衰退し，続く東周時代に諸侯国の分離独立を引き起こす前身としての西周王朝観である。この易姓革命としての殷周の王朝交代や，失徳による王道の衰微といった観念は後代の儒家思想に強く影響されたものであることは明白であるが，出土資料を以て古代社会を考察する際，その解釈が往々にしてこのような歴史観に引きずられてしまうということに我々は意識的であらねばならない。後代の思想によって理念化された社会様相を単純に考古資料と比較することが危険であることについてはすでに多くの先学が指摘するところである。しかしながら，秦漢以降の統一王朝と同じ視点で周王朝を語ろうとする安易な姿勢は厳然として存在しており，出土資料を用いて文献資料の記述が真であることを証明しようとすることに主眼を置く研究が現在に至るまでなされてきたことも事実である[5]。西周時代遺跡に対する発掘調査も限定的であり出土史料も乏しく，その社会像の考察のためには史書の記載に多く頼らざるを得なかった時期の研究を，現在の立場から批判することは容易であるが，適切ではない。しかし，西周遺跡の調査が数多く行われその出土遺物に関する認識も飛躍的に高まりつつある現在，出土資料と文献史料とを総合した上での新たな西周史研究が要求されている。

　次節では西周時代遺跡の発掘史とその研究史に焦点をあて，西周史研究における問題の所在を明らかにしたい。

第2節　西周史研究と問題の所在

1. 西周遺跡の発掘史

　西周時代に対する考古学的な調査はどのような道筋を辿ってきたのか。西周遺跡に関する最初

期の考古学調査は1932年に石璋如氏により行われた。石氏は古典籍中にみえる周人の都とされる邰・豳・岐・豊・鎬の地を明らかにする目的で陝西省各地の一般調査を行った（石璋如1949）。また，1934年から1937年にかけて，国立北平研究所によって陝西省宝鶏闘鶏台遺跡の調査が行われ，後に蘇秉琦氏によってその詳細が報告されている（蘇秉琦1948）。この時蘇氏は出土した土器鬲に対して，鬲足の形状から袋足鬲・折足鬲・矮足鬲を設定し，それぞれの製作技法と相対的な時期区分を論じている。氏のこの研究は先周・西周時に対する考古学的研究の嚆矢であり，学史上極めて重要な研究であるといえる。

解放後の西周遺跡調査は，やはり陝西省を中心に行われた。1953・54年には陝西省長安県普渡村西周墓の発掘調査が，同じく1954年には西周穆王の銘を持ち後に西周中期の標準となった長由墓の発掘が行われた（秦61，秦88）。1955年から57年にかけて，文王の豊京の地とされる陝西省長安県客省荘・張家坡の一帯で中国科学院考古研究所による発掘調査が行われ，その成果は『澧西発掘報告』として刊行された（秦110）。この報告書では西周土器が第一期から第五期までに編年され，この5期編年はその後の編年作業に対して基礎を提供するものであった。張家坡遺跡の調査はその後も続けられており，正式報告が別に刊行されている（秦113）。

西周時代に対する考古学研究を振り返る際，鄒衡による「先周文化」の提唱がもたらした影響は非常に大きいといえよう（鄒衡1980）。鄒衡は西周時代以前における周人の活動にいち早く注目し，その文化内容と分布範囲を明らかにしようと試みた。これは克殷以前の周人の動向を考古学的に解明しようという意図のもと進められた研究であり，その結果，1970年代以降，周原における調査が盛んに行われ西周時代に対する考古学的研究は一気に加速した[6]。1975年の岐山県董家村での西周窖蔵青銅器の発見に始まり，扶風県鳳雛村での甲組建築址の調査，扶風県召陳村での大型建築址の調査，扶風県荘白村における一号青銅器窖蔵の発見など（陝西周原考古隊1979a・1981a，秦62，秦139）がこれにあたる。特に鳳雛村と斉家村における西周甲骨の発見は重要で，殷墟以外に甲骨文が存在したことは大変注目すべき大発見であった（陝西周原考古隊1979b・1981b）。周原と総称される，扶風県法門鎮〜岐山県京当郷一帯を対象とする調査は，史書にみえる「岐邑」すなわち古公亶父が豳から移り，その孫にあたる文王の代に豊へ移るまでの周人の中心地を明らかにするための調査であった。しかし，現在に至るまで周の王陵・都城は明らかにされていない。

近年調査が活発に行われている陝西省岐山県周公廟遺跡では，大墓を含む多くの墓地群とそれに伴うと考えられる大規模建築遺構が発見され，現在も調査が続けられている（秦56，飯島2009）。この遺跡からは西周甲骨が発見されており，そのうちに「周公」などの文字がみえることから，当地を「周公采邑」とみなす意見が一般的である。

また，周王朝の中心地のひとつであると考えられる成周，洛陽の地でも西周時代に属する遺跡が発掘されている。直接的に西周と関わるものではないが，1954年から55年にかけての洛陽中州路における周代墓の発掘によって東周土器の基本的な編年がなされ，これは春秋時代土器研究の先駆であった（豫31）。また洛陽北窯村での西周遺跡発掘調査では西周土器・西周青銅器に加

えて多くの土製鋳型が出土しており，当地で青銅器の鋳造が行われていたことが明らかとなった（豫 50）。

　西周時代に対する研究において最も注目されたのは以上のような王朝中心地の研究であったが，もうひとつ，西周史研究の両輪を成すのは諸侯国に対する研究である。20 世紀前半の発見として注目されるのが河南省濬県辛村で，これは 1931 年の盗掘を契機として 1932 年から 33 年まで発掘された墓地である。特に一号墓は南北に墓道を持つ大型墓[7]で，68 号墓から「衛」銘をもった銅泡が出土したことと併せて，当墓地は西周時代の衛国墓地であると考えられている。後に発掘者の一人であった郭宝鈞氏によって報告書が刊行されている（豫 8）。辛村墓地の発掘は中国における西周墓地研究の出発点であった。

　解放以後，西周遺跡の調査は陝西省西安〜河南省洛陽が中心となり，王朝の中心と目される地域への志向が強かったように見受けられる。しかしながら，各地における発掘調査の地道な積み重ねによって，1970 年代以降，西周諸侯国に関連する遺跡の報告が相次いでなされるようになった。

　北京市房山区琉璃河では 1973 年から本格的な調査が行われ，西周時代の大型墓地が発掘された。中字形墓を含む大墓群は西周時代の燕侯墓地と考えられ，1973〜1977 年間の調査記録が報告書として刊行された（京 6）。この遺跡の発見は辛村墓地と同様，西周初頭の王朝による遠隔地への封建を表す証拠として，大いに注目を浴びることとなった。

　陝西省西南部に位置する宝鶏市でも大きな発見があった。1974 年以降，宝鶏茹家荘・竹園溝の二か所で発掘調査が行われ，西周期に当地に「強」と名乗る集団が活動していたことが明らかとなった。「強」は史書に登場しない族名であり，考古学的発掘によって西周時代の新たな側面を世に知らしめたという点で重要な意味を持つ発掘調査であった。この墓地群は 1988 年に正式報告が刊行されている（秦 175）。豊富な情報を提供するこの報告書は当時としては非常に画期的なものであった。

　1977 年，山東省曲阜魯国故城において発掘調査が行われ，周代魯国の都城の様相が明らかとなる。隅丸方形の城壁と濠とを有する魯国故城の発掘は，周代都城研究の先駆けをなすものであった（魯 5)[8]。

　河南省の西部に位置する三門峡市からは西周〜春秋初頭にかけての大型墓地が発見された。報告者によればこの墓地は北区と南区とに大別され，南区の調査は 1956〜57 年に既に調査され，234 基の墓と 3 基の車馬坑，1 基の馬坑が報告されている（豫 32）。1989 年に発生した盗掘を契機として 1990 年代には北区の発掘が行われ，18 基の墓，4 基の車馬坑，2 基の馬坑が発掘されている（豫 18）。出土した青銅器の銘文に「虢」字を有するものが多数あり，この墓地は西周後期の虢国墓地であると考えられている。

　1979 年，北京大学鄒衡教授の指揮の下，晋国古都を探す調査が北京大学および山西省文物工作委員会によって山西省内で行われ，翼城県・曲沃県にまたがる天馬―曲村遺跡が晋国の重要地域として認識されるようになった。発掘調査は 1980 年から 1994 年まで行われ，1980 年〜1989

年までの成果が報告書として刊行されている（晋 18）。また 1991 年には，天馬―曲村遺跡北側の北趙村で，西周時代の大規模墓地が発見された。この墓地からは「晋侯」銘を持つ青銅器が多数出土しており，六次にわたる発掘調査の結果，16 基の甲字形墓と 2 基の中字形墓，1 基の長方形大墓を含む西周晋侯の墓地であることが明らかとなった（晋 14～晋 17，晋 19，晋 20）。

　以上，西周時代遺跡に対する発掘調査に関して，主要な成果を紹介した。このほかにも，近年の発掘調査の増加によって，中国各地で数多くの西周遺跡が報告されている[9]。このような状況を踏まえた上で，先行研究においてどのような西周時代像が提示されてきたのか，検討してみたい。

2. 西周王朝とその青銅器をめぐる研究史

　西周時代の遺跡が中国各地で発見されるようになったのは近年のことである。1950 年以前に資料として扱いえた遺物は，河南省濬県辛村墓地や陝西省宝鶏闘鶏台遺跡から出土したものなどに限られていた。西周遺跡に対する考古学的発掘が増加するのは 1970 年代以降であり，必然的にそれまでの西周史研究は伝世の青銅器に対する研究が主体であった。したがって本項では西周青銅器に関する研究を中心に，その学史をまとめたい。

　中国における青銅器研究の歴史は古く，古くは宋代に発達した青銅器銘文・石刻文研究としての金石学にまで遡る。宋代には呂大臨による『考古図』や王黼『博古図録』など，多くの青銅器図録が編纂された。この金石学の系譜は清代に考証学の一部として再度注目され，乾隆帝の勅命により『西清古鑑』が編纂されたほか，阮元『積古齋鍾鼎彝器款識』・呉大澂『恆軒所見所蔵吉金録』・孫詒譲『古籀拾遺』・端方『陶斎吉金録』など非常に多くの著録が編纂されたのもこの頃である。清末から民国期にかけても羅振玉や王国維が優れた研究を著しており，伝世青銅器の銘文研究の資料化は 20 世紀前半までの間にほぼ完成したといえる。近年は出土青銅器銘文の資料化も進み，1984 年から 1994 年にかけて出版された『殷周金文集成』（全 18 冊，中華書局）は青銅器銘文を網羅的に集成した大作である（以下，『集成』と記す）。『集成』以降の出土資料を中心に編纂された『新収殷周青銅器銘文曁器影彙編』（全 3 冊，藝文印書館，2006 年）は銘文と共に器の図や写真が収録されており，考古学研究者にとって非常に便利である（以下，『新収』と記す）。

　青銅器に対する本格的な考古学的研究が始まったのは，20 世紀に入ってからである。郭沫若氏が 1932 年に著した『両周金文辞大系』は，当時知られていた西周・東周の金文を秩序立てて解説した大作であり，銘文に記される王名・人名・事件によって異なる青銅器間のつながりを求め，器の前後関係を考察する画期的な手法が採られた。郭氏の取り入れた，器の製作年代を周の各王に帰属させる手法は断代研究と呼ばれ，以後の青銅器研究の主流となった。容庚氏が 1941 年に著した『商周彝器通考』は数多くの青銅器の写真を収録し，各器の来歴・時代・形・銘文・紋様などの諸情報を細かく解説しており，参照すべき研究である。特に器の形と銘文に対する考察には現代でも参照すべきところが多い。

　解放後の研究として特筆すべきは陳夢家氏の『西周銅器断代』である。これは氏が 1955 年か

ら 56 年にかけて六回にわたり『考古学報』上に寄稿した連作で，西周時代の青銅器に対し，その型式・紋様・銘文に対する詳細な検討をもとに各器の属する年代を判断するという総合的な研究手法が採られており，その学術的な価値は無視することができない。『考古学報』上の連載は残念ながら西周中期までの段階で中断されてしまうが，その高い価値が評価され，近年，陳夢家著作集として遺稿を含んだ単行本が刊行されている（陳夢家 2004）。

　他に青銅器の断代研究としては王世民・陳公柔・張長壽の各氏による『西周青銅器分期断代研究』が挙げられる（王世民ほか 1999）。この研究は"夏商周断代工程"の一環として西周青銅器に新たな断代を与える試みで，器形・紋様・銘文への総合的な研究がなされている。また，陝西省周原における青銅器の編年研究としては曹瑋氏が全面的な検討を加えている（曹瑋 1994）。

　西周・東周の青銅器断代研究に関して日本人研究者の功績も取り上げる必要があろう。白川静氏は『白鶴美術館誌』上に「金文通釈」を著し，両周期の金文に対して全体的な考釈を与えた（以下，『通釈』と記す）。両周金文を全面的に釋読し，金文中の人名・地名・官職名などを網羅的に整理した大作である。林巳奈夫氏は 1980 年代に殷周青銅器に対する総合的な研究を行った（林 1984・1986・1989）。これは当時知られた青銅彝器をほぼ全て収録し，器種の命名法・器形・紋様に対して体系的な検討を加えた研究である。特に青銅器の編年研究としてはその後の研究に与えた影響は計り知れない。また，先周期の関中出土青銅器に関するものとして鄒衡氏や武者章氏，飯島武次氏の研究がある（鄒衡 1980，武者 1989，飯島 1998a）。

　以上のように，西周青銅器の研究の中心は常にその編年的研究に存したと言っても過言ではないであろう。近年では西周青銅器の編年研究の基礎の上に，各地で出土したいわゆる地方型の青銅器に対する編年研究が盛んに行われている（趙瑞民・韓炳華 2005，湖南省博物館編 2007，張昌平 2009）。そして，青銅器の編年研究をその縦軸とするならば，当時の社会・制度に対する研究が横軸として注目され続けてきた。

　西周時代の青銅器と関係する主要な議論として，用鼎制度に関わる言説がある。そもそも副葬品中の鼎に関して，その数と被葬者の身分との対応関係を指摘したのは郭宝鈞氏であった。氏は山彪鎮東周墓の発掘時に同一墓から出土する同型式で大きさの異なる鼎の組の存在に注目すると，これを列鼎と称しその数の多寡が被葬者の身分と対応することを指摘した。上村嶺虢国墓地への検討では列鼎を 7 鼎・5 鼎・3 鼎の三等級に区分している（中国科学院考古研究所 1956，豫 32）。

　俞偉超・高明の両氏は，祭祀儀礼に際して用いることのできる銅鼎の個数が身分によって異なっていたという古典籍中の記載[10]に基づいて実際に発掘された西周墓の副葬品の数の対応関係を検討し，結果的に西周前期には既に身分によって鼎の数が明確に規定されるような制度が確立していたことを論じた（俞偉超・高明 1978ab・1979）。用鼎制度に関する議論は大きな反響を引き起こしたが，今日的な視点で検討すれば，西周期の諸侯墓において副葬される青銅彝器の個数は必ずしも一定でなく，文献資料から導かれた西周前期における「礼制」の存在を無条件に首肯することはできない[11]。しかしながら，副葬青銅器への分析から当時の「礼制」の変化を考察しようとする試みは，西周時代における青銅器利用の変化の有無を考える際に重要な視点であろう。

この他，西周の制度の変化に関しては多くの先行研究が様々な角度から指摘を行っている。李朝遠氏は，青銅彝器組成中の酒器の減少と食器・水器および編鐘の増加と，青銅器の紋様表現における方格乳釘紋・龍紋・蛇紋・蟬紋などの消滅・減少が共に西周前期から中期の間に起こった変化であるとし，西周中期に周独自の制度が確立したと指摘する（李朝遠 1994）。曹瑋氏は同様に，酒器の減少，盨・簠・匜などの新器種の出現，編鐘制度の確立，および列鼎に代表される列器の出現に着目し，礼制の大きな変化が共王期と懿王期の間にあったとする（曹瑋 1998）[12]。ファルケンハウゼン氏は，酒器の消滅，食器と編鐘の増加，礼器組成の定型化，質素な礼器の出現という変化が，西周中期を経て後期に完成した王朝による礼制改革の結果だとみなしている（羅泰 1997，ファルケンハウゼン 2006）。田畑潤氏は副葬配置への検討から，西周期に広範囲にみられた副葬・埋葬に関する儀礼が西周後期に大きく崩れたことを論じ，その背景に礼制の変化があったことを指摘する（田畑 2006・2008・2009）。

一方，青銅器銘文に対する研究からも，西周社会の変化が論じられている。西周青銅器銘文中には王による職事の任命と賜与を内容として一定の形式で叙述される冊命金文と呼ばれる一群の金文があり，これをめぐってすでに多くの研究がなされ成果を収めている（武者 1979，吉本 1991，佐藤 2007，谷 2010，堤 2010a）。いま典型的な冊命金文が成立した時期をみるならば，諸氏の見解は西周中期，あるいは中期後半として認識されており，大きく異なることはない。

周代の社会構造，特にその国家形態に対する研究としては，都市国家と邑制国家をめぐる議論が戦後のわが国において起こった（宮崎 1950，貝塚 1952，松本 1952，増淵 1960）。これらの異なる見解は，殷周国家を構成する共同体を，それぞれが独立的・主体的に行動する「都市」であったとみなすのか，あるいは精神的・物質的な従属関係を有する「邑」であったとみなすのかに依るものである（松丸 1970）が，資料的制約もあってか，この問題は1970年代に至るまで実証的に検討されることはなかった。

そのような状況下で，青銅器銘文と鋳造技術の面から青銅器の地方生産の問題を指摘し，西周青銅器を仲介とした西周王朝―諸侯間の政治構造を提示したのは松丸道雄氏であった（松丸 1977・1979・1980）。氏の一連の研究は，西周青銅器が基本的に王室工房で製作されていたことを指摘した上で，祖先祭祀の場での青銅彝器の利用によって王と諸侯との間の君臣関係が維持されていたことを論じたものである。青銅器銘文を主な検討対象として西周の国家構造を論じたものとして，松井嘉徳氏や李峰氏の研究がある。松井氏は膨大な金文資料への丹念な検討から西周の都・官制・氏族制の性格を分析し，東周以降との連続性を考察した（松井 2002）。李峰氏の研究は西周の官僚制と国家形態を具体的に論じる。官制や土地制度への研究を基礎として邑制国家の政治的枠組みのモデルを提示しており，参照すべき点が多い（李峰 2010）。

西周青銅器の分布を論じた研究としては難波純子氏の研究がある（難波 2005）。また，朱鳳瀚氏の『中国青銅器綜論』は近年の出土遺物を含め西周・東周時代の青銅器を網羅的に集成したうえで，関中・洛陽以外の西周青銅器分布区域が三種の地域に分かれることを指摘する（朱鳳瀚 2009）。現状での殷周青銅器研究の集大成というべき大作である。

西周期の土器研究は蘇秉琦氏の闘鶏台遺跡出土鬲の研究によって始まり，鄒衡氏による「先周文化」に対する探索によって大いに深められたことは上に述べた（蘇秉琦1948，鄒衡1980）。この間に行われた研究として特に重要なのは，陝西省長安県客省荘・張家坡の墓から出土した土器の編年研究（秦110）であり，この研究によって西周土器編年の基礎が打ち建てられたといえる。西周土器を1～5期に分けるこの編年研究はその後も継続して深められ，より詳細な編年が提示されている（秦113）。関中地域以外では，天馬─曲村遺跡内の集落遺跡や墓地から出土した土器に対して行われた編年研究がある（晋18）。西周～東周期の土器が詳細に検討されており，当地における土器研究の基礎となるものであろう。

　わが国では，先周～東周の土器に対する飯島武次氏の一連の研究（飯島1998a・c・d）や，西江清高氏の研究（西江1993・1994）がある。また，先周土器に関しては雷興山氏が詳細にまとめている（雷興山2010）。

　この他，対象を西周期に限った研究ではないが，天文記事と暦への分析から古代紀年を再編した平勢隆郎氏の研究（平勢1996），祭祀行為と動物犠牲から王朝と王権の成立過程を論じた岡村秀典氏の研究（岡村2005）などが優れた成果を上げている。

　以上のように，青銅器研究の中心はその型式学的編年作業が中心であり，器の年代を確定した上でその銘文記事から当時の社会を読み解く手法が採用され続けてきた。これに対して器物自体の変化からその背後にある「礼」の制度を読み解こうとする試みが郭宝鈞氏や兪偉超・高明氏らによる用鼎制度・列鼎制度研究であったが，この方面での研究は近年にはいわゆる「礼制改革」の議論の高まりの中で活発となっている。しかしながら，西周王朝の中心地域で起こったとされる「礼制改革」が，周辺地域でどのような様相を見せるのかに関する検討は未だ不十分であると思われる。「礼」と呼ばれるような祭祀と密接に関連する概念がどのような範囲で共有され変化したのか詳細に検討することは，西周という政治的のまとまり及び青銅器祭祀という思想的なまとまりの及ぶ範囲を策定するうえで大きな手掛かりとなる。

　本書の目的は青銅器が反映する祭祀体系への検討を通じてその面的な広がりを検討するとともに，西周王朝の政治体としての実態を解明することにある。そのような点で上記の松丸氏や李峰氏の研究と目的意識は共通している。西周という国家構造には未だ多くの検討すべき余地が残っており，いま増加しつつある出土資料を用いてその実態を研究することは大いに意義あることと思われる。

3. 課題の設定

　以上，西周青銅器の研究史上に本書を大まかに位置づけた。以下，本書の分析対象と採用する研究手法について説明したい。

　本書で注目するのは，西周期の青銅葬器[13]である。西周王朝の政治的な実態を明らかにし，青銅葬器と銘文という要素がどのように政治的な秩序維持装置としての「礼」として変化したのかを具体的に考察することは，中国古代国家成立の過程を考察するうえで極めて大きな意義がある

ことと考えるからである。

　西周時代にあって，青銅彝器は祭器であると同時に政治的な意味も付与されていた。かつて松丸道雄氏は，青銅彝器の賜与を仲介とした西周王朝の政治モデルを提示した（松丸1977）。西周王朝が確立した「礼」という制度は青銅彝器とそこに鋳込まれた青銅器銘文の利用を中心とした祭祀行為であったが，諸侯・服属氏族の側から見れば，王朝の「礼」に則った形で祭祀を行うことで王朝と自身との支配─被支配関係が再確認されるようなシステムであった。一般的な西周青銅器銘文では，ある氏族が代々王朝に仕え功績があったこと，それを王によって認められ役職への任命や物品の賜与があったこと，そしてそれに対して王に感謝し忠誠を誓うことが述べられる。祖先祭祀の場でこのような銘文を持った青銅器が利用されることで，各服属氏族は王朝との関係を再確認することが期待されているのである。西周期の中国にひろく王朝系青銅彝器が分布することは，王朝による青銅彝器の賜与が行われていたことの証左であり，その背景には多分に政治的目的を持った礼制の要請が想定されるのである。この松丸氏の観点に立てば，王朝の「礼」を受容することは王朝権力を受容し，その構成員となることを意味するものであった。したがって，西周時代の各諸侯国における青銅彝器の出土状況から，礼制の受容／非受容の程度を検討することは，当時の政治的関係性を理解する上で非常に有用である。

　西周期の青銅器型式に均一性・規格性がみられる場合，松丸氏の想定する西周王朝の政治的支配モデルが存在したことを認めうるであろうが，問題は王朝が期待する礼制が，受容側でどこまで正確に理解されていたのかという点である。第4章で論ずるように，西周王朝の中心地域である関中平原内においても一部の氏族は青銅器を利用した礼制を改変し，独自の政治的正当性を強める道具として再定義を行っていた。西周王朝の政治的な範囲を検討する際，「王朝の意図する礼制に則らない集団」をどのように抽出しうるのか，という問題を解決することが必須である。

　上記の問題を解決するために，青銅彝器の分布が持つ二つの側面に注意して検討を行う必要があろう。すなわち，西周王朝の青銅彝器が器物として受容された地域と，西周王朝の青銅彝器を利用した祭祀が受容された地域，の二側面である。これは，受容側が礼制をどの程度理解していたのかという問題に関わる重要な視点であると考える。

　第一の範囲，すなわち器物として西周青銅彝器が受容された範囲に関しては，王朝による青銅器と在地生産の青銅器の弁別を行い，同時にその型式から青銅彝器を作製した年代を明らかにすることで，当該地域における王朝系青銅器の拒絶・受容・離脱の時間軸に沿った変遷を復元できる。この地域は周王朝による青銅器を利用した祖先祭祀の存在を認識しており，青銅彝器が持つ霊的な力を認めていた可能性が高い。その点では，西周による「礼」という概念が及んだ範囲ということができよう。

　しかしながら，西周期における「礼」の波及という問題は，ただ器の単純な有無で判断されるのではなく，青銅彝器を受容した側が礼制をどこまで理解していたのかという点によってより強く評価されるべきであることを上に述べた。上述の地域内においても，西周王朝の青銅彝器の存在のみを以て，「礼」が完全に理解されていたと判断することは早計である。当時の最先端技術

で作られた青銅器は高い価値を有する宝器であったことは想像に難くなく，王朝の「礼」を理解しないまま器物のみを受容した可能性は大いにある。青銅彝器を受容していた地域のうち，実際に西周の「礼」に則らなかった地域を指摘することは，西周の「礼」という思想に対して共通の意識を有する地域を抽出するための重要な手続きになるであろう。したがって，「礼」を代表する青銅器が祖先祭祀の場で利用されていたことを考えるならば，祭祀形態を分析することで礼制に対する各地の立場・理解が明らかになると考える。祭祀形態の王朝との共通性こそが礼制理解の指標となりえるのである。

ここで上述の第二の地域，すなわち青銅彝器を利用した祭祀の共通する地域に注目する必要が生まれる。第一の地域を祭祀上の共通性の面でより細かく検討することで，当時の思想的な共通認識の広がりが理解できると考える。

青銅彝器から当時の祭祀を具体的に議論するためには，青銅彝器の利用方法に対する詳細な検討が不可欠であるが，その手がかりとなるものが青銅彝器に記された銘文である。銘文は殷周青銅器の持つ重要な要素の一つである。銘文内容としては，青銅器製作者と考えられる個人名のみを鋳込むものから作器者一族と王室との歴史的な関係について記すものまで多岐にわたり，特に西周期の青銅器銘文は内容も多く，参照すべき多くの研究がなされていることは先に述べた。しかし，銘文内容と器物，および器物を使用した祭祀行為自体との関連については今まであまり検討されることがなかった。銘文内容は祖先祭祀の場で朗読されることで祭祀参加者へ聞かせることを目的としていたことが想定されるのであり，器を使った祭祀行為と強く結びつくものである。本書では，時代ごとの青銅彝器の器種構成の変化と詳細な型式変化を検討した上で，西周青銅器の銘文内容とそれが鋳込まれた器自体との対応関係から，祭祀の場でどのような青銅彝器が選択されたのかを考察する。

本書の構成は以下のとおりである。第2章では西周期の青銅彝器が出土した地点を網羅的にまとめ，器物としての分布範囲を明確化する。西周王朝の広がりを策定するための基礎的作業であるが，青銅彝器の組成の面からいくつかの青銅器文化圏を指摘することが可能となる。第3章は西周王朝の中心地である関中平原を分析対象とし，西周の王都およびそれに属すると考えられる邑のあり方を考古資料から論じる。また，墓地出土青銅器と窖蔵出土青銅器との比較から，西周中期～後期にかけての王朝による「礼」の変化を指摘する。第4章は諸侯国地域における青銅彝器祭祀を検討した。第1節・第2節では諸侯国における青銅彝器の器物としての受容の諸様相を論じ，第3節では銘文に注目しながら，王朝による青銅器祭祀が受容された地域を論じる。これらの検討を通じて西周王朝と祭祀行為を共有する範囲が明らかとなる。最後に第5章として，本書の検討内容をまとめ，今後関わるはずの諸問題に関して問題提起を試みたい。

なお，具体的な考察に移る前に本書で使用するいくつかの概念を定義したい。本書が対象とする地理的な範囲は現在の中華人民共和国であるが，特に黄河流域が中心的な検討対象となる。中原・中原地域とは渭河流域の陝西省関中平原と河南省西部～中部地域を指す呼称とし，陝西省漢中盆地・河南省南陽盆地・河南省東部などはこれに含まないものとする。中原王朝とは二里

頭[14]・殷・周王朝の総称とする。西周とは武王が王朝を開き平王が洛陽に遷都するまでの時期名称であり，王朝の名称はあくまで周王朝であって「西周王朝」は厳密には存在しない。しかしながら，筆者は西周期と東周期との間で王朝の国家構造は大きく変化したと考えるため，本書では独自の国家構造を有する王朝として，西周期の周王朝を特に「西周王朝」と呼称する。また西周王室とそれに付随する行政集団によって直接的に統治・管理される範囲を王畿と呼称し，その範囲の内側を畿内，外側を畿外とする。西周畿外のうち青銅彝器の存在から王朝との直接的な関係を有したと考えられる地域を諸侯国と呼称する。ここでいう諸侯国とは，文献に周王の封建を受けたと記載される諸国に限らず，文献に現れない有力諸氏族をも便宜上含むこととした。

　青銅彝器に関して，筆者は周王朝から諸侯国へ青銅彝器の賜与・分配が行われたと考えているが，周王朝の工房で生産され各地にもたらされたこのような青銅彝器を王朝系青銅彝器と呼称する[15]。一方で祖先祭祀の場で利用されたと考えられるものの，器種・器形・紋様などの点で王朝系青銅彝器から大きく逸脱しており，在地生産と考えられる器を地方型青銅彝器と呼ぶこととする。

　時期区分に関して，本書では西周期を青銅器の型式に基づいて前期・中期・後期の三期に区分し，それぞれに前段・後段を設定する。また青銅器の製作は西周期の前後で技術的に連続しており，その型式変化は王朝の生滅と厳密に対応するわけではない。本書では西周期の青銅器を検討対象としたが，ここにはその前後に位置づけられる殷末期から西周初頭にかけて製作された器と，西周後期から春秋初頭にかけて製作された器が必然的に含まれている。同様に前期・中期・後期はそれぞれ西周の各王の在位期間と対応するわけではないが，中国における研究で一般的な「早期・中期・晩期」という三期区分は周の王世と密接に結びついた概念であり[16]，比較のために本書においても各期と西周王世との大まかな対応関係を提示する必要がある。銘文中に王名を有する器への検討から，本書では西周前期に武王・成王・康王が，西周中期に昭王・穆王・共王・懿王が，西周後期に孝王・夷王・厲王・共和・宣王・幽王が，おおよそ対応する王世として考えたい。殷末周初期に関してはおおよそ文王〜武王の時期を想定している。殷墟四期に併行する先周文化期にあたる。「殷後期」は殷墟期の，「殷墟後期」は殷墟三期・四期の遺物に対する呼称とする。

注
1) 周による克殷の年代について，研究者によって諸説が存在するが，多くが前11世紀後半としている。詳細な検討は平勢隆郎氏の研究に詳しい（平勢1996・2001a）。
2) 中国の研究者は多くが「夏」を王朝として表現しているが，外国人研究者の中には夏王朝という呼称を用いるには慎重な立場に立ち，文化名称としての二里頭文化を以って呼称とする場合も少なくない。筆者は二里頭文化，あるいは二里頭王朝という呼称が妥当であると考えているが，両者に関する議論は本論の主たる検討対象からは外れるため，史書の記述や先行研究の紹介においては適宜「夏」という名称を使用することとする。

3) 東遷の経緯について，『春秋左氏伝』や西晋代に出土した年代記『竹書紀年』には『史記』の記述とは異なる記述がみられる。『史記』では一部の諸侯が異民族と共同して反乱を起こし幽王が殺され，その子である平王が成周で即位したことが述べられるが，『竹書紀年』では幽王死後の混乱の中で，携王と平王が並び立ち東西に分かれて争ったことが述べられる。なお，本書で扱う『竹書紀年』は古本『竹書紀年』を指し，明代に偽作されたとされる今本『竹書紀年』を指すものではない。
4) 「共和」と「共伯和」に関する議論は既に多くの先行研究によって指摘されている（竹内 2003）。
5) 佐藤信弥氏は中国におけるいわゆる二重証拠法が，文献史料の傍証としてのみ出土史料を扱ってきたことを指摘している（佐藤 2008）。
6) 「先周文化」という語が鄒衡によって論文中に表現されるのはおそらく 1980 年に刊行された『夏商周考古学論文集』中の「論先周文化」（寄稿は 1979 年）であるが，「先周文化」の概念自体は 1970 年代前半には既に明確に有していたものと思われる。
7) 墓室から東西南北に伸びる四つの墓道を持つ大墓は，その平面形が「亜」という字の古字に似ることから「亜字形墓」と呼ばれる。同様に，南北（あるいは東西）に墓道を持つ墓は「中字形墓」，墓道を一本のみ持つ墓は「甲字形墓」と呼ばれる。
8) 本報告では魯国故城の年代を西周前期にまで遡らせるが，それを疑問視する見解もある。許宏 2000 等を参照のこと。
9) 例えば，河南省鹿邑長子口墓や陝西省少陵原西周墓地，陝西省梁帯村芮国墓地など，正式報告が刊行された遺跡だけでも枚挙にいとまがない（豫 21，秦 77，秦 72）。
10) 例えば，『春秋公羊伝』桓公二年の何休注には「天子九鼎，諸侯七，卿大夫五，元士三」という記述がみえる。
11) 岡村秀典氏は用鼎制度を再検討し，西周中後期に用鼎数の規範が形成されたとする鄒衡氏らの意見を是としている（岡村 2005）。
12) 李朝遠 1994 は西周中期を穆・共・懿・孝・夷王期として設定しているので，曹瑋氏の見解は三期区分に従うならば西周中期後半に礼制上の変化があったとみなしていることになる。
13) 青銅器のうち，武器や工具・装飾品とは異なり，祭器として供されるために作られた青銅製の容器・楽器に対して，本書では青銅葬器という呼称を使用する。
14) ここでいう二里頭王朝とは，河南省偃師市二里頭遺跡を中心として紀元前 2000 年〜前 1500 年頃に栄えた文化を指す。現在ではひろく「夏王朝」として認識されることが多いが，二里頭文化を文献上の夏王朝に同定するには，今なお多くの解決すべき問題が存在するように思われるため，本書では「二里頭王朝」の語を主に使用する。
15) このような王朝系青銅葬器を製作した工房が周王室の管理下において運営されていたのか，あるいは王室と共に中央政府を構成した有力貴族もその運営に参与していたのか，現状では判別が難しい。
16) 例えば，王世民氏らの青銅葬器の断代研究では西周「早期」を武王・成王・康王・昭王，「中期」を穆王・恭王・懿王・孝王・夷王，「晩期」を厲王・宣王・幽王としている（王世民ほか 1999）。『殷周金文集成』も同様の三期区分を行っている（中国社会科学院考古研究所 1984-1994）。

第2章　西周青銅器の広がり

　紀元前11世紀後半に西周王朝が成立し紀元前8世紀前半に滅ぶまでの約250年の間，数多くの青銅器が製作された。一部は伝世品として現在に伝わり，また一部は墓や窖蔵と呼ばれる貯蔵穴から出土している。西周期の青銅器の出土は王朝の中心であったとされる陝西省関中平原に集中するが，陝西省から遠く離れた中国各地からも青銅器の出土が知られるように，その分布範囲は広大である。本書の目的は，西周社会がどのように形成されたのかを青銅彝器への検討を通じて明らかにすることである。その前提として，西周青銅器の型式変化と出土地点を検討し，その時間的・空間的な枠組みを設定する。

第1節　西周青銅器編年の枠組み

　殷周時代には数多くの青銅器が製作されたが，中でも古代中国を特徴づけるものは青銅彝器である。前章で触れたように，青銅彝器は王朝秩序の規範としての「礼」とも関わる重要な器物であった。本節では周原地域から出土した青銅彝器を対象として，西周青銅彝器の時代的な型式変化を検討したい。

　本書で対象とする青銅器とは，宗廟で祖先祭祀に用いた礼楽の器であると考えられている，鼎・鬲鼎・方鼎・鬲・甗・簋・盂（小型盂）・盨・簠・豆・爵・角・斝・盉・兕觥・尊・鳥獣尊・方彝・卣・罍・壺・瓿・觚・觶・杯・盤・匜などの各種容器と，鐘・鐃・鎛などの楽器である[1]（第1図）。戈・鉞・矛・鏃などの武器や斧・鏟・錛などの工具，鑾鈴・轄などの車馬具は本書の対象からは除外する。またその時期について，殷末から西周後期～春秋初頭を対象としている。説明するまでもなく，西周時代の初年と末年とは考古資料からではなく文献記載に基づいて設定された境界であり，考古遺物の変化とは必ずしも一致しない。殷末期の青銅彝器と周初の青銅彝器とは外見上の大きな変化がなく，一般的にともに同一の（あるいは同系統の）生産集団によって製作されたものと考えられている。青銅器の型式から殷末と周初とを区分することは困難であるため，本章では殷末と周初とを一括して殷末周初期[2]として扱いたい[3]。

　第1章第2節で述べたように，西周青銅器の編年研究に関しては，これまで容庚氏や陳夢家氏，林巳奈夫氏らが優れた研究を行っている（容庚1941，林1984・1989，陳夢家2004）。しかしながら，これらの先行研究は資料の制約上，出土資料と同等かそれ以上に，伝世資料に重点を置いた編年研究にならざるを得なかった。年代比定の根拠となるような西周の王名が記された銘文を有する青銅器は伝世資料に多く見られるため，その点では伝世資料が極めて貴重な資料であることには

16　第2章　西周青銅器の広がり

鼎　　　鬲鼎　　　方鼎　　　鬲

甗　　　簋　　　盂

小型盂　　　盨　　　簠　　　豆

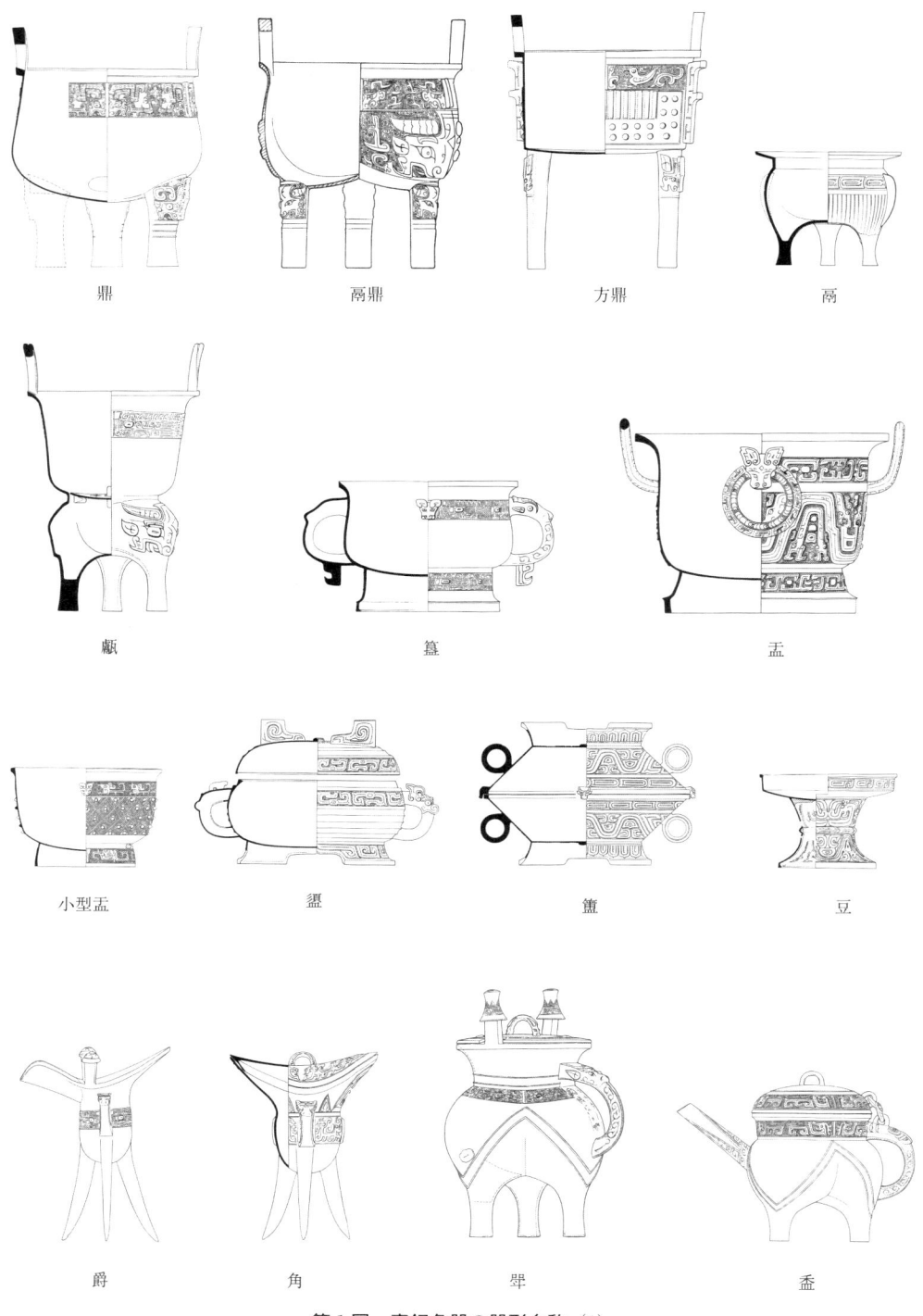

爵　　　角　　　斝　　　盉

第1図　青銅彝器の器形名称（1）

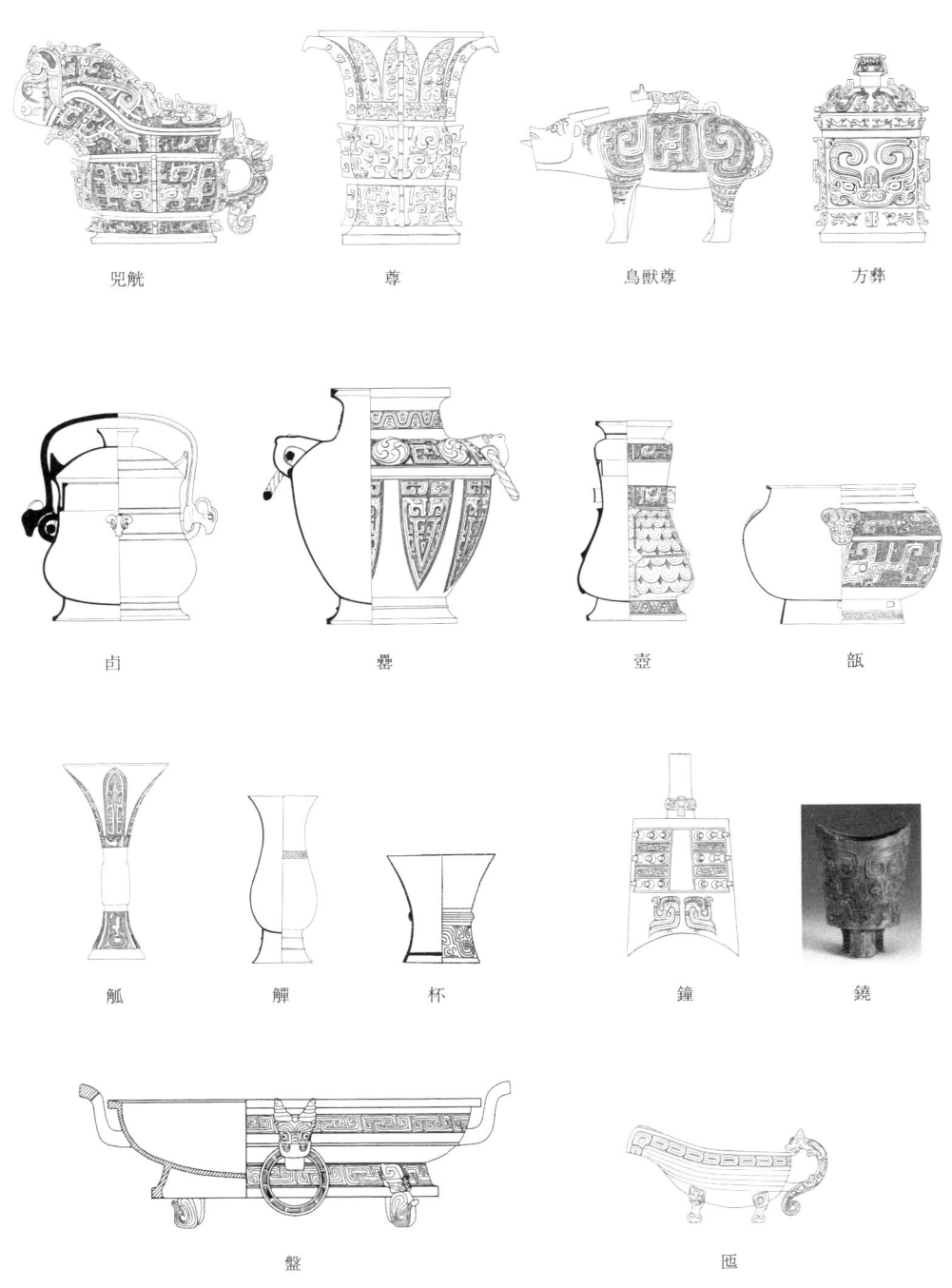

第1節　西周青銅器編年の枠組み　17

兕觥　　尊　　鳥獣尊　　方彝

卣　　罍　　壺　　瓿

觚　　觶　　杯　　鐘　　鐃

盤　　匜

第1図　青銅彝器の器形名称（2）

違いないが，元来，宝物として長きにわたって珍重されてきた青銅器には，それゆえに贋作の存在という問題がある。また，伝世資料のほとんどは出土地点が不明であり，王朝によって製作された青銅器と在地製作の青銅器とをどのような基準によって選り分けるのか，という問題を満足させることが非常に難しい。西周青銅器の地域的な広がりを論じ，王朝系青銅葬器と地方型青銅葬器の別を論ずるためには，その中軸として出土資料に基づいた王朝系青銅葬器の詳細な編年を設定する必要がある。近年の発掘調査に伴って出土資料が飛躍的に増加した今，先学の成果を踏まえたうえで，新たな西周青銅器編年の枠組みを設定することは意義あることであると考える。

本章で後述するように，西周青銅器の出土は陝西省で最も多く，特に関中平原の豊鎬地域と周原地域に集中している。また，周原の鳳雛村遺跡で発見された西周時代の建築址からは殷との関係を示す甲骨も出土しており，当地が周人の本拠地であった可能性が極めて高い（陝西周原考古隊1979b，曹瑋2002）。本節では周原遺跡群出土の西周青銅器を王朝系青銅葬器の標準とし，中でも出土点数が多くかつその変化過程を看取しやすい鼎を対象として詳細な編年を設定し，各地出土青銅器の時期比較のための基準とする。西周青銅器のほとんどは切り合いの無い墓，あるいは青銅器窖蔵から出土するため，編年に際して層位的な先後関係を考察することは難しい。そこで，まず型式学的変遷を明らかにしたうえで，銘文から年代を知ることができる器を参考にし，器の年代を与えたい[4]。

周原遺跡群からは100点近い青銅鼎の出土が報告されている[5]。扶風県の法門鎮荘白・法門鎮美陽・法門鎮斉村・黄堆郷斉家村・黄堆郷斉鎮・黄堆郷強家村・黄堆郷康家村・黄堆郷下務子村，岐山県の京当郷礼村・京当郷賀家村・京当郷董家村・京当郷劉家村・京当郷王家嘴など各地から出土しており，その多くは局地的に発見された墓や窖蔵からの出土である。

周原出土の青銅鼎は，腹部と足部の形状に基づいて，以下の五類に区分することが可能である。

　　甲類：垂腹・柱足のもの。胴最大径は腹部下半にある。
　　乙類：垂腹・太い柱足のもの。足部に鰭状の装飾をつけるものが多い。
　　丙類：直腹・獣脚蹄足のもの。足部に鰭状の装飾がつけるものが多い。
　　丁類：球腹・獣脚蹄足のもの。
　　戊類：小型・粗製で明器とされるもの。

また，頸部の装飾によってa・b両類に細分することができる[6]。

　　a類：饕餮紋・鳥紋・羽渦紋・列鱗紋などの紋様を飾るもの。
　　b類：弦紋または無紋のもの。

上の基準に従い，周原で出土したことが報告される98点の青銅鼎について各々を分類したものが第1表であり，この地区においては甲a類・甲b類・乙類・丙類・丁a類・丁b類・戊類の存在が指摘しうる。98点のうち甲類が51点，乙類が5点，丙類が10点，丁類が25点，戊類が2点，その他2点，不明3点で，甲類の数が最も多く，丁類がそれに続き，乙・丙・戊の各類は西周期を通じての主要な鼎ではなかったことがうかがえる。

次に各類での時代的な変化を検討した（第2図）。

第1節　西周青銅器編年の枠組み　19

第1表　周原地区出土青銅鼎一覧

番号	地点	出土時期	出典	出土状況	鼎名称	番号1	番号2	鼎型式	鼎時期	紋様	銘文	備考
1	扶風県法門公社荘白大隊任家村	1940代	考古与文物 1980.4 pp.6-22	窖蔵	吉父鼎	21807		丁a	後期後段	長短列鱗紋	有	
2	扶風県法門公社荘白大隊任家村	1940代	考古与文物 1980.4 pp.6-22	窖蔵	弦紋鼎			不明	不明	弦紋	不明	図なし
3	扶風県荘白	1946	考古与文物 1980.4 pp.6-22	窖蔵	夔紋鼎	総168		丙	中期後段	顧首S字形龍紋	無	4と同じ器である可能性が高い
4	扶風県法門公社荘白大隊任家村	1949以前	周原出土青銅器 pp.2067-2069		夔紋鼎	総0019		丙	中期後段	顧首S字形龍紋	無	3と同じ器である可能性が高い
5	岐山県清華鎮童家村	1952	文物1959.10 pp.84-85、周原出土青銅器 pp.2052-56		外叔鼎	総五九一		乙	中期前段	顧首S字形龍紋	有	
6	扶風県法門郷南作村	1953	周原出土青銅器 pp.2057-58		獣面紋鼎	総0089		甲a	前期前段	饕餮紋	無	
7	岐山県王家嘴	1953	陝西出土商周青銅器一図139		渦紋鼎	△7		甲a	前期前段	囧紋・目于紋	無	
8	岐山県京当公社賀家村	1956	考古与文物 1984.5 pp.10-13、周原出土青銅器 pp.2050-51		↑マ鼎	総699		甲a	前期前段	円紋	有	
9	岐山県京当公社礼村	1957	考古与文物 1984.5 pp.10-13、周原出土青銅器 pp.2070-2072		弓鼎（甲）	総8		甲b	中期前段	弦紋	有	
10	岐山県京当公社礼村	1957	考古与文物 1984.5 pp.10-13、周原出土青銅器 pp.2073-2074		弓鼎（乙）	総9		甲b	中期前段	弦紋	有	
11	扶風県上康村	1957.8	考古 1960.8 pp.8-11	墓	銅鼎			甲a	中期後段	顧首龍紋？	不明	同墓より12が出土
12	扶風県上康村	1957.8	考古 1960.8 pp.8-11	墓	銅鼎			不明	不明	弦紋？	不明	同墓より11が出土。図なし
13	岐山県祝家荘郷	1958	考古与文物 1994.3 pp.28-40		弦紋鼎	岐3		甲b	前期後段	弦紋	無	
14	扶風県斉家村	1960	文物1961.7 pp.59-60、周原出土青銅器 pp.63-65	窖蔵	叔犾父鼎	総60.0.204		丁a	後期前段	列鱗紋	有	
15	扶風県斉家村	1960	文物1961.7 pp.59-60、周原出土青銅器 pp.66-67	窖蔵	弦紋鼎	総60.0.203		丁b	後期前段	弦紋	無	
16	扶風県荘白大隊召陳村	1960	文物1972.6 pp.30-35、周原出土青銅器 pp.156-157	窖蔵	弦紋鼎	総七二241		甲b	中期前段	弦紋	無	
17	扶風県荘白大隊召陳村	1960	文物1972.6 pp.30-35、周原出土青銅器 pp.158-161	窖蔵	散伯車父鼎（甲）	総七二238		丙	後期前段	中後期型散開龍紋	有	

第2章　西周青銅器の広がり

番号	地点	出土時期	出典	出土状況	鼎名称	番号1	番号2	鼎型式	鼎時期	紋様	銘文	備考
18	扶風県荘白大隊召陳村	1960	文物1972.6 pp.30-35、周原出土青銅器 pp.162-165	窖蔵	散伯車父鼎（乙）	総七二240		丙	後期前段	中後期型散開龍紋	有	
19	扶風県荘白大隊召陳村	1960	文物1972.6 pp.30-35、周原出土青銅器 pp.166-169	窖蔵	散伯車父鼎（丙）	総七二242		丙	後期前段	中後期型散開龍紋	有	
20	扶風県荘白大隊召陳村	1960	文物1972.6 pp.30-35、周原出土青銅器 pp.170-173	窖蔵	散拍車父鼎（丁）	総七二243		丙	後期前段	中後期型散開龍紋	有	
21	扶風県荘李村	1963.01-02	文物1963.9 pp.65-66、周原出土青銅器 pp.2078-2081		竊曲紋鼎	臨1963		丁a	後期後段	目足羽紋・山紋	有	
22	岐山県賀家村	1966.12	文物1972.6 pp.25-27、周原出土青銅器 pp.1092-1094	墓	獣面紋鼎	七二200		乙	中期前段	饕餮紋	無	
23	扶風県黄堆公社雲塘大隊斉鎮生産隊	1971.9	文物1972.7 pp.9-12、考古与文物1980.4 pp.6-22、周原出土青銅器 pp.1120-1123	墓	㫑母鼎		71FQM1:1	甲a	前期前段	饕餮紋	有	一号墓
24	扶風県黄堆公社雲塘大隊斉鎮生産隊	1971.9	文物1972.7 pp.9-12、考古与文物1980.4 pp.6-22、周原出土青銅器 pp.1128-1129	墓	夔紋鼎	総0052		甲a	中期前段	変形前向W字龍紋	無	二号墓
25	扶風県法門公社召李大隊康家村	1972	文物1973.11 pp.78-79、周原出土青銅器 pp.2082-2084		會娟鼎	総0037		丁a	後期前段	長短列鱗紋	有	
26	扶風県劉家村	1972	周原出土青銅器 pp.1148-1150、陝西出土商周青銅器三 図48	墓	伯鼎	総九一2180	豊M:15	甲a	前期後段	饕餮紋・斜方格乳紋	有	同墓より27・28が出土
27	扶風県劉家村	1972	周原出土青銅器 pp.1151-1152、陝西出土商周青銅器三 図46	墓	獣面紋鼎	総九一2175	豊M:13	甲a	前期後段	饕餮紋	無	同墓より26・28が出土
28	扶風県劉家村	1972	周原出土青銅器 pp.1153-1156、陝西出土商周青銅器三 図47	墓	獣面紋鼎	総九一2181	豊M:14	甲a	前期後段	饕餮紋・尖葉形内双羽紋	無	同墓より26・27が出土
29	岐山県京当郷劉家村	1973	考古与文物1994.3 pp.28-40		竊曲紋鼎	岐13		不明	不明	不明	不明	図なし
30	扶風県劉家水庫	1973.10	考古与文物1980.4 pp.6-22、周原出土青銅器 pp.1212-1213	墓	弦紋鼎	総0031		甲b	中期後段	弦紋	無	
31	扶風県法門公社美陽大隊	1973年末	文物1978.10 pp.91-92、陝西出土商周青銅器一 図42、周原出土青銅器 p.1200	墓	簡化獣面紋鼎	総0030	F七三611	（甲b）	殷末周初	目紋	無	

第1節　西周青銅器編年の枠組み　21

番号	地点	出土時期	出典	出土状況	鼎名称	番号1	番号2	鼎型式	鼎時期	紋様	銘文	備考
32	岐山県賀家村	1973冬	考 古 1976.1 pp.31-37、周原出土青銅器 pp.1226-1227	墓	夔紋鼎	総七五24		(甲a)	殷末周初	前向W字龍紋・斜方格乳紋	無	一号墓
33	岐山県賀家村	1973冬	考 古 1976.1 pp.31-37、周原出土青銅器 pp.1226-1228	墓	榮有司毎鼎	総七五20		その他	中期？	列鱗紋		三号墓。特殊形（注口）
34	岐山県賀家村	1973冬	考 古 1976.1 pp.31-37、周原出土青銅器 pp.1306-1307	墓	□庚茲鼎	総七五26		甲b	中期後段	弦紋	有	五号墓
35	岐山県京当郷北窯村	1974	考古与文物 1994.3 pp.28-40		夔龍紋鼎	岐127		(甲b)	殷末周初	S字龍紋？	無	
36	岐山県京当郷賀家村	1974	周原出土青銅器 pp.2059-2060		獣面紋鼎	総31		甲a	前期前段	饕餮紋	無	
37	岐山県京当郷賀家村	1974	周原出土青銅器 pp.2065-66		獣面紋鼎	総28		(甲b)	殷末周初	目紋	無	
38	岐山県賀家村	1974.12	陝西出土商周青銅器三 図5	窖蔵	伯夏父鼎	賀2		丁a	後期前段	列鱗紋	有	
39	扶風県黄堆公社雲塘大隊強家生産隊（強家村）	1974.12	文 物 1975.8 pp.57-62、周原出土青銅器 pp.302-305	窖蔵	師𣃔鼎	総七五43		乙	中期後段	句連S字形渦紋	有	
40	岐山県京当公社董家村	1975.2	文 物 1976.5 pp.26-44、周原出土青銅器 pp.336-339	窖蔵	五祀衛鼎	総七五140	75QDJ:2	甲a	中期後段	中後期型散開龍紋	有	
41	岐山県京当公社董家村	1975.2	文 物 1976.5 pp.26-44、周原出土青銅器 pp.340-343	窖蔵	九年衛鼎	総845	75QDJ:36	甲a	中期後段	中後期型散開龍紋	有	
42	岐山県京当公社董家村	1975.2	文 物 1976.5 pp.26-44、周原出土青銅器 pp.344-346	窖蔵	竊曲紋鼎	総105	75QDJ:32	丙	後期前段	中後期型散開龍紋	無	
43	岐山県京当公社董家村	1975.2	文 物 1976.5 pp.26-44、周原出土青銅器 pp.347-349	窖蔵	㠱鼎	総87	75QDJ:14	乙	後期前段	中後期型散開龍紋	有	
44	岐山県京当公社董家村	1975.2	文 物 1976.5 pp.26-44、周原出土青銅器 pp.390-393	窖蔵	此鼎（甲）	総76	75QDJ:3	丁b	後期前段	弦紋	有	
45	岐山県京当公社董家村	1975.2	文 物 1976.5 pp.26-44、周原出土青銅器 pp.394-397	窖蔵	此鼎（乙）	総77	75QDJ:4	丁b	後期前段	弦紋	有	
46	岐山県京当公社董家村	1975.2	文 物 1976.5 pp.26-44、周原出土青銅器 pp.398-401	窖蔵	此鼎（丙）	総七五135	75QDJ:5	丁b	後期前段	弦紋	有	
47	岐山県京当公社董家村	1975.2	文 物 1976.5 pp.26-44、周原出土青銅器 pp.440-442	窖蔵	仲㝬父鼎	総93	75QDJ:20	丁b	後期前段	弦紋	有	

第2章　西周青銅器の広がり

番号	地点	出土時期	出典	出土状況	鼎名称	番号1	番号2	鼎型式	鼎時期	紋様	銘文	備考
48	岐山県京当公社董家村	1975.2	文物 1976.5 pp.26-44、周原出土青銅器 pp.443-445	窖蔵	善夫旅伯鼎	総94	75QDJ:21	丁a	後期後段	長短列鱗紋	有	
49	岐山県京当公社董家村	1975.2	文物 1976.5 pp.26-44、周原出土青銅器 pp.446-448	窖蔵	善夫伯辛父鼎	総95	75QDJ:22	丁a	後期後段	長短列鱗紋	有	
50	岐山県京当公社董家村	1975.2	文物 1976.5 pp.26-44、周原出土青銅器 pp.449-450	窖蔵	重環紋鼎(甲)	総97	75QDJ:24	丁a	後期後段	列鱗紋	無	
51	岐山県京当公社董家村	1975.2	文物 1976.5 pp.26-44、周原出土青銅器 pp.451-452	窖蔵	重環紋鼎(乙)	総98	75QDJ:25	丁a	後期後段	長短列鱗紋	無	
52	岐山県京当公社董家村	1975.2	文物 1976.5 pp.26-44、周原出土青銅器 pp.453-455	窖蔵	廟孱鼎	総92	75QDJ:19	丁a	後期前段	列鱗紋	有	
53	扶風県法門公社荘白大隊白家生産隊	1975.3	文物 1976.6 pp.51-60、周原出土青銅器 pp.1361-1363	墓	戒鼎	総0102		甲a	中期後段	顧首S字形龍紋	有	
54	扶風県召李村	1975.3	文物 1976.6 pp.61-65、周原出土青銅器 pp.1322-1323	墓	獣面紋鼎	総0087		甲a	前期後段	饕餮紋	無	
55	扶風県黄堆公社雲塘村南地	1976	文物 1980.4 pp.39-55、周原出土青銅器 pp.1430-1431	墓	弦紋鼎	総0405	76FYMI3:13	甲b	中期後段	弦紋	無	十三号墓
56	扶風県黄堆公社雲塘村南地	1976	文物 1980.4 pp.39-55、周原出土青銅器 pp.1458-1459	墓	獣面紋鼎	総0435	76FYM20:6	甲a	前期前段	饕餮紋	無	二十号墓
57	岐山県賀家村	1976	文物資料叢刊 1983.8 pp.77-94、周原出土青銅器 pp.1502-1503	墓	弦紋鼎	ⅠA002	76QHM113:3	甲b	前期後段	弦紋	無	一一三号墓。同墓より58が出土
58	岐山県賀家村	1976	文物資料叢刊 1983.8 pp.77-94、周原出土青銅器 pp.1504-1505	墓	弦紋鼎	ⅠA001	76QHM113:2	甲b	前期後段	弦紋	無	一一三号墓。同墓より57が出土
59	扶風県法門公社荘白大隊白家生産隊	1976.12	文物 1978.3 pp.1-18、周原出土青銅器 pp.660-662	窖蔵	竊曲紋鼎	総0043	76FZJ1:34	その他	中期?	岡良紋	無	特殊形(二重底)
60	扶風県斉家村	1977	扶風県文物志 p.94、周原出土青銅器 pp.1516-1518	墓	興鼎	総0698	77FQM1:1	甲b	前期後段	弦紋	有	
61	岐山県王家嘴	1977	陝西出土商周青銅器一図12、周原出土青銅器 pp.1524-1525	墓	獣面紋鼎	総136	岐70	(甲b)	殷末周初	目紋	無	
62	岐山県京当郷礼村	1977	考古与文物 1994.3 pp.28-40		竊曲紋鼎	岐113		丁a	後期前段	双足羽紋	無	

第1節　西周青銅器編年の枠組み　23

番号	地点	出土時期	出典	出土状況	鼎名称	番号1	番号2	鼎型式	鼎時期	紋様	銘文	備考
63	扶風県斉家村	1978	扶風県文物志 p96、周原出土青銅器 pp.1540-1541	墓	弦紋鼎	総0708	78FQM5:6	甲b	中期後段	弦紋	無	五号墓
64	扶風県樊村	1978	周原出土青銅器 pp.2085-2086		弦紋鼎	総1827	78F樊徴:1	丁b	後期後段	弦紋	無	
65	扶風県斉家村	1978.8	文物1979.11 pp.1-11、周原出土青銅器 pp.1554-1557	墓	作旅鼎（甲）	総0802	78FQM19:27	甲a	中期後段	鳥紋	有	十九号墓。同墓より66が出土
66	扶風県斉家村	1978.8	文物1979.11 pp.1-11、周原出土青銅器 pp.1558-1560	墓	作旅鼎（乙）	総0803	78FQM19:28	甲a	中期後段	鳥紋	有	十九号墓。同墓より65が出土
67	岐山県鳳雛村	1978.9	文物1979.11 pp.12-15、周原出土青銅器 pp.988-1007	窖蔵	伯尚鼎			丁a	後期前段	列鱗紋	有	
68	岐山県京当公社王家嘴・衛里村	1980.3-10	文博1985.5 pp.1-7、周原出土青銅器 pp.1724-1726	墓	𤔲父丁鼎	総ⅠA004		甲b	前期前段	弦紋	有	一号墓。同墓より69が出土
69	岐山県京当公社王家嘴・衛里村	1980.3-10	文博1985.5 pp.1-7、周原出土青銅器 pp.1727-1728	墓	夔紋鼎	総ⅠA005		甲a	前期前段	凹字形龍身鳥首神・斜方格乳紋	無	一号墓。同墓より68が出土
70	扶風県黄堆村	1980.6-1981.3	文物1986.8 pp.56-68、周原出土青銅器 pp.1666-1668	墓	夔紋鼎	総1361	80FHM4:8	甲a	前期後段	顧首S字形龍紋	無	四号墓
71	扶風県劉家村	1980.12	扶風県文物志 p99、周原出土青銅器 pp.1716-1718	墓	夔紋鼎	総1451	80FLM2:1	甲a	中期前段	顧首S字形龍紋	有	二号墓
72	岐山県京当公社劉家生産隊	1981.3	考古与文物1984.5 pp.10-13、周原出土青銅器 pp.2087-2088		S形雲紋鼎	総521		丁a	後期前段	対向双羽紋	無	
73	扶風県黄堆郷強家村	1981.8	文博1987.4 pp.5-20、周原出土青銅器 pp.1732-1734	墓	夔紋鼎	総1476	81FQM1:2	甲a	後期前段	顧首W字形龍紋	無	一号墓。同墓より74・75・76が出土
74	扶風県黄堆郷強家村	1981.8	文博1987.4 pp.5-20、周原出土青銅器 pp.1735-1736	墓	竊曲紋鼎	総1487	81FQM1:13	丙	後期前段	句連ワ字形羽渦紋	無	一号墓。同墓より73・75・76が出土
75	扶風県黄堆郷強家村	1981.8	文博1987.4 pp.5-20、周原出土青銅器 pp.1737-1739	墓	弦紋鼎（甲）	総1488	81FQM1:14	甲b	後期前段	弦紋	無	一号墓。同墓より73・74・76が出土
76	扶風県黄堆郷強家村	1981.8	文博1987.4 pp.5-20、周原出土青銅器 pp.1740-1741	墓	弦紋鼎（乙）	総1489	81FQM1:15	甲b	中期後段	弦紋	無	一号墓。同墓より73・74・75が出土
77	扶風県黄堆公社下務子村	1981.12	文物1982.12 pp.43-46、周原出土青銅器 pp.1010-1013	窖蔵	師同鼎	総1941	82FX徴:52	丁a	後期前段	列鱗紋	有	
78	扶風県黄堆公社下務子村	1981.12	文物1982.12 pp.43-46、周原出土青銅器 pp.1014-1015	窖蔵	弦紋鼎	総1942	82FX徴:53	丁b	後期後段	弦紋	無	

第2章　西周青銅器の広がり

番号	地点	出土時期	出典	出土状況	鼎名称	番号1	番号2	鼎型式	鼎時期	紋様	銘文	備考
79	扶風県法門宝塔村	1982	周原出土青銅器 pp.2089-2090		弦紋鼎	総0117		丁b	後期後段	弦紋	無	
80	扶風県斉家村	1982.3	考古与文物 1985.1 pp.12-18、周原出土青銅器 pp.1018-1019	窖蔵	鳥紋鼎	総2198	82FQJ7:1	丁a	中期後段	鳥紋	無	
81	扶風県下務子村	1985	周原出土青銅器 pp.2091-2092		弦紋鼎	総2219		丁b	後期後段	弦紋	無	
82	岐山県京当郷王家嘴村	1987	周原出土青銅器 pp.2048-2049		方格乳釘紋鼎	総ⅡA011		甲a	前期前段	凹字形龍身鳥首神・斜方格乳紋	無	
83	岐山県蒲村郷洗馬荘張家村	1987.4	考古与文物 1990.1 pp.50-52		弦紋鼎			甲b	中期後段	弦紋	無	
84	扶風県斉家村	1991	考古 1999.4 pp.18-21、周原出土青銅器 pp.1922-1923	墓	弦紋鼎	総3011	91FQM8:2	甲b	中期前段	弦紋	無	八号墓(M2)
85	扶風県斉家村	1991	考古 1999.4 pp.18-21、周原出土青銅器 pp.2075-2076	墓	師□□鼎	総2504		甲a	中期前段	中後期型散開龍紋	有	M1
86	岐山県京当郷賀家村	1992	周原出土青銅器 pp.2061-2063		渦紋鼎	総ⅠA1163		甲a	前期前段	囧紋・井紋	無	
87	扶風県黄堆郷黄堆村	1992春	文博 1994.5 pp.78-86、周原出土青銅器 pp.1928-1929	墓	S形雲紋鼎	総2671	92FHM37:5	丙	中期後段	対向双羽紋	無	三十七号墓
88	扶風県黄堆郷黄堆村	1992春	文博 1994.5 pp.78-86、周原出土青銅器 pp.1942-1943	墓	重環紋鼎	総2701	92FHM45:2	丁a	後期前段	列鱗紋	無	四十五号墓
89	扶風県斉家村	1993	周原出土青銅器 pp.2093-2094		重環紋鼎	総2598	93FQJ:1	丙	中期後段	列鱗紋	無	
90	扶風県法門鎮黄堆村老堡子	1995	文物 2005.4 pp.4-25、周原出土青銅器 pp.1948-1949	墓	銅鼎	総2836	95FHM55:21	戊	後期前段	無紋	無	五十五号墓
91	扶風県法門鎮黄堆村老堡子	1995	文物 2005.4 pp.4-25、周原出土青銅器 pp.1982-1983	墓	弦紋鼎	総2882	95FHM58:1	甲b	中期後段	弦紋	無	五十八号墓
92	扶風県斉家村	1995	周原出土青銅器 p.2063-2064		戈父己鼎	総3013		乙	前期後段	饕餮紋	有	
93	扶風県法門鎮黄堆村老堡子	1996	文物 2005.4 pp.26-42、周原出土青銅器 p.2000	墓	銅鼎	総2951	96FHM71:1	戊	後期後段	無紋	無	七十一号墓
94	扶風県法門鎮李家村	2003.秋	古代文明3 pp.436-490	墓	銅鼎		M17:2	甲b	中期後段	弦紋	無	17号墓
95	扶風県法門寺鎮荘李村	2003.3-2004	考古 2004.1 pp.3-6、考古 2008.12 pp.3-22	墓	鼎		M9:12	甲a	前期後段	饕餮紋	無	九号墓。同墓より96・97が出土。
96	扶風県法門寺鎮荘李村	2003.3-2004	考古 2004.1 pp.3-6、考古 2008.12 pp.3-22	墓	鼎		M9:14	甲a	前期後段	饕餮紋	無	九号墓。同墓より95・97が出土。

番号	地点	出土時期	出典	出土状況	鼎名称	番号1	番号2	鼎型式	鼎時期	紋様	銘文	備考
97	扶風県法門寺鎮荘李村	2003.3-2004	考古 2004.1 pp.3-6、考古 2008.12 pp.3-22	墓	鼎		M9:13	甲b	前期後段	無紋	無	九号墓。同墓より95・96が出土。
98	扶風県法門鎮荘白村劉家組	2004.4	文博 2007.4 pp.4-8	墓	弦紋銅鼎		M1:2	甲b	中期前段	弦紋	無	

　甲類鼎の変化は，胴部の張り出しとそれに伴う垂腹化の進行，および底部の平坦化の過程として現れ，結果としてその器深は徐々に浅化していく。甲a類を例にとれば，69や36では胴部は丸みを帯びつつもその張り出しは顕著ではく，垂腹化は起こっておらず，最大径は頸部付近に位置する。また，全体的に胴部と底部は未だ連続的な変化をみせている。これは殷代末期の鼎とも共通する特徴である（第3図1）。ところが，24や71などの段階に入ると垂腹化が顕著に進行し，それ以前と比して底部はほぼ平坦化すること，および胴部と底部との境界が明瞭化するという点で大きく異なる。足の付く位置はほぼ変化していないが，胴部の張り出しが顕著であるため三足が平坦化した底部から伸びているような印象を与え，同時に三足の間隔はやや広がる。66は典型的な例であろう。73は底部の平坦化と垂腹化が進行した結果，非常に浅い。この器には11などと比べ，より遅い時期を推定しえるが，同時期の例は少ない。

　甲b類も基本的な変化は甲a類と同様である。その出現は甲a類に比べやや遅れるようであるが垂腹化・底部平坦化・器深の浅化という特徴は相同で，甲a類に比べ垂腹化進行後の出土例が多い。また，甲b類では足の断面形状に変化がはっきりと表れ，もともと柱状であった三足が中期に半月形を呈する点では甲a類と同様であるが，75などのより遅い段階では断面が三日月形になる点である。もともと柱状足の場合であっても多くの場合，鼎足は中実ではなく，内側には内型が詰まった状態であるが，この段階に至り，足を青銅で包むことなく内型に相当する部分を底部外型と一体化させ，湯が回りきった後で足部の型に使った内型を落としたのであろう。鋳銅の節約あるいは鋳型構造の効率化という点から論じられるべき点であるが，このような変化は甲b類でも最も遅い段階に特徴的である。

　共伴関係に関して，甲a類の69と甲b類68，および甲a類の73と甲b類の75はそれぞれ同じ墓から出土した。69と68は紋様を別にすれば，垂腹化が見られず忠実の太い実測を持つという点でよく似ている。また，73と75も，垂腹化の進行と底部の平坦化という点で共通性が高い。したがって，甲a類と甲b類はほぼ相同の型式変化を経たとみるべきであり，同じ側視形の器には同時代を与えて問題ないと思われる。

　乙類は足部が太く鰭状の装飾を持つもので，紋様表現の点からみても精緻に作られている例が多い。脚部が太く，中央がやや細く接地面に向かって再びやや裾がひろがる。このような頑丈な足部はその大型の器体を支えるために必要であり，林巳奈夫氏の指摘する如く，足部の細かな装飾・精緻な紋様表現・大型の器体はどれもより見栄えのする器を作ろうという一貫したテーマのもとに選択された結果であろう[7]。出土点数が少なく，それだけに限られた場合での製作が想定

26　第2章　西周青銅器の広がり

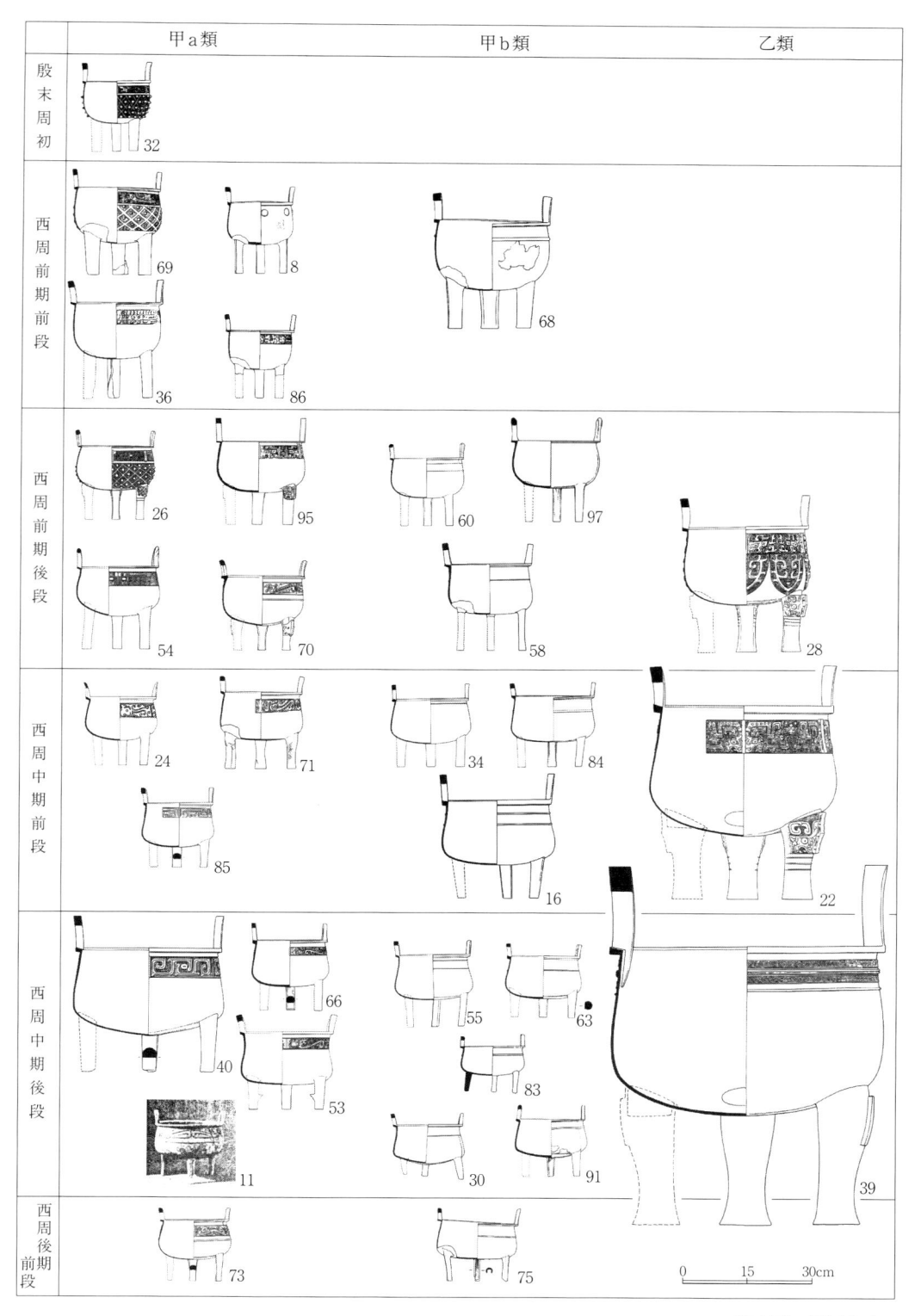

	甲a類	甲b類	乙類
殷末周初	32		
西周前期前段	69　8　36　86	68	
西周前期後段	26　95　54　70	60　97　58	28
西周中期前段	24　71　85	34　84　16	22
西周中期後段	66　40　53　11	55　63　83　30　91	39
西周後期前段	73	75	

第2図　周原出土

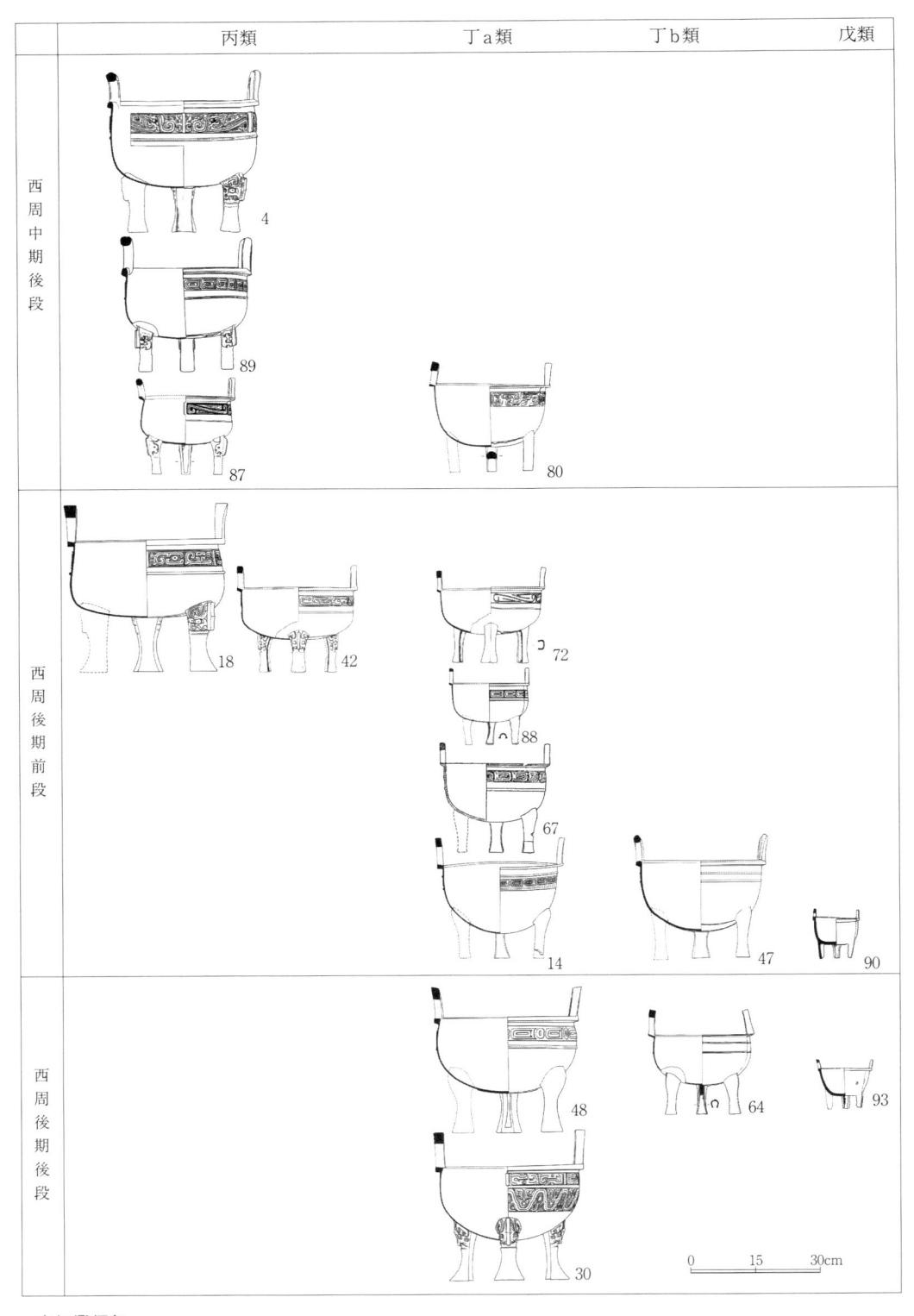

	丙類	丁a類	丁b類	戊類
西周中期後段	4 / 89 / 87	80		
西周後期前段	18 / 42	72 / 88 / 67 / 14	47	90
西周後期後段		48 / 30	64	93

青銅鼎編年

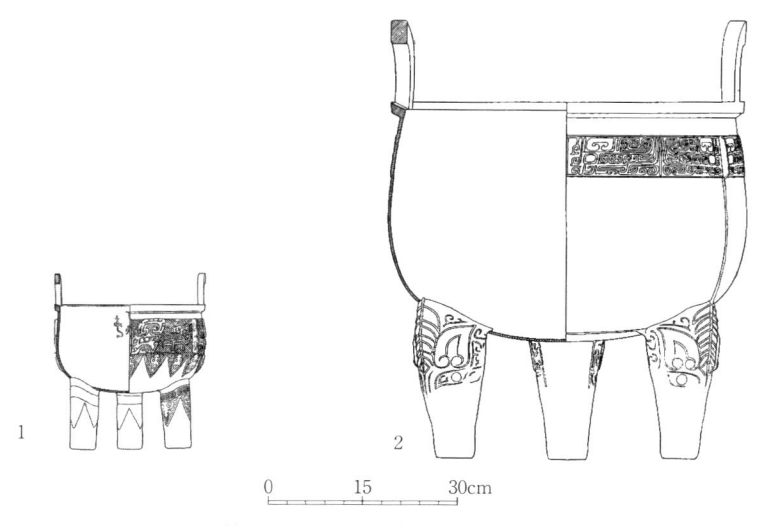

第3図　殷墟婦好墓出土の青銅鼎
1 ⅡA式円鼎（821）　2 Ⅰ式大円鼎（808）

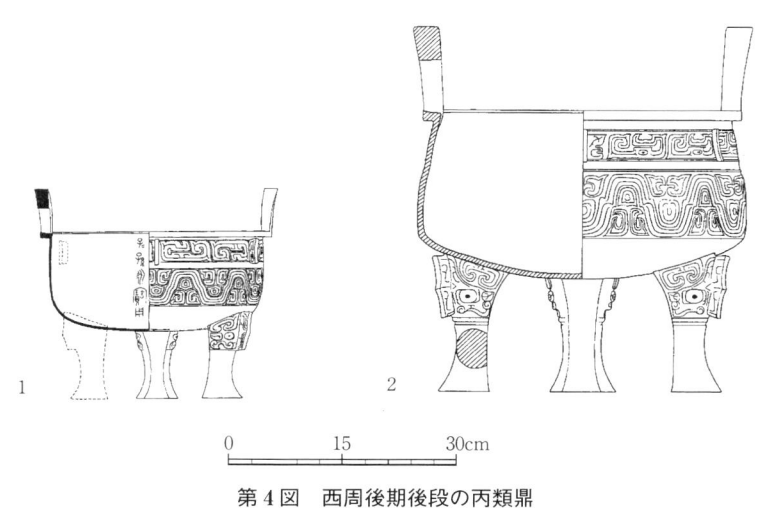

第4図　西周後期後段の丙類鼎
1 北趙晋侯墓地 M64:130　2 楊家村出土四十二年逨鼎乙 2003MYJ: 1

されるが，器それ自身の変化は捉えにくい。遅い段階の一部の器では，甲a類と同様に垂腹化が明瞭である。乙類のような大型鼎はすでに殷墟期から登場している（第3図2）。大型・精緻な装飾という特徴は乙類鼎と一致しており，殷墟期と西周期とでこれらの鼎に同様の性格が附与されていた可能性がある。周原遺跡群においては，乙類も垂腹化によってある程度の時間的な変化を追うことができるものの，甲類の最末期の段階に相当する時期の出土例はない。後述するようにその役割が丙類に置き換わったものと考えられる。

丙類の特徴は胴上部から胴下部までが基本的に真直ぐで，足に鰭状の装飾を持つ。出土点数は甲類・丁類に比べ少数で，足の形状と鰭状装飾に乙類との類似性がみられ，丙類にも大型の例が少なくない。42は甲b類75と同じく断面が三日月形の三足を持ち，ほぼ同時期の器であろう。足部の形状や胴部がやや丸みを帯びる点などから，18や42よりも遡ると思われる4などの例は乙類鼎の最後の段階に当たる39などとも近い。乙類鼎の消滅は丙類鼎の成立が影響しているものと思われ，おそらく丙類鼎は当該時期に乙類鼎から変化したものであろう。なお，周原遺跡群からの出土例は未だないものの，周辺からは丙類の西周後期後段に相当する例が複数出土（第4図）しており，この類は西周後期の青銅鼎組成の一部を担っていたものと思われる。

丁類鼎の変化は一般的に，球腹の浅化と脚部の獣脚化・足部先端の蹄足化の進行があげられる。80は半球形の胴部を呈するが足部は柱足であり，丁類の早い例といえる。丙類鼎89や42は丁

1 大盂鼎　　　　　　　　　　　　　　2 毛公鼎
第5図　西周前期と後期の青銅鼎

類との共通性がみられ，丁類はその早い段階では丙類に影響を受けながら成立したタイプであることを物語っている。獣脚・蹄足化の進行が丁類を特徴づける変化であるが，同時に足部の位置にも変化があり，底部から下へ向かって三足が伸びる形から，時代が下るにつれて足部と胴部の接合点が外側に移り，三足間の相対的な距離は広がる。丁a類鼎の早い段階に当たる72は，甲b類と同様，足部断面が三日月形化しており，その時期が近いことを示している。この時期は甲類鼎の最晩期に相当し，また丁類は基本的に甲類・乙類とは伴わない。したがって，丁類鼎の盛行時期は甲類・乙類よりも遅いものと考えるべきであろう。

　丁b類の出現は丁a類に比べやや遅れる。丁a類は後期後段で胴上部に罔良紋や羽渦紋を飾り，胴下部に山紋[8]を飾る30のような例が現れるが，これはやや先行すると考えられる丙類の遅い段階の紋様表現（第4図）を取り入れたものであろう。このタイプは春秋時代で典型的な鼎となっていく。

　戊類は出土点数が少ない。所謂明器とされるもので，その作りは粗く小さい。器種を鼎に限れば，このような明器は周原では西周末にはじめて出現する。90・93はともに半球状を呈しており，おそらく丁b類に起源をもつものであろう。

　以上の検討から，西周期の青銅鼎は二度の大きな変化を経たといえる。つまり，ある段階で甲類鼎において胴部の垂腹化と底部の平坦化がが顕著にみられるようになったことと，更に遅い段階で甲類鼎・乙類鼎が基本的に消滅し，変わって丙類鼎・丁類鼎が盛行するようになる，という変化である。この二度の変化を挟んで，青銅鼎を西周前期・西周中期・西周後期の三期に区分することが可能となる。また各期をさらに細分し，前段・後段を設定し得た。そしてこのような西

30　第 2 章　西周青銅器の広がり

	甲 a 類	甲 b 類
西周前期前段	M62:1　M123:12	
西周前期後段	M234:1　M285:1	M167:1　M233:1
西周中期前段	M390:1　M73:1	M51:1　M145:1　M112:8　M217:1　M203:7　M183:4　M183:5
西周中期後段	M320:3	M304:1　M106:1　M320:4
西周後期前段	M253:5	

0　10cm

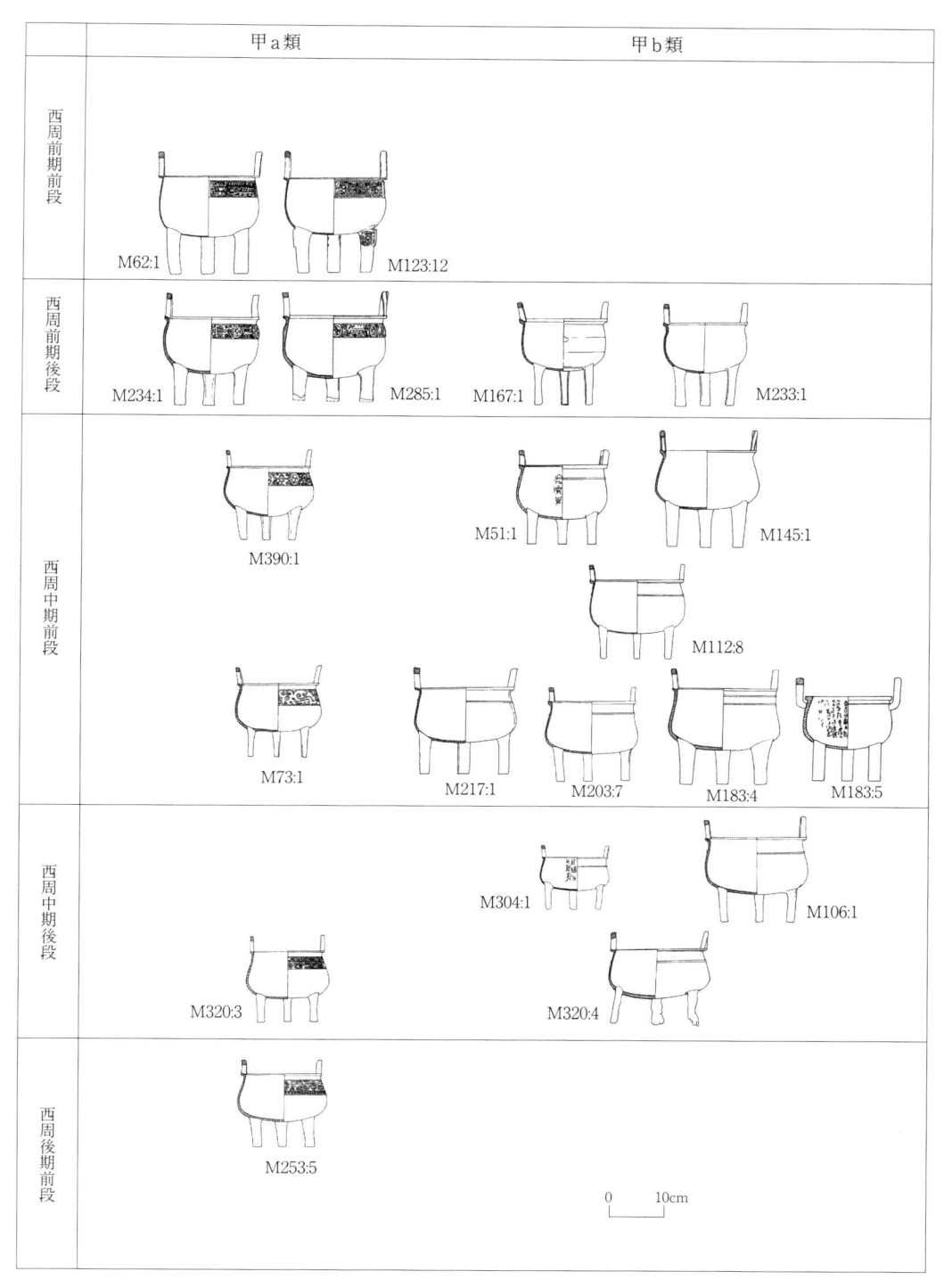

第 6 図　張家坡西周

	丁a類	丁b類	戊類	その他の器種
西周前期前段				
西周前期後段				M285:2
西周中期前段				M390:2 / M183:2 / M183:13
西周中期後段				M320:2 / M304:2
西周後期前段	M253:4 / M374:1		M311:1 / M319:1	M253:3
西周後期後段	M355:1		M301:17	0　10cm

墓地出土青銅器編年

周青銅器の三期区分は，鼎以外の器に関しても有効である。

　また，各器の時期に関して，銘文を有する器を手がかりとしてその年代を検討することが可能である。第2図の乙類鼎39は師𩛥鼎と呼ばれ，その銘文中に王の言葉として「朕が皇考穆王」の語がみえる。穆王を「朕(わ)が皇考」と呼びうるのは共王あるいは孝王，およびその兄弟であり（系図1参照），この器もその時期のものとみてよい。甲a類鼎40は五祀衛鼎で，その銘文に「余，龏王の卹工を執り…」とあり，共王（龏王）の名がみえる。共王期〜孝王期の器であろう。丙類鼎18は散伯車父鼎で，孝王期の器と考えられる。また，西周前期の乙類鼎に類似する例として大盂鼎があり，銘文内容から康王期の作と考えられる（第5図1）。西周後期の丁類鼎に類似するものに毛公鼎があり，これは宣王期の器とされる（第5図2）。銘文から想定される各器の年代は上記の変化と基本的に対応している。

　周原出土の青銅鼎の変化をまとめると以下のようになる。

① 甲類鼎の変化は，垂腹化の進行と底部の平坦化に特徴づけられる。
② 丁類鼎の変化は，器深の浅化と獣脚・蹄足化に特徴づけられる。
③ 乙類鼎と丙類鼎には，製作意図にある程度の共通性が認められる。どちらも作りが精緻で出土点数も少なく，出現時期の差を考慮すれば西周中期後段に両者が置き換わった可能性が高い。
④ 西周後期には足部の断面が三日月形化する。これは類を超えて共通する現象である。
⑤ 周原において，鼎の種類が増加するのは中期後段である。それ以前は甲類・乙類を主としていたが，中期後段に丙類・丁類が加わり，やがて後期に入ると丙類・丁類を中心とする組成をなす。したがって鼎に限れば西周中期後段〜後期前段にその変革期を認めるべきである。この変化の背景には，当時，青銅鼎を利用した祭祀行動の変化が起こったことが想定される[9]。

　以上，周原出土の青銅鼎を概観したが，これら青銅鼎の変化は基本的に豊鎬出土の青銅鼎の変化様相と相同である（第6図）。関中平原において周人の活動中心地と考えられる二地点での青銅鼎が共通の変化を見せたことから，上述した青銅鼎の変化を王朝製作青銅鼎の変化と見なすことができよう[10]。そして結論を先に言えば，この王朝系の青銅鼎の変化が諸侯地域においても同様に表れる例があり，このことは周王朝による，諸侯に対しての青銅器政策の存在を裏付けるものであった（角道2007）。

　宝鶏強国墓地から出土した青銅器のうち在地生産の可能性が高い例が複数あることはすでに指摘されていることである（西江1999）が，関中平原から出土した青銅葬器の大半は周原の青銅器とその型式を同じくするものであり，強国地域以外では明らかな在地型青銅葬器はほぼ認められなかった。関中平原から発見された青銅葬器は基本的には周王朝の青銅器工房で製作された王朝系青銅器とみなしてよい。

第2節　西周期の青銅彝器分布

　本節では，青銅彝器を媒介とした西周社会がどのように形成されたのかを明らかにするための前提として，西周青銅彝器そのものの分布する範囲を検討する。第1章で指摘した通り，西周青銅彝器には政治的な意味が付随していたと考えられるものの，青銅器が鋳造という当時の先端技術を利用して製作された性格を有する関係上，器物自体の分布はその背景を共有する範囲以上に広がっているとみるべきであろう。中国各地から出土する西周青銅彝器の面的な広がりを押さえた上で青銅彝器の型式・組成を前節で確認した王朝系青銅彝器と比較し，青銅器という物質文化上に表れる地域的なまとまりについて考察を加える。

　西周青銅彝器は中国各地で数多くの出土例があり，そのすべてを網羅的に紹介することは筆者の能力を超えるものであるが，その主要な出土地点を附表1にまとめた。各地点を地図に落としたものが第7図である。以下，便宜的に各省・自治区ごとの出土状況を概述するが，現在の行政区分よりも地理的なまとまりがより重要であることは周知の通りである。

　なお，殷周青銅器に対して総合的な検討を加えた最新の研究に，朱鳳瀚『中国青銅器綜論』（上海古籍出版社 2009）がある。殷周青銅器についてその分類と名称・紋様・銘文・技術・出土地など多方面から分析しており，参照すべき労作である。鄭小爐『呉越和百越地区周代青銅器研究』（科学出版社 2007）は長江以南出土の殷周青銅器を対象に，青銅器の系統とその変化を論じたもので，南方青銅器の研究として非常によくまとめられている。本章ではこれらの先行研究の成果を参照しながら，西周青銅彝器の出土状況について概観したい。

【陝西省】
　陝西省は西周の都があったとされる場所であり多くの青銅彝器が出土している。特に宝鶏市から西安市にかけて西から東へ流れる渭河とその南に位置する秦嶺，北に位置する岐山の山々に囲まれた関中平原内に集中的に分布している。ここでは関中平原を中心に，陝北地域，漢中盆地などを含めた陝西省全体の出土状況を概観する[11]。

(1) 周原（第7図1）

　周原地区は関中平原の西部に位置し，北を岐山，南を渭河に囲まれた一帯で，今日の扶風県法門鎮・黄堆郷から岐山県京当郷にかけての地域に相当する。

『史記』「周本紀」には，

　　乃與私屬遂去豳，度漆・沮，踰梁山，止於岐下。
　　（［古公亶父は］乃ち私属と與に遂に豳を去り，漆・沮を度り，梁山を踰え，岐下に止まる。）

とあり，周人の始祖である后稷棄から数えて13代目にあたる古公亶父（太王）の代に，その本拠地を「豳」から「岐下」に移したとされる。「岐下」について，裴駰は『史記集解』で「徐廣曰く，『山，扶風美陽の西北に在り，其の南に周原あり』と。駰，案ずるに，皇甫謐に云ふ，『邑

34　第 2 章　西周青銅器の広がり

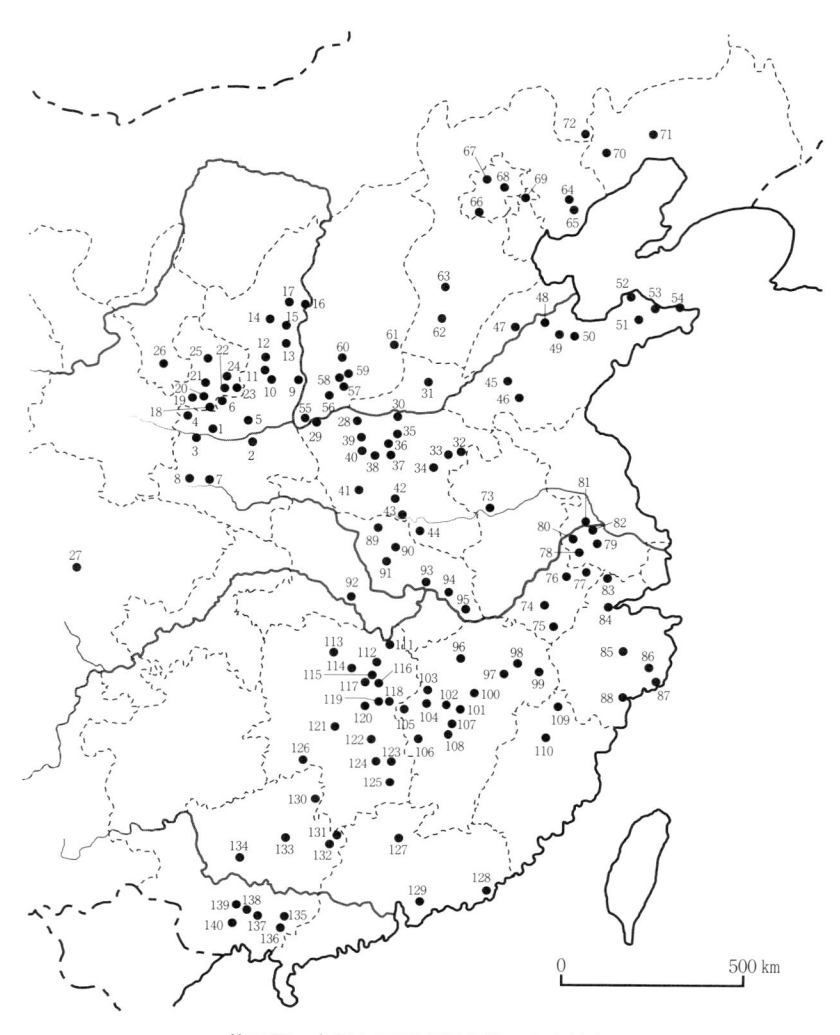

第 7 図　主要な西周青銅彝器の出土地点

1 周原　2 豊鎬　3 宝鶏　4 隴県　5 淳陽　6 長武　7 城固・洋県　8 勉県　9 韓城
10 洛川　11 富県　12 甘泉　13 延長　14 子長　15 清澗　16 呉堡　17 綏徳　18 霊台
19 崇信　20 涇川　21 鎮原　22 寧県　23 正寧　24 合水　25 環県　26 固原　27 彭州
28 洛陽　29 三門峡　30 鄭州　31 鶴壁　32 鹿邑　33 淮陽　34 上蔡　35 新鄭　36 禹州
37 襄城　38 平頂山　39 汝州　40 魯山　41 南陽　42 泌陽　43 桐柏　44 信陽　45 曲阜
46 滕州　47 済陽　48 高青　49 臨淄　50 寿光　51 萊陽　52 龍口　53 烟台　54 威海
55 芮城　56 聞喜　57 絳県　58 曲沃　59 翼城　60 洪洞　61 黎城　62 邢台　63 元氏
64 遷安　65 盧龍　66 房山　67 昌平　68 順義　69 薊県　70 喀左　71 義県　72 寧城
73 潁上　74 黄山　75 屯溪　76 宣州　77 郎溪　78 溧水　79 丹陽　80 江寧　81 儀徴
82 丹徒　83 長興　84 蕭山　85 磐安　86 路橋　87 温嶺　88 甌海　89 棗陽　90 随州
91 京山　92 荊州　93 黄陂　94 浠水　95 蘄春　96 靖安　97 余干　98 万年　99 上饒
100 樟樹　101 新干　102 新余　103 万載　104 宜春　105 萍郷　106 永新　107 吉水
108 吉安　109 浦城　110 建甌　111 岳陽　112 湘陰　113 漢寿　114 桃江　115 望城
116 長沙　117 寧郷　118 株洲　119 湘潭　120 湘郷　121 邵東　122 衡陽　123 安仁
124 耒陽　125 資興　126 新寧　127 曲江　128 潮南　129 博羅　130 灌陽　131 桂嶺
132 賀州　133 荔浦　134 忻城　135 北流　136 陸川　137 横県　138 賓陽　139 武鳴
140 南寧

を周地に於いてす，故に始めて國を改めて周と曰ふ』と。」と述べ，古公亶父が周原に移り，その地名をとって「周」という国名が称されるようになった経緯を説明している。

　実際に，文献資料の記述を証明するかのように周原地区からは数多くの西周青銅器が出土している[12]。その主な出土地は扶風県荘白村・斉家村，岐山県賀家村に集中している。特に荘白村では1976年に窖蔵から103点の青銅器が発見され，うち90点余りが青銅葬器であった。発掘者によれば，青銅器は坑内に整然と配置され，青銅器間の空間には草木灰が充填されていたという。青銅葬器には殷末周初期から西周後期の各時期に相当する遺物があり，埋蔵時期は西周後期であろう。中でも史墻盤はその銘文中に文王・武王・康王・昭王・穆王といった周王の名が見え，西周史研究のための大きな材料を提供している（秦62）。また，2002年に斉家村で石玦製作工房遺跡の発掘調査が行われ，近年正式な報告書が刊行された。周原地区で特定の工人集団によって造営された工房と墓とが明らかにされた点で重要な遺跡である（秦75）。この遺跡からは青銅葬器が10点（鼎1・方鼎1・鬲2・簋1・爵2・尊1・卣1・觶1）墓から出土している。他にも賀家村・劉家村・礼村などで多くの出土例があり，新中国成立以降，周原全体では500点を超える青銅葬器が報告されている[13]。荘白村の例のように，周原地区では青銅葬器を埋蔵するために作られた青銅器窖蔵から出土する例が多く，これは当地と豊鎬地区を除けば，関中平原内では他にほとんど見られない傾向である。

(2) 豊鎬（第7図2）

　関中平原の東部，現在の西安市の西方を南北に流れる灃河の両岸地帯に西周遺跡が集中的に分布しており，これらの遺跡群は西周期の都の名前をとって豊鎬遺跡と称されている。当地も西周青銅葬器の出土が大量に報告される地区である。

　多くの文献記載に従うと，当地は周の文王（昌・西伯）が作った「豊」の都と，その子である武王（発）が作った「鎬」の都であるといい，それぞれ「豊京」「鎬京」とも称され，両者を合わせて豊鎬と呼ぶ。『史記』「周本紀」には，

　　而作豊邑，自岐下而徙都豊。明年西伯崩，太子發立。是為武王。

　　（[西伯は] 而して豊邑を作り，岐下より徙りて豊に都す。明年，西伯崩じ，太子発立つ。是を武王と為す。）

とあり，文王がその晩年に豊邑を作り，その地へ遷都したことが記される。また，『詩経』「大雅」の「文王有聲」には，

　　鎬京辟雍　自西自東　自南自北　無思不服　皇王烝哉　考卜維王　宅是鎬京
　　維龜正之　武王成之　武王烝哉

　　（鎬京の辟雍　西自り東自り　南自り北自り　思て服せざる無し　皇王烝なる哉　卜に考るは維れ王　是の鎬京に宅る　維れ龜之を正し　武王之を成す　武王烝なる哉）

とあり，鎬京と武王に関する記述がみられる。その毛伝には「武王，邑を鎬京に作る」と述べられ，鎬京を作ったのが武王であったことを伝えている。豊邑と鎬京の地点に関して，『説文解字』は鎬字に関して「武王の都とする所なり。長安の西，上林苑中に在り。」と述べる。鄭玄は『詩

経』「大雅」の「文王有聲」の注に「豊邑は豊水の西に在り，鎬京は豊水の東に在り」と述べ，当該部分に関して，時代は下るが孔穎達による疏には「帝王世紀に云ふ，『豊鎬は皆な，長安の西南に在り』と。言ふこころは，豊邑は豊水の西にあり，鎬京は豊水の東に在り。時の驗を以て之を知る。」とある。また，『史記集解』は豊邑に関して「徐廣曰く，『豊，京兆鄠県の東に在り，霊台を有す。鎬，上林昆明の北に在り，鎬池を有し，豊を去ること二十五里，皆な，長安の南数十里に在り』と。」と述べ，『史記正義』は「括地志に云ふ，『周の豊宮は，周の文王の宮なり。雍州鄠県の東三十五里に在り。鎬は雍州の西南三十二里に在り』と。」と述べる。いずれも，豊邑・鎬京が近接していたことを述べている。

　現在の灃河両岸地帯では，西安市長安区に属する張家坡村・斗門鎮・普渡村・馬王村周辺で多くの青銅彝器が出土している。普渡村では1954年に一基の西周墓が発掘され，21点の青銅彝器が検出された。被葬者はその銘文から"長由"とされ，また同時に穆王の名もみえることから西周中期の基準となる遺物を提供した墓である（秦88）。張家坡村周辺では西周期の墓が密集し，その発掘成果は二冊の報告書として刊行されている（秦110，秦113）。その中でも1983年から1986年に行われた発掘報告である1999年刊行の報告書では計68点の青銅彝器が報告されており，うち26点が鼎，15点が簋であった。当報告は西周前期から後期にかけての青銅彝器型式の変化を示す重要な報告である。

　豊鎬地区においても青銅器窖蔵が発見されている。1961年に馬王村と張家坡村の中間で発見された青銅器窖蔵がそれで，計44点の青銅彝器が確認されている（秦111）。報告者によれば窖蔵内の青銅器は大きく二層に分けて配置されていたとされ，同一器種がまとまって配置されることを考慮すれば，この窖蔵も整然とした青銅器の埋蔵が行われた可能性が高い。豊鎬地区では他に，馬王村や新旺村で窖蔵青銅器が発見されている（秦51，秦59，秦122）。豊鎬地区からは300点を超える青銅彝器が出土しており[14]，これは単純な点数では周原地区に次ぐ量であって，この地もまた周人の活動の中心地のひとつであることを物語っている。

(3) 宝鶏（第7図3）

　関中平原の西南端に位置する宝鶏市周辺でも青銅彝器の出土が数多く報告されている。王光永の研究によれば，1927年，陝西省鳳翔県を本拠とした軍閥の党玉琨によって宝鶏市金台区陳倉郷戴家湾において大規模な盗掘が行われ，青銅器千点余りが出土し，その多くが殷周青銅器であったという。大多数は海外へ散逸したとされ，多くが殷末周初～西周前期の遺物で，西周中期を一部含むものであったようである（王光永1991）。新中国成立後も宝鶏市区からの出土例は多く，特に市の西部を流れる清姜河の流域では茹家荘・竹園溝・紙坊頭の各地点から，それぞれその銘文に"弓魚"字を有する青銅彝器が出土した。これによって西周時代，宝鶏市に"弓魚"という集団が存在していたことが初めて明らかになった。この弓魚国墓地と総称される墓地に対する発掘成果は数次にわたって報告され（秦10，秦23，秦144，秦145，秦146，秦175），計200点余りの青銅彝器が報告されている。その多くは，西周前期～中期にかけての青銅器である。弓魚族の特徴の一つに，独自に青銅彝器を製作していたことが挙げられる。周原や豊鎬の地で見られず，この地での

み表れる型式の青銅器は，西周王朝に影響を受けた弜族が自身の必要から青銅彝器の製作を模倣したことを物語る証拠である[15]。

(4) 隴県（第7図4）

　関中平原の西北部に位置する千河流域からは千陽県・隴県などで青銅彝器が出土している。西北端に位置する隴県では，1963年に東風鎮南村で4点（方鼎1・簋1・爵1・尊1），1973年には東南鎮黄花峪で爵1点の報告がある（秦81）。1974年には城関鎮祁家荘で觶が1点，同鎮北坡村で4点（鼎1・甗1・小型盉2），曹家湾鎮南坡村で5点（鼎1・鬲鼎1・甗1・簋1・尊1），1976年には天成鎮韋家荘で2点（鼎1・簋1）が出土している（秦53）。同じ韋家荘では1977年にも8点の青銅彝器（鼎1・簋2・爵1・盉1・尊1・卣1・觶1）が出土したという（秦81）。1986年には牙科鎮梁甫村で計8点（鼎2・甗1・簋2・爵1・卣1・罍1）の出土が報告される（秦32，秦53）。いずれも西周前期の特徴を持つ遺物である。

(5) 涇陽（第7図5）

　関中平原北部の山間部から南下して渭河に流れ込む涇河の流域も西周青銅器が多く出土する。関中平原の北縁，北部山間地域との境界に位置し，涇河と冶河とに挟まれた涇陽県興隆郷高家堡では，1971年から1991年の間に多くの西周墓が調査・発掘されている（秦13，秦21，秦76）。六基の墓が発掘され，計45点の青銅彝器が検出されている（鼎6・方鼎2・鬲1・甗4・簋6・爵4・斝1・盉2・尊4・卣6・罍1・瓿2・觶4・盤2）。その年代は多くが殷末周初期〜西周前期に属すると考えられる。26点の青銅器に銘文があり，その内の8点は"戈"という族記号を有していたため，この墓地の被葬者には"戈族"という名称が与えられている。

(6) 長武（第7図6）

　涇河の上流にあたる長武県では，丁家郷・棗園郷・彭公郷・冄店郷で出土が確認されている。冄店郷碾子坡では1981年に，殷末のものと考えられる鼎2点と瓿1点とが窖蔵から出土している（秦114）。丁家郷では1969年に2点（方鼎1・簋1），棗園郷では1972年に5点（鼎1・鬲鼎1・簋2・小型盉1），彭公郷では1975年に鬲が1点，出土したことが報告される（秦82，秦108）。彭公郷で出土した西周後期の鬲を除いて，ほとんどが殷末周初期〜西周前期にかけての特徴を有している。

(7) 城固・洋県（第7図7）

　関中平原の南，秦嶺山脈と大巴山脈とに囲まれた盆地が漢中盆地である。西から東へと流れる漢水に沿って広がるこの盆地は四方を山地に囲まれた天然の要害であり，北の関中平原と南の四川盆地とをつなぐ交通の要衝として重要な位置を占めていた。現在の漢中市鳳県と宝鶏市とをつなぐ道中には大散関跡が遺されており，関中と四川を結ぶ中継地点として軍事的にも大きな役割を果たしてきた地域である。

　漢中盆地東部に位置する城固県・洋県では数多くの殷後期青銅器の出土が報告されており（唐金裕ほか1980，李伯謙1983，李燁・張歴文1996，西北大学文博学院ほか2006，曹瑋2006），その出土地点は城固県と洋県を跨ぐ形で分布する。趙叢蒼氏は城固・洋県出土の殷代青銅器を分類・整理し，

各々の型式の組成の変遷から，城洋青銅器を第1段から第5段までの5段階に分け，第1段を二里岡上層後段に，第2段を殷墟1期に，第3段を殷墟2期に，第4段を殷墟3期に，第5段を殷墟4期に，それぞれ大まかに対応するものとして設定した（西北大学文博学院ほか2006）。趙氏がB型簋とする斜方格乳釘紋簋は殷末周初期の遺物と考えられており[16]，当地出土の殷代青銅器とされる器物のいくつかについては，殷末期という社会の動きのなかで，周人の活動を考慮しながら把握すべきであろう。

城固・洋県出土の西周青銅器は他にも報告されている。城固県柳林鎮からは1983年出土の鼎1点，城固県博望鎮からは1992年出土の罍1点と出土時期不明の鼎1点が報告されている（秦26）。博望鎮の遺物は西周前期，柳林鎮の遺物は西周後期の遺物であろう。1976年には洋県張鋪で鬲1点が出土した（秦82）。西周後期の型式である。

(8) 勉県（第7図8）

城固・洋県と同じく漢中盆地に位置する勉県では，1976年に勉県老道寺村で鼎1点が出土した（秦82）。西周中期の典型的な型式を呈している。

以上のように，城固・洋県・勉県といった漢中盆地の各地から，数は少ないながらも西周青銅器が一定数出土している。城固・洋県から大量の殷代青銅器が発見されていることから明らかなように，漢中盆地は中原と四川とを結ぶ経由地として殷代からすでに重視されており，周代に至っても，中原王朝はその地理的な重要性を認識し続けていたのであろう。

(9) 韓城（第7図9）

陝西省東部，関中平原の東北端に位置する韓城市梁帯村遺跡から，西周後期〜春秋初頭に属する青銅彝器が多く出土している。この遺跡では2005年から2007年にかけて1,300基あまりの墓が調査され，出土した青銅器に"芮公""芮太子"などの銘文が確認されたことから，周代の芮国墓地であったとみなされている。国名としての芮は『史記』「周本紀」や「秦本紀」に「芮人」「芮伯」などの記載がみられ，『史記集解』『史記索隠』はともに芮地を馮翊臨晋県に比定しており，『史記正義』は括地志を引用し，故芮城が芮城県の西20里にあったことを述べる。晋〜唐代の臨晋県は現在の渭南市大茘県周辺であると考えられており，大茘県から黄河を挟んだ対岸には現在の山西省運城市芮城県（第7図55）が位置している。したがって，文献記載が示す芮国の立地は梁帯村遺跡より100kmほど南でありやや位置的なずれが存在するが，周代に関中平原の東境界付近に芮という諸侯国の中心があったことは間違いなさそうである。

梁帯村墓地の発掘区は大きく北区・南区・西区の三カ所に分かれる。南区には南北方向に墓道を持つ中字形墓であるM27を中心に一面墓道を有する甲字形墓としてM19・M26・M28の三基が確認されており，その他3基の長方形竪穴土坑墓が分布する。北区は大型の甲字形墓であるM502と中型墓であるM586のほか，多数の小型墓が確認される。西区は小型墓が規則的に分布する。2005〜2006年には南区を中心に発掘が行われ，M19・M26・M27が発掘された（秦73，秦78，秦79）。M19からは18点（鼎4・鬲4・甗1・簋4・盉1・壺2・盤1・盆1），M26からは23点（鼎5・鬲5・甗1・簋4・簠2・盉1・壺2・盆1・方盒1・罐1），M27からは35点（鼎7・甗1・簋7・

角1・盃1・尊1・卣1・壺2・觚1・盤1・盆2・鐘8・鉦1・錞于1）が出土している。2007年には北区・西区を中心に36基の墓が発掘され，北区M502・M586，南区M28，西区M18から計42点（鼎10・鬲4・甗1・簋9・爵1・盃2・方彝2・壺2・觶1・盤2・鐘8）の青銅葬器が確認された（秦71，秦72，秦74）。

　西安から東方へと向かう経路は大きく二つある。一つは潼関を越え三門峡を経由し洛陽へと至る経路であるが，途中に古函谷関が存在することが示すように，この経路は黄河の流れに沿って山間地を抜ける難路である。もう一つは韓城から黄河を渡り対岸の運城盆地へと抜ける経路であるが，こちらは黄河を挟んで緩やかに平地が連続しており，前者に比べ地理的な障害が少ない。運城盆地・臨汾盆地に位置する聞喜・絳県・曲沃県・翼城県・洪同県（第7図56～60）などに多く西周遺跡が分布することからも，当時から黄河を挟んだ両地域に密接なつながりがあったことがうかがえよう[17]。

(10) 洛川（第7図10）

　陝西省の西北部にあたる陝北地域から，これまでに数多くの青銅器の出土が報告されている。陝北地域は，現在の行政区分での延安市・楡林市一帯を指し，北のオルドス高原と南の関中平原を分断する山地帯の一部を形成している。楡林市北側には明の長城が東西に走り，オルドス高原から続く毛烏素砂漠との地理的な境界を示す。この地からは殷代～漢代の青銅器が多数出土しており，中でも特に殷代の出土例が多く，先秦時代の"戎狄"の活動と関連するものとして語られることが多い。なお，陝北出土の青銅器を全面的に網羅した図録が近年出版された（秦105，秦106）。詳細な報告がなされることが少なかったこの地域出土青銅器を丹念にまとめており，殷代青銅器の編年研究や東周・秦漢時代の陝北青銅器の変化を分析するなど，参照すべき大作である。

　西周時代に属する青銅器の出土点数は多くはないが，その出土地点は延安市から楡林市南部にかけて点在している。延安市の南部中央に位置し，陝北地域の南側の玄関口にあたる洛川県では，1997年，県東南部の百益郷居得村で西周の鼎が出土した。腹部がやや下垂する形から，西周前期後段～西周中期の時期を与えるべきであろう（秦106）。

(11) 富県（第7図11）

　洛川県に北隣する富県では，1984年に羊泉郷下立石村で西周の素文鼎が出土した。西周前期の遺物である（秦106）。

(12) 甘泉（第7図12）

　2005年，陝西省甘泉県下寺湾で殷代後期の遺物がまとまって出土し，そのうち青銅葬器は16点（鼎4・甗1・小型盃5・尊1・卣2・罍1・觚2）であった（秦2）。報告者はこの遺跡の年代を殷墟二期後段としているが，当地出土の鼎のうち3点は頸部に簡化獣面紋と呼ばれる紋様[18]を有しており，陝北地域を含んだ陝西省全体で散見される紋様である。斜方格乳釘紋簋（盃）[19]と供出する例も確認されており，この遺跡の年代は殷末期にまで下る可能性がある[20]。

(13) 延長（第7図13）

　1988年，延安市延長県安溝郷岔口村で12点の西周青銅葬器が発見された。鬲2・簋4・盃1・

兜觚 1・壺 1・杯 2・釜 1 であり，盂・兜觚が西周前期の特徴を有するのに対し，鬲・簋・壺は西周後期の型式であり，遺物の製作時期は一致しない。これらは耕作時に偶然発見された遺物であり，その詳細な出土状況は不明である。しかし，報告者の指摘するようにおそらく西周後期の窖蔵青銅器であろう（秦 18）。

(14) 子長（第 7 図 14）

　1947 年，延安市子長県の北部に位置する李家塌で，殷代後期の青銅器窖蔵が発見された。30 点余りの青銅器が出土し，その多くは散逸したものの，8 点が子長県文管所に保管されており，6 点の青銅彝器（鼎 1・小型盂 1・爵 1・斝 1・觚 2）が確認できる（秦 60）。曹瑋氏はこの地出土の斜方格乳釘紋を有する小型盂を陝北殷代青銅器 3・4 期に当てており，殷墟三期・四期相当の年代を与えている（秦 105）。曹氏の指摘するとおり，殷末周初期の遺物とみなすべきであろう。

(15) 清澗（第 7 図 15）

　榆林市南部の清澗県から青銅器が複数出土している。1977 年，清澗県解家溝郷解家溝村で複数の青銅器が発見され，翌年には 13 点が綏徳県博物館に収められた。青銅彝器としては鼎 2・甗 1・簋 1・小型盂 1・壺 2・觚 2・盤 1・瓿 1 の計 11 点が報告されている（秦 58）。いずれも殷後期の器物であるが，簋と小型盂には斜方格乳釘紋が施されており，殷末周初期まで下る可能性がある。子長出土の例と同じく，曹瑋氏はこれらの器を陝北 4 期に当てている（秦 105）。

(16) 呉堡（第 7 図 16）

　1981 年，榆林市呉堡県郭家溝郷馮家峁村で斜方格乳釘紋を有する小型盂が出土した。曹瑋氏の陝北 4 期に相当し，殷末周初期の器である（秦 106）。

(17) 綏徳（第 7 図 17）

　1965 年，榆林市綏徳県の東部，呉堡県に近い義合鎮塢頭村で青銅器窖蔵から 22 点の青銅器が発見された。青銅彝器は 6 点あり，鼎 1・小型盂 1・爵 1・壺 1・瓿 1・觚 1 であった（秦 28）。小型盂は斜方格乳釘紋が施されており，子長・清澗・呉堡の例と同じく，殷末周初期のものと考えられる（秦 105）。なお出土遺構について，青銅器のほかに人骨・朱砂などが併せて検出されたことから，青銅器窖蔵からの出土ではなく墓の副葬品と考える見解も存在する（秦 58）。

　1985 年に綏徳県満堂川郷高家川で西周墓が発見され，方鼎 1 点が報告されている。報告者はその年代を西周前期とする。また，同県河底郷溝口村では 1981 年に鼎が 2 点出土しており，報告者は殷中期の遺物とするが，甘泉の例と同様，殷末まで下る可能性も想定される（秦 33）。

　以上，陝北地域の各出土地点（第 7 図 10〜17）から出土した青銅器は，洛川と延長の例を除いて，ほとんどが殷末周初期〜西周前期に属するものである。西周期の関中平原と陝北地域の間の交流に関して，青銅器の面からは積極的な証拠を見いだせない。

【甘粛省】

　甘粛省では西周青銅彝器の分布は東部の平涼市・慶陽市で確認されており，地理環境としては涇河流域との関係が深い。一方で，関中平原西南端の宝鶏の西には寧夏回族自治区固原市から連

なる六盤山脈が縦走しており，地理的な隔たりが大きいためか，甘粛省東南部の天水以西の地では周文化の直接的な影響は限定的である。天水市の南西に位置する礼県周辺は春秋前期の秦人の中心地域であると考えられ，近年大規模な発掘が行われている（早期秦文化連合考古隊2008a・b）が，西周王朝と秦の故地との交流が実際にどの程度のものであったのか現状の資料から踏み込んだ議論をすることは難しく思われる。今後の資料の増加をふまえて丁寧に検討する必要があろう。

(1) 霊台（第7図18）

平涼市霊台県は甘粛省東部に位置し，陝西省長武県に隣接している。霊台県のほぼ中央を東西に流れる澗河と達渓河は涇河の支流であり，長武県亭口郷付近で涇河の本流に合流する。

1967年，霊台県県城の西北に位置する白草坡で，8基の西周墓と一基の車馬坑が発見された。墓地南部に位置するM1とM2からは計32点の青銅彝器が出土した（鼎3・鬲鼎2・方鼎4・甗2・簋5・爵2・角1・斝1・盉2・尊3・卣5・觶2）。M1出土の尊（M1: 16）と卣（M1: 14）に"潶白乍寶隣彝"という銘文が鋳されていることから，報告者はM1被葬者を潶伯とみなし，『玉篇』『広韻』に潶は河川名であるという記述があることから，潶国の由来となった潶字は現在の達渓河であると結論付けている[21]（隴1，隴2）。

1972年，霊台県姚家河・洞山・西嶺の三カ所で西周墓が発見された。姚家河では5基の西周墓が発掘され，M1からは彝器2点（鼎1・簋1）を含む大量の青銅器が出土し，洞山では3点（鼎2・尊1），西嶺では2点（鼎1・簋1）の出土が報告されている。それぞれの年代に関して報告者は，姚家河・洞山を西周前期，西嶺を西周中期とする（隴3）。

1975年には百里郷寺溝村で1基の墓が調査され，西周中期とみられる銅鼎が1点出土した。また1976年には五星郷鄭家窪でも1基の墓が調査され，西周前期の鼎が1点出土した。どちらの墓も達渓河南岸に位置している（隴9）。

1981年，中台郷紅崖溝で西周墓1基が調査され，11点の遺物が発見された。出土遺物のなかには銅鼎1点が含まれており，西周中期の遺物である（隴10）。

1983年には新集郷崖湾で，やはり西周墓1基が発見された。すでに盗掘の被害を受けていたが，甗1点などいくつかの土器・青銅器の出土が報告されている。甗には"幵白乍寶彝"の銘が鋳されていた。報告者は西周前期の墓であるとする（隴7）。

(2) 崇信（第7図19）

崇信県県城の東北に位置する于家湾遺跡は，その南側で涇河の支流である汭河に接している。1982年から1986年にかけて于家湾遺跡で行われた発掘調査によって，138基の殷末～西周墓と6基の馬坑が確認された（隴4）。当墓地で大型墓に分類される墓は全て盗掘の被害を受けていたが，中型墓には未盗掘の墓も存在し，結果的に4基の墓から計7点の青銅彝器（鼎2・簋4・觶1）が出土した。他にもM104出土遺物として鍛造の青銅盆5点が報告されており，これはこの遺跡にのみみられる特徴的な遺物である。報告者は于家湾遺跡の下限年代を西周中期とするが，M96出土の青銅鼎の器深の浅さと三足断面が鏃形をなすこと考慮すれば，西周後期にまで下る可能性を考えるべきではないであろうか。

(3) 涇川（第 7 図 20）

平涼市涇川県東部の涇明郷荘底村は涇河上流左岸に位置する。この地では 1972 年，墓が発見され青銅鬲が 1 点出土した（隴 8）。袋足部が深く，やや特殊な型式の鬲である。林巳奈夫氏はこの器の年代を西周 IB とする（林 1984）が，他に類例が知られない。ここでは仮に西周前期の年代を与えておく。

(4) 鎮原（第 7 図 21）

甘粛省東部，平涼市に北隣する慶陽市にも，西周青銅器出土地点が複数分布している。鎮原県は涇川県の北，慶陽市の西南に位置しており，1980 年，太平郷俊辺村で土坑墓内から 5 点の青銅彝器（鼎 1・簋 1・盉 1・壺 1・盤 1）が出土した。報告者はこの墓に対して，簋を西周後期の型式を呈するものとしながらも，鼎などの型式に基づいて東周の年代を与えている（隴 5）。鼎・盤の型式は確かに春秋前期に属するものであるが，簋・盉の型式はやや古く，西周期に製作された可能性があるように思われる。報告されている写真が不鮮明であり，判断が難しい。

(5) 寧県（第 7 図 22）

1981 年，慶陽市寧県宇村で西周青銅器が 2 点発見され，1983 年に同地で調査が行われた結果，青銅器が出土した遺構は墓であることが判明し，最終的には鬲・盨・杯が 1 点ずつ，計 3 点の青銅彝器が確認されたという（隴 5，隴 6）。西周後期の青銅彝器であろう。

(6) 正寧（第 7 図 23）

正寧県は甘粛省の東南端に位置し，県の東北から西南に向かって並行して流れる疙拉溝・四郎河・支党河はいずれも涇河の支流で，陝西省長武県周辺で涇河と合流する。1973 年，正寧県西坡郷楊家台で西周墓が発見され，銅鼎 1・簋 1 が出土した。西周前期の器である。1980 年には県西部の宮河鎮王禄村から壺蓋 1 点が見つかっている。西周後期のものと考えられる（隴 5）。

(7) 合水（第 7 図 24）

1973 年，合水県西華地鎮師家荘郷兎児溝で 3 基の土坑墓が発見された。3 号墓からは鼎 1・簋 1 のほか，青銅戈や石斧などが出土したという。1978 年には別の墓から鼎 1 点と土器鬲 1 点が出土した（隴 5）。いずれも西周前期の遺物である。

(8) 環県（第 7 図 25）

環県は慶陽市の西北に位置する。1977 年，県東南の曲子鎮双城村で「馬連台」と呼ばれる漢代の遺構上を整地していた際，西周墓が発見された（隴 5）。鼎 1・鬲 1 が検出されており，両者ともに西周前期の遺物であろう。

【寧夏回族自治区】

(1) 固原（第 7 図 26）

1981 年，固原県中河郷孫家荘で馬坑と墓とが発掘され，墓から鼎と簋が 1 点ずつ出土した。鼎は垂腹化がほとんど見られず，また簋の圏足も直に立ち，西周前期の遺物とみて問題がない（寧 1）。

第2節　西周期の青銅彝器分布　43

　固原は陝西省と甘粛省を東西に分ける六盤山脈の北端に当たり，固原から北に向かって，清水河沿いの狭隘な平地は徐々に広がり，やがて広大なオルドス高原へとつながっていく。また，陝西省涇陽県から長武県，甘粛省平涼市へと涇河に沿って遡る経路と，陝西省宝鶏市から千河と六盤山脈に沿って隴県，甘粛省華亭県へと北上する経路は，固原市南部の涇源県十字路鎮付近で合流しており，関中平原から見て西北方面の終着点でもある。戦国秦の長城が固原市北郊に築かれていることから考えても，固原市周辺は古来より関中との境界であったと考えられる。

【四川省】
(1) 彭州（第7図27）
　1959年，四川省彭県（現彭州市）県城から東南約20kmに位置する竹瓦街で，大型の土器缸が出土し，その中には8点の彝器を含む21点の青銅器が収められていた（蜀1，蜀3）。鉄道の線路を敷設する際に偶然発見されたもので，一部破壊を受けた土堆中から検出されたという。調査担当者によれば，当時周囲には他に近代の墳墓が存在していた。出土した彝器は罍5点・尊1点・觶2点で，どれも殷末周初期の特徴を備えている。中でも罍のうち獣面紋飾羊頭加環耳罍と呼ばれる2点は蓋上に立体的な龍の装飾を施す特殊な例である（第8図1・2）。

　竹瓦街では1980年にも青銅彝器が一括出土した。1959年調査地点から線路を挟んで北側約25mの地点で，同じく大型の土器缸に収められた形で4点の銅罍と15点の青銅武器が検出されたという（蜀2）。いずれも殷末周初期の遺物である。土器缸は灰色土で埋められた幅3～4mの溝状遺構から出土し，灰色土の周囲は黄褐色の粘土であった。缸上面の埋土中からは小型の卵石がいくつか検出されている。おそらく意図的に埋納されたのであろう。報告者は1959年の出土状況との類似点から，両者ともに青銅器窖蔵であることを指摘している。

　馮漢驥氏は1959年出土の青銅彝器のうち，尊・觶に関しては中原地域で製作された青銅器で

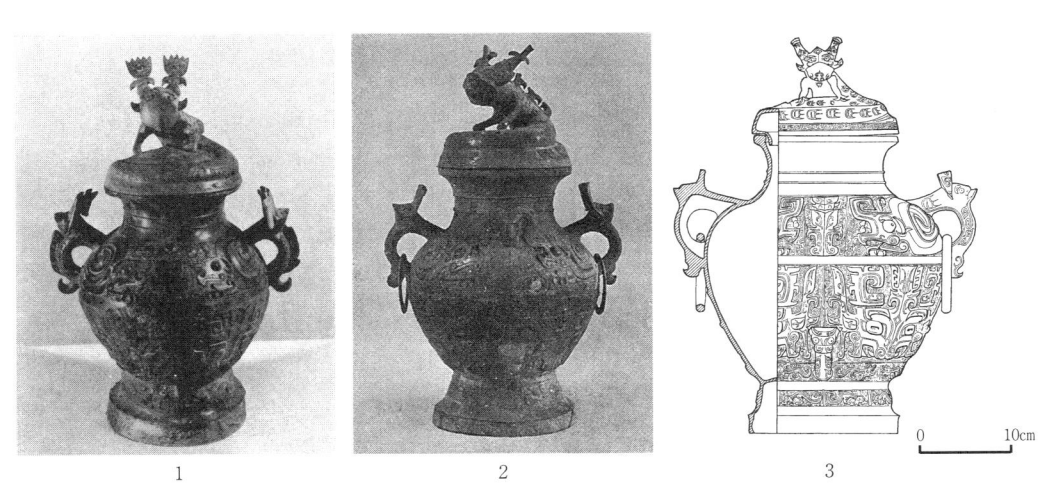

第8図　四川彭州竹瓦街出土罍と遼寧喀左北洞村出土罍
1・2 1959年四川彭州竹瓦街出土罍　3 1973年遼寧喀左北洞村1号窖蔵出土罍

あり，略取によってこの地にもたらされた器であるとする一方で，5点の罍に関しては，特に獣面紋飾羊頭加環耳罍の特殊な造形に注目して，在地製の青銅彜器であることを指摘する。さらにこれらの罍の年代に関して，紋様の特徴が西周初期のものであることを認めながらも，鋳造技術の面から西周後期末〜春秋初頭に作られたとし，『華陽国志』などの文献記載を検討した上で，彭県一帯が古蜀国の中心地であったこと，古蜀の開祖ともされる杜宇の活動時期が紀元前7世紀中葉であると想定できることなどから，竹瓦街出土青銅器を古蜀前期に属する青銅器であると考察する（蜀3）。1980年出土青銅彜器の発掘担当者である范桂傑・胡昌鈺の両氏も窖蔵の埋納時期を西周末期から春秋初頭とする。宋代の羅泌によって編纂された『路史』余論に「杜宇が開明帝に帝位を禅譲してから11代を経た350年後，秦によって（古蜀は）滅ぼされた」という記述があることから，秦が古蜀を滅ぼした紀元前329年に350年を加えた紀元前679年頃こそ杜宇が古蜀を興した時期であり，それは竹瓦街に青銅器が埋納された時期とまさしく一致する，と論じている（蜀2）。

確かに，器物が殷末周初期の特徴を備えていても，その埋納時期が製作時期と必ずしも一致するとは限らない。出土地点が青銅彜器の分布からみれば辺縁地域であること，さらに窖蔵出土の青銅器であることも考慮すれば，伝世使用の可能性は注意しなければならない問題である。しかしながら，その埋納時期を西周末から春秋初頭とみなす積極的根拠は無いように見受けられる。馮氏は罍にみられる鋳造技術のうち器と耳の接合技術に分鋳法が用いられていることからこの器の年代を西周末以降とみなしているが，近年，泉屋博古館と九州国立博物館によって行われているX線CTスキャナを用いた殷周青銅器の鋳造技術に関する研究によって分鋳技法は殷周青銅器に広く用いられている技術であったことが指摘されており，開始時期を西周末以降とすることは難しい（今津ほか2010・2011，廣川ほか2010）。また第8図3は，馮氏が在地製と指摘する獣面紋飾羊頭加環耳罍と同型式の罍であるが，これは四川から遥か東北に位置する遼寧省喀左県北洞村（第7図70）から出土した（遼2）。罍の蓋上に異形の龍を飾る装飾は彭州だけにみられる例ではなく，中央が製作した青銅器のある型式が遠隔地にもたらされた可能性がより高い。

【河南省】
河南省では洛陽で多くの青銅彜器の出土が確認されている。他にも，三門峡・濬県・鹿邑などの地で諸侯国墓と考えられる規模の墓地でも青銅彜器が多数出土しており，山東省・河北省も含めた華北平に広く西周青銅器が分布していたと考えられる。

河南省出土の西周青銅器については，李宏・鄭志両氏による研究が網羅的にまとめており，参考になる（李宏・鄭志1993）。また，河南省南部から湖北省北部・安徽省北部，すなわち南陽盆地から淮河流域にかけての地域の龍山文化期〜東周期の青銅器文化に関しては李維明氏がまとめている（李維明2009）。

(1) 洛陽（第7図28）
河南省西部に位置する洛陽市の一帯は，西南方向に伏牛山脈，黄河を挟んだ北側に太行山脈の

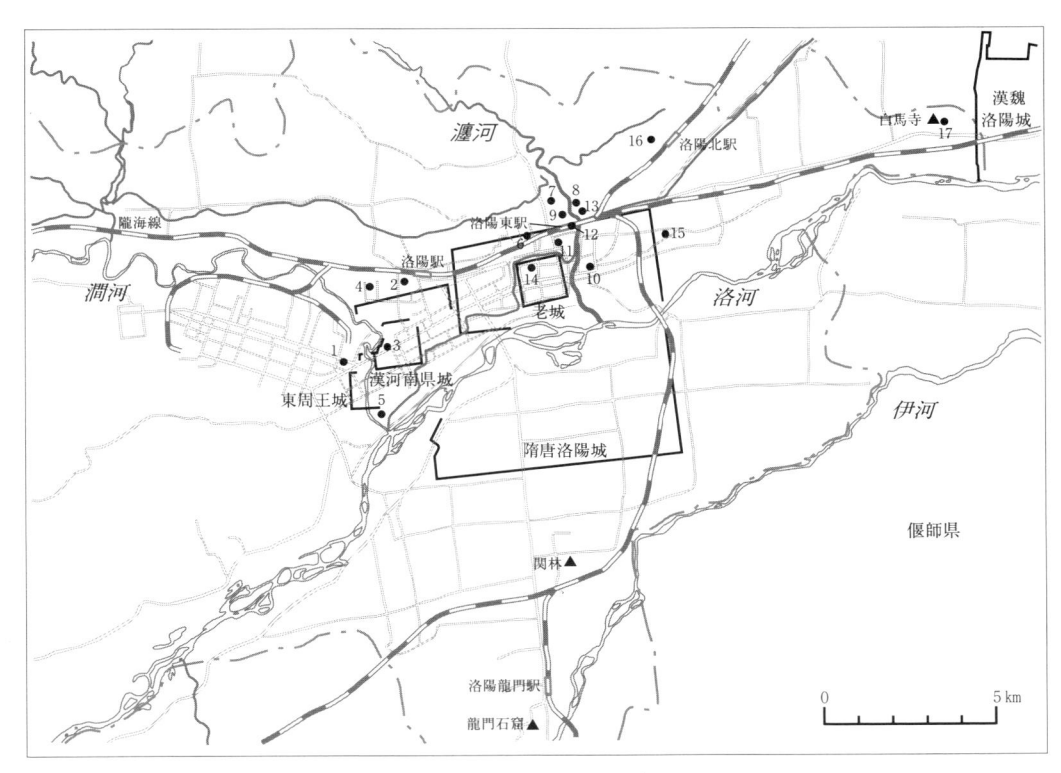

第 9 図　洛陽市区遺跡分布図

1 銅加工廠　2 洛陽車駅西南　3 洛陽中州路 M816　4 五女冢村東南　5 瞿家屯村東南　6 鄭州鉄路局鋼鉄廠工地　7 北窯村龐家溝　8 北窯村南　9 北窯村西南　10 洛陽市林業学校　11 唐城花園　12 洛陽東駅　13 中窯村北　14 老城北大街　15 洛陽東郊機車工廠　16 邙山南麓　17 白馬寺寺院東側

南端，東に嵩山を擁する交通の要衝で，華北平原の終点，関中平原への入口の役割を果たしている。古来，兵家必争の地であり，その軍事的・経済的重要性から歴代の王朝によって都とされてきた。現在の洛陽市は中央を流れる洛河に沿って東西方向に伸び，市東部では洛河の南側に伊河が平行して流れる。市の西側で澗河が，中央東側で瀍河がそれぞれ北から洛河に流れ込む。洛河北岸では中州路と九都路が東西に走り，西から澗西区・西工区・老城区・瀍河回族区と称され，瀍河回族区のさらに東には白馬寺が位置している（第 9 図）。いま，便宜的に地区ごとに青銅葬器の出土を確認したい。

　なお，洛陽の地では古くから多くの城址が作られた模様で，それぞれ異なる時期・異なる地点に作られた都城であったと想定されている。澗西区〜西工区には東周王城と漢河南県城の城址が確認されており（考古研究所洛陽発掘隊 1959），老城区には洛陽老城の城址が，白馬寺東方には漢魏洛陽城が確認された（中国社会科学院考古研究所洛陽漢魏城隊 1998）。

a　澗西区

　澗河西側の地域であり，洛陽市の西端にあたる。この地区では西周青銅葬器の出土例は多くないが，1987 年，現在の澗西区銅加工廠（第 9 図 1）で西周墓が発掘され，2 点（鼎 1・甗 1）の青銅

葬器が出土した。報告者は西周中期の墓であるとみなしている（豫62）。

b 西工区

1953年から1954年にかけて，洛陽市の西部，おそらくは西工区に位置する洛陽車駅の西南付近（第9図2）で多くの墓が発掘され，報告された2基の墓のうち1基からは葬器8点（鼎1・爵2・斝1・尊1・卣1・觚1・觶1）が出土した。いずれも鉛製の器であるという。西周前期に製作されたものであろう（豫11）。

1954年から1955年の間には洛陽中州路で大規模な発掘が行われ，西周墓も10基が調査されている。M816（第9図3）からは6点の青銅葬器（鼎2・簋2・盉1・器蓋1）が出土しており，これらは西周中期の典型的な型式を呈する遺物である（豫31）。

1998年，洛陽市西工区北部に位置する五女冢村の東南側，東周王城の北城壁北側の地点（第9図4）で西周墓2基が発掘され，計6点の青銅葬器（鼎1・甗1・爵2・觚2）が出土している。いずれも殷末周初期の遺物である（豫46）。

瞿家屯遺跡は澗河東岸，東周王城の城壁南側，澗河・中州渠・洛河が合流する地点に位置する大規模な集落遺跡である。2004年から2006年にかけて当地で行われた発掘調査の結果，瞿家屯村の東南（第9図5）で東周時期の大規模建築遺構が発見され，これは東周王城に付属する宮殿建築の一部分であると目されている。その周囲からは多くの建築基礎・土壁・窯址・給排水設備などが検出されており，いずれも東周王城と関連する遺構である可能性が高い（豫56）。これら瞿家屯遺跡の範囲内には西周～東周にかけての墓93基が確認されており，それらは一カ所に集中することなく分散した形で作られる。西周後期に属するC1M8946から青銅の鼎が1点，出土している。

c 北窯村〜瀍河両岸地帯（現洛陽東駅周辺）

洛陽老城の東北部から瀍河の両岸にかけての一帯である。この地区からは数多くの西周時代遺構・遺物が検出されており，後述するように西周期においては当該地区が社会・経済的な中心地であったと考えられる。

1959年までの間に，鉄道隴海線の北側に位置する鄭州鉄路局鋼鉄廠工地（第9図6）で1基の墓が発掘され，青銅葬器が10点（鼎2・甗1・簋1・爵2・尊2・觚1・觶1）出土したという。報告された青銅葬器はどれも西周前期の特徴を有する（豫40）。

洛陽老城の東北郊外に位置する北窯村の周辺では多くの青銅葬器が出土した。1963年，北窯村龐家溝（第9図7）で多くの青銅器・玉器が出土し，1964年から1966年まで調査・発掘が行われた。その後も断続的に調査は継続され，1967年・1972年・1973年にも当地で発掘が行われている（豫6，豫50，豫59）。348基の墓，7基の馬坑が発掘され，そのうち26基の墓から50点の青銅葬器が出土した。また，出土遺構不明の青銅葬器が14点報告されている。M446とM451は南北に墓道を有する中字形墓で，東西に並んで造営されていることから，あるいは夫婦異穴合葬墓であったのかもしれない。

1971年，北窯村の南側（第9図8）で発見された墓から，青銅葬器が9点（鼎1・簋1・爵2・斝

第 2 節　西周期の青銅彝器分布　47

1・尊 1・卣 1・觚 1・觶 1）出土した。西周前期の遺物であろう（豫 58）。1973 年に北窯村の西南（第 9 図 9）で西周墓が発見されたことを契機に，1974 年には大規模な調査が行われ，3 基の住居址，18 基の灰坑，32 基の西周墓が発掘された。中でも M14 は南北に墓道を有する大型墓であったが，盗掘による被害が大きかったという。この遺跡の最大の発見は土製鋳型の出土であろう。報告によれば 15,000 点余りの鋳型破片が発見され，特に彝器の外型が多く含まれていたことは，当地で青銅彝器の鋳造が行われていたことを強く物語る証拠となった。彝器自体は東区 M13 で 2 点（爵 1・觶 1），中区 M29 で鉛製の彝器が 2 点（爵 1・觶 1）出土している（豫 60）。1991 年にも同じく北窯村西南で西周墓 C3M196 が調査された。この墓からは西周前期の特徴を有する鉛製の彝器が 3 点（爵 2・觶 1）出土している（豫 48）。結果的にこの地での継続的な発掘調査によって，数万点に及ぶ鋳型破片・炉壁などが発見された。西周前期にこの地に大規模な鋳造所が存在していたことは確実であろう（豫 47）。

　1993 年，洛陽市瀍河東岸の洛陽市林業学校（第 9 図 10）の校内で西周期の車馬坑が見つかっている。坑からは四頭立ての馬車一輌と多数の副葬品が出土し，盗掘の被害を受けていたものの青銅彝器 8 点（尊 1・卣 1・罍 3・鐃 3）が検出されたという（豫 51）。いずれも西周前期の器と報告される。

　2002 年，洛陽市瀍河回族区唐城花園（第 9 図 11）で西周墓が発掘され，鼎 1・鬲 1・爵 2・觶 1 が出土している。西周前期の遺物である。一方で墓自体の年代に関しては，出土した土器の型式から西周中期の墓であると報告されている（豫 54）。また，2003 年には唐城花園に隣接する洛陽東駅（第 9 図 12）で 5 基の西周墓が発掘され，M567 から西周前期の青銅彝器 5 点（爵 2・尊 1・觚 1・觶 1）が出土した（豫 53）。

　2003 年，瀍河東岸に位置する中窯村の北側（第 9 図 13）で西周墓の調査が行われ，爵 1・觶 1 が出土した。西周前期の遺物であると考えられる。北窯鋳銅遺址の対岸に位置し，この墓も鋳銅遺跡に関連する遺跡である可能性がある（豫 55）。

　2007 年の発掘では洛陽老城の北大街東側（第 9 図 14）で発掘された 1 基の西周墓から 5 点の青銅彝器（鬲 1・爵 1・尊 1・卣 1・觶 1）が出土しており，いずれも西周前期の青銅器であると考えられる（豫 57）。

d　瀍河東側一帯

　瀍河の東側，現在の瀍河回族区や洛龍区の一帯からも青銅彝器が出土しているが，その数は北窯村～瀍河両岸地帯に比べ限定的である。

　1972 年，洛陽市東郊，瀍河回族区に位置する機車工廠（第 9 図 15）で西周墓が 1 基発掘され，7 点（鼎 1・甗 1・簋 1・爵 2・尊 1・觶 1）の青銅彝器が出土した。西周前期の遺物であろう（豫 34）。

　北窯村の東北・邙山の南麓に位置する洛陽北駅西側（第 9 図 16）でも西周墓の分布が確認されている。1993 年，洛陽北站の西側で 1 基の西周墓（C5M906）が発掘され，6 点の青銅彝器（鼎 1・盨 2・壺 1・盤 1・匜 1）が出土した（豫 49）。1997 年には C5M906 の西 60 m の地点で西周墓地が発見され，墓 9 基，馬坑 3 基が発掘され，C5M1135 からは鼎 2・簋 2・匜 1 が出土した（豫

52)。C5M906および当墓地から出土した遺物はどれも西周後期の特徴を有している。

e　白馬寺周辺

　1953年には市東部に位置する白馬寺の東側（第9図17）で5基の西周墓が発掘され，17点の青銅器が出土したという。そのうちM1とM21出土の彝器が16点報告されており，鼎2・甗1・簋4・爵1・盉1・壺2・觶2・盤2・匜1であった[22]。簋2・爵1・盤1・觶2はおそらく明器であり，各器は西周後期の典型的な型式を呈している（豫33）。

　以上のように，洛陽の西周青銅彝器出土地点は洛陽王城東北部・瀍河両岸地帯から北窯村周辺に集中しており，西周期の洛陽における拠点はこの一帯であると考えられるが，対応するような西周時代の城壁・宮殿遺構などは未だ発見されていない。

　周人の洛陽における活動については文献資料にきわめて豊富な材料がある。『史記』「周本紀」には幽王の死後，平王による東遷の記述がある。

　　　平王立，東遷于雒邑，辟戎寇。
　　　（平王立ち，東して雒邑に遷り，戎の寇を辟く。）

とあり，『史記正義』は雒邑に関して，「即ち王城なり。平王以前は東都と号し，敬王に至りて以後及び戦国には西周と為すなり。」と述べている。この東周の都であるこの「雒邑」は「洛邑」とも称され，その造営の経緯が多くの資料に記されている。『史記』「周本紀」には，

　　　營周居于雒邑而後去。
　　　（[武王は]周居を雒邑に営みて而る後に去る。）
　　　成王在豐。使召公復營洛邑，如武王之意。
　　　（成王，豊に在り。召公をして復た洛邑を営ましめ，武王の意の如くせんとす。）

とある。「周本紀」の末文で司馬遷は，

　　　太史公曰，學者皆稱，周伐紂，居洛邑。綜其實不然。武王營之，成王使召公卜居，居九鼎焉。而周復都豐鎬。至犬戎敗幽王，周乃東徙于洛邑。
　　　（太史公曰く，学者皆な称す，周，紂を伐ち，洛邑に居ると。其の実を綜ぶるに，然らず。武王，之を営み，成王，召公をして居を卜し九鼎を居かしむ。周復た豊鎬に都す。犬戎，幽王を敗るに至り，周乃ち東して洛邑に徙る。）

とまとめ，もともと西周初頭に武王によって造営が開始された洛邑が成王の時代に整備され，東周に入って初めて王都となったことを述べている。また『春秋左氏伝』桓公二年の伝には，

　　　武王克商，遷九鼎于雒邑。義士猶或非之。
　　　（武王，商に克ち，九鼎を雒邑に遷す。義士，猶ほ或ひは之を非る。）

とあり，杜預による注では「九鼎は，殷の夏に受くる所の九鼎なり。武王，商に克ち，乃ち雒邑を営みて後に之を去り，又九鼎を遷す。時に但だ雒邑を営みて未だ都城有らず。周公に至りて乃ち卒に雒邑を営む。之を王城と謂ふ。即ち今の河南城なり。故に伝に，成王，鼎を郟鄏に定むと曰ふ。」と説明される。『史記』の解釈とほぼ同じ内容である。

　周公が造営したとされる洛邑の地について，『尚書』「周書」の「康誥」には，

惟三月哉生魄，周公初基作新大邑于東國洛。四方民大和會，侯甸男邦，采衞，百工播民，和見士于周。
(惟れ三月哉生魄，周公初めて基めて新大邑を東國洛に作らんとす。四方の民大いに和会し，侯・甸・男の邦，采・衞，百工・播民，和して周に見士す。)

とあり，『尚書』周書・召誥には

若翼日乙卯，周公朝至于洛，則達觀于新邑營。
(翼日乙卯に若んで，周公朝して洛に至りて，達に新邑の営を観る。)

とある。これら「新大邑」「新邑」の記述に注目すれば，周公が造営した洛邑とは，「洛地に新たに作られた邑」と解釈することができる。これに関連する記述は1963年に陝西省宝鶏市で発見された何尊の銘文中にみられる。何尊銘には武王が殷を破った後に中國の統治を宣言し，成王の五年になって，初めて成王が「成周」の地に行ったことが述べられる。成王期に出現する「成周」の地は，他の青銅器銘文中にも頻出し，西周王朝の中で中心的な役割を担っていたことが知られており，一般的には成周こそが洛の地に作られた新邑であると考えられている。

宮崎市定は成周と王城に関して，成周を外城，王城を内城と解釈し，両者を同一地点の二重の城壁をもった都城として認識した（宮崎1933）。周公の造営した成周が洛邑に在ったこと，また成周が西周期において唯一「東都」と呼ばれるような重要性を持った地であったことを考えれば，東周期に平王が遷都した雒邑王城が成周と同一地点にあったと考えることは自然である。

しかしながら，『史記正義』は括地志を引き，成周と王城が別地であったことを明言する。括地志に依れば，平王以前の東都洛邑，すなわち平王以後の東周王城の地は洛州河南県の北九里の地で，平王以降12代の王が都とした地であるのに対し，成周は洛州洛陽県の東北二十六里に位置する洛陽故城であり，同じく周公の造営ではあるものの王城とは別の邑であるという。

成周と王城とが同一地点であるのか否か，そしてまた，それらがどの地点に位置していたのか，現状では判断を下すことは難しいが，遺跡の分布状況から，洛陽における西周期の活動拠点が何処であるのかをある程度類推することは可能である。飯島武次氏が指摘するように，洛陽における西周遺跡は洛陽老城の東北側，瀍河の両岸一帯に集中しており，西周期の"雒邑"の中心もこの地域に存在していた可能性が高い（飯島1998b・2003）。一方で東周期の中心地は，近年発掘された大型の東周墓群の位置から考えても，洛陽市の西部，漢河南県城の周辺に在ったことは確かなようである（洛陽市文物工作隊2009）。西周期の「成周」・東周期の「王城」が，漢河南県城から洛陽老城東北部までを含んだ大きな都城であったのか，あるいは洛陽老城東北部から漢河南県城へと中心地が移行したのか，今後の資料の増加に注目したい。

(2) 三門峡（第7図29）

三門峡市は河南省の西端に位置し，洛陽と西安をつなぐ中継地点に相当する。1956年から1957年にかけて三門峡市上村嶺で発掘調査が行われ，234基の墓と3基の車馬坑，1基の馬坑が発掘された（豫32）。報告によれば当墓地は西周後期〜春秋前期の間に造営された墓地であり，西周後期に属する墓のうち14基から計93点の青銅葬器が出土している[23]。また，1990年から

1999年にかけて墓地北区の墓18基と車馬坑4基，馬坑1基が発掘された。北区墓地の各墓の造営年代は西周後期～春秋初頭であり，12基の墓から240点の青銅彝器が出土している。他に出土墓不明の青銅彝器として5点の報告がある（豫13，豫16～豫20）。M2001からは"虢季"，M2008からは"虢宮父"という銘を持った青銅器がそれぞれ出土しており，当墓地は文献資料にみえる「虢国」の侯およびその一族の墓地であると考えられている。出土青銅彝器のうち大多数は鼎（75点）と簋（57点）であり，列鼎・列簋と称される，同型式の彝器を複数副葬するという西周後期から流行する葬送制度が取り入れられた結果と思われる。また，副葬のための小型明器が多数出土したのもこの墓地の特徴の一つである。

1995年，三門峡市の南部に位置する李家窯村で14基の西周墓が発掘された。そのうちM44からは青銅彝器として鼎1・簋2が出土しており，これらは西周後期の遺物である（豫28）。また，1998年に虢国墓地の北側に位置する花園北街で西周墓1基が発掘され，鼎・簋・盉・盤が1点ずつ出土した（豫27）。いずれも西周後期の青銅彝器で，簋・盉は明器である。両地ともに虢国墓地に近接し，出土遺物の時期も一致することから，虢国墓地と関連する遺跡である可能性が高い。

(3) 鄭州（第7図30）

1999年から2000年にかけて，現在の黄河中流域の中心的都市である鄭州市の西北にあたる中原区石仏郷窪劉村で西周墓地の発掘調査が行われ，そのうち1基の墓（ZGW99M1）は多数の青銅彝器を副葬していたため詳細な報告がなされている（豫37・38）。彝器には鼎3・甗1・簋1・盉1・尊1・卣3・罍1・觚1があり，西周前期の特徴を備えている。

報告者は，『史記』「周本紀」に

封弟叔鮮於管，弟叔度於蔡。　（[武王,]弟叔鮮を管に，弟叔度を蔡に封ず。）

とあり，『史記正義』が「括地志に云ふ，『鄭州管城県の外城は，古管国の城なり。周武王の弟叔鮮を封ずるの所なり。』と」と述べるのを引用し，鄭州窪劉遺跡を西周の管の地とみなしている。しかし，出土した青銅器の銘文中に"管"と記すものはなく，国名の比定にはなお慎重であるべきであろう。

(4) 鶴壁（第7図31）

濬県辛村遺跡は現在の河南省鶴壁市淇濱区に位置し，河北省との省境に近く，安陽市や邯鄲市の南方にあたる。1931年，淇河北岸の辛村遺跡で大量の遺物が出土したため，翌年から中央研究院歴史語言研究所による調査がはじまり，1933年までの間に四次の発掘が行われた。成果の一部は直後に報告されたが（豫7），正式報告は日中戦争開戦と，その後の南京・台湾への遺物の移送などの混乱で長期にわたり刊行されず，1964年にようやく簡潔な報告がなされた（豫8）。この遺跡は西周期の墓地としては大規模でありその重要性は非常に高いながらも，混乱期に多くの資料と報告書原稿が散逸したため，現在知ることのできる情報は非常に限られている。

辛村遺跡では82基の西周墓が発掘され，そのうち8基の大型墓は南北に墓道を有する中字形墓であり，墓道を持たない中型墓・小型墓と区別される。大型墓のうち1号墓の平面図のみ報告

されている。多くの墓が盗掘を受けていたが，6基の墓から計15点（鼎4・甗2・簋4・爵1・盉1・尊1・卣1・小方彝1）の青銅彝器が出土した[24]。そのほとんどが西周前期の遺物である。

M68出土の銅泡の銘には"衛自易"とあり，また出土遺物ではないが濬県車站で回収された青銅鬲の銘に"衛夫人□□乍其行鬲用…"とあることから，当墓地は西周時代の衛国墓地であると考えられている。

1961年，濬県辛村墓地の西北1kmの地点にあたる鶴壁市龐村の崖面から数点の青銅器が露出しているのが見つかった。遺物は村民によって掘り出されたが，のちに河南省博物館が行った調査によって1基の墓が確認されており，当墓の副葬品であったと考えられている。出土した青銅彝器は計15点であった（鼎3・鬲1・甗1・簋3・爵3・盉1・尊1・卣1・觶1）。いずれも西周前期の器である。龐村と辛村墓地はその立地が近接しているため，龐村も辛村と同じく，西周時代の衛国に関連する墓であると考えられている（豫29）。

(5) 鹿邑（第7図32）

周口市鹿邑県は河南省東部，安徽省との省境近くに位置し，北側を淮河支流の渦河が東走する。1997年，県城から東に5kmほどに位置する太清宮鎮で1基の大型墓が発掘された（豫21，豫22，豫24）。この大型墓は南北に墓道を有する中字形墓で，亜字形の槨室内では副葬品が整然と配置されていたと想定される。人間の殉葬も多く，合計14人の殉葬者が確認された。

この墓は未盗掘の状態で発見されたため，出土遺物は2,000点以上に及んでいる。副葬された青銅彝器としては，鼎8・鬲鼎5・方鼎9・鬲2・甗2・簋3・爵8・角2・斝3・盉1・兕觥3・尊5・卣7・罍2・壺1・觚8・觶5・盤1・鐃6，計81点が報告されている。殷末周初期の遺物が多く，墓の年代は西周初頭であろうと考えられている。殉葬者数が多いこと，青銅彝器のうち鼎や簋などの食器よりも爵や尊といった酒器の数が多いことなどから，報告者はこの墓に殷文化の影響が強くみられることを指摘しているが，首肯すべき指摘である。

この墓から出土した青銅彝器のうち，48器の銘文には「子」「子口」「長子口」などの名がみえ，そこから報告者はこの墓の被葬者を「長子口」としているが，この長子口が，文献にみえる「微子啓（または微子開）」であるとする説が提出されている[25]。『史記』周本紀・宋世家によれば，殷周革命後，伐たれた殷帝辛に代わりその子である武庚が殷の遺民を治めていたが，やがて成王の代に武庚は管叔鮮・蔡叔度とともに三監の乱をおこし鎮圧された。後，武庚の伯父である微子啓が殷遺民の統治を任され宋に封ぜられたという。文献の語る歴史をすべてそのまま是とすることはできないが，長子口墓の状況は如上の経緯とある程度対応しており，興味深い。

(6) 淮陽（第7図33）

周口市淮陽県県城の東南約9kmに位置する泥河村で，1961年，池の中から爵1点が発見された。翌年，出土地点の付近でさらに5点の青銅器と4点の土器が見つかり，そのうち青銅彝器は4点（簋1・爵1・卣1・觚1）であった。この地では，新中国成立以前から幾度も爵・卣・鐃などの青銅器が出土していたという。出土地点の周辺からは人骨も検出されており，これらの遺物は墓の副葬品であった可能性がある（豫61）。西周前期の器である。

(7) 上蔡（第7図34）

　河南省駐馬店市の東北に位置する上蔡県田荘村で，1956年に1基の墓（上田M3）が発見され，翌年に発掘調査が行われた。墓からは方鼎1・甗1・簋1・爵2・尊1・卣1・觚1・觶1の9点の青銅彝器と6点の土器が出土した（豫10）。殷末周初期～西周前期の特徴をもった遺物である。

(8) 新鄭（第7図35）

　1968年，新鄭市市街に位置する鄭韓故城内の端湾村付近で2点の青銅壺が出土した。ともに同形・同紋であり，西周後期から春秋初頭の器であると考えられる。報告者は西周恭王期に属する遺物であるとみなしている（豫45）。

　なお1976年に新鄭市西南の唐戸村で，開封地区文管会・新鄭県文管会・鄭州大学歴史系考古専業によって発掘調査が行われ，39基の墓（西周墓12基，春秋墓19基，時期不明8基）が検出された（豫5）。簡報では12基の西周墓から13点の青銅器が出土したとされるが，器形が報告されたM39出土の鼎（M39: 2）・尊（M39: 4）・簋（M39: 1），およびM3出土の鬲（M3: 2）は，いずれも春秋前期にみられる器形で[26]，西周後期の器とみなす積極的な根拠は薄いように思われる。春秋時代の墓地とみるべきではなかろうか。

(9) 禹州（第7図36）

　1979年，河南省禹県呉湾村（現在の禹州市呉湾村）で龍山文化遺跡を発掘中，3基の西周墓が検出された。いずれも長方形竪穴土坑墓で，合計8点の青銅彝器（鼎3・小型盂4・盨1）が副葬されていた（豫12）。報告者は西周後期の遺物とみている。M3出土青銅鼎は腹部が半球状で三足は薄く，紋様がやや特殊なものの，西周後期の遺物とみて問題がない。一方でM1・2出土の青銅鼎は直腹・柱足でM3よりはやや古い。西周後期墓とすることに異存はないが，時代的な前後関係が想定できる。

(10) 襄城（第7図37）

　河南省許昌市，北汝河左岸の襄県（現在の河南省襄城県）丁営郷霍荘村で，1975年に地元住民により古墓1基が発見された。翌年，河南省博物館が行った発掘調査によって，青銅器・玉器・原始磁器・土器を含む大量の遺物が確認されている（豫9）。彝器は鼎1・簋1・爵2・尊1・卣1・觶1の計7点であり，鼎・爵・卣には銘文が鋳されている。報告者の見解どおり，西周前期の遺物である。

(11) 平頂山（第7図38）

　河南省中部やや南よりに位置する平頂山市は伏牛山脈の東麓にあたり東側には広大な華北平野が開けている。1979年代以降，平頂山市から西へ20kmほどの薛荘郷北滍村周辺で西周期の遺跡が陸続と発見され，西周期の諸侯国の一つである応国と関係する青銅器が出土している。

　1979年，北滍村で簋が1点出土した（豫41）。その銘文には"鄧公乍應嫚毗䐨殷其永寶用"とあり，この器が鄧国の女性が応国にやってくる際に作られたものであるという経緯が記されている。また，1980年にも同村で1点，1984年には2点，同銘を持つ鄧公簋が発見されている（豫35，豫36）。これら4点の鄧公簋の発見はこの地が文献にみえる応国であることを示す有力な証

拠となった。1984 年の発見地点では他に 1 点の青銅鼎が出土しているが，いずれも西周中期の遺物であると考えられる。

　1982 年には 4 点の青銅彝器（鼎 1・簋 1・爵 1・觶 1）が出土し，いずれの銘文にも"應事"という作器者名がみられる（豫 42）。西周中期の器と考えられる。1985 年に発見された M48 出土の 4 点の青銅彝器（鼎 1・鬲鼎 1・簋 1・卣 1）のうち鼎と簋には"白（伯）"字が確認でき，あるいは応伯の作器によるものなのかもしれない（豫 43）。西周前期の遺物である。

　1986 年には北滍村で発掘調査が行われた。1988 年の報告では発掘された数十基の墓のうち，大部分が西周墓であったといい，1998 年の報告では西周〜後漢時代の墓 300 基余りが調査され，40 基ほどが応国に関連する墓であったという。そのうち，M1・M8・M84・M95 について詳細が報告されている（豫 14，豫 15，豫 23，豫 64）。M1 からは鼎 5・甗 1・簋 6・盉 1・方彝 1・壺 2・盤 1 が，M8 からは鼎 5・甗 1・簋 5・爵 1・盉 1・尊 2・方彝 2・壺 2・盤 2・匜 1 が，M84 からは鼎 2・甗 1・簋 1・爵 1・盉 1・尊 1・卣 1・觶 1・盤 1 が，M95 からは鼎 5・鬲 4・甗 1・簋 6・盨 3・尊 1・壺 2・盤 2・匜 2・鐘 7 が出土し，計 82 点の青銅彝器が報告される。M95 の鼎 1 点と甗・盨には"応侯"の銘があり，M95 の壺と盤には"応白"の銘がみえる。また，M50 から青銅彝器 2 点（鼎 1・盉 1）が，M242 から 9 点（鼎 2・簋 2・爵 1・尊 1・卣 1・觶 2）が出土した（豫 3，豫 4）。1986〜1993 年にかけての発掘調査は，前期墓・中期墓を中心に 2012 年の報告書にまとめられている（豫 65）。

　1988 年，応国墓地の墓から盗掘されたとされる遺物が回収された。一連の遺物は PY 臨 M1 という遺構番号を与えられ総点数は 300 点を超えるとされるが，そのうち 8 点の青銅彝器（鼎 1・鬲 2・簋 3・盤 1・匜 1）が報告されている。いずれの器も"応姚"または"応侯"という銘を有する。西周後期の遺物である（豫 63）。

(12) 汝州（第 7 図 39）

　1983 年，河南省臨汝県（現在の河南省汝州市）騎嶺郷大張村で青銅器 4 点（鼎 1・簋 1・爵 1・觶 1）が出土した（豫 44）。いずれも殷末期〜西周前期の一般的な型式であるが，簋の頸部には対向する鳥紋が飾られており，これは西周前期〜中期の器物に多く見られる紋様である。

(13) 魯山（第 7 図 40）

　1951 年，河南省魯山県北部の倉頭村（現在の倉頭郷）で複数の青銅器が出土し，区政府に届けられた。遺物の一部は散逸してしまったといい，1956 年の調査時には 5 点の青銅器（爵 2・尊 1・卣 1・觶 1）の存在が確認された。報告者は殷末周初期の遺物であるとしている（豫 39）。

(14) 南陽（第 7 図 41）

　河南省南西部，南陽盆地からも青銅彝器が発見されている。1981 年，南陽市東北に位置する独山の南麓で，磚瓦工廠の作業中に 1 基の墓が発見され，4 点の青銅彝器（鼎 1・簋 2・盤 1）と車馬具が出土した（豫 1，豫 26）。いずれも西周後期〜春秋初頭の器であるが，鼎と簋の銘文には"中爯父"の名がみえ，簋の銘文に依ればこの人物が"南矔白大宰"であったことが知られる。報告者は"矔"字を"申"に読み，『史記』「楚世家」の「文王二年，伐申過鄧，…（文王二年，

申を伐ち鄧を過ぐるに，…)」という記述に関して，『正義』に「括地志に云ふ，『故申城は鄧州南陽県の北三十里に在り』と」とあることなどから，当地周辺を申国の所在地であるとする。

他に，回収遺物として報告される西周後期の青銅鼎1点も南陽地区で出土したものであるという（豫1）。

(15) 泌陽（第7図42）

1955年，南陽盆地の東部に位置する泌陽県梁河村で，梁河に面する崖面から3点の彝器（鼎1・壺2）と戈1点とが発見された。報告者は墓の副葬品であると判断している（豫25）。西周後期〜春秋初頭の遺物であろう。

(16) 桐柏（第7図43）

1964年，河南省の南疆，南陽市桐柏県に属する月河郷左荘村で青銅彝器4点（鼎1・甗1・盤1・匜1）を含む遺物が出土した（豫2）。西周後期〜春秋初頭の遺物であるが，甗の型式・鼎の紋様からみて，春秋まで下る可能性が高い。南陽市考古研究所によって1993年と2001年にも同地で発掘が行われ併せて26基の墓が調査されているが，報告者はこれらの墓から出土した青銅彝器を，いずれも春秋前期の遺物だとみなしている（南陽市文物研究所・桐柏県文管協1997，河南省文物考古研究所・桐柏県文物管理委員会2005）。したがって1964年出土の4点も，西周後期に属する可能性は排除できないものの，春秋前期の遺物とみるべきであろう。

(17) 信陽（第7図44）

南北を淮河と大別山とで囲まれた信陽市では，1986年に市西南部の溮河港から西周前期の青銅彝器が13点出土した。その内訳は簋3・角2・兕觥1・尊2・卣3（卣蓋1を含む）・觚1・觶1である（豫30）。報告者は簋銘にみえる"若"字を"鄀"字に釈し，この遺跡と文献にみえる「鄀国」との関係を強調している。

【山東省】

(1) 曲阜（第7図45）

文献に依れば，山東省曲阜には西周初期に周公旦が封建され，その長子である伯禽が初代の魯君となったとされている。周代の魯国の都城に関しては，現在の孔廟・孔林を含む魯国故城の一帯がそれであると考えられており，1977年から1978年にかけて，当時の都城の手がかりを求めて曲阜魯国故城内で大規模な発掘調査が行われた（魯5）。その結果，魯国故城は少なくとも春秋時代には城壁が造営されており，一部の城壁は西周期にまで遡る可能性があるという。また，場内からは墓地・陶窯・大型建築址などの遺構が確認されている。城内の墓地は大きく四区に分けられ，西周初年から戦国期までの墓の存在が報告されている。しかしながら，西周墓とされる9基の墓の年代観に関しては異論も多く[27]，飯島武次氏が指摘するように西周中期以降に遡る遺物は基本的に認めがたく，報告書の年代観をそのまま受け入れることは難しい（飯島1998b）。本稿では青銅器の型式からM11・M14・M20・M23・M46を西周後期墓とみなす。5基の墓から計6点（鼎5・簋1）が出土した。

1969年には曲阜県城の北郊の護城河北岸で1基の墓が発見され，8点の青銅彝器（簋6・豆2）の出土が報告されている（魯7）。いずれも西周後期の器である。

(2) 滕州（第7図46）

曲阜の南方，微山湖の東岸に位置する滕州市東滕城村の一帯は，武王の弟である叔繍が封ぜられた滕国であるといわれる。1978年に市西南の荘里西村で墓1基が発見され，鬲1・簋2が出土した。鬲の内壁には"吾乍滕公寶障彝"の銘があり，「吾」が「滕公」のために製作した器であることが知られる（魯14）。いずれも西周前期の遺物である。1982年にも荘里西村で西周墓が発掘され，6点の青銅彝器（鼎1・方鼎1・鬲2・簋1・壺1）が出土した（魯10）。西周前期～中期にかけての特徴を呈する遺物である。方鼎と簋の銘文には"滕侯"の名がみえ，やはり滕国との関係がうかがえる。一方，1989年に荘里西村で行われた調査では墓から彝器10点（鼎1・簋1・爵2・尊1・卣2・觚2・觶1）が出土しいずれも周初の器であることが報告されるが，当地出土彝器の銘文上には"滕"字は見られない（魯18）。

1981年，滕州市東北の後荊溝村で1基の墓が発掘され，鼎2・鬲2・簋2・簠2・盤1・匜1・罐2など14点の青銅彝器が出土した。西周後期～春秋初頭の特徴を備えた遺物である（魯11）。

滕州市の南部，官橋鎮前掌大村では1981年から1998年までの間に大規模な発掘調査が行われ，2001年にも発掘が行われている。その結果，北区と南区とから構成される殷後期から西周期にかけての大規模な墓地の存在が明らかとなった（魯8）。報告者は前掌大墓地の墓を三期に分け，第一期を殷代後期，第二期を西周前期前段，第三期を西周前期後段に相当する時期としている。朱鳳瀚氏の見解に従えば，西周墓13基はいずれも南Ⅰ区に位置し，成王・康王の年代が与えうるという（朱鳳瀚2009）。これらの西周墓からは100点余りの青銅彝器（鼎7・鬲鼎3・方鼎4・鬲1・甗3・簋5・爵20・角10・斝2・盉3・尊6・卣5・罍1・壺2・觚18・觶13・盤1）が出土し，その大半が酒器である点から明らかなように，河南省鹿邑長子口墓と同じく殷の影響を強く残す墓地である。

(3) 済陽（第7図47）

山東省済陽県の北，徒駭河南岸に位置する劉台子村では1967年に青銅器を含む一群の遺物が出土した。出土した遺物の多くは失われたが，そのうち銅鼎1点と原始磁器1点が報告されている。西周中期の遺物であろう。1979年には墓（M2）の発掘が行われ，青銅彝器が5点（鼎1・鬲1・簋2・觶1）出土した。該墓出土の鼎は1967年出土の鼎とよく似ており，同時期の遺物と思われる（魯12）。

1982年，同じく劉台子でM3・M4の発掘が行われた（魯13）。M3からは鼎・簋が1点ずつ出土した。鼎には垂腹化がほとんどみられず，西周前期の特徴を備えている。1985年にはM6の発掘が行われた。M6は保存状態が良好で，副葬品が二層台北側に整然と並べられていた様子がわかる（魯3）。青銅彝器は21点出土しており，鼎3・方鼎3・鬲1・甗1・簋5・爵2・盉1・尊1・卣1・觶2・盤1が報告されている。盤・卣の型式がやや特殊であるが，全体的に西周前期の遺物とみて問題はない。報告者はM6出土の青銅器のうち7点に"夆"銘がみられることから，

『春秋左氏伝』や『国語』周語の韋昭注にみられる"逢伯""逢公"の"逢"の地が済陽周辺にあったことに言及している。

(4) 高青 (第7図48)

2008年, 黄河の南岸, 臨淄市の北に位置する高青県陳荘村と唐口村の間で発掘が行われ, 西周城址・東周集落址・西周墓地などの存在が明らかになった。発掘された14基の墓のうち6基から50点余りの青銅器が出土している。報告される青銅器出土墓はM18とM27の2基があり, M18からは8点の葬器 (鼎1・甗1・簋1・爵1・觥1・尊1・卣1・觶1) が出土し, うち爵を除く7点に銘が「豊」という名が記されていた。M27からは11点の青銅葬器 (鼎1・甗1・簋2・爵1・盉1・尊1・卣1・壺1・觶1・盤1) が出土した。報告者はM27の年代を西周中期とみなしている (魯4)。

(5) 臨淄 (第7図49)

1965年, 淄博市臨淄区河崖頭村で窖蔵から青銅器が出土した。盂・簋・鐘などの出土遺物のうち, 盂のみ器形を知ることができる (魯7)。春秋前期の遺物と考えられるが, 西周後期まで遡る可能性も否定できない。

(6) 寿光 (第7図50)

寿光市は淄博市と濰坊市の中間に位置する。1983年, 寿光市の北10 kmにあたる古城郷で井戸の工事中に大量の遺物が出土した。そのうち青銅葬器として鼎3・鬲鼎2・甗1・簋1・爵5・斝1・尊2・卣2・罍1・觚3が報告されている (魯6)。殷末周初期の遺物である。この地出土の青銅器には"己"銘を有する例が多く, 報告者は"己"字を"紀"と読んで, 文献にみえる「紀国」との関係を指摘する。

(7) 萊陽 (第7図51)

山東半島の中央に位置する萊陽市では1974年, 市南部の中荊前河前村から7点の青銅葬器 (鼎2・甗1・壺2・盤1・匜1) が出土した。甗の甑部の浅さや鼎の半球化・獣脚化の進行程度から考えて, これらの遺物の年代は西周後期～春秋初頭に相当すると思われる。壺の外底部に銘文があり, "己侯乍鑄壺事小臣自汲永寶用"と鋳されており, この器も紀国との関係が指摘されている (魯15)。

(8) 龍口 (第7図52)

龍口市は旧名を黄県といい, 山東省内では青銅葬器が数多く出土する地である。

1964年, 現在の山東省龍口市西南の蘆頭鎮韓欒村で鬲鼎が1点, 発見された (魯16)。西周前期の遺物である。

龍口市東南の帰城から多くの出土例が知られる。1965年, 帰城遺跡内に位置する姜家村から9点の青銅葬器 (鼎2・甗1・爵2・尊1・卣1・壺1・觶1) が出土した。器は報告者が指摘するように西周中期の器と見るべきであろう。1969年には同じく帰城小劉荘で盉蓋1・尊1・卣1・觶1が出土した。西周前期後段～中期前段にかけての遺物と思われる (魯7)。

1965年に調査された帰城曹家村M1からは鼎2・甗1・爵2・尊1・卣1・壺1という8点の青

銅彝器が出土しており，報告者はM1を西周中期墓とみなしている。他にも帰城からは1950年に和平村で30点余り（うち鬲1点の報告あり），1965年にも和平村で鼎1点，1969年に董家村で3点（鼎1・甗1・盤1），1974年に和平村で鐘2点が出土した。また出土時期不明の壺・甗[28]各1点も報告されている。出土時期不明の壺（HG70）を除き，多くが西周後期から春秋初頭にかけての遺物である。1973年と1985年には帰城城壁に対する調査が行われ，部分的な発掘の結果，帰城遺跡の城壁の大まかな平面形が明らかとなり，その造営時代は西周後期〜春秋期が推定されている（魯17）。

1980年，帰城の東に位置する荘頭村で西周墓1基が発見され，この墓からは12点の青銅彝器（鼎3・甗1・簋2・爵2・卣1・壺1・觶1・盆1）が出土した（魯1）。西周前期〜中期にかけての特徴を呈する遺物である。

(9) 烟台（第7図53）

1969年，烟台市上夼村で墓が発見され，出土した遺物のなかには鼎2・壺2・匜1・鐘1という6点の彝器が含まれていた（魯2，魯7）。壺の形が特徴的であるが，西周後期の遺物とみて問題ない。2点の鼎の銘文には作器者としてそれぞれ"異侯易""己華父"の名がみえ，寿光・莱陽出土の各器とともに，周代の紀国と関係する器として注目される。

(10) 威海（第7図54）

山東半島の東端に位置する威海市で1970年代以降，三基の西周墓の調査が行われた。威海市環翠区田村鎮河北村で1977年に発見されたM1からは8点の遺物が出土し，うち6点が青銅彝器（鼎2・甗1・壺1・鐃2）であった。鼎・甗の型式から西周中期後段の墓と考えられる。壺は大型の觶ともいうべき形を呈しており，特徴的な遺物である。M2からは鼎が1点出土しており，その年代はM1よりもやや下り，西周後期であろう（魯9）。

【山西省】

山西省では西周青銅彝器の分布は省の南部に偏っており，特に臨汾盆地南部の侯馬市周辺に集中する。太原盆地以北の地では基本的に青銅彝器は出土しない一方で，臨汾・運城盆地と関中平原東北部が黄河を挟んで交流を持ったであろうことは陝西省韓城の項で触れたとおりである。なお，山西省出土の青銅器に関して趙瑞民・韓炳華2005が網羅的に集成しており，参照すべき点が多い。

(1) 芮城（第7図55）

芮城県は山西省の西南端に位置する都市である。その南では陝西省潼関から黄河が東へと流れ，その北では中条山脈が東西に走り運城盆地と分断される。地理環境としては東の三門峡（第7図29）との関係が強い地域である。1979年，芮城県城の北3.5kmにある柴村で100点余りの遺物が出土した。その後の調査によって遺物出土地点には南北に並ぶ3基の墓の存在が確認され，青銅彝器は南側の墓から鼎が，北側の墓から鼎・簋・鐘が出土した。また，1985年にも柴村で4点の青銅器が発見された。その内訳は鼎2・簋2である。出土状況に関しては詳細が不明である

が，1979 年に調査された 3 基の墓とは直接の関係がないという。他に甗 3 点が報告され，計 11 点（鼎 4・甗 6・鐘 1）の青銅葬器の存在が知られる。報告者が指摘するように A 型に分類される鼎・甗は西周中期，B 型に分類される鼎・甗には西周後期～春秋初頭の年代が与えられるべきであろう（晋 12）。

柴村の西南 1 km の地点には東周時代の城址遺跡が確認されており，これは文献記載にみえる古魏城とされる（陶正剛・葉学明 1962）。また，『史記』「魏世家」には，

献公之十六年，趙夙為御，畢萬為右，以伐霍・耿・魏，滅之。以耿封趙夙，以魏封畢萬，為大夫。

（［晋の］献公の十六年，趙夙，御と為り，畢萬，右と為り，以て霍・耿・魏を伐ち之を滅ぼす。耿を以て趙夙に封じ，魏を以て畢萬に封じ，大夫と為す。）

とあり，その正義には「魏城は陝州芮城県の北五里に在り。鄭玄の詩譜に云ふ，『魏は姫姓の国，武王，紂を伐ちて封ず』と。」という記述がみられる。芮城県柴村が文献にみえる魏国の立地と一致することと，魏国が西周期から存在していた可能性があることから，報告者は当地出土遺物を西周時代の魏国の器物とみなしている。しかしながら，柴村出土遺物には武王期の封建と関連するような西周前期の遺物が存在しない。文献記載との間には，なお一定の距離が存在するように思われる。

(2) 聞喜（第 7 図 56）

聞喜県は山西省運城市に属し，運城盆地の北側に位置する。聞喜県県城から南に 5 km ほど離れた上郭村周辺では，土地が西南から東北の方向へと緩やかに隆起する傾斜地が広がっている。この傾斜地に 380 基ほどの古墓が分布することが知られ，数次にわたって発掘調査が行われた。

1974 年の調査では 24 基の西周墓・東周墓が発掘され，うち 15 基は盗掘の被害を受けていた（晋 11）。M34・M49・M55・M375 などの大型墓はいずれも盗掘されていたが，墓室に木炭が詰められており，特に M55 は木炭層の下から積石層が検出されたという。墓室内に積石と敷きつめた木炭を持つという構造は，同じく山西省の北趙墓地 M93 でも共通する特徴である。青銅葬器は計 21 点出土した。

1975 年から 1976 年にかけて，上郭村～兵家荘の間で再び発掘調査が行われ，周代墓 11 基，漢代墓 3 基と 2 基の馬坑が発掘された（晋 2）。周代墓のうちには戦国墓もいくつか含まれていたものの，多くは西周後期～春秋期の墓であり，出土した 26 点の青銅葬器は全て春秋以前の器であるとされる。

1989 年，同じく上郭村で 36 基の周代墓が発掘された。簡報では 18 点の青銅葬器の出土が報告されている。1989 年に発掘された墓群は大きく 2 群に分けられ，発掘区の北西部に集中する 4 基の墓群は（M4・M5・M35・M3）相対的に時代が下り，戦国前期墓であるとされる。発掘区西南部には 32 基の墓が集中しており，報告者はその大部分を西周後期墓とし，墓群の東北角に位置する M3 のみ春秋中期に属する墓であるとみなしている（晋 3）。

以上，上郭村墓地から出土した青銅器 65 点の多くは春秋期の青銅器であり，西周青銅葬器は

多くない。西周期まで遡る可能性が高い器は20点（鼎5・甗1・簋2・盉1・方彝1・壺1・盤3・匜3・盆形器2・異形杯1）程度に限られるであろう[29]。

(3) 絳県（第7図57）

近年，運城盆地の東部，絳県横水鎮横北村北部で大規模な西周墓が発見された。横水鎮は北を絳山，南を中条山に囲まれた台地上に位置しており，台地は溝と呼ばれる流水によって形成された谷によって切り込まれている。横水墓地の東西両側には南北方向の溝が走っており，墓地の中央も小溝によって東西に分けられている。

山西省考古研究所を中心とする調査隊は2004年から2005年にかけてこの地で発掘を行い，計110基余りの墓が調査された（晋4，晋5）。簡報で報告されているM1・M2・M3の3基のうち，M3は盗掘を受けほとんど遺物が検出されなかったが，M1・M2は未盗掘墓であり，非常に多くの遺物が出土した。両墓とも墓室西側に墓道を有し，墓室と墓道の幅がほぼ等しいことから，報告者はその平面形が「一」字形を呈する，と表現している。横水墓地の最大の発見は，M1の外棺を覆う"荒帷"と呼ばれる織物である。荒帷の表面には鮮やかな赤色で鳳の図案の刺繡が施されており，それは西周中期の青銅器紋様として一般的な鳳紋とよく似ているという。青銅葬器はM1から25点（鼎5・鬲1・甗1・簋5・盉1・盂2・壺2・觶1・盤2・鐘5），M2から16点（鼎3・甗1・簋1・爵1・盉1・尊1・卣1・觶1・盤1・鐘5）が出土した。西周中期の器である。また，その他の墓からも計19点の青銅葬器（鼎11・鬲2・簋4・盆2）が出土した。

M1・M2出土の青銅器のうち複数の銘文上に「倗伯」の名が確認された。報告者はM2被葬者を倗伯，M1被葬者をその妻とみなし，当墓地を西周時代の「倗国」墓地であると考え，西周金文中に散見される「倗」地を絳県横水鎮周辺に比定している。

(4) 曲沃（第7図58）

天馬―曲村遺跡は山西省臨汾市の曲沃県・翼城県にまたがる新石器時代～明代の遺跡である。曲沃県東端の曲村と翼城県西端の天馬村の一帯に墓を中心とする遺構が分布しており，遺跡の北端は北趙村，南端は毛張村[30]である。北趙村・毛張村はいずれも曲村郷に属する。当地では1958年と1964年に青銅器が出土しており，遺跡の存在は古くから知られていた。1979年以降，北京大学考古専業と山西省考古研究所による晋国の古都「絳」地を探す調査が行われ，天馬―曲村遺跡での長年の調査の結果，この遺跡は西周時代遺構を中心とする大規模な遺跡であり，当時の晋国の中心地域であったことが明らかとなった。天馬―曲村遺跡の範囲内では特に数多くの墓が発掘されており，曲村北側に位置する晋国中小貴族墓地と，天馬・曲村・北趙・毛張の4つの集落のほぼ中央に位置する晋侯墓地（北趙晋侯墓地と称される）という二つの墓地の存在が知られている（第10図）。

曲村北側に位置する曲村墓地では1994年まで発掘調査が継続され，1980～1989年までの調査の成果が報告書として刊行されている（晋18）。6次にわたる発掘の結果，西周～春秋時代の墓641基，車馬坑6基が発掘された。曲村墓地出土の豊富な青銅器と土器を背景として，曲村墓地に対して報告者は5期9段の時期を設定している。すなわち，一段と二段を西周前期に，三段と

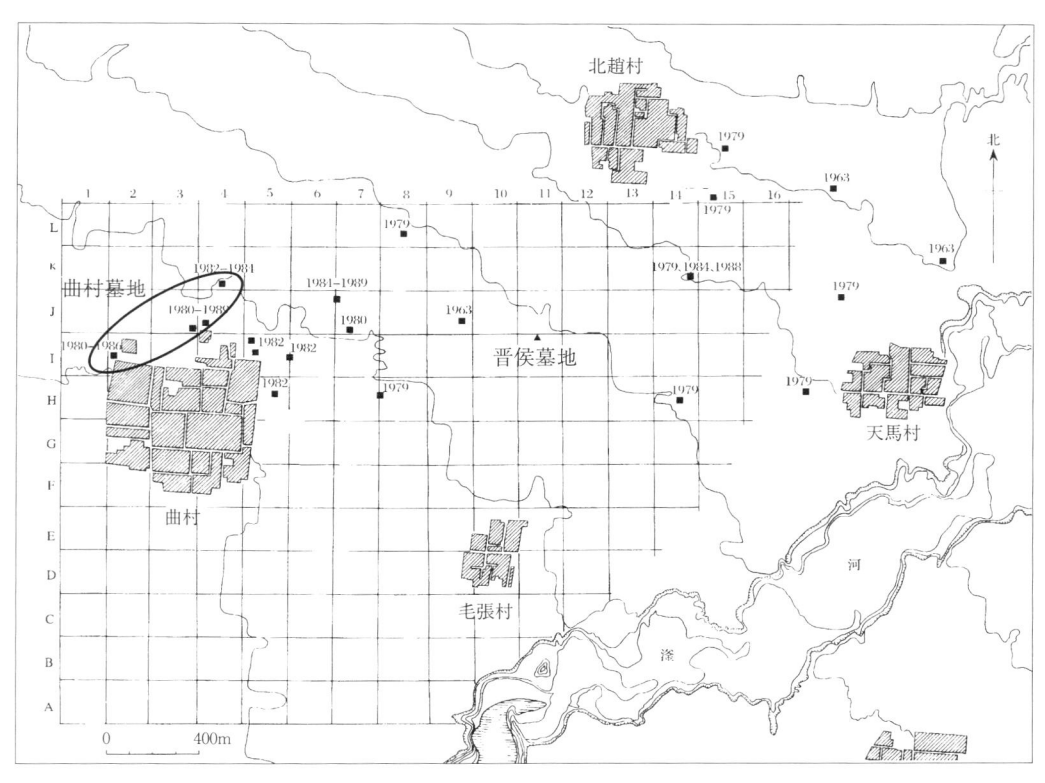

第 10 図　天馬―曲村遺跡と曲村墓地，晋侯墓地

四段を西周中期に，五段と六段を西周後期に，七段と八段を春秋前期に，九段を春秋中期にそれぞれ対応させる[31]。青銅彝器を有する墓は47基で，計152点が出土した[32]。西周前期～後期の器である。西周中期に属するM6384からは"晋中韋父"銘を有する銅盉（M6384:12）が出土しており，天馬―曲村遺跡が西周時代の晋国遺跡であることの証拠とみなされている。西周前期のM6081は鼎を4点有する点で曲村墓地の中で最大規模の墓であるが，報告者はこの墓について，西周前期に成王によって唐の地に封ぜられ後の晋国の始祖となった叔虞の墓である可能性を指摘する。

1991年，北趙村と毛張村の中間やや北側の地点で大型墓の存在が確認された。翌1992年から2001年までの間に6次にわたる調査が行われ，最終的にこの墓地が19基の大型墓から構成される大型墓地であることが明らかとなった（第11図）。北趙墓地は隣り合う2基ないし3基の墓が一つの組として扱われ，それぞれが夫婦の異穴合葬墓であったと考えられている（晋14～晋17，晋19，晋20）。これら9組の合葬墓の多くは，その東側に1基の車馬坑を伴っている。近年，M8・M31組に伴う一号車馬坑の調査が完了し，105匹以上の馬と48輌の車が収められるという，西周期で最大規模の車馬坑であったことが明らかとなった（晋7）。北趙墓地の19基の墓からは250点近くの青銅彝器が出土しており[33]，これらは西周中期から春秋初頭にかけての遺物である。M8・M13・M33・M64・M91・M92・M113・M114から「晋侯某」銘を有する青銅彝器が出土

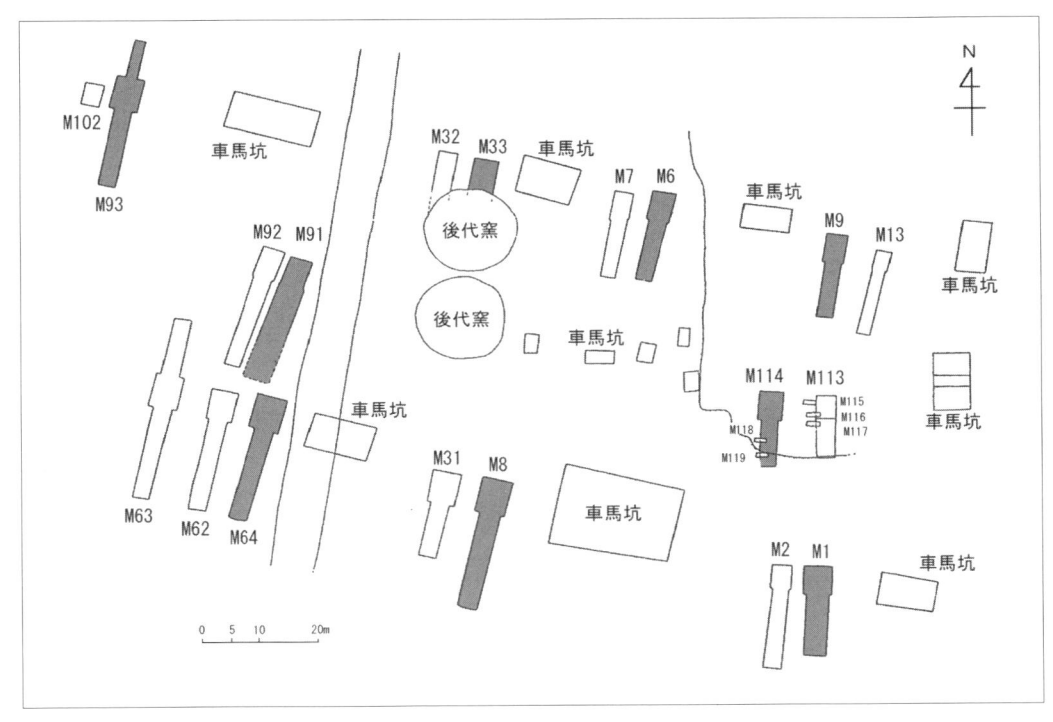

第 11 図　晋侯墓地平面図

しており，北趙墓は西周期の歴代の晋侯が埋葬された墓地であると考えられている。

　北趙墓地各墓の被葬者をどの晋侯に比定するかに関しては諸説あり，研究者ごとに独自の観点が提出されている[34]。しかし，北趙墓地でその造営時期が最も下る墓は M93 組である，という点で研究者間の意見は一致しており，その被葬者を西周末〜春秋初頭に活躍した文侯仇とみなす見解が優勢であった。しかし，このような「M93 被葬者＝文侯仇」説とは異なる見解が，近年注目されている。

　2003 年と 2005 年，北趙墓地から南に約 4.5 km 離れた史村鎮羊舌村で古墓の盗掘事件が発生し，その後の調査によって 2 基の並列する中字形墓とそれに伴う車馬坑，および 15 基の陪葬墓が発見された（晋 6）。2 基の中字形墓（M1・M2）はともに盗掘を受けており副葬品はほとんど残っていなかったが，盗掘を免れた少数の金製品や玉器の存在から，当墓被葬者が上位の社会的身分に属する人物であったことが推定される。M1 墓室は積石による石柱が存在し，石柱と木槨の間には木炭が充塡されており，これは北趙墓地 M93 と同様の構造である。また陪葬墓出土の青銅彝器数点が報告されており，その年代が西周末から春秋初頭に相当するという点でも，M93 とほぼ併行する時期の墓であることが知られる。報告者は羊舌村 M1 組を文侯仇とその夫人墓であるとし，北趙墓地 M93 被葬者を文侯の叔父である殤叔とみなしており，晋侯墓地をめぐる論争に一石を投じている。

(5) 翼城（第7図59）

　翼城県は臨汾盆地の東南部に位置し，曲沃県に東隣する。1962年，翼城県城関鎮鳳家坡村の西北で8点の青銅器が出土した。同時に貝も出土しており，墓出土遺物であるとされている。彝器としては甗1・簋1・卣1が報告され，その型式から西周前期の器であると判断できる（晋21）。

　2007年，翼城県大河口村で古墓の盗掘事件が発生し，これに伴い同年9月〜翌年5月まで同地で調査・試掘が行われ，2008年の一般調査を経て，2009年5月から2011年5月まで大規模な発掘調査が行われた。大河口村墓地は翼城県の東約6kmの斜面上に位置し，西と南を澮河とその支流がめぐっている。現在まで1,500基余りの西周墓の存在が確認されており，その周囲からは新石器時代・西周時代・東周時代・漢代の遺構が見つかった（晋8）。2011年の簡報ではM1・M1017・M2002など10基の概況が報告されており，鼎41，簋22などを含む計158点の青銅器が出土したとされる。M1は西周前期，M1017は西周中期の墓であろう。M1017出土の簋（M1017: 8）は蓋内側と器内底部に同銘が鋳されており，"霸白"の名が見えることから，報告者は西周時期の大河口村周辺に"霸"と呼ばれる小国が存在したと推測している。

(6) 洪洞（第7図60）

　臨汾市洪同県は曲沃からは北へ100kmほど，臨汾盆地の北端にあり，晋南地域における南北交通の要衝である。洪同県では坊堆村と永凝堡から青銅器が出土した。出土地点は近接しており，どちらも汾河東岸の霍岳西南麓に位置している。

　1952年から1953年の間，洪同県（当時の名称は洪趙県）坊堆村で土取り作業中に幾度となく青銅器が出土したため，1954年に調査が行われ，墓地を中心とする遺跡の存在が確認された。周代墓18基，戦国墓8基，漢墓6基など計68基の墓が発掘されている。これらの墓とは別の地点から青銅器や卜骨が出土しており，彝器は鼎4（鬲鼎を含む）・甗2・簋2の8点であった（晋9）。いずれも殷末周初期の遺物であろう。

　1957年，永凝堡でやはり土取り作業中に300点以上の遺物が出土した。村民によって遺物は全て取り上げられ遺構の状況も詳細は不明であるが，同時に人骨が目撃されたことを考慮すれば，これらの遺物は墓の副葬品であった可能性が高い。遺物のほとんどは車馬具であったが，彝器も3点（鼎1・簋2）が含まれていた（晋1）。鼎の型式からみて西周中期の墓と思われる。1980年，永凝堡での遺跡分布調査の結果，灰坑20基，墓56基が発見された。墓地は北区・南区・南東区の三カ所に分かれ，22基の墓について発掘・報告がなされている[35]（晋10，晋22）。鼎12・簋14を含む37点の青銅彝器が出土し，その年代は西周前期〜後期にほぼ相当する。NM9から出土した木胎銅壺は類例が少ない特殊な器である。報告者は北京大学の李伯謙氏の見解を引き，洪洞県永凝堡遺跡が後に晋国によって滅ぼされた西周の楊国の遺跡であると考えている[36]。

(7) 黎城（第7図61）

　長治市黎城県は山西省の東南部，晋東地区に属し，太原・臨汾・運城といった晋中の盆地から山地を一つ隔てた長治盆地の東北端に位置する。現在では県の中心を長邯高速が走っており，長治から東の河北省邯鄲市・邢台市へ向かう経由地となっている。黎城県西関村で2005年から試

掘調査が行われ，2006 年には正式な発掘調査が行われた（晋 13）。墓道を有する大型墓 3 基，中型墓 15 基を含む 92 基の墓が確認されており，青銅器・玉器など多数の遺物が出土している。多くの墓が盗掘を受けていたが，M10 からは銅柄鉄剣の一部が検出された。発掘者はこの墓地を西周後期の諸侯クラスの墓地であるとみている。

【河北省】
(1) 邢台（第 7 図 62）

　邢台市は河北省南部に位置し，戦国趙の都であった邯鄲から北へ約 50 km，河北省省都の石家荘からは南へ約 100 km，西側では太行山脈を越えて山西省晋中市と隣接する。邢台市区の西北にあたる南小汪村の周辺では以前から大規模な周代遺跡の存在が知られ，1991 年の調査では西周時代の灰坑から刻辞を有する卜骨が出土し注目を集めた（唐雲明 1960, 河北省文物研究所・邢台市文物管理処 1992）。1992 年の調査では 2 基の墓が発掘され，M28 からは青銅彝器 5 点（鼎 1・鬲鼎 1・爵 1・尊 1・觶 1）が出土している（冀 2, 冀 3, 冀 8, 冀 9）。西周前期の器である。

　1993 年，南小汪村の西南約 5 km に位置する葛家荘で"先商"時代[37]と西周時代の大規模な遺跡が見つかり，1997 年までの間に西周期の墓 230 基・車馬坑 28 基と"先商"時代遺跡 3,000 m² 余りが発掘された。他にも少数の春秋墓・戦国墓が検出されているという（冀 6）。墓はいずれも盗掘の被害を受けており，中字形墓 1 期・甲字形墓 4 基を含む大型墓からは青銅彝器は検出されず，中型墓から少数の青銅彝器の出土が認められる。M73 出土の彝器 2 点（鼎 1・簋 1）のみが報告されており，殷末周初期の遺物である。

　『春秋左氏伝』僖公二十四年の伝に，

　　昔周公弔二叔之不咸，故封建親戚以蕃屏周。管蔡郕霍魯衛毛聃郜雍曹滕畢原酆郇，文之昭也。
　　邗晋應韓，武之穆也。凡蔣邢茅胙祭，周公之胤也。
　　（昔周公，二叔の咸（おな）じからざるを弔（いた）み，故に親戚を封建して以て周の藩屏とす。管・蔡・郕・霍・魯・衛・毛・聃・郜・雍・曹・滕・畢・原・酆・郇は文の昭なり。邗・晋・応・韓は武の穆なり。凡・蔣・邢・茅・胙・祭は周公の胤なり。）

とあり，西周の邢国は周公の子が封ぜられたことが記される。邢台における西周遺跡の発見は，文献にみえる邢国との関係の中で重要な意味を持っている。

(2) 元氏（第 7 図 63）

　1978 年，元氏県西張村で村民の土取り作業中に青銅器・玉器が出土し，調査の結果，墓の副葬品であったことが明らかとなった。周辺からは西周〜東周期の土器や石器も検出されており，当時西張村一帯に大規模な遺跡が存在した可能性がある。青銅器は 34 点出土し，うち 10 点（鼎 1・甗 1・簋 1・爵 2・盉 1・尊 1・卣 2・盤 1）が彝器であった（冀 1）。簋・卣には銘文があり，李学勤・唐雲明両氏は当墓の被葬者を軧国の臣であった攸であるとみなしている（冀 7）。

　当墓出土の青銅器の年代について，李学勤氏らは簋・尊・卣を康王期，鼎の下限年代を昭王期とみなし，その製作時期が同一でないことを指摘する。朱鳳瀚氏は簋の年代のみを成王・康王の

第12図　元氏県西張村出土の青銅簋および同型式の簋
1 元氏県出土簋　2 邢侯簋　3 班簋　4 琉璃河 IM53:8　5 琉璃河 IIM209:1

際とし，他の器物の年代を昭王～穆王期とみなしている（朱鳳瀚2009）。簋（第12図1）の年代を康王期とみなす根拠は，その形が康王期の器とされる邢侯簋（第12図2）に似るためである。邢侯簋（攸簋）はその銘文中に「邢侯」の名がみえ，これを麥方彝・麥方尊の銘文中で邢に初めて封ぜられたと記される「邢侯（徙）」と同一人物とみなすことが，邢侯簋に成王～康王期の年代を与える最大の根拠となっている（冀7）。邢侯簋も当墓出土の簋も四耳を持ち垂腹化が非常に進行したタイプの簋であるが，しかしながらこれらの器を康王期に当てる解釈には疑問が残る。同型式の簋としては伝世器である班簋（第12図3）が挙げられるが，この器は通例，昭穆期の青銅器とされる。四耳ではないものの，同形の簋に琉璃河M53・M209出土簋（第12図4・5）があり，林巳奈夫氏はこれらの年代を西周IIAとする（林1984）。邢侯簋にみえる邢侯を麥方尊の「邢侯徙」と同一人物とする根拠は弱く，筆者は林氏と同じく邢侯簋を西周中期の器とし，西張村西周墓出土遺物はすべて西周中期の年代を与えて問題ないものと考える。西張村出土の甗・盉・盤は作りが粗雑で明器の可能性が高く，これも前期にはほとんど見られない特徴であり，この墓の年代を推定する根拠の一つとなろう。

(3) 遷安（第7図64）

　天津市の東，河北省唐山市遷安県小山東荘で1983年，道路の補修中に青銅器や土器が出土した。1984年にも大雨により土地の一部が流された地点で遺物が見つかり，唐山市文物管理処によって出土遺物の収集・整理が行われた。遺物はいずれも墓（QXM1）から出土したもので，今までに青銅の彝器4点（鼎3・簋1）や武器，土器・金製の耳飾り・釧などが報告されている（冀5）。簋は西周前期の一般的な型式であるが，鼎QXM1:4は腹部が球状に張り出し蓋を持つ特殊な形で，乳釘紋を持つもう一つの鼎QXM1:7と共に，在地産の可能性がある。報告者は『漢書』地理志や『史記正義』周本紀が引用する『括地志』の記載から，遷安県が西周期の弧竹国が存在した地であることを指摘し，この遺跡と関係する可能性を提起している。

(4) 盧龍（第7図65）

　1972年，秦皇島市盧龍県の南，灤河の南岸に位置する東闕各荘で古墓（盧東M1）が見つかり，鬲鼎1・小型盉1の他，弓形器などが出土した（冀4）。斜方格乳釘紋が飾られた小型盉は陝西省に多く見られるタイプの遺物であり，中国北方での出土は珍しい。殷末周初期の遺物である。同じく盧東M1からは直径10cmほどの金製の釧が出土しており，遷安県小山東荘出土の金製釧と同形である。鬲鼎・斜方格乳釘紋盉と金製耳飾りは天津市薊県（第7図69）でも出土する。河北省北部で一般的な遺物の組合せであった可能性がある。

【北京市】

(1) 房山（第7図66）

　1962年，北京市の西南に位置する房山区で遺跡分布調査が行われ，劉李店村・董家林村・丁家窪村などで殷周時代の遺跡の存在が明らかとなった（京9）。1964年に琉璃河鎮黄土坡村で青銅器が出土したため，1972年に北京市文物管理処と北京大学歴史系考古専業によって再度調査

が行われ，翌年には北京市文物管理処・中国科学院考古研究所・房山県文教局によって発掘が行われている。その結果，黄坡土村の北側に京広鉄道を挟んで南北に広がる大規模な西周時代の墓地とそれに付随すると思われる城壁・住居址が発見された。鉄道北側のⅠ区と南側のⅡ区で行われた数次にわたる調査の成果が報告されている（京1〜京3，京6〜京8，京10，京11）。

1973年から1977年までの調査によって，Ⅰ区・Ⅱ区で計61基の墓が発掘され，Ⅰ区M52・Ⅱ区M251など10基から71点の青銅彝器（鼎17・方鼎1・鬲9・甗2・簋11・爵9・盉2・尊5・卣3・壺1・觶8・盤3）が出土している。1981年から1983年にかけての調査ではM1026・M1043から出土した4点（鼎1・簋1・爵1・罍1）が報告され，1986年に発掘されたM1193からは3点（盉1・罍1・觶1）が出土した。琉璃河墓地は西周前期〜後期まで継続して営まれるが，出土した青銅彝器の多くは西周前期のものである。報告者は青銅器出土墓をすべて西周前期の墓とみなしているが，しかし，筆者は一部の青銅器の年代は西周中期にまで下ると考えている[38]。

現在では，琉璃河墓地は西周時代の燕国の貴族墓地であると考えられている。その根拠としてはⅠ区M52・Ⅱ区M251・Ⅱ区M252出土の鼎・鬲・尊・青銅製盾飾に「匽（燕）侯」の銘が見えることと，Ⅱ区M1193出土の罍銘文に「王曰太保，『…令克侯于匽（燕）。…』」とあることが挙げられる。太保は燕国の始祖となった召公奭の別名であり，この銘文は『史記』「燕世家」にみえる，

　　召公奭　與周同姓，姓姫氏。周武王之滅紂，封召公於北燕。
　　（召公奭は周と同姓なり，姓は姫氏。周武王の紂を滅すや，召公を北燕に封ず。）

という記述を裏付ける証拠であるとみなされている。

宮本一夫氏は琉璃河墓地への分析から墓地の構成集団として，周王朝との関係を持つ燕侯の下に，燕侯一族とその直接の家臣団・新たに周に服し燕の家臣として組み入れられた殷系貴族・在地的な豪族集団，という3つの階層が存在したこと指摘し，燕山以南における燕侯の直接支配の在り方を復元している（宮本1999）。

(2) 昌平（第7図67）

1975年，北京市西北郊外の昌平県（現在は昌平区）白浮村で西周期の木槨墓3基が発掘され，数百点に及ぶ土器・青銅器・玉器や刻辞甲骨が出土した。青銅彝器はM2とM3から計7点（鼎3・簋3・壺1）検出され，報告者は墓の年代を琉璃河M54とほぼ同年代，すなわち西周前期に相当するものとみなしている（京5）。

(3) 順義（第7図68）

北京市順義区は市の東北郊外に位置する。1982年，当時の順義県牛欄山供銷社の調達部が青銅器6点を買い付けた。この情報を得た北京市文物工作隊の調査によって，これらの遺物が順義県牛欄山公社金牛大隊（現在の順義区金牛村）で出土したことが明らかとなり，さらに新たに青銅器2点といくつかの鉛器破片が採集された。青銅器と同時に土器が出土したというが，いずれも散逸している（京4）。鼎1・爵2・尊1・卣1・觚2・觶1であり，いずれも西周前期の器である。

出土した8点の青銅彝器にはいずれも"亜異"と称される図象銘が鋳されており，同様の図象

銘は琉璃河Ⅱ区 M251 出土鼎 (IIM251: 17) や M253 出土鼎 (IIM253: 24)，後述する遼寧省カラチン左翼県北洞村（第 7 図 70）出土の方鼎にもみえる。朱鳳瀚氏は 1867 年に北京郊外で出土したと伝えられる亜盉（方濬益『綴遺齋彝器款識考釋』14. 26）も併せて，"亜異"銘を殷の乙辛期卜辞中にみられる"異侯"と関連付け，殷後期の諸侯であった異侯が西周初頭の燕の封建の際に燕に属せしめられたものと解釈している（朱鳳瀚 2009）。

【天津市】
(1) 薊県（第 7 図 69）
　天津市北部の薊県県城から西北へ約 20 km に位置する張家園村では 1957 年の発見以来，数次にわたる調査が行われ，新石器時代から青銅器時代に至るまでの文化層の存在が確認されている[39]。1987 年に行われた第三次調査では西周期の墓 4 基が発掘され，M2・M3・M4 から計 5 点（鼎 2・鬲鼎 1・簋 1・小型盉 1）が出土した（津 1）。M3 出土の小型盉は斜方格乳釘紋を有しており，いずれも殷末周初期の器とみて問題がない。M1・M3・M4 からは金製の耳飾りが出土しており，河北省遷安・盧龍と同じ時期の墓であろうと考えられる。

【遼寧省】
　遼寧省西部を流れる大凌河流域から多くの殷周青銅器が出土しており，その多くは朝陽市カラチン（喀喇沁）左翼蒙古族自治県に集中している。ここでは殷末〜西周期に相当する青銅彝器の出土地点に関して概観する。当地出土の殷周青銅器については多くの先行研究があり，特に廣川守氏の研究や林永昌氏の研究で，その時期や製作主体に関して詳しく言及されている（廣川 1994，林永昌 2007）。
(1) カラチン左翼（第 7 図 70）
　カラチン左翼モンゴル族自治県（喀左県）では数多くの殷周青銅器が，主に窖蔵から出土している。
a　咕嚕溝
　1941 年，喀左県県城の西方約 4 km に位置する小城子郷洞上村咕嚕溝で銅鼎 1 点が出土したという（遼 4）。原器は失われスケッチが知られるのみである。陳夢家氏は大盂鼎との類似性を指摘し，西周前期の器であるとする。
b　馬廠溝
　1955 年，喀左県南部の海島営子村馬廠溝で青銅器窖蔵が発見され，彝器 14 点（鼎 1・甗 2・簋 2・盂 1・小型盂 1・鳥獣尊 1・卣 2・罍 2・壺 1・盤 1）および修復不能の青銅彝器破片 2 点が出土した（遼 5）。殷末周初期・西周前期の遺物が多いが，特殊な形を呈する鼎（盤鼎）など，一部に西周中期にまで下る可能性のある遺物も含まれている。
c　北洞村
　1973 年 3 月，喀左県平房子鎮北洞村の南で 1 基の青銅器窖蔵が発見された（1 号窖蔵）。窖蔵内

には5点の彝器（罍5・瓿1）が収められていた（遼6）。5点の罍のうち1点のみ圏足を持たないが、口縁の開き・肩の張り・紋様など他の箇所は相同で、いずれも殷末周初の器である。瓿の型式は罍に比べてやや古く、殷後期の遺物であろう。

同年の5月、1号窖蔵から東北に約3.5mの地点で別の青銅器窖蔵が発見された（2号窖蔵）。こちらも6点の青銅彝器（鼎2・方鼎1・甗1・罍1・鉢状器1）が収められており、方鼎の内底部には「亜異侯矣」の銘文が鋳込まれる（遼2）。「亜異侯矣」あるいは「亜異」銘は北京房山琉璃河（第7図66）や順義金牛村（第7図68）からも出土しており、琉璃河を中心とした青銅彝器のネットワークが存在した可能性が高いことが指摘されている（朱鳳瀚2009）。報告者は鼎1点（父辛鼎）と方鼎の年代を殷後期、他の器の年代を周初とみなす。もう一点の鼎（獣面蝉紋鼎）や甗の型式は西周前期後段に多く見られる遺物であるが、全体的な年代観としては大差なく妥当な見解であると思われる。なお、2号窖蔵出土の罍が四川竹瓦街出土の罍と同型式であることに関しては上述の通りである（第8図3）。

d 山湾子

1974年、同じく喀左県平房子鎮の山湾子村で、村民による整地作業中に青銅器窖蔵が見つかった。山湾子村青銅器窖蔵は北洞村青銅器窖蔵から南へ約7kmの地点に位置し、大凌河を挟んで西へ4kmの所に馬廠溝窖蔵があり、これら三地点は喀左県内でも比較的近接している。窖蔵から出土した青銅彝器は計21点（方鼎1・鬲1・甗3・簋9・小型盂2・尊1・卣1・罍3）であった（遼1）。その多くは殷末周初〜西周前期前段の遺物であるが、方鼎・鬲・叀伯簋の年代はやや下り、西周前期後段〜中期にみられる型式である。叀伯簋の如く大きく張り出した腹部を持つ例としては山西省洪同県永凝堡（第7図60）南区9号墓出土簋（80SHYN9:20）や湖北省随県（第7図90）安居鎮羊子山出土簋があり、当墓の年代は西周前期末だと考えられる。山湾子出土青銅器の下限年代もほぼ同時期とみなしてよいであろう。

e 和尚溝

和尚溝村は山湾子村から東へ約25kmの地点に位置し、興隆荘郷宣家窩鋪村に属する。1979年に行われた発掘調査によって4地点で22基の墓の存在が確認され、M1・M2・M3・M4に関して報告がなされている（遼7）。M1は副葬品を多く有し、彝器は卣2点が出土した[40]。殷末周初〜西周前期の器である。和尚溝M1からは金製の釧が出土しており、河北省遷安・盧龍、天津市薊県などでの出土例と同様、地域的な特徴を呈する。

これらの地点の他に、喀左県坤都営子郷小波汰溝で発見された青銅器窖蔵からも複数の青銅彝器が出土したことが知られる[41]。特に圉簋にみえる「圉」という人物名は琉璃河墓地Ⅱ区M253出土の甗・卣にもその名が見え、同一人物である可能性が高い。

(2) 義県（第7図71）

1979年、遼寧省義県の東北にあたる花児楼村で窖蔵から5点の青銅彝器（鼎1・甗2・簋1・俎形器1）が出土した。俎形器は類例がほとんどなく珍しい。簋は頸部が強くくびれ口が大きく開いており、殷墟後期に典型的な器である。鼎・甗は殷末周初期の特徴を呈している（遼3）。

喀左・義原出土の青銅彝器のほとんどは窖蔵出土であり，器の年代は多くが殷末周初期～西周前期に属し，明らかに中期後段に下る例はない。廣川守氏は山湾子出土の牛紋罍・饕餮紋甗，花児楼出土の小甗，馬廠溝出土の饕餮紋甗，和尚溝出土の卣，小波汰溝出土の鼎を，地方生産の青銅器とみなし，中心地の影響を受けた製作者と影響をうけない製作者の両者が西周前期に混在していたことを指摘する（廣川1994）。また，宮本一夫氏は大凌河流域出土の青銅彝器に関して，燕山以北では大凌河地域が青銅彝器を威信財として利用し，その外縁であるシラムレン河上流地域との間に同盟的関係によって結ばれた政体が構築されていたことを論じる（宮本1999）。一方，林永昌氏は喀左出土の青銅器窖蔵と魏営子文化との関係を論じた上で，遼西出土の青銅彝器は，当地の集団が燕などの西周系の方国から奪い取った戦利品であったと論じている（林永昌2007）。

この地域の出土の青銅彝器に関して，そのほとんどが窖蔵から出土しているという点が最も重要である。西周期の青銅器窖蔵は陝西省関中平原に集中しており他の地域では墓以外から出土する例は極めて少なく，青銅彝器に対する理解がこの地域では明らかに異なっていたことは疑いようがない。周原における窖蔵の性格に関しては第三章第二節で改めて検討する。

【内蒙古自治区】

(1) 寧城（第7図72）

赤峰市は内蒙古自治区の東南部に位置し，河北省・遼寧省・内蒙古自治区が交差する地帯であり，興隆窪遺跡，紅山後遺跡など考古学上重要な遺跡の発見が知られる。河北省との省境に近い赤峰市寧城県甸子郷小黒石溝で1980年，墓1基が発見され（M8061），青銅器・金製品などの遺物が出土した。1985年には石槨墓1基が見つかり（M8501），これに伴い継続的な発掘調査が行われた。1985年の調査で灰坑9基，墓11基が発掘されたのにはじまり，1998年までの間に多くの住居址・灰坑・墓が調査され，その成果が報告されている（蒙1，蒙2）。

1985年に見つかったM8501からは数多くの遺物が出土したが，青銅彝器は16点（方鼎1・簋1・盂1・盨1・豆1・盉1・尊1・罍1・壺1・匜7）であった。小黒石溝墓地から出土した遺物の多くは夏家店上層文化に属する在地産のものであったが，このM8501は例外的に青銅彝器を所有している。しかしその帰属年代はそれぞれ異なり，鼎・簋・盂などが西周中期の特徴を有するのに対し，盨・豆・匜などは明らかに西周後期～春秋初頭の器である。

小黒石溝M8501からは環耳鬲・六連豆罐・瓦稜紋小罐・双連罐などの青銅器も出土しており，これらは他の地域では見られない独自の青銅容器である。M8501以外からも青銅器は出土しているものの彝器が確認できるのは当墓のみであり，中原地域を中心とする青銅彝器を当墓が例外的に副葬品として使用したと考えるべきである。このような青銅彝器受容の在り方から考えれば，この地域では西周青銅器はあくまで外来の要素であって，その本来的な用途が理解されていたとは考え難い。このように，青銅彝器の受容を物質面から考慮した場合でも遼寧省西部から内蒙古東南部は他の華北地域とは異なる性格を示している。

【安徽省】

　安徽省・江蘇省・浙江省といった淮河・長江の下流域では，土墩墓と総称される当地に特徴的な墓がみられる。黄河中・下流域では西周期の一般的な墓は地下に長方形土坑を掘って作られるが，当地域の土墩墓では地面に安置した被葬者と副葬品の上に墳丘を盛り上げることで形成される。一つの土墩墓の中には一人～複数人が埋葬され，封土には基本的に版築は施されない。副葬品の多くは印紋陶や原始磁器と呼ばれる在地の硬質土器であるが中原の青銅器を有する例もあり，一部の土墩墓は西周と併行する時期に作られたことが明らかとなっている。安徽省の土墩墓としては安徽省黄山市黄山区内の直轄市である屯溪区の土墩墓が早くに発掘され有名であるが，本稿では出土遺構不明の遺物を含め，出土地点ごとに分布を概観する。

(1) 穎上（第7図73）

　阜陽市穎上県は安徽省の西側に位置し，県の南を淮河，中央を穎河が流れる。1982年，穎河南岸の王崗鎮鄭家湾村で青銅器が出土した。青銅彝器は全部で5点（鼎1・爵2・尊1・卣1）が報告される（皖3）。卣の蓋には嘴状突起がみえるがそれほど発達していない。腹部垂腹の程度も勘案すれば，西周前期後段の遺物であろう。なお土器も出土したというが，報告されているのは縄紋が施された罐1点のみで，印紋陶や原始磁器の類ではない。

(2) 黄山（第7図74）

　黄山市は安徽省の南端に位置する。屯溪区・徽州区を中心とする盆地を山々が取り囲む山岳地域で，市の北部には世界遺産である黄山がそびえている。1982年，黄山市烏石郷揚村[42]で村民が土取り作業を行っていたところ，地下約1mの地点から西周の鐘1点が出土した（皖7）。写真が不鮮明であり器の詳細がわからないが，報告者は西周の鐘とみなしている。

(3) 屯溪（第7図75）

　黄山市屯溪区奕棋郷奕棋村は安徽省南部を東西に流れる横江南岸に位置する。この地では1959年から1975年までの間にM1～M8の8基の土墩墓が発掘された。これらの土墩墓は平面が20～30mほどの円形あるいは楕円形を呈し，残高は2～4m程，いずれも土墩墓1基につき一人が埋葬されていた。この地からは西周青銅器が多数出土している（皖1，皖2，皖4，皖8）。

　1959年，M1・M2が発掘された。M1は墓底部中央に卵石を長方形状に敷き詰め，この敷石面の上に副葬品が安置されていた。被葬者の人骨や葬具は検出されておらず，具体的な埋葬方法は不明である。M1出土の青銅彝器は鼎4・簋2・盂1・尊2・卣2・盤2の13点，他に青銅器としては有柱器（鐘形五柱楽器）2点，三足器1，鳥形飾2点の出土が報告される。M1からは原始磁器68点，印紋陶1点が出土しており，これらは在地の生産によるものと考えられる。M2も土墩墓の構造はM1とほぼ同様で，青銅彝器2点（簋1・尊1）と原始磁器3点，印紋陶5点が出土した。他に紋様が施された青銅小片が出土しており，1959年の報告では簋の一部とされるが，2006年の報告では青銅飾とされる。本来の用途は不明である。

　1965年，M1から南に約500mの地点で土墩墓（M3）が発見され，さらにその西北150mほどの地点でもう1基（M4）が見つかった。M3は高さ3mほどの円形土墳を呈し，頂部には厚さ

10～15 cm ほどの礫層が形成されていた。出土した青銅器は極めて多く，鼎 4・方鼎 2・簋 6・盉 2[43]・盃 1・鳥獣尊 1・卣 2・壺 1・盤 5・鑑 2 の 26 点，他にも有柱器 2，器足 4，器蓋 2 などの青銅器が出土した。原始磁器は 89 点と奕棋村墓地の中では最も多く，印紋陶も 29 点出土している。M4 は土地の削平を受け，発見時にはすでにその一半が破壊されていたという。青銅尊が 1 点，原始磁器 55 点，印紋陶 1 点が出土した。

1972 年，第三次発掘調査が行われ M5・M6・M7 が発掘された。M5 は M3 の西北約 500 m の地点に位置し，版築を経ない封土によって覆われており，地面には長方形状に卵石が敷かれ，敷石面の長軸両側には排水溝とみられる溝が走っていた。副葬品は敷石面の西側・東側に分けて配置され，中央には基本的に遺物が配置されない。おそらく被葬者が占める空間であったのであろう。M5 出土の青銅彝器は尊 1・盂 1 で，原始磁器は 55 点，印紋陶は 14 点が出土している。M6 は M5 の南約 50 m に位置し，発見時に既に削平を受け，残高 1 m ほどで墓底部には同じく卵石が敷かれていた。当墓は墓底部に平面形円形の腰坑を持つ点で非常に特徴的である。副葬品として青銅尊 1 点，原始磁器 18 点が報告される。M7 は M5 の西南約 250 m に位置し，発見時にはすでに一部分しか残存していなかった。青銅彝器は検出されず，青銅武器や原始磁器・印紋陶が出土した。

1975 年，第 4 次発掘が行われ，M5 から西南に約 300 m の地点にある M8 が発掘された。他の墓と同じく封土に版築が施された跡はなかったが，封土中から大量の卵石が検出されている。墓底面では西側と東北の一部分で卵石の敷石面が確認された。青銅彝器は検出されず，銅剣と原始磁器 15 点，印紋陶 1 点などが出土している。

これらの遺物の他に，表面採集された青銅彝器として簋 1・尊 1・卣 1 が存在することが報告されている。

屯溪奕棋村出土の青銅器のうちには確かに西周青銅器と共通する型式・紋様を有するものが確実に存在するものの，その多くは独自の型式・紋様を備えており，在地生産と考えられる青銅器であることは疑いようがない（第 13 図 1〜9）。2006 年の報告書では奕棋村墓地出土の青銅彝器を三つに分類する。すなわち，中原地域で典型的に見られる中原様式の器物，中原の器物を模倣して在地で作られた器物，この地域にのみ特徴的にみられる器物，の三種類である。出土遺物の大多数が模倣器であり，これは器の大まかな形は中原のものと同じであるが，細部において独自の造形や紋様があり，地方色が現れている，とされる（皖 8）。朱鳳瀚氏も同じく A・B・C の三類に分類し，A 類を関中・洛陽地区の西周青銅器と類似するが，独自の特色を有するもの，B 類を型式・紋様に極めて在地的な特徴が看取されるもの，C 類を典型的な周の青銅器，として設定する（朱鳳瀚 2009）。鄭小爐氏は兪偉超が設定した「越式鼎」の枠組み（兪偉超 1985）を継承し長江下流域に特徴的に表れる一群の青銅器を「越式銅器」として再編成した上で，屯溪地区出土の青銅器を越族銅器，中原型銅器，融合型銅器の三種に分類する[44]（鄭小爐 2007）。多くの先行研究が指摘するように，奕棋村墓地出土の青銅彝器のうち，確実に中原地域で生産された西周青銅器であると指摘しうるのは簋 M1:83（第 13 図 11）・尊 M1:90（第 13 図 12）・卣 M3:07（第 13 図 13）・卣

72　第2章　西周青銅器の広がり

地方型青銅葬器　　　　　　　　　　　　　王朝系青銅葬器

1. 鼎 M3:11
2. 鼎 M1:82 
3. 簋 M3:03 
4. 簋 M1:96 
5. 鼎 M1:80 
6. 尊 M1:89 
7. 盤 M3:8 
8. 卣 M1:93 
9. 方鼎 M3:9 
10. 卣 M1:94 
11. 簋 M1:83
12. 尊 M1:90 
13. 卣 M3:07 
14. 卣 M3:08 

第13図　屯溪出土の青銅器

M3: 08（第13図14）程度にとどまるであろう。

　奕棋村土墩墓の年代に関しては研究者ごとに意見が分かれる。李国梁氏は青銅武器の編年観に基づいて，8基の帰属年代を春秋後期から戦国前期とし，鄭小爐氏は西周中期から春秋中期，朱鳳瀚氏は青銅葬器の型式と紋様からM1・M2・M3の年代を西周中期後段とみなす（皖8，鄭小爐2007，朱鳳瀚2009）。我が国の研究者では岡村秀典氏や西江清高氏が西周後期併行期を与えている（岡村1986，西江1987）。

　中原系青銅器である簋M1: 83・尊M1: 90・卣M3: 07，M3: 08などの年代は確かに西周前期～中期に相当し，また融合型と称される卣M1: 93（第13図8）・卣M1: 94（第13図10）の側視形が殷末周初期の中原の卣を模倣したものであることから考えても，西周初頭の葬器が当地にもたらされたことは間違いがない。しかし，器深が浅く底部が平坦な鼎M3: 11（第13図1）や鼎M1: 82（第13図2）など西周後期の型式を模倣したと思われる融合型青銅器の存在や，交連紋と呼ばれる春秋期に中原で発達した蟠螭紋との関連が想起される紋様が在地産の青銅器の多くに飾られる状況から考えれば，馬承源氏が指摘するように各墓の副葬品は単一時期に属するのではないように思われる（馬承源1987）。後述する江蘇省丹陽司徒鎮から出土した青銅器の多くはその年代が西周後期～春秋前期に属すると考えられるが，司徒鎮出土の尊（III式尊，第14図4）と当墓地出土の尊（M1: 89，M4: 01，M5: 50）がよく似ることも，当墓地の年代が春秋初頭に下ることの一つの根拠である。上述の殷末周初期の卣の型式に似る在地の卣が交連紋を飾る点に暗示されるように，この墓に副葬された在地生産の青銅器は，春秋期になって当地にもたらされた殷末期～西周後期の中原産青銅器の各要素を交雑しながら作られたものではないか。M1・M3ではオリジナルである中原の青銅器の一部をあわせて副葬したものであろう。筆者は奕棋村墓地の造営年代が春秋前期ごろに相当するものとして考えている。

(4) 宣州（第7図76）

　1981年，安徽省東部の宣城県孫埠郷（現在の宣城市宣州区孫埠鎮）正興村で青銅葬器4点（鼎2・鬲1・鏡1）が出土した（皖5）。鬲はその形態からみて分体甗の鬲部である可能性が高い。報告者は西周後期～春秋初期の遺物とする。

(5) 郎渓（第7図77）

　1985年，宣州市郎渓県宣郎広茶場で鼎1点が出土した（皖6）。内部に鏨受けがあり，報告者は西周後期に属する在地の遺物とする。器腹は深く丸みを帯びた底部をなす点は西周前期の遺物に近いが，腹部に雲紋を飾る例は前期遺物には見られない。やはり西周後期～春秋初頭の遺物とみるべきであろう。

【江蘇省】

(1) 溧水（第7図78）

　1974年，江蘇省南京市南部の溧水県烏山鎮崗沿三崗で銅鼎1点が見つかり，翌年5月の調査によって土墩墓から出土した遺物であることが判明した。後にM1と名付けられたこの墓からは

74　第 2 章　西周青銅器の広がり

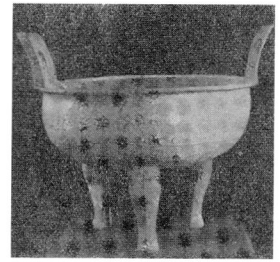

地方型青銅彝器　　　　　　　　　　　　　王朝系青銅彝器

1. Ⅲ式鼎 (1)　　　2. Ⅰ式鼎 (2)　　　　　　7. Ⅰ式鼎 (1)

3. Ⅳ式鼎 (2)　　　4. Ⅲ式尊　　　　　　　8. Ⅴ式鼎

5. Ⅱ式簋　　　　　6. Ⅰ式簋　　　　　　　9. Ⅱ式鼎

　　　　　　　　　　　　　　　　　　　　10. Ⅰ式尊

第 14 図　丹陽出土の青銅彝器

銅鼎の他に計 4 点の土器が出土している（蘇 10）。銅鼎の形は垂腹化が進行しておらず西周前期の中原の鼎と似るが，頸部紋様は中原地域では見られない独自の紋様である。報告者は当墓の年代を西周期とみなしている。

　1975 年 10 月，M1 の東側約 30 m の地点で別の土墩墓が発見された。M2 と称される。封土は版築を経ておらず，地山直上に石塊を長条形状に敷きつめた敷石面が形成されていたという。青

第 2 節　西周期の青銅彝器分布　75

銅彝器 3 点（方鼎 1・卣 1・盤 1）の他に銅戈 1 点，原始磁豆 1 点，印紋陶 2 点と数点の土器が出土している（蘇 7）。報告者は M1・M2 の年代を西周前期とみなす。確かに卣の型式は垂腹の程度から西周前期の卣と共通するが頸部に 9 本の弦紋を施す例は中原地域では見られない。方鼎・盤の紋様も在地要素が強い。

(2) 丹陽（第 7 図 79）

　丹陽市は長江下流域南岸に位置し，鎮江市に属する県級市である。1976 年，県城の西約 4 km の司徒鎮で土取り作業中に 26 点の青銅彝器（鼎 11・簋 7・尊 4・瓿 1・盤 3）が出土した（蘇 5）。報告者はこれらの青銅彝器の年代について，西周前期の特徴を持つ器が一部あるものの大多数は西周中期かそれよりやや遅い時期の器であるとするが，首肯しがたい。

　器形が報告されている青銅器のうち中原地区の青銅彝器と同様の型式を呈すると指摘しうるものは I 式鼎（1）・II 式鼎・V 式鼎・I 式尊の 4 点であり，他の器はいずれも在地産の青銅器と考えられる。I 式鼎（1）（第 14 図 7）は垂腹・平底・柱足の鼎で西周中期の典型的な器である。I 式尊（第 14 図 10）は腹部に対向する鳳凰を飾り，頸部紋様帯がやや特殊な点を除けば西周中期の尊や卣に散見される紋様である。II 式鼎（第 14 図 9）・V 式鼎（第 14 図 8）は春秋前期に頻出の型式・紋様を呈する。報告者は III 式鼎（第 14 図 1）を殷代器とするが，同型式の鼎は中原からの出土例を知らない。在地産の鼎であろう。I 式鼎（2）（第 14 図 2）は三足の断面が C 字形を成しており，これは西周後期以降の特徴である。IV 式鼎（第 14 図 3）は半球形の胴部や獣脚上に施される鰭状装飾など，明らかに西周後期〜春秋初頭の中原の鼎の影響を受けて在地で製作されたものである。I 式簋（第 14 図 6）は斜方格乳釘紋を飾るため西周前期の遺物とされるが共通するのは紋様のみで，器形は地方型の II 式簋（第 14 図 5）に近く，両者の製作年代はほぼ同時期であろうと想定される。II 式簋と III 式尊（第 14 図 4）はともに交連紋が施されており，西周後期〜春秋期の器であろう。

　したがって，I 式鼎（1）と I 式尊を除いた他の器はどれも西周末〜春秋前期的な特徴を有すると判断できる。これらの青銅器は窖蔵出土と報告されるが，その根拠は発見時に青銅彝器が重ねて置かれていた点であるように思われる。しかし周囲に多くの土墩墓が分布している状況を勘案すれば，当地出土の青銅器も墓の副葬品とみるべきではないか。その場合，当墓の副葬品は一部の伝世青銅器を除いて基本的には西周末〜春秋前期の器であり，この墓の年代も同時期であると想定される。

(3) 江寧（第 7 図 80）

　1960 年，南京市江寧県（現在の江寧区）陶呉鎮で鼎・鬲・卣・匜・斧・鋤・戈・矛など青銅器 13 点が出土した。そのうち鼎 1・鬲 1・匜 1 の写真が報告されている（蘇 9）。報告者は西周期の遺物とする。鼎は直腹で器深が深く，中原地域ではまれな器形である。鬲の型式から判断して，西周後期〜春秋初頭の遺物であろう。

(4) 儀徴（第 7 図 81）

　儀徴市は揚州市に属し，南京市と鎮江市のほぼ中間に位置する長江北岸の街である。1930 年，

儀徴県（当時）破山口で農民が40点余りの青銅器を発見したというが，その多くは散逸した。新中国成立後に蘇北歴史文物保管委員会が接収した時点では12点の存在が確認されており，鼎1・鬲2・甗1・簋（瓿）1・尊2・盤3・釜1・鏟1であった（蘇1）。また，この報告上で扱われなかった器も，後に別の誌上で紹介されている[45]（蘇4）。釜はその形からみて分体鬲の甑部である可能性があり，その場合は双耳鬲（素面鬲）が鬲部に相当し，併せて分体鬲を構成するのであろう。素面鼎・饕餮紋甗・獣面弦紋尊（雲紋尊）はいずれも西周中期に典型的であるが，その他は在地の器であろう。分体甗の存在や蟠虺紋尊の型式が屯溪奕棋村や丹陽司徒鎮出土の尊に近いことから，儀徴の青銅器出土遺構には西周後期〜春秋初頭の年代を与えうる。

(5) 丹徒（第7図82）

南京市・鎮江市を中心とする寧鎮地区における西周青銅器の出土事例の中で最も有名な例は，丹徒煙墩山から出土した一連の器であろう。1954年，長江南岸の鎮江専区丹徒県煙墩山（現在の鎮江市京口区大港鎮煙墩山）で12点（鼎1・鬲1・簋2・盃2・兇觥2・盤2・角形器2）の青銅器が出土した。青銅器を発見した農民の言によれば一群の青銅器は1.2m×1.3m程度の土坑から出土し遺物の配置には規則性がなかったというが，南京博物院と河東文物工作隊が共同して派遣した調査隊によればこの土坑は3m×3.6mほどの墓であったとされ，後に煙墩山M1と呼称される。M1の西北に2基の小坑が確認され，青銅鼎4・銅鈴・銅鏃・原始磁器などが出土した。M1に伴う陪葬坑とされる（蘇2，蘇3）。煙墩山M1出土器物のうち四耳を持つ簋の銘文には虎侯矢が王命を受け宜の侯となるべきことが記され，このことからこの器は宜侯矢簋と呼ばれる。銘文中に武王・成王の名がみえており，一般的には成王に続く康王期の器であると考えられている[46]。器深は浅く圏足は高く，四方に耳を有する特徴的な器で，同型式の簋の年代的根拠となった器である。

1982年には同じく丹徒県大港鎮の母子墩で土墩墓1基の発掘が行われた。母子墩は煙墩山から西へ約3kmの地点で，同じく長江南岸の丘陵部上に位置する。地面を整地したのち高さ60cm程の基礎を作り，石塊を長方形の枠状に並べた内側に草木灰を敷いてその上に被葬者を安置したとみられる。封土は版築を経ていなかった。青銅彝器9点（鼎2・鬲1・簋2・尊1・鳥獣尊1・卣1・壺1）の他，武器・車馬具・印紋陶などが出土している（第15図1〜9）（蘇6）。報告者は西周前期の墓であるとみなしている。

同年，煙墩山から西に約2km，母子墩から東北に約1kmの地点に位置する大港鎮磨盤墩で新石器時代の文化層を調査中に周代の墓1基が発見され，82DMM1と名付けられた。この墓は長方形竪穴土坑墓で，木質の腐食物が確認されているが木槨の存在は明らかではない。青銅器・原始磁器・印紋陶と多数の会が出土した。青銅彝器は2点，尊と匜が出土している（蘇8）。いずれも在地産青銅器であり，尊の型式は丹陽司徒鎮出土の例とよく似ている（第15図10）。西周後期〜春秋初頭の器であると思われる。

煙墩山と磨盤墩，母子墩で出土した青銅彝器の多くが在地産のものであると考えられており，煙墩山M1出土の鼎・簋（宜侯矢簋），母子墩出土の方座簋（第15図1）を除き，ほとんどが越式

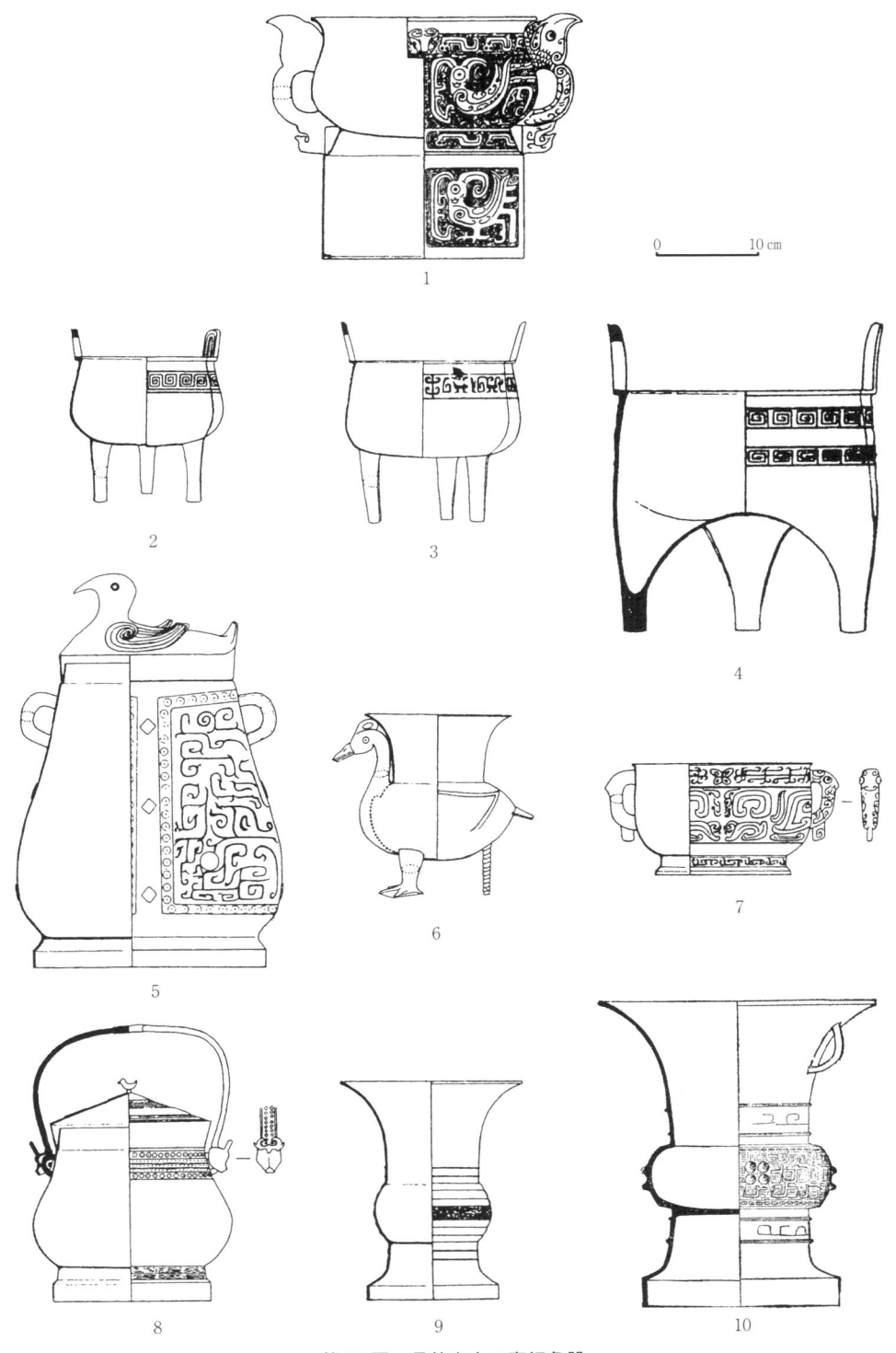

第2節　西周期の青銅彝器分布　77

第15図　丹徒出土の青銅彝器
1 母子墩出土方座簋　2 母子墩出土雷紋鼎　3 母子墩出土雲形鳥紋鼎　4 母子墩出土雷紋鬲　5 母子墩出土飛鳥蓋双耳壺　6 母子墩出土鴛鴦形尊　7 母子墩出土双獣首耳簋　8 母子墩出土提梁　9 母子墩出土尊　10 磨盤墩出土尊

あるいは融合型と称される青銅器である（肖夢龍 1984，鄭小爐 2007，朱鳳瀚 2009）。中原で生産されたと考えられる煙墩山 M1 出土の宜侯夨簋は上述の通り西周前期の器であり，また母子墩出土の方座簋を西周中期の遺物とみなすことはほぼ問題がない。しかし，中原系遺物が西周前期・中期の遺物だからといって丹徒出土の在地製作の青銅器をすべて同時期の遺物とみなすのは早計であろう。磨盤墩出土の尊（第 15 図 10）や母子墩出土の鼎（第 15 図 2・3）・尊（第 15 図 9）などは安徽屯溪奕棋村や江蘇省丹陽司徒鎮から出土した器（第 13・14 図）と類似し，ほぼ同時期に長江下流域で作られたものであることが知られる。母子墩出土卣（第 15 図 8）は腹部の張り出しなどは西周前期の卣に近いがやはり紋様が特殊であり，奕棋村の卣の状況とよく似ている。煙墩山陪葬坑出土の越式鼎もほぼ同時期に属する遺物と思われる。煙墩山と母子墩の帰属年代に関しては西周前期から春秋中期まで様々な見解が提出されているが，筆者は馬承源氏や周亜氏，鄭小爐氏らの見解と同じく西周後期以降の年代を与えることが妥当であると考えている（馬承源 1987，周亜 1997，鄭小爐 2007）。おそらく西周後期〜春秋初頭に相当する墓であろう。

【浙江省】

　浙江省・福建省・江西省・湖南省などの諸地域では饕餮紋や乳釘紋，枚（器表面に複数個つけられる円錐状・裁頭円錐状の小突起）を持つ青銅鐃が多数出土しており，これは殷周時期に併行する長江以南の青銅器文化を示す特徴的な遺物の一つである（第 16 図）。鐃の編年には多くの先行研究があり研究者ごとに相違がみられるが，殷後期に黄河流域で出現した銅鐃の影響を受けて，殷代後期から西周中期にかけて長江以南で流行したということに関しては多くの研究者間で見解が一致している（高至喜 1984，李純一 1996，施勁松 1997，贛 10 彭適凡 1998，井中偉 2002，向桃初 2006）。一方，林巳奈夫氏はこれらの銅鐃を含む長江流域以南の青銅器の年代を，羽渦紋や犠首の茸角の特徴に注目して西周 IB〜III 期の年代を与える。江西省の新干大洋洲（第 7 図 101）出土の青銅器群にも西周 II 頃の年代を与えており，華中出土青銅器の年代を全体的に遅めに見積もる点で独

第 16 図　南方出土の鐃・鏡
1 鐃（浙江省長興草楼村）　2 鐃（江西省宜春下浦）　3 鐃（江西省吉水）　4 鐃（広東省博羅横嶺山 M182: 18）

自の見解である（林 1994）。本稿の主眼は中原地域の青銅彝器の広がり方にあり在地生産の青銅器の編年を詳述することはしないが，器型と紋様の年代が中原地域とずれが生じる可能性については十分に留意しておく必要がある。

(1) 長興（第 7 図 83）

湖州市長興県は浙江省の北端，太湖の西南岸に面しており，数箇所から青銅器が出土している。1959 年，長興県県城の西北約 7 km に位置する小浦鎮草楼村の付近で簋と鏡（報告では鐘とされる）が 1 点ずつ出土した。両者ともに中原地域では見られない型式である。簋は器全面に C 字形雲紋を飾り，器深は浅く圏足は直で四方に四耳を模したと思われる犠首がつく。鏡は雲紋の地紋に乳釘紋が施される，南方地域に一般的な鏡である（第 16 図 1）。報告者は西周前期の器とみなしている（浙 1）。李純一氏・向桃初氏も西周前期の器とみるが，井中偉氏は殷墟四期の器とする（李純一 1996，向桃初 2006，井中偉 2002）。

1969 年，長興県雉城鎮の長興中学校から青銅鏡 1 点が出土した。草楼出土の鏡よりもやや小ぶりであるが同型式の器であり，ほぼ同じ年代を与えうる。報告者は西周初期の遺物とする（浙 7）。やはり井中偉氏は殷墟四期，向桃初氏は西周前期の器とみなしている（井中偉 2002，向桃初 2006）。

1976 年，長興港の開削作業中に鼎 1 点が出土した（浙 6）。報告者はこの器の年代を西周前期とするが，中原で出土する青銅鼎の編年に照らせば西周中期～後期に相当する。その紋様は特殊で中原地域で一般的な紋様ではなく，これもいわゆる融合型と称される器とみなすべきである。江蘇省丹徒母子墩出土の鼎よりやや古くみて，西周後期の器と考えたい。

(2) 蕭山（第 7 図 84）

1981 年，浙江省杭州市蕭山県（現在の浙江省杭州市蕭山区）所前鎮杜家村で鐘 1 点が出土した。西周期の青銅鐘として散見される型式で，西周中期の遺物とみて特に問題がない（浙 8）。

(3) 磐安（第 7 図 85）

金華市磐安県は省のほぼ中心に位置する。江西省鷹潭市・上饒市から浙江省衢州市・金華市へと東西につながる信江・衢江の流域と地理的関係が深く，北の杭州市とは山地帯によって隔てられた地域である。1986 年，磐安県深澤郷で鏡 1 点が発見された。雲紋地紋に乳釘紋が施される。報告者は西周前期の器としている（浙 5）。井中偉氏・向桃初氏も共に西周前期の年代を与えている（井中偉 2002，向桃初 2006）。

(4) 路橋（第 7 図 86）

浙江省台州市は東シナ海に面し，寧波・温州などど共に浙江省の重要な港湾都市群の一角である。1990 年，台州市路橋区（当時は黄山市路橋鎮）の小人尖土墩墓の発掘調査が行われ，青銅器・玉器・原始磁器など 78 点の遺物が検出された。青銅彝器としては尊 1 点が出土している（浙 2）。報告者は丹徒大港母子墩出土遺物や屯溪突棋村土墩墓出土遺物との類似から西周中期以前の年代を与えている。尊の形は確かに西周前期～中期に表れるものであるが，墓の全体的な年代が西周中期にまで遡りうるのかどうか，青銅短剣の型式などに基づいた再検討が必要なように思われる。

(5) 温嶺（第7図87）

　1984年，台州市の南側に位置する温嶺市琛山郷楼旗村で盤1点が見つかった（第21図2）。器内底部に立体的な龍を作る特殊な盤である（浙4）。林巳奈夫氏はこの器を西周後期のものと判断している（林1994）。

(6) 甌海（第7図88）

　浙江省東南部，温州市甌海区仙岩鎮穂豊村に位置する楊府山の山頂で2003年に土墩墓1基が発見され，調査の結果，西周期の土墩墓であることが判明しM1と名付けられた。墓底部は平坦に地ならしされ，地面に直接遺物が安置されていたという。この墓からは青銅器・玉器が出土した。特に青銅武器が大量に副葬され，矛は49点が検出されている。青銅彝器としては鼎1・簋1・鏡1があり，簋と鏡は長興県草楼村出土の例とよく似ている。鼎は円腹・獣脚で，紋様は中原ではみられない。いずれも在地産の青銅器である（浙3）。報告者は当墓の年代を西周中期とみているが，鏡の編年観などから殷末周初期とみなす見解も存在する（浙9 彭適凡・孫一鳴2011）。

【湖北省】

　湖北省北部は襄樊地区と称され，中原地帯と長江流域とを結ぶ交通の要衝として古来より重要な位置を占めている。地理的には襄樊地区は南陽盆地の南部に相当し，西を大巴山脈の東端にあたる武当山，南を大洪山，東を淮陽山脈の西端にあたる桐柏山・大別山によって囲まれた地域である。南陽盆地から長江に至る経路は二つある。一つは漢水に沿って南下し荊門・荊州へと至る路，もう一つは大洪山と大別山の間を走る丘陵地帯を経て武漢へと至る路である。後者は「随棗走廊」と呼ばれ，現在の棗陽市や随州市がこの経路上に位置している。大別山を挟んだ北側には河南省桐柏県・信陽市があり，南陽盆地を経由した交流が想定される，まとまりを持った地域である。この「随棗走廊」に位置する棗陽・随州・京山（第7図89～91）から曽国と関係する一連の青銅器が出土している。1977年に随州市曽都区擂鼓墩村では戦国期の曽侯の墓とされる曽侯乙墓が発見されており，西周から東周にかけて，湖北省北部に曽国の中心が存在したことはほぼ確かであろう。曽国の青銅器に関しては張昌平氏が鋳造技術・銘文・周や楚との関係性といった面から詳細に論じている（張昌平2009）。

(1) 棗陽（第7図89）

　1972年，棗陽市熊州鎮茶庵村で周代の曽国に関連する青銅器9点（鼎3・簋4・壺2）が出土した。翌年の調査によって墓から出土した遺物であることが判明し，他にも武器や車馬具など併せて280点余りの遺物が出土している。鼎は獣脚蹄足を持ち簋は瓦紋と列鱗紋を飾っており，報告者の指摘する通り西周後期から春秋初頭にかけての遺物であろう。鼎のうち1点の銘文には「曽子仲諓」の名があり，報告者は当墓を西周末に文献上にその名がみえる曽国と関連する墓であるとしている（鄂7）。

　茶庵村の東北約15km，滾河の北岸に位置する呉店鎮東趙湖村（当時の名称は趙湖大隊）からも1972年に青銅彝器が4点（鼎2・簋2）出土した。鼎・簋ともに茶庵よりやや古い型式であり，

西周後期の器であろう（鄂7）。これらの器はその後の調査によって墓から出土した遺物であることが明らかとなった（鄂8）。1983年，同じく東趙湖村曹門湾で墓1基が見つかり，鼎1・簋2・壺1が検出された（鄂8）。西周後期～春秋初頭の器である。これに遡る1982年には同村で銅戈1点が発見されており，その銘文に「曽侯絴白」の名があることから，報告者によってこの墓もまた曽国に関係する墓であるとみなされた（鄂15）。後に1972年発見の墓も曹門湾墓地に属する墓であると報告されている。

西周末から春秋初頭にかけての曽国の中心地が棗陽呉店鎮周辺に存在していたことは，東趙湖村郭家廟墓地の発掘によってほぼ決定的なものとなった。2002年，孝襄高速道路建設に伴う調査によって曹門湾墓地の北側約300mに位置する郭家廟に大規模な墓地の存在が確認され，27基の墓[47]，1基の車馬坑，2基の車坑の調査が行われた。直後に刊行された報告書中では郭家廟墓地の墓27基と上述の曹門湾墓地の墓2基から出土した遺物について報告がなされている（鄂8）。郭家廟墓地では墓8基から青銅彝器32点（鼎7・鬲1・簋2・簠2・罍1・壺5・杯1・盤3・匜3・鐘7）が出土した。報告者は曹門湾・郭家廟両墓地の墓を2期3段に時期区分しており，1期1段は西周末期，2期2段は春秋前期前段，2期3段は春秋前期後段として位置づけられる。この見解に従うならば，曹門湾・郭家廟墓地では西周末に属する墓3基（CM01，CM02，GM21）から15点（鼎3・簋4・壺1・鐘7）の彝器が出土していることになる。

郭家廟墓地GM21は墓道と1槨2棺を有する点で最大規模の墓であったが，盗掘の被害を受け青銅彝器は1点も検出されなかった。しかし，盗掘を免れた青銅鉞（GM21:9）の銘文には「曽白陭」の名があり，この墓の被葬者は曽国の君主であった曽伯陭であったと考えられている。GM17やGM1から出土した青銅器にも「曽亘嫚非泉」や「曽孟嬴鶹剈」という人名があり，「曽亘嫚非泉」は曽国国君夫人，「曽孟嬴鶹剈」は曽国貴族夫人であるとされる。

多くの研究者は，この曽国を文献上に表れる「繒」国あるいは「鄫」国と同一であるとみなしている。『国語』「鄭語」には西周末に申が繒・西戎と共に王室を騒がせたことが記述され，『国語』「晋語」では申人・鄫人・西戎が周を討ち滅ぼしたこと，『竹書紀年』では申人・鄫人・犬戎が宗周に入り幽王を殺して王子宜臼を立てたことがそれぞれ記述される。申国は河南省南部に存在したと考えられるため，「繒」あるいは「鄫」が申国の近隣の国家であった可能性があり，当地で出土する「曽」銘を有する青銅器は文献記載とうまく合致する，という論理である。西周末の混乱に関与した「繒」「鄫」が本当に当地に存在していたのか否かはさらなる資料の増加を待ちたいが，少なくとも西周期から東周期にかけて湖北省北部に「曽」と名乗る集団が活動していたことは間違いがなく，郭家廟墓地の発見は後述する随州葉家山墓地の発見と共に，「曽」集団の歴史を考える上での重要な手掛かりを提供している。

(2) 随州（第7図90）

棗陽市に東隣する随州市でも数多くの「曽」関連青銅器が出土している。1970年と1972年に随県均川区熊家老湾（現在の随州市曽都区熊家老塆）で計15点の青銅彝器（鼎3・甗1・簋6・方彝1・壺1・盤1・匜1・罐1）が出土した。いずれも西周後期～春秋初頭の器である。簋と罍には

「曽伯文」「曽仲大父螽」なる人物名がみえることから，棗陽出土青銅器と同様に当地もまた曽国の範囲内に属していたと考えられる（鄂2）。また鼎の銘文には「黄季」という人物名が登場する。報告者の鄂兵氏は「黄季」を黄国の人物とみており，『春秋』僖公十二年（前648年）経に「夏，楚人滅黄。（夏，楚人，黄を滅ぼす。）」という記述があり，これらの青銅器の年代を春秋初頭以前であると指摘している。熊家老湾では1976年にも甗1点が出土した。報告者は殷後期の遺物とする（鄂10）。殷末周初期に散見される型式である。

1976年，曽都区万店鎮周家崗でやはり「曽」銘を持つ青銅器が出土した。古墓1基から10点の彝器（鼎2・鬲2・簋2・壺2・盤1・匜1）が出土し，簋の銘文には「曽大保」の名がみえる（鄂10）。壺の腹部には後の蟠螭紋につながる多首龍紋が施されており，また鼎が完全な平底を呈することなどから判断して，春秋前期の器であろう。

1979年，随県安居鎮桃花坡で土坑墓2基が見つかり，1号墓からは彝器13点（鼎2・鬲4・簋4・壺1・盤1・匜1）が，2号墓からは彝器7点（鼎4・鬲2・簋1）が，それぞれ出土した。2号墓出土鼎には腹部に重鱗紋を飾るものがあり，同墓出土の鬲の肩部が明確な稜を為す点から見ても，当該の墓は春秋前期の墓であると思われる（鄂9）。同じ安居鎮ではより古い年代に属する墓も発見されている。1975年，安居鎮羊子山で鼎・簋・爵・尊が1点ずつ出土した。いずれも西周前期の器と思われる（鄂10）。尊には「鄂侯」の銘があり，報告者は河南省南陽周辺に存在した西周の鄂国の影響が当地にまで及んでいた可能性を指摘している。また1980年には同じく羊子山で土坑墓が見つかり，18点の青銅器が出土した。うち彝器は鼎1・簋1・爵1・尊1・卣2・觶1の7点であった（鄂9）。鼎は円腹・柱足で前期の例に多いが，簋は腹部が大きく張り出すタイプであり，山西省洪洞県（第7図60）永凝堡南区9号墓出土の簋（80SHYNM9: 20）や内蒙古自治区喀左県（第7図70）山湾子出土の䍨伯簋と似ており，西周前期後段〜中期前段の器であろう。卣の垂腹化がかなり進行している点を勘案すると，西周中期前段の墓である可能性が高い。なお近年，羊子山4号墓出土とされる青銅器20点（鼎1・方鼎2・甗1・簋3・爵3・斝1・盉1・尊2・卣2・罍2・觶1・盤1）の存在が明らかとなった（鄂11）。いずれも西周前期の器であるが，尊・卣・罍は神面紋と称される特徴的な紋様が施されている（第17図）。安居羊子山4号墓出土の神面紋青銅器は，これまで伝世器にのみ飾られ，しばしばその真贋すら論じられてきた神面紋器が出土遺物として確認された初めての例である。張昌平氏は羊子山4号墓出土の神面紋青銅器が伝世の神面紋器に比べて技術的に劣る点が確認されることを指摘した上で，羊子山出土青銅器がいずれもこの地で生産されたものであることを論じている[48]（鄂13）。

2010年末から2011年初頭にかけて，棗陽市東趙湖村郭家廟から東南に約20kmに位置する随州市随県葉家山村で西周期の大型墓地が見つかり，調査が行われた。6月までの間に墓63基と車馬坑1基の発掘が行われている。同年11月の報告によれば，当墓地からは325点の青銅器が出土し，多くの青銅器上には「曽侯」「曽侯諫」という銘文が確認されたという（鄂5）。いま，概要が報告されている3基の墓（M1・M2・M27）から出土した遺物に限定すれば，青銅彝器は61点（鼎9・鬲鼎4・方鼎6・鬲4・甗3・簋8・爵5・斝1・盉1・兕觥1・尊2・卣2・罍3・壺3[49]・瓿

第17図　随州市安居鎮羊子山遺跡4号墓出土の神面紋青銅器
1 尊（獣面扉棱尊）　2 卣（扉棱提梁卣）　3 罍（噩侯方罍）

3・觶5・盤1）を数え，いずれも西周前期の遺物とみて問題がない。報告者はM1を成王・康王期，M2を康王・昭王の移行期，M27を昭王後期から昭王・穆王の移行期としているが，青銅器の型式を見る限りM2・M27を昭穆期にまで下らせる根拠は薄いように思われる。

葉家山墓地の発見によって，「曽」と名乗る集団が西周前期には既に当地に居り，随州〜棗陽をその活動範囲としながら春秋時代まで一貫して存在していたことがほぼ明らかとなった。この「曽」族が戦国の「曽」国へとつながる集団であるのか否かを解決するためにはさらなる調査を待つ必要があるが，少なくとも西周期に湖北北部に周王朝の影響を強く受けた集団がいたことは確かである。

(3) 京山（第7図91）

京山県は荊門市に属する県であるが，坪壩鎮は京山県の東北端に位置し「随棗走廊」の辺縁部に当たる。1966年，坪壩鎮蘇家壟で地中から97点の遺物が出土した。うち青銅葬器は33点（鼎9・鬲9・甗1・簋7・豆2・盉1・壺2・盤1・匜1）であった（鄂6）。報告者は西周後期〜春秋前期の遺物とするが，鬲・甗・盉の型式から春秋前期の遺物とみなすべきであろう。鼎・豆・壺の銘文にそれぞれ「曽中斿父」という名が鋳されており，当地も曽国と関係を持つ地域であることが知られる。

(4) 荊州（第7図92）

1961年，漳河の北岸に位置する江陵県万城（現在の荊州市荊州区万城）で村民が水田の灌漑工事の最中に青銅器を発見した。青銅器・玉器などからなる遺物は長方形土坑の東南角にかたまっており，発掘者は当該の遺構を墓であると判断している。葬器は鼎2点，甗2点，簋2点，爵3点，尊1点，卣1点，罍2点，觚2点，觶1点があり，うち7点に銘文が鋳されていた（鄂1，鄂16）。簋は西周中期に多く見られるものであり，おそらく当墓も西周中期に作られた墓であると思われ

(5) 黄陂（第 7 図 93）

　湖北省武漢市は長江中流域の中心的都市であり，市区周辺で西から漢水，北から涓水や倒水が長江に合流する。武漢市黄陂区は市の北部に当たり，涓水の東岸に位置する魯台山で 1977 年，西周～東周期の墓 35 基が発掘された（鄂 3）。遺構は北区と南区に分かれて分布し，墓の多くは南区に集中する。発掘された西周墓は 5 基で，中でも M30 は南墓道を有する甲字形墓で槨棺を持つ。報告では M36 と併せて中型墓に分類されている。採集遺物も含めると青銅葬器は 29 点（鼎 3・方鼎 4・甗 2・簋 2・爵 9・尊 1・卣 2・觚 1・觶 5）が出土しており，いずれも西周前期のものであるが，M30 と M31 が他の墓よりも時期がやや下る可能性が高いことはすでに陳賢一氏が指摘する通りである（鄂 14）。

(6) 浠水（第 7 図 94）

　武漢市に東隣する黄岡市浠水県でも青銅器が出土している。1961 年に県城の東北約 7.5 km に位置する策山の西南麓で甗・斝が 1 点ずつ出土しており，出土地点からは他の遺物を検出できなかったことから，報告者はこれらを窖蔵出土青銅器であるとする（鄂 17）。斝は殷末期に一般的な特徴を備えている。殷末周初期に属する遺物と考えたい。

(7) 蘄春（第 7 図 95）

　黄岡市蘄春県は浠水県の東南に位置する。1996 年，蘄春県県城から西北へ約 28 km の地点にある新屋塆で青銅器窖蔵が見つかり調査が行われた。窖蔵の平面形は直径 1～1.4 m ほどの不規則円形を呈し，深さは 1.1 m ほどであったという（鄂 4）。窖蔵からは鼎 1 点，方鼎 5 点，斗 1 点が出土した。鼎は丸みを帯びた円腹太い柱足を持ち，5 点の方鼎も含めて西周前期の典型的な器である。方鼎の 1 つは内壁部に "酓" 銘が鋳されており，これは新屋塆から東へ約 600 m の地点にある毛家咀西周時代木造建築遺構で採集された青銅爵にみえる族記号と一致する（鄂 12）といい，同一時期に属する遺物であると考えられている。

【江西省】

　江西省は省東部を南嶺山脈が，省西部を羅霄山脈が南北に走り，その間の平野部を贛江が南北に貫く。省北部には巨大な鄱陽湖が広がり，湖北省・安徽省との境界をなす。青銅器は主に贛江とその支流に沿った平野部から出土している。

(1) 靖安（第 7 図 96）

　1983 年，宜春市北端の靖安県林科所で大型の鐃 1 点が出土した[50]。甬部を含めた全長が 46 cm あり，円錐状の枚の間には雲紋が飾られる（贛 3）。彭適凡氏・井中偉氏は西周前期の器とし，向桃初氏は西周中期の器としている（贛 10 彭適凡 1998，井中偉 2002，向桃初 2006）。

(2) 余干（第 7 図 97）

　1958 年，鄱陽湖の東南，信江東岸に位置する余干県黄金埠鎮で甗 1 点が出土した（贛 7）。郭

沫若氏は西周初頭の器とみなしている（贛2）。報告者によれば当器には修復の痕跡があり，これ以前に別地で出土したものが収集家の手に渡った後に，何らかの理由で黄金埠鎮に埋められた可能性があるという。器内壁部に「應監乍寶䵼彝」銘があるため，河南省平頂山で出土した一連の応国関連諸器の一つであると考えられている。

(3) 万年（第7図98）

1964年，上饒市万年県西山蔡家村で土坑内から銅鼎1点が出土した。人骨や他の遺物は検出されておらず，墓か窖蔵かの判断は困難であるという。土坑埋土中から検出された土器片は他の遺構から混入した可能性があり，鼎と共伴する遺物ではないとみなされている（贛1）。鼎は殷末周初期の型式を呈するが頸部に雲雷紋を飾っており，鼎の頸部装飾としてはやや特殊である。

(4) 上饒（第7図99）

上饒市上饒県は江西省東北部に位置し，鄱陽湖から信江・衢江に沿って浙江省衢州市へと至る東西経路上の重要な経由地である。1988年，上饒県樟宅橋村馬鞍山で土中から遺物が出土した。翌年の調査によって遺物出土地点は墓であり，160点余りの副葬品が存在したことが明らかとなった。遺物の多くはひどく破損していたが，修復の結果47点が復元され，青銅盤1点の他，多数の原始磁器が報告されている（贛4）。詳細な出土状況は不明であるものの，報告者は，土坑が確認されないことや地面上に卵石が長方形状に敷設されていたことなどを根拠として，この地は元来土墩墓であったと想定している。さらに報告者は安徽省屯渓奕棋村西周墓との類似性から，当墓の年代を西周後期から春秋初頭とみなしている。妥当な見解であろう。

(5) 樟樹（第7図100）

1979年，清江県（現在の樟樹市）山前郷双慶橋で鐃1点が出土した。枚を持つ大型の鐃で，報告者は西周後期の遺物とみる（贛5）が，彭適凡氏・井中偉氏は西周前期の器とし，向桃初氏は西周中期の器としている（贛10 彭適凡1998, 井中偉2002, 向桃初2006）。

(6) 新干（第7図101）

新干県大洋洲鎮は贛江東岸に位置する。大洋洲鎮程家村では1989年に殷代併行期の大墓が発掘されており，隣接する樟樹市山前郷呉城遺跡と共に贛江流域の青銅器文化の中心を形成する地域である。（江西省文物考古研究所ほか1997, 江西省文物考古研究所・樟樹市博物館2005）。大洋洲商代大墓の発見に先立つ1976年，大洋洲鎮の東側約5 kmに位置する中棱ダムの南で古墓から青銅器・原始磁器を含む多量の遺物が出土した。青銅彝器として鼎5点が報告されており，他にも甗・爵などが出土したとされる（贛9, 贛11）。報告者は西周前期の遺物とみるが，写真が報告される一号鼎・二号鼎・三号鼎はどれも大型で柱足は太く，腹部の鋳バリを残してそのまま鰭状装飾（扉稜）とする点が特徴的で，江西省撫州市東郷県で1957年に出土した鼎と同じく（贛8），殷墟期の大型鼎の影響を受けてこの地で生産された器であろう。したがって，これらの大型鼎は殷墟後期〜殷末周初期の遺物と考える。しかし，長江流域で時期の異なる青銅器がしばしば一括して副葬されることを考えれば，共伴した甗・爵が西周前期の遺物であった可能性は考慮すべきである。

(7) 新余（第7図102）

　江西省の中央に位置する新余市では3箇所から青銅器が出土している。1962年，新余市渝水区界水郷の主龍山で鐃1点が出土した。報告者は西周中期の器とする（贛8）。1980年，新余市渝水区羅坊鎮鄧家井で鐃1点が出土し，翌1981年にも渝水区水西鎮家山で鐃1点が出土した（贛10，贛12）。報告者の余家棟氏は鄧家井・家山で出土した2点の鐃が主龍山出土鐃と類似することから，西周中期の遺物であるとみなしている。新余で出土した3点の銅鐃はいずれも枚を持ち篆部には雲紋が施されており，同時期の作であろう。靖安や樟樹から出土した鐃と同じく西周前期に置く研究者が多いが，李純一氏・向桃初氏は西周中期の器とする（李純一1996，贛10彭適凡1998，井中偉2002，向桃初2006）。

(8) 万載（第7図103）

　宜春市万載県は江西省西部，九嶺山脈の東南に位置する。1965年，万載県株潭郷常家里で鐃1点が出土した（贛14）。枚を持ち篆部には雲紋が施される。井中偉氏は殷墟四期，彭適凡氏は殷末周初期，向桃初氏は西周前期後段の遺物としている（贛10彭適凡1998，井中偉2002，向桃初2006）。

(9) 宜春（第7図104）

　彭適凡「贛江流域出土商周銅鐃和甬鐘概述」は江西省出土の銅鐃を集成したものであるが，未だ簡報が出されない資料に関する言及があり，一部資料は写真が公表されている（贛10）。1984年に宜春市袁州区下浦郷金橋村で出土したとされる鐃もそのような器の一つで，やはり枚を持ち篆部には雲紋が施されるタイプの鐃であり樟樹・新余などの鐃と同型であるといえる（第16図2）。彭適凡氏・井中偉氏は西周前期の器とし，向桃初氏は西周中期の器とする（贛10彭適凡1998，井中偉2002，向桃初2006）。

　彭適凡氏によれば1997年にも宜春市袁州区慈化鎮蜈蚣塘で鐃1点が出土したという（贛10）。枚を持ち雲雷紋を飾る点では下浦郷出土の例と同様だが，于（鐃上端の口が開いた部分）の湾曲が下浦や新余羅坊鎮の鐃に比べやや緩く，萍郷十里埠出土の例に似ている。慈化鎮蜈蚣塘の鐃について，彭適氏は周初，井中偉氏は西周前期，向桃初氏は西周中期の遺物としている（贛10彭適凡1998，井中偉2002，向桃初2006）。

(10) 萍郷（第7図105）

　萍郷市は江西省西部に位置し，江西省新余市から宜春市を抜け湖南省株洲市・湘潭市へとつながる，羅霄山脈を東西に分断する経路の中間地点に当たる。1962年，萍郷市彭家橋で鐘2点が出土した。大きさに大小の差はあるものの，どちらも円錐状の枚を持ち篆部の周囲を乳状突起で飾る点は同様である（贛8）。報告者は西周中期の鐘であるとみなしている。

　1984年に萍郷市蘆溪県銀河郷鄧家田村で鐃1点が出土した。出土時には甬部が下を向き，器上部に石塊が二つ乗せられていたという。枚を持ち篆部に雲雷紋を飾る（贛6）。彭適凡氏・井中偉氏は西周前期の器とし，向桃初氏は西周中期の器とする（贛10彭適凡1998，井中偉2002，向桃初2006）。

　1989年には萍郷市安源鎮十里埠（現在の安源区十里村）で鐃2点が出土した。大きさがやや異

なるが，共に銀河郷鄧家田村出土の例と同型式である（贛10，贛15）。彭適氏は周初，井中偉氏は西周前期，向桃初氏は西周中期の遺物としている（贛10彭適凡1998，井中偉2002，向桃初2006）。

(11) 永新（第7図106）

萍郷市から山地を隔てた南に位置する吉安市永新県高溪県横石村でも鐃1点が出土したという。彭適凡氏によれば1995年の出土であり，西周前期の器とされるが写真・図面が報告されない（贛10）。井中偉氏も西周前期の器とみなしている（井中偉2002）。

(12) 吉水（第7図107）

江西省中部の吉安市吉水県で1978年，甬鐘3点が見つかった（第16図3）。収集遺物であり正確な出土地点は不明である。鐘の大きさは大・中・小にわかれ，編鐘の一部を為したことが想定される（贛13）。報告者は春秋前期の遺物とするが，彭適凡氏は西周前期の器とする（贛10）。

(13) 吉安（第7図108）

1974年，吉安市南郊の印下江の河中から鐃1点が見つかった[51]。長い枚を持ち于は湾曲し，吉水出土の鐘とよく似る（贛13）。報告者は西周後期の遺物とするが，彭適凡氏と井中偉氏は西周前期の遺物とする（贛10彭適凡1998，井中偉2002）。

長江以南から出土する甬鐘に対する年代観は研究者によってそれぞれ異なる。その背景には，当地から出土する鐘を大型の鐃から独自に変化して成立したものとみなすか，大型鐃の影響を受けて中原地域で成立した鐘が逆に長江以南にもたらされた，あるいはそれが大型の鐃から鐘へと変化する契機を与えたとみなすか，という視点の違いが存在する。前者の観点に立てば当地の鐘は中原で鐘が出現する西周中期以前に少なくとも出現していたはずであり，後者の観点に立てば当地の鐘は中原で鐘が出現した西周中期以降に現れることになる。現状ではほとんどの鐃・鐘が他の葬器と伴わずに単独で出土するため，両説の検証には困難が伴う。ただ，中原の鐘の多くが編鐘として音階を為す楽器であったことを考慮すれば，長江以南の鐘もまた中原と関係する音階を有していたのか否かによって比較が可能になるのではないか[52]。資料の増加に期待したい。

【福建省】

福建省からは西周期の青銅葬器があまり出土せず，同時期の青銅製品として出土するものの多くは武器や工具である。現在，鐃を中心とする数点の青銅葬器の出土が知られており，ここではそれらについて概述する。なお福建省出土の青銅器に関しては陳存洗氏・楊琮氏らが詳細に論じており，当地域の青銅器文化を知るうえで重要な研究である（陳存洗・楊琮1990）。

(1) 浦城（第7図109）

南平市浦城県は福建省の北端に位置し，浙江省・江西省と境界を接する。西を武夷山脈，東を浙閩丘陵に囲まれた閩北地区の要衝で，南の福州を中心とする閩江流域地帯と北の長江流域地帯を中継する位置を占める。2005年から2006年にかけて浦城県管九村で土墩墓の発掘調査が行われた。管九村土墩墓は5地点に分かれ，それぞれ鷺鷥崗墓区・社公崗墓区・洋山墓区・麻地尾墓区・晒谷壢墓区とされる。33基の土墩墓が発掘され，一墩に複数人を埋葬する墓が1基，二人

88　第 2 章　西周青銅器の広がり

第 18 図　福建省浦城県出土の青銅彝器と陝西省張家坡出土の青銅杯
1～3 2005-2006 福建省浦城県出土青銅器　4・5 1961 年張家坡青銅器窖蔵出土青銅器

を埋葬する墓が 6 基あり，他は全て一墩に 1 人が埋葬されていた。管九村墓地の各墓は報告者によって三期に時期区分されており，紀元前 2500 年前後から春秋時代まで存続した墓地であるという。第二期が西周期に相当し，当期の墓は地面に長方形状に卵石を敷設する典型的な土墩墓である（閩 3）。管九村土墩墓群からは原始磁器・印紋陶・青銅器・玉石器など多くの遺物が出土したが，報告されている青銅彝器は洋山墓区 11 号墩（PYD11M1）から出土した尊 1 点，杯 1 点，盤 1 点の合計 3 点のみである。尊（第 18 図 1）の型式や盤（第 18 図 3）に施された交連紋などの特徴は屯渓奕棋村出土青銅器（第 13 図）にも見られる特徴である。また，杯 PYD11M1: 3（第 18 図 2）は器の両側に透彫把手を持つやや特殊な器で，同様の透彫把手を有するものとして 1961 年に陝西省長安県張家坡で窖蔵から出土した III 式杯がある（第 18 図 4）。同じく張家坡青銅器窖蔵から出土した I 式杯（第 18 図 5）は把手を持たないが，器下部に山紋を飾る点で洋山 11 号墩出土杯と類似しており，同時期の作である可能性が高い。尊・盤は在地産の青銅器で，杯は中原から持ち込まれた遺物であろう。西周後期～春秋初頭の年代が想定される。

(2) 建甌（第 7 図 110）

　　建甌市は福建省北部に位置し，その西北には武夷山の山々が連なる閩江上流の街である。1978 年，建甌市小橋鎮陽澤村で鐃 1 点が出土した（簡報では鐘と称される）[53]。器全面に乳釘紋が施され篆には雲雷紋を飾る。于はあまり湾曲せず，浙江省長興県（第 7 図 83）草楼村出土の鐃とよく似る。報告者は大型の鐃は殷末周初期にみられる器とするが，紋様から西周前期頃の年代を与えうる（閩 1）。

　　1990 年には建甌市南雅鎮梅村でやはり鐃 1 点が出土した[54]。枚は円錐状で短く，篆部には雲雷紋を飾る。報告者は西周中期後段の遺物とみている（閩 2）。

井中偉氏は小橋鎮出土の鐃を殷墟四期，南雅鎮出土の鐃を西周前期の器とみる。向桃初氏は小橋鎮出土の鐃を殷末周初期～西周前期に相当する遺物とみている（井中偉 2002，向桃初 2006）。

【湖南省】
　洞庭湖の南に広がる湖南省は，東を羅霄山脈に，西を武陵山脈に，南を南嶺山脈によって囲まれており，その中央を南北に走る湘江に沿って青銅器出土地点が点在する。浙江省・江西省・福建省と同じく，その主体的な器種は銅鐃である。湖南省出土の西周青銅器に関しては高至喜氏や熊伝薪氏が型式や中原からの伝播関係を論じている（高至喜 1984，熊伝薪 1986）。また近年刊行された『湖南出土殷商西周青銅器』（湖南省博物館編 2007）は湖南省出土の殷周青銅器に関して既刊行論文を集成しており，参照に便利である。

(1) 岳陽（第 7 図 111）
　洞庭湖の東湖畔に位置する岳陽市は湖北省南部の荊州・武漢などと共に両湖平原を構成する。1982 年，岳陽市岳陽県黄沙街鎮坪中村で鼎 1 点が出土した。窖蔵出土の器であるという。鼎の出土地点から 200 m ほどの距離に殷末周初期の遺跡があり，あるいは関連する遺構かもしれない。当器も殷末周初期に一般的な型式であり，報告者は中原から持ち込まれた西周初年の器とみるが，その通りであろう（湘 3）。

(2) 湘陰（第 7 図 112）
　洞庭湖南岸に位置する湘陰県で「建国初期」に出土したとされる甗が存在する（湘 8）。殷周期に一般的な甗とは異なり胴部が短く圏足が高く，把手が半環形ではなく上半部が器身から直に伸びる。高至喜氏は西周期に南方で製作された器とし，熊伝薪氏は西周中・後期の器とする。林巳奈夫氏は春秋 II～III 期の地方型とする（湘 8 高至喜 1984，熊伝薪 1986，林 1989）。内蒙古自治区寧城県（第 7 図 72）小黒石溝遺跡 M8501 出土の甗は圏足が低い点を除けば湘陰出土の甗と似た型式を有している。小黒石溝の甗よりもやや時代が下り，春秋前期頃～中期の遺物であると考える。

(3) 漢寿（第 7 図 113）
　2001 年，洞庭湖西南の漢寿県三和郷宝塔舗村で鐃 2 点[55]が出土した。鐃の他に遺物は検出されず，窖蔵から出土した器であると報告される。2 点の大きさはほぼ同じで，器両面に乳釘紋を飾り篆には雲雷紋が充填される（湘 33）。報告者は西周中期，向桃初氏は西周前期後段の器とする（向桃初 2006）。

(4) 桃江（第 7 図 114）
　1982 年，桃江県連河沖郷金泉村で方座簋 1 点が出土している（湘 25）。当器は方座の四隅に立体的な馬を象り，簋の口縁部付近からも馬の頭部が立体的に表現されており，極めて特異な器である。頸部が強くすぼまったのち口縁が直に立つ点も，中原の簋にはみられない特徴である。方座の二面に飾られた饕餮紋は精巧で，一般的な黄河流域の饕餮紋と比べて遜色がない。報告者は西周後期の年代を想定するが，高至喜氏は西周中期の遺物であるとみなす（湘 11 高至喜 1988）。
　桃江県では他に，県北部を東西に流れる資水の南岸に位置する馬跡塘鎮からも鼎 1 点が出土し

た（湘8）。三足が獣脚蹄足を呈しており，おそらく西周後期以降に作られた器であると思われる。
(5) 望城（第7図115）

　　長沙市の西北に位置する望城県高塘嶺鎮高砂脊では1975年に西周期の甗1点が出土しており（湘8），殷周期の遺跡が存在することが知られていた。1996年，高砂脊の堤防修復作業中に青銅器を副葬する墓が露出し，緊急発掘が行われた。1999年には第二次発掘調査が行われ，合計19基の墓と5基の灰坑，1基の陶窯が検出された（湘17）。青銅彝器はAM1とAM5の2基の墓から出土しており，鼎9・尊1の計10点が報告される。報告者の向桃初氏はAM1出土鼎の饕餮紋と蝉紋（蕉葉紋）が殷末期に流行する紋様であるとしながらも，鼎足の特徴などから西周前期の器とし，AM5出土鼎の型式が西周前期後段～中期初頭であることから，AM1を西周前期後段から中期前段の墓，AM5を西周中期前段の墓とみる。一方，施勁松氏は殷墟小屯出土の鼎との類似性からいずれの墓にも殷末期の年代を与える（湘23）。AM5出土の鼎（AM5: 53）は垂腹化がみられ，頸部の円渦紋・四弁花紋ともに西周前期に多見される特徴である。当器は西周前期後段の器とみるべきであり，青銅鼎の特徴からみればAM1とAM5にはやはり時代的な前後関係が想定される。筆者は向桃初氏と同じく，高砂脊青銅器出土墓の年代は西周前期後段～中期前段に属すると考える。

(6) 長沙（第7図116）

　　1970年代に長沙市文物工作隊が長沙地区で収集した遺物が存在する。長沙県福臨鎮では鼎6点，同県路口鎮高橋郷では鼎2点が出土したという（湘24）。報告者がⅠ式～Ⅳ式とする鼎はいずれも越式鼎の範疇に含まれる器であり，同型式の鼎は安徽省屯溪奕棋村M1・M3で確認される。春秋前期～中期の器であろう。路口鎮出土のⅤ式鼎は腹部が卵型を呈する特殊な例である。報告者は河南省新野春秋墓出土の「敦形鼎」との類似から春秋期とみなす。妥当な見解であろう。鄭小爐氏はⅠ～Ⅳ式鼎を西周後期の器とするが（鄭小爐2007），土墩墓出土の一連の遺物に対する年代観の相異に起因するものと思われる。

　　また，1979年には長沙県望新郷板橋村から鐃1点が出土した。報告者は西周前期の遺物とする（湘30）。向桃初氏は西周中期の器としている（向桃初2006）。

(7) 寧郷（第7図117）

　　寧郷県からは多くの青銅彝器が出土しており，師古寨山・北峰灘・炭河里一帯・五里堆・迴龍鋪などの地が出土地点として知られる。師古寨山は寧郷県老糧倉鎮と楓木橋郷の境界に位置し，複数の鐃が出土している。1959年に山頂付近の土坑中から鐃5点が出土した。大きさはどれも大差なく全長70cmほどの大型の鐃で，両面に饕餮紋を飾る。土坑中からは他に印紋陶の破片などが出土したという。報告者は殷代の遺物としている（湘12）。1993年6月には同じく師古寨山の西北側斜面で鐃10点が窖蔵から出土した。1959年の出土地点から20mほど離れた地点であるという。報告中でⅠ式とされる鐃1点は両面に饕餮紋を飾り，Ⅱ式とされる9点は片面18個の乳釘状の枚を持ちその間に雲雷紋を充填する型式である。Ⅱ式鐃は1959年出土の鐃と同じ型式とみてよい。Ⅱ式鐃9点はその大きさに大小の順があり，音階を為す編鐃であった可能性が

指摘されている。報告者はⅠ式鐃に殷墟三期，Ⅱ式鐃に殷墟四期〜周初の年代を与える（湘5）。同年8月，楓木橋郷船山村の村民により師古寨山山頂で新たに鐃2点が掘り出された。うち1点は売却されたが1995年に回収されている（湘32）。6月に出土したⅠ式鐃と同じく，いずれも饕餮紋を飾る大型の鐃である。井中偉氏はⅠ式鐃を殷墟二・三期，Ⅱ式鐃を殷墟四期とする一方で，向桃初氏はⅠ式鐃を殷末周初期，Ⅱ式鐃を西周前期とする（井中偉2002，向桃初2006）。

1977年には老糧倉郷の北峰灘で窖蔵から鐃1点が出土した。全長83.5cmの大型鐃で饕餮紋の周囲に雲雷紋を飾る。師古寨山出土Ⅱ式鐃と同じ形式の鐃である（湘31）。この窖蔵から5・6m離れた地点からも同じく饕餮紋を持つ鐃が出土しており，両者は関連する遺構である可能性が高い（湘26）。報告者と李純一氏は殷後期，井中偉氏は殷墟二期・三期，向桃初氏は殷末周初期の器とする（李純一1996，井中偉2002，向桃初2006）。

寧郷県西部に位置する黄材鎮では青銅器の出土が多く，特に寨子村（現在の栗山村）炭河里出土の青銅器は質・量ともに群を抜いている。1959年，炭河里西南の新屋湾で人面方鼎が出土した（湘6）。炭河里に北面する丘陵地帯からも青銅器の出土が多数報告されており，正確な出土時期は不明であるが寨子山で瓿1点，1962年に水塘湾で饕餮紋鬲鼎1点，1970年に王家墳山で鳳鳥紋卣1点，1973年には三畝地で饕餮紋鐃1点がそれぞれ出土した（湘7，湘13，湘14）。1973年には炭河里付近の黄材河の河中から饕餮紋提梁卣1点が出土している（湘7）。2001年から2005年にかけて塅溪河と黄材河の合流地点を中心として三次にわたる発掘調査が行われ，西周期に使用された城壁と環濠の存在が明らかになった。また城壁外側で西周〜戦国時代の墓が検出され，一部が発掘された（湘16）。青銅葬器は破片を含めて計12点の図面が報告される（鼎口縁破片2・鼎足破片4・爵柱1・爵足1・卣器破片1・卣蓋1・不明器足1・不明器把手1）。1973年以前に出土した6点の青銅器はいずれも殷墟後期の特徴を備えており，炭河里城壁外側の墓地から出土した青銅葬器もその多くは殷末周初期の特徴を呈する。しかしながら，2006年簡報の報告者である向桃初・高成林の両氏はA型鼎と分類する鼎足が空芯である点や卣破片上の鴟鴞紋などに在地生産の青銅器の特徴が認められること，およびC型鼎とする越式鼎の口縁破片が西周後期の例と類似する点などを根拠として，炭河里墓区の年代を殷末ではなく西周期まで下るものとみなしている。向氏らの見解が正しい場合，1973年以前に発見された殷末期とされる諸器の年代も再検討する必要があろう。1976年，炭河里の東南約2kmに位置する黄材鎮葛藤村で瓿1点が出土した。同じ土坑から銅矛・銅鏃が出土しており窖蔵出土の遺物であると考えられている（湘31）。殷墟後期の器であるが，この地は炭河里とも近く，上述の青銅器と同様に埋納した年代は西周期まで下る可能性もある。なお，正確な出土地点は不明であるが，1966年以前に鐘1点と鼎2点，1989年に罍1点がそれぞれ黄材鎮で出土している。鐘は全長33.4cm，長く突き出す枚が片面に18個施され，鼓部には雲紋が飾られる。鐘の他に鼎2点と剣・矛などの武器が併せて報告されるが，同一遺構から出土した器物かどうか詳細が不明である（湘12）。鐘を報告者は東周遺物とするが，高至喜氏は西周中期の遺物とする（湘8）。鼎や武器の多くは明らかに春秋〜戦国期の遺物であることを考えれば，鐘と他の器は別の遺構から出土したものなのかもしれない。

1989年出土の罍は窖蔵出土器といい，殷末周初期に一般的な罍である。口縁下に"丼父乙"の銘を持ち，報告者は湘潭県出土の爵の"丼""父丁"銘や寧郷県黄材鎮水塘湾出土の䰈鼎の"己丼"銘とあわせて，"丼"は作器者の氏族名であること指摘する（湘2）。この罍が「栗山出土の䰈鼎と同一地点から出土した」という記述を信じるならば，当器もまた一連の炭河里出土青銅器の一であるのかもしれない。

1975年，寧郷県五里堆で鐃1点が出土した。出土状況は不明であり，枚を持ち篆部と鼓部は無紋である。報告者は西周後期の器とみている（湘31）。

1978年，寧郷県迴龍鋪鎮洋泉河で卣1点が出土した。他の遺物が検出されないことから窖蔵出土遺物とされる。胴は垂れずに張り，蓋に嘴状突起もみられない。殷末周初期に多く見られる卣である。報告者は西周前期の遺物とみなしている（湘31）。

(8) 株洲（第7図118）

株洲市株洲県は湘江とその支流である淥江の合流地点に位置する湖南省東部の都市である。江西省に源を発し湘江に流れ込む淥江は湖南省と江西省の境界を為す羅霄山脈を分断し，江西省萍郷市・宜春市へと続く経路を形成する。

1972年，県南部の大湖郷頭壩で鐃1点が出土した。発達した枚を持ち篆部には雲雷紋を飾る。報告者はその年代を西周前期とする（湘30）。高至喜氏や井中偉氏も西周前期の遺物とみるが，向桃初氏は西周中期とする（高至喜1984，井中偉2002，向桃初2006）。

1976年，淥江南岸に位置する株洲県南陽橋郷鉄西村で簋1点が出土した[56]。方座を有し器腹と方座に饕餮紋が施され，内壁には"乍寶䵼彝"の名がみえる。頸部のすぼまりは弱く圏足は斜直を為しており，西周前期の器であろう。出土時に他に遺物は検出されなかったため，窖蔵出土の簋とされる（湘15，湘20）。

1981年，株洲県堂市郷黄竹村で鐃1点が出土した。高至喜氏は西周前期後段の遺物とし，向桃初氏は西周中期の遺物とする（湘8，高至喜1984，向桃初2006）。

1985年，株洲県仙井郷漂沙井村で鐃1点が出土した。枚を持ち篆部は雲雷紋が充填される（湘20）。向桃初氏は西周中期の遺物とする（向桃初2006）。

1988年に株洲県南部の朱亭鎮興隆村で特異な紋様を持つ鐃1点が出土した（湘29）。片面に大きな乳釘紋6個を配し，その周囲を鋸歯紋が取り巻く。鼓部両端にはエビのような動物を飾っており，他に例がない紋様である。報告者は殷末〜西周前期の年代を与える。

1988年，株洲県淦田鎮上港新村で鼎1点が出土している。器深は深く円底をなし柱足は太く，頸部に簡化獣面紋を飾る（湘21）。殷墟後期に陝西省北部などで多く出土する型式の器であり，おそらく中原から当地まで持ち込まれた器であろう。

(9) 湘潭（第7図119）

高至喜氏によれば，1954年と1974年に湘潭県で鐃がそれぞれ1点ずつ出土したという。高氏は両者を共に西周中期の遺物とみている（湘8）。

1965年，湘潭県南部の花石鎮洪家峭で墓から鐃2点が出土した。墓は長方形の土坑墓で，埋

土中には木炭や卵石が確認された。2点の鐘は同じ形をしており，大きさに大小の差がある（湘12）。西周中期～後期に中原で一般的にみられる鐘である。

　1981年，花石鎮から西へ約15kmの地点に位置する青山橋鎮高屯村老屋で短径1mほどの窖蔵から青銅器14点が出土し，青銅彝器としては13点（鼎3・爵6・尊1・觶2・鐘1）が報告されている（湘1，湘8）。尊・爵は殷末周初期～西周前期に一般的な器であり，觶・鐘には西周中期の年代が与えうる。報告でⅡ式鼎とされる鼎は器深が浅く獣足で，頸部に中原にはみられない異質な夔龍紋を飾る。西周後期の中原の鼎の影響を受けて成立し，後の越式鼎へと通じるタイプの在地生産の器である。窖蔵の年代は報告者の指摘するように西周後期以降，おそらく春秋前期であろう。

(10) 湘郷（第7図120）

　1965年，現在の湘郷市市区西南に位置する狗頭壩で大量の土器・石器と共に銅鐘1点が出土した。土器の多くは印紋陶であった（湘4）。鐘[57]の年代について，井中偉氏は殷墟二・三期の器，鄭小爐氏は西周前期の器とみる（井中偉2002，鄭小爐2007）が，首肯しがたい。湘潭県花石鎮や青山橋鎮で出土した鐘と同様に，西周中期～後期の鐘とみなすべきであろう。

　1968年には月山鎮馬龍村で，1982年には金石鎮坪如村で，やはり鐘が1点ずつ出土した（湘9）。月山鎮馬龍村出土の鐘は枚が円錐状に突出し，枚・篆の周囲に乳釘状の突起をめぐらせる点で陝西省長安県普渡村出土の鐘に近い（秦61）。寧郷県黄材鎮や同県五里堆出土の鐘と同じく，西周中期～後期の年代を与えうる。金石鎮坪如村出土の鐘を高至喜氏は西周中期の鐘とする。

　1975年，同じく金石鎮黄馬寨で鐃1点が出土した（湘9）。当器の年代を，高至喜氏・李純一氏は西周初期，井中偉氏・向桃初氏は殷墟四期とする（湘9，高至喜1984，李純一1996，井中偉2002，向桃初2006）。

(11) 邵東（第7図121）

　湖南省西部の邵陽市は北と西を雪峰山に，南を越城嶺に囲まれ，東に向けて傾斜する丘陵地帯に位置している。市の中央を南北に流れる資江は北上したのち桃江県を経由して洞庭湖へ至る。1985年，邵陽市邵東県霊官殿鎮毛荷殿村で青銅の鎛1点が出土した。器上部に逆U字型の紐をつけ両側面に虎を象った立体装飾を付ける（湘28）。高至喜氏は当器のような虎を飾る鎛を殷末周初期の器とするが（湘10高至喜1986），林巳奈夫氏の研究ではこの鎛は西周Ⅱ期併行とされる（林1984）。

(12) 衡陽（第7図122）

　衡陽市は湖南省南部の中心都市で，湘江と耒水の合流点に位置する。広東省韶関市から南嶺を越えて北上する経路と，広西壮族自治区桂林市から南嶺を越え北上する経路の結節点であり，珠江に沿って広がる嶺南地域から長江流域に出る際の玄関口に相当する。

　1977年，衡陽市の西北に位置する衡陽県長安郷で鐘1点が出土した。枚は大きく篆に細い凸線で雲紋を飾る。1979年には長安郷から南へ約6kmに位置する欄壠郷泉口村で鐃1点が出土した。当器には形態上は鐘と似るが，旋上に幹を持たないため鐃に分類できる。枚を持ち鼓部には

夔龍紋が施される。報告者は長安郷出土鐘を西周前期〜中期の移行期の遺物，泉口村出土の鐃を西周前期の遺物とし，どちらも在地での製作を想定している（湘19）。泉口村出土の鐃について，井中偉氏は西周前期，向桃初氏は西周中期の年代を与える（井中偉2002, 向桃初2006）。

1978年，衡陽市の南郊，現在の蒸湘区北塘村で鐃1点が出土した。乳釘状の枚を持ち，篆部には雲雷紋・連珠紋が飾られる。報告者は当器が寧郷県黄材鎮出土の鐃（湘12）と似ることから春秋期の遺物とするが，黄材出土の鐃は枚が長く突出しておりこの地出土の乳釘状の短い枚とは異なる。高至喜氏は西周前期後段，向桃初氏は西周中期の器としている（湘8 高至喜1984, 向桃初2006）。

(13) 安仁（第7図123）

1991年，安仁県豪山郷湘湾村で鐃1点が出土した。窖蔵出土器の可能性がある。乳釘状の枚・雲雷紋が施される。報告者は西周中期の器とする（湘27）。井中偉氏は西周前期，向桃初氏は西周中期の器としている（井中偉2002, 向桃初2006）。

(14) 耒陽（第7図124）

1980年，衡陽市の南部に位置する耒陽市東湖郷夏家山で鐃1点が出土した。乳釘状の枚を持ち篆部に雲雷紋を飾る。報告者は西周前期の器とする（湘18）。井中偉氏は殷墟四期，高至喜氏・李純一氏・向桃初氏は西周前期の器とする（湘8 高至喜1984, 李純一1996, 井中偉2002, 向桃初2006）。

(15) 資興（第7図125）

湖南省南端，南嶺山脈の北側に位置する資興市ではこれまでに鐃2点が出土している。市東北の蘭市郷[58]で1980年に出土した鐃は，枚を持ち篆部に雲雷紋を飾り，鼓部に変形夔紋が施される。1983年に市区東南の天鵝山林場で出土した鐃1点も同型式のものであった。報告者はいずれの鐃も丘陵地から単独で出土した点に注目し，これらの窖蔵出土と考えられる青銅器が山岳信仰と関係する可能性を指摘している。またこれらの鐃の年代を西周前期とした上で，資興市の春秋時代前期墓から出土した鼎にも雲雷紋が施されることなどから，雲雷紋や変形夔紋がいわゆる"百越"の人々に特徴的な文化要素であったことを述べる（湘15）。李純一氏・井中偉氏も報告者と同じく西周前期の器とするが，向桃初氏は西周中期の年代を与えている（李純一1996, 井中偉2002, 向桃初2006）。

(16) 新寧（第7図126）

邵陽市新寧県は越城嶺の北側丘陵地帯に位置し，県の中央を流れる夫夷水に沿って越城嶺を越えればそこは広西壮族自治区の桂林市であり，南嶺山脈を縦断する経由地の一つである。1990年，新寧県飛仙橋郷仙橋村で4点の遺物が出土した（湘22）。青銅彝器は2点（鼎1・壺1）であり，特に壺は曲身で片側に龍を立体的に象った把手がつく。林巳奈夫氏が七型とする壺である（林1989）。鼎は器深浅く三足は先端に向けて緩やかに尖る。南方地域で特徴的な在地の鼎である。報告者は殷末周初期の器物とみているようだが，その根拠は不明である。むしろ鼎の型式は安徽省屯渓（第7図75）奕棋村M1出土鼎（M1: 80, M1: 81）に近い。西周後期〜春秋前期の遺物と思

第 2 節　西周期の青銅彝器分布　95

われる。

【広東省】

　中国南部，東シナ海に面した広東省は南嶺山脈によって長江流域地帯と隔てられ，隣接する広西壮族自治区と併せて"両広"とも呼称される。当地域からの西周青銅器の出土は限定的であるが，秦による征服以前の両広地帯の青銅器文化に関する先行研究は少なくない（黄展岳 1986，李龍章 1994，楊傑 2010）。特に黄展岳氏の研究は先秦時代の彝器・武器を網羅的にまとめており，参照すべき点が多い。

(1) 曲江（第 7 図 127）

　広東省北部に位置する韶関市は広東の北門とも称され，現在の鉄道京広線も韶関市を経由して広州へと至る。市の中央を珠江の支流である北江が南北に流れる。1984 年，韶関市曲江県（現在の曲江区）馬壩鎮馬鞍山で鐃 1 点が出土した[59]。報告者は西周後期の鐃とするが，黄展岳氏は当器を湖南出土の鐃との比較から西周前期の器とする（黄展岳 1986）。

(2) 潮南（第 7 図 128）

　汕頭市潮南区は東シナ海に面した港湾地であり，韓江や榕江が形成する沖積地上に位置する。1983 年，潮南区両英鎮禾皋で鐃 1 点が出土した。枚を有し篆部には双線紋を飾ると報告される（粤 4）。鐃の中では時代が下る例であり，西周前期～中期の遺物であろう。

(3) 博羅（第 7 図 129）

　広州市の東，恵州市博羅県横嶺山で，西周時代の墓を含む大規模な墓地が発見されたのは 1999 年のことであった。2000 年 2 月から 10 月の間に，殷周墓 302 基，秦漢墓 2 基，晋～明清墓 28 基が発掘されている（粤 2）。殷周墓の大多数は長方形土坑墓で，土器・原始磁器・青銅器・玉器など多数の遺物が出土し，うち青銅彝器は 3 点（鼎 1・鐘 2）であった。M182 から出土した鐘は 2 点共に発達した枚を持ち，篆部に雲紋，鼓部に変形夔紋（報告では双鳥紋とされる）を飾る同型式の器で，大きさに大小の差がある（第 16 図 4）。M201 出土の鼎は器深が浅く三足は断面が C 字形で，頸部に円渦紋・四弁花紋・変形夔紋を飾る。円渦紋・四弁花紋は殷末周初～西周前期の中原地域で鼎の頸部に多く施される紋様であるが，M201 出土鼎（第 19 図 1）のような変形夔紋は一般的でない。紋様の特徴から判断して，鐘・鼎は共に中原で製作されたものではないと考える。報告者は広東省河源市和平県龍子山の墓から出土した鼎（第 19 図 2）と共に，横嶺山出土の青銅彝器を横嶺山墓地の第 3 期に属する遺物とし，西周中・後期に相当する年代とする（粤 1）。その根拠は，M201 出土鼎が安徽省屯溪奕棋村 M1 出土鼎や湖南省湘潭青山橋鎮出土鼎と似ること，および M182 出土鐘が同じく青山橋鎮出土鐘と似ること，とされ，青銅器に限れば西周前期から中期の器物であるとみなす。M201 出土鼎は，屯溪奕棋村出土遺物の間では M1 出土の鼎 M1: 82（第 13 図 2）よりもむしろ M3 出土の鼎 M3: 11（第 13 図 1）とよく似るが，いずれにせよ著者は春秋期の作であろうと考える。また湖南省青山橋鎮の窖蔵の年代も，上述の通り西周後期以降であると考える。したがって横嶺山出土青銅彝器を西周中期に当てる報告者の見解とはやや

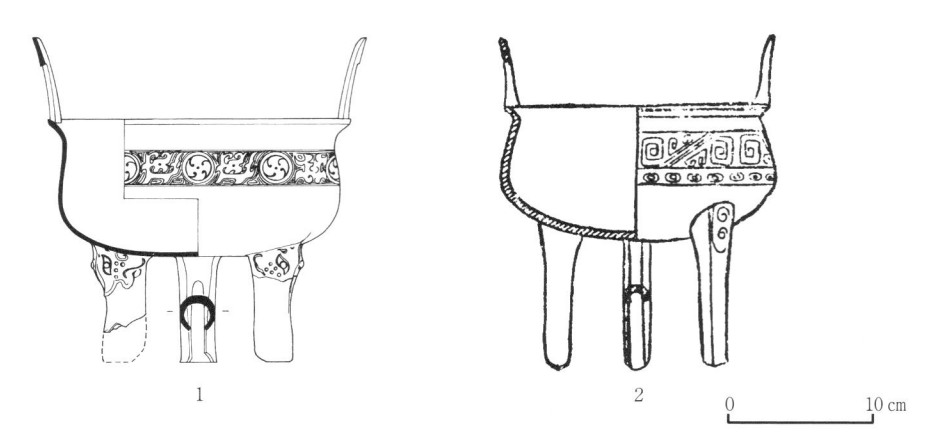

第 19 図　横嶺山出土の青銅鼎と龍子山出土の青銅鼎
1 横嶺山出土鼎（M201:1）　2 龍子山出土鼎

異なり，春秋前期，古く見積もっても西周後期よりも遡らないと想定する。なにより，和平県龍子山遺跡の報告者は鼎が出土した1号墓の年代を春秋後期としている。横嶺山の年代に合わせて龍子山の年代を遡らせるのではなく，龍子山の年代に合わせて横嶺山の年代を調整するべきであろう。

　この他，広東省西部の信宜市松香廠で1974年に出土した盉が西周初期の器として報告されるが（粤3），その形態からみて西周中期〜後期の盉を模して製作されたものであることは明らかで，李龍章氏は把手の部分に失蝋法技術の利用がみられることから春秋期以降の器としている（李龍章 1994）[60]。

【広西壮族自治区】
(1) 灌陽（第7図130）
　1976年，桂林市灌陽県灌陽鎮仁江郷で鐃[61]1点が出土した。土器と石器が同時に出土している。鐃は円錐状の枚を持ち篆部には雲雷紋を飾り，西周中期の器とされる（桂5）。高至喜氏・黃展岳氏・井中偉氏・向桃初氏は西周前期，李純一氏は西周中期の器としている（高至喜 1984，黃展岳 1986，李純一 1996，井中偉 2002，向桃初 2006）。
(2) 桂嶺（第7図131）
　広西壮族自治区賀州市は湖南省・広東省との境界に位置し，桂林市と共に南嶺山脈の南北を結ぶ経由地に当たる。1979年，賀州市の東北端に位置する八歩区桂嶺鎮英民村で鎛1点が出土した（桂1）。両脇に鰭状の装飾を飾る，南方に特徴的な鎛である。報告者は西周後期から春秋期の遺物とし，高至喜氏も西周後期の年代を与える（湘10 高至喜 1986）。
(3) 賀州（第7図132）
　1960年代の一般調査によって，市中心部の西南約10kmに位置する沙田鎮馬東村には古墓群が存在することが知られていた。1996年，農民によって古墓2基が新たに見つかり正式な発掘

が行われている（桂2）。2基の墓はそれぞれM1・M2と名付けられた。いずれも竪穴土坑墓であったとされるが，発見の時点では深さ50cmほど掘り下げた時点で墓底に達しており，墓坑ではなく墓底整備用の掘り込みであった可能性もある。特にM2の地点にはもともと半球状の墳丘があったといい，長江下流域の土墩墓との類似性がうかがわれる。槨棺や人骨の痕跡は報告されていない。M1から罍1点が，M2から鼎1・鐘1を含む7点の青銅器が出土した。鼎は無紋で，口縁が大きく開くいわゆる越式鼎であり，罍は殷末周初期〜西周前期に中原地域で一般的にみられる型式である。鐘は長い枚を持ち篆部には羽渦紋（竊曲紋）を飾る。報告者はM1出土罍の年代を西周前期，M2出土鐘の年代を西周中期とした上で，中原地域の殷周時期の特徴を持つ遺物が持ち込まれたか，あるいは在地で模倣して製作したか，いずれの場合でも中原よりも遅れた時期を想定するべきであって，両者の年代を西周後期から春秋初頭とみている。妥当な見解である。

(4) 荔浦（第7図133）

　荔浦県は桂林市の南部に位置する。正確な年は不明であるが，1984年以前に荔浦県栗木社区馬蹄塘で罍1点が出土したと報告される（桂3）。罍は圏足が直で高く，把手が半環形ではなく上半部が器身から直に伸びる特殊な型式を呈し，内蒙古自治区寧城県（第7図72）小黒石溝や湖南省湘陰県（第7図112）から出土した罍と似る。当器も湘陰県出土例と同様に，春秋前期以降の器であると思われる。なお，同型式の罍が陸川県（第7図136）からも出土している。

(5) 忻城（第7図134）

　1976年，忻城県大塘鎮大塘中学の裏手で鐘1点が出土した（桂5）。枚を持ち，枚・篆の周囲に乳釘状の突起をめぐらせる点で，陝西省長安県普渡村出土の鐘と似る（秦61）。報告者は普渡村と同じく西周中期の年代を与える。

(6) 北流（第7図135）

　広西壮族自治区の東部，広東省との境界に位置する北流市でも鐃1点が出土したことが報告される。正確な出土地点・年は記されない（桂3）。枚を有し，写真から判断する限り，忻城出土の鐘と同じく篆の周囲に乳釘状の突起をめぐらせる。報告者は西周中後期の器であるとする。

(7) 陸川（第7図136）

　北流市の西南に位置する陸川県では，烏石鎮塘域村[62]から罍1点が出土した。正確な出土年は不明である（桂3）。荔浦県出土の罍と同様，圏足が直で高く把手が器身から直に伸びる。紋様も荔浦県出土罍と全く同じで，やはり春秋前期以降の器であろう。

(8) 横県（第7図137）

　1958年，南寧市の東部に位置する横県鎮龍区那旭郷那桑村で鐘1点が出土した。枚は長く突出し，鼓部には変形夔紋を飾る。篆部には雲雷紋と水波紋が施され，やや特殊な紋様である。報告者は西周期の遺物とする（桂5）。

(9) 賓陽（第7図138）

　賓陽県は南寧市の東北に位置する。正確な年は不明であるが，1984年以前に賓陽県武陵鎮木

栄村で罍1点が出土した。報告者によれば荔浦県・陸川県から出土した罍と基本的には同じ形であるが，口縁部・肩部・把手などに細かな差異が認められるという（桂3）。報告者は西周中期〜後期の遺物とみなしている。

(10) 武鳴（第7図139）

南寧市区に北隣する武鳴県では，県東北の馬頭郷で青銅彝器の出土が複数報告される。1974年，馬頭郷勉嶺山の山麓で土中から卣1点が出土した。窖蔵出土器である。器正面に水牛角饕餮紋を飾り提梁は器の前後方向にわたされる（桂5）。側面に鰭状装飾（扉稜）をつける，殷末周初期に散見される型式といえる。当器は中原地域で生産されたものであり，長江流域を介して持ち込まれたものであろう。

1985年には同じく馬頭郷の元龍坡で墓から盤1点が出土し，調査の結果，当該地点には大規模な墓地があることが判明した（桂4）。元龍坡墓地では350基の墓が発掘されたが，いずれも竪穴土坑墓で封土の有無は不明である。前述の盤はM33の副葬品であったことが判明し，他にM147から卣1点が出土した。卣は蓋の上部が丸みを帯びず，やや特異な形である。その頸部に飾る変形夔紋も中原地域出土器にはみられない。盤と共に在地生産の器である可能性が高い。M33・M147ともに西周後期以降の器であると思われる。

(11) 南寧（第7図140）

南寧市は邕江の両岸地帯に広がる，南寧盆地の中心都市である。新中国成立以前に南寧市南郊の那洪鎮蘇盤村で鐘1点が出土した（桂5）。乳釘状の枚が施され，篆の一部には円圏紋の痕跡があるという。報告者は春秋期の遺物とみる。鄭小爐氏は西周期の遺物とするが，根拠は明示されない（鄭小爐2007）。

以上，中国各地から出土した西周時代の青銅彝器を概観した。出土地点の分布は黄河流域，特に陝西省と河南省に集中しているが，遼河流域・長江流域・珠江流域にも面的な分布が確認される。次節では，出土した青銅彝器の器種と出土状況に注目し，これら西周時代青銅器出土地点をいくつかのグループに分け，王朝との関わりについて若干の考察を行う。

第3節　西周期の青銅器文化圏

西周時代の中国における青銅彝器の分布範囲は，北は内蒙古自治区から南は広西壮族自治区まで，各地に及ぶことを前節で確認した。しかし，この範囲はそのまま西周王朝の範囲を意味するものではない。西周青銅器が祖先祭祀の場で使用される際に，後に「礼制」と称されるようなある種の規制が存在していたならば，その器種組成や器の型式に共通性が存在したはずであり，青銅器を独自に生産し使用していた地域では，青銅器を介した王朝との関係を認めることはできない。本節では器種組成と地方型青銅器の存在に基づいて，前節で検討した西周時代の青銅彝器の分布域をいくつかの群に分割することを試みる。

1. 器種組成にみる地域性

　朱鳳瀚氏は西周期の青銅彝器の形と紋様に対する検討から，関中・洛陽を中心とする西周王畿の外の地域を三類に分類する（朱鳳瀚2009）。すなわち第一類は，青銅彝器の型式が形の上でも紋様の上でも西周王畿と同様に変化し器種組成にも大きな相異がない地域，第二類は，食器や酒器の型式は基本的に王畿と同じだが器種組成が異なる・一部の器に他の地域では見られない紋様を飾る，などの特徴が看取される地域，第三類は，王畿の青銅彝器に近い性格を有する青銅器と共に在地的要素を多分に有する青銅彝器が一定数存在する地域，である。第一類には河南省濬県辛村，山東省曲阜・済陽劉台子，北京房山琉璃河，山西省天馬―曲村などの地を，第二類には河南省平頂山・鄭州窪劉，山東省莱陽，陝西省宝鶏などの地を，第三類には江蘇省丹徒・溧水，安徽省の土墩墓，河北省遷安などの地を，それぞれ当てている。朱鳳瀚氏の指摘は妥当な見解であるが，より分析対象とする地域を広げ相互の青銅器の移動状況を検討すると，また少し異なる青銅器文化の範囲がみえてくるであろう。前節で確認した出土地点・出土状況を踏まえた上で，西周王畿との共通性に注意しながら，用途別の器種組成について検討する。

　西周青銅彝器の器種組成を比較する際，ひとつひとつの器種の比較を行うことはあまり意味がない。例えば酒器の卣と壺はどちらも同じく酒を貯めておくための器であるが，卣が西周前期〜中期に多く見られ後期以降使われないのに対し，壺は後期以降に出土量が増加する。これは同じ用途に使うために選択される形が卣から壺へと置き換わったことを意味する。同様に，食物を盛るための器である簋・盂も西周後期以降その役割は盨・簠に取って代わられてゆく。したがって，器種が異なっていても同じ目的のための器であるならば，やはりそれは同様の祭祀が行われていたことを意味している，といえる。重要なことは西周王朝の祭祀との比較であって，個々の器の存在ではない。遺跡の時間的な偏在の誤差を排するために，ここでは器の用途に沿った比較を行う。

　青銅彝器の用途についてはすでに多くの先行研究がある[63]。本書では彝器を用途別の大分類として食器・酒器・水器・楽器に分け，さらに小分類として食器を烹煮器（烹炊器）・盛食器に，酒器を温酒器・煮鬱器・盛酒器・飲酒器に分類する。各用途と対応する主な器種名は以下の通りである。

烹煮器：穀物を煮炊きし，また蒸すための器。鼎・鬲鼎・方鼎・鬲・甗がこれに当たる。
盛食器：食物を盛るための器。簋・盂（小型盂）・盨・簠・豆がこれに当たる。
温酒器：酒を温め，また飲むための器。爵・角・斝がこれに当たる。
注酒器：酒を温め，注ぐための器。盉・兕觥がこれに当たる。
盛酒器：酒を貯めるための器。尊（鳥獣尊）・方彝・卣・罍・壺・瓿がこれに当たる。
飲酒器：酒を飲むための器。觚・觶・杯がこれに当たる。
水　器：手を洗い清めるための器。盤・匜がこれに当たる。
楽　器：鐘・鐃がこれに当たる。

　ここで，中国各地出土の西周時代の青銅器の出土点数を，省・自治州ごとに用途別に視覚化し

たものが，第20図である[64]。なお，前節の北京市と天津市は河北省の中に含めて集計した。第20図に明らかなように，地域ごとの特徴を考える際，青銅彝器の出土総量と用途別組成から青銅彝器の分布圏を三つに区分することが可能となる。

　第一に，中原地域を中心とするまとまりである。出土点数の面では陝西省が圧倒的に多く全体の出土点数の四割を超えている。また河南・山西・山東を含めた黄河流域からの出土数は全体の八割に達し，黄河流域が西周青銅器の中心的な分布域であることは疑いがない。特に陝西・河南・山西の三省に集中的に分布しており，関中平原・臨汾盆地・洛陽〜三門峡といった華北平原西部で青銅彝器の活発な利用が行われていたことがうかがえよう。華中・華南地域では湖北省の出土例が群を抜いている。一方で陝西省に西隣する甘粛省では出土点数が多くない。陝西省の西端を南北に走る六盤山脈が地理的な境界を形成することは前節で述べたが，西周期にもやはり王朝の目線は東方へと注がれていたようである。

　陝西省関中平原は青銅彝器出土の中心地であり，当地域内に西周王畿が存在したと考えられる。この地における青銅器の組成は，全体的に多種多様な器が出土するもののその61％近くが烹煮器と盛食器という食器によって占められ，盛酒器・温酒器・注酒器・盛酒器・飲酒器からなる酒器が26％でこれに次ぎ，楽器8％，水器2％と続く。これを王畿における一般的な組成であると仮定した場合，河南省・山西省・湖北省においても食器が過半数を占め，酒器が20〜30％前後でこれに続く様相を呈しており，その組成もまた王朝的な組成であるといえよう。甘粛省・河北省では時期的な関係で楽器が出土しない[65]が，基本的な構成は陝西省を中心とする一群と同様である。山東省は大枠での傾向は一致するが，酒器の割合が食器を上回る点でやや特殊である。出土点数が多い陝西・山西・河南の三省のうちでも，より東に位置する河南省は酒器の割合の合計が35％とやや高く，山東省の傾向に比較的近似する。殷人が酒器を青銅彝器の中心に据えていたことを考慮すれば，当地における傾向はあるいは殷の遺風として理解されるべきものかもしれない[66]。

　第二のまとまりは，王朝的な組成と近いものの一部異なる特徴を示す地域によって構成される。安徽省と江蘇省がそれで，食器が半数近くを占める点は王畿的な組成と同じであるものの，同様に盛酒器と水器の割合が高い。安徽省では食器46％に対して酒器19％であるが，酒器中における八割以上が盛酒器である。水器も全体の12％を占め，相対的な割合は高い。江蘇省でも同様に，食器56％に対して盛酒器19％，水器が15％を占める。さらに重要なことに飲酒器が出土しない点があり，華北地域では割合的に一定であった温酒器・注酒器・盛酒器・飲酒器という酒器の構成の中から，飲酒器が選択的に排除されているのである。盛酒器の中では尊と卣の割合が高いが，当地の尊の多くは全長20cmほどの小ぶりの尊であり，後述するような大形器への志向を必ずしも示すものではない。

　第三のまとまりは，王朝的な組成と全く異なる組成を示す地域によって構成される。湖南省・江西省では楽器，特に鐃が数多く出土しており，湖南では42％，江西では64％が楽器によって占められている。鼎などの烹煮器も一定数出土しているが，盛食器に対する志向は極めて低く，

第3節　西周期の青銅器文化圏

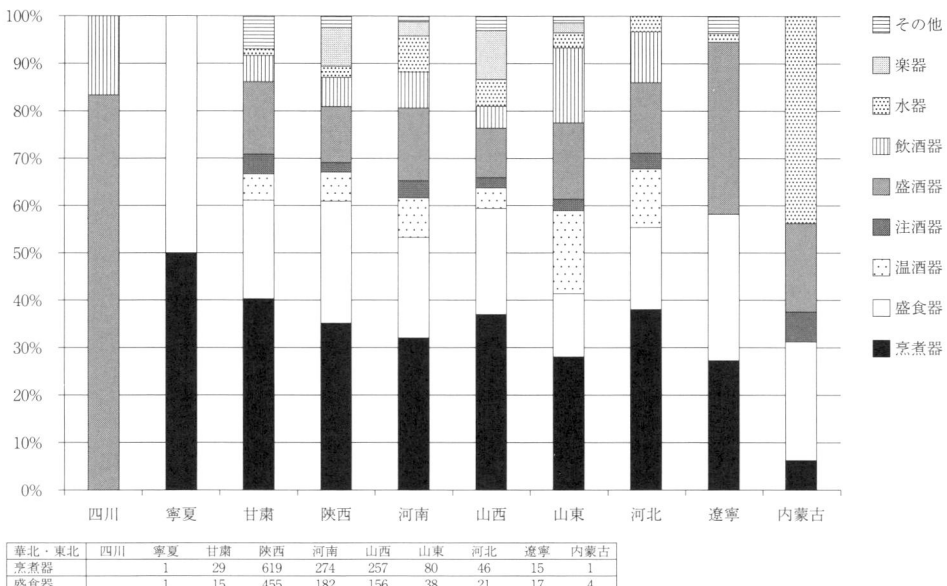

華北・東北	四川	寧夏	甘粛	陝西	河南	山西	山東	河北	遼寧	内蒙古
亨煮器		1	29	619	274	257	80	46	15	1
盛食器		1	15	455	182	156	38	21	17	4
温酒器			4	108	73	30	50	15		
注酒器			3	35	31	15	7	4		1
盛酒器	10		11	209	132	73	46	18	20	3
飲酒器	2		4	109	65	32	45	13		
水器			1	42	65	39	9	4	1	7
楽器				143	26	72	6			
その他			5	42	10	21	3		2	
計	12	2	72	1762	858	695	284	121	55	16

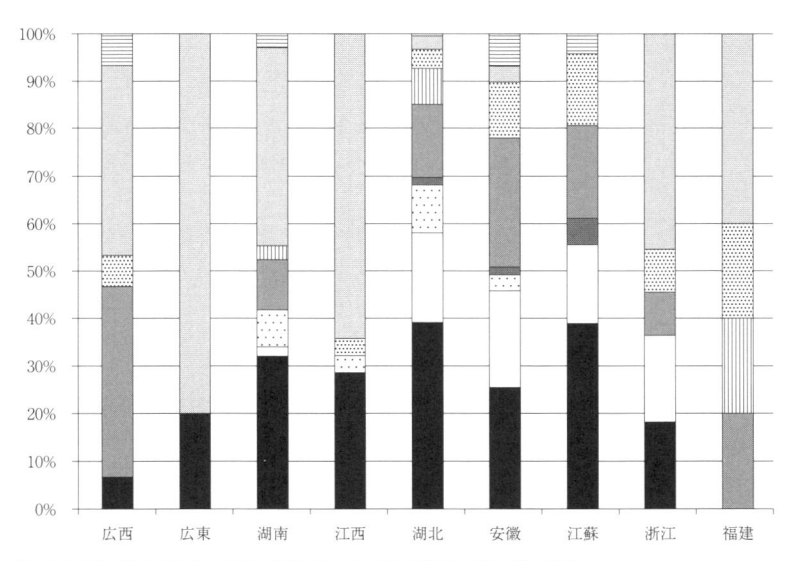

華中・華南	広西	広東	湖南	江西	湖北	安徽	江蘇	浙江	福建
亨煮器	1	1	33	8	97	15	28	2	
盛食器			2		47	12	12	2	
温酒器			8	1	25	2			
注酒器					4	1	4		
盛酒器	6		11		38	16	14	1	1
飲酒器			3		19				1
水器	1			1	10	7	11	1	1
楽器	6	4	43	18	7	2		5	2
その他	1		3		1	4	3		
計	15	5	103	28	248	59	72	11	5

第20図　各省出土青銅器の用途別組成

当地において最も重要な青銅彝器が楽器であったということは疑いようがない。浙江省は総出土点数が多くなく判断が難しいが，楽器の割合が高い点で湖南・江西に近い組成を示している。一方で浙江省では盛食器も出土しており安徽・江蘇のまとまりとの類似性も指摘しうる。

　以下，青銅器分布の辺縁部の状況を検討したい。遼寧省は温酒器が出土しない一方，盛酒器は大量に検出される。この背景には，かつて廣川守氏が指摘したように，大形器の選択的受容・製作が関わっている（廣川1994）。西周青銅器の中で器高が30 cmを越えるような大形の器は器種が限られてくるが，遼寧では甗・罍といった大形器が好まれる傾向があり，結果的に烹煮器・盛酒器の割合が増加する。爵・角といった小形器が主となる温酒器は好まれず，盛酒器の卓越は大形器志向の反映であろう。すなわち，この地では祭祀を行う道具としての青銅彝器の必要よりも器そのものの大きさや華やかさが重視されたのであり，これは青銅器に対する王畿とは異なる姿勢の表れである。四川省・寧夏回族自治区・内蒙古自治区は出土点数が少なく，組成から傾向が読み取りにくい。しかし，四川省で出土器のほとんどを盛酒器が占める点，内蒙古自治区で水器（匜）の出土点数が非常に多い点は異質であり，烹煮器をほとんど持たない点でも王畿群とは一線を画する。福建省・広東省・広西壮族自治区も出土点数が少ない。楽器の割合が高い点では湖南・江西の傾向と似るが，広西壮族自治区で盛酒器の出土例が多いことがやや異なる。南嶺山脈の南北に位置するという地理的な相異を考慮して，いまは別のまとまりに属するものとして扱いたい。

　以上，出土点数と用途別の組成の共通性から指摘しうる大きなまとまりとしては，甘粛・陝西・河南・山西・河北・山東・湖北という王畿を中心とするまとまり，安徽・江蘇の長江下流域のまとまり，湖南・江西の長江以南平野部の東西のまとまり，という三つの範囲を抽出することができる。王畿を中心とするまとまりの中にはさらに陝西・河南・山西という中心地域が指摘できることを付け加えたい。

2. 青銅器文化圏の設定

　次に，在地生産の青銅器と青銅器の出土遺構に注目して上述したまとまりを再検討する。

　西周時代の青銅彝器は，後期の関中平原を除いて[67]基本的に墓から出土するが，当時の墓のほとんどが竪穴土坑墓である。一方で西周期併行の長江下流域では土墩墓と呼ばれる墳丘墓が数多く作られ，その埋葬習俗は黄河流域の土坑墓とは全く異なっている。土墩墓出土の青銅器は安徽省屯溪，江蘇省溧水・丹陽・丹徒，浙江省路橋・甌海などで確認されるが，これは青銅彝器の用途別組成における安徽・江蘇のまとまりとほぼ対応する範囲である。青銅器型式に目を向ければ，土墩墓出土の青銅器の中には中原地域で製作された器の他に，交連紋尊・盉やいわゆる越式鼎とされるタイプの祖形となる足細の鼎など，在地生産の青銅器が多数存在することは第一節で指摘した。また，江蘇省儀徴や浙江省温嶺で出土する盤のように，蟠龍紋を飾る盤もこの地域で特徴的に出土している（第21図）（林1994）。これらの器は，在地の集団が自分たちの必要にしたがって製作したものであり，ここに王朝の意図は介入していない。つまり，土墩墓―越式鼎・交連紋

第 3 節　西周期の青銅器文化圏　103

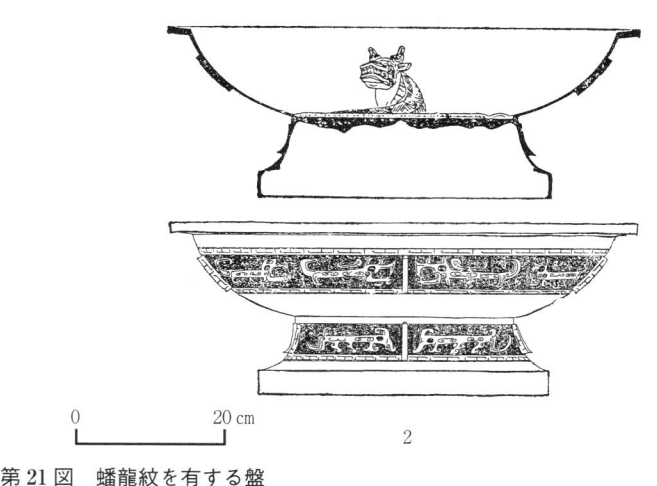

第 21 図　蟠龍紋を有する盤
1 江蘇省儀徴県破山口出土青銅盤　2 浙江省温嶺市琛山郷楼旗村出土青銅盤

などの在地的要素―盛酒器・水器を重視，を特徴とする青銅器文化が安徽・江蘇・浙江一帯に存在していたといえる。

　湖南省・江西省では出土器は楽器が主で，特に鐃の割合が高い。浙江省・福建省・湖南省・江西省などで発見される饕餮紋鐃・乳釘紋鐃・有枚雲雷紋鐃は，自らの地域内で自立した型式変遷が確認される独自に発展した青銅器文化の表れであり，中原地域では基本的に出土しない遺物であることはすでに述べた。また，出土する食器や酒器はいずれも中原地域または隣接する安徽・江蘇一帯の地方型青銅器の範疇に収まるものであり，確実に在地で生産されたと思われる食器・酒器はほとんど存在しない。この地において自作する重要性を持つ器は楽器であり，その点で中原地域や安徽・江蘇地域とは異なる青銅器文化圏を構成していた。青銅器出土遺構の面でも他地域と異なっており，いくつかの例外を除いて，多くが窖蔵とされる遺構から出土している。このことは西江清高氏によって，湖南における「窖蔵青銅器の段階」として早くに指摘されており（西江 1987），湖南・江西において青銅彝器は墓に副葬するものではなく，祭祀の後に埋納されるものであったのであろう。したがってこの地域の青銅器文化の特徴として，窖蔵―鐃・鐘などの楽器主体，を指摘することができる。

　青銅彝器の組成において西周王畿群に属する地域の中にも，特徴的な青銅器が存在する。陝西省西部に位置する宝鶏では強国墓地から，一般的な西周青銅器に混じって複数の在地生産の青銅彝器が出土する[68]。また湖北省随州では随県葉家山や安居鎮羊子山で大量の西周青銅器が出土する一方で，羊子山 4 号墓からは在地生産の青銅彝器が確認されることも第 1 節で述べた（第 17 図）。いずれも上で設定した他地域では出土しない，完全に独自の型式である。このような独自化の傾向が，宝鶏や随州のように西周王畿と同一の組成を示す範囲の疆域において出現する点も示唆的である。

　以上の検討をふまえ，西周期の青銅器文化圏を第 22 図のように分類した。西周青銅器文化圏

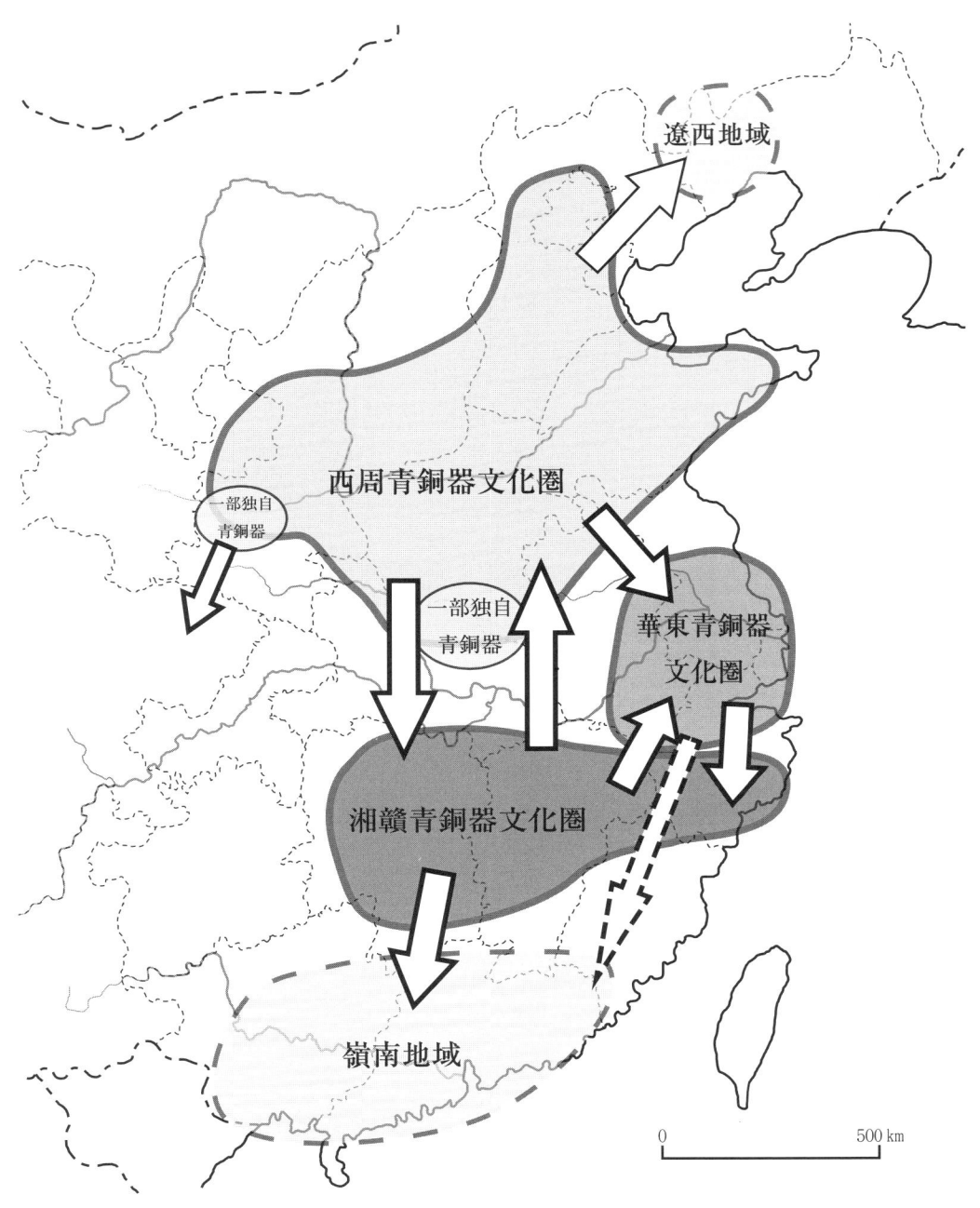

104　第2章　西周青銅器の広がり

第22図　西周時代の青銅器文化圏

は陝西省・河南省・山西省を中心とし，黄河下流域と河北・湖北を含む地域に広がる。基本的に西周王畿の青銅器が均質に広まっており，王朝との直接の関係が想定される。宝鶏・随州などの疆域においては独自の青銅葬器生産に向かう地域も出現する。この範囲内に主体的な青銅葬器こそが西周の王朝系青銅器であり，その製作の背景には共通の理念と一定の規制がうかがわれる[69]。

この王朝系の青銅器は自らの範囲を超えて各地へ運ばれている。

華東青銅器文化圏は安徽省南部・江蘇省南部と浙江省の一部を含む地域に広がる。土墩墓の分布域と重なり，器深が浅く足細の鼎や交連紋の尊，盤龍を飾る盤などが特徴的な遺物である。華東系青銅器は隣接する湘贛地域で多く出土するほか，嶺南地域からも複数出土する。湘贛系の青銅鐃も多数搬入されており，両地域の関係の深さを示している。

湘贛青銅器文化圏は湖南省・江西省を中心として，浙江省の一部を含む地域に広がる。湘贛系青銅器には鐃と鐘があり，当地で自立的に発展した楽器は，西周中期以降，西周青銅器文化圏でやや変化したのちに定着している。楽器以外の葬器は基本的に他地域から搬入されたもので，特に華東地域からの葬器の搬入が多い。湘贛系青銅器の鐃・鐘は中原以外に華東地域・嶺南地域でも受容される。

3. 西周青銅器文化圏の縮小と拡大

前項では西周期の青銅器文化の面的な広がりを検討した。ここでは特に西周青銅器文化圏を中心に，西周前期・西周中期・西周後期のそれぞれの時期での青銅葬器の大まかな分布を確認し，その範囲の時間的な変化を検討したい[70]。

第23～第25図は殷末周初～西周前期，西周中期，西周後期～春秋初頭の青銅葬器の分布をそれぞれ示したものである。長江流域以南から西周前期～後期の器が広く出土しているが，長江下流域の土墩墓や湘贛地区の窖蔵からは時期が異なる青銅器が一括して副葬・埋納される傾向があり，必ずしも器の製作時期に現地にもたらされたものではない点に注意が必要である。特に長江下流域の土墩墓の多くは西周末～春秋初頭の時期が想定され，それまでに伝世して伝わった西周前期・中期の器が副葬されたと考えるべきであろう。

西周青銅器文化圏で注目すべき変化は，分布域の拡大・縮小がみられる点にある。前期から後期を通じて分布の中心は陝西省関中平原と山西省臨汾盆地にあったことがわかるが，西周前期の器が多くの地点から出土する河南省では中期の器が面的に出土しない。河南省で中期の器が出土するのは主に洛陽と平頂山など，一部の地域に限られており，省の東部・北部では葬器の出土が確認されない。同様の傾向は湖北省・河北省でもみられ，西周期の燕国の墓地であったと考えられている北京市房山区琉璃河墓地からは前期の葬器が66点出土したのに対し，中期にまで下る葬器は12点が指摘できるのみである[71]。陝北地域・甘粛省といった関中平原の北方・西方でも同様の傾向が看取される。このように，中期には青銅葬器の分布は明らかに縮小するのであるが，後期に入るとその分布は再び広がる。西周後期～春秋初頭の青銅葬器分布に関して，基本的に河北省以北に分布しない点では中期と同様であるが，河南省では再び省中央部に青銅葬器が面的に広がっている。西周青銅器文化圏内における青銅葬器の消長はどのように理解すべきであろうか。

ここで例として河南省濬県辛村墓地を取り上げたい。第1節で触れたように，辛村墓地は河南省鶴壁市に位置し，1932年から1933年にかけて西周時代の大規模な墓地が発掘された。4次にわたる調査の結果，82基の墓が発掘されている。間もなく発生した日中戦争の影響を受け，長

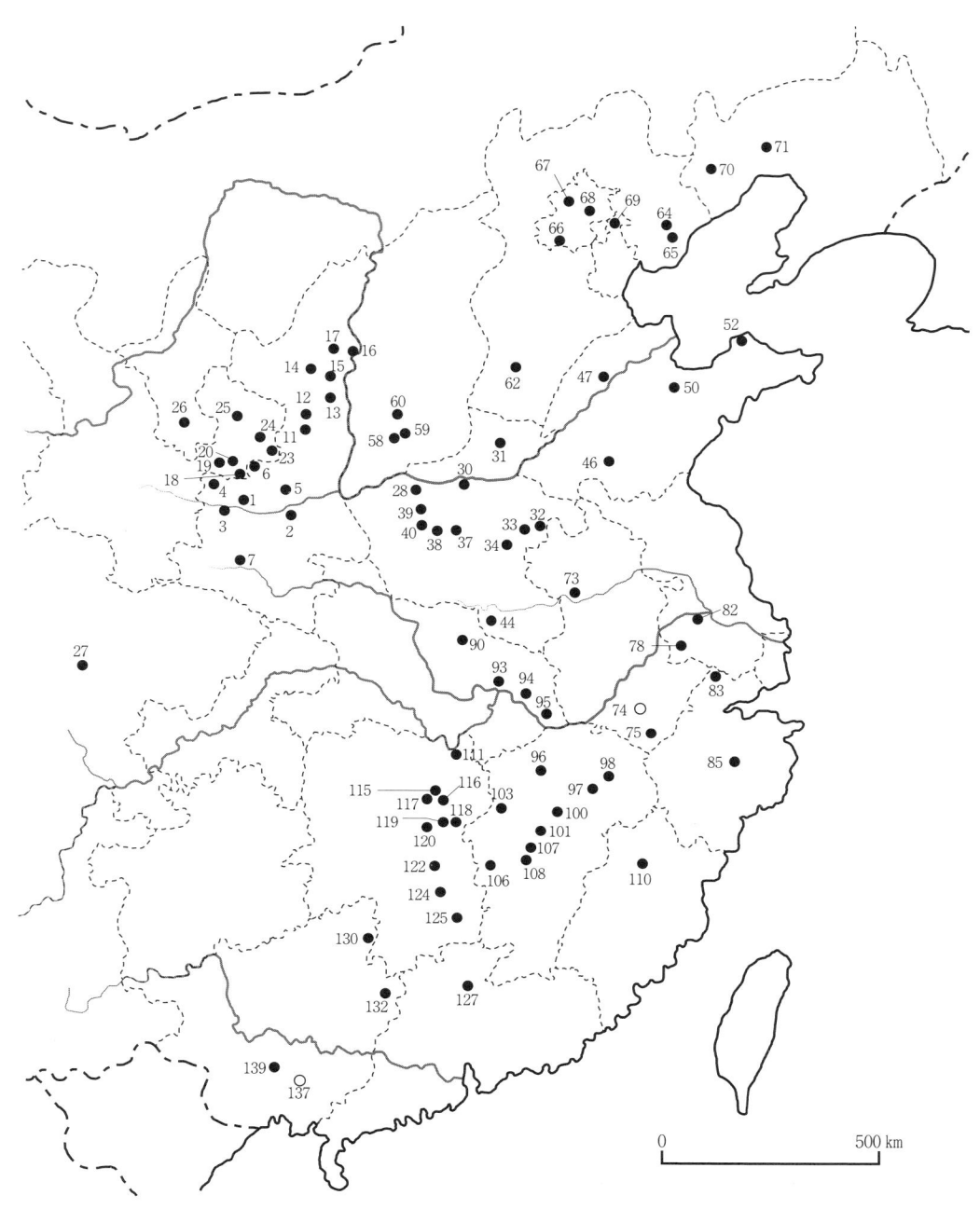

106　第2章　西周青銅器の広がり

第23図　殷末周初期〜西周前期の青銅彝器が出土した地点
〇は時期不明器が出土した地点

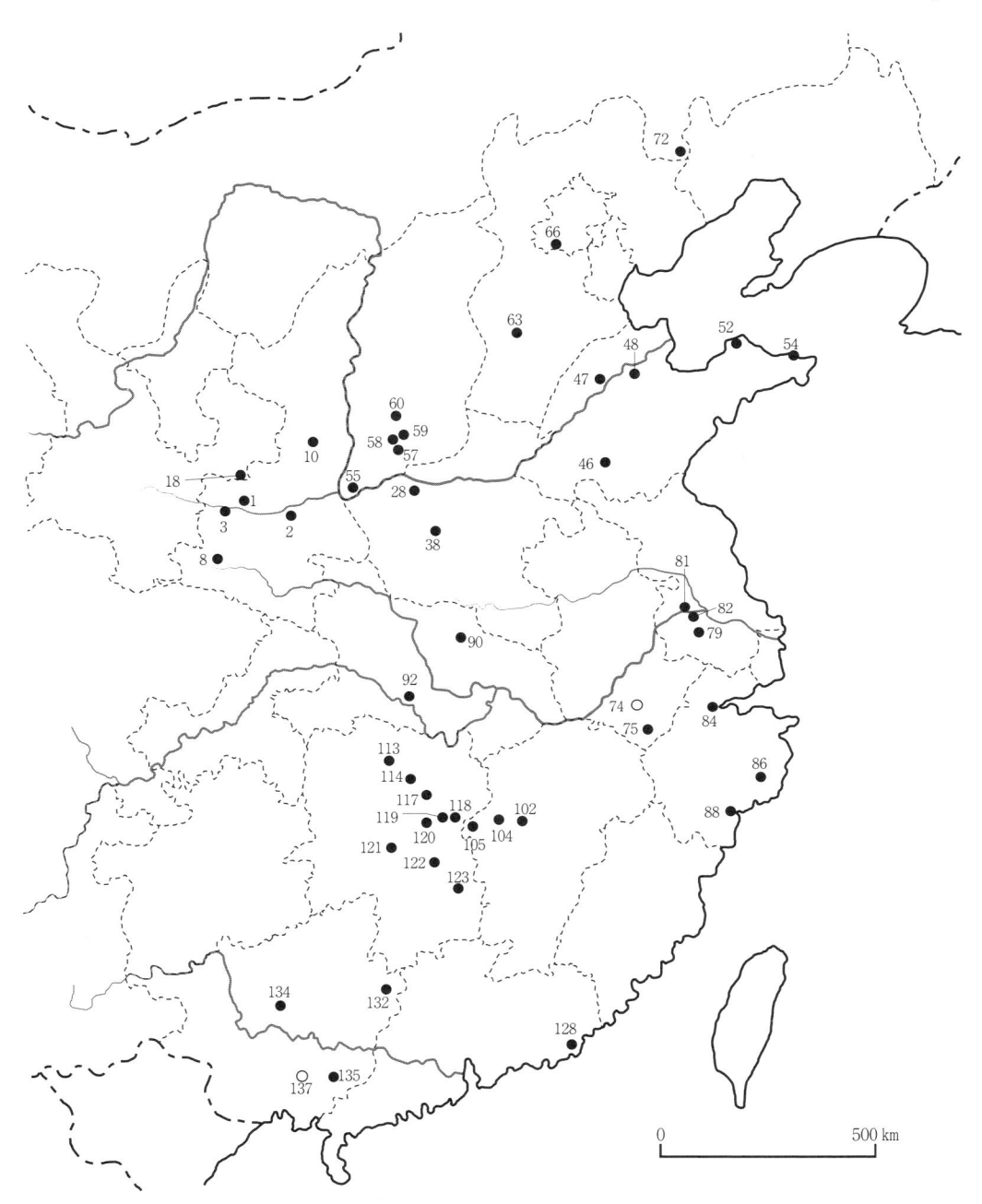

第3節　西周期の青銅器文化圏　107

第24図　西周中期の青銅彝器が出土した地点
〇は時期不明器が出土した地点

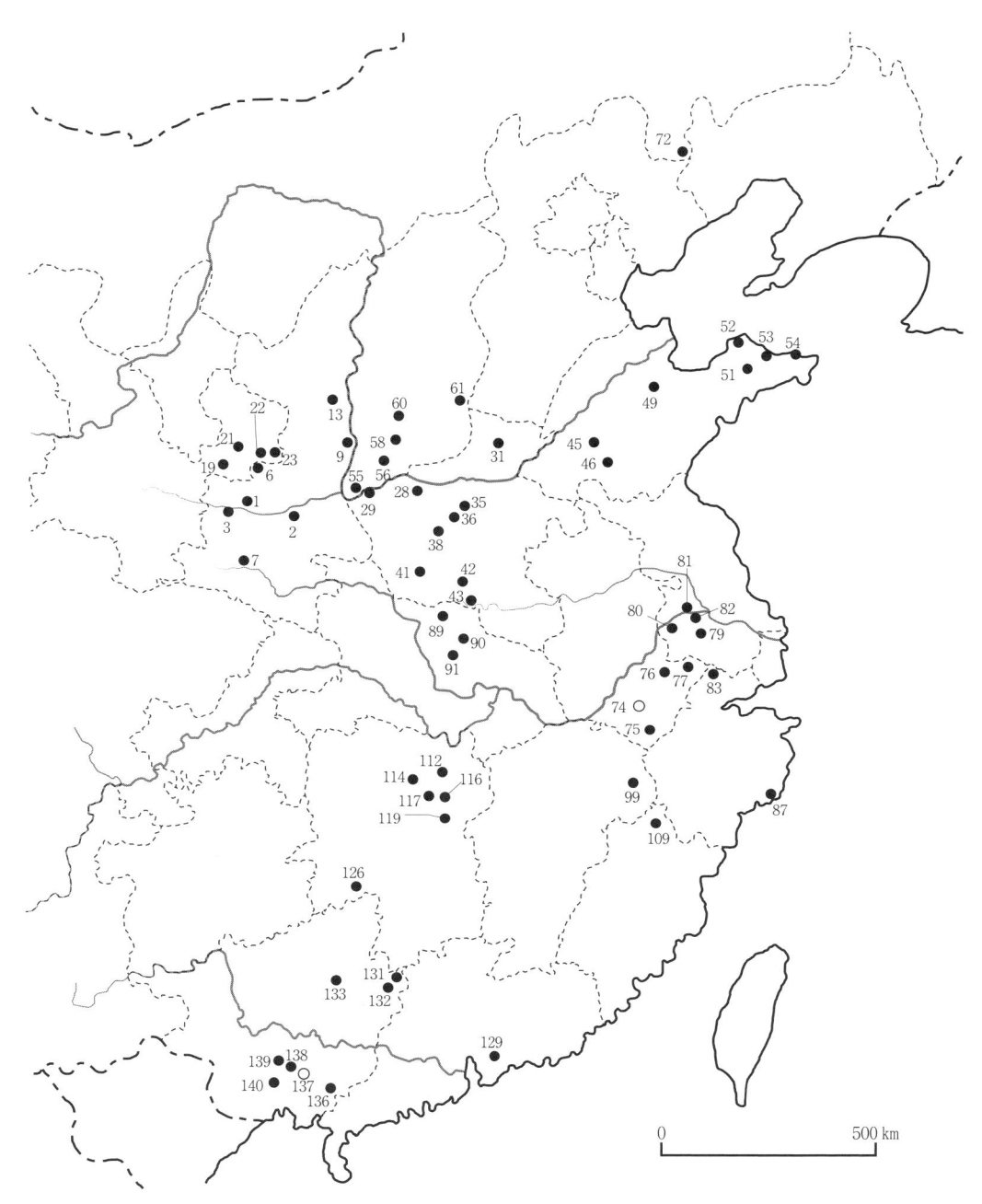

108　第2章　西周青銅器の広がり

第25図　西周後期の青銅彝器が出土した地点
○は時期不明器が出土した地点

い間にわたり正式報告が刊行されなかったが，1964年に当時の発掘担当者であった郭宝鈞氏によって報告書が刊行された（豫7，豫8）。M68出土の銅泡の銘には"衛自易"とあり，また出土遺物ではないが濬県車站で回収された青銅鬲の銘に"衛夫人□□乍其行鬲用…"とあることから，この墓地は西周時代の衛国墓地であると考えられている。

郭宝鈞氏の報告によれば，82基の墓は大型墓8基，中型墓6基，小型墓54基，車馬坑14基で構成されるという（第26・27図）。大型墓のうちM1・M2・M5・M6・M17は南北に墓道を有する中字形墓であり，M21・M24・M42は甲字形墓であった。

辛村墓地では多くの墓が盗掘を受け，青銅葬器の出土は多くない。いま，郭宝鈞氏の報告書に従って出土した青銅葬器を挙げれば，M60から鼎1・甗1・簋1・爵1・尊1・卣1の6点が，M29から鼎1・甗1・簋2の4点が，M76から鼎1・簋1の2点が，M55から簋1点，M51から盉1点，M5から小方彝1点がそれぞれ出土している（第28図）。いずれも王朝系青銅器に典型的な型式を有し，明らかに在地生産と指摘しうる器はない。しかし，M60・M29出土の簋3点（第28図6・9・10）は鋳あがりが非常に悪く，粗製の明器といってよい。M51出土の盉（第28図14）は小型・粗製で注口が完全に貫通しておらず，実用性を無視した明器とみなすことができる[72]。

問題となるのは，これらの器の年代である。郭宝鈞氏によれば辛村墓地は西周前期から後期まで継続して使用された墓地であり，前期・中期・後期いずれの時代にも大型墓が造営されたとされる。M21は前期に属する大墓，M1・M2・M6・M42は中期に属する大墓，M5・M17・M24は後期に属する大墓であるという。出土した土器についての詳細な報告がないためその造営時期を青銅器から判断する必要があるが，第28図に示したとおりほとんどの青銅葬器が西周前期の年代を示す。しかしながら，M5出土の小方彝（第28図15）の年代は西周後期まで下る可能性が高い[73]。やはり辛村墓地は西周後期まで継続して利用された墓地なのである。

西周前期から後期まで連続して大墓が造営されるような大規模な墓地であるにもかかわらず，出土した青銅葬器は前期の遺物に偏っている。辛村墓地は全面的に盗掘の被害を受けているため埋葬時の副葬品を厳密に検討する術はないが，前期に比べて中期・後期の副葬青銅器が少なかった，あるいは基本的に副葬されることがなかった可能性は極めて高いであろう。さらに，後期になって再び副葬された青銅器として，それまで西周青銅葬器を構成することがなかった新しい器種である小方彝が選択されている。小方彝と同様，女性墓に付随する小型の容器は三門峡虢国墓地・曲沃北趙晋侯墓地などからも出土しており（陳芳妹2002），西周王朝が作り上げた青銅器祭祀の枠組みの外側に位置する青銅器とみなしうる。したがって中期の段階で後退した西周青銅器の墓への副葬は，後期になっても基本的には活発化することがなかったといえる。辛村墓地においては，西周中期の段階で王朝系青銅器による祭祀の体系から離脱していた可能性が高い。

北京琉璃河墓地では西周中期・後期の大墓が見つかっておらず辛村墓地と必ずしも同じ状況ではないが，中期以降に青銅葬器の数が減少する点では同様である。西周中期の青銅葬器分布の縮小の背景を検討する際，地方まで青銅葬器が及ばなかった点を強く意識する必要があるであろう。

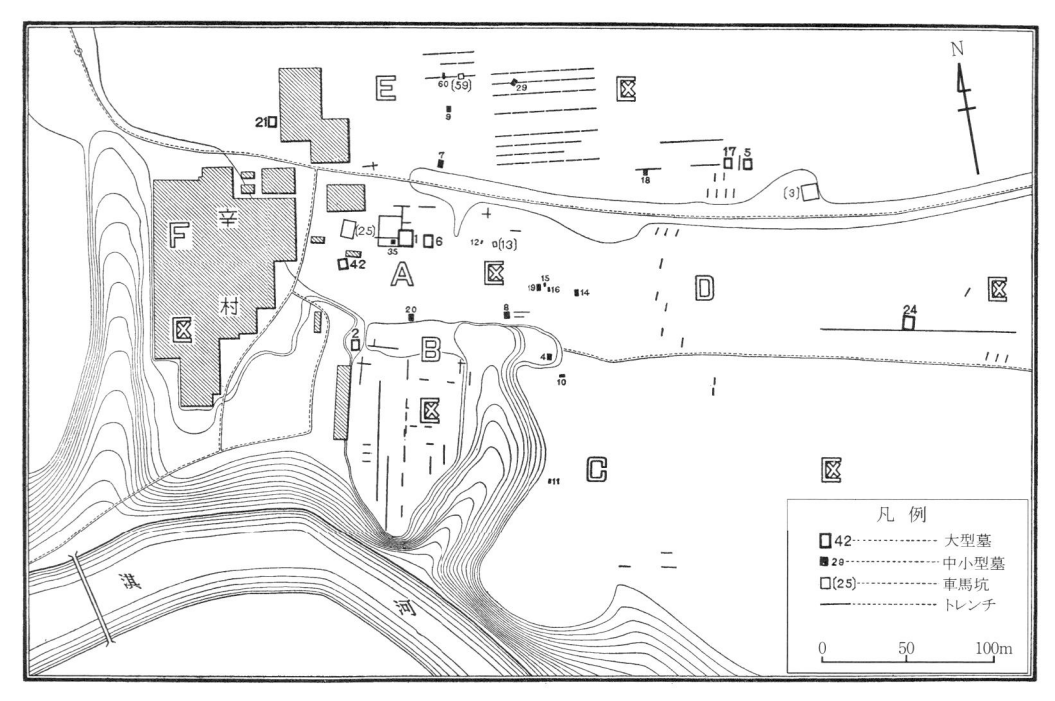

110　第 2 章　西周青銅器の広がり

第 26 図　辛村墓地平面図

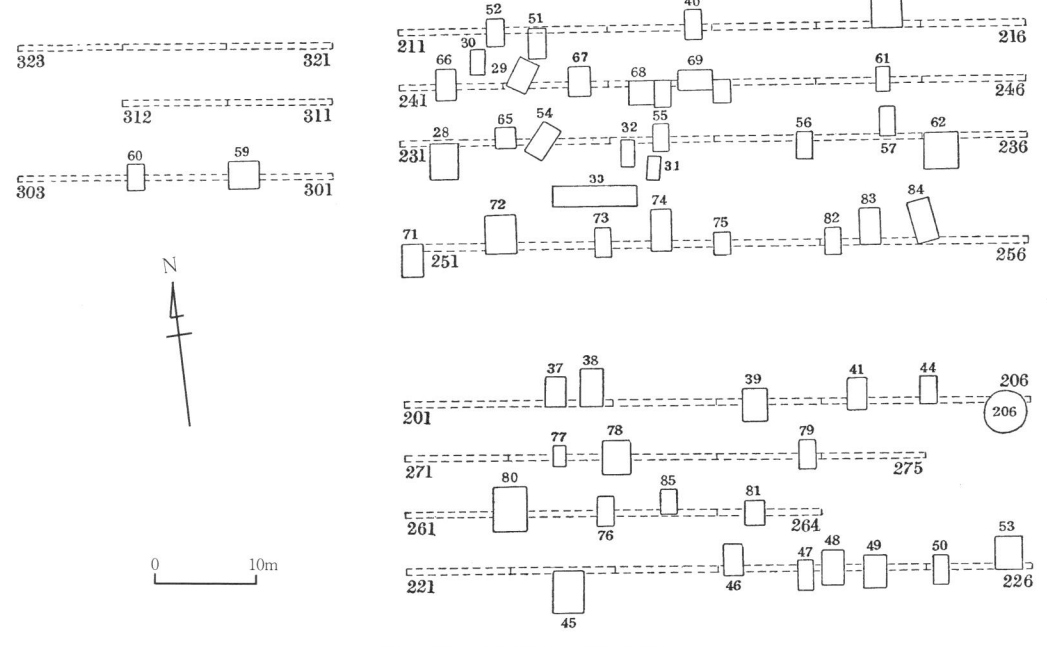

第 27 図　辛村墓地 E 区平面図

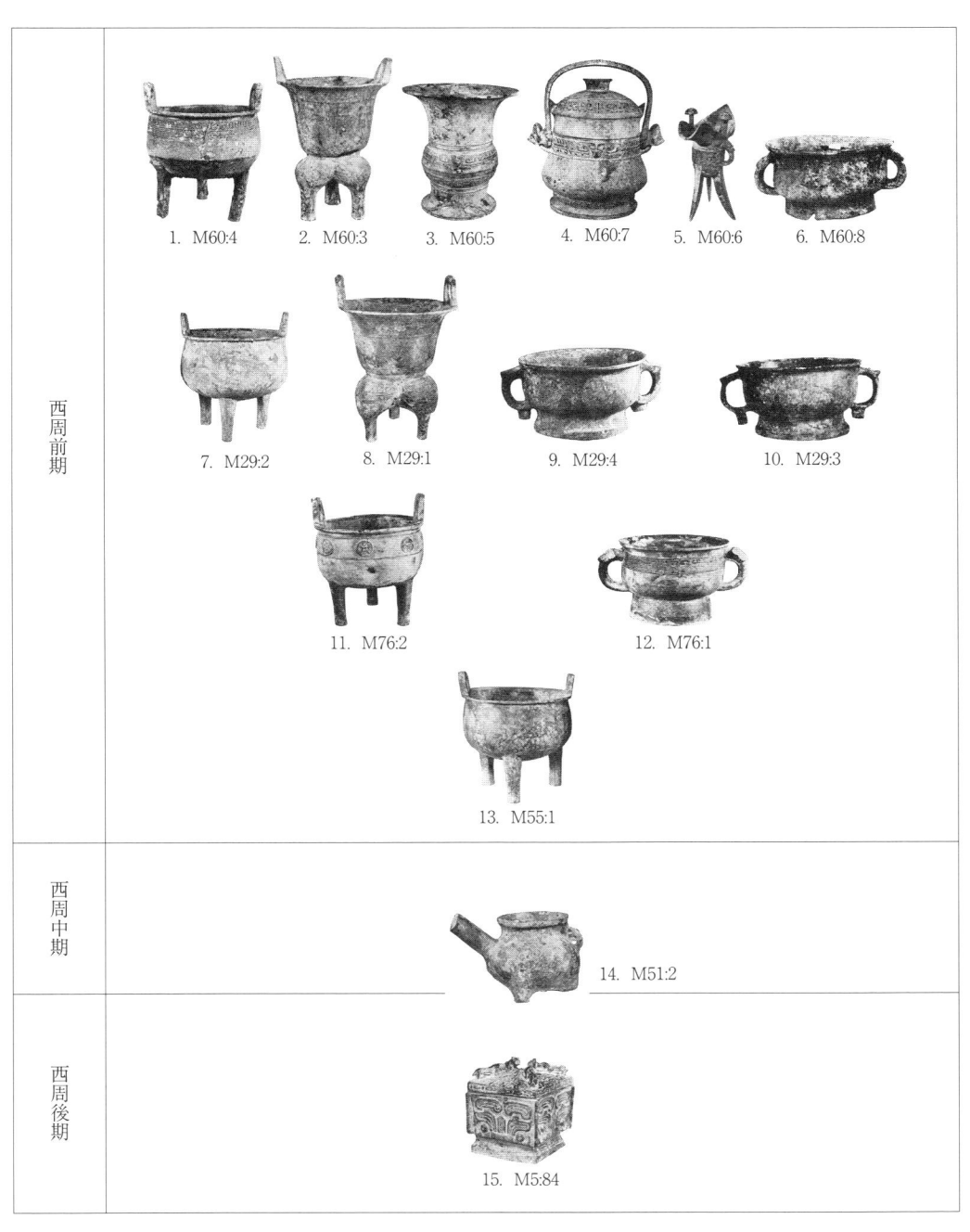

西周前期	1. M60:4　2. M60:3　3. M60:5　4. M60:7　5. M60:6　6. M60:8 7. M29:2　8. M29:1　9. M29:4　10. M29:3 11. M76:2　12. M76:1 13. M55:1
西周中期	14. M51:2
西周後期	15. M5:84

第 28 図　辛村墓地出土青銅彝器

112　第2章　西周青銅器の広がり

第4節　小　結

　以上，西周青銅葬器の分布範囲とその変化を検討した。本章での指摘を要約すれば，次のようになる。

　西周時代の青銅器文化は大きく三つに分けることができ，西周王朝によって製作された青銅葬器は陝西省・山西省・河南省を中心として黄河流域に広がり，河北省・湖北省をも含む範囲で受容されていた。地域間の差異は存在するものの，この範囲内では食器が最も重要な器として使用されていた。長江下流域の安徽省と江蘇省で土墩墓から多くの青銅葬器が出土しており，黄河流域を中心とする青銅器文化圏とは異なる青銅器利用が行われていた。この地では食器のほか水器と盛酒器が重視されており，多数の地方型青銅器の存在は独自の青銅器文化が根付いていたことを物語っている。湖南省・江西省を中心とする湘贛地域では多くの楽器が窖蔵に埋納され，やはり黄河流域とは異なる青銅器文化圏を構成していた。西周青銅器文化圏の中においても，宝鶏や随州といった辺縁部においては青銅葬器の独自化の動きが看取され，王朝による青銅器祭祀の枠組みが全面的に及んでいたわけではないことが知られる。

　西周前期から後期を通じて，青銅葬器分布の中心であったのは陝西省関中平原から山西省臨汾盆地にかけての一帯である。この地域の外側では，西周前期の青銅葬器は広い範囲に分布するものの，中期にはその範囲が大きく縮小する。河南省鶴壁市の辛村墓地の例では西周中期以降，継続して墓は作られるものの青銅葬器の副葬が減少しており，中期には既に西周王朝の青銅器祭祀の枠組みから離脱していた可能性が高い。広範囲にわたって辛村のような王朝的な青銅葬器利用からの離脱が起こった結果，中期における縮小が生じたものと考えられる。次章以降，王朝中心地域と諸侯国・諸氏族地域の青銅葬器を具体的に比較しながら，両者の関係性の強弱を論ずる。

注
1）　器形と器種名称，及びその用途に関しては容庚1941，林1984，飯島2003などを参照のこと。本書で「小型盂」と分類した器は斜方格乳釘紋簋とも称される器である。林氏の見解に従い，紋様の種類・耳の有無に関わらず，頸部にすぼまりがなく底から口まで滑らかに開く形の簋を小型盂として分類した（林1984）。また，鏡と鐘の分類に関しては注50）を参照のこと。なお，一般的に葬器に含まれる器として他に斗（枓）・勺といった柄杓状の器がある。長い柄のついた匙であり，主に盛酒器から酒をすくい上げる際に使用されたと考えられる器である。これらは卣などの器と共伴する例が多く，単独で葬器として存在しえたのか不明であるため，本書ではこれらの器は扱わない。
2）　殷末周初期に相当する具体的な年代幅は，周の文王〜武王期に対応する期間として想定している。なお，本稿で使用する「殷後期」は殷墟期，「殷墟後期」は殷墟三・四期に相当する時期を指す。第1章第2節を参照のこと。
3）　同様に，西周末とそれに続く東周初頭との間にも青銅器型式に連続性があり，両者を明確に区分することは難しい。第1章第2節を参照のこと。

第4節　小　結　　113

4）　編年を組むための主体的要素は器の側視形であり紋様はその補助と考える点で，基本的に筆者の編年観は林氏の見解に準ずるが，個別の器の帰属する年代や型式設定に異同がある（角道 2007・2008）。西周王世との対応関係に関しては第1章第3節を参照のこと。

5）　なお，一般的な三足鼎とは明らかに器形が異なる方鼎・高鼎と，用途から型式が限定されうる二層式鼎については本節の検討対象から除外した。

6）　本稿での紋様名称は林氏の研究に従った（林 1986）。羽渦紋はまた竊曲紋とも称される紋様である（容庚 1941）。

7）　乙類は林氏の四型に相当する（林 1984）。

8）　紋様名称は林氏の研究に従う（林 1986）。この紋様は環帯紋とも称される（容庚 1941）。

9）　本稿第1章第3節で言及したように，ファルケンハウゼン氏は西周厲王期におこった「西周後期礼制改革」の影響が青銅彝器のスタイルに変化を及ぼしたと考え，この改革の影響として酒器の減少などを併せて論じている（ファルケンハウゼン 2006）。中期後段の青銅器型式から漸次的な変化を経て，後期に特徴的な青銅器型式が成立することは認めうることであり，あるいはこの鼎の変化も氏のいう「西周後期礼制改革」の一端なのかもしれない。

10）　これらの青銅彝器を製作した工房が，周王とその一族で構成される周王室によって運営されていたのか，あるいは周王室を中心として幾つかの有力氏族を含めた王朝の中枢を形成する集団によって運営されていたのか，現状では弁別できない。意味の限定を避けるため，本稿では王朝製作青銅器という呼称を使用した。

11）　関中平原内における具体的な青銅彝器出土地点に関しては第3章第1節で改めて詳述する。

12）　一方で，周原地区が周人の中心地域であったとしても，それが文献にみられる「岐下」そのものであるのかどうかという判断には，なお一定の留保が必要である。考古資料の出土状況からいえることは，当地が殷代末期～西周後期にかけて，周人の間で重要な地点であったという点のみである。

13）　第3章第1節を参照のこと。

14）　同上。

15）　彊国墓地の青銅器に関しては第4章第2節を参照のこと。

16）　斜方格乳釘紋簋の年代は武者氏の研究に詳しい（武者 1989）。

17）　梁帯村遺跡を経由した周と北方社会との関係に関しては黄川田 2010 が詳細に検討している。

18）　簡化獣面紋は林巳奈夫氏の研究で目紋と称される紋様の一つである（林 1986，図版 13-27）。頸部紋様帯では鰭状突起部（扉稜）の両脇に円形または隅丸方形の"目"が陽紋として施されるのみであり一切の地紋を持たない。元来饕餮紋（獣面紋）であったものが，その目のみを残して紋様表現から消滅したものと考えられるため，簡化獣面紋と称される。粗雑な作りの物が多く，陝西省から多く出土する。

19）　一般に斜方格乳釘紋簋と称される器は，頸部がすぼまるものと，頸部から口縁にかけて緩やかに口が広がるものと，大きく二種に分類できる。本書では林巳奈夫氏の分類（林 1984）に従い，前者を簋，後者を小型盂として分類している。

20）　例えば，鳳翔県南指揮西村で簡化獣面紋鼎と斜方格乳釘紋簋が供出している（秦 14）。

21）　なお，現在の黒水は白草坡墓地の北側を東西に流れる，達溪河とは別の河川である。

22）　張剣・蔡運章 1998 では，M1出土の二点の青銅器（M1: 3, M1: 8）について，図では「觚」とのキャプションで2点紹介される一方で，本文では「觶」が1点出土した，と記述されている。図を参照する限り本器は「觶」と分類する方がふさわしいと考えられるため，本稿ではM1から「觶」が2点出土したも

114　第 2 章　西周青銅器の広がり

のとして扱った。
23) 出土した青銅器の型式に基づいて，『上村嶺虢国墓地』で報告されている墓のうち，M1601・1602・1631・1691・1692・1705・1706・1715・1720・1753・1765・1810・1819・1820 の 14 基の墓を西周後期の墓として扱った。
24) この他に，鼎足（M50: 1）が出土している。
25) 長子口と微子啓をめぐる問題に関しては王恩田 2002，林歓 2003，松丸 2004 などを参照のこと。
26) 簋（M39: 1）は一般的な簋の器蓋を上下に二つ合わせた形をしており，やや特殊な器形である。
27) 魯国故城の年代に関する各説に関しては許宏 1995・2000 が詳細にまとめている。
28) 報告者は鬲とするが，分体甗の鬲部とみるべきであろう。
29) 出土した青銅器の型式・組成に基づいて，M49・M55・M373・M374（以上，1974 年発掘墓）・75M1（1975 年発掘墓）・89WSM23・89WSM28（以上，1989 年発掘墓）の 7 基の墓を西周後期の墓として扱った。
30) この集落は，「三張村」「毛張村」とも表記される。朱鳳瀚氏によれば，「毛張村」が正式名称で，「毛」字は「三」字と同音であるという（朱鳳瀚 2009）。
31) これとは別に，主に住居址から出土した土器資料を基に 6 期 12 段の遺物編年が組まれている。西周前期～春秋後期に対応する。
32) なお，M6496・M7165 からはそれぞれ 2 点の錫製葬器が出土したというが，器本来の形が復元できず，器形が報告されない。M7029・M7095 からはそれぞれ鼎が 1 点出土したとされるが，鼎足のみの検出であり，これも本来の器形が不明である。器形から時期判断が可能な器はこれら 6 点を除いた 146 点に限られる。
33) 正式報告書が未だ刊行されておらず，正確な点数は不明である。第 4 章第 1 節を参照のこと。
34) 晋侯墓地被葬者の比定に関する各説は，徐天進 2002 が簡潔にまとめている。
35) 1980 年の調査は山西省考古隊と臨汾地区文物訓練班による合同調査であり，省考古隊が 12 基，臨汾地区文物班が 10 基を担当した。省考古隊の報告（晋 10）は墓地を北区（80SHYB）・南区（80SHYN）・南東区（80SHYND）に分けるが，臨汾側の報告（晋 22）では墓の名称に 80SHY と記されるのみで，どの地区の墓であるのか明記されない。「M5・M6 は省文管会によって発掘された」という記述があることから，臨汾側が担当した墓はおそらく北区（80SHYB）にあったものであると思われる。
36) 李白謙氏は現代の洪洞県が漢代以前は「楊県」と呼ばれていたことに注目し，『漢書』「地理志」河東郡楊県の顔師古注に「応劭曰く，『楊侯国なり』と。」あることから，この楊国が『国語』「鄭語」に周王室と同じ姫姓を持つ封国として挙げられる「霍・楊・魏・芮」の楊にあたる，と述べているという（李白謙「晋国始封地考略」『中国文物報』1993 年 12 月 12 日）。筆者未見。
37) 殷王朝成立以前の殷人の文化に対して"先商文化"，その文化が存続した時代に対して"先商時代"の呼称が用いられることがある。同様に西周王朝成立以前の周人の文化・時代は"先周文化""先周時代"と称される。考古学的な物質文化に基づいて設定された名称ではなく概念的な文化名称であり，その名称の使用に際しては注意を要するが，本書でも"先商""先周"の語を便宜的に使用する。
38) 筆者は青銅器を出土した 13 基の墓について，I 区 M50・M52・M54・M65・II 区 M251・M253・M401・M1043・M1193 の 9 基を西周前期，I 区 M53・II 区 M205・M209・M1026 の 4 基を西周中期に属する墓とみなしている。II 区 M1026 では垂腹化が進行した鼎と圏足下に三足を有する簋が供出しており，同型の鼎が出土する IIM205 と同型の簋が出土する IM53・IIM205 はいずれも西周中期の年代を与えうる。

第 4 節　小 結

39)　発掘者は張家園遺跡の遺物・遺構を四類に分け，第 1 類を雪山一期文化，第 2 類を唐山大城山龍山文化，第 3 類を囲坊三期文化（二里岡下層文化併行），第 4 類を張家園上層文化（西周文化併行），に属するものとしている（天津市歴史博物館考古隊 1984，津 1）。燕南地域における囲坊三期文化と張家園上層文化の時期的・地域的な変遷に関しては蔣剛・王志剛両氏の研究が詳しい（蔣剛・王志剛 2010）。

40)　報告者は 1 点を壺として報告するが，写真を見る限り「卣」とみなして問題の無い器形である。

41)　林永昌氏によれば，小波汰溝からは計 6 点（鼎 1・簋 1・罍 4）の青銅葬器が出土したという（『考古学文化研究』(3)，pp. 311-334。筆者未見）。筆者は瀋陽の遼寧省博物館にて簋 1・罍 1・方罍 1 を実見する機会を得たが，西周前期の器物とみなして問題ないと思われる。

42)　皖 7 程先通 1988 ではこの省の出土地点を「黄山市 "鳥" 石郷 "揚" 村」と記すが，現在の黄山市内には「鳥石郷」という地名は管見の限り見当たらない。黄山市北部の黄山区に位置する太平湖の付近には「"烏" 石郷 "楊" 村」という地名が存在しており，「鳥石郷揚村」は「烏石郷楊村」の誤植である可能性が高い。

43)　本来ならば簋と称すべき器形であるが，報告書の記述に従い盆とした。

44)　鄭氏の論考の目的は長江以南地域の青銅器文化全体の変遷であり，越族銅器・中原型銅器・融合型銅器の他に，楚系銅器としてまとめられる青銅器群が存在するが，屯溪地区の青銅器中には楚系銅器は現れていない。

45)　蘇 1 王志敏・韓益之 1956 と蘇 4 張敏 2002 はともに 1930 年に破山口で出土した青銅器のうち残存する器を報告しているが，器種とその点数に異同がある。前者による報告は本文に記したとおりであるが，後者の報告では 1930 年に出土したのち 1955 年に 11 点（鼎 1・鬲 2・甗 1・簋（瓽）1・盉 1・尊 2・盤 2・鐃 1）が再発見され，1956 年に儀徴県文物管理委員会から江蘇省文物管理委員会に移管したことが記される。1956 年から 2002 年の間に，盤 1・釜 1 が消失し盉 1 が新たに加わった計算になる。2002 年の時点で他地点出土の盉が儀徴出土遺物の中に混入したのか，あるいは後になって回収された盉が儀徴出土のものと判明したため組み入れられたのか，簡単な報告からでは知る術がない。なお，これらの器とは別に 1939 年に"日本人山田"によって持ち去られたという鬲 1 点の写真が 1956 年の報告上に掲載されている。

46)　宜侯矢簋の年代は多くの研究者が康王期とするが（唐蘭 1956，岑仲勉 1956，白川静 1965 通釈第 10 輯，馬承源 1986），一部に異説も存在する（郭沫若 1956，Barnard 1958）。この器に年代を与えるもう一つの手がかりに「矢」という人物を令彝・令尊の銘文中にみえる「令」と同一人物とみなすか，同名の別人とみなすかという問題があり，これも研究者によって異なっている。本稿では一般的な解釈に従い当器を康王期の作とみなす。

47)　うち 2 基の墓については発掘を経たものではなく，墓坑・墓室の具体的な構造は不明であるとされる。

48)　張昌平氏は羊子山出土の神面紋青銅器の製作技術レベルが伝世の他の神面紋器に及ばないことを以て在地生産を論ずるが，そもそも神面紋青銅器自体が周王朝の作であるのか疑わしい。神面紋は人間の目・鼻を象った紋様が特徴であるが，このような紋様は中原の青銅器上には基本的に表れず，むしろ地方型青銅器にまま表れる特徴である。張氏の指摘する如く 1975 年羊子山出土尊が把首を持つ点から考えてもこの地で青銅葬器の生産が行われていたことは確かであり，あえて伝世の神面紋青銅器を中原系青銅器の範疇に含める理由がない。張氏は李学勤氏の論文を引用し，神面紋青銅器が関中地域の産であることを述べている（李学勤 1999）が，この地での出土例を根拠として伝世器を含めた全ての神面紋器を地方型青銅器とみなすべきではないか。

49)　簡報で「扣」と称される器 2 点を壺として数えた。

116　第 2 章　西周青銅器の広がり

50）　報告では鐘とされる。以下，樟樹・新余・万載・萍郷鄧家田・萍郷十里埠・吉安で出土した器も鐘と報告されるが，本稿では同様に鐃として扱う。枚を有する鐃は基本的に鐘（甬鐘）と極めて似た形をしており，器種の判断が難しい。本来的には甬部を上にして吊り下げて使用するものが鐘，甬部を下にして木柄などを差し込み使用するものが鐃であり，幹（吊り下げるために旋上に作られる輪）の有無を分類の根拠とすべきであるが，先行研究の多くは明確な分類基準が示さず，場合によっては器全体の大きさや甬部の長さなどが基準とされているように思われる（高至喜 1984，李純一 1996，施勁松 1997，贛 10 彭適凡 1998，井中偉 2002，向桃初 2006）。本書では基本的に彭適凡氏の分類（贛 10）に従って鐘・鐃の名称を分けているが，大型の鐃と甬鐘に使用上の差異があったのか否かなど，名称と分類に関しては今後も検討すべき点は多い。

51）　李家和氏らによる報告（贛 13）ではこの鐃は吉安市泰和県で回収されたとするが，彭適凡氏は印下江で鐃を引き上げた農民が泰和県で廃品として売却したものであり，本来の出土地点は吉安市南郊であると指摘している（贛 10）。

52）　このことに関して，童忠良氏が湖南省寧郷出土の鐃の音階について論じている（童忠良 2001）。参照すべき研究であろう。

53）　後述する建甌市南雅鎮出土の器も鐘と報告されるが，本書では同様にこれらの器を鐃として扱う。鐃と鐘の名称に関する問題は注 50) を参照のこと。

54）　張家氏の報告では 1990 年に南雅鎮で出土した鐃は 1 点である（閩 2）。しかし陳存洗氏らによる集成によれば南雅鎮から「II 式甬鐘」が 2 点出土したことになっている（陳存洗・楊琮 1990）。陳存洗氏らが南雅出土とする甬鐘のうち 1 点の写真が掲載されているが，張家氏が報告する南雅鎮梅村出土の鐃と一見するところよく似ている。しかし，陳存洗氏の研究では 2 点の II 式甬鐘の大きさは 38.2 cm と 32 cm であるのに対し張家氏の報告では 35 cm であり，やはり一致しない。張家氏の報告によればこの鐃は 1990 年 10 月に出土したことになっており，1990 年第 4 期の陳存洗氏らの論文に参照された可能性はゼロではないが，南雅鎮から最大 3 点の同形式の鐃が出土した可能性があることを考慮する必要がある。

55）　報告では鐘とされる。以下，長沙望新・株洲大湖・衡陽欄壟・衡陽北塘・耒陽・資興蘭市・資興天鵝山で出土した器も鐘と報告されるが，本書では同様に鐃として扱う。鐃と鐘の名称に関する問題は注 50) を参照のこと。

56）　この鎛は『湖南考古輯刊』上で二度にわたり報告されるが（湘 15，湘 20），前者は出土地を均壩郷とするのに対し後者は出土地を南陽郷鉄西村としており，一致しない。後者の報告には，この器は 1976 年に出土したのち売却され 1984 年に県部文化局によって買い戻されたという経緯が記される。前者の報告は器の出土を 1984 年とするので，おそらく買い戻した地点が均壩郷であったのであろう。

57）　なお，井中偉氏と鄭小爐氏は共に当器を鐃と分類している（井中偉 2002，鄭小爐 2007）。しかし報告されている写真を見る限り甬部には幹が確認でき，鐘とすべきである。西周中期〜後期に中原地域に表れる鐘が流入したものであろう。

58）　なお，湘 15 では蘭「布」から出土した，とされるが，おそらくは蘭「市」の誤記であろう。

59）　黄展岳氏の論文による（黄展岳 1986）。黄氏が引用する発掘簡報（彭紹結・李良中「馬壩発現西周晩期銅鏡」『広東文博』1985 年第 1 期）は，筆者未見。

60）　一方で林巳奈夫氏は紋様の造形から，西周 II〜III の年代を与える（林 1994）。しかし当器の製作が西周期であったとしても，紋様の特徴から長江以南の地で生産された器であることは確実であり，いずれにせよ西周期に西周王朝から直接的な伝播があったことは想定できない。

61）　報告では鐃とされる。北流で出土した器も鐃と報告されるが，本書では同様に鐃として扱う。鐃と鐘の名称に関する問題は注50）を参照のこと。

62）　報告によれば，罍の出土地点は陸川県「鳥」石公社塘「城」大隊，ということであるが，管見の限り陸川県には「鳥」石・塘「城」という地名は見当たらない。「鳥」石公社塘「域」大隊の誤植ではないかと思われる。

63）　注1）を参照のこと。

64）　もちろん，かつての地域的なまとまりを考察する際，省・自治区という現在の行政的境界は厳密には意味を持たない。しかし，ここで問題にしているのは青銅器の分布という大枠であり，行政区の境界も多くは山脈や大河川といった地理的要素の起因するものが多いことを考慮すれば，一定の有効な指標にはなりえるものと考える。

65）　西周青銅葬器に特徴的な楽器である鐘が華北地域で現れるのは中期以降であり，特にこの器は後期に盛行するが，甘粛・河北ではそもそも西周後期の青銅器が圧倒的に少ない。

66）　例えば河南省周口市鹿邑県太清宮で発掘された長子口墓からは食器の点数を上回る多くの酒器が出土した。この墓の被葬者は殷の王族であった微子啓に比定されている。

67）　関中平原では西周後期に窖蔵から多くの青銅器が出土する。第3章第2節参照。

68）　西江1999，角道2008，および第4章第2節参照。

69）　王朝系青銅器が広範囲にわたる分布をみせながらその型式に地域性がほとんど見られないことから，その製作に際しては何らかの規制が存在したことは明らかである。現状，諸侯国地域での青銅器生産関連遺跡の発見はほとんどなく，各地で青銅器生産がどの程度行われていたのかは判断が難しい。仮に各地の工房で青銅葬器が製作されていたならば，各地で中央の製作方針が忠実に守られていたことになる。この場合，当時の工房経営の在り方として，王朝に直結する工房から工人が派遣されるような形態を想定する必要がある。

70）　ここでは，青銅葬器の分布に関して殷末周初〜西周前期，西周中期，西周後期〜春秋初頭の三時期に分けてそれぞれの分布を検討する。なお便宜上，殷後期の器は殷末周初〜西周前期に，春秋前期の器は西周後期〜春秋初頭の時期に含めた。

71）　琉璃河墓地出土青銅葬器の点数に関しては第77図・第78図を参照のこと。

72）　M51出土の盉は年代の判断が難しい。西周中期後段以降に増加する短足の三足盉（林巳奈夫氏の四型・五型に相当する（林1984））を模倣して製作されたと考えられるため，ここでは西周中期後段〜後期前段の器とみなしたい。

73）　陳芳妹氏の研究によれば，西周後期に出現する筒型器や小盒などの新たな青銅器は女性墓に伴う器であり，辛村墓地M5出土の小方葬も同種の遺物として扱いうる可能性があるという（陳芳妹2002）。M5はM17と並んで作られる大型墓であるが，発掘担当者である郭宝鈞氏は両者を夫婦異穴合葬墓とみなし，M17から武器が出土することに基づいてM17を男性墓，M5を女性墓とみなしている（豫8）。筆者も陳氏の見解に従い，M5出土小方葬の年代を西周後期とみなすこととする。

第3章　西周王朝と青銅器

　前章でみたように，青銅彝器の分布によって規定される西周王朝の範囲は，陝西・河南・山西を中心として，河北・山東・湖北にまで及ぶ。このような広い範囲に王朝系の青銅彝器が受容されていたのであるが，その受容形態には地域ごとに異なっていたことが想定され，それは各々の地域の青銅器利用に対する比較を通じて明らかとなる。本章では，諸地域間の比較のための基礎として，西周時代に王朝がどのように青銅器を使用していたのかを検討する。第1節では王朝の中心地域である関中平原における青銅彝器分布の状況から，西周王朝の王畿の範囲を策定する。第2節では周原と豊鎬という二地点の青銅器出土状況から王朝の青銅器利用の変化を分析する。第3節では青銅彝器への分析を通じて西周王朝の都の性格に関して考察を加えたい。

第1節　関中平原における青銅彝器分布の変化

　紀元前11世紀末に殷を破り成立したとされる周王朝は，前770年の平王による雒邑東遷までの西周時代のあいだ，その中心的な拠点を関中平原においていたことが一般的に考えられている。西周時代の社会については多くの歴史文献が語るところであるが，多くは後代の人間がある程度の理想を重ねて叙述したものであり，それらをそのまま歴史的事実として受け入れることは難しい。西周時代における社会的性格，及びその国家形態に関しては，文献，青銅器銘文，考古資料の各側面を総合しつつ，理解を深める余地が大きく残っている。

　近年，中国各地で西周時代諸侯国に属すると考えられる大型墓地が発掘され，王畿とされる関中平原においても西周時代遺跡の発掘報告が増加しつつあり，西周社会研究のための環境は整いつつある。特に注目されるのは2003年以降，大墓群や大型建築址，西周甲骨などが相次いで発見された岐山県周公廟遺跡である。中国では出土した甲骨上に刻まれた「周公」などの文字からこの遺跡を「周公采邑」とみなす考え方が一般的なようである（秦56，陝西省考古研究院商周考古研究部 2008）[1]。しかしながら問題にすべき点は，発掘者の一人である徐天進氏が指摘するように，この遺跡の社会的な性格をどのように理解すべきかという点にある。つまり，西周社会全体の中で周公廟遺跡の位置づけを明らかにしてはじめて，当地を何者の「邑」と見なすのかという議論のための共通認識が得られると考える。

　第1章ですでに触れたが，西周王朝が青銅彝器に持たせた意味合いについては松丸道雄氏が詳細に論じている（松丸 1977・1979）。これは，多くの西周青銅彝器が周室工房による製作であり，青銅彝器とそこに鋳込まれた文字を利用した祭祀自体が王朝による政治的な意図を持っていた，

という当時の支配構造に対する指摘である。西周時代においては，祖先祭祀の場で周王室作青銅器を利用して西周王朝による政治秩序の再確認が行われることが王室によって期待されており，周王室の支配をより強固なものにするために，青銅彝器を使用した祭祀行為が王室によって諸侯・臣に強く要請されていた，とされる。第2章で述べたとおり，西周青銅器文化圏に含まれる各地域では出土する青銅彝器の型式に強い共通性がみられることからも，上述のような王室による青銅器政策がある程度まで行われていたことは是認すべきであろう[2]。ここで，そのような政治的なシステムとしての礼制を，王朝を構成する集団やその周辺に位置していた集団がどのように受容し，またその受容の程度について集団間にどのような差異が存在していたのかを整理することは，当時の社会構造を理解するためにも大いに役立つことと考える。本節では西周王畿とされる関中平原の青銅器出土遺跡の分布とその変化に対する分析によって，西周王朝の政治的中心地を明らかにし，西周史理解のための基礎としたい。

1. 関中平原の地理環境

関中平原は西周王朝成立以前から周人が活動し，のちに王朝成立後には西周の畿内となった地域である。北側を岐山の山々に，南側を秦嶺山脈に囲まれた盆地であり，その中央には東西に渭河が流れ，潼関の東で黄河に合流する。また南北の山脈からはそれぞれ渭河にそそぐ支流が複数あり，中でも涇河は甘粛省から長武・淳化を通って西安市の北で渭河に合流し，その流域にも西周遺跡が散見される。関中平原西部はまた周原とも称される地域で，『詩経』「大雅」の「緜」や『史記』「周本紀」の記載によれば，周王朝を開いた武王の曽祖父である古公亶父はそれ以前の拠点であった豳からこの周原へと拠点を移し，周の礎を築いたとされている。また，『詩経』「大雅」の「文王有聲」には，古公亶父の孫である文王姫昌による「豊」への遷都，その子武王姫発による鎬への遷都が語られており，これら豊京・鎬京の両遺跡は現在の西安市西郊外を流れる灃河の両岸地帯が比定地とされている。

つまり，関中平原は西に周原，東に豊鎬が位置する周文化の中心地域であり，当然のように両地点からは周王朝の祭祀と密接に結びついていたと考えられる青銅彝器が大量に出土している。その一方で，出土点数は多くはないものの確かに青銅彝器をもつ遺跡が関中平原には多く存在している。従来の研究では，特別な銘文が鋳込まれていた場合を除いて，これらの青銅器を有していた集団と周王朝の関係性が論じられることは少なかった。当地における先周時代から西周時代にかけての遺跡の分布については武者章氏や西江清高氏，飯島武次氏がすでに詳細にまとめている（武者1989，西江1993・1994・2005a，飯島2009）が，関中平原の地理環境と遺跡分布の関係を詳細に論じたものとして西江氏・渡辺展也氏による一連の研究がある（西江・渡部2009・2013，渡部・西江2009）。ここで，西江氏・渡辺氏の研究に基づきつつ，関中平原の地理環境と西周時代の遺跡分布について概観したい。

甘粛省に源を発する渭河は，宝鶏峡を抜けて潼関で黄河に合流するまで，約300kmにわたって関中平原を横断する（第29図）。岐山（北山）に源を発する北側の支流には主に千河・漆水河・

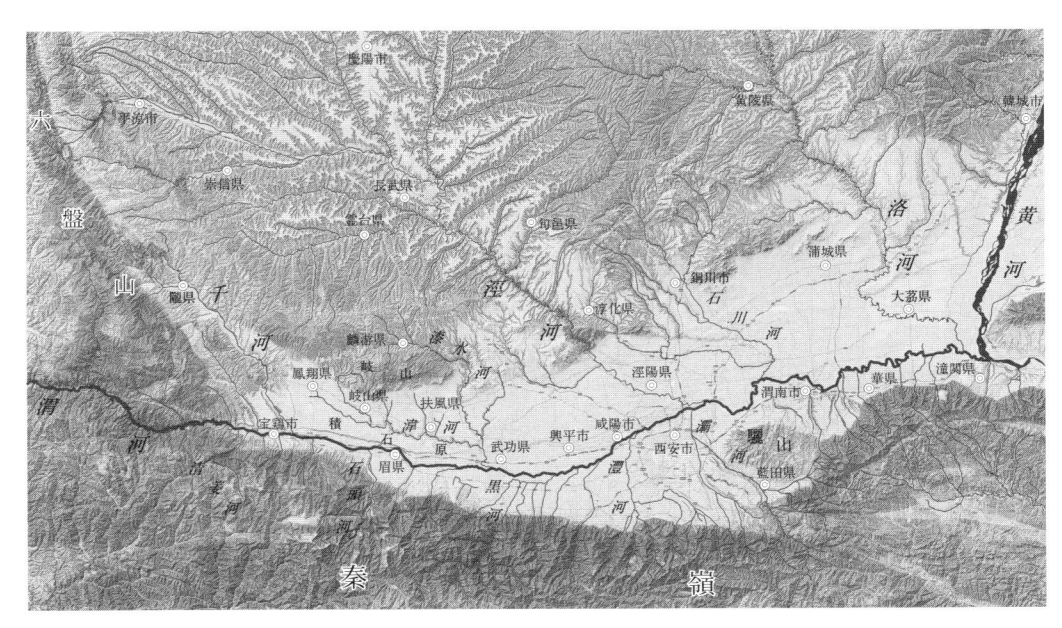

第29図　関中平原の地形とおもな河川

涇河・石川河・洛河などがあり，いずれも比較的長大な流域を形成する。秦嶺に源を発する南側の支流には主に清姜河・石頭河・黒河・灃河・灞河などがあるが，これら渭河南側の支流は総じて小規模で数が多い。西江氏らによれば，岐山南麓の一帯には小河川や湧水地が点在し，集落形成に好適であったという。また，関中平原西部北側の黄土台地を東西に流れる漳河は岐山南麓の小河川を集めて東流し，漆水河に流れ込む。漳河以南〜渭河北岸の間にあたる台地南部は積石原とも呼ばれ，水資源の極めて得にくい地帯であったという。涇河―漆水河間の台地部も同様に地表水を得にくい地帯であった。一方，涇河以東の沖積平野では逆に排水不良のために集落形成に不利な地であったという。また，渭河以南・秦嶺北麓の一帯は傾斜が強く土壌も農耕に最適ではないが水資源は豊富であった。その中で現在の西安市一帯は比較的緩やかな台地と沖積平野が発達した地であったとされる。

　西周期の遺跡分布も，このような水資源との関係で理解することができる。同じく西江氏らの研究によれば，関中平原西部では周原地区を中心として遺跡が密に分布するが，水資源に乏しい積石原の一帯では遺跡がみられない。また，関中平原東部では西安市周辺を除いて，涇河―漆水河間の台地部と，涇河以東，石川河，洛河を挟んで黄河西岸に至るまでの沖積平野部で遺跡の空白地帯が存在することが指摘されている。

2. 関中平原における青銅彝器出土状況

　以上のような関中平原の地理環境と遺跡分布状況を踏まえた上で，特に西周青銅彝器を出土した遺跡に限ってその分布を検討した（第2表，附表2)[3]。

　第2表をもとに地図上に各地点を落としたものが第30図である[4]。未報告の遺跡や伝出土資

122　第3章　西周王朝と青銅器

第2表　関中平原青銅彝器出土遺跡一覧（報告書No.は節末の発掘報告一覧と対応する）

地域	地区No.	地区名称	地点	報告書No.	時期	鼎	高鼎	方鼎	甗	甗	簋	盂	小型盂	盨	簠	豆	爵	角	斝	盉	觥	觶	鳥獣尊	獣尊	方彝	卣	罍	壺	觚	觚	觶	杯	盤	匜	鐘	鎛	その他	合計
洛河流域	1	白水	白水県	54	前						2																											2
	2	白水西	印台区紅土鎮	82, 133	殷末周初								1																									1
	3	宜君	宜君県城関鎮	82, 133	前	1																																	1
石千河流域	4	印台	印台区三里洞	82	前	1																																	1
	5	清峪河流域	三原県洪水村邵家河	135	殷末周初～後	5										1																							6
			三原県嵯峨郷	82	殷末周初			1																															1
			淳化県夕陽郷	151, 152	殷末周初・前	1										1									1														3
	6	淳化南東	淳化県石橋郷	52	前	1					1		1																										3
	7	淳化北	淳化県鉄王郷	152	前			1																															1
	8	涇陽北西	涇陽県興隆郷	13, 21, 76	前	6		2	1	4	6					4		1	2		4	6	1							2	4		2					45
	9	礼泉北	礼泉県泔河水庫	38	殷末周初	2							3																										5
涇河流域	10	淳化北西	淳化県潤鎮	152	前	1																																	1
	11	姜源河流域	淳化県官荘郷	151	殷末周初	2										2	1																							2
	12	旬邑	旬邑県城関鎮	107	殷末周初	1				1																														2
			旬邑県赤道鎮	15	殷末周初・前	4				1	1					2	1					1	1							1									11
	13	長武南東	長武県井店郷	114	殷末周初	2																									1									3
	14	長武	長武県丁家郷	82	殷末周初			1			1																													2
			長武県彭公郷	108	後				1																															1
			長武県棗園郷	82, 108	殷末周初・前	1					2		1																											5
秦嶺北麓東部	15	渭南南	渭南県陽郭鎮	34, 35	殷末周初	2					1																													4
	16	渭南西	臨潼県零口鎮	173	前・中・後						2							1							2											13			18
	17	藍田北西	藍田県洩湖鎮	136, 137, 179	殷末周初～前	1			1		2																													4
	18	瀕南区	西安市瀕橋区	19, 57	殷末周初・後											1									1									1					3
	19	長安区	長安区杜曲鎮	77	中	3																																	3
			長安区申店郷	150	後	1																																		1

第1節　関中平原における青銅彝器分布の変化　123

地域	地区名称	地区No.	地点	報告書No.	時期	鼎	扃鼎	方鼎	鬲鼎	甗	簋	盂	小型盂	盨	簠	豆	爵	角	斝	觚	觶	兕觥	鳥獣尊	方彝	卣	罍	壺	瓿	盉	罐	杯	盤	匜	鐘	鏡	その他	合計
澇河上流域	豐鎬南	20	長安区五星鎮	130	前																															7	7
	豊鎬	21	豊鎬各地	注1	殷末周初～後	83	5	4	17	8	57	2		10	4		1	26		1	5		11		1	9	2	12		11	14		6	5	2	18		6	322
	戸県	22	戸県玉蟬鎮	82	前																																1
	藍田南東	23	藍田県草坪街	55	後	1																															1
	藍田南	24	藍田県輞川郷	30	後					1				2																		1	1					4
秦嶺北麓西部	周至東	25	周至県終南鎮	108	前						1		1				1																				3
	周至	26	周至県城関鎮（二曲鎮）	82	後						1																										1
	周至西	27	周至県竹峪鎮	82, 108	前・中	2					1						1												1									5
	眉県南東	28	眉県青化郷	81, 169	前	2				1	1																										4
	眉県南東	29	眉県小法儀郷	5	殷末周初														1																		1
涇河‐漆水河地帯	乾県南東	29	乾県薛録鎮	54	後	1														1																	2
	武功	30	武功県南仁鎮	82, 92	後	1					2																										3
漆水河上流域	麟遊	31	麟遊県九成宮鎮	81	前			1			2														4												7
	永寿	32	永寿県店頭鎮	30, 92, 108	後	1			3		1	1																						4			10
	乾県北西	33	乾県石牛郷	108	中									1																			1				4
	乾県北西	33	乾県臨平鎮	54	前	3																												1				4
	武功北西	34	武功県蘇坊鎮	29, 82, 176	後	1				13																											16
	武功北西	34	武功県游鳳鎮	27, 80, 82, 177	殷末周初～後	5				2	5			1												2									3			18
	漆水河下流部	35	武功県大庄鎮	82	殷末周初・前												1						1		1													4
	楊陵区	35	楊陵区柴家咀	82	前						2																										2
	周原北東	36	扶風県南陽鎮	162, 181	後						1															1							1				4
	周原	37	周原各地	注2	殷末周初～後	99	2		13	43	12	110	5	5	15	6	7	37		5	10	3	15		2	3	18	13	21	1	10	19	1	11	5	54		6	552
岐山南麓地域	扶風県召公鎮		扶風県召公鎮	24, 54, 162	殷末周初・後	3																1																6
	周原東	38	扶風県建和鎮	156	殷末周初・中・後	1					3															1						2		2				9
	周原東	38	扶風県白家村	153	中	1																															1
	扶風東	39	扶風県杏林鎮	162	後						4																										4

124　第3章　西周王朝と青銅器

地域	地区No.	地区名称	地点No.	地点	報告書No.	時期	鼎	商鼎	方鼎	鬲鼎	甗	簋	盂	小型盂	盨	簠	豆	爵	角	斝	盉	觥	兕觥尊	鳥獸尊	方彝	卣	壺	瓿	觚	觶	杯	盤	匜	鐘	その他	合計
		扶風		扶風県太白鎮	81, 162	前・後	2																											1	3
	40			扶風・岐山県白家窰水庫周辺	24, 148, 157, 161, 178, 180	殷末周初〜後	3				1	2		2																			5		5	19
				扶風県城関鎮	81, 142, 162	前・中	3					2																								5
				扶風県城関鎮（黄甫郷）五郡西村	141, 143, 162, 170	中・後	1							2	2																		6		2	13
	41	扶風西		扶風県黄甫郷柳東（柳店舗柳東組）	81, 162	中	1																													1
				扶風県黄甫郷（新店郷）	25	前	1				1																									2
	42	岐山南東		岐山県蒲村郷	147	殷末周初								1																						1
				岐山県益店鎮	147	殷末周初	1													1																	1
				岐山県故郡郷	147	殷末周初												1																		2
	43	岐山北		岐山県北郭郷	16, 56, 147, 148, 149	殷末周初〜後	6		1		3	2					1											1								16
	44	岐山北西		鳳翔県田家荘鎮	109	前	1				1																1				1						4
	45	岐山南		岐山県雍川鎮	80	中	1				1																										2
	46	鳳翔東		鳳翔県彰角鎮	11, 109	殷末周初	1					1		1						1																	4
				鳳翔県郭店鎮	109	殷末周初・前	1					1		1																							3
	47	鳳翔南		鳳翔県南指揮鎮	14	殷末周初	1	2				4																									7
	48	扶風南東		扶風県揉谷郷	158	前			1																												1
	49	扶風南		扶風県上末郷	138, 155, 162, 163	殷末周初〜中	7			1	4	3								2					2									1			21
				扶風県段家鎮	182	後					1																											1
	50	眉県		眉県県楊家村・東李村	37, 81, 83, 84, 94, 168	前・中・後	13			9		1					1						1	2	2		2						1	1	10	3	46
渭河両岸地域	51	石頭河下流部		岐山県五丈原鎮	80, 147	前・中	2					1																										3

第1節　関中平原における青銅彝器分布の変化　125

地域	地区 No.	地区名称	地点	報告書 No.	時期	出土器種 鼎	高鼎	方鼎	甗	鬲	盂	小型盂	盨	豆	爵	角	斝	盃	觚	觶	尊	鳥獣尊	方彝	卣	罍	壺	瓶	甑	瓿	觯	杯	盤	匜	鐘	鏡	その他	合計
宝鶏地域	52	濺鎮周辺	岐山県蔡家坡鎮	80, 147	前・中																															2	2
			宝鶏濺鎮	82	中・後	1	1			1																								1		4
	53	金陵河上流部	宝鶏老虎溝	82	前	2		1																												3
	54	宝鶏北	宝鶏金河郷	5, 6	殷末周初	1			1	1													1													4
			宝鶏県功鎮	5	殷末周初				1	1	1															1										4
	55	宝鶏東	宝鶏下馬営郷	3	前						1															1										2
			宝鶏陳倉鎮	5	前	1																				1										2
			宝鶏石壩河郷	22	前		1			2																										2
			宝鶏姜城堡	4	前	3	1				1																								2	7
	56	宝鶏	宝鶏市	※3	殷末周初～後	61	6	10	11	8	47		5	5	7	3		7		5	10	4	5	1	3	12				6				6	9	3	231
			宝鶏県硤石郷	1	前	1			1		1																									2
	57	千河下流部	鳳翔県長青鎮	109	前・後			1							1																					2
			宝鶏買村鎮	6, 134, 174	前・後						4										1																5
	58	千陽	千陽県南楽鎮	81	殷末周初	1							1																							2
			千陽県張家原鎮	81	殷末周初								1																								1
			千陽県崔家頭鎮	81	殷末周初					1																											1
千河流域	59	千陽北	千陽県水溝鎮	81	前					1																			1								1
	60	隴県南	隴県東風鎮	81	前		1														1				1	1											4
	61	隴県	隴県牙科郷	32, 53	前	2				2								1			1		1		1											8
			隴県東南鎮	81	前			1																													1
			隴県城関郷	53	殷末周初・前	1					2										1					1					1						5
			隴県曹家湾鎮	174	前	1		1		1								1			1																5
	62	隴県西	隴県天成郷	53, 81	殷末周初・前	2				3					1						1					1					1					1	10
		合計				361	22	34	94	44	307	13	50	24	8	13	92	1	10	24	4	47	11	6	48	27	44	4	31	60	7	28	9	127	32	1582

※1　豊鎬出土青銅彝器の報告：12, 51, 59, 61, 85, 88, 93, 110, 111, 112, 113, 115, 116, 117, 118, 119, 120, 121, 122, 123, 124, 125, 128, 129, 131, 172
※2　周原出土青銅彝器の報告：7, 9, 17, 20, 31, 36, 39, 40, 41, 42, 43, 44, 45, 46, 47, 48, 49, 50, 54, 62, 63, 64, 65, 66, 67, 68, 69, 70, 75, 80, 81, 86, 87, 89, 90, 91, 95, 96, 97, 98, 99, 100, 101, 102, 103, 104, 126, 127, 132, 147, 148, 153, 154, 155, 159, 160, 162, 164, 165, 166, 167, 168, 171, 172
※3　宝鶏市出土青銅彝器の報告：8, 10, 11, 23, 82, 126, 132, 140, 144, 145, 146, 175

126　第3章　西周王朝と青銅器

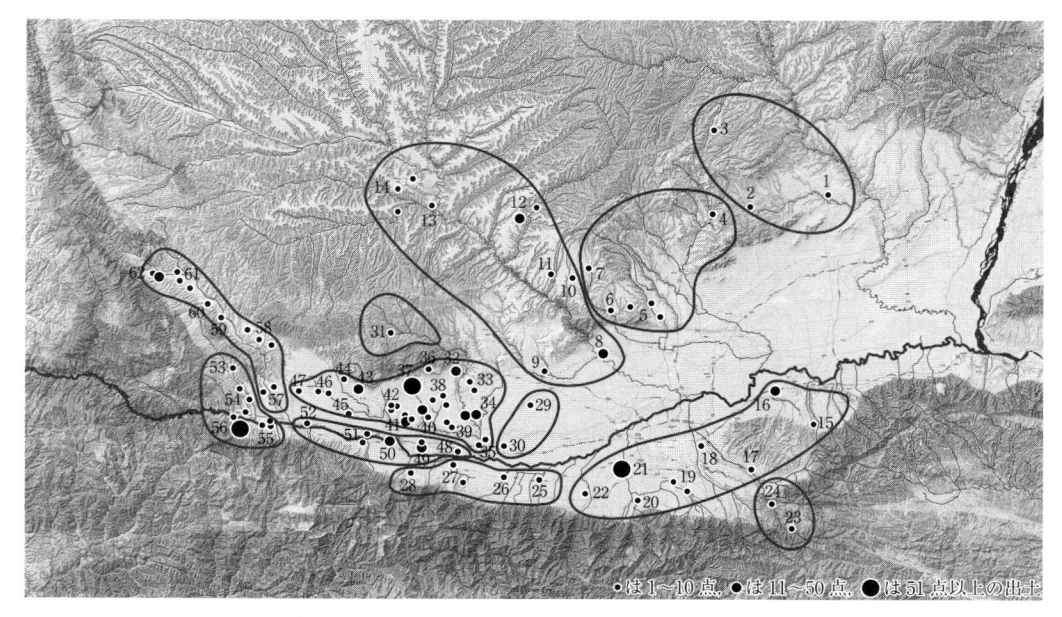

第30図　関中平原における主な青銅彝器出土地点

・は1〜10点，●は11〜50点，●は51点以上の出土

1 白水　2 白水西　3 宜君　4 印台　5 清峪河流域　6 淳化南東　7 淳化北　8 涇陽北西　9 礼泉北　10 淳化北西　11 姜源河流域　12 旬邑　13 長武南東　14 長武　15 渭南南　16 渭南西　17 藍田北西　18 灞橋区　19 長安区　20 豊鎬南　21 豊鎬　22 戸県　23 藍田南東　24 藍田南　25 周至東　26 周至　27 周至西　28 眉県南東　29 乾県南東　30 武功　31 麟游　32 永寿　33 乾県西　34 武功北西　35 漆水河下流部　36 周原北東　37 周原　38 周原東　39 扶風東　40 扶風　41 扶風西　42 岐山南東　43 岐山北　44 岐山北西　45 岐山南　46 鳳翔東　47 鳳翔南　48 扶風南東　49 扶風南　50 眉県　51 石頭河下流部　52 虢鎮周辺　53 金陵河上流部　54 宝鶏北　55 宝鶏東　56 宝鶏　57 千河下流部　58 千陽　59 千陽北　60 隴県南　61 隴県　62 隴県西

料など，今回地図上に示すことができなかった地点もあり，また今後の発掘調査によって出土地点の増加も考えられるため，この図が示す分布状況には一定の限界があるが，おおよその相関関係を読み取ることは可能であると考えたい[5]。西周青銅器出土地点は関中平原全体に満遍なく均一に分布するのではなく，ある程度のまとまりをもって分布している。特に周原周辺での分布は極めて密であるが，他地域においても直径5〜7kmの範囲内に集中的に分布する地点が多くあり，そのような出土地点同士は相互に強い結びつきが想定されるため，一つの出土地区として扱った。結果として，青銅彝器の出土が確認できるのは94地点，62地区であり，これらを大きく12の地域にわけることができよう[6]。

【洛河流域】（第30図1〜3）

　陝西省北部から出土する青銅彝器は決して少なくなく，延安市洛川・富県・甘泉・延長・子長・榆林市清澗・呉堡・綏徳（第7図10〜17）といった陝北地域から多くの殷周青銅彝器が出土している[7]。しかし，銅川市・渭南市より南の関中平原に限れば報告例は少なく，洛河流域では渭南市白水県（第30図1），その西に位置する銅川市印台区紅土鎮（第30図2），銅川市宜君県城関鎮東十里舗（第30図3），での出土例が知られる。いずれも山間部の遺跡である。

第1節　関中平原における青銅彝器分布の変化　127

【石川河流域】（第30図4〜7）
　石川河には濁峪河・清峪河・冶峪河などの大きな支流が存在し，平野部で合流した後に渭河に流れ込む。この石川河流域でも，山間部に青銅器出土地点が存在する。石川河上流では銅川市印台区三里洞（第30図4）で青銅彝器の出土が知られ，清峪河流域では三原県洪水村邵家河，同県嵯峨郷馮村，淳化県夕陽郷黒豆嘴村・同郷田家村（第30図5）がある。冶峪河流域では淳化県南東（淳化県石橋公社史家塬，第30図6），淳化県北部（淳化県鉄王郷紅崖村，第30図7）がある。

【涇河流域】（第30図8〜14）
　関中北部から南下して渭河に流れ込む涇河の流域には多くの西周遺跡が分布する。青銅彝器出土地区としては，涇陽県北西部（涇陽県興隆郷高家堡，第30図8），礼泉県北部（礼泉県泔河水庫，第30図9），淳化県北西部（淳化県潤鎮西梁家村，第30図10），姜源河流域（淳化県官荘郷張家荘，第30図11），旬邑県（旬邑県城関公社崔家河東村・旬邑県赤道鎮下魏洛村，第30図12），長武県南東（冉店郷礄子坡，第30図13），長武県（長武県丁家郷劉主河，長武県彭公公社方荘，長武県棗園公社張家溝，第30図14）などが挙げられる。涇河流域には殷代後期の遺跡が複数確認されており，周王朝成立の背景を考える際に重要な一帯である。また，この地域の西に位置する甘粛省霊台県・崇信県などからは西周青銅器が発掘されており（隴1，隴2，隴4），おそらく長武地区を通じた交流があったのであろう。

【秦嶺北麓東部】（第30図15〜22）
　秦嶺山脈の北麓では，無数の河川が北に流れ渭河に注ぐ。この地域では山麓部から渭河南岸の手前にかけての一帯に，それぞれの河川に沿って青銅器出土地点が存在する。その中で秦嶺北麓東部は，周の都であったとされる豊鎬遺跡を中心とする一帯である。豊鎬地区では，灃河西岸の客省荘・馬王村・張家坡や東岸の斗門鎮・普渡村などから極めて大量の青銅彝器が出土しており，墓地出土品が多いこともこの地区に特徴的な傾向といえる（第30図21）。一方で灃河両岸地帯以外には青銅器出土地点は少なく，渭南南（渭南県陽郭公社南堡村，第30図15），渭南西（臨潼県零口鎮西段村，第30図16），藍田北西（藍田県洩湖公社兀家崖・同鎮西北，第30図17），西安市灞橋区（洪慶公社袁家崖・藍田県紅星公社，第30図18），長安区（長安県申店郷徐家寨，長安区杜曲鎮東楊万村，第30図19），豊鎬南（長安県五星公社河迪村，第30図20），戸県（戸県玉蟬郷孫家磴，第30図22），などから青銅彝器は出土するのみである。近年正式報告が出版された杜曲鎮の少陵原西周墓地では多くの小型墓が造営されるが青銅器をほとんど副葬しない。あるいはこの地域に一般的な傾向といえるかもしれない。

【灞河上流域】（第30図23・24）
　秦嶺北麓地帯よりさらに南にあたる灞河上流域でも青銅彝器が出土する。藍田県南東（藍田県草坪公社草坪，第30図23），藍田県南（藍田県輞川公社指甲湾村，第30図24），であり秦嶺北麓の平

128 第3章 西周王朝と青銅器

野部とは異なり，山地に近い。

【秦嶺北麓西部】（第30図25～28）

　秦嶺北麓の西部にあたり，地理環境は秦嶺北麓東部に似る。東部の豊鎬地域と，渭河を挟んだ北側に位置する周原地域とのルートとなったことが想定される地域である。青銅彝器出土地点としては，周至県東部（周至県終南公社豆村，第30図25），周至県（周至県城関鎮，第30図26），周至県西部（周至県竹峪鎮・同公社五星，眉県青化公社油房堡・同郷鳳池村，第30図27），眉県南東（眉県小法儀公社小宝儀，第30図28），が知られる。

【涇河—漆水河中間地帯】（第30図29～30）

　現在の咸陽市・礼泉県・乾建・興平市・武功県を中心とする一帯で，東を涇河に，西を漆水河に挟まれた水資源に乏しい遺跡空白地帯である。当該地域からの青銅器出土例は報告数が極めて少ない。乾県南東部（乾県薛録公社，第30図29）および武功県（武功県南仁鎮北坡村，第30図30）での出土例が知られる。

【漆水河上流域】（第30図31）

　周原の北部を東西に流れ，武功県で渭河に合流する漆水河の流域にも多くの遺跡が分布しているが，上流の山間部では青銅彝器が報告される例は少ない。麟游県九成官鎮蔡家河で複数の青銅彝器が検出されるのみである。

【岐山南麓地域】（第30図32～47）

　岐山の南麓から漳河の両岸にかけて，周原遺跡群を中心として高密度に青銅器出土地点が分布する。扶風県法門鎮北西部・岐山県京当郷を中心とする周原地区からは現時点で500点を超える青銅彝器が出土しており，この地は間違いなく西周時期の中心地のひとつであったといえる（第30図37）。周原地区を取り囲むように，南は漳河，東は漆水河下流域を境界として青銅彝器出土地点が面的に広がる。永寿県（永寿県店頭公社好時河，第30図32），乾県西部（乾県石牛公社周家河，乾県臨平公社，第30図33），武功県北西部（武功県蘇坊公社金龍大隊回龍生産隊・同郷任北村，同県漩風鎮浮沱村・同鎮渠子村・同郷黄南窯村・召公郷巨良海家村，第30図34），漆水河下流域（武功県大荘鎮，楊陵区柴家咀，第30図35），周原北東部（扶風県南陽公社五嶺大隊豹子溝・同公社魯馬大隊溝原生産隊，第30図36），周原東部（扶風県召公公社呂宅・同公社後董穆家・同郷大陳村，扶風県健和公社北橋，扶風県白家村，第30図38），扶風県東部（扶風県杏林公社東坡孫家台，扶風県太白公社長命寺早窯，第30図39），扶風県城付近（扶風県城関公社下河・同県飛鳳山，扶風県法門鎮南佐村・同郷官務吊村・同郷官務窯院村・同県白家窯水庫楊家堡・岐山県青化郷丁童村・同郷周家村，第30図40），扶風県西部（扶風県城関鎮五郡西村，同県黄甫郷柳東，同郷唐家河西塬村，第30図41），岐山県南東部（岐山県蒲村郷宋家村，岐山県益店鎮魏家河，岐山県故郡郷牟家村，第30図42），岐山県北部（岐山県北郭公社張家場・同公社北寨

子・同公社周公廟・同公社北楊村呉家荘・同公社曹家溝・同郷八廟溝村・同郷廟王村・同郷樊村・同郷白草坡，第30図43），岐山北西（鳳翔県田家荘公社河北・同公社勧読，第30図44），岐山南（岐山県県雍川鎮小営村，第30図45），鳳翔東（鳳翔県彪角公社新荘河・同公社官帽頭董家荘，同県郵店公社丁家村，第30図46），鳳翔南（鳳翔県南指揮公社西村，第30図47）などから青銅葬器が出土している。この地域では墓地出土の青銅葬器と窖蔵出土の青銅葬器が同程度発見される。

【渭河両岸地域】（第30図48～52）

　岐山南麓地域から積石原を挟んで，台地辺縁部から渭河の両岸地帯にかけて，東西に青銅葬器が出土する一帯がある。扶風南東（扶風県揉谷公社白龍，第30図48），扶風県南部（扶風県上宋公社神村坡・同公社北呂村・同公社東渠村・同郷紅衛村，同県段家郷大同村，第30図49），眉県（眉県東李村・同県馬家鎮楊家村，第30図50），石頭河下流部（岐山県五丈原鎮東団荘，同県蔡家坡鎮永堯村，第30図51），宝鶏市虢鎮周辺（宝鶏市虢鎮，第30図52），の各地区にわかれる。扶風南・眉県での青銅葬器出土点数がほかに比べてやや多い。

【宝鶏地域】（第30図53～56）

　現在の宝鶏市を中心とする，関中平原の西端地域である。金陵河上流部（宝鶏老虎溝，第30図53），宝鶏北部（宝鶏金河公社石橋，宝鶏県功公社白道溝・同鎮上王公社強家荘，第30図54），宝鶏市東部（宝鶏下馬営郷旭光村，陳倉鎮代家湾，石壩河郷石嘴頭，第30図55），宝鶏市区（宝鶏姜城堡・陵原，宝鶏五里廟・青姜河桑園堡・峪泉生産隊・茹家荘・竹園溝・長青村紙坊頭，宝鶏県硤石郷林家村，第30図56），の各地から西周青銅葬器が出土する[8]。この地域は秦嶺山脈を越え漢中盆地へと南下する経路の重要な中継地点であり，当時から戦略上の重要地点であったことが推察される。

【千河流域】（第30図57～62）

　西北から渭河へと流れ込む千河の流域にかけて，青銅葬器出土地点の分布がみられる。すなわち，千河下流部（鳳翔県長青公社長青化原村，宝鶏貫公社上官村，第30図57），千陽県県城周辺（千陽県南寨鎮鄧家塬，同県張家塬鎮寺坡村，同県崔家頭鎮閻家嶺，第30図58），千陽県北部（千陽県水溝鎮沙溝村，第30図59），隴県南部（隴県東風鎮南村，第30図60），隴県県城周辺（隴県牙科郷梁甫村，同県東南鎮黄花峪，同県城関郷祁家荘・同郷北坡村，第30図61），隴県西部（隴県曹家湾公社南坡，同県天成郷韋家荘，第30図62）などの地点である。現状ではこの地域を西周青銅器分布の西端と見なすことができる。

　以上の12地域における青銅葬器出土地点の分布は，基本的には西周期の遺跡分布と対応し，河川沿いに分布する。岐山南麓から漳河にかけての一帯に青銅葬器出土地点が周密に分布するのも，当時の集落分布と合致する。洛河・石川河・涇河のそれぞれの流域においては平野部・台地部で青銅葬器が検出されることはなく，これは西周期において当地が生活の場になりえなかったことの反映であろう。同様の傾向は水資源に乏しい積石原でもみられる。一方で，第30図29・

30は涇河―漆水河間の遺跡空白地帯に例外的に位置している[9]。

また，第2表から看取されるように，以上の12地域のうち青銅彝器が集中するのは周原地域と豊鎬地域であり，当時の青銅器利用の二大中心地であったことに疑いはない。一方で地区別に出土点数を比較すれば，出土地点のほとんどが10点に満たない出土点数であり，上記の二地区と宝鶏地区を除き青銅彝器が集中して出土する地域はない。ある程度まとまった数の青銅彝器が出土している地区としては涇陽北西，武功北西，扶風南，眉県，隴県などが挙げられるが，青銅器窖蔵からの一括出土や広範囲の発掘調査が実施された結果を反映しているにすぎず，他地域と比べて大きく変わるものではないと考える。また，豊鎬地域周辺で青銅彝器出土地点が少ないことに反して，長武や隴県といった中心地域から大きく離れた地域で青銅彝器が出土する点も特徴的である。

以下，これら各地域の青銅彝器出土地点が西周時代を通じてどのように変化するのかを分析したい。

3. 青銅器出土地点の時期的変遷

第2章第1節で検討したように，関中平原から出土する青銅彝器は基本的に周原・豊鎬地域の青銅彝器と同様の変化を示しており，これは周王朝が管理する工房での王朝系青銅彝器のある程度集中的な生産と，王朝による王畿内氏族に対する青銅器政策を反映したものであると推測できる。

西周青銅器銘文のうちには，王が臣某に貝などを賜与し，臣某が王の「休に対揚し」て青銅彝器を製作した，と鋳されるものが多く存在する（松丸1977・1979）。銘文に器の由来を記し，祭祀の場で王朝と受賜者一族との関係を再確認させることが王朝の意図であり，また青銅彝器の持つそのような政治的性格を理解したうえで受容した諸侯も多くあったことであろう[10]。問題は，王朝の意図がどの程度まで受けいれられたかにある。西周王畿にあって王朝の青銅器を受容し続けた地域がある一方で，青銅器が定着せず，ゆえに王畿を構成しえなかったと思われる地域も存在する。以下，関中平原の各地域から出土した青銅彝器に年代を与え，王朝青銅器の分布がどのように変化するか読み取ることを試みた[11]。

(1) 殷末周初期～西周前期（第31図）

殷代末期の青銅器と西周初頭の青銅器は外見上共通する特徴が多く，まとめて殷末周初期の青銅器と称されることが多い[12]。ここで殷末周初期と西周前期とをまとめ一時期とした。周の建国期にあたる。

殷末周初期～西周前期の青銅彝器出土地点は関中平原の広範囲にわたって確認され，西は宝鶏市隴県，東は渭南市白水県に及ぶ。周原地域と渭河両岸地帯では10～15 kmほどの間隔で出土地点が点在しており，これらの地点は青銅彝器を数点のみ持つ比較的規模の小さい地点が多い。豊鎬地域の秦嶺北岸地帯では青銅器出土地点の分布は比べまばらで，周原地域と分布状況を異にする。豊鎬地域の北側，咸陽市から淳化県に至るまでの平地地帯にはほとんど分布がみられない。

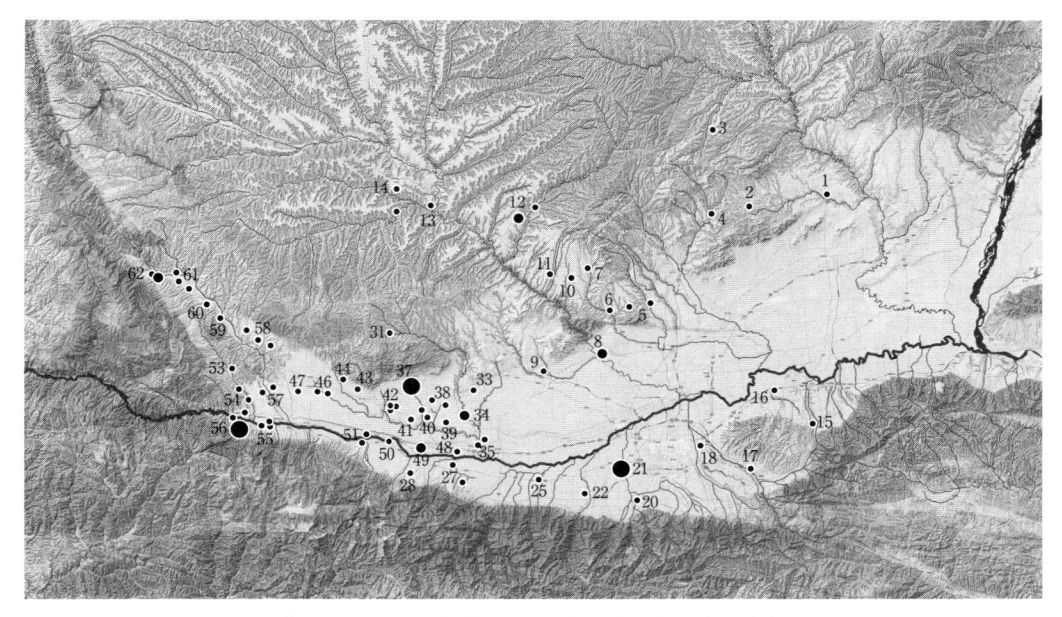

第 1 節　関中平原における青銅彝器分布の変化　131

第 31 図　殷末周初期～西周前期の青銅彝器出土地点

　青銅彝器は 21 豊鎬・37 周原・56 宝鶏で多数出土し，8 涇陽北西，12 旬邑，34 武功北西，49 扶風南，62 隴県西で 10 点以上が出土する。他の地点は 9 点以下の出土である。
　当該時期の特徴は，洛河流域，涇河流域，千河流域といった，中心から離れた地点にも青銅彝器が分布する点である。概して，この期間の青銅器は関中平原各地から広く出土するといってよい。

(2) 西周中期（第 32 図）

　中期に入ると一転して，出土地点が少なくなる。前段階で分布地点が複数にわたっていた洛河流域・石川河流域・涇河流域・千河流域において基本的に青銅彝器が出土せず，豊鎬地区・周原地区と宝鶏市区で多くの青銅彝器が出土する一方で，岐山南麓地域と渭河両岸地域を除いて青銅彝器が出土しない。また岐山南麓地域においても，殷末周初期～西周前期とは異なり，周原地区以外ではまとまった量の青銅彝器を持つ地点がなくなる。第 2 節で検討するが，周原地区において，殷末周初期～西周前期と西周中期と間で青銅彝器の出土点数に大きな変化はない。また，豊鎬遺跡では中期に出土点数は増加している。すなわち，中期における青銅彝器出土地点の現象は，青銅彝器生産の低下によるものではなく，豊鎬・周原といった王朝中心地域で青銅彝器の独占的使用が行われ始めたことを物語っている。同様に，宝鶏強国墓地においても前期に比べ中期の青銅彝器数は増加する。これも，当地における青銅器利用が強族側に収斂したことを示していると思われる。

(3) 西周後期（第 33 図）

　後期においても周原地区・豊鎬地区に出土例が集中し，殷末周初期～西周前期ほどの面的な広

132　第3章　西周王朝と青銅器

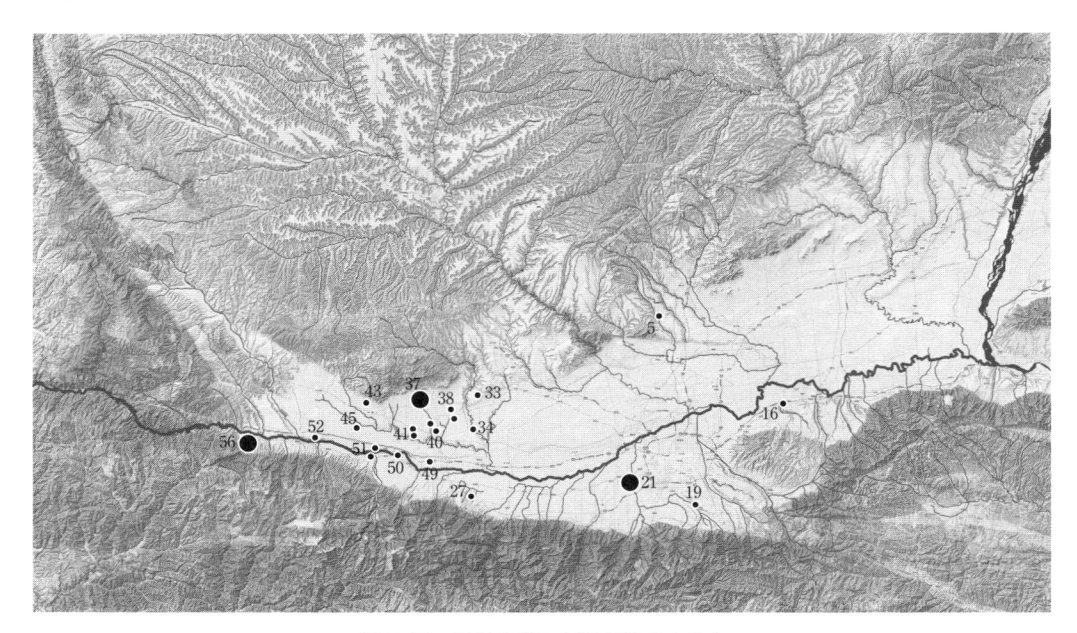

第32図　西周中期の青銅彝器出土地点

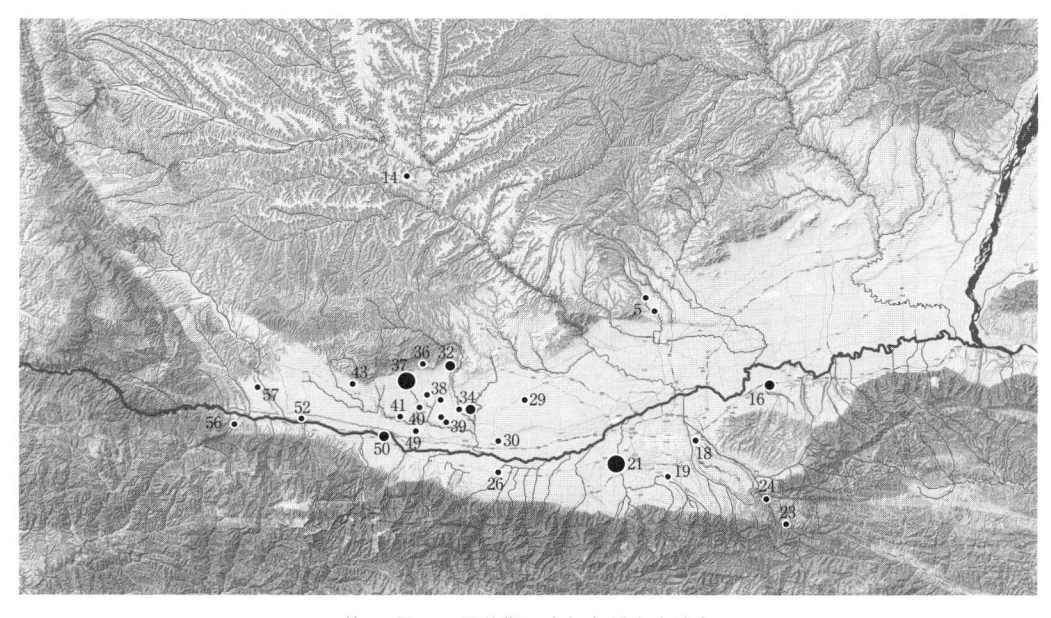

第33図　西周後期の青銅彝器出土地点

がりを持たない。その分布範囲は中期から大きく変わるものではないが，全体的に分布点が東に移行する傾向がある。灞河上流域に出土地点が現れる点も，この傾向と関連があると思われる。また後期の器を10点以上出土した地域は，豊鎬と周原を除いて，16渭南西・32永寿・34武功北西50眉県の四カ所であり，このうち渭南西・永寿・眉県では窖蔵から青銅器が出土している。56宝鶏では強国墓地の廃絶とともに青銅彝器がほとんど出土しなくなり，その近傍に新たな拠

点が出現するという状況もみられない。後期に至って，関中平原西部は基本的に西周王朝の交渉外の地となったように思われる。

　以上の分布の変化から，西周期において王朝の青銅器政策が時期によって変化したことが読み取れる。殷末周初期〜西周前期にみられる広範な青銅彝器の分布は，当時の王朝によって数多く製作された青銅彝器が関中平原の各地域において受容されていたという当時の状況を物語っている。一方で中期以降には分布範囲の明らかな縮小がみられ，千河流域，涇河流域，石川河流域，洛河流域は基本的に分布範囲外となる。この分布域の変化は，前期と中期の間で西周王朝の政治力が弱まり，その統制力を失ったことを意味するのであろうか。

　注目すべきなのは，関中平原において西周時代を通じて青銅彝器の分布に大きな変化がある地域と，変化が顕著でない地域とがある点である。中期以降に青銅彝器が基本的に分布しなくなる地域には洛河流域・石川河流域・涇河流域・宝鶏地域（宝鶏市区を除く）・千河流域があり，反対に後期に青銅彝器が出現する地域としては灞河上流域・涇河―漆水河中間地帯が挙げられる。変化があまり顕著でない地域としては秦嶺北麓東部・秦嶺北麓西部・岐山南麓地域・渭河両岸地域が相当する。漆水河流域は現状では資料が少なく判断が難しいが，おそらく洛河流域や涇河流域と同様であろう。西周王朝が関中平原において実質的にその政治力を及ぼした西周王畿を検討するために，ここで中期以降に青銅彝器を持たなくなる各地域の性格を考えたい。

　宝鶏弓国墓地の出土遺物に対する検討によって，西周前期から中期にかけて現在の宝鶏市西郊には漢中盆地や四川盆地と強い関わりを持ち，周人とは異なる文化的伝統を持った弓集団が存在していたことが指摘されている（西江1999）。この地からも多くの青銅彝器が出土しているが，西周中期以降の墓から出土する青銅彝器のうち，王朝の青銅器を模して弓が在地生産したと考えられる青銅彝器の割合が増加する。著者はこの現象を，中期以降の弓集団が王朝からの独立性を高めた結果だと判断した（角道2008）。おそらく周王朝は，伝統的に当地に影響力を持った弓集団との関係を強化するために，青銅彝器の下賜を通じて自らの礼体制への組み込みを図ったのであろう。弓集団が尖底罐や浅盤器のような在地に特徴的な器種を青銅器として製作することをやめ，王朝青銅彝器の模倣を開始したという点では青銅彝器の政治的有用性自体は弓集団によって理解されたといえるが，弓集団自身の権威づけのために彝器の自作を試みたという点を考慮すれば，当地から出土する青銅器すべてを，王朝による青銅器政策が機能した結果とすることはできない。

　関中平原において中期以降の青銅彝器が出土しなくなる地域では，より直接的に，王朝の青銅器政策が定着しなかったと考えるべきではなかろうか。殷末周初期〜西周前期における青銅彝器の広範な分布は，王朝の非構成員であった周辺の諸氏族との関係を強化し体制の盤石化を図った王朝が，青銅彝器の下賜を広く推し進めた結果であろう。千河流域・涇河流域・石川河流域・洛河流域などの各地域で中期以降に青銅彝器が出土しなくなる原因は，これらの地域で王朝青銅彝器の利用が定着せず，王朝が青銅器の下賜を中止したためである可能性が高い。西周中期以降の王朝青銅彝器が出土しない，という同様の状況は涇河上流に西隣する甘粛省霊台白草坡墓地でも

見られる（隴1，隴2）。このような青銅彝器の使用は王朝によって当時広く行われ，その対象地域は基本的に西周王畿の外であった。

　反対に，西周期を通じて分布に変化がない地域，すなわち秦嶺北麓東部・秦嶺北麓西部・岐山南麓地域・涇河両岸地域からなる範囲を，西周王畿と見なし得る。西周王畿においては，青銅彝器の出土点は基本的に豊鎬と周原とに集中しているが，前者の周囲には豊鎬地区に青銅彝器が集中し，他の青銅彝器出土地点はまばらであるのに対し，後者はその周囲に出土地点が面的に広がっている。西周王都があったとされる豊鎬地域に対して，周原地域の性格はどのようなものか。西周時代に王畿内にいた諸氏族が祖先祭祀の際に利用した青銅彝器は複数発見されているが[13]，その多くは周原から検出されており，基本的には当地に集中するといっても過言ではない。青銅彝器を利用した祭祀には，その実施に際して何らかの規制があった可能性が高いといえる。

4. 西周王畿における邑の性格

　西周王畿の範囲は，西端を現在の岐山県，東端を現在の臨潼地区とする限定的な範囲であり，宝鶏市や千河流域や涇河流域は王畿に含まれず，王朝から比較的独立した諸氏族が存在していたと考えられる。一方で青銅彝器の分布状況から見れば，西周王畿内においては豊鎬地区と周原地区とが二大中心地であり，他には政治的な中心地を設定できない。これは邑といわれる共同体の性格を考える際に重要な点である。おそらく青銅器を利用した祖先祭祀を行う際，王畿内では各邑での個別的な祭祀行為は基本的には認められず，王朝による一括管理がなされていたのであろう。今後の発掘調査によって他地区で青銅彝器の出土点数が増加する余地はもちろんあるが，現状の格差を埋めるような発見は考えにくく，西周時代の拠点が新たに増加する可能性は低い。権力の隔絶した中心地とそれに従う無数の邑という基本構造は変わらないものと思われる[14]。

　本節は，西周時代の青銅器出土地点に対する分析から，西周王朝が直接影響力を及ぼす範囲が限定的であること，一方でその範囲内においては強い統制が行われており，邑といわれる社会共同体が独自の政治力を有していた可能性が低いことを論じた。このような共同体の在り方は，西周時代を通じて大きな変化が無かったと考えられる。

第2節　青銅器祭祀の変革とその背景

　前節において，青銅彝器の出土は周原地区・豊鎬地区に集中しており，この二地区が関中平原における周王朝の中核であることを論じた。この周原・豊鎬という二地点は，河南省に位置する洛陽の地と併せて，西周の"三都"であると論じられてきた地域であった。すなわち，金文中にみえる「周」「宗周」「成周」である（陳夢家1955・2004，盧連成1995）[15]。しかしながら，西周の"三都制"の中で同じ「王都」とみなされた周原・豊鎬の二地区に関して，その同質性が語られることはあっても，両者の性格の違いが意識されることはこれまで少なかった。本節では両地点における青銅彝器の出土状況を比較検討することによって，周原遺跡群の相対的な性格を解き明

かすことを試みる。

1. 青銅器窖蔵の出現

　関中平原において西周青銅器の出土状況は大きく二つに分けられる。一つは墓からの出土であり，もう一つは窖蔵と呼ばれる一種の貯蔵穴からの出土である。青銅器窖蔵とは青銅彝器を埋めるために意図的に作られた穴蔵であり，第2章第1節で確認したように，関中以外では陝北地域・四川省彭州市・遼寧省喀左県・湘贛地域などでも作られたことが知られる。しかしながらこれらの地ではいずれも西周系青銅彝器の出土は限定的で，黄河流域を中心とする主要な分布範囲の中では関中平原が唯一，積極的に青銅器窖蔵を作った地域であるといえる。関中平原内においても窖蔵の報告例は周原地区と豊鎬地区に集中する[16]。つまり西周青銅器文化中の窖蔵とは，西周王畿の中でもその核心地区と極めて関係性の強い，特殊な遺構なのである。

　関中平原で発見された窖蔵のいくつかには，大量の青銅器が一括して収められる。扶風県法門鎮荘白一号窖蔵から出土した青銅器の銘文には微氏一族の事績が語られ，また眉県楊家村出土の青銅器はその銘文内容から単氏一族に属する器であることが知られる（秦62，秦84）。それぞれの窖蔵から出土する一括器物は，王畿内の各氏族が自らの祖先祭祀の際に使用した器であった可能性が高い。さらに重要な点は，しばしば窖蔵からは製作年代が異なる青銅器がまとまって出土することである。例えば先に述べた荘白一号窖蔵から出土した青銅器のうち，折尊・折觥・折方彝（第34図1〜3）などは西周前期の器であるが，豊尊・豊卣・史牆盤（第34図4〜6）などの器は西周中期，微伯𣪘・𤼈簋（第34図7・8）などは西周後期の器である[17]。多くの窖蔵青銅器は西周後期の型式を呈するが，荘白一号窖蔵のように西周前期・中期の遺物を有する窖蔵も一定数存在するため，西周前期から祖先祭祀のために使用され続けてきた青銅彝器が，西周後期になって，窖蔵内に埋められたものであると考えられている。

　祖先祭祀を行う祭器をなぜ地下に埋めたのか，そして，その年代はなぜ西周後期であったのか，という疑問が当然発生する。その理由の説明として現在最も一般的な見解は，異民族の襲撃という難を逃れるために地中に隠した，という説である。多くの青銅彝器を保有していた西周貴族たちは，西周末の異民族から逃げのびるに際し，移動の不便を避けるため祭器をいったん自らの土地に埋めて隠した。混乱が収まり無事に故地に帰ることができた暁には再び掘り起こして使用するつもりであったが，結局，故地に帰ることは叶わず掘り起こすことができなかったため，そのまま誰に知られることなく地中に残された，という解釈である。また「西周末の混乱期」に幅を持たせ，異民族との抗争の他に厲王期の政治的混乱を含める見解もある（楊寛2003）。これはどちらも，青銅器窖蔵の時期が西周後期に偏っているという事実を，史書にみられる西周後期の厲王追放あるいは西周末の犬戎侵攻という記事を通じて解釈したものであり，古典籍の記載が真であることの傍証としてしばしば言及されている。

　一方で，小南一郎氏は窖蔵の性格について別の見解を与えている。当時の祖先祭祀の場で使用された「障彝」と称される祭器はその土地と強く結びついた存在であり，もとより他の地へ持ち

136　第3章　西周王朝と青銅器

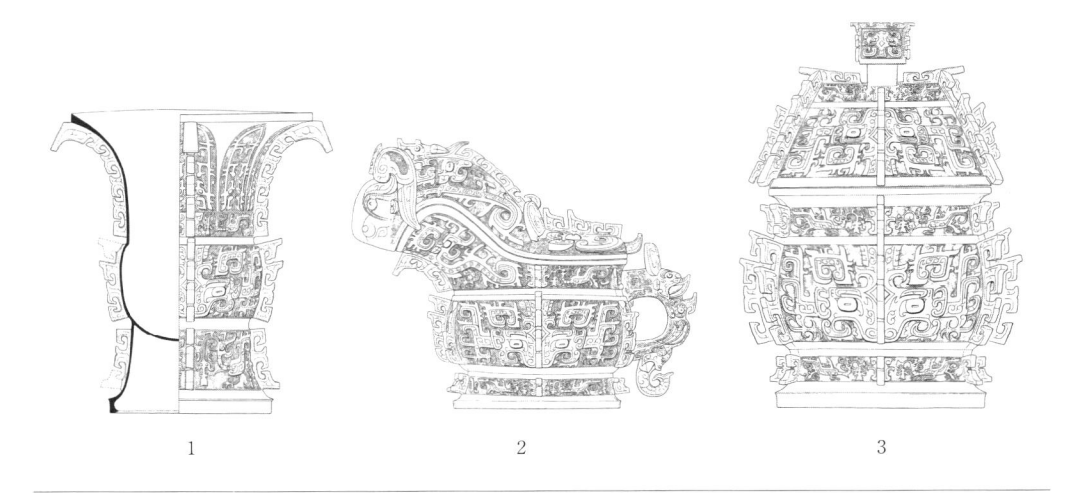

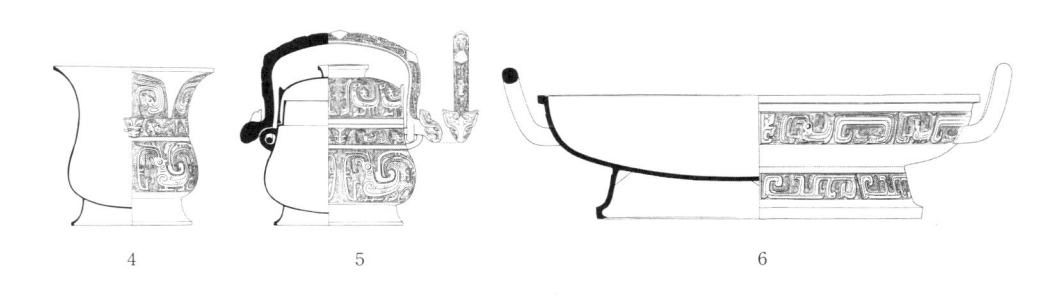

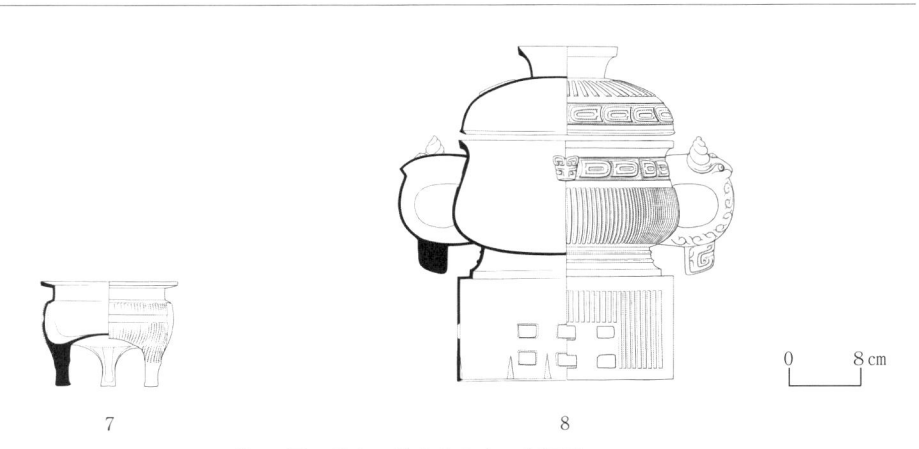

第34図　荘白一号窖蔵出土の青銅器
1 折尊（76FZJ1: 43）　2 折觥（76FZJ1: 41）　3 折方彝（76FZJ1: 24）　4 豊尊（76FZJ1: 1）　5 豊卣（76FZJ1: 44）　6 史墻盤（76FZJ1: 5）　7 微伯鬲（76FZJ1: 39）　8 癲簋（76FZJ1: 13）

第 2 節　青銅器祭祀の変革とその背景　137

出すことができない性格を有していたことを論じ，何らかの理由で自らの土地を離れる際に青銅器を持ち出すことは許されなかったため地中に埋めた，とする（小南 2006）。さらには青銅器の多くは平時から地中に保管されていた可能性をも指摘している。また，近藤喬一氏は陝西省の青銅器窖蔵への全面的な検討から，地下窯洞式と分類されるタイプの窖穴には普段から宗廟の祭器が格納されていたことを指摘する（近藤 2008）。周原と豊鎬に特徴的に現れる青銅器窖蔵とは，従来説かれてきたように避難用の一時的な保管庫に過ぎないのであろうか。それとも小南氏らが指摘するように，恒常的な使用を想定すべきであろうか。青銅彝器を利用した祖先祭祀は西周王朝の秩序維持ともかかわる重要な政治的手段である。青銅彝器の利用と密接に関わっている窖蔵の意味を考察することは，周原・豊鎬という王朝の「都」の性格を読み解くための要点ともなり得るであろう。

　本節では窖蔵の性格を理解するために，もう一つの青銅彝器出土遺構である墓との比較を行う。周原地区と豊鎬地区の青銅彝器出土点数を遺構別にまとめた（第 3〜6 表）[18]。周原地区では 552 点の青銅彝器が出土しているが，そのうち 209 点が墓から，257 点が窖蔵からの出土である。86 点は出土状況が記載されず，遺構の性格が不明である。多くの墓では 1 基から出土する青銅器の点数は 10 点未満で，20 点近くを副葬する例は 1972 年劉家村（第 3 表 No. 6）や 1981 年強家村（第 3 表 No. 49）など少数である。窖蔵は 1972 年京当村（第 4 表 No. 1）が殷代前期の青銅器のみを有する特殊な例であるほかは，いずれも西周の器を有する。ほとんどの青銅彝器が後期に作られた窖蔵から出土しており，個々の出土点数は 1〜4 点程度の例が多い。1976 年荘白村（第 4 表 No. 7）・1960 年斉家村（第 4 表 No. 10）・1975 年董家村（第 4 表 No. 20）は多数の青銅器を有するが，むしろ例外的である。豊鎬地区では 322 点の出土が知られ，うち 224 点が墓から，79 点が窖蔵から出土した。出土遺構不明の青銅彝器は 19 点である。周原地区と同様に，墓 1 基あたりの青銅彝器出土点数はあまり多くない（第 5 表）。窖蔵は西周後期以降に作られ，1961 年張家坡村（第 6 表 No. 2）や 1973 年馬王村（第 6 表 No. 6）で多量の青銅彝器が出土した。

　出土遺構を地点別に比較したものが第 35 図である。比較対象として宝鶏地区[19]の様相も同図に加えた。図から明らかなように，窖蔵青銅器は周原地区で圧倒的多数が確認され，点数としては同地の墓出土青銅彝器の点数を上回っている。豊鎬地区の墓出土青銅彝器の点数は周原地域と大差はないが，窖蔵出土青銅彝器は周原の約 1/3 でしかない。宝鶏地区で，明らかに窖蔵から出土したとされる青銅彝器は 6 点のみであり，墓出土青銅器の点数が周原・豊鎬とほぼ同数であることと対照的である。つまり，三地点でほぼ近似した値を見せる墓出土青銅彝器に対して窖蔵青銅器は検出される地が偏っており，特に周原地区と強い関係を有することを指摘しうる。

　周原と豊鎬について，窖蔵青銅器の時期ごとの変化を分析する。第 36 図 1〜3 はそれぞれ，殷末周初期〜西周前期・西周中期・西周後期の，周原地区と豊鎬地区の遺構別出土青銅器点数の比較である[20]。第 36 図 1・2 からわかるように，西周前期・中期では大半の青銅器が墓に副葬される。周原では窖蔵出土器も存在するが墓副葬器に比べれば僅かなものである。この様相は後期で大きく変わり，周原・豊鎬のいずれの地でも窖蔵出土器が主流となる（第 36 図 3）。同時に墓の

138　第3章　西周王朝と青銅器

第3表　周原遺跡墓出土青銅器〔出土点数脇の（　）は明器の点数〕

番号	地点	出土時期	出土状況	盗掘・攪乱	出土点数	年代	出典
1	扶風県法門公社美陽大隊	1973年末	墓	不明	5	殷後期	文物 1978.10 pp.91-92、陝西出土商周青銅器 1、周原出土青銅器 pp.1198-1209
2	岐山県王家嘴	1977	M1	不明	1	殷後期	陝西出土商周青銅器 1.12、周原出土青銅器 pp.1522-1527
3	岐山県賀家村	1973冬	1号墓	盗掘	7	西周前期（前段）	考古 1976.1 pp.31-37、周原出土青銅器 pp.1224-1283
4	扶風県斉家村	1960.7	M8	不明	2	西周前期	考古 1963.12 pp.654-658、周原出土青銅器 pp.1072-1079
5	岐山県賀家村	1966.12	墓	不明	11	西周前期	文物 1972.6 pp.25-27、周原出土青銅器 pp.1080-1117
6	扶風県劉家村	1972	墓	不明	20	西周前期	周原出土青銅器 pp.1146-1197、陝西出土商周青銅器 3.35-50
7	岐山県賀家村	1973冬	5号墓	無？	2	西周前期	考古 1976.1 pp.31-37、周原出土青銅器 pp.1304-1313
8	扶風県召李村	1975.3	M1	不明	4	西周前期	文物 1976.6 pp.61-65、周原出土青銅器 pp.1320-1347
9	扶風県黄堆公社雲塘村南地	1976	M20	無	8	西周前期	文物 1980.4 pp.39-55、周原出土青銅器 pp.1456-1489
10	岐山県賀家村	1976	76QHM112	攪乱	1	西周前期	文物資料叢刊 1983.8 pp.77-94、周原出土青銅器 pp.1490-1499
11	岐山県賀家村	1976	76QHM113	攪乱	3	西周前期	文物資料叢刊 1983.8 pp.77-94、周原出土青銅器 pp.1500-1513
12	扶風県斉家村	1977	M1	不明	2	西周前期	扶風県文物志 p.94、周原出土青銅器 pp.1514-1521
13	岐山県京当公社王家嘴	1980.3-10	WM1	盗掘	2	西周前期	文博 1985.5 pp.1-7、周原出土青銅器 pp.1722-1729、
14	扶風県荘白	1996冬	96 M1	盗掘・攪乱	1	西周前期	考古 1999.4 pp.18-21、周原出土青銅器 p.2123
15	扶風県黄堆郷斉家村	2002.9-2003.1	M4	盗掘	8	西周前期	考古与文物 2003.4 pp.3-9、周原：2002年度斉家制玦作坊和礼村遺址考古発掘報告
16	扶風県黄堆郷斉家村	2002.9-2003.1	M12	無	1	西周前期（後段）	考古与文物 2003.4 pp.3-9、周原：2002年度斉家制玦作坊和礼村遺址考古発掘報告
17	扶風県法門寺鎮荘李村（李家村）	2003.3-2004	M9	無	14	西周前期（後段）	考古 2004.1 pp.3-6、考古 2008.12 pp.3-22
18	扶風県黄堆公社雲塘大隊斉鎮生産隊	1948	墓	不明	2	西周中期	考古与文物 1980.4 pp6-22
19	扶風県黄堆公社雲塘大隊斉鎮生産隊	1971.9	M1	不明	2	西周中期	文物 1972.7 pp.9-12、考古与文物 1980.4 pp6-22、周原出土青銅器 pp.1118-1125
20	扶風県黄堆公社雲塘大隊斉鎮生産隊	1971.9	M2	不明	2	西周中期	文物 1972.7 pp.9-12、考古与文物 1980.4 pp6-22、周原出土青銅器 pp.1126-1131
21	扶風県黄堆公社雲塘大隊斉鎮生産隊	1971.9	M3	不明	2	西周中期	文物 1972.7 pp.9-12、考古与文物 1980.4 pp6-22、周原出土青銅器 pp.1132-1145
22	扶風県劉家水庫	1973.10	M1	不明	2	西周中期	考古与文物 1980.4 pp.6-22、周原出土青銅器 pp.1210-1223、扶風出土商青銅器 3.51
23	岐山県賀家村	1973冬	6号墓	無？	2	西周中期	考古 1976.1 pp.31-37、周原出土青銅器 pp.1314-1319
24	扶風県法門公社荘白大隊白家生産隊	1975.3	墓	攪乱	14	西周中期	文物 1976.6 pp.51-60、周原出土青銅器 pp.1348-1407
25	扶風県黄堆公社雲塘村南地	1976	M10	無	4	西周中期	文物 1980.4 pp.39-55、周原出土青銅器 pp.1408-1427
26	扶風県黄堆公社雲塘村南地	1976	M13	無	7	西周中期	文物 1980.4 pp.39-55、周原出土青銅器 pp.1428-1455

第2節　青銅器祭祀の変革とその背景　　139

番号	地点	出土時期	出土状況	盗掘・攪乱	出土点数	年代	出典
27	扶風県斉家村	1978.8	FQM19	無?	12	西周中期	文物 1979.11 pp.1-11、周原出土青銅器 pp1552-1617
28	扶風県斉家村	1978	M5	不明	1	西周中期	扶風県文物志 p96、周原出土青銅器 pp.1538-1545
29	扶風県斉村	1978	墓	不明	2(2)	西周中期?	周原出土青銅器　pp.1546-1551
30	扶風県黄堆村	1980.6-1981.3	M4	盗掘	4	西周中期	文物 1986.8 pp.56-68、周原出土青銅器 pp.1664-1697
31	扶風県劉家村	1980.12	M2	不明	1	西周中期	扶風県文物志 p.99、周原出土青銅器 pp.1714-1721
32	扶風県斉家村	1991	91 M1	盗掘	2	西周中期	考古 1999.4 pp.18-21、周原出土青銅器 pp.2075-2077
33	扶風県斉家村	1991	91 M2	盗掘	2	西周中期	考古 1999.4 pp.18-21、周原出土青銅器 pp.1920-1925
34	扶風県斉家村	1991	M5	不明	11	西周中期	周原出土青銅器　pp.1876-1919
35	扶風県黄堆郷黄堆村	1992 春	92FHM37	盗掘	1	西周中期	文博 1994.5 pp.78-86、周原出土青銅器 pp.1926-1939
36	扶風県法門鎮黄堆村老堡子	1995	95FHM58	盗掘	2	西周中期	文物 2005.4 pp.4-25、周原出土青銅器 pp.1980-1989
37	扶風県斉家村	1999	Ⅳ A1 M19	無?	3	西周中期	古代文明 2 pp.491-538
38	扶風県法門鎮荘白村劉家組	2004.4	M1	攪乱	2	西周中期	文博 2007.4 pp.4-8
39	扶風県上康村	1957.8	2号墓	攪乱	4	西周中期（後段）	考古 1960.8 pp.8-11
40	扶風県黄堆郷斉家村	2002.9-2003.1	M16	盗掘・攪乱	1	西周中期（後段）	考古与文物 2003.4 pp.3-9、周原：2002年度斉家制玦作坊和礼村遺址考古発掘報告
41	扶風県法門鎮荘李村（李家村）	2003.秋	M17	無?	2	西周中期（後段）	古代文明 3 pp.436-490
42	扶風県法門鎮黄堆村老堡子	1995	95FHM55	盗掘	4(4)	西周中期（後段）〜後期	文物 2005.4 pp.4-25、周原出土青銅器 pp.1946-1979
43	扶風県法門鎮黄堆村老堡子	1996	96FHM71	盗掘	1(1)	西周中期（後段）〜後期	文物 2005.4 pp.26-42、周原出土青銅器 pp.1998-2001
44	扶風県黄堆郷黄堆村	1992 春	92FHM45	盗掘	1	西周後期	文博 1994.5 pp.78-86、周原出土青銅器 pp.1940-1945
45	岐山県賀家村	1973 冬	3号墓	盗掘	3	西周後期	考古 1976.1 pp.31-37、周原出土青銅器 pp.1284-1295
46	扶風県黄堆村	1980.6-1981.3	M1	無?	1	西周後期	文物 1986.8 pp.56-68、周原出土青銅器 pp.1618-1647
47	扶風県黄堆村	1980.6-1981.3	M3	盗掘	1(1)	西周後期	文物 1986.8 pp.56-68、周原出土青銅器 pp.1648-1663
48	扶風県黄堆村	1980.6-1981.3	M16	無?	1	西周後期	文物 1986.8 pp.56-68、周原出土青銅器 pp.1698-1713
49	扶風県黄堆郷強家村	1981.8	81 扶強 M1	無	18(4)	西周後期	文博 1987.4 pp.5-20、周原出土青銅器 pp.1730-1875
	合計				209(12)		

140　第3章　西周王朝と青銅器

第4表　周原遺跡窖蔵出土青銅器

番号	地点	出土時期	出土状況	盗掘・攪乱	出土点数	年代	出典
1	岐山県京当村	1972.1	窖蔵	不明	4	殷前期	文物 1977.12 pp.84-95、周原出土青銅器 pp.280-299
2	扶風県法門鎮荘白村劉家組	1994.12	窖蔵	不明	1	西周前期	考古与文物 1998.1 pp.76-81、周原出土青銅器 p.2218-2220
3	扶風県荘白	1946	窖蔵	不明	1	西周中期	考古与文物 1980.4 pp.6-22
4	扶風県斉家生産隊	1966	窖蔵	不明	2	西周中期	考古与文物 1980.4 pp.6-22、周原出土青銅器 pp.2021-2026
5	扶風県黄堆公社雲塘大隊強家生産隊	1974.12	窖蔵	無	7	西周中期	文物 1975.8 pp.57-62、周原出土青銅器 pp.300-321
6	扶風県斉家村	1982.3	7号窖蔵 (82F斉家J7)	不明	2	西周中期	考古与文物 1985.1 pp.12-18、周原出土青銅器 pp.1016-1023
7	扶風県法門公社荘白大隊白家生産隊	1976.12	1号窖蔵 (76FZH1)	不明	90	西周後期（前段）	文物 1978.3 pp.1-18、周原出土青銅器 pp.522-967
8	扶風県法門公社荘白大隊任家村	1940	窖蔵	不明	3	西周後期	考古与文物 1980.4 pp.6-22
9	扶風鎮黄堆郷斉家村	1958.01	窖蔵	不明	4	西周後期	文物 1959.11 pp.72-73、周原出土青銅器 pp.6-19
10	扶風県斉家村	1960	窖蔵	不明	39	西周後期	文物 1961.7 pp.59-60、周原出土青銅器 pp.20-150、扶風斉家村青銅器群
11	扶風県荘白大隊召陳村	1960	窖蔵	不明	17	西周後期	文物 1972.6 pp.30-35、周原出土青銅器 pp.154-215
12	扶風県黄堆公社雲塘大隊斉家村	1961.2	窖蔵	不明	1	西周後期	文物資料叢刊 1978.2 pp.22-25
13	扶風県斉家村	1961.2	窖蔵	不明	3	西周後期	考古 1963.10 pp.574-576、周原出土青銅器 pp.216-227
14	扶風県法門公社斉家村	1963.01-02	窖蔵	不明	6	西周後期	考古 1963.8 pp.413-415、文物 1963.9 pp.65-66、周原出土青銅器 pp.228-265
15	扶風県斉鎮村	1966冬	窖蔵	不明	3	西周後期	文物 1972.7 pp.9-12、考古与文物 1980.4 pp.6-22、周原出土青銅器 pp.266-279、p.2024、陝西出土商周青銅器 3.60-62
16	扶風県劉家水庫	1972.12	窖蔵	不明	1	西周後期	考古与文物 1980.4 pp.6-22、周原出土青銅器 pp.2008
17	扶風県劉家村東北	1973.3	窖蔵	不明	1	西周後期	考古与文物 1980.4 pp.6-22、周原出土青銅器 p.2213
18	扶風県召陳村	1973.12	窖蔵	不明	2	西周後期	考古与文物 1980.4 pp.6-22、周原出土青銅器 pp.2226-2228
19	岐山県賀家村	1974.12	窖蔵	不明	1	西周後期	陝西出土商周青銅器 3.5
20	岐山県京当公社董家村	1975.2	窖蔵	不明	37	西周後期	文物 1976.5 pp.26-44、周原出土青銅器 pp.322-475
21	扶風県黄堆公社雲塘生産隊	1976.1	76FYH1	不明	7	西周後期	文物 1978.11 pp.6-10、周原出土青銅器 pp.476-521
22	扶風県法門公社荘白生産隊	1976.12	2号窖蔵 (76FZH2)	不明	5	西周後期	文物 1978.11 pp.6-10、周原出土青銅器 pp.968-987
23	扶風県黄堆公社雲塘生産隊	1977.8	窖蔵	不明	1	西周後期	文物 1982.6 pp.87-88、周原出土青銅器 p.2158
24	岐山県鳳雛村	1978.9	窖蔵	不明	5	西周後期	文物 1979.11 pp.12-15、周原出土青銅器 pp.988-1007
25	扶風県法門公社斉村陂塘	1979.8	窖蔵	不明	1	西周後期	考古与文物 1980.4 pp.6-22、周原出土青銅器 p.2045
26	扶風県斉家村	1984.3	8号窖蔵 (84F斉家J8)	一部攪乱か	7	西周後期	考古与文物 1985.1 pp.12-18、周原出土青銅器 pp.1024-1053
27	扶風県荘李村	1987	窖蔵	不明	3	西周後期	周原出土青銅器 pp.1054-1063、扶風県文物志 p.82
28	扶風県召陳村	1998.7	5号窖蔵 (Z98)	不明	1	西周後期	考古 1999.4 pp.18-21、周原出土青銅器 p.2036
29	扶風県黄堆公社下務子村	1981.12	81FXJ1	不明	2	西周後期（後段）	文物 1982.12 pp.43-46、周原出土青銅器 pp.1008-1015
	合計				257		

第 2 節　青銅器祭祀の変革とその背景　141

第 5 表　豊鎬遺跡墓出土青銅器〔出土点数脇の（　）は明器の点数〕

番号	地点	出土時期	出土状況	盗掘・攪乱	出土点数	年代	出典
1	長安県灃西公社張家坡	1983	83灃毛M1	一部攪乱	2	先周	考古1984.9 pp.779-783、考古与文物2000.2 pp.22-27
2	長安県馬王村鎮張家坡村	1983-1986	M62	不明	1	西周前期（前段）	張家坡西周墓地
3	長安県馬王村鎮張家坡村	1983-1986	M123	不明	1	西周前期（前段）	張家坡西周墓地
4	長安県灃西張家坡	1955-1957	SCCM178	無	3	西周前期	灃西発掘報告
5	長安県灃西張家坡	1955-1957	SCCM219	無	1	西周前期	灃西発掘報告
6	長安県灃西公社張家坡	1961-1962	M106	無	6	西周前期	考古1984.9 pp.784-789
7	長安県灃西公社張家坡	1961-1962	M107	無	1	西周前期	考古1984.9 pp.784-789
8	長安県灃西公社張家坡	1961-1962	M307	無	2	西周前期	考古1984.9 pp.784-789
9	長安県灃西公社張家坡	1961-1962	M308	無	1	西周前期	考古1984.9 pp.784-789
10	長安県灃西公社張家坡	1961-1962	M404	無	2	西周前期	考古1984.9 pp.784-789
11	長安県灃西公社馬王村	1963	墓	不明	9	西周前期	考古1963.8 pp.413-415
12	長安県張家坡	1967.4-12	54号墓	無	2	西周前期	考古学報1980.4 pp.457-501
13	長安県張家坡	1967.4-12	87号墓	無	8	西周前期	考古学報1980.4 pp.457-501
14	長安県灃西公社張家坡	1971-1981	長家坡79 M2	無	3	西周前期	考古1986.3 pp.197-209
15	長安県灃西公社客省荘	1976-1978	客77 M1	無	5	西周前期	考古1981.1 pp.13-18
16	長安県灃西公社張家坡	1976-1978	張78 M1	攪乱	1	西周前期	考古1981.1 pp.13-18
17	長安県馬王村鎮張家坡村	1983-1986	M136	未盗掘？	1	西周前期	張家坡西周墓地
18	長安県馬王村鎮張家坡村	1983-1986	M257	未盗掘？	1	西周前期	張家坡西周墓地
19	長安県馬王村鎮張家坡村	1983-1986	M260	不明	1	西周前期	張家坡西周墓地
20	長安県馬王村鎮張家坡村	1983-1986	M294	不明	1	西周前期	張家坡西周墓地
21	長安県灃西郷大原村	1984	M315	盗掘	1	西周前期	張家坡西周墓地、考古1986.11 pp.977-981
22	長安県灃西地区灃河鉄路橋西	1984-1985	M15	一部攪乱	5	西周前期	考古1987.1 pp.15-32
23	長安県張家坡村	1987春、1991	M19	無	2	西周前期	考古1994.10 pp.895-909
24	長安県張家坡村	1987春、1991	M18	無	1	西周前期	考古1994.10 pp.895-909
25	長安県馬王村鎮張家坡村	1983-1986	M167	攪乱	1	西周前期（後段）	張家坡西周墓地
26	長安県馬王村鎮張家坡村	1983-1986	M233	攪乱	1	西周前期（後段）	張家坡西周墓地
27	長安県馬王村鎮張家坡村	1983-1986	M234	不明	1	西周前期（後段）	張家坡西周墓地
28	長安県馬王村鎮張家坡村	1983-1986	M285	未盗掘？	2	西周前期（後段）	張家坡西周墓地
29	長安県張家坡	1967.4-12	16号墓	無	2	西周前期？	考古学報1980.4 pp.457-501
30	長安県張家坡	1967.4-12	28号墓	一部攪乱	2	西周前期？	考古学報1980.4 pp.457-501
31	長安県張家坡	1967.4-12	91号墓	無	1	西周前期？	考古学報1980.4 pp.457-501
32	長安県灃西公社張家坡	1976-1978	張76 M3	無	2	西周前期？	考古1981.1 pp.13-18

第3章　西周王朝と青銅器

33	長安県斗門鎮花園村	1980.10-1981	長花 M15	不明	13	西周中期（前段）	文物 1986.1 pp.1-31
34	長安県斗門鎮花園村	1980.10-1981	長花 M17	不明	15	西周中期（前段）	文物 1986.1 pp.1-31
35	長安県馬王村鎮張家坡村	1983-1986	M51	不明	1	西周中期（前段）	張家坡西周墓地
36	長安県馬王村鎮張家坡村	1983-1986	M73	不明	1	西周中期（前段）	張家坡西周墓地
37	長安県馬王村鎮張家坡村	1983-1986	M112	不明	1	西周中期（前段）	張家坡西周墓地
38	長安県馬王村鎮張家坡村	1983-1986	M145	無	1	西周中期（前段）	張家坡西周墓地
39	長安県馬王村鎮張家坡村	1983-1986	M183	未盗掘？	5	西周中期（前段）	張家坡西周墓地
40	長安県馬王村鎮張家坡村	1983-1986	M203	不明	1	西周中期（前段）	張家坡西周墓地
41	長安県馬王村鎮張家坡村	1983-1986	M271	不明	1	西周中期（前段）	張家坡西周墓地
42	長安県馬王村鎮張家坡村	1983-1986	M390	不明	2	西周中期（前段）	張家坡西周墓地
43	長安県馬王村	1992 春	M33	無	4	西周中期（前段）	考古 1994.11 pp.974-985
44	長安県斗門鎮花園村	1980.10-1981	花園村車馬坑（長花 M3）	不明	1	西周中期（前段）？	文物 1986.1 pp.1-31
45	長安県斗門鎮普渡村	1953-1954	2 号墓	一部攪乱	7	西周中期	考古学報 1954.8 pp.109-126
46	長安県澧西張家坡	1955-1957	SCCM162	無	1	西周中期	澧西発掘報告
47	長安県澧西公社馬王村	1961	墓	不明	2	西周中期	考古 1984.9 pp.784-789
48	長安県澧西公社張家坡	1961-1962	M403	無	1	西周中期	考古 1984.9 pp.784-789
49	長安県張家坡	1967.4-12	82 号墓	無	1	西周中期	考古学報 1980.4 pp.457-501
50	長安県張家坡	1967.4-12	85 号墓	無	3	西周中期	考古学報 1980.4 pp.457-501
51	長安県張家坡	1967.4-12	103 号墓	盗掘	1	西周中期	考古学報 1980.4 pp.457-501
52	長安県斗門鎮普渡村	1980.10-1981	長普 M14	不明	1	西周中期	文物 1986.1 pp.1-31
53	長安県馬王村鎮張家坡村	1983-1986	M152	盗掘	2(1)	西周中期	張家坡西周墓地
54	長安県馬王村鎮張家坡村	1983-1986	M163	盗掘	8	西周中期	張家坡西周墓地
55	長安県馬王村鎮張家坡村	1983-1986	M170	盗掘	2	西周中期	張家坡西周墓地
56	長安県馬王村鎮張家坡村	1983-1986	M198	不明	1	西周中期	張家坡西周墓地
57	長安県馬王村鎮張家坡村	1983-1986	M211	盗掘	1	西周中期	張家坡西周墓地
58	長安県馬王村鎮張家坡村	1983-1986	M275	盗掘	1	西周中期	張家坡西周墓地
59	長安県馬王村鎮張家坡村	1983-1986	M284	未盗掘？	2	西周中期	張家坡西周墓地
60	長安県花園村	1986.7	M5	不明	1	西周中期	文博 1988.1 pp.3-5
61	長安県張家坡村	1987 春、1991	M1	無	3	西周中期	考古 1994.10 pp.895-909
62	長安県馬王村	1997	97SCMM4	無	3	西周中期	考古学報 2000.2 pp.199-256
63	長安県澧西張家坡	1955-1957	SCCM420	無	1	西周中期？	澧西発掘報告
64	長安県張家坡	1967.4-12	80 号墓	無	1	西周中期？	考古学報 1980.4 pp.457-501
65	長安県馬王村鎮張家坡村	1983-1986	M166	一部攪乱	2	西周中期？	張家坡西周墓地
66	長安県馬王村鎮張家坡村	1983-1986	M197	不明	1	西周中期？	張家坡西周墓地

第2節　青銅器祭祀の変革とその背景　　143

67	長安県斗門鎮普渡村	1954.10-12	墓	盗掘・攪乱	21	西周中期（後段）	考古学報 1957.1 pp.75-85
68	長安県馬王村鎮張家坡村	1983-1986	M106	不明	1	西周中期（後段）	張家坡西周墓地
69	長安県灃西郷大原村	1984	M304	盗掘	3	西周中期（後段）	張家坡西周墓地、考古 1986.11pp.977-981
70	長安県馬王村鎮張家坡村	1983-1986	M320	盗掘	4	西周中期（後段）	張家坡西周墓地
71	長安県馬王村鎮張家坡村	1983-1986	M253	盗掘	5	西周後期（前段）	張家坡西周墓地
72	長安県馬王村鎮張家坡村	1983-1986	M311	不明	2(1)	西周後期（前段）	張家坡西周墓地
73	長安県馬王村鎮張家坡村	1983-1986	M319	不明	1	西周後期（前段）	張家坡西周墓地
74	長安県馬王村鎮張家坡村	1983-1986	M374	不明	1	西周後期（前段）	張家坡西周墓地
75	長安県張家坡	1964.10	墓	攪乱	9	西周後期	考古 1965.9 pp.447-450
76	長安県張家坡	1967.4-12	105号墓	盗掘	1	西周後期	考古学報 1980.4 pp.457-501
77	長安県張家坡	1967.4-12	115号墓	無	2	西周後期	考古学報 1980.4 pp.457-501
78	長安県灃西公社張家坡	1971-1981	長家坡車馬坑（79 M8）	盗掘	2	西周後期	考古 1986.3 pp.197-209
79	長安県灃西公社新旺村	1971-1981	新旺村 81 M104	盗掘	1	西周後期	考古 1986.3 pp.197-209
80	長安県馬王村鎮張家坡村	1983-1986	M126	不明	1	西周後期	張家坡西周墓地
81	長安県馬王村鎮張家坡村	1983-1986	M165	不明	1	西周後期	張家坡西周墓地
82	長安県馬王村鎮張家坡村	1983-1986	M349	不明	1	西周後期	張家坡西周墓地
83	長安県灃西郷大原村	1984	M301	盗掘	2(1)	西周後期（後段）	張家坡西周墓地、考古 1986.11pp.977-981
84	長安県馬王村鎮張家坡村	1983-1986	M355	不明	1(1)	西周後期（後段）	張家坡西周墓地
	合計				224(4)		

第6表　豊鎬遺跡窖蔵出土青銅器

番号	地点	出土時期	出土状況	盗掘・攪乱	出土点数	年代	出典
1	長安県灃西公社新旺村	1982.1	窖蔵（H2）	不明	2	西周後期（前段）	考古 1983.3 pp.217-219
2	長安県張家坡	1961	窖蔵	攪乱	44	西周後期	長安張家坡西周銅器群
3	長安県灃西公社馬王村	1967	窖蔵	不明	6	西周後期	考古与文物 1984.1 pp.66-68
4	長安県灃西公社新旺村	1967.7	窖蔵？	不明	2	西周後期	考古 1977.1 pp.71-72
5	長安県灃西公社新旺村	1973.5	窖蔵	不明	2	西周後期	考古 1974.1 pp.1-5
6	長安県灃西公社馬王村	1973.5	窖蔵	不明	23	西周後期	考古 1974.1 pp.1-5
	合計				79		

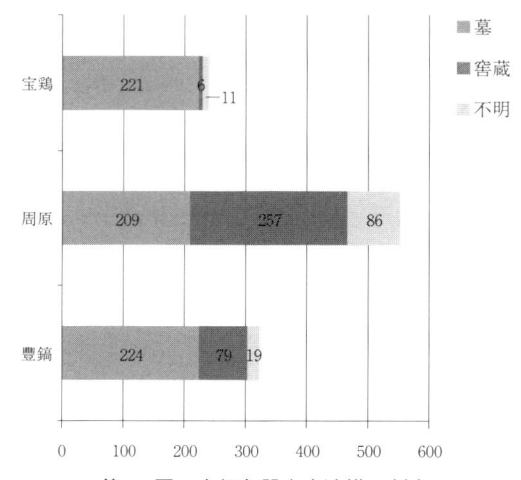

第 3 章　西周王朝と青銅器

第 35 図　青銅彝器出土遺構の割合

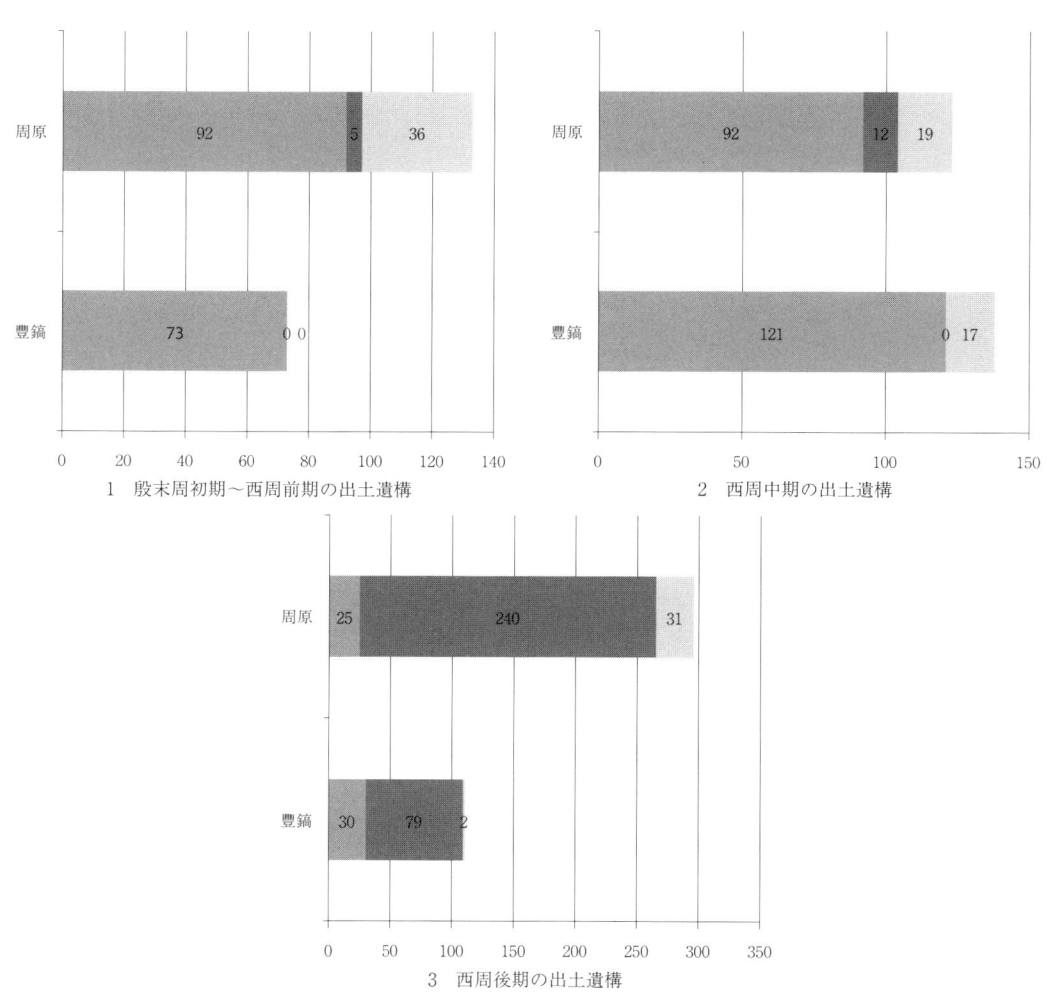

1　殷末周初期〜西周前期の出土遺構

2　西周中期の出土遺構

3　西周後期の出土遺構

第 36 図　周原・豊鎬の各時期における青銅彝器出土遺構

副葬品としての青銅彝器はそれ以前に比べて激減し，大きな変化があったことを物語っている。両者の間の差異としては，豊鎬では墓へ副葬された青銅器は窖蔵青銅器の40％弱であるが，周原では僅か10％に過ぎない。周原と豊鎬の性格の違いは西周後期に入ってより明確化するといえる。

　以上のように，周原では西周後期になって墓から出土する青銅彝器が減少し代わって窖蔵の利用が増加する。なぜこのような変化が生じたのか，その原因を検討する前に，周原における墓と窖蔵の位置関係を確認したい。第37〜39図は，周原における墓出土青銅器と窖蔵青銅器の出土地点を地図上に落としたものである。第37図は殷末周初期〜西周前期の，第38図は西周中期の，第39図は西周後期の，周原における青銅彝器出土状況を示す[21]。殷末周初期〜西周前期の青銅彝器を有する地点は，宮里・衛里・京当・李家・雲塘・賀家・礼村・斉家・双庵・王家嘴・劉家・荘白・荘李・上康・召李の各村であり，賀家・斉家・劉家がその中心地である（第37図）。西周中期の青銅器を有する地は，祝家荘・黄堆・老堡子・強家・雲塘・斉鎮・賀家・礼村・斉家・双庵・劉家・荘白・荘李・上康・斉村の各村であり，雲塘〜斉家〜劉家の範囲内で多数出土する（第38図）。西周後期の青銅器を有する地は，洗馬荘・喬家・黄堆・下務子・強家・雲塘・鳳雛・董家・斉鎮・賀家・礼村・斉家・劉家・荘白・荘李・召陳・任家・召李・斉村・馬家であり，斉家を中心として董家・召陳・荘白を含む範囲で大量の彝器が出土している（第39図）。これらの分布図から読み解けることは，墓・窖蔵の別に関わらず西周前期〜後期にかけて青銅彝器出土の中心は雲塘〜賀家〜斉家〜荘白〜劉家の一帯に在り続けたということである。前期〜後期の間で出土地点に大きな変化がないということは，青銅器の所有者もまた同じ集団であった可能

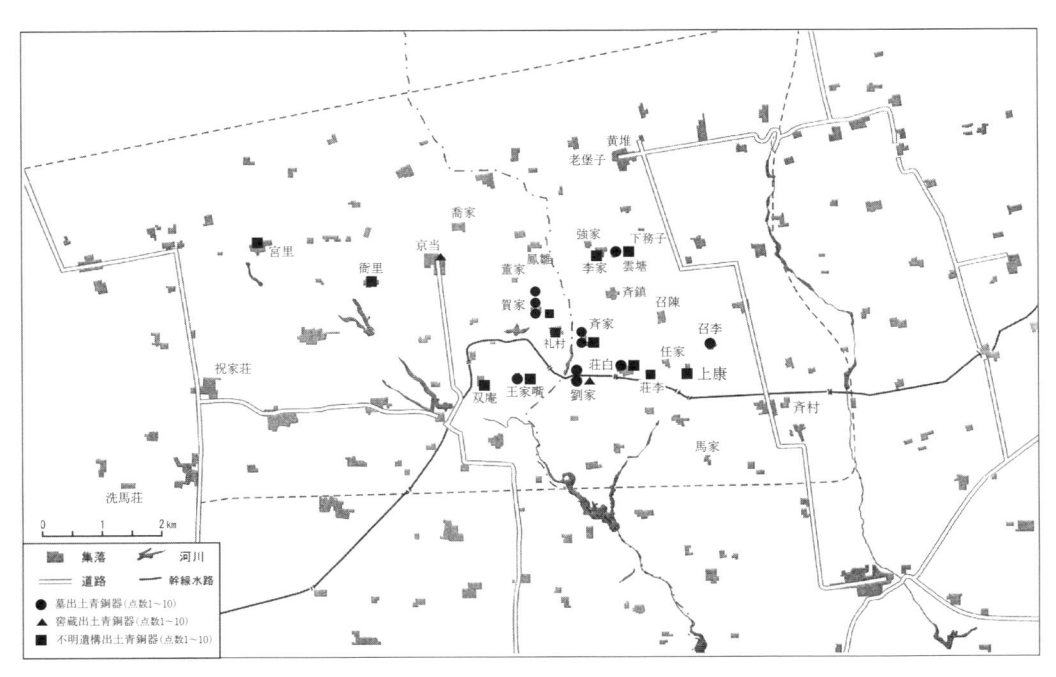

第37図　周原における殷末周初期〜西周前期の青銅彝器出土状況

146　第3章　西周王朝と青銅器

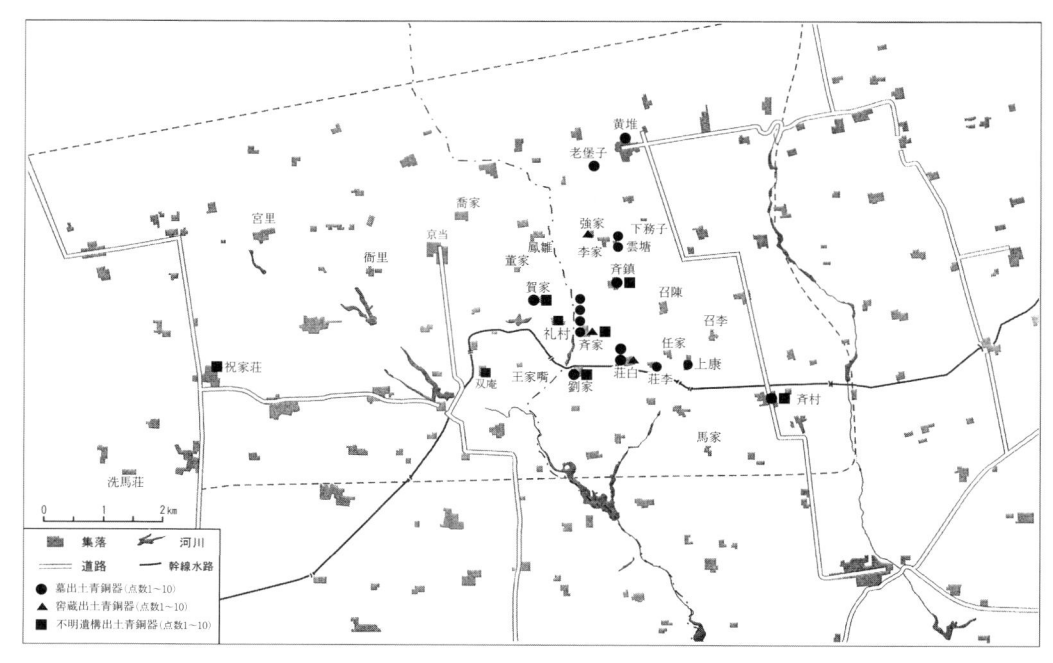

第38図　周原における西周中期の青銅彝器出土状況

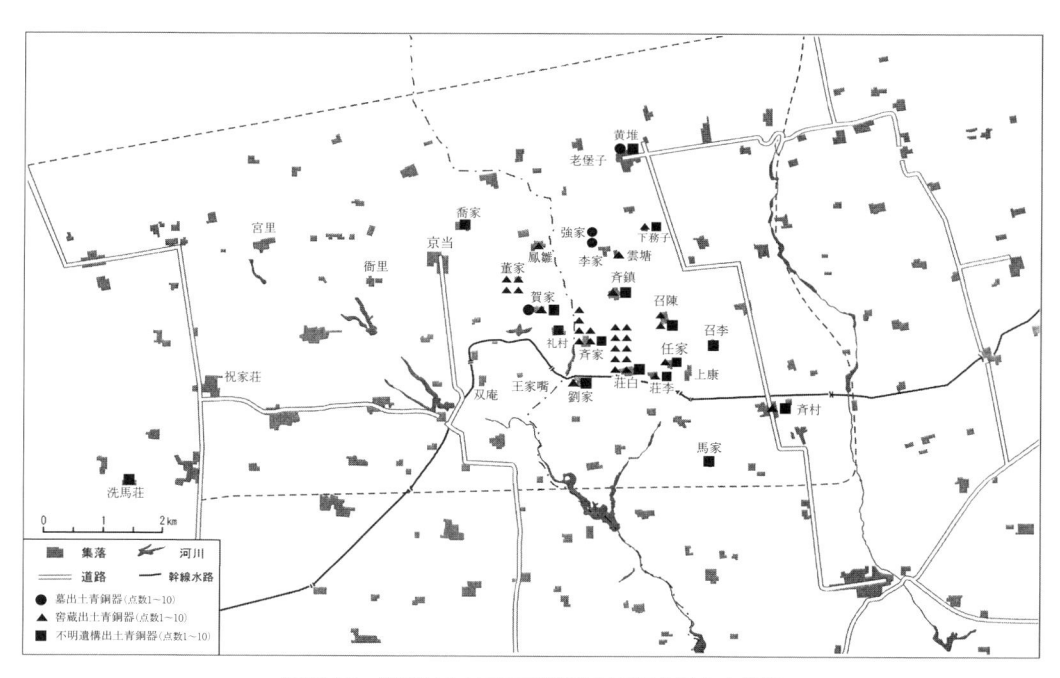

第39図　周原における西周後期の青銅彝器出土状況

性が高い。前期から後期にかけて周原地区内における核心地域は一定であるため，後期以降に周原を担う人々が大きく入れ替わった，と考える積極的な根拠はない。

したがって，後期における墓出土彝器の減少と窖蔵青銅器の増加の背景に関して，以下のような二つの可能性が想定される。すなわち，一つは西周後期以降の周原では基本的に墓が作られなくなった，という可能性である。もう一つは西周後期以降には，それまでと同様に墓は作られたとしても，墓には青銅彝器を副葬しなくなった，という可能性である。

この二つの可能性を検討する為に，周原地区内に位置する斉家村石玦工房区墓地を例として墓地の連続性と副葬青銅器の有無について分析を試みる。

2. 斉家村石玦工房区墓地の被葬者と副葬青銅器

周原における発掘調査は 1970 年代以降続けられてきたが，近年，2002 年に行われた扶風県黄堆郷斉家村での発掘調査の成果が報告書として刊行され，石玦工房とそれに伴う墓地の様相が明らかとなった（秦75）。斉家村工房区に対する考古学的な調査はすでに 1980 年代末に行われており（羅西章1992），斉家溝に隣接する当地に石器工房が存在していたことは早くから知られていた。2002～2003 年の調査によって，この遺跡が西周期の手工業区の一角を占めていたことがはっきりと認識されたといえる。

この遺跡からは多くの石玦の未成品が出土しており，ここに石玦を製作する工房が存在したことは明らかである。報告者は土器型式への検討からこの遺跡の時期を 4 期 7 段に区分し，第 1 段を先周期，第 2 段を西周前期前段，第 3 段を西周前期後段，第 4 段を西周中期前段，第 5 段を西周中期後段，第 6 段を西周後期前段，第 7 段を西周後期後段に当てている。その上で，工房区・墓地ともに石玦製作に関連する遺物が出土するのは第 3 段から第 7 段であること，第 3 段以降の墓では被葬者の頭位方向に共通性が現れること，第 3 段以降の墓では腰坑[22]が出現すること，第 3 段以降の墓に殷系の土器が出現すること，の四点を以て，第 1・2 段と第 3 段以降とで遺跡の性格に変化があったことを指摘する。報告者の見解によれば，第 1・2 段の被葬者は姫姓の周人，第 3～7 段の被葬者は殷の遺民であるとされる。この遺跡が石玦製作工房として利用された時期は第 3～7 段の時期であり，同時期の墓からは副葬品として石器加工用の工具や未加工の原材料がみられることから，墓地の被葬者は工房にて石玦の製作に従事していた人々であったとされる。さらに，西周前期後段から後期後段にかけて石玦製作集団という被葬者の社会的立場は基本的に変化することがなかったことが述べられる。

ここで，斉家村石玦工房区墓地で発掘された計 40 基の墓について被葬者間の階層的な差異とその時間的変遷に検討を加えたい。報告者は墓坑の大きさ・葬具の多寡・副葬品の点数を基準としてこの墓地の被葬者の階層を三つの等級に分類するが，等級が言及されるのは一部の墓のみであり，また基準の根拠がやや不明瞭な点もあり階層差の時間的変遷を追うためにはこの三等級は利用しにくく[23]，新たに基準を設定しなおす必要があろう。この墓地では盗掘の被害を受けている墓が多く副葬品の多寡から階層差を読み取ることが難しいため，本稿では槨・棺という葬具の

148　第3章　西周王朝と青銅器

第7表　斉家村墓サイズと副葬品（*は破片のみの出土を示す）

墓号	墓口長(cm)	墓口幅(cm)	槨	棺	棺槨種類	階層	盗掘の有無	腰坑	動物犠牲	性別	年齢	時期	鼎	方鼎	簋	甗	盉	觚	爵	觶	高	豆	罐	豆	罍	豆	不明
M36	205	80		1	乙	下	無					1段（先周）															
M29	133	45			丙	小児	後代墓に切られる					2段（前期前段）									2		2				
M4	280	137	1	1	甲	上	盗掘	長方形	有			3段（前期後段）		1	1		1	1	2	1	5	3	4				
M12	275	161	1	1	甲	上	無	長方形				3段（前期後段）			1		1	1			3	2	10		2		
M28	185	95		1	乙	下	無					3段（前期後段）											1				
M30	183	90			丙	下	無					3段（前期後段）	1								2	2	2				
M1	240	98	1	1	甲	上	無	長方形	有			4段（中期前段）									2	3	2	4			1
M2	202	66		1	乙	下	無					4段（中期前段）									1		1			2	
M14	210	65		1	乙	下	無					4段（中期前段）									1		1			2	
M37	220	90		1	乙	下	無			女	45-50歳	4段（中期前段）									1		1				
M5	239	111	1	1	甲	下	無	楕円形		女	25歳前後	5段（中期後段）									1	1	1				
M8	217	87	1	1	甲	上	無	楕円形	有			5段（中期後段）				1					3	4	4	3			
M16	260	123.5	1	1	甲	上	盗掘・攪乱	楕円形				5段（中期後段）									1*	2					
M25	239	105	1	1	甲	上	盗掘・攪乱	長方形	有			5段（中期後段）									2	2	2				
M26	240	107	1	1	甲	上	無	楕円形				5段（中期後段）															
M6	256	114.5		1	乙	上	無	円形	犬			6段（後期前段）									1		2				
M17	245	140		1	乙	上	盗掘・攪乱	楕円形				6段（後期前段）										2	2	4			
M3	240	117.5	1	1	乙	上	無	楕円形	有			6段（後期前段）									3	4	6	2			
M7	242	95	1	1	乙	上	無					6段（後期前段）									2	5	2	2			
M9	190	84		1	乙	小児	無				7-8歳	6段（後期前段）									1						
M11	255	94	1	1	乙	上	無					6段（後期前段）									2	2	3	4			
M38	240	110		1	乙	下	無		有			6段（後期前段）									2	2	2	2			
M34	230	85		1	乙	下	無					6・7段（後期）											1				
M31	220	96.5		1	丙	下	無					6・7段（後期）											1				
M19	260	150	1	1	甲	上	無	楕円形	有			7段（後期後段）									4	4	6	4			
M27	262	123	1	1	乙	上	盗掘・攪乱					7段（後期後段）									4		4	2			
M41	232	110	1	1	甲	上	無					7段（後期後段）									4	4	4	4			
M39	225	115	1	1	甲	上	盗掘・攪乱	楕円形				不明															
M10	210	52		1	乙	上	無			女	50歳以上	不明															
M13	180	60		1	乙	下	無				20-24歳	不明															
M18	210	65		1	乙	下	無				18歳前後	不明															
M22	190	62.5		1	乙	下	無				20-25歳	不明															
M23	160	77.5		1	乙	下	無			女	14-16歳	不明															
M24	200	85		1	乙	下	無			女	14-16歳	不明															
M32	175	60		1	乙	下	無					不明															
M35	205	75		1	乙	下	無	長方形		女	20-25歳	不明															
M40	200	100	1	1	乙	下	無					不明															
M15	150	52.5			丙	小児	無					不明															
M20	115	40			丙	下？	後代墓に切られる			女	16-18歳	不明															
M21	150	41.5			丙	小児	無					不明															

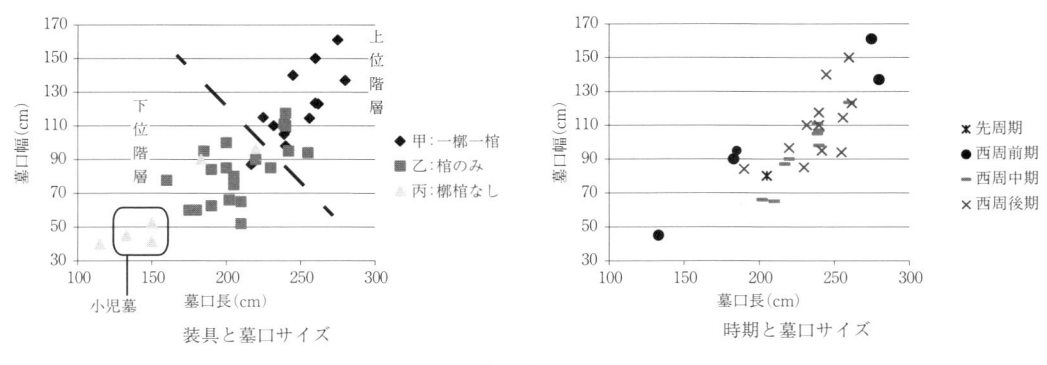

第 40 図　斉家村墓地被葬者の階層

有無に注目して階層差を検討する。斉家村石玦工房区墓地の 40 基の墓の大きさと検出された副葬品をまとめたものが第 7 表である。葬具の状況としては，一槨一棺を有する墓，棺のみを輸する墓，槨棺を持たない墓，の三種が存在する。これらを便宜的に甲類墓・乙類墓・丙類墓として分類した場合，甲類墓 13 基・乙類墓 21 基・丙類墓 6 基となり，これら各類とその墓口面積との相関性を考慮することで，この墓地の階層差を読み解くことが可能となる。

　第 7 表をもとに，葬具と墓口サイズの関係を散布図上に示した（第 40 図左）。グラフ左下に丙類墓 4 基（M15・M20・M21・M29）が集中しているが，注目すべきは墓口の大きさである。いずれも長 150 cm×幅 60 cm 以下であり，これらの墓は成人を埋葬した墓とは考えにくく，小児埋葬墓の可能性が高い[24]。他の 36 基の墓の大きさと槨棺保有の変化は連続的であるが，長 230 cm×幅 100 cm 付近を境界として，二つのグループに分けることが可能であるように思われる。槨棺を持つ墓を中心とする墓口サイズが比較的大きいグループと，棺のみを持つ墓を中心とする墓口サイズが比較的小さいグループが存在することになり，前者を上位階層，後者を下位階層とすることで，被葬者間に二つの階層が存在したことを想定することができる[25]。

　第 40 図右は墓口サイズと各墓の時期の関係を示すものである。西周前期・中期・後期ともに，上で設定した上下二つの階層に属する墓が存在している。ここから，斉家石玦工房区では上位集団が自らの墓地を別地に遷すというような事態は起こらなかったことが理解される。すなわち，斉家村石玦工房区墓地は西周前期から後期にかけて同一集団により継続して使用され，その構成員の相対的な社会的身分も基本的に変化していなかったのである。このことは，西周前期後段から後期後段にかけての被葬者は石玦製作集団として同様の性格を保ち続けたとする報告者の見解とも一致する。

　ここで斉家村石玦工房区墓地の被葬者集団について，墓地造営過程を念頭に置きながら再検討したい。第 41 図 1～3 は上位階層墓・下位階層墓・小児墓の時期ごとの造営過程を，先周期～西周前期・西周中期・西周後期の三期に分けて図示したものである。時期不明の墓については分類せず，第 41 図 1～3 の全てに表示した。腰坑を持つ墓には墓号に＋を付記している。

　先周期～西周前期の時期には，墓地東北部に墓がまとまって造営される。M4・M12・M28・

150　第3章　西周王朝と青銅器

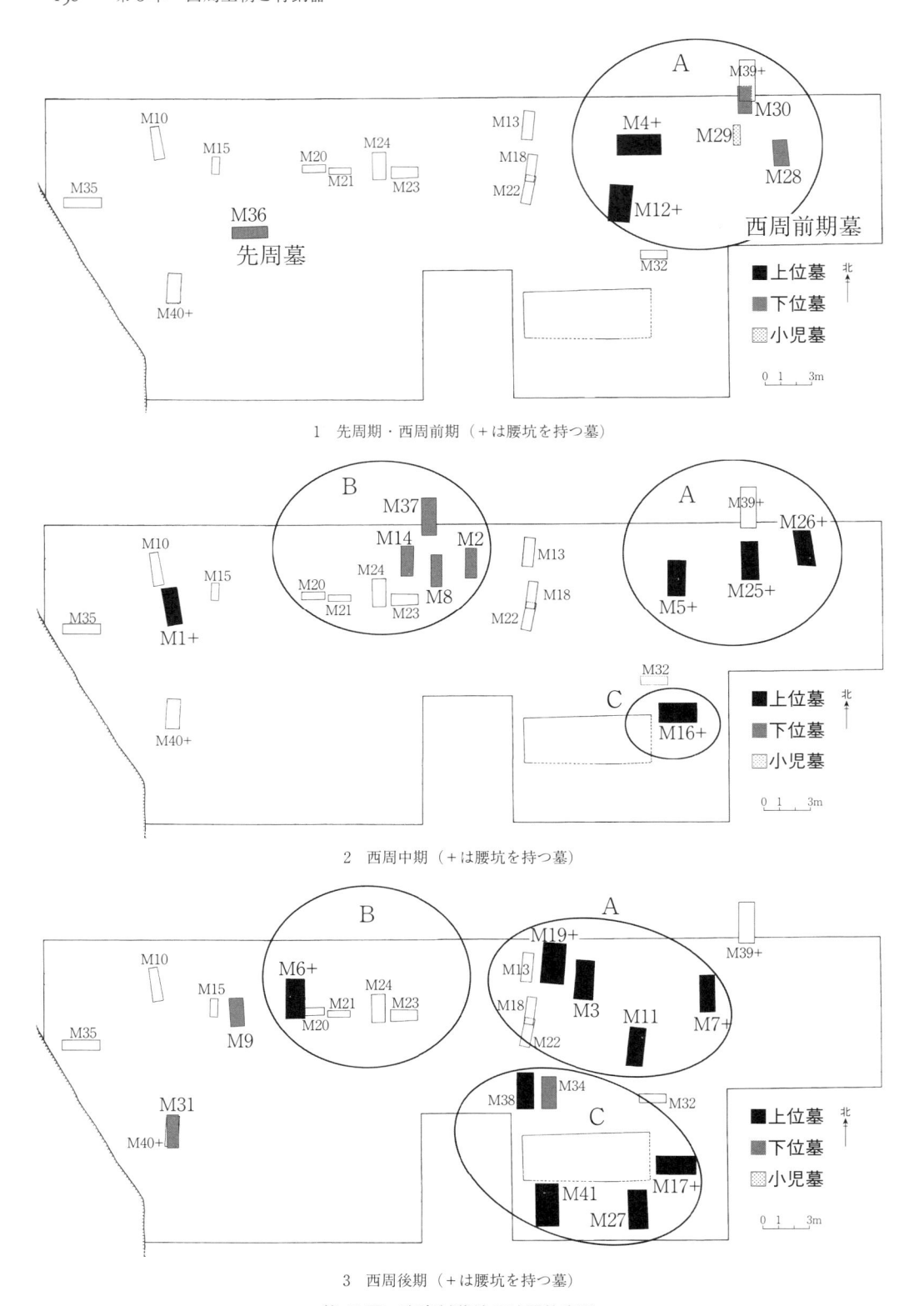

1　先周期・西周前期（＋は腰坑を持つ墓）

2　西周中期（＋は腰坑を持つ墓）

3　西周後期（＋は腰坑を持つ墓）

第41図　斉家村墓地の時間的変遷

M29・M30 がそれで，墓地西部に単独に存在する先周墓 M36 とは対照的である。M29 は報告者によれば第 2 段（西周前期前段）に相当する墓で，M36 と共に石珏工房が営まれる以前の墓であるとされる。この見解に従えば，当該の墓域には西周前期後段に，上位墓と下位墓が 2 基ずつ作られたことになる。上位墓には腰坑が伴い，下位墓には伴わない。墓地東北部に墓を造営した集団を，ここでは A 集団とする。

西周中期には墓の数が増加し，新たな集団が確認できる。まず A 集団であるが，前期と同様に墓地東北部に墓を継続して作り，3 基は共に上位墓で腰坑を持つ。M5 は槨を持たないため，M25・M26 に比べ相対的な立場はやや低い。上位墓が腰坑を持つという点で前期と同様である。また，墓地中央北側に一群の墓が造営されており，これを B 集団とする。B 集団を構成する墓は頭位方向の揃った M2・M8・M14・M37 の 4 基であるが，いずれも下位墓であり腰坑を持たない。同時期に墓地東北部に墓を営んだ A 集団に比べ，共同体内での地位が低かったことが想定される。B 集団内では M8 のみが槨棺を有しており，同集団の長に近い人物の墓であろう。中期になって墓地東南部に出現する M16 は上位墓で腰坑を持つ。M16 の西には時期不明の土坑が位置するが後期に入るとこの土坑を取り囲むように墓が作られるため，M16 も含めて同一の集団に属する可能性が高い。この集団を C 集団とする。墓地西部では M1 が単独で造営される。時期不明の M10・M15 が近接しており，M1 群を為していた可能性がある。

西周後期には上位墓の数が増加している。A 集団は墓域をやや西へ拡張する。M3・M7・M11・M19 が上位墓である。下位墓 M13・M18・M22 はいずれも時期不明であるが，M19 と頭位方向が同じであるため，A 集団に属する同時期の下位墓であった可能性が高い[26]。M3・M11 は上位墓であるにもかかわらず腰坑を持たず，A 集団にみられた上位墓と腰坑との間の関係性が消滅している。B 集団の墓域では西側に M6 が造営される。M6 は上位墓で腰坑を持っており，B 集団内に上位墓が出現したことは彼らの相対的な立場が向上したことを意味するのであろう。C 集団では上位墓 4 基と下位墓 1 基が作られる。M17 を除く 3 基の上位墓では腰坑は設置されない。

以上，斉家村石珏工房区墓地の造営過程への検討からこの墓地の構成員として 3 つの集団の存在を指摘しえた。A 集団は前期から当地で活動を開始しており，後期に至るまで継続して墓を造営する。中期以降出現した B・C 集団は，後期に入ると相対的な立場を高めている。A・B・C いずれの集団にも腰坑を設ける墓と設けない墓が含まれるが，腰坑を設ける墓は基本的に上位階層墓である[27]。また，前期・中期では上位墓に腰坑が必ず設けられるが，後期では上位墓であっても腰坑を作らない墓が出現する。おそらく，腰坑は前期・中期の間はある種の身分標識として機能していたものの，後期以降はその意味を失い顧みられることが少なくなったのであろう。

以上の斉家村石珏工房区墓地への検討により，この墓地の性格に関して以下の二つの重要な事実が明らかとなった。一つは，この墓地は複数の集団が西周前期〜西周後期の間，継続して使用された墓地であるということであり，もう一つは，集団間の相対的な地位の変動はあるものの，上位階層と下位階層という階層差の存在は西周前期〜後期にかけて大きく変化することはなかっ

152　第3章　西周王朝と青銅器

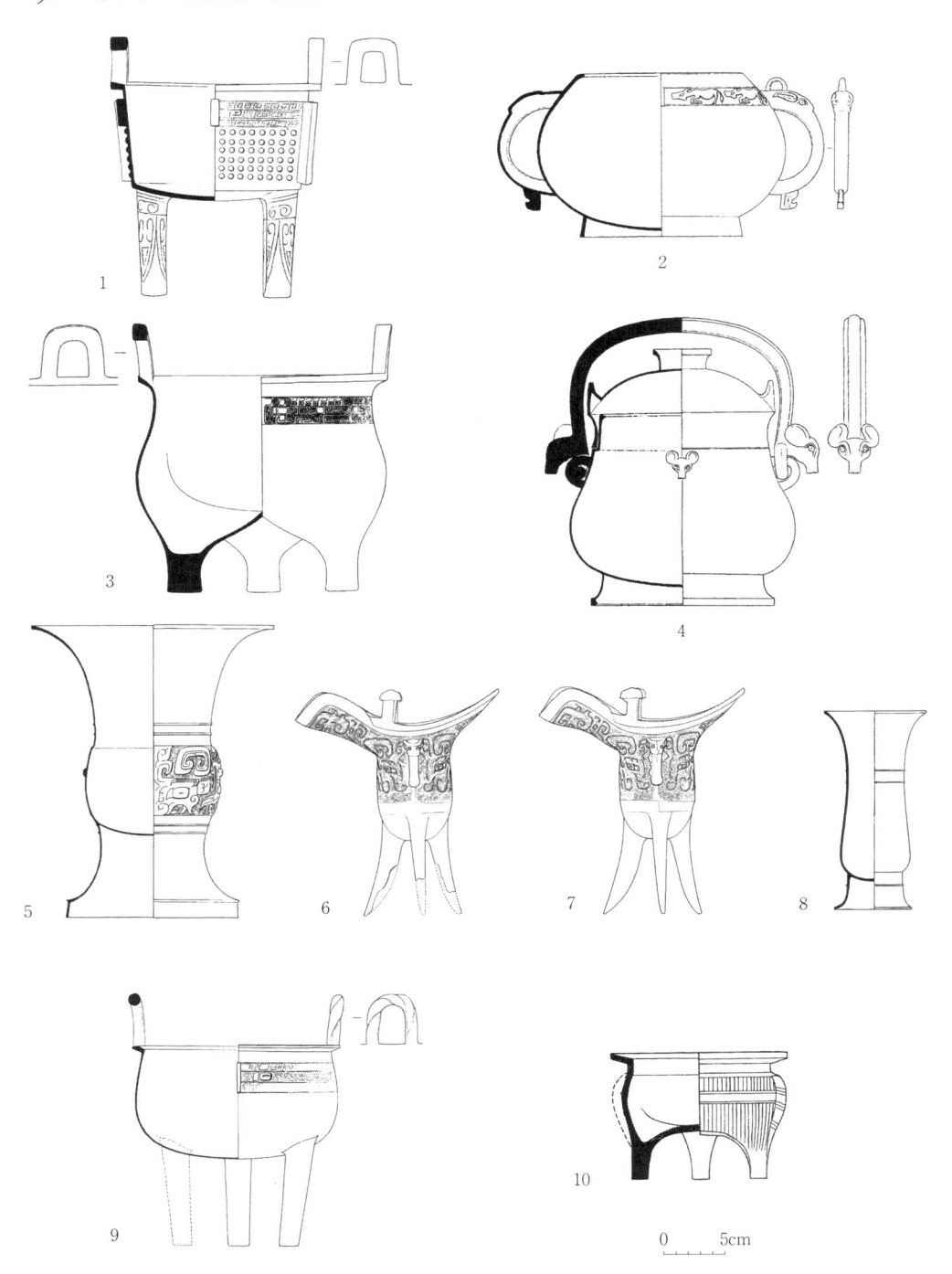

第42図　斉家村石玦工房区墓地出土青銅器

第 2 節　青銅器祭祀の変革とその背景　153

たということである。斉家村石玦工房区墓地から出土した青銅彝器は計 10 点で，M4 から 8 点，M12・M16 から 1 点ずつ出土している（第 42 図）。これら三基の墓はどれも上位階層に属すが，M4・M12 は西周前期，M16 は西周中期の墓である。西周後期の上位墓 9 基（M3・M6・M7・M11・M17・M19・M27・M38・M41）から青銅彝器は一切出土しない。したがって，この斉家村石玦工房区墓地の例から判断する限り，西周後期に墓出土青銅彝器が減少する原因は，後期に墓が作られなくなるからではなく，後期には墓に青銅彝器が副葬されなくなることにあると言えるであろう。

3.　窖蔵の形態と位置

　西周後期の主要な青銅彝器出土遺構である青銅器窖蔵は，前述の通り関中平原に集中する。関中平原一帯で発見された窖蔵について，窖蔵の形態や共伴遺物，周囲の遺構分布などを第 8 表にまとめた。周原では 1960 斉家村（No. 4）や 1975 董家村（No. 17），1976 荘白村（No. 19）で大量の青銅彝器が窖蔵からまとまって出土しており，同様の状況は豊鎬の張家坡・馬王村（No. 30・34），眉県の楊家村（No. 38）などでも確認されている。一方で青銅彝器を 1〜10 点程度しか持たない窖蔵も数多く報告されており，割合から見れば後者の方がより一般的な窖蔵利用の形であったように思われる。

　窖蔵の形態として特殊な例に 2003 年に眉県楊家村で発見された青銅器窖蔵がある。ここからは 27 点の青銅彝器が出土しており，近年発見された窖蔵の中では最も規模の大きい例であった。この窖蔵は，開口部で 4.8×2.5 m，底部で 3.9×0.9 m となる竪穴を掘り込んだのち，南側に横穴を開ける特殊な形状を持つ（第 43 図 5）。黄土台地に特徴的にみられる窰洞式住居と似た構造であることから窰洞式窖蔵とも称されており，青銅彝器は高さ 1.1 m，平面が直径 1.6〜1.8 m の不規則な円形を呈する横穴部分に収められていた（陝西省考古研究院ほか 2008）。近藤喬一氏は 1940 年以前に発見された青銅器窖蔵のいくつかが窰洞式であった可能性を指摘する（近藤 2008）が，確実に窰洞式窖蔵であったことを発掘簡報などから指摘しうる他の例は無く，窰洞式窖蔵は例外的な形態とみるべきだと思われる。関中地域の青銅器窖蔵は一般的に単純な竪穴土坑であり，楊家村の例を除けば埋蔵される彝器の点数に応じた形態の変化も確認できない（第 43 図）。第 44 図は，第 8 表をもとに窖蔵の開口部面積・地表からの深さが報告される 16 例について窖蔵の大きさと青銅彝器の埋蔵点数の関係を図示したものである。多くの窖蔵は開口部面積 1.5 m^2 以内，深さ 3 m 以内の範囲に収まっており，それは青銅彝器が 39 点出土した 1960 斉家村窖蔵（No. 4），37 点出土した 1975 董家村窖蔵（No. 17），44 点が出土した 1961 張家坡窖蔵（No. 30）でも同様である。第 44 図には示していないが，1976 荘白窖蔵（No. 19）では 90 点あまりの彝器が出土した最大規模の窖蔵であり，開口部からの深さが 1.12 m，地表下 0.26〜0.45 m の深さに窖口があったと報告される。よって最大でも地表からの深さは 2 m を超えず，開口部面積は 2 m^2 あまりである点も考えると，その青銅彝器点数の規模に反して一般的な窖蔵の大きさと大きく変わることがない。窖蔵の形態は彝器の数に係わらず，ある程度の大きさの竪穴が利用されたとみなすこと

第3章 西周王朝と青銅器

第8表 窖蔵の形態と周囲の遺構

番号	地区	地点	出土時期	附表2 No.	器物年代	彝器点数	その他の出土遺物	形態	地表〜坑底(m)	開口部〜坑底(m)	開口部径(m)	周辺遺構	備考
1	周原	扶風任家村	1940代	90	後期	3	青銅器100点ほど						大部分が流出
2	周原	扶風荘白村	1946	91	中期	1							
3	周原	扶風斉家村	1958.1	110	後期	4	卜骨・獣骨・大石塊					卵石による舗装面	
4	周原	扶風斉家村	1960	111	後期	39		袋状窖穴	2.54		直径0.8		
5	周原	扶風召陳村	1960	112	中期・後期	17							
6	周原	扶風斉家村	1961.2	115	後期	1							
7	周原	扶風斉家村	1961.4	116	後期	3	土器片	円形灰坑	1.05		直径0.85		
8	周原	扶風斉家村	1963.1-2	119	中期・後期	6			2				
9	周原	扶風斉家村	1966	122	中期	2						建築遺構	
10	周原	扶風斉鎮村	1966冬	126	後期	3							鐘の内側に豆がはめ込まれる
11	周原	岐山京当村	1972.1	133	殷前期	4		石積みによる窖穴					
12	周原	扶風劉家水庫	1972.12	134	後期								
13	周原	扶風劉家村東北	1973.3	137	後期	1							
14	周原	扶風召陳村	1973.12	139	後期	2	瓦片					瓦片を大量に持つ建築遺構	
15	周原	岐山賀家村	1974.12	147	後期	1							
16	周原	扶風強家村	1974.12	148	中期	7							
17	周原	岐山董家村	1975.2	151	中期・後期	37		袋状窖穴	1.49	1.14	1.02×1.15	西周住居址の北側	坑の壁面加工は粗い
18	周原	扶風雲塘村	1976.1	157	後期	7							
19	周原	扶風荘白村	1976.12	158	前期〜後期	90	玉器・二枚貝	長方形窖穴		1.12	1.95×1.1	礎石・大量の焼土塊・白灰面・板瓦・土器片などを持つ西周住居址	坑は粗く掘られる草木灰が器物間や壁などの間に充填される
20	周原	扶風荘白村	1976.12	159	後期	5		平面台形	1.29	0.98	0.96×0.6	大量の板瓦が出土した灰坑	器は乱雑に配置される
21	周原	扶風雲塘村	1977.8	163	後期	1							
22	周原	岐山鳳雛村	1978.9	169	中期・後期	5		平面隅丸方形	0.5		0.65×0.53	鳳雛村甲組建築址の西200m	本来の深さは1.5mか
23	周原	扶風斉村陂塘	1979.8	170	後期	1						獸簋出土地点から3mの地点	
24	周原	扶風下務子村	1981.12	183	後期	2	土器片・焼土塊・獣骨		1.5	1.27	直径1.2	散水・大量の焼土塊などを持つ住居址や、卜骨・獣骨・原始磁器片などが出土した灰坑	
25	周原	扶風斉家村	1982.3	187	中期	2						土器片・焼土塊などを持つ西周住居址	付近から三足盉と繭形壺が出土
26	周原	扶風斉家村	1984.3	188	中期・後期	7		平面隅丸長方形	0.4		0.58×0.72	西周期の墓・窖蔵など多数	壁面は不規則的器物間には草木灰が充填される
27	周原	扶風荘李村	1987	190	後期	3		円形					
28	周原	扶風荘白劉家村	1994.12	201	前期	1	土器片・瓦片	円形	0.63		直径0.6	礎石・大量の瓦を持つ建築遺構	本来の深さは1.4mか 建築遺構はNo.19周辺の遺構と同一の可能性あり

第2節　青銅器祭祀の変革とその背景

番号	地区	地点	出土時期	附表2 No.	器物年代	彝器点数	その他の出土遺物	形態	地表～坑底(m)	開口部～坑底(m)	開口部径(m)	周辺遺構	備考
29	周原	扶風召陳村	1998.7	208	後期	1			1.2			召陳村甲区大型建築遺構	
30	豊鎬	長安張家坡	1961	35	後期	44	土器片		0.9		1.2×0.8		
31	豊鎬	長安馬王村	1967	40	後期	6							
32	豊鎬	長安新旺村	1967.7	42	中期・後期	2			2				
33	豊鎬	長安新旺村	1973.5	45	前期・後期	2			2.1	1.1	直径1.2		
34	豊鎬	長安馬王村	1973.5	46	中期・後期	23		平面楕円形	2		1.5×1.4	西34mの地点にNo.30あり	
35	豊鎬	長安新旺村	1982.1	50	後期	2		平面隅丸長方形・袋状窖穴	2.5	1.6	2.3×0.9		
36	眉県	眉県楊家村	1972.5	266	前期	1			1			周囲から土器片が多く出土	
37	眉県	眉県楊家村	1985.8	267	中期・後期	13			3	0.9	1.6×1	周囲から骨器・土器が出土	
38	眉県	眉県楊家村	2003.1	268	後期	27		窯洞型	7.6	1.1	1.6×1.8		壁面の工具痕は明瞭
39	周原北東	扶風豹子溝	1979.5	88	後期	1							
40	周原北東	扶風溝原村	1981.1	89	後期	1	土器・青銅工具・銅滓				0.6×0.8	周囲から獣骨・焼土塊が出土	
41	周原東	扶風後董村	1976.3	216	後期	1							
42	周原東	扶風呂宅村	1978.12	217	中期・後期	2							
43	周原東	扶風北橋村	1972	219	殷末周初・後期	9			3				
44	扶風東	扶風孫家台	1963	221	後期	4							
45	扶風東	扶風早楊村	1973.8	222	後期	2	青銅工具・武器など		1				
46	扶風	扶風官務吊荘村	1982.9	228	中期？	6			1.8			周囲から大量の土器片が出土	
47	扶風	扶風県城西南	不明	231	中期	1			1				
48	扶風西	扶風五郡西村	1973.6	234	後期	3							
49	扶風西	扶風五郡西村	2006.11	235	中期・後期	10	青銅武器・車馬具・玉器		2.1	0.8	直径0.9		壁面の工具痕は不明瞭
50	扶風南	扶風東渠村	1978.12	262	中期	1	三足甕						
51	長武南東	長武碾子坡	1981	18	殷末周初	3	焼土塊・版築土塊・土器	平面楕円形・円底状		1.1	1.8×1.6		
52	渭南西	臨潼西段村東	1976.3	24	前期～後期	18	青銅工具・車馬具		2		直径0.7	東200mに西周前期の墓	
53	周至西	眉県油房堡	1981.3	63	前期	2		円筒形	1.9	1	直径0.6		坑の壁面加工は粗い
54	永寿	永寿好時河	1962	74	後期	2							
55	武功北西	扶風巨良海家村	1992	84	後期	3						周囲から土器片や石器が出土	
56	宝鶏	宝鶏茹家荘	1988	293	後期	6			2.5		直径0.5		

156　第3章　西周王朝と青銅器

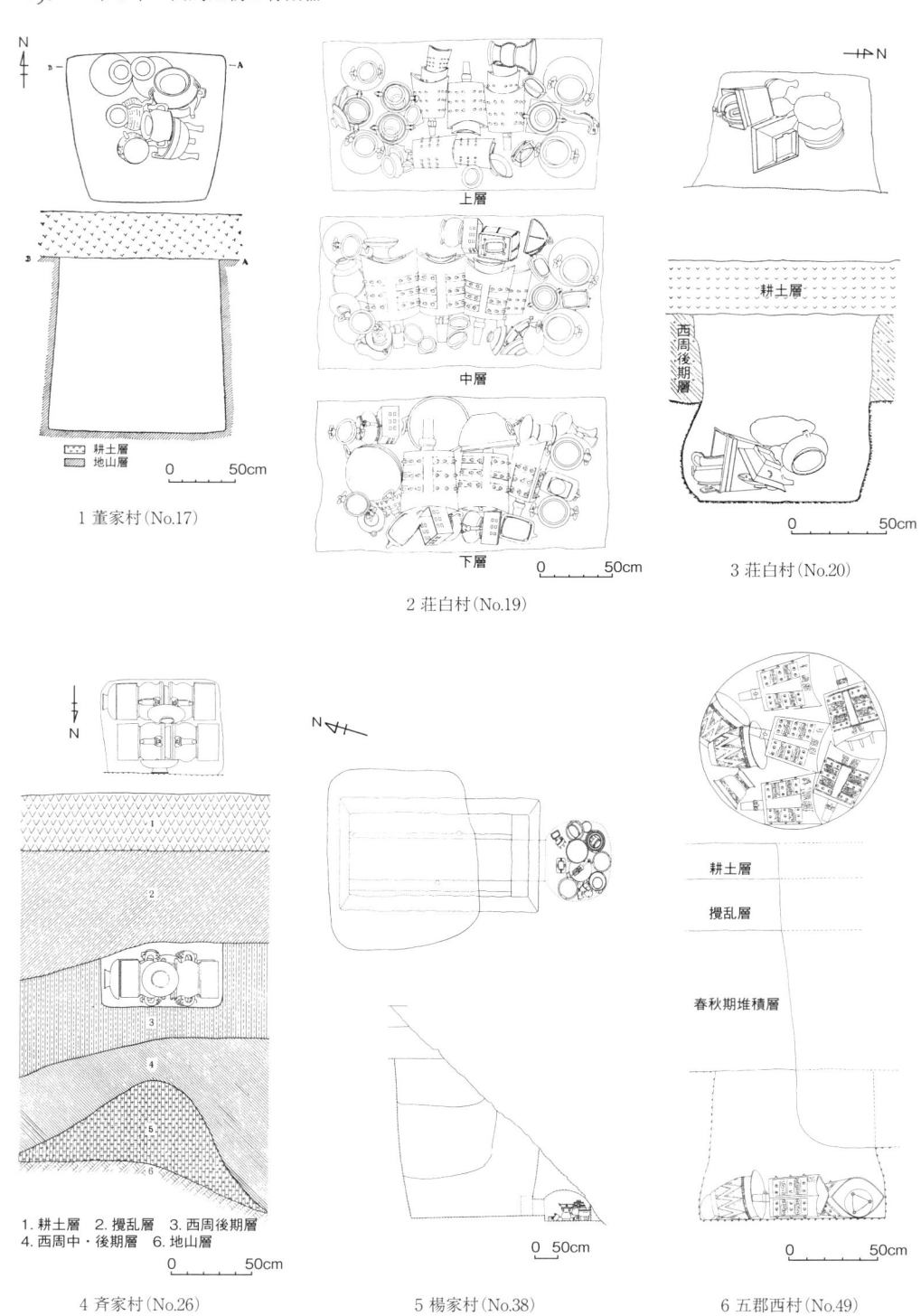

上層

中層

下層

耕土層
地山層

1　董家村(No.17)

2　荘白村(No.19)

耕土層
西周後期層

3　荘白村(No.20)

1. 耕土層　2. 攪乱層　3. 西周後期層
4. 西周中・後期層　6. 地山層

耕土層
攪乱層
春秋期堆積層

4　斉家村(No.26)　　　5　楊家村(No.38)　　　6　五郡西村(No.49)

第43図　関中平原各地の窖蔵

第 2 節　青銅器祭祀の変革とその背景　157

ができる。

　また，第 8 表に示したように窖蔵の周囲では西周期の遺構が発見されることが多い。中でも注目すべき点は大規模建築遺構と関連する遺物の存在である。召陳村（No. 14・29）や荘白村（No. 19・20・28）では大量の瓦片が出土した。特に荘白村では窖蔵の南 60 m の地点で 3 m 間隔に並んだ 6 つの礎石を持つ大型の建築遺構や白灰面の一部が発見されており，窖蔵の近くに

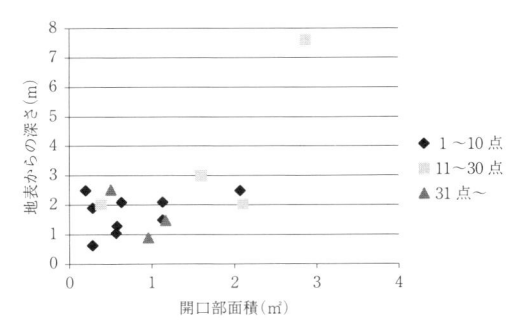

第 44 図　窖蔵の大きさと埋蔵点数

一般的な住居址とは異なる何らかの建築物があったことが知られている（秦 62）。西周期の宗廟ともされる鳳雛村甲組建築遺構の付近でも窖蔵が発見されている（No. 22）。建築遺構との関係を示唆する遺物は他に，散水などの舗装面（No. 3・24），かつての建築材と考えられる焼土塊（No. 24・25・40）などが存在する。これらの建築遺構の性格について，1958 斉家村窖蔵（No. 3）や 1981 下務子村（No. 24）からは卜骨片が出土しており，窖蔵に伴う建築物が祭祀行為に係わる場所であったことがうかがわれる。瓦などを有する特殊な建築であること，卜骨などの祭祀関連遺物が出土すること，なにより祖先祭祀を主目的とする青銅器が伴うことなどの点から，著者は，窖蔵に伴う建築物は宗廟と称されるような祭祀と強く関連する遺構であった可能性が高いと考える。窖穴の大きさが一定に止まるのは，窖蔵が遠隔地に単独で作られるわけではなく，建築遺構群の一部として機能していたことと関係するのではないであろうか。

4. 窖蔵青銅器の意味と周原遺跡の性格

　斉家村石玦工房区墓地への検討から，以下の重要な点が了解される。つまり，西周後期における墓出土青銅器の減少は墓の減少に起因するのではなく，意識的に墓に青銅器を副葬しないという何らかの制限によって引き起こされた現象である。第 37 図〜第 39 図から明らかなように，西周前期・中期と後期との間で周原各地の集団の入れ替わりがなく，後期以降は前期・中期とほぼ同一地点で窖蔵青銅器が増加することを考慮するならば，西周後期には青銅彝器の墓への副葬という行為が窖蔵への埋納という行為へと移行したと考えるのが自然である。「祖先祭祀のための青銅器は墓に入れるのではなく，窖蔵に収めるべきものである」という意識の変化を背景にしなければ，西周後期の副葬青銅器の激減をうまく説明することはできない。問題は，なぜこのような意識変化が生まれたのかという点である。

　第 36 図 1〜3 で示したように，同様の変化は豊鎬地区でもある程度確認される。青銅彝器の非副葬品化は周原・豊鎬といった西周王朝の中心地域で顕著であることから，上述の意識変化は王朝の意向が反映された結果と解釈できる。すなわち，本来祖先祭祀に使用するべき青銅彝器を，被葬者個人の副葬品として所有・廃棄することを規制したい，という王朝の意向である。

　西周金文の末尾には常套句として「子々孫々」「永寶用」という表現がみられる。西周青銅器

の多くは王室側によって銘文内容が起草されたものであることから，この句には作器者とその一族が当該の器を使用した祭祀を長く後世に至るまで行うことを通して，周王室の支配体制が永劫であるべきことへの祈願が含まれていると考えられる（松丸1977）。そのような意図のもと製作された青銅彝器を個人の副葬品として墓中に封印することは，王朝・王室にとって好ましくない使用方法であったことは十分想像できることであろう。祭祀の場において繰り返し使用できるような消費形態こそが王朝の望むべき青銅彝器利用のあり方であり，その意図を満たす消費方法こそが窖蔵の利用であったのではないか。祭祀に先立って一族の窖蔵から青銅器が取り出され，祖先祭祀が行われ，次の使用まで再び窖蔵内に安置される。このような一連の行為が祖先祭祀のたびに繰り返されたのであろう。長期的にみれば窖蔵は保管庫であるが，ひとつひとつのサイクルに目を向ければ窖蔵は最終的な消費場所であり，一種の埋納行為であるといえる。第43図にみるように，窖蔵では器同士が丁寧に整然と埋蔵され，器物間からは草木灰が検出される例があることなどを勘案しても，窖蔵内への遺物の安置は慎重に行われたことが多かったと考えられる。また上述のように窖蔵が祭祀と関連する特殊な建築遺構に伴う点から見て，筆者は窖蔵とは祖先祭祀が行われた宗廟という場に伴う貯蔵穴であり，混乱回避のための一時的な避難庫とは想定しがたいと考えている。青銅器窖蔵は多分に祭祀的属性を持った遺構であり，その興隆は従来の葬礼主体の祭祀活動から祭礼主体の祭祀活動への意識変化を反映している。そしてそのような祭礼主体の祭祀活動こそが，西周王朝の意向に合致するものであったと思われる。このように考えてはじめて，西周後期における青銅彝器の非副葬品化が王朝の中心地域で一般化したことを説明できるのではあるまいか。

　もう一つ注目すべき点は，この変化が西周中期～後期の間に起こったという点である。第1章第2節で述べたように，西周のいわゆる礼制が変化したことに関しては先行研究の多くが指摘するところである。青銅彝器中における酒器の減少と食器・水器類の増加，列鼎の出現，冊命金文の出現など，西周青銅器に関わる重要な変化はいずれも西周中期～後期の現象であると認識されている。田畑潤氏は虢国墓地への検討から，副葬品の配置方法の面で西周後期に大きな変革が存在することを論じ，その背景に虢国と西周王室との関係の変化を想定する（田畑2009）。関中平原において青銅鼎の型式が大きく変化するのも，やはり中期後段のことであった（角道2010）。周原における青銅彝器に対する扱いの変化は，このような礼制の変革と連動しており，むしろ青銅彝器に対するこのような意識の変化―葬礼の場での使用の排除と祭礼の場での使用の強い要求―こそが，「礼制改革」と呼称されるような様々な変化を引き起こす原因となったのではなかろうか。後期の変革はいずれも青銅彝器により強い政治的役割を規定しようと試みた西周王朝の動きと，それに対する諸侯国側の反応として理解することができる。

　以上の検討から，西周後期に王朝側の意向によって墓への青銅器副葬に規制がかけられたと考えられることが明らかとなったが，同時にこの王朝による副葬器の制限は後期墓の副葬品に重要な変化をもたらすこととなった。明器の出現である。

　周原・豊鎬では西周後期の墓に小型の青銅明器が副葬される。小型・粗製で実際の使用を想定

第 2 節　青銅器祭祀の変革とその背景　159

1

2

3

4

第 45 図　扶風県黄堆村老堡子 M55 出土青銅器
1 鼎（M55: 21）　2 盉（M55: 23）　3 盤（M55: 20）　4 簋（M55: 22）

しない明器は西周後期の遺物として一般的であるが，周原・豊鎬では出土状況が特殊である。第45 図は周原地区に属する扶風県黄堆村老堡子 55 号墓から 1995 年に出土した遺物であり，出土した青銅彝器 4 点の全てが実用に耐えない明器であった（秦 45）。第 46 図は 1981 年に同じく周原に位置する強家村 1 号墓から出土した青銅器で，こちらは 18 点の青銅彝器のうち 4 点（第 46 図 15〜18）が明器である（秦 49）。老堡子 55 号墓は西周中期後段〜西周後期前段に属する墓[28]，強家村 1 号墓は西周後期の墓と考えられており，周原では数少ない西周中期後段以降の墓では，このように明器を副葬する例が少なくない。第 3 表で（　）内に示した数値は出土青銅彝器の中に含まれる明器の点数である。周原では明器が検出される墓は西周中期後段以降に偏っており，西周中期後段以降に限れば出土した青銅彝器の 3 割弱が明器である。同様の傾向は豊鎬地区でも看取されるが，こちらでは周原ほど数は多くなく，中期後段以降では全体の 1 割にも満たない（第 5 表）。

　周原地区の明器を考える際に最も重要な点は，窖蔵からは一切出土しないという点である。明器が窖蔵から出土せず，中期後段以降の墓の副葬品として出現するという事実は，墓への青銅彝器副葬が厳しく制限されるようになって以降，明器が本来の青銅彝器の代替品として利用されたことを物語っている。明器の出土状況から判断する限り，青銅彝器副葬の制限は西周中期後段に

160   第3章　西周王朝と青銅器

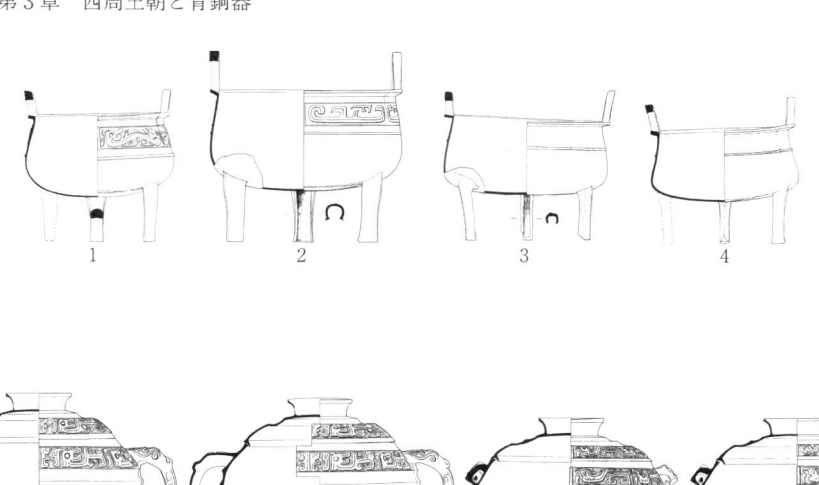

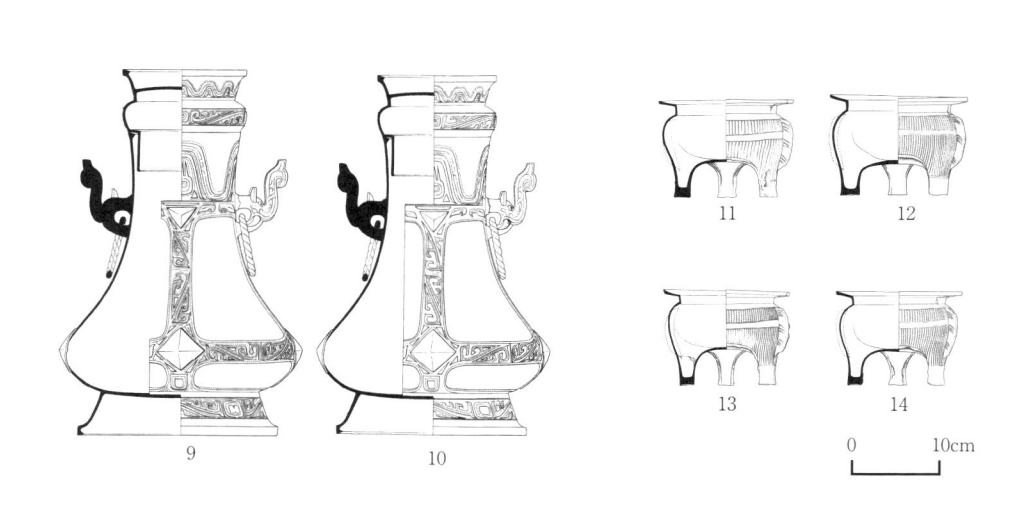

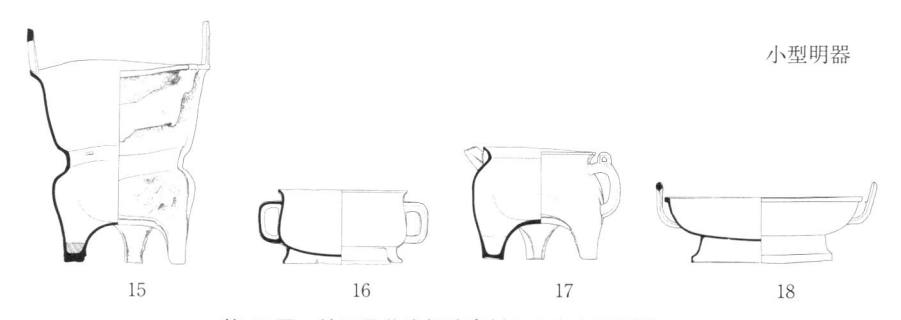

小型明器

第46図　扶風県黄堆郷強家村 M1 出土青銅器

その開始期を置くべきかもしれない。

　明器そのものは西周中期段階で現れており，その出現と青銅彝器の非副葬品化とが関連している可能性は極めて高く，少なくとも西周中期後段・後期においては周原と豊鎬においては青銅彝器の副葬という要望を満たすために明器が活用されたことは確かである。周原で明器の出現率が高いことは，副葬に関する規制が周原においてより厳密に実行されたことの証拠であろう。

　青銅器窖蔵の性格に関して，以下のようにまとめることができる。彝器が被葬者個人に帰属する副葬青銅器とは異なり，窖蔵青銅器はより直接的に祖先祭祀という行為と結びついた存在である。西周前期から一定数の窖蔵が作られていたことが想定されるが，西周後期以降，周原地域においては青銅彝器が祭礼の場での使用に強く限定されるようになり，この背景には王朝による強い意向がうかがわれるのである。そして，そのような祭礼に関する規制が強く働いたのは，周原地区であった。第36図1～3を見る限り，西周後期には豊鎬地区においても窖蔵青銅器は増加し墓に副葬される青銅器は相対的に減少しているが，周原地区ほどの大きな変化ではない。青銅器祭祀と周原との関係は豊鎬とのそれよりも強固であり，両地の性格の差がここに表れているのである。青銅彝器の出土量という点では同じく西周王朝の中心地域とみなすことのできる周原と豊鎬であるが，祭祀行為の中心は豊鎬ではなく周原にあったといえる。青銅彝器儀礼と密接に結びついた，祭祀都市としての周原遺跡群の性格を理解する必要がある。

第3節　周原と宗周

　前節で周原が王朝の祭祀的な中心地である可能性を論じ，豊鎬遺跡との性格の違いを論じた。考古資料への検討から浮かび上がった王朝の中心地としての周原遺跡像は，これまで論じられてきた「西周の都」とどのように関わるのであろうか。本節では主に青銅器銘文への検討を通じて，西周の都とされる「宗周」の性格とその地点に関する分析を行う。

1. 文献史料と金文史料にあらわれる西周の都

　文献資料に記される周王の所在地として，豊・鎬・洛邑（雒邑）・宗周などが挙げられる。『詩経』「大雅」の「文王有聲」では，

　　文王受命　有此武功　既伐于崇　作邑于豊　文王烝哉

　　（文王　命を受け　此の武功有り　既に崇を伐ち　邑を豊に作る　文王烝なる哉）

　　考卜維王　宅是鎬京　維龜正之　武王成之　武王烝哉

　　（卜に考るは維れ王　是の鎬京に宅り　維れ亀え正し　武王之れを成す　武王烝なる哉）

とあり，その毛伝に「武王，鎬京に邑を作る」と記されることから，豊は文王が，鎬は武王が造営した地であることが知られる。第2章第1節で詳述したように，豊・鎬は現在の西安市郊外の灃河一帯，洛邑は現在の洛陽市に位置していたと考えられる。洛邑に関しては『尚書』「周書」の「召誥」に，

若翼日乙卯，周公朝至于洛，則達觀于新邑營。
　　　（翼日乙卯に若んで，周公朝して洛に至りて，達に新邑の営を観る。）
という一文があり，洛の地，すなわち現在の洛陽に作られた新たな邑だと一般的に目されている。宗周の名は『尚書』「周初」の「多方」に，
　　　成王歸自奄，在宗周，誥庶邦。　　（成王　奄自り帰り，宗周に在りて，庶邦に誥ぐ。）
とあり，王の所在地として記述されている。

　一方，青銅器銘文にあらわれる王の主な所在地として，宗周・成周・莕京・周などの地が挙げられる。宗周は文献に同名の地があり，成周も洛邑にあったと一般的に考えられている。一方で莕京・周に関しては文献とそのまま対応する地がなく，特に莕京の地の比定に関しては研究者によって見解が大きく異なり，未だ定説がない。以下，金文や文献にみえる宗周・成周・莕（京）などの地の比定に関する研究者ごとの見解を整理したい。

　西周の都邑に関して，初めて詳細な検討を行ったのは陳夢家氏であった（陳夢家1955）。陳氏の説によれば，西周期には西土の都邑として宗周（岐山）・鎬京（澧水の東）・豊（澧水の西）の三箇所が，東土の都邑として王城（漢の河南県・瀍水の西）・成周（瀍水の東）の二箇所があり，武王から穆王までの間は王の所在は主に西土の都邑であり，穆王以降は東土の都邑に滞在することが多かったことを論ずる。また，西周時代のこの5つの拠点は同時に存在し，王の所在地は常に変化していたことを指摘する。

　一方，白川静氏は宗周・成周・莕京の三地点を王朝の中心的な都として重視する（通釈46）。多くの典籍が指摘する如く宗周を鎬京に，成周を洛陽に比定し，莕京を豊京と読んだ上で，宗周を王の居城としての政治的中心，莕京を祖先の祀所としての祭祀的中心，成周を殷系の氏族によって構成される八師が置かれた軍事的都市として位置づける。

　松井嘉徳氏は金文中に記される王の所在地（宗周・成周・周・豊・畢・鄭・呉など）ではいずれも祭祀儀礼が行われ，またどの地も等しく軍事集団を備えていたことなどから，王の所在地の同質性・類似性を指摘する（松井2002）。固定的な機能を持った「都」が存在していたのではなく，王の所在地こそがそのまま王朝の中心地となることを論じ，正都・副都といった属性の判断自体に疑問を投げかける。

　尹盛平氏は金文中の成周・宗周・周という三つの地点がそれぞれ別地であることを論じ，成周を洛陽，宗周を鎬京とみなした上で，鳳雛村や召陳村などで発見された建築遺構や青銅器窖蔵の存在などから周原が当時の中心的都市であったこと指摘し，「周」地を周原遺跡群とするほかないと述べる（尹盛平1983・1988・1992）。

　現在の通説では，宗周は鎬京，すなわち西安市長安区の豊鎬遺跡周辺に位置し，成周は洛陽市に位置していたと一般的に考えられている。また周地については尹盛平氏の一連の研究に従い，周原に比定する見解が多くみられる。周原が西周王朝の中心地であり，それが金文中で「周」と称された地であることに筆者は異論がない。しかしながら，もうひとつの中心地とされる「宗周」の所在をめぐる議論には再検討の余地があるように思われるのである。宗周を鎬京とみなす

第3節　周原と宗周　163

根拠はどこにあるのか，宗周が鎬京以外の地点を指す可能性がどれほどあるのかについて検討することは，周原という地の特殊性を理解するための大きな手掛かりとなると思われる。

2. 宗周の地をめぐる問題

　西周の代表的な王都と目される宗周の比定に関しては歴代の文献資料中で言及されており，宗周が鎬京と同一地点であることが問題視されることはあまりなかった。宗周を鎬京とする記述は古くは漢代にみられる。『詩経』「小雅」の「正月」に，

　　　赫赫宗周　褒姒威之　　（赫赫たる宗周　褒姒之を威ぼす）

とあり，その毛伝に「宗周，鎬京なり」と記されるのがそれである。同じく漢代に成立した『史記』の本文中には宗周と鎬京の関係は記されないが，「周本紀」の，

　　　成王自奄歸在宗周。　　（成王，奄より帰りて宗周に在り。）

という一文に関して唐の張守節は『史記正義』で「奄を伐ち鎬京に帰るなり。」と述べる。『漢書』五行志・五行皆失「詩に曰はく，赫赫たる宗周も，褒姒，之を威ぼす。」に顔師古は注で「宗周，鎬京なり。」と述べており，唐代には既に宗周は鎬京と同一地として認識されていた可能性が高い。

　このような古典の記述に基づいて宗周の地を鎬京とみなすことに異論を唱えたのは陳夢家であった。前述の通り，陳氏は宗周の所在を鎬京ではなく，現在の岐山県に存在した古公亶父の邑，岐邑に比定し，その地に周の宗廟が営まれていたことを論ずる（陳夢家1955）。氏がこの見解を発表した1950年代には周原遺跡群で大型建築遺構や西周甲骨などの大規模な発見が報告される以前のことであり，その先見性がうかがわれよう。宗周を岐山に比定するという，文献史料が述べる伝統的な解釈に疑問を呈した陳氏の研究は，しかしながらその後あまり注目されることがなかった。その原因は金文の釋字にあったと思われる。陳氏は，士上盉（臣辰盉）や麦尊にみえる「莾京」を「鎬京」と読み，銘文中で宗周と莾京とが別地として分述されることから，宗周と鎬京が異なる二地点であると述べたのである。盧連成氏によれば，はじめに「莾」字を「鎬」字に釋したのは清末の呉大澂であるという（盧連成1995）。現在では，莾京は鎬京とも宗周とも異なる地であると考えるのが一般的であり，陳氏のように莾京と別地であることのみを以て宗周を鎬京とは別の地であるとみなすことはできない。しかし，宗周を鎬京と同一地点とみなす見解が文献史料に依拠したものにすぎないことを指摘し，金文への検討から新たに宗周の地を考察しようとした陳氏の試みは極めて重要であり，再評価が加えられるべきである。そもそも陳氏の指摘するように，宗周という呼称は本来的には「周の宗廟」の意を含むはずであり（陳夢家1955），したがって宗周には周の宗廟が存在しなければならない。陳氏は，周人の故地である岐山周辺こそが祖先以来の宗廟の地であり，それが「周」でありまた「宗周」であったと推定したのであった[29]。このような祖先祭祀の空間としての宗周の理解は，青銅彝器の利用方法から復元された周原遺跡の性格とまさしく一致する。以下，宗周と鎬京，そして周・莾京をめぐる各氏の議論を整理することで宗周が周原に在った可能性を探り，陳氏の見解の再評価を試みる。鎬京と宗周・周の関係

について詳細な研究を行った尹盛平氏の議論に沿う形で検討を加えたい。

　上述の通り，尹盛平氏は金文中に現れる「周」の地を宗周とは異なる地とみなし，周を周原に当て，宗周を鎬京に当てているが，両者が異なる二地点であるということの根拠は以下の二点に絞られるようである（尹盛平1983・1988・1992）。第一に，史頌鼎と頌鼎の銘文がほぼ同時期に同一人物によって製作されながら，王の所在を「周」「宗周」と呼び分けていること，第二には，士上盃の銘文に王が宗周から茅京へと移動したと述べられることである。

　第一の根拠を検討しよう。頌鼎の銘文冒頭は以下の如くである（第47図）。

　　隹三年五月既死霸甲戌，王在周康昭宮。旦，王格大室，即位。宰引右頌，入門，立中廷。尹氏授王命書，王呼史虢生，册命頌。王曰，頌，令女官嗣成周貯廿家，監嗣新造貯，用宮御。…

　　（惟れ三年五月既死霸甲戌，王，周の康昭宮に在り。旦，王，大室に格り，位に即く。宰引，頌を祐け，門に入り，中廷に立つ。尹氏，王に命書を授く。王，史虢生を呼び，頌に册命せしむ。王曰はく，頌，汝に命じて成周の貯廿家を官嗣し，新造の貯を監嗣せしむ，宮御に用ひよ。…）

頌が王によって職掌の任命を受け，同時に物品の賜与があったことが記述される。西周期の册命金文[30]として典型的な例である。同銘を持つ器に頌壺・頌簋がある。

　また，史頌鼎の銘文は以下の如くである（第48図）。

　　隹三年五月丁巳。王在宗周。命史頌省蘇。𩁹友・里君・百姓，帥𦎫盩于成周。休有成事。蘇賓章・馬四匹・吉金。用乍鷺彝。頌其萬年無疆，日逸天子親令。子子孫孫永寶用。

　　（惟れ三年五月丁巳，王，宗周に在り。史頌をして蘇に省せしむ。𩁹友・里君・百姓は𦎫を帥ゐて成周に盩す。休とされ事を為す有り。蘇，章・馬四匹・吉金を賓れり。用って鷺彝を作る。頌，其れ萬年疆無く，日に天子の顯らかなる令に逸へん。子々孫々，永く寶として用ひん。）

史頌が王命を受け蘇の地に対する外交的な働きかけを行い，それが成就したことを賞して蘇から物品を受け取ったことが記述される。史頌簋にも同様の銘文が鋳される。

　尹氏は頌鼎の作器者である頌と史頌鼎の作器者である史頌を同一人物とみなした上で，それぞれの器が作られた年月日に注目する。頌鼎では某王の三年五月，甲戌の日に册命が行われ，史頌鼎では同じく某王三年の五月，丁巳の日に省蘇の命を受けたことになる。同じ王の三年五月であれば，頌鼎と史頌鼎に記された記事の間の日数は当日を含めて18日間であり，順序としては史頌鼎に記された記事が先に発生したことになる。尹氏は，同一の人物が近接した時間の中で，一方では王の所在地を周であるといい，もう一方では王の所在地を宗周であると言い分けることから，これは両者が別の場所であり，王が別の地にいることを敢えて述べた文であると指摘する。なぜ短い期間内に同一人物によって「周」「宗周」と称されることが，両者が同地でないことの証拠となるのか，詳しい説明がなく理解しがたい。おそらくは短期間のうちに「宗周」という呼称が「周」に改められたとは考え難いので，両者は同時に存在した別の地点であったという意味で論じているのであろうが，「周」が「宗周」の別称，あるいは略称であった可能性は考えられないのであろうか[31]。

第 3 節　周原と宗周　　165

第 47 図　頌鼎とその銘文

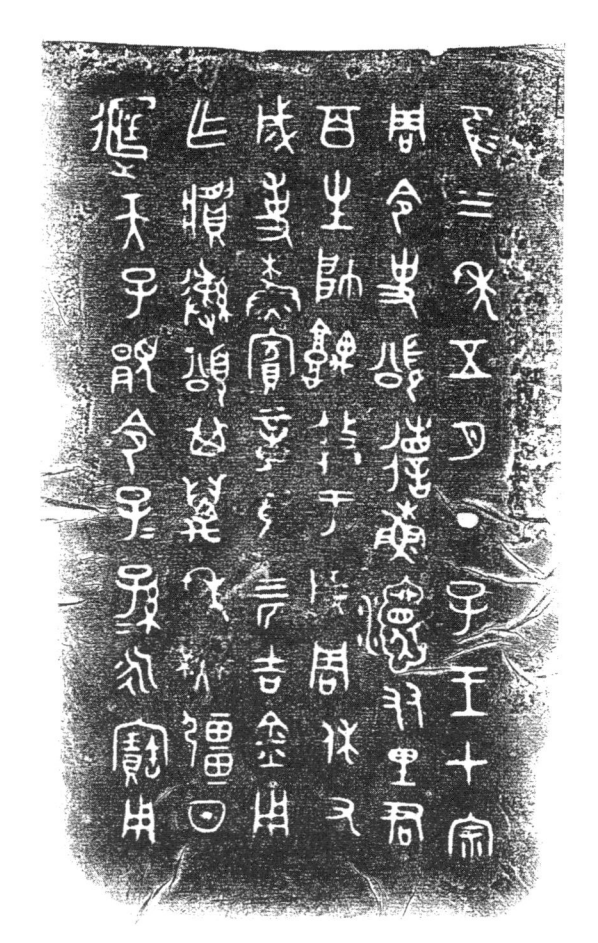

第 48 図　史頌鼎とその銘文

166   第3章　西周王朝と青銅器

第49図　士上盉とその銘文

　また，「頌」と「史頌」が同一人物であるか否かも検討を有する問題である。白川静氏は頌壺と史頌簋の銘文への検討の中で，もし両者が同一人物で，「三年五月」が全く同じ月を指すのとすると，省蘇の命を受けた18日後に冊命を受けたことになるが，その間に省蘇を終え，冊命を受けて器を作ることは日数的に不可能であることを指摘し，両者は別人で，頌壺と史頌簋は別の時期に作られたものであるとの見解を示している（通釈24）[32]。

　いずれにせよ，尹氏のあげた第一の根拠は，「周」と「宗周」が別地であることを示すには根拠が薄弱であると言わざるを得ない。例えば史頌鼎銘に「王，宗周に在り。…盩友・里君・百姓は朝を帥ゐて成周に暨す。…」とあるように，同一銘文中に異なる地点として「宗周」「成周」が登場すれば，明白に「宗周」と「成周」が別地であることが理解される。同様に頌鼎の銘文には「…王，周の康昭宮に在り。…王曰はく，頌，汝に命じて成周の貯廿家を官嗣し…」とあるので，同一文中に登場する「周」と「成周」は別地である可能性が高い。しかしながら対照的に「宗周」と「周」に関しては同一の金文中に登場することはなく，そのため尹氏も上記のような複雑な手続きを採用しているのであろう。逆に考えれば，「宗周」と「周」が同一金文中に出現しない事実こそが，両者が同一地点を指し締めすことの間接的な証拠なのではなかろうか。

　次に第二の根拠を検討する。士上盉（臣辰盉）は1929年に洛陽から出土したとされ，他に同名器として卣2点と尊1点の存在が知られる（通釈7）。士上盉の銘文は以下の如くである（第49図）。

第 3 節　周原と宗周　167

　　隹王大禴于宗周，徣䆱葊京年，才五月，既望辛酉，王令士上眔史寅殷于成周。替百生豚　眔
　　商卣・邔・貝。用乍父癸寶尊彝。　臣辰冊

　　（惟れ王，宗周に大禴し，徣でて葊京に饗するの年，五月に在り，既望辛酉，王，士上と史寅をして成
　　周に殷せしむ。百姓に豚を替し，卣・邔・貝を賞するに眔べり。用って父癸の寶障彝を作る。　臣辰
　　冊）

士上と史寅が王命を受け，成周の地で儀礼を行ったことが述べられる。金文中には「宗周」「葊京」「成周」の地名がみえ，これらが別々の地点であることが知られる。尹氏は「王大禴于宗周，徣䆱葊京」という一節に注目し，宗周から葊京までの移動に特別の時間的経過が感じられないため，両者の距離が近かったであろうことを指摘する。尹氏の見解によれば葊京は豊京を指すとされるため，現在の西安市長安県の灃河西岸に葊京が位置することになり，宗周はこの付近，すなわち文王の都である豊京の近くに造営された，武王の鎬京こそを当てるべきである，と論じるのである。金文の内容から判断して，宗周が葊京の周辺に位置していたことはおそらく確かであろう。問題は，金文中の葊京を豊京とみなしうるのか，という点である。

　金文中にあらわれる王の所在としての葊京について，盧連成氏がその所在を詳細に論じている（盧連成1995）。また近年では葊京の都としての性格について，その所在も含めて詳細に分析した佐藤信弥氏の研究がある（佐藤信弥2005）。葊京の所在に関しては研究者によって多種多様な見解が提出されており，本稿ではこれらの葊京の所在に関する諸説をいちいち検討することはしないが，近年重要視されはじめている陝西省扶風県法門鎮劉家村を葊京の地とする説は特に紹介の必要があるように思われる。1994年に法門鎮劉家村で青銅器窖蔵から盂の圏足部のみが出土し，その器の内底部分には「王乍葊京中寑帰盂」銘文が鋳されていた。窖蔵の周囲には西周期の土器片や瓦が検出されており，窖蔵が作られた当時に劉家村周辺に大規模な建築が存在していたことが知られる。複数の研究者が，この建築址を盂の銘文中の「葊京中寑」という建築物であるとみなしており，当地が葊京であった可能性に言及している（盧連成1995，秦164）。劉家村を葊京の一部とみなすことに慎重な見解も存在するが（李仲操1998），盧連成氏や羅西章氏らが指摘する如く葊京が劉家村の付近に位置していたとするならば，葊京に近接するはずの宗周の地もまた周原遺跡群のうちに想定することができるであろう[33]。現状では，漢代以降の文献史料の記述以外には宗周を鎬京と同一視する積極的な根拠を見出すことはできないのである。

3.「宗周」で行われる行為と「豐」「蒿」

　前項では金文中にみえる「宗周」「葊京」の地に関する諸説を検討し，宗周が周原の地であった可能性が排除されないことを指摘したが，同時に金文からは宗周が周原に存したという決定的な根拠もまたみつからなかった。本項では視点を変え，金文中における「宗周」と「豐」「蒿」の地とで行われる行為を比較することで宗周の性格を検討したい。金文中の「豐」は豊京，「蒿」は鎬京とみなされ，いずれも西周期の都であったと考えられているが，これら三地点で行われる行為の共通性／相違性を読み解くことで都と呼ばれる場所の意味が顕在化するであろう。

まず,「宗周」の地で行われる行為について検討を加える。第9表は,「宗周」銘を有する主な青銅彝器であるが,発掘資料・伝世資料に関わらず,地名として宗周が出現する器は 26 点に及んでいる[34]。写真や図面から器形が知られるものに年代を与えた結果,前期の例は 13 点,中期の例は 5 点,後期の例は 6 点であり,「宗周」銘を持つ器は西周前期から後期にかけて広く作られていたことがわかる。宗周ではさまざまな行為が行われているが,大きく A：祭祀儀礼,B：朝見儀礼,C：賜与行為,D：冊命儀礼,E：征伐・巡察の命令,F：その他,という五種類の行為に分類することが可能であろう。A の祭祀儀礼とは複数の人間が集まって執り行なわれた祭祀行為を指し,多くの場合で王あるいはそれに類する主体的行為者が登場する。年の定例祭や饗宴,射礼などがこれに相当し,佐藤信弥氏が指摘するところの会同型儀礼とほぼ同義である（佐藤 2007）。B は臣下が王に謁見したことが述べられるものであり,必ずしも集団での行為に限らないため A とは類を分けた。C は賜与行為のみが述べられるもの。D は職掌への任命とそれに伴う物品の賜与が述べられるもので,この類は西周中期〜後期に増加する。E は軍事的・外交的な任務の遂行を求めるもの。賜与を伴うことがある。

第9表を見る限り,型式的には前期に属する器がやや多いものの,中期・後期ともに地名として出現していることがうかがわれる。西周前期に宗周で主に行われていた行為は,A 祭祀儀礼と B 朝見儀礼であり,C・D・E は確認されるもののいずれも 1 点のみに止まり,主体的に行われていた行為とは言い難い。代わって中期に多く見られるのは D 冊命儀礼である。冊命儀礼は西周中期後段から増加することが知られるが（武者 1979,吉本 1991）,A 銘文と D 銘文を共に有する西周中期のあり方は,祭祀行為の転換が起こったことを明白に物語っている。これは佐藤氏が指摘するような会同型儀礼から冊命儀礼へと移行する王朝祭祀の変化の表れであるが（佐藤 2007）,宗周が王室による儀礼改変の主要な舞台であったことが指摘できるであろう。後期にも宗周で D 冊命儀礼が行われる一方,E 征伐・巡察の命令も同様に行われている。いずれにせよ,宗周で行われた行為の多くは王による祭祀,または王による任命を伴う儀礼であり,行為主体が王である点は西周前期から後期まで変わらない[35]。宗周で行われる行為の中で異質なものは C 賜与行為である。特に賜与理由が述べられることなく,物品の賜与が行われたことが記述される。前期の例（敔𣪘方鼎：第 50 図）と後期の例（鮮鐘：第 51 図）,時期不明の例（䍐作父辛器：第 52 図）がそれぞれ 1 点ずつ確認される。これらの賜与行為は祭祀と関係の無い私的行為であるが,注意すべきはこれら 3 例のうち敔𣪘方鼎・䍐作父辛器では賜与側の行為者が王ではなく献中と公中だという点である。宗周における私的行為が言及されるのは王以外の人物であり,宗周における王の行為は祭祀行為と強く結びついていたことを意識すべきであろう。

次に,比較の対象として豊・鎬に対しても同様の検討を行った（第 10 表）。「豊」は,少数ではあるが金文中に地名として出現する。鎬はそのままの字では金文中に出現しないが,地名として「蒿」地が出現する例があり,「鎬」京を指すものとして理解されている。なお,第 10 表 6 は青銅器銘文ではなく玉戈上に刻まれた銘であるが,豊が地名として記される希少な例であり,参考として扱った。まず鎬京とされる「蒿」地に関して,西周前期の德方鼎の銘文では以下のような

内容が記される（第53図）。

> 隹三月，王才成周。祉珷禣自蒿。咸。王易德貝廿朋。用乍寶䵼彝。
>
> （惟れ三月，王，成周に在り。武の禣を祉するに蒿よりす。咸はる。王，德に貝廿朋を賜ふ。用って寶䵼彝を作る。）

「成周」と「蒿」の二つの地名がみえる。王は成周に居り，おそらくは德を蒿に派遣して武王の禣に関わる祭祀を行わせたのであろう。その祭祀行為とは，白川氏によれば蒿からはじまり，成周への移動を伴う祭祀であったという（通釈54）。王が蒿に赴いたか否かは定かではなく，確かに蒿の地が祭祀行為に関連したことは確かであろうが儀礼の実質部分は成周で行われたと考えられ，蒿地がどこまで祭祀と関連があったのかは判断が難しい。ここでは仮にA祭祀儀礼としたが，少なくとも宗周で行われた，大人数が参加するような祭祀とは性格を異にする[36]。豐では，裘衞盉の一部の記載（第10表4上段）と太保玉戈（第10表6）でA祭祀儀礼とE征伐・巡察の命令が確認されるほか，C行為とF行為が2例ずつみられる。特に作冊䰙卣は以下のような内容が記される（第54図）。

> 隹公大史，見服于宗周年，才二月，既望乙亥，公大史咸見服于辟王，辨于多正。雩四月既生霸庚午，王遣公大史，公大史在豐，賞乍冊䰙馬，𠡠公休，用乍日己䵼䵼彝。
>
> （惟れ公大史，宗周に見服するの年，二月に在り，既望乙亥，公大史，咸く辟王に見服し多正に辨くす。ここに四月既生霸庚午，王，公大史を遣はす。公大史，豐に在りて作冊䰙に馬を賞す。公の休に揚へて，用って日己の䵼䵼彝を作る。）

公大史は二月に王に見えたあと，豐で作冊䰙の訪問を受け，作冊䰙に物品の賜与を行った。王への朝見と個人的な賜与が，宗周と豐とに明確に場を分けて実行されている。宗周が王と祭祀と密接な関係を持つ一方で，同じ王の所在地である豐で行われる行為には祭祀との強固な結びつきは見いだされない。金文史料に依拠する限り，宗周と豐・蒿ではその性格が明らかに異なるのである。

4．「宗周」で行われる行為と「周」「成周」「蒡京」

それでは，宗周の性格は他のどの地の性格と近いのであろうか。本項では，宗周で行われたいくつかの行為に注目して，共通性が見いだされる地点を検討する。第9表で見たように，宗周で行われる行為のうち，中心的な行為は祭祀儀礼・朝見儀礼・冊命儀礼であった。以下，祭祀儀礼・朝見儀礼・冊命儀礼それぞれについて比較を行う。

（1）「䄟」が行われる地

第9表から，宗周で行われた祭祀儀礼には「大䄟」「䄟」「饗」「大禴」「燎」があったことがわかる。このうち，「大禴」が行われたこと記す3例（第9表4～6）は異形同銘器であるから，同じ一回の祭祀を記したもので行為の回数とは関係がないが，獻侯鼎（第9表1）と叔簋（第9表3）で述べられる「大䄟」「䄟」はおそらく同内容の祭祀であり，宗周で複数回行われたものと考えられる。この「䄟」に注目し，金文中での出現状況をまとめたものが第11表である。9種の青

第3章　西周王朝と青銅器

第9表　金文中にみえる「宗周」（※は大事紀年的

番号	器名	著録	出土時期・出土地	器種	時期	作器者	地点	宗周で行われた（儀礼）行為
1	獻侯鼎	集成02626, 02627、通釈29		鬲鼎	前期	獻侯	宗周	大奉〈祭祀儀礼〉
2	堇鼎	集成02703、通釈38 ③	1975 北京琉璃河M253	鼎	前期	堇	宗周	饗〈饗礼儀礼？〉
3	叔盨※	集成04132, 04133、通釈6	1951 杭州浙江省文物管理委員会	異形器	前期？	叔	宗周	奉〈祭祀儀礼〉
4	士上卣※（臣辰卣）	集成05421, 05422、通釈30	1929 洛陽馬坡	卣	前期	士上・史寅（臣辰一族？）	宗周	大禴〈祭祀儀礼〉
5	士上尊※（臣辰尊）	集成05999、通釈30a	1929 洛陽馬坡	尊	前期	士上・史寅（臣辰一族？）	宗周	大禴〈祭祀儀礼〉
6	士上盉※（臣辰盉）	集成09454、通釈30a	1929 洛陽馬坡	盉	前期	士上・史寅（臣辰一族？）	宗周	大禴〈祭祀儀礼〉
7	匽侯旨鼎	集成02628、通釈38	伝　易州出土	鬲鼎	前期	匽侯旨	宗周	見事〈朝見儀礼〉
8	作冊魃卣	集成05432、通釈58	伝　洛陽付近	卣	前期	作冊魃	宗周（→豊）	見服〈朝見儀礼〉
9	隩作父乙尊	集成05986、通釈34	1933 濬県辛村M60	尊	前期	隩	宗周	賸〈朝見儀礼？〉
10	麥方尊	集成06015、通釈60		尊	（前期）	麥	宗周	見〈朝見儀礼〉
11	敷𢦏方鼎	集成02729、通釈51		方鼎	前期	敷𢦏	宗周	〈賜与〉
12	大盂鼎	集成02837、通釈61	道光年間、眉県禮村	鼎	前期	盂	宗周	〈冊命〉
13	静鼎	新収1795		方鼎	前期	静	宗周	〈省南或の命令〉
14	庸伯取簋	集成04169、通釈80 ②		簋	中期	庸伯取	宗周	燎〈祭祀儀礼〉
15	善鼎	集成02820、通釈133	長安？	鼎	中期	善	宗周・大師宮	〈冊命〉
16	趙簋	集成04266、通釈83		簋	中期	趙	宗周・大廟	〈冊命〉
17	同簋	集成04270, 04271、通釈150		簋	中期	同	宗周・大廟	〈官職任命：冊命の一形態か〉
18	班簋	集成04341、通釈79a		簋	中期	班	宗周	〈冊命〉
19	微繺鼎	集成02790、通釈147	伝　崇寧初年、商州	鼎	（後期）	微繺	宗周	〈官職任命：冊命の一形態か〉
20	大克鼎	集成02836、通釈167	1890 扶風法門寺任村	鼎	後期	善夫克	宗周・穆廟	〈冊命〉
21	小克鼎	集成02796-02802、通釈168	1890 扶風法門寺任村	鼎	後期	善夫克	宗周	〈成周八師遹正の命令〉
22	史頌鼎	集成02787, 02788、通釈138a		鼎	後期	史頌	宗周	〈省蘇の命令〉
23	史頌簋	集成04229-04236、通釈138		簋	後期	史頌	宗周	〈省蘇の命令〉
24	鮮鐘	分類A255、通釈158 ①、集成00147	1933 扶風県康家村	鐘	後期	鮮	宗周・司馬宮	不明（賜与？）
25	晋侯穌鐘※	新収870	（北趙晋侯墓地M8流出）	鐘	後期	晋侯穌	宗周	―
26	矸作父辛器	集成10581、通釈55b		不明	―	矸	宗周	〈賜与〉

に述べられるもの。時期の（ ）は絵図からの推定）

種類	行為の主体者／客体者	賜与関係	賜与理由	備考
A	成王	王→獻侯	「奉」儀礼遂行の協力？	同銘器あり、計2点。うち1点は拓本のみ。
A	堇（または大保）	大保→堇	「饗」儀礼の実施	
A	王	大保→叔	使者への返礼	器蓋同銘。また同形同銘器あり、計2点。
A	王	—	—	器蓋同銘。同形同銘器あり、計2点。また5士上尊・6士上盉と同銘。茸京・成周でも別々の儀礼が行われたことが記される
A	王	—	—	4士上卣・7士上盉と同銘。茸京・成周でも別々の儀礼が行われたことが記される
A	王	—	—	4士上卣・5士上尊と同銘。茸京・成周でも別々の儀礼が行われたことが記される
B	匽侯旨→王	王→匽侯旨	「見事」を賞して	
B	公大史→王	（公大史→作冊䰟）	（「見服」儀礼遂行の協力？）	器蓋同銘。公大史による賜与は他所（豐）で行われた
B	公→［王］	（公→隩）	「䚇」儀礼遂行の協力？	賜与は他所（官／館）で行われた可能性あり
B	井侯→［王］	—		冊命金文の原初形態か。茸京・庪で別の儀礼が行われたことが記される
C	獻中→敵䵼	獻中→敵䵼	不明	賜与行為のみが記される
D	王→盂	王→盂	軍事統監補佐の任命に対して	初期の冊命金文
E	王→師中・靜	（王→靜）	南或征伐の成功に対して？	賜与は他所（成周）で行われた
A	王	王→庸伯𣪘	「燎」儀礼遂行の協力？	
D	王→善	王→善	燊侯の補佐と𨾊？地の軍事統監の任に対して	セルヌスキ美術館蔵
D	王→趩	王→趩	𨾊？地の軍事統監の任に対して	
D	王→同	—	（呉大父の補佐を命じる）	
D	王→毛公	（王）→毛公	東或征伐の命に対して	作器者は冊命受命者とは別人。
D	王→微䜌	—	（九陂の管理を命じる）	器散逸、銘摹本・絵図のみ。
D	王→善夫克	王→善夫克	王の輔弼	
E	王→善夫克	—	—	同形同銘器あり、計7点。
E	王→史頌	（蘇［→王］→史頌）	使者への返礼	同形同銘器あり、計2点。賜与は他所（成周）で行われた。王が賜与を行った（仲介した）可能性が高い。
E	王→史頌	（蘇［→王］→史頌）	使者への返礼	器蓋同銘。同形同銘器計8点？計12銘。賜与は他所（成周）で行われた。王が賜与を行った（仲介した）可能性が高い。
C	王→鮮	王→鮮	不明	集成では「宗周」ではなく「成周」とする。拓本不明瞭であり判別困難。賜与行為のみが記される
—	—	—		冊命金文。宗周は移動の起点としてのみ言及される
C	公中→玕	公中→玕	不明	器散逸。銘拓本のみ。賜与行為のみが記される

第3章　西周王朝と青銅器

第50図　敔𣪘方鼎とその銘文

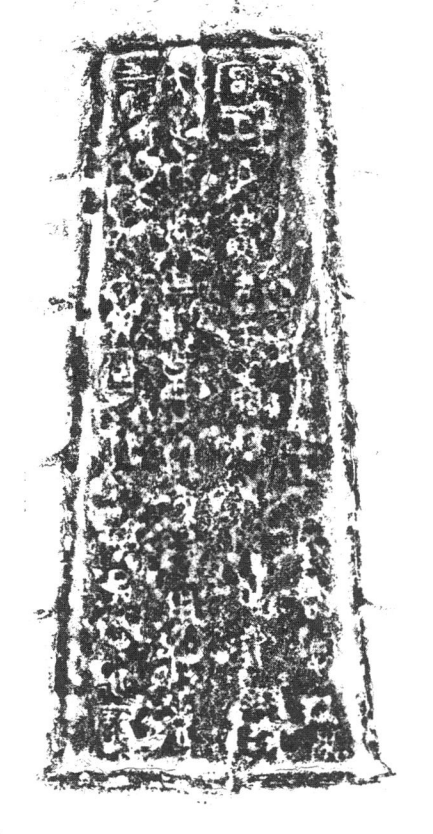

第51図　鮮鐘とその銘文

第3節　周原と宗周　173

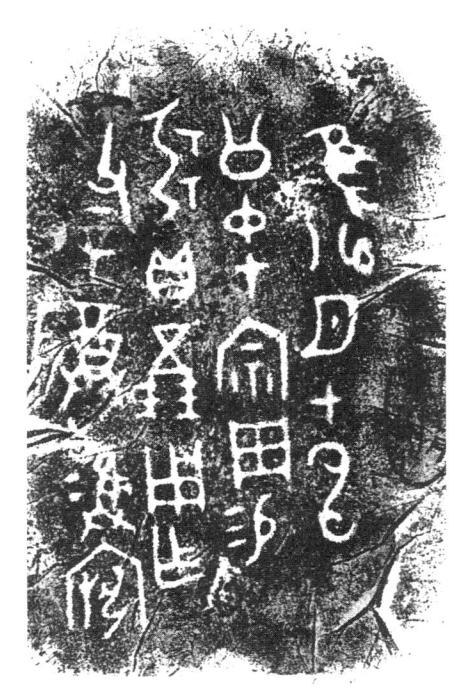

第52図　〇作父辛器銘文

第53図　徳方鼎とその銘文

174   第3章　西周王朝と青銅器

第10表　金文中にみえる「豊」「蒿」

番号	器名	著録	出土時期・出土地	器種	時期	作器者	地点	豊・蒿で行われた（儀礼）行為
1	德方鼎	集成02661、通釈54		方鼎	前期	德	(蒿→)成周	〈裸〈祭祀儀礼〉〉
2	作冊䰧卣	集成05432、通釈58	伝　洛陽付近	卣	前期	作冊䰧	(宗周→)豊	〈賜与〉
3	小臣宅簋	集成04201、通釈64	1955　旅順廃品回収品の中から発見	簋	前期	小臣宅	豊	〈使者の派遣〉
4	裘衛盉	集成09456、通釈補11	1975.2　岐山県董家村窖蔵	盉	中期	裘衛	豊	稱旂〈祭祀儀礼？〉〈菫章(玉器？)と田地の交換〉
5	瘨鼎	集成02742		鼎	―	瘨	豊	〈賜与〉
6	大保玉戈※	断代23引、通釈64引		玉戈	―	不明	豊	〈省南或の命令〉

第54図　作冊䰧卣とその銘文

　銅器に「奉」字が確認され，器の型式から年代を与える限り西周前期～中期の間に行われた祭祀行為であることがわかる。
　第11表の各器のうち，1圉甗・2圉簋・3圉卣は異形同銘器であり「奉」儀礼が成周で行われたことを述べる。4盂爵，5叔矢鼎も「奉」が行われた場は成周とされる。6獻侯鼎と7叔簋が宗周の例，他に「上侯应」（8不指方鼎）と「莽京」（9伯唐父鼎）で「奉」が行われている。「奉」が複数回行われているのは成周と宗周のみであり，両者の共通性がうかがわれる。

第3節　周原と宗周　175

(※ は大事紀年的に述べられるもの)

タイプ	行為の主体者／客体者	賜与関係	賜与理由	備考
A	（王）	王→德	「禘」儀礼遂行の協力？	嵩から成周への移動を伴う一連の祭祀行為であるが、王ははじめから成周にいた可能性があり、王が実際に嵩へ赴いたかどうかは不明
C	公大史→作冊魃	公大史→作冊魃	「見服」儀礼遂行の協力？	器蓋同銘。宗周での見服から豊へ入るまでが一連の儀礼行為だと考えられる
F	同公→小臣宅	伯懋父→小臣宅	使者への返礼	小臣宅は同公の命により伯懋父へと使す。軍事行為に関連した使者か
A	王	―	―	
F	裘衛⇔矩伯庶人	裘衛⇔矩伯庶人	交換	裘衛の行為に王が関わっているかどうかは不明
C	王→瘨	王→瘨	不明	器散逸、銘摹本のみ。賜与行為のみが記される
E	王→大保	―	―	銘拓本、器絵図のみ

(2)「見」が行われる地

　朝見儀礼があったことを示す「見」字に注目し、金文中での出現状況をまとめたものが第12表である。10点の青銅器に「見」字が確認され、「奉」とは異なり西周後期の器にも「見」という行為の記述は行われている[37]。「見」の対象として王と王以外の人物とを分けて考えると、「見」行為と地点との関係がみえてくる。すなわち、王を朝見の対象とする1〜7では「宗周」と「周」が地名として現れるのに対し、8珥方鼎や9賢簋にみえる、「彭」「衛」といった地では王への朝見は行われず、王以外の人物が朝見対象とされる。このことは王が地方では朝見行為を行わなかったことを意味しており、さらに進めていえば、王が「見」を受ける特別な地としての宗周と周が位置づけられていたと考えることができよう。宗周と周の間にも共通性が存在するといえる。

　佐藤信弥氏の研究に従えば、金文中に祭祀・殷見・饗礼・謝礼などの会同型儀礼が執り行われた地としては銘文45例中に53地点が記され、その内訳は、「宗周」3例、「周」9例、「成周（新邑を含む）」11例、「蒡京」11例、その他諸地点14例、地点不明で祭祀が行われた室名・宮名のみを記すもの5例、となっている[38]（佐藤2007）。会同型儀礼が行われた地の割合を示したものが第55図1である。宗周で見られた祭祀行為が頻繁に行われるのは周・成周・蒡京の地であり、上で検討した「宗周と成周」「宗周と周」という共通性を有するグループに蒡京も含めることができよう。

(3) 冊命が行われる地

　冊命儀礼が行われた地に関してはすでに多くの先行研究が論ずるところであるが、ここでは冊命金文を有する青銅彝器を広く集成した堤氏の研究に従ってその地点の整理を行うこととする（堤2010a）。堤氏の研究によれば冊命金文およびそれに類する金文は86例あり、冊命が行われた地の内訳は、「宗周」5例、「周」38例、「成周」1例、「蒡京」1例、「減应」2例、その他諸地点（宜・夐・呉・杜廆）計4例、地点不明で冊命が行われた室名・宮名・廟名のみを記すもの19例、地点名を記さないもの16例であった。冊命儀礼が行われた地の割合を示したものが第55図2である。冊命は圧倒的に「周」地で行われるが、「宗周」ではそれに次ぐ回数が確認される。やは

第 3 章　西周王朝と青銅器

第 11 表「奉」が行われる地（※ は

番号	器名	著録	出土時期・出土地	器種	時期	行為名称
1	匽甗	集成 00935、	1975　北京琉璃河　Ⅱ区 M253	甗	前期	奉
2	匽簋	集成 03824	遼寧省喀左県小波汰溝青銅器窖蔵	簋	前期	奉
3	匽卣	集成 05374	1975　北京琉璃河　Ⅱ区 M253	卣	前期	奉
4	盂爵	集成 09104、通釈 35		爵	前期	初奉
7	叔矢鼎	新収 915	2000　山西省曲沃北趙村　M114	方鼎	前期	奉
5	献侯鼎	集成 02626、02627、通釈 29		高鼎	前期	大奉
6	叔簋	集成 04132、04133、通釈 6	1951　杭州浙江省文物管理委員会	異形器	前期？	奉
8	不㫕方鼎	集成 02735、02736、通釈　補 2b	1971　扶風県斉鎮村　M3	方鼎	中期	奉覯
9	伯唐父鼎	新収 698	陝西省　長安張家坡　M183	鼎	中期	奉

第 12 表 "見" が行われる地（※ は

対象	番号	器名	著録	出土時期・出土地	器種	時期
王	1	匽侯旨鼎	集成 02628、通釈 38	伝　易州出土	高鼎	前期
	2	作冊䰙卣	集成 05432、通釈 58	伝　洛陽付近	卣	前期
	3	麥尊	集成 06015、通釈 60		尊	（前期）
	4	史墻盤	集成 10175、通釈補 15	1976　陝西省扶風県荘伯村 1 号窖蔵	盤	中期
	5	㝬伯歸夆簋	集成 02718、通釈 145		簋	中期
	6	九年衛鼎 ※	集成 02831、通釈　補 11b	1975　陝西省扶風県董家村　窖蔵	鼎	中期
	7	㝬鐘	集成 00251-00256、通釈　補 15o	1976　陝西省扶風県荘伯村 1 号窖蔵	鐘（編鐘）	後期
王以外	8	珥方鼎	集成 02612,02613		方鼎	前期
	9	賢簋	集成 04104-、通釈 36f		簋	中期
	10	駒父盨蓋	集成 04464、通釈　補 8	1974　陝西省武功県回龍村	盨	後期

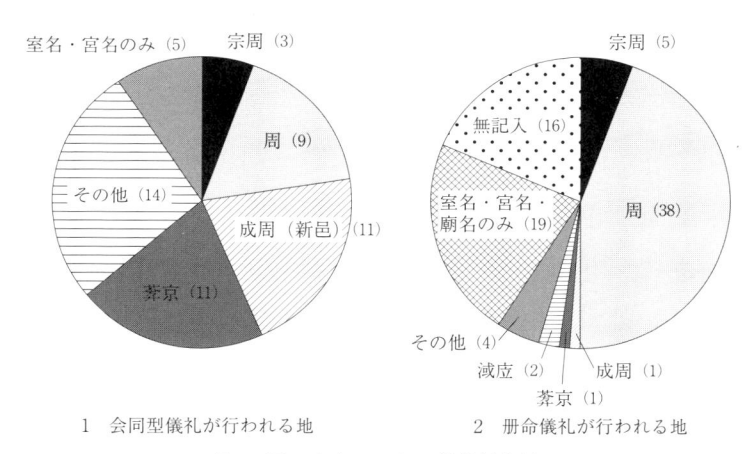

1　会同型儀礼が行われる地　　2　冊命儀礼が行われる地

第 55 図　金文にみえる儀礼執行地

り，ここでも「周」と「宗周」の性格は近いといえる。

　以上の検討によって，宗周の性格がある程度明らかとなった。宗周では西周前期〜中期には主に祭祀儀礼と朝見儀礼が行われ，西周中期〜後期には冊命儀礼と征伐・巡察の命令が執り行われた。宗周では一貫して王が主体的に儀礼を行う地であり，祭祀行為との結びつきが極めて強い。このような宗周とよく似た性格の地としては他に「周」があり，「成周」や「莽京」もこれに準ずるものとして同じ範疇に含めることができる。一方，同じく西周の都と呼ばれる豊や鎬の地で

第3節　周原と宗周　177

大事紀年的に述べられるもの）

行為者	地点	作器者	備考
王	成周	圉	2圉簋・3圉卣と同銘
王	成周	圉	1圉甗・3圉卣と同銘。集成は器名を「圉簋」とする
王	成周	圉	器蓋同銘。1圉甗・2圉簋と同銘
王	成周	盂	
王	成周	叔矢	同時に彤・祔を行う
王	宗周	獻侯	同銘器あり、計2点。うち1点は拓本のみ。
王	宗周	叔	器蓋同銘。また同形同銘器あり、計2点。
王	上侯应	不指	同形同銘器あり、計2点。
王	菶京	伯唐父	同時に饗・射を行う

大事紀年的に述べられるもの）

行為名称	行為の主体／客体	地点	作器者	備考
見事	䍀侯旨→王	宗周	䍀侯旨	
見服	公大史→王	宗周	作冊䰩	器蓋同銘。賜与は他所（豐）で行われた
見	井侯→［王］	宗周	麥	冊命金文の原初形態か。菶京・庚で別の儀礼が行われたことが記される
来見	敔氏剌祖→武王	墻		青銅器窖蔵より出土。7癲鐘と同出。微氏一族の青銅器
至見	眉敖→［王］		歸夆	通釈は「歸夆」を「歸夒」と釈す
見	眉敖（者膚）→王	周・駒宮	裘衛	者膚は眉敖の使者
来見	敔氏剌祖→武王		癲	青銅器窖蔵より出土。4史墻盤と同出。微氏一族の青銅器
見事	珥→車叔	彭	珥	同銘器あり、計2点。
初見	公叔→衛侯？		賢	賢は公叔の臣か
見	駒父→南淮夷		駒父	南方への巡察を記す

は祭祀行為は行われることはあるものの，金文中には祭祀以外の内容も同程度に記される。宗周・周で行われた儀礼が豐・鎬でほとんど執り行われない点で両者の性格差は明白であろう。

松井嘉徳氏は免簋（集成04626）と元年師旋簋（集成04279-04282）にみえる「鄭還」「豐還」という表現が「鄭」の地と「豐」の地にあった軍事集団であることを論じ，両地の性格が似ることを指摘している（松井2002）[39]。氏の指摘の如く豐や鄭といった地が近似した性格を持つならば，西周期の「都」には周・宗周・成周・菶京と豐・鄭という二群の拠点が存在しており，前者に儀礼的な拠点としての性格を与えることができるであろう。また「周」と「宗周」が同一銘文上に登場しないことを考え合わせれば，両者は同一地点の別称である可能性が高い。

このような祭祀的な中心地としての宗周（周）の性格は，前節で検討した周原遺跡群の性格とまさしく一致するのである。周原遺跡と豐鎬遺跡はともに西周青銅葬器が集中的に出土する地点であるが，周原遺跡はより強く祭祀行為に影響を受けている。その原因として，「周の宗廟」としての宗周の地が，元来周原遺跡の一帯に存在していたことが想定される。

周の宗廟は具体的に何処に位置していたのか。飯島武次氏は陝西省岐山県鳳雛村で発掘された甲組建築址の西室F2で見つかった灰坑（H11）から甲骨が出土したことに注目する（飯島2003）。氏は『史記』亀策列伝の「王者発軍行将，必鑽亀廟堂之上，以決吉凶。今高廟中有亀室，蔵内以為神寶。」という記述を引き，亀室がある建物が宗廟である可能性が高く，鳳雛村や召陳村の大型建築址や周辺で出土する大量の瓦の存在は，当地に周の宗廟とそれに伴う大型建築が存在して

いたことを示している，と論ずる。筆者も，鳳雛村の甲組建築址が周王室の宗廟の一部を構成していた可能性は高いと考える。

　西周時代の関中平原における祭祀行為の中心は現在の周原一帯に存在し，それは金文中で周と呼ばれ，また宗周とも称される地域であった。豊鎬は王朝の中心の一つではあるものの，祭祀と強い関わりを持つ地ではなかったと考えるべきである。宗周を豊鎬地域の一部に属する祭祀地点としてみるよりも，性格の異なる別の拠点として考える方が自然な解釈ではなかろうか。そしてそのような，宗廟の地としての周原の性格は，古代中国の「都」を考える際，極めて大きな意味を持つと考える。

第4節　小　結

　関中平原は西周王朝の王畿とされる地域であり，数多くの青銅彝器が出土するが，その分布を検討した結果，洛河流域，石川河流域，涇河流域，秦嶺北麓東部，灞河上流域，秦嶺北麓西部，涇河―漆水河中間地帯，漆水河上流域，岐山南麓地域，渭河両岸地域，宝鶏地域，千河流域といった12地域を設定しえた。青銅彝器の出土は圧倒的に豊鎬地区と周原地区に集中し，両地区とそれ以外の地区との間での格差が甚だしい。

　関中平原内においても青銅彝器の分布には時期的な変化があった。西周前期においては青銅彝器の分布は広範囲に及び，王朝の非構成員たる諸氏族に対して積極的な青銅器の下賜・分配がとられたと考えられる。一方，西周中期以降の青銅彝器分布は大幅に縮小するが，これは第2章で検討した省別分布における傾向と対応する動きである。西周中期から後期にかけて王朝の青銅器政策は大きな転換点を迎えたのである。このような王朝の青銅器政策の変化のために，青銅彝器祭祀が定着しなかった地域が関中平原内にも多数存在していた。青銅彝器の一貫して出土する地域は秦嶺北麓一帯・岐山南麓地域・渭河両岸地域という比較的限られた範囲内におさまっており，これらの地域を含む範囲を西周王畿とみなすべきであろう。西周王畿においてはその統治は強く，範囲内の祭祀を一括して管理していた可能性があり，権力が隔絶した周原・豊鎬とその下部に位置する無数の並列的な単位（"邑"）という社会構造が推定される。

　西周中期から後期にかけて進行した王朝による青銅彝器利用の変化は，青銅器窖蔵出現の背景でもあった。斉家村石玦工房区墓地の例から，周原においては西周後期以降，墓への青銅彝器の副葬が制限されるようになりそれに代わって窖蔵青銅器が増加する。窖蔵青銅器の増加は青銅彝器が祭礼の場での使用に強く限定されるようになったことを意味しており，これは王朝にとってより理想的な青銅彝器利用の在り方であった。西周中期から後期にかけての青銅彝器利用の変化は，王朝による，王朝秩序の再構築の試みであったと理解すべきであろう。

　そのような青銅彝器利用再編の意識が強く働いたのは周原地区であった。豊鎬地区からも大量の青銅彝器が出土しているが，西周後期の窖蔵青銅器の増加は周原地区が最も顕著であり，青銅彝儀礼と密接に結びついた祭祀都市として周原遺跡群を位置づけることができる。祭祀の中心と

しての周原の性格は青銅器銘文中に出現する「宗周」の性格と一致する。同じく王都と称される豊京・鎬京と宗周・莽京・成周との間には役割の違いを明らかに見出すことができ，西周の都としての宗周，すなわち周原の上位性を強く認識する必要がある。

　本章では西周王朝の中心地域から出土する青銅葬器を手掛かりに，西周中期から後期にかけて王朝の青銅器政策に大きな変化があったことを論じた。次章では諸侯国地域から出土する青銅葬器を分析対象とし，王朝が青銅葬器に込めた政治的意図がどのように受容されたのかを検討する。

　注
1）　なお，周公廟遺跡の解釈として周公采邑以外には，古公亶父が豳より移ったとされる「岐邑」とする見解などがみられる。
2）　王室製作の青銅葬器を考える際に重要なのは青銅器製作工房に対する検討である。しかしながら，殷周期の青銅葬器は基本的に完成時に外笵が破壊されるため，その鋳型が完全な形で検出されることは極めて稀である。関中平原に限っても，鋳型の出土報告例はままあるものの，確実に青銅葬器の鋳型といえる例はほとんどない。現状では鋳造関連遺物・遺構の面から青銅葬器の製作工房を指摘することは難しいと考える。
3）　第2表で「小型盃」と分類した器は斜方格乳釘紋簋とも称される器である。第2章注1）を参照のこと。
4）　なお，本稿が扱う時代は殷末周初期から西周後期である。殷末周初期については，文王〜武王期を相当する期間として想定している。武者氏や西江氏が指摘するところの殷墟四期段階に並行する先周文化期にあたる（武者1989，西江1993・1994）。
5）　西周時代の関中平原の遺跡・遺物出土地点を網羅的に集成したものとして，国家文物局主編1998『中国文物地図集　陝西分冊』西安地図出版社，が挙げられる。遺跡の分布を調べる際に非常に有用であるが，本書は出土した青銅葬器に年代を与えることを目的としたため，出土遺物の図が掲載されない本書の情報は残念ながら利用できなかった。本書で扱った資料の典拠はなるべく実測図または写真が報告される例に限定し，経緯が不明な博物館収蔵品は対象から除外した。
6）　出土地点の確定にあたって，同じ鎮・郷（報告において"大隊"，"生産隊"などと称されるもの）内における互いの距離が近い場合，または異なる鎮・郷であってもその出土地点が近接する場合には，両者を合わせて同一地点として数えた。なお，各地点の名称は基本的に報告記載の地名に準じている。出土地点の典拠は第2表報告書No.および巻末の報告書目録，陝西省の頁を参照のこと。
7）　これら陝北地域から出土する青銅器は，多くが殷代後期〜殷末周初期に属するものとされる（秦105，秦106）。陝北地域出土の殷末〜西周期の青銅器に関しては第2章第1節を参照のこと。
8）　宝鶏では20世紀前半に金台区陳倉溝戴家湾から多量の青銅葬器が出土したと報告されているが，多くは海外に流出しており，また出土状況も不明確なため，今回は分析の対象外とした（王光永1991）。
9）　筆者はかつて，興平市周辺で青銅葬器分布が極めて疏であることの原因として王朝による青銅器利用の制限があったのではないかと推定した（角道2007）。しかし，涇河下流域においては地理的要因によってそもそも住むに適さない環境であったとする西江氏らの研究を知り，見解を改めた（西江・渡部2009・2013，渡部・西江2009）。
10）　筆者は，周王朝を中心とする社会秩序を強化するために礼制が創出され，青銅葬器はその中心的役割を担っていたと考えているが，王朝が青銅葬器を各氏族集団に受容させる際，具体的にどのよう手続きが

あったのかについてはさらに検討する余地がある。銘文には「(受賜者が)王の賜与に対揚し，○○の葬を作った」と記されることが多く，したがって受賜者が自ら，王朝の工房に器の製作を上申・依頼した可能性は高い。一方で，新たに諸氏族を自らの体制内に組み込もうとする際には，王朝が積極的に青銅器を対象となる氏族に下賜した可能性も十分に考えられるのではないであろうか。著者は西周前期において，周王朝により王畿を構成していなかった氏族に対して活発に青銅器の下賜が行われたと考えている。

11) 墓・窖蔵から出土する青銅葬器には伝世品が含まれる可能性があり，例えばある集団が西周後期に，西周中期の青銅器を携えて移住した可能性を否定できず，その場合，出土した器物の年代とその地域との間には関係がない。このような場合は例外的な状況と思われるが，考慮する必要がある。

12) 殷末周初期の年代幅については注4)を参照。

13) 例を挙げれば，1976年に扶風県法門鎮荘白で発見された西周時代の窖蔵からは，微一族に属したと推定される一群の青銅葬器が出土した(秦62)。

14) したがって，周公廟遺跡が位置する岐山県北部，北郭郷一帯において今後発掘調査が継続し多くの青銅葬器を検出したとしても，当地が周原や豊鎬に比肩しうるような拠点であった可能性は低い。もし当地が"周公采邑"であるとすれば，それはあくまで政治的独立性を持たない単位であって，このような性格を持つ共同体が王畿内の他の地域にも複数あったのであろう。王畿内に存在した邑と，諸侯国の拠点集落とでは，その政治的性格を別に考える必要性があるように思われる。

15) なお，金文中に表れる「周」「宗周」「成周」といった地点が，実際のどの地に比定されるのかに関しては研究者間で統一した見解が存在せず，多くの説が唱えられている。第3節参照のこと。

16) 関中平原内において周原・豊鎬地区以外で青銅器窖蔵が報告される地点として，長武県冉店郷碾子坡(第30図13)(秦114)，臨潼県零口西段村(第30図16)(秦173)，眉県青化公社油房堡大隊(第30図27)(秦169)，永寿県店頭公社好時河(第30図32)(秦30)，扶風県南陽公社五嶺大隊豹子溝(第30図36)(秦162)，扶風県召公公社後董大隊穆家生産隊および呂宅大隊胡西隊・健和公社東橋大隊北橋生産隊(第30図38)(秦156，秦162)，扶風県杏林公社東坡大隊孫家台生産隊・太白公社長命寺大隊早窯生産隊(第30図39)(秦162)，扶風県城西南(第30図40)(秦162)，扶風県黄甫公社(城関鎮)五郡西村(第30図41)(秦141，秦143，秦162，秦170)，扶風県上宋公社東渠村(第30図49)(秦162)，眉県楊家村(第30図50)(秦37，秦83，秦84，秦168)，宝鶏市茹家荘(第30図56)(秦23)がある。臨潼県零口西段村で18点，扶風県五郡西村で13点，眉県楊家村で41点が出土する他はいずれも10点未満の出土である。

17) 曹瑋氏は荘白一号窖蔵出土器の多くに西周中期の年代を与えており，個々の遺物の年代観は筆者の見解と異なる(秦97〜99)。なお荘白一号窖蔵出土の青銅器について，ファルケンハウゼン氏が詳細に分類・検討している(ファルケンハウゼン2006)。

18) 第3表・第5表において，( )内の数字は出土した明器の点数を示している。明器に関しては後述する。

19) 宝鶏市区出土の計238点の青銅葬器(附表2 No.283-294)を対象とした。

20) 周原には殷前期の青銅器4点を有する特殊な窖蔵(第4表1)が存在するが，便宜上，殷末周初期〜西周前期の項目中に含めた。

21) なお，周原地区出土青銅器として扱いながらも当図の範囲外に位置する地点がある。1973年に扶風県法門公社美陽大隊から出土したとされる殷後期の器5点で，周原地区の東南部に位置する(第3表1)。斉家村・劉家村といった周原の中心地点からやや外れており，西周期の遺物は検出されない。『周原出土

『青銅器』（秦 100）に掲載されているため第 3 表に含めたが，器物が殷代の器であることと地点がやや離れている点を踏まえて，第 37 図〜第 39 図では対象外とした。

22) 腰坑とは殷周時代の墓にしばしば作られる犠牲坑で，一般的には墓底レベルからさらに小坑を掘り込み，主に犬などの小型動物を殉葬する。被葬者の腰の部分の下に作られることが多いため，腰坑と称される。槨棺を有する場合は底板を設置する前に埋めたようである。安陽の殷墓で多数報告されるため，多くの場合は被葬者が「殷系」の人間であることの指標とされる。一方で腰坑の有無を出自集団と安易に結びつける際の問題点に関してはファルケンハウゼン氏が端的にまとめている（ファルケンハウゼン 2006）。また，殷周期の腰坑に関しては堤絵莉子氏の研究が詳しい（堤 2010b）。

23) 報告書では等級の設定に際して，墓室面積と体積の大小を基本的な基準とし併せて槨棺の有無や副葬品の点数・貴重性を参考にして等級を設定した，と記される。その基準について報告書の記載をそのまま引用すれば，①一等墓は，墓室面積が $4\,\mathrm{m}^2$ 前後またはそれ以上で体積が $13\,\mathrm{m}^3$ 以上，かつ槨棺を有し副葬土器を 10 点以上有し，青銅器を有することもある。被葬者の身分は士クラスに相当する中層貴族である。②二等墓は，墓室面積が 2.5〜$6.0\,\mathrm{m}^2$ で体積が 6.0〜$13.0\,\mathrm{m}^3$ であり，槨棺を有するものが 50%・棺のみを有するものが 40%・槨棺を持たないものが 10%，大きな墓は青銅器を有するが鼎一点のみで，多くの墓の副葬品は土器を主体とするが，土器 10 点以上を有するものが 10%，2 点以下しか持たないものが 40% を占める。被葬者の多くは庶民クラスに相当する平民または下級貴族である。③三等墓は，墓室面積が $2.5\,\mathrm{m}^2$ 以下で体積は $7\,\mathrm{m}^3$ 以下，槨棺を有するものが 8%・棺のみを有するものが 58%・槨棺を持たないものが 33%，青銅武器を有する例外的な 1 基を除いて，いずれも副葬品の主体は土器であり，10 点以上を有するものが 5% 以下，1 点〜2 点を有するものが 83%，副葬品を一切持たないものも存在する。多くは平民または奴隷の墓であり，没落した下級貴族の墓も含まれる可能性がある，と述べられている。そもそも等級設定に際して「槨棺の有無と副葬品の点数・貴重性を参考にする」と述べながら，二等墓・三等墓では槨棺の有無と副葬品数の多寡に対して全体中の割合を記している点で，これらは分類の基準ではなく分類の結果であることが知られる。また報告書に記載されている通り斉家村周辺では 20 世紀の間に幾度も地ならし・灌漑工事などが行われており，地表面はかなりの程度まで後代による削平を受けているため，当時の地表面を知る術はない。このような状況下で墓室体積を算出しても有意な値が出るのか疑問である。墓室面積に限っても，一等級と二等級とで一部が重複しており，一貫した基準とは言い難い。

24) いくつかの墓では，検出された人骨から被葬者の年齢鑑定が行われている。小児埋葬とした 4 基の墓は骨の保存状況の影響か，M20 を除いて年齢不詳として報告されている。M20 は骨の状態が良好であり，16〜18 歳の女性と鑑定された。鑑定に従うならば M20 は小児埋葬墓ではないが，この墓の状況は説明を要する。当墓は一部が M6 によって壊されており，本来的な墓長が不明である。報告書に記載された図面を見る限り被葬者の下腿骨以下が切られており，元来の墓口長は 150 cm 以上あったのかもしれない。また，M8 被葬者は 7〜8 歳とされるが棺を持つ。したがって，C 類墓と小児墓が常に等号で結ばれるとは限らないことを考慮する必要がある。なお，M29 も M5 によって一部が壊されるが，こちらは墓幅である。墓長は 130 cm 程度であり，成人埋葬であった可能性は低い。

25) 階層差を検討する際には当然，性の違いに起因する差を考慮しなければならないが，当墓地では人骨鑑定から性別が判明している墓は限定的であり，全面的な検討は難しい。女性墓と分類される墓の約 7 割が副葬品として持たない墓であり，今回階層差と判断したもののいくつかは，実際には性差に起因するのかもしれない。しかし山西省曲沃北趙村の西周時代晋侯墓地の例では，夫婦とされる男女間で槨棺の有無に差は認められず，性差が反映されているとはいえない。本書での階層差の基準は基本的には有効である

182 　第 3 章　西周王朝と青銅器

と考える。

26) 　ただし，M22 は M18 によって切られているため両者の間には時間的な前後関係が存在する。西周後期の期間内で先後して造営されたと考えても，やや異質である。

27) 　少なくとも斉家村石珏工房区墓地においては，腰坑の有無は集団と相関せず，むしろ墓の規模の大小・経済的な強弱と相関するようである。例えば，A 集団内でも腰坑を持つ墓と持たない墓が同時に存在し，元来は腰坑を持たなかった B 集団においても後期に上位墓が出現すると腰坑が作られる，という如くである。西周期の墓に腰坑が作られる場合，それが真に殷人の風習を引き継いだためのものなのか，あるいは経済的先進性の故のものなのか，慎重に見極める必要があるように思われる。殷周期の腰坑と出自の関係性については堤氏の研究が詳しく論じており，腰坑が必ずしも殷人だけのものでなかったことが知られる（堤 2010b）。

28) 　簡報では，黄堆村老堡子 M55 は西周後期，同じく明器を有する 71 号墓は西周中～後期の年代が与えられている（秦 45，秦 46）。しかし，『周原出土青銅器』では両者ともに西周中期の器として報告されている（秦 104）。M55 出土の盉は西周後期に散見される型式であり，『周原出土青銅器』がなぜ西周中期とみなすのか，理由は説明されていない。M55 で青銅器と共伴する灰釉豆の型式は洛陽北窯 M307: 19 や M139: 28 などと近く，西周中期後段～西周後期前段の年代を与えうる。本稿では老堡子 M55 出土遺物の上限年代を西周中期後段とみなし，中期前段まで遡ることはないと考える。

29) 　なお，陳氏は岐山の地が「周」と呼ばれたのは武王の時期までであり，成王期に洛邑に新たな中心地「成周」が建設されて以降，「周」は洛陽の成周を指す語に変化したと述べ，岐山に関しては専ら「宗周」の語が使用されるようになるという。この点に関しては尹盛平氏も同様に，成周が洛陽に落成した成王五年以前と以後で「周」がさす地が異なっていたことを論じている（尹盛平 1983・1988・1992）。陳氏と尹氏の最大の見解の相違は，陳氏は武王の周を岐山・成王以降の周を王（王城）とみなすのに対し，尹氏は武王の周を鎬京・成王以降の周を岐山とみなす点にある。

30) 　冊命金文の定義に関しては武者 1979 や吉本 1991 を参照のこと。

31) 　そもそも，尹氏が頌鼎と史頌鼎の日時を根拠として周と宗周とが別の地であることを論じるのは高木智見氏訳の論考においてであり（尹盛平 1988），1983 年と 1992 年の論考ではより直接的な根拠として，史頌鼎の銘文に「王在宗周。命史頌…帥輑盩于周。」とあることを引用し，宗周と周とが別の地であることは明白であると論じている（尹盛平 1983・1992）。しかしながら，史頌鼎の銘文は本文に記したとおり「王在宗周。命史頌…帥輑盩于成周。」であり，尹氏のこの説明は不適当である。

32) 　なお，頌鼎と史頌鼎が「同一人物が同年同月に作った器」であり，そこに「周」と「宗周」が言い分けられているという論点は，陳夢家氏によってすでに提出されている（陳夢家 1955）。しかし，氏は 1958 年の段階では，頌鼎銘に記される日が史頌鼎銘に記される日よりも前であるならば同月にはならず矛盾が生じ，史頌鼎銘が先ならば 18 日後が頌鼎銘の日に当たるため同月という点では矛盾しないが，「既死霸」という月の満ち欠けを著す語に矛盾が生じると述べ，頌鼎と史頌鼎が同年に作られたという見解は撤回している（陳夢家 2004）。

33) 　李仲操氏・盧連成氏は苿京を豊鎬付近の地であるとは考えず，岐山付近に想定する点で見解が一致している（盧連成 1995，李仲操 1983）。しかし宗周の地望に関しては定説通り鎬京が相当すると考えているようであり，麥尊（集成 06015）の銘文にみえる「宗周と苿京の距離は一日の移動行程内に収まる距離である」という記述を別の意に解釈しようとする。宗周が周原にあったと仮定すれば，このような処理を行う必要はなくなる。

34) 同形同銘器に関してはまとめて1点として数えた。異形同銘器に関しては器種ごとに数えている。例えば，第9表の4～6，および22・23は異形同銘器である。
35) B朝見儀礼は行為の性格上，「見」をしたのは王の謁見する側で，王は行為の客体者となるが，王が関わる行為であることはA・D・Eと同様である。
36) なお金文ではないが，周原から出土した甲骨中に「蒿」地が記述される例がある。1977年に調査された岐山県鳳雛村建築遺構の11号灰坑から出土した2点の甲骨片がそれで，H11: 20には「祠自蒿于豈」，H11: 117には「祠自蒿于周」と刻まれていた（曹瑋2002）。いずれも蒿から出発して豈・周の地まで移動する祭祀行動であると考えられる。徳方鼎と周原甲骨にみえる蒿はいずれも祭祀活動の出発点であり，そのような特殊な性格が蒿にはあったのかもしれない。
37) 第12表7瘭鐘は後期の器であるが，朝見に関する記述は「周のはじめ，瘭の祖先である敚氏剌祖が武王に見えた」という過去の述懐の中で現れており，西周後期に王に対する朝見が行われたことをそのまま意味するものではない。「寨」と同様に，王朝の中心地域では西周後期以降，「見」もまた行われなくなった可能性は十分に考えられる。
38) その他諸地点とした14例は互いに異なる別の地点であり，会同型儀礼が単発的に行われたことが想定される。なお，三年瘭壺（集成09726-7）にみえる「鄭」と「句陵」に関しては同一地点である可能性がある。また麥尊（集成06015）にみえる「辟雍」「庰」は茡京で行われた一連の祭祀行為の中で現れる地点名であり，個々では茡京として数えた。
39) 松井氏はさらに，永盉（集成10322）にみえる「周人嗣工」という表現を媒介にして「鄭」と「周」との同質性を論ずる（松井2002）。しかし氏自身が指摘する通り，同様の集団が存在したとしても，規模の面でどこまで同じ性格を有するのかに関しては検討の余地が残されているように思われる。

第4章　諸侯国における受容形態

　第4章では諸侯国地域における青銅彝器の出土状況を検討し，王朝系青銅器の受容に地域的な差異を見出しうるのかについて分析を加える。前章での関中平原出土の青銅彝器に対する検討で，王朝系青銅器の型式とその使用に関する基本的な変化が明らかとなった。諸侯国においても同様の変化が認められれば，当該の地域は王朝との関係性が密であり，王朝の「礼制」に込められていた意図を十分に理解し，受容していたことを意味する。一方で青銅彝器の使用に大きな独自性が認められるならば，その地域は王朝の構成員としての意識に相異があることを意味するであろう。第2章で西周青銅器文化圏とした範囲に含まれる各地域の青銅器受容の変化を追うことは，西周王朝の実質的な政治的範囲を明らかにするという目的のために非常に重要な手続きである。
　第1節では山西省天馬—曲村墓地と北趙晋侯墓地を例として，継続して青銅彝器が出土する地域の受容の在り方を検討する。第2節では宝鶏強国墓地を対象とし，青銅彝器の受容と独自の青銅器生産の関係を論ずる。西周青銅器文化圏における青銅彝器受容形態をふまえ，第3節では青銅器銘文の共通性から王朝的な祭祀が及んだ範囲を考察する。

第1節　晋国墓地の研究

　1930年代，中央研究院歴史語言研究所考古組によって河南省濬県辛村から衛国の侯墓と考えられる大墓が発掘されて以来（豫7，豫8），現在に至るまで多くの西周諸侯墓が発見・報告されてきたが，西周時代の諸侯地域と王朝中心地域との関係性については未だ深い検討がなされていない。西周時代の周王朝領域の理解に際しては，王朝の外藩たる封建諸侯がどの実際は程度まで王朝に従属的な立場にあったのかが問題となる。西周初期に封建が行われたことは考古遺物の出土状況から考えてある程度認められることであるが，それぞれの諸侯国の広がりや西周王朝内における位置，中央との関係性を明らかにする必要があり，そのためにはまず各諸侯国内部に対する詳細な検討がなされなければならない。
　本節では，西周諸侯墓のうち発掘調査によってその全体像を把握することができる墓地として，山西省の晋国墓地を扱う。西周時代晋国の侯墓については，後述する北趙晋侯墓地の発見以来，文献に伝えられる晋侯と各墓の被葬者との比定をめぐってさまざまな議論が交された。この問題は単に侯名比定の問題を超えて，西周末の晋国史を解明する可能性をもっている。ここでは，この墓地の主に青銅器に対する検討を通じて，晋侯墓地の形成過程とその性格について再解釈を与えたい。

186 第4章 諸侯国における受容形態

1. 文献記録に見える晋国史

　『史記』晋世家は晋国の起源について，成王の弟である虞が唐の地に封ぜられたことから説き起こす。虞が封ぜられた唐地の比定についてはさまざまな記述が残っている。『史記』晋世家には「唐地は黄河・汾河の東にあり方百里」としか記述されておらず，山西省南西部としか分からない。『括地志』は「唐城は絳州翼城県の西二十里，堯の末裔が封ぜられた所である」といい，現在の山西省臨汾地区翼城県周辺が唐に当たるとする。一方で，『史記索隠』は「唐はもともと堯の後裔で，夏墟に封ぜられ，都は鄂であった。鄂は現在の大夏がこれに当たる」と言い，『史記集解』も『世本』に「(唐叔虞は)鄂に居た」とあること，およびその注で宋衷が「鄂は現在の大夏のことである」と記すことを引用する。『括地志』には「故鄂城は慈州昌寧県の東二里にあった」とあり，現在の山西省臨汾地区郷寧県に当たると考えられている。『史記正義』は晋州平陽県または絳州夏県を唐地と想定し，これはそれぞれ山西省臨汾市周辺と山西省運城地区夏県を指す。また，『春秋左氏伝』定公四年伝には「(成王は唐叔虞に対して)唐誥を以って命じ，夏虚に封ず」とあり，これに杜預は注をつけ「夏虚・大夏は今の太原晋陽である」と言う。現在の山西省太原市に当たる。後述する天馬―曲村遺跡は山西省臨汾区翼城県から曲沃県にかけて位置しており，西周時代晋の中心地の一つだと考えられている。以上の旧地名に対する検討のうち天馬―曲村遺跡に最も近接するのは，翼城(『括地志』)・平陽(『史記正義』)である[1]。

　『史記』では晋侯の系譜が続けて記述される(系図2)。唐叔虞の子，燮が晋侯となり，以下，子の寧族が武侯に，その子の服人が成侯に，その子の福が厲侯に，その子の宜臼が靖侯に[2]，その子の司徒が釐侯に，その子の籍が献侯に，その子の費王が穆侯にそれぞれ即位した。穆侯がその二十七年に没すると，弟の殤叔が立ち唐叔虞から数えて10代目の晋侯となった[3]。殤叔の四年，穆侯費王の子，仇が兵を挙げ殤叔を侯位から追い，文侯となった。文侯十年，周の幽王が犬戎により殺され周王室は東方の成周(洛陽)へ遷都する。これにより西周王朝は滅亡し，東周王朝が開始される。周が東遷して後の晋は内乱の時代とも言える。文侯がその三十五年に没し子の昭侯伯が立つと，昭侯は文侯の弟の成師を曲沃に封じる。成師は桓叔と号し，晋侯と比肩しうる力を保有した。以後，晋国内では晋侯と曲沃侯が争い，最終的には曲沃侯の武公が晋都の翼を攻め，晋侯緡を撃って晋を統一し晋武公と称した。晋武公の二年，武公が没するとその子，詭諸が即位し献公となった。献公即位後，晋では継嗣をめぐる争いが起き，最終的には文公重耳が即位して晋はその絶頂期を迎える。

　最後に，文献記録に見える晋国の遷都に関する記述についてまとめておく。鄭玄は『毛詩』唐譜序において，唐地＝太原晋陽説を採り，成侯の代に曲沃平陽へ遷都，穆侯の代に絳へ遷都したと言う。また，『史記』にも晋国の遷都に関する記事がある。晋世家の注で『正義』は，『括地志』が徐才宗『国都城記』の「唐叔虞の子燮父は徙りて晋水の傍に居り」という記述を引用していることを転引し，燮父の遷都を述べる。また，昭侯元年に成師を曲沃に封じるくだりに「曲沃邑大於翼。翼，晋君都邑也」とあり，曲沃が当時の晋都であった翼よりも繁栄したことが記されている。この注で『索隠』は「翼は本晋都なり。孝侯より以下，一に翼侯と号す。平陽絳邑県の

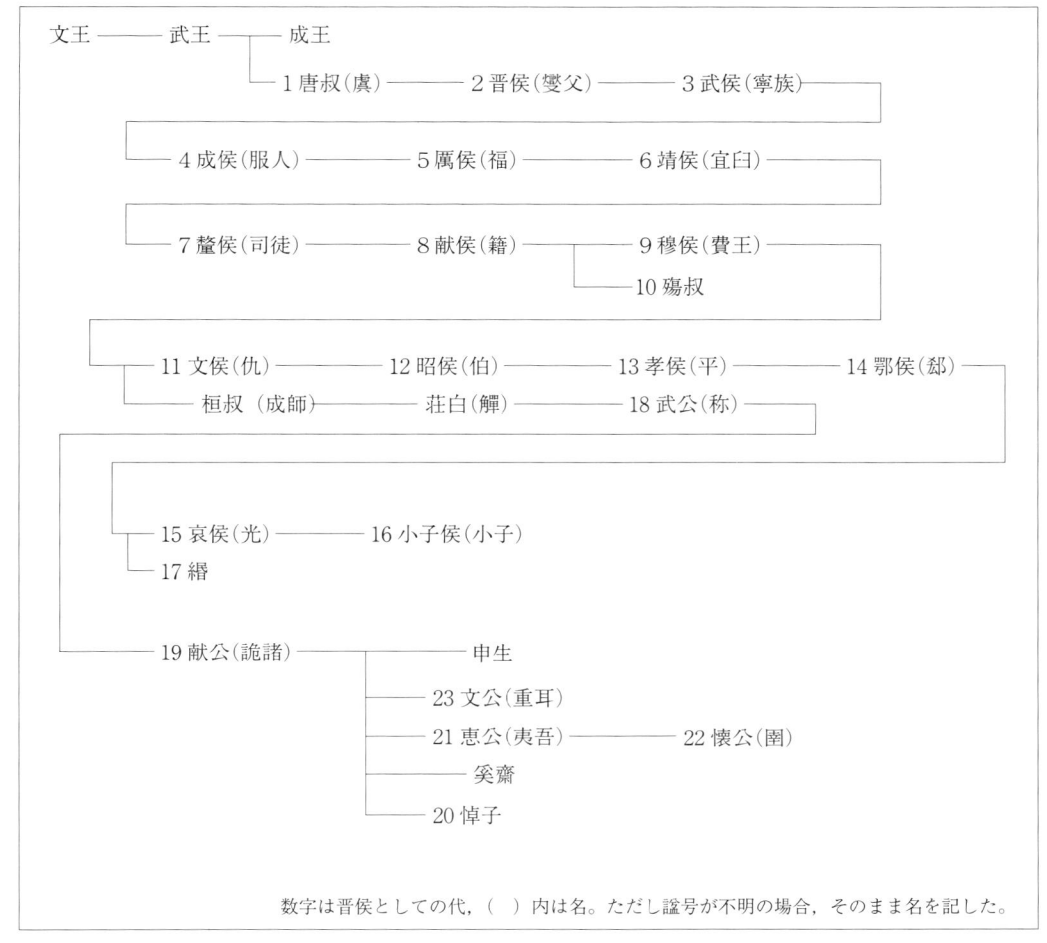

```
文王 ── 武王 ── 成王
              └─ 1 唐叔(虞) ── 2 晋侯(燮父) ── 3 武侯(寧族)
                 ├─ 4 成侯(服人) ── 5 厲侯(福) ── 6 靖侯(宜臼)
                    ├─ 7 釐侯(司徒) ── 8 献侯(籍) ── 9 穆侯(費王)
                                                  └─ 10 殤叔
                       ├─ 11 文侯(仇) ── 12 昭侯(伯) ── 13 孝侯(平) ── 14 鄂侯(郄)
                          └─ 桓叔(成師) ── 荘白(鱓) ── 18 武公(称)
                             ├─ 15 哀侯(光) ── 16 小子侯(小子)
                             ├─ 17 緡
                             └─ 19 献公(詭諸) ── 申生
                                              ├─ 23 文公(重耳)
                                              ├─ 21 恵公(夷吾) ── 22 懐公(圉)
                                              ├─ 奚齋
                                              └─ 20 悼子
```

数字は晋侯としての代，（ ）内は名。ただし諡号が不明の場合，そのまま名を記した。

系図2　晋の系図（『史記』晋世家による）

東，翼城これなり。」と言う。これは山西省臨汾区曲沃県にあたる。すなわち『索隠』の記述によれば，孝侯の代に翼へ遷都したことになる。のち武公の時代に翼は滅ぼされ晋武公が誕生するが，このときの都邑がどこに置かれたのかについては『史記』に記録がない。

2. 北趙晋侯墓地の発見と研究史

　1979年，北京大学鄒衡教授の指揮の下，晋国古都を探す調査が北京大学および山西省文物工作委員会によって山西省内で行われた。天馬─曲村遺跡の存在自体は1960年代初頭から確認されていたものの，翼城県・曲沃県にまたがるこの大調査によって，天馬─曲村遺跡が晋国の重要地域として認識されるようになった（第10図）。北京大学と山西省考古研究所はその翌年から隔年で発掘調査を継続し，1994年まで調査は行われた。1980～1989年までの成果が報告書として刊行されている（晋18）。

　北趙墓地は天馬─曲村遺跡内の北趙村からおよそ500m南下した地点に位置する大規模墓地

188　第 4 章　諸侯国における受容形態

である。1991 年，北趙墓地が発見されると翌 1992 年 4～6 月，M1・2 の調査が行われ，以降 2000 年の第六次発掘調査まで継続して調査が行われた（晋 14～晋 17，晋 19，晋 20）。このような発掘をうけて，北趙墓地は最終的には 16 基の甲字形大墓，2 基の中字形大墓，1 基の長方形大墓と数基の小型墓を含む大規模墓地であることが確認された（第 11 図）。また近年，M8・M31 組に伴う一号車馬坑の調査が完了しその詳細が報告されている（晋 7）。これら北趙墓地の大型墓からは数多くの青銅彝器が検出された（第 13 表）[4]。

　北趙墓地を構成する 19 基の墓は，並列して置かれた 2 基ないし 3 基の墓がまとめて一つの組として取り扱われている。すなわち，M1・2 組，M6・7 組，M9・13 組，M8・31 組，M32・33 組，M62・63・64 組，M91・92 組，M93・102 組，M113・114 組の計 9 組で，これら 9 組の墓はその青銅製武器などの遺物の出土状況から，一方が男性墓，もう一方（3 基 1 組の場合は残りの 2 基）が女性墓であると判断されている[5]。組を為す墓は出土遺物の年代観から考えてもほぼ同時期と考えて問題ない。また，小型墓 M115・116・117・118・119 は殉葬墓と考えられ，ここから，北趙墓地は夫婦異穴合葬墓を主体とする大規模墓地であると結論付けられている。

　北趙墓地の発見の後，研究者の間では各墓の造営順序について熱心な検討が行われた。『史記』に記述される晋国の歴史の中に晋侯は 11 人登場し（唐叔虞～文侯仇の 11 代），一方で北趙墓地の男性墓は 9 基である。ここで，北趙墓地の各墓がどの順番で造営されたのか，またそれと関連して，それぞれの墓の被葬者はどの晋侯に比定できるのか，が問題となる。これは出土遺物，銘文，史書を総合的に検討することが必要な課題であり，各研究者がそれぞれの立場から，多様な見解を述べている。主な意見とその根拠をまとめると以下のようになる。

　墓地造営順序について主流を占めるのは，『文物』に六次にわたって発表された発掘報告（以下，簡報とする）に示された見解である。説明を簡便化するために先に結論を述べると，簡報は北趙墓地の墓地造営順序について，

M114・113 組→M9・13 組→M6・7 組→M33・32 組→M91・92 組→M1・2 組→M8・31 組→M64・62・63 組→M93・102 組

という見解を示している。この造営順序は，S の字を描くように墓が造営されることから S 字形配置説と呼ぶことができる。S 字形配置説の根拠となるのは，各墓から出土した土器の型式編年と青銅器銘文を根拠とする侯名の比定である。

　北趙墓地出土青銅器銘文上の作器者について第 14 表に示した[6]。このうち簡報が重視するのは M33，M91，M8 の出土青銅器銘文とその被葬者の関係についてである。M33 からは「晋侯㒸馬（ボク）」を作器者とする青銅器銘文が，M91 からは「晋侯喜父」を作器者とする青銅器銘文が，M8 からは「晋侯穌」[7]を作器者とする青銅器銘文が，それぞれ検出されており，このことから M33 の被葬者を㒸馬，M91 の被葬者を喜父，M8 の被葬者を穌とする。これらの晋侯名と対応する名前を『史記』などの歴史書の記述から検討した結果，㒸馬は 5 代厲侯福，喜父は 6 代靖侯宜臼，穌は 8 代献侯籍のことを指すと考え，M33 に厲侯，M91 に靖侯，M8 に献侯が当てはめられ，M33→M91→M8 という墓地造営順序が与えられる。ただし，この M33・91・8 の侯名

第1節　晋国墓地の研究　189

第13表　北趙墓地出土青銅彝器一覧

墓号	出土青銅彝器	盗掘の有無
M1	鼎1（盨1）	有
M2	鼎1（盨4）	有
M6	不明	有
M7	不明	有
M9	数点（報告無し）	無
M13	鼎5　簋4　甗1+　盨1+　盤1+　など	無
M8	鼎1　簋2　動物尊3　壺2　甗1　盂1　盤1　爵1　鐘2（鐘14）	有
M31	鼎3　簋2　盂1　盤1	無
M64	鼎5　簋4　尊4　壺1　甗1　盤1　爵1　匜1　簠1　鐘8　鏡1	無
M62	鼎3　簋4　尊1　壺1　盤1　爵1　匜1　方彝1　方盒1	無
M33	鼎2　簋1　壺1　甗1+　盂1+　觶1+	有
M32	鼎1+　簋1+	有
M91	鼎7　簋5　尊1　壺2　甗1　盤1　卣1　爵2　鬲2　匜1盂1　豆1　鐘7	無
M92	鼎2　壺2　盤1　盂1　盨2	無
M93	鼎6　簋7　尊1　壺2　甗1　盤2　卣1　爵1　匜1　觶1方彝1　鐘16	無
M63	鼎3　簋2　壺2　盂1　盤1　爵1　觶1　方彝1　方盒1　筒形器1	無
M102	鼎4　簋5　壺1　盂1　盤1　爵1　匜1　觶1　方彝1	無
M114	鼎2　簋1　動物尊1　甗1　盤1　卣1　觶1	有
M113	鼎8　簋6　動物尊1　壺1　甗1　卣2　爵2　觶3　觚1　双耳罐1　三足甗1　珥形器2	有

（　）内は回収された遺物、「1+」表記は正確な点数が報告されないことを示す。

第14表　簡報に見える青銅器銘文と侯名の比定

墓号	出土青銅器銘文作器者	被葬者名	比定される侯名	比定根拠
M1	「晋侯䞐」×1	晋侯䞐	釐侯司徒	銘文から「晋侯䞐」＝釐侯司徒とする根拠は無し
(M2)	「晋侯䞐」×4			
M9		不明	武侯寧族	
(M13)	「晋侯」×1「晋姜」×1			
M8	「晋侯樀」×2「晋侯斷」×4「疇侯」×1	晋侯樀	献侯籍	「樀」＝「穌」で、穌字は穌字に通じる。『世本』に献侯の名を穌とし、また『史記』籍と穌は通仮可能
M64	「晋侯邦父」×2「晋叔家父」×1「𩪚休」×1「叔釗父」×1「楚公逆」×1	晋侯邦父	穆侯費王	「楚公逆」＝楚熊咢熊咢は宣王時期の人物であり、従って晋侯邦父も宣王時期の穆侯を指す
(M63)	「楊姑」×1			
M33	「晋侯僰馬」×3	晋侯僰馬	厲侯福	僰と福は通仮可能なため、僰馬＝厲侯福
M91	「晋侯僰馬」×1「晋侯喜父」×1	晋侯喜父	靖侯宜臼	盤（M92：6）銘文に「晋侯喜父作‥文考剌侯‥」とあり、喜父の父＝剌（厲）侯であることから、喜父は厲侯の子の靖侯
(M92)	「晋侯䞐」×1「晋侯僰馬」×2「晋侯喜父」×1			
M93	「晋叔家父」×2	不明	文侯仇	
M114	「晋侯」×1「叔矢」×1「毃」×1	不明	晋侯燮父	『文物』2007-1で孫慶偉は、M114被葬者を「毃」とし、晋侯燮父に比定している［孫2007］
(M113)	「晋侯」×1「叔」×1「伯」×1			

（　）内は女性墓。女性墓から晋侯銘が検出された場合、それに伴う男性墓とまとめて考えている。

比定作業には問題点もあり，その是非については後述する。

簡報では，北趙墓地の残りの墓も晋侯墓であるという見解に立つが，次にその順序の根拠となるのは土器鬲の編年である。北趙墓の土器鬲は出土点数が多いが，第二次発掘報告で鬲の編年がなされている。この編年観によれば，M13, M7, M2, M8の順に時代が下り，したがってM9・13→M6・7→M1・2→M8・31という順序が得られる。つまり，M8（献侯）以前の男性墓（＝晋侯墓）としてM9, M6, M1が存在し，さらに銘文から得られた情報を考慮すれば，それは5代厲侯福及び6代靖侯宜臼以外の晋侯の墓となる。ここで即位が新しい侯から順に当てはめると，M1が7代釐侯司徒，M6が4代成侯服人，M9が3代武侯寧族となる。残る男性墓はM114, M64, M93の3基であるが，これらは出土した遺物から総合的に年代が与えられる。M114・113は出土遺物がM9・13に近いため2代晋侯燮父が比定される。M64とM93では，M93の方がより遺物が新しいため，残った晋侯のうち9代穆侯費王をM64, 11代文侯仇をM93の被葬者に比定する。10代殤叔は『史記』に内紛の結果死亡したとあり，北趙墓地には墓が作られなかったとする。

簡報では以上のように，北趙墓地を2代晋侯燮父から11代文侯仇まで継続された晋侯墓地であると見なし，S字形配置説を採用している。

北趙墓地の造営順序について，盧連成氏は東西昭穆説を唱える（盧連成1996）。盧氏は北趙墓地を東区と西区とに分けられると考え，東区はM6組を中心に見て，東側＝M6被葬者の左側にM9組とM1組があり，西側＝M6被葬者の右側にM33組とM8組，及びM91組がある。東区のうちM91組を除いた残りの各墓について，これは古典中に見える昭穆制[8]を反映したものであると考える。M9組とM1組が昭，M33組とM8組が穆となり，中位（M6・7）→昭（M9・13）→穆（M33・32）→昭（M1・2）→穆（M8・31）という整然とした順序を想定する。侯名の比定はM6に厲侯，M9に靖侯，M33に釐侯，M91に献侯，M1に穆侯，M8に文侯を当てる。西区墓の被葬者には比定を行っていない[9]。

張長壽氏は北趙墓地の9組の墓を南北の関係で捉えることを重視する（張長壽2002）。すなわち，M9組・M114組・M1組を東一行，M6組・M8組を東二行，M33組・M91組・M64組を東三行，M93組を西一行とし，どの行でも北から南へという順序が看取されることを重視する。各行の関係では，東に位置する墓がより古くなる傾向があることから，東一行→東二行→東三行→西一行の順を与える。したがって，M9・13組→M114・113組→M1・2組→M6・7組→M8・31組→M33・32組→M91・92組→M64・62・63組→M93・102組の順となる。この順序は出土した遺物の検討からも問題ないとしている。なお，張氏は侯名の比定は行っていない。

黄錫全氏は墓地造営順序については簡報の順序に従うものの，古文字学の立場から侯名の比定に関して異を唱える（黄錫全1998・2002）。黄氏はまず出土青銅器銘文上の「晋侯某」銘を史書に見える晋侯名と対応させる。「晋侯僰馬」の「僰」字の音である「棘」字が「服」字と通仮可能[10]とし，「僰」＝「服人」と考える。すなわち「僰馬」は「服人馬」であり成侯を指し，史書が成侯の名を間違えて「服人」と伝えたのであると考える。また「晋侯喜父」を厲侯福に，「晋侯

鉶」を靖侯宜臼に,「晋侯斷」を釐侯司徒にそれぞれ比定する。黄氏はさらに北趙墓地の中心に未発見の大型墓を想定し,唐叔虞から殤叔までの晋侯墓がすべてこの地に存在した可能性を指摘している。

　Kryukov（劉克甫）氏は北趙墓地の晋侯墓に対して全く異なった見解を持つ。同一墓から複数の「晋侯某」銘が出土しているにも拘らず,被葬者をその中の一人に断定するという作業の恣意性,「疇侯」「晋侯斷」「晋叔家父」など『史記』と対応しない晋侯名に対する切捨てなど,簡報の侯名比定作業の問題点を指摘し,北趙墓地を晋侯墓地と見なすことに反対する（劉克甫2002）。北趙墓地の出土青銅器を,同時期の遺物を持つ西周諸侯墓である虢国墓地出土の青銅器と比較し,虢国墓よりも副葬青銅器の規模が劣ることから,北趙墓地の被葬者を晋侯ではなく晋国の卿大夫であると考えている。

　以上のように,北趙墓地の墓地造営順序についてこれまでなされてきた議論は土器の編年や出土青銅器銘文と『史記』記載の晋侯名との対応を総合的に検討したものであり,非常に重要な成果を得ている。しかし,出土した遺物自体の型式に対する研究は少なく,墓地全体を通した遺物編年が重視されることは無かったと言わざるを得ない。土器編年に関しては,報告数が少ないこともあり,現状では全体的な土器編年観から墓地の造営順序を決定することは不可能であるが,青銅器に関しては点数も多く,編年が可能であると考える。本稿では北趙墓地出土の青銅彝器のうち,最も出土件数が多い青銅鼎について詳細な編年を設定し,そこから墓地の順序について再検討を試みる[11]。

3. 晋国青銅鼎編年

　北趙墓地を含めた晋国青銅器について,最新の資料を趙瑞民・韓炳華の両氏がまとめあげ型式分類を行っている（趙瑞民・韓炳華2005）。山西省内の西周〜戦国時期の青銅器を網羅した労作であるが,型式設定が非常に詳細であるため,かえって青銅器の時代的変化を検討するに当たっては残念ながら利用し難い。西周時代全般の青銅器型式を検討した研究には,王世民・陳公柔・張長壽の各氏による研究や日本の林巳奈夫氏による研究がある（王世民ほか1999,林1984・1986）。本稿ではこれら先行研究を踏まえた上で,第2章第1節で周原・豊鎬から出土した青銅鼎に対して行ったのと同様の分析をこの地から出土する青銅鼎にも行い,王朝中心地域と晋国との間で形式上の変化が現れるのか否かを検討する。本節でも西周を前期・中期・後期の三期に区分し,各々をさらに細分し前段・後段を設定した[12]。

(1) 天馬—曲村墓地出土青銅鼎編年

　北趙墓地に先だって発見された天馬—曲村遺跡は北趙墓地の周囲に位置し,曲村附近では多くの西周墓が発見された。天馬—曲村墓地では北趙墓地のような大型墓は見られないが,青銅彝器を副葬する中規模墓が主体をなしており,西周時代晋国の貴族墓を含む大規模墓地であると考えられている。

　この天馬—曲村遺跡では全58点の青銅鼎が検出されている[13]。第3章第1節で周原出土の青

銅鼎に行った分類と同様の視点でこれらの青銅鼎を検討すれば，以下の三類の存在を指摘することができる。

　　甲類：垂腹・柱足のもの。胴最大径は腹部下半にある。
　　乙類：垂腹・太い柱足のもの。足部に鰭状の装飾をつけるものが多い。
　　丁類：球腹・獣脚蹄足のもの。
　また，頸部の装飾も同様にa・b両類に細分することができる[14]。
　　a類：饕餮紋・鳥紋・羽渦紋・列鱗紋などの紋様を飾るもの
　　b類：弦紋または無紋のもの。

　青銅鼎を以上の基準に従って分類し，各墓の年代を青銅器編年から与えた上で一覧にしたものを第15表に示した。これら各墓に与えた西周前期〜後期の各時期は，報告書の報告年代ともほぼ一致する。甲a類鼎は西周前期には出現し，西周中期まで存続するが，確実に中期後段以降と考えられる墓からは現れない。甲b類鼎は甲a類鼎に比べやや遅く前期後段から出現する。乙類鼎は点数が少なく，時期が西周の早い段階に偏っている。西周中期以降にはほとんど見られない。逆に，丁a類鼎は西周後期になって初めて出現する系統である。

　各類の共出関係を追ってみると，前期後段のM6195で甲a類・甲b類・乙類が，前期後段のM6069・M6210で甲a類と乙類が，中期前段のM6197・M6214・M6231・M6308で甲a類と甲b類が，それぞれ共出する。一方で，丁a類鼎は他のどの類とも共出しない。

　次に，各類の青銅鼎を時期ごとに並べると，第56図のようになる。甲a類鼎は西周前期前段相当のものにM7004：2があり，これが西周前期後段のM6195：33になると，より腹部が外側へ張り出すようになる。西周中期前段のM6214：41では器深が浅くなり，より扁平な側視形を呈する。西周中期後段にあたるM7113：5は底部がほぼ平坦化し，腹部も鋭角をなすように折れている。すなわち，腹部のより強い張り出しと底部の平坦化に伴う器深の浅化が，甲a類の変化を特徴付けている。

　甲b類にも甲a類と同様に，腹部の強い張り出しと底部平坦化・器深の浅化という変化が見られる。M6235：3は甲b類の最も古い型式で，西周前期後段に相当する。これが西周中期前段のM6130：1になると腹部の張り出しが強くなり胴も浅くなる。以降，M6214：42，M7092：1，M6434：6，M6390：6とこの傾向は強まる。また，甲b類鼎では鼎足の断面に変化が見られる。西周前期〜中期にかけて断面半月形であった鼎足が，M6434：6やM6390：6の段階では断面三日月形（鏃形）を呈するようになる。

　乙類鼎は西周前期前段の段階では甲a類鼎とあまり区別が付かず，胴最大径が胴部中央付近に来る点が異なるのみであるが，乙類鼎は西周中期に入っても側視形自体はほとんど変化せず，大型化する傾向がある。西周中期後段以降には現れない。

　丁a類鼎は僅か2例のみだが，M5150：11，M5189：1ともに獣脚蹄足を持ち，春秋以降の鼎と共通点を多く持つ器形であるといえる。丁類鼎は円状の腹部をなし，甲a・甲b類鼎に見えるような底部が平坦化した鼎とは完全に系統が異なる。

第1節　晋国墓地の研究　193

第15表　曲村墓地および北趙墓地出土青銅鼎一覧

	墓	甲類 a類	甲類 b類	乙類	丙類	丁類 a類	戊類	その他	備考	時期
天馬―曲村	M6105		1							前期前段
	M6204	1							破片のみ	前期前段？
	M7004	1								前期前段
	M6121				1					前期前段
	M6081	1						2		前期後段
	M6195	1	1	1						前期後段
	M6210	1		2						前期後段
	M6071	1								前期後段
	M6179			1						前期後段
	M6069	2		1						前期後段
	M6235		1							前期後段
	M6231	1	1							中期前段
	M6384		1							中期前段
	M6126		1							中期前段
	M6127		1							中期前段
	M6130		1							中期前段
	M6242		1							中期前段
	M6243		1							中期前段
	M6372		1							中期前段
	M7164		1							中期前段
	M6214	1	1							中期前段
	M6197	1	1							中期前段
	M6080		2							中期前段
	M6131	1								中期前段
	M6190		1							中期前段
	M6308	1	2							中期前段
	M6434		1							中期後段
	M7003		1							中期後段
	M7014		1							中期後段
	M7052		1							中期後段
	M7092		1							中期後段
	M7146		1							中期後段
	M7176		1							中期後段
	M7185		1							中期後段
	M7005		1							中期後段
	M7113	1								中期後段
	M6390		1							後期前段
	M5189					1		1		後期後段
	M5150					1				後期後段
	M6496								図版なし	不明
	M7029								破片のみ	不明
	M7095								破片のみ	不明
	M7165								図版なし	不明
北趙	M113		1					1		中期前段～後段
	M1		1							中期後段
	M2		1							中期後段
	M92					1				後期前段
	M8					1				後期前段
	M31					1+2				後期前段
	M62					1+2				後期後段
	M64				1+1					後期後段
	M93					1+4	1		5点は列鼎	後期後段
	M102					1				後期後段
	M33？	1							回収遺物	中期後段～後期前段

図が確認できるもののみ。+は図は確認できないが報告中に同型式だと言及されるもの。

第4章 諸侯国における受容形態

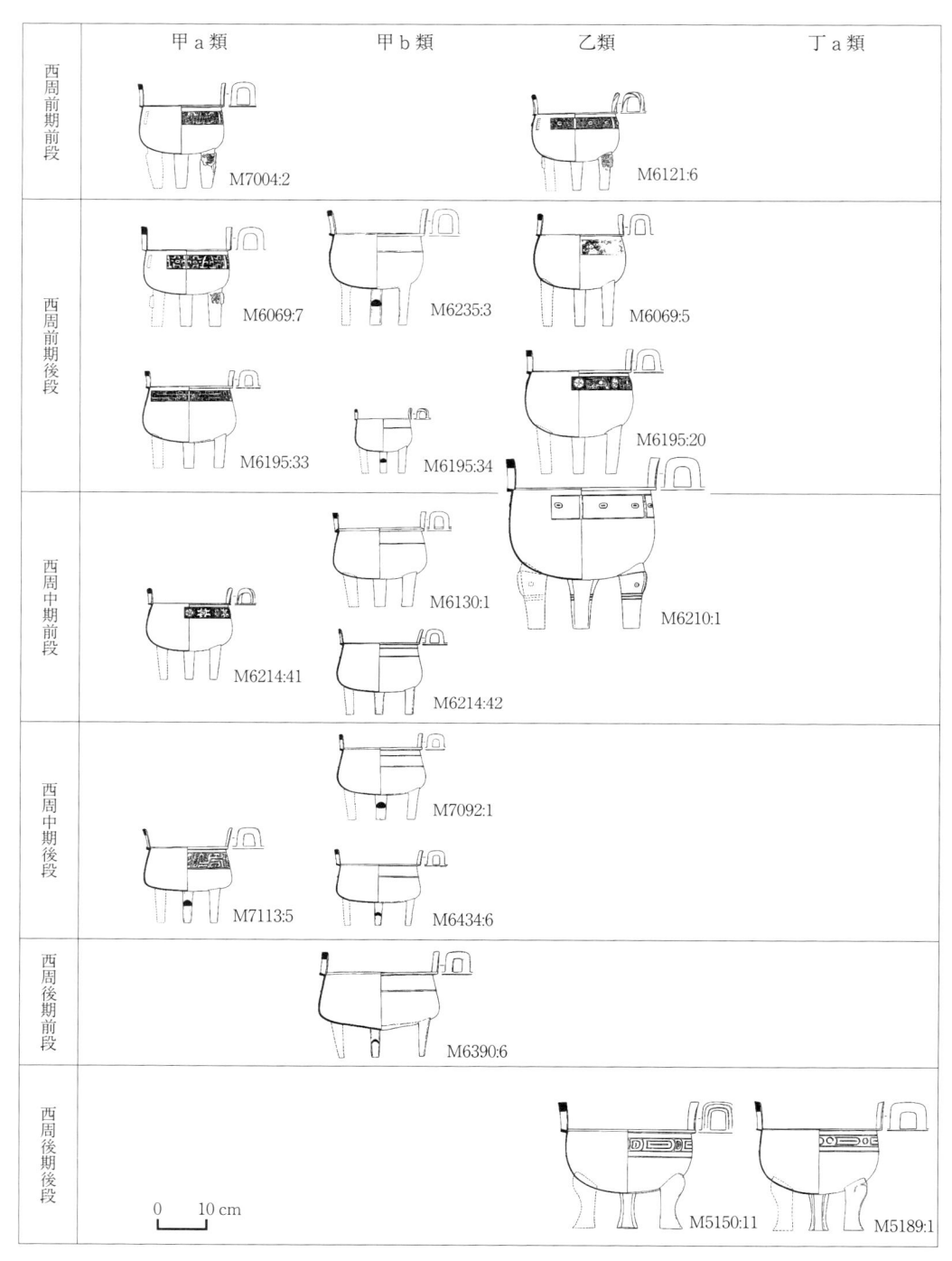

	甲a類	甲b類	乙類	丁a類
西周前期前段	M7004:2		M6121:6	
西周前期後段	M6069:7 / M6195:33	M6235:3 / M6195:34	M6069:5 / M6195:20	
西周中期前段	M6214:41	M6130:1 / M6214:42	M6210:1	
西周中期後段	M7113:5	M7092:1 / M6434:6		
西周後期前段		M6390:6		
西周後期後段			M5150:11	M5189:1

0 10 cm

第56図 天馬―曲村墓地出土青銅鼎編年

以上，天馬─曲村墓地の青銅鼎を検討した。甲 a 類・甲 b 類と乙類の一部に共伴関係が見られる一方で，丁類は他のタイプと伴わないこと，丁類はその出現時期も遅く甲 a・甲 b・乙類と丁類との間には明確な区別を引き得ること，甲 a 類と甲 b 類には時代が下るにつれて底が平坦化し胴深が浅化するという共通する変化が確認できること，を読み取ることができた。

(2) 北趙墓地出土青銅鼎編年

天馬─曲村墓地で行った青銅鼎の分類を，北趙墓地出土の青銅鼎に対しても行った（第 15 表）。天馬─曲村墓地で現れた甲・乙・丁類に新たに丙類・戊類を追加することで北趙墓地の青銅鼎は分類可能となる。丙類は直腹・獣脚蹄足のもの，戊類は小型・粗製で明器とされるものである。北趙墓地では甲 a・乙類鼎は，現状の資料中には見られない。

天馬─曲村墓地の青銅鼎編年に対応させ，北趙墓地の青銅鼎を並べた（第 57 図）。甲 b 類鼎 M113: 52 は腹部がやや張り出すが，胴深は深く西周中期前段に相当する。M1: 盗 1，M2: 10 は M113: 52 よりも器深が浅化しているため，西周中期後段の時期を与え得る。また，M1: 盗 1 は鼎足が断面半月形，M2: 10 は柱足であり，どちらも西周後期前段に増加する断面三日月形（鎌形）以前の段階であろう。丁 a 類に属する M31: 3，M92: 9，M8: 28，M62: 79，M93: 49，M102: 11 は，鼎足に違いが見られる。M31: 3 では既に獣脚化が始まっているが，M92: 9 から M8: 28・M62: 79 へと獣脚化がさらに進行する。したがって，変化の順序は M31: 3 → M92: 9 → M8: 28・M62: 79 となり，同じ西周後期前段だが前後関係を作る。これが M102: 11 の段階になると，さらに獣脚・蹄足化が進行した形になっており，西周後期後段相当となる。M93: 37 は罔両紋の下に山紋をつける点で春秋期以降の鼎と類似性を持つ。西周後期後段〜春秋初頭に相当するものと考えられる。戊類鼎 M93: 49 は発達した獣脚を有する点で，西周後期後段の丁 a 類鼎をもとに作られた銘器であろう。丙類鼎は M64: 130 の一点のみであるが，胴部に山紋を飾る丙類鼎は他地域でも西周後期〜春秋にかけて広く見られる器形である。ここでは周原で丙類鼎の祖形が中期後段に出現すること（角道 2010），および後期後段に相当する北趙墓地 M93: 37 丁 a 類鼎が腹部に胴部に同じく山紋を有し，この紋様構成が丙類鼎から影響を受けて成立したものと考えられることから，両者の中間，西周後期前段のものとみたい。

北趙墓地でも甲 b 類と丁 a 類は排他的に出土し共伴することがない。したがって，甲 a・甲 b・乙類に対して丁類が相対的に遅く出現するという関係は，北趙墓地においても敷衍できると考えられる。

青銅鼎の型式から考えれば，M1・2 から出土した甲 b 類鼎は丁類鼎を出土する M92 に先行する。M31: 3 も M92: 9 に先行する型式と言えるが，M31 に伴う晋侯墓と考えられる M8 出土の青銅鼎は M92 のものよりも新しい。M31: 3 は伝世の鼎が副葬された例と考え，M91 組→ M8 組という順を与えたい。したがって，青銅鼎編年から与えられる晋侯墓の順序は，M114・113 → M1・2 → M91・92 → M8・31 → M64・62 → M94・63・102 となる。

編年に利用できる青銅鼎が報告されない M6・7 組，M9・13 組，M33・32 組であるが，M6・7 組，M9・13 組は簡報の土器編年観に従えば，M114 組と M1 組の間に，M9 組→ M6 組の順で

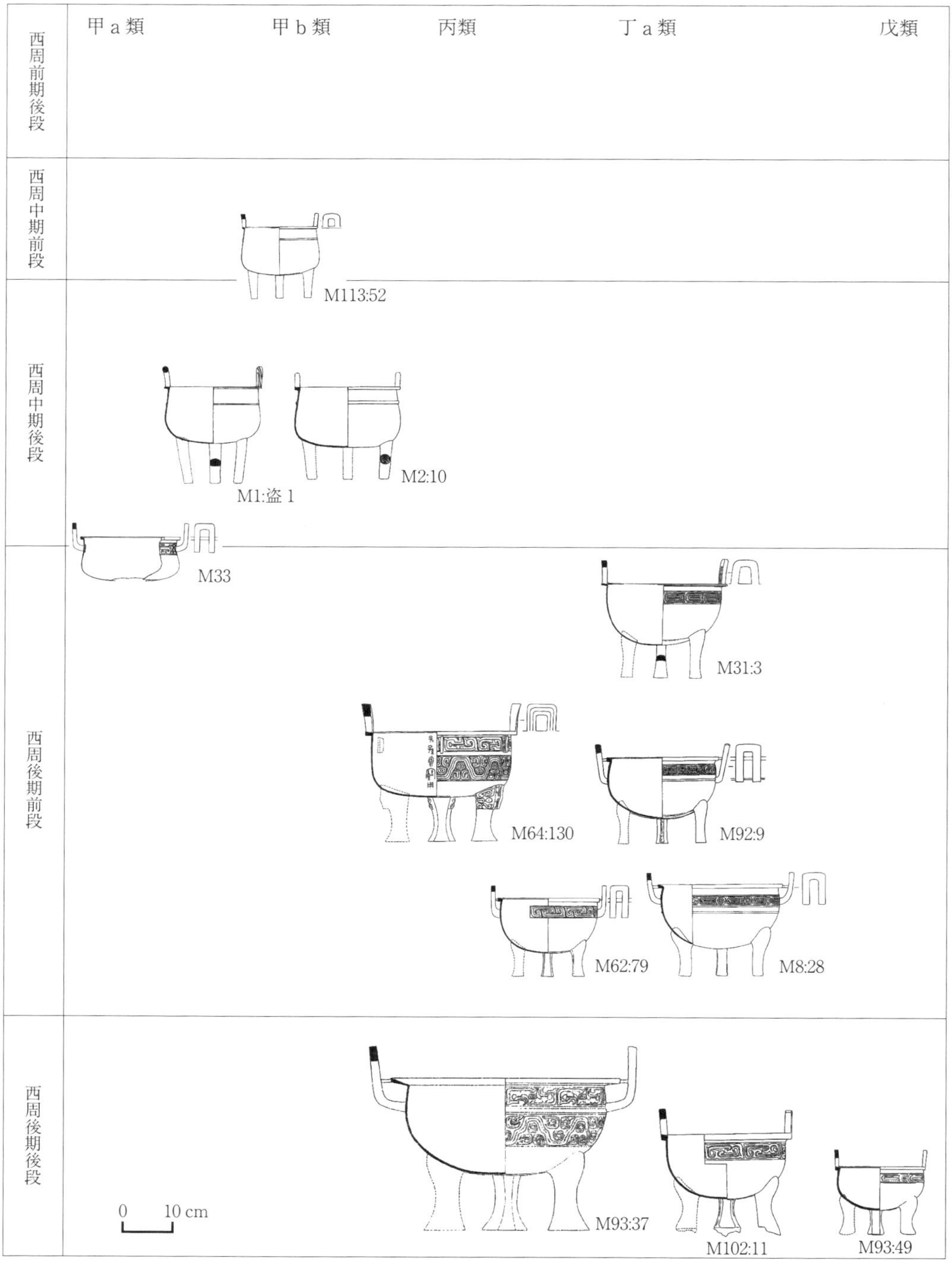

第 4 章　諸侯国における受容形態

	甲 a 類	甲 b 類	丙類	丁 a 類	戊類
西周前期後段					
西周中期前段		M113:52			
西周中期後段		M1:盗1　M2:10			
西周後期前段	M33		M64:130　M92:9　M62:79　M8:28	M31:3	
西周後期後段			M93:37	M102:11	M93:49

第 57 図　北趙墓地出土青銅鼎編年

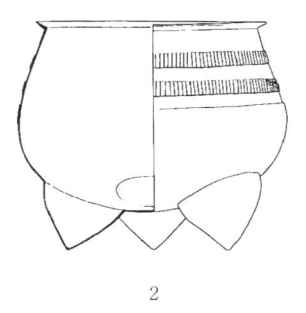

第58図　在地的な特徴を示す青銅彝器

収まることになる。問題は M33 組と M1 組，M91 組との先後関係であるが，近年回収された遺物に M33 組出土とされる鼎がある（第57図 M33）[15]。一部破損しているものの，これは頸部に夔紋を飾る甲 a 類鼎であり，胴の浅化の程度から同じ甲 a 類で西周中期後段に属する天馬—曲村 M7113：5 よりも時代が新しく，西周中期後段，あるいは西周後期前段に入る段階の遺物だと考えられる。ここでは M33・32 の組を M1 組と M91 組の中間に位置づけ，M1・2 → M33・32 → M91・92 という順序を考えたい。

したがって，北趙墓地の総合的な造営順序は，M114・113 → M9・13 → M6・7 → M1・2 → M33・32 → M91・92 → M8・31 → M64・62 → M93・63・102 となる。

(3) 周原・豊鎬出土青銅鼎との関係

西周王畿における青銅鼎の型式変化に関しては周原遺跡と張家坡遺跡の出土鼎を対象として第2章第1節で検討した（第2図・第6図）が，ここでその様相を晋国墓地出土青銅鼎と簡単に比べると，周原・張家坡のいずれにおいても甲類は徐々に浅化・底部平坦化する，丁類の出現は周原で中期後段，張家坡で後期であり西周後期に増加する，丁類の獣脚・蹄足化の傾向がみられる，などの点で同一の様相を呈している[16]。乙類鼎・丙類鼎に無紋のものや弦紋を飾る例が現れないことなどの点でも両者の共通性は高い。王朝の青銅器と晋国の青銅器は基本的に相同であり，これはすなわち，晋側が王朝の青銅器をそのままの形で取り入れたことを意味している。

北趙墓地からは晋独自の青銅彝器が出土している（第58図）。M113 出土の双耳罐・三足甕，M13 出土の簋はいずれも王朝系に一般的な青銅彝器群とは異なる器であり，晋国内で生産された可能性が高い。M113 と M13 は共に北趙墓地内では古い時期の墓であり，このことは北趙墓地が造営された初期に，すでにある程度の青銅器生産技術が晋国に備わっていたことを意味している。それにも拘らず晋国青銅鼎と王朝青銅鼎が同一の様相を呈するということは，晋国側が意識的に王朝青銅器を選択していたことを示す。晋国が西周時代を通じて王朝との強い結びつきを志向したことが，青銅器から読み取れるのである。

4. 北趙墓地被葬者の再検討
(1) 出土青銅器銘文と晋侯名の比定に関する問題点

　青銅鼎への検討から，北趙墓地の造営順序についてM1・2組がM33・32組，M91・92組に先行するという新たな見解を示した。筆者が新しく提案した順に従う場合，比定される侯名が順番に並ばなくなる。M1→M33→M91→M8→M62の順に並ぶということは，被葬者と侯名の比定が簡報の述べるとおりであるならば，晋侯䲳→晋侯僰馬→晋侯喜父→晋侯䰍→晋侯邦父の順，つまり釐侯司徒→厲侯福→靖侯宜臼→献侯籍→穆侯費王の順に並ぶということであり，これは『史記』に見える晋侯の系譜に矛盾する。

　しかし，そもそも北趙墓地出土青銅器に見える「晋侯某」銘文を晋侯名と対応させる作業自体に大きな疑問が残るのである。銘文上の晋侯が史書記載の晋侯と対応しなければ，墓地造営順序が異なっても史書との矛盾は生じない。第14表に示したように，当墓地を晋侯墓たらしめているのは，晋侯䰍，晋侯僰馬，晋侯喜父がそれぞれ献侯籍，厲侯福，靖侯宜臼に比定されるためである。これらが比定された論拠はおおよそ以下のようである。

　M8被葬者とされる「晋侯䰍」は鼎（M8: 28）の銘文に見え，左旁に「木」，右旁に「魚」を作る「䰍」字をその名とする。また，同墓出土とされる編鐘には「晋侯穌」銘があり，左旁と右旁が逆転しているものの，「穌」も同一人物と見なして良い。この「穌」字の「木」を「禾」に通じさせ「穌」と読ませることで，『世本』の献侯の名を「穌」とする記載に関連させる。また，『史記』には献侯の名を「籍」とするが，これは「穌」＝蘇姑切，心母・魚部，「籍」＝秦籍切，従母・鐸部，で通仮可能である[17]。したがって，本来の名前は『世本』に見える「晋侯穌」であったが，同一人物を「晋侯籍」と表現した伝承が『史記』に採用された，と考えられる。このようにして「晋侯穌」＝「献侯籍」説は成り立っている。

　M91被葬者とされる「晋侯喜父」は，青銅器破片（M91: 169）及び盤（M92: 6）の銘文に見え，「…晋侯喜父乍朕文考剌侯寶鑑…」「…晋侯喜父乍朕文考剌侯寶盤…」（晋侯喜父，朕が文考たる剌侯の宝鑑を作る。…）（晋侯喜父，朕が文考たる剌侯の宝盤を作る。…）と記述される。「文考」は金文中では通例として父親の意であるから，晋侯喜父は「剌侯」の子ということになる。この「剌侯」であるが，「剌」と「厲」の仮借関係については唐蘭が早くから指摘しており，「剌」＝朗達切，来母・月部，「厲」＝力制切，来母・月部，で通仮可能である（唐1962）。したがって，「剌侯」は厲侯に比定されるため，その子である晋侯喜父は厲侯の子，靖侯宜臼となる。

　M33被葬者とされる「晋侯僰馬」は，簡報で厲侯福に比定される。黄錫全氏は『呂氏春秋』恃君覧の「僰人，野人，篇笮之川」という記述に高誘が注で「僰読如“匍匐”之“匐”」と記すことを引き，「匐」（並母・職部）が「服」（並母・職部）と通仮可能なことから，「僰馬」を成侯服人のことであるとしている（黄1998）。李伯謙氏は黄説を援用し，「服」は「福」（幫母・職部）とまた通仮可能であることから，「僰馬」を厲侯福に比定する（李伯謙2000）。

　以上の侯名比定作業を順に検討したい。「晋侯䰍」について，M8被葬者を「晋侯䰍」と見なして良いかどうかには議論の余地はあるが，「晋侯䰍」を「献侯籍」に読み換えること自体には

音韻的に問題がなく，可能である。一方で「晋侯喜父」については黄錫全氏が疑問を呈している（黄1998）。「剌」は「烈」と通仮可能[18]であることから，「剌侯」を「烈侯」とした場合，「烈侯」は単純に先侯への美称となるので必ずしも厲侯を指す必要はなくなる，という点である。もちろん，「剌侯」＝「厲侯」とする積極的な根拠が失われたわけではないが，晋侯喜父が靖侯以外を指す可能性もある，という指摘は重要である。

またM33被葬者とされる「晋侯棘馬」について，「棘」＝「福」という読み替え作業だけでは，「棘馬」の「馬」が説明されないまま残されている。黄氏の「棘馬」＝「服人馬」とする説はこの問題を説明しうるが，成侯の本来の名が「服人馬」であった積極的な根拠はない[19]。

以上のように，北趙墓地出土の青銅器銘文上の晋侯某名と史書に見える晋侯名との比定作業は，どれもあくまで可能性の段階に留まるものである。そもそもKryukov氏が指摘する，作器者と被葬者の比定作業が非常に恣意的であるという根本的な問題は未解決のままなのである（劉克甫2002）。本来，出土遺物の編年から墓地造営の順序を決定し，その上で青銅器銘文と史書の記載とが対応するか否かを検討すべきであるのに，先に青銅器銘文と史書の記事とを摺り合わせてから遺物の検討を行っているという点に，北趙墓地の墓地造営順序に関する議論が持つ最大の問題点が存在している。そこには出土資料が史書記載と対応しない可能性に対する視点が抜け落ちている。

(2) 北趙墓地の性格についての考察

北趙墓地の造営順序に対する考察から，この墓地は『史記』他の史書に見える晋侯の系譜を完全に反映したものではないことがわかった。しかし，当墓地出土の青銅葬器は西周王朝の中心地で多く発見される青銅葬器にも劣らない精品が多く，またその出土点数も西周時代の晋国領域に属する遺跡中では最大規模であり，この地には晋侯が埋葬された可能性が高い。北趙墓地を西周晋侯墓地だと見なす場合，解釈の一つとして考えられるのは，この墓地を西周時代晋国のある一定期間において営まれた，晋侯及びその親族が中心として埋葬された，宗族墓地として見なす視点である。

西周時代からやや下って戦国時代に入ると，諸侯は周王から独立して王や公を自称するようになるが，この時期には王や公の墓が他の墓とは隔絶して造営される例が確認される。上の解釈に立てば北趙墓地は歴代の晋侯が整然と埋葬された墓地ではないので，戦国期に見えるような，首長たる侯が独立して墓を造営するほどの段階では未だ無い。しかし，一方で北趙墓地出土の遺物規模に差はあまり無く，晋侯一族全体の集団墓地というよりは，族集団のうち，侯を輩出する特定の宗族が独立して営んだ墓地と見るべきであろう。

(3) 北趙墓地と曲沃侯

最後に，北趙墓地がどの時期に相当する晋侯墓であるのかという問題について若干の考察を行うことで，晋国史再考のまとめとしたい。晋国の都については上述したように，幾次かの遷都に関連する記事があることがわかっている。北趙墓地が一時的な晋侯墓に過ぎないという前提に立てばこれらの遷都記事も現実味を帯びてくる。

北趙墓地の最初期の墓はM114・113組であり，その時期は西周中期前段〜後段である。当該の時期は周の穆王時期にほぼ相当すると考えられるが，これは晋侯としては成侯服人の時期に相当するであろう。北趙墓地を成侯時期に興った墓地と考えると，該当するのは『詩経』唐譜の序に後漢の鄭玄が記述した，「成侯代の曲沃平陽への遷都」という遷都記事である。成侯が遷都した曲沃平陽を当地とすることに時期的な問題はない。

『詩経』唐譜序文にはもう一つ，「穆侯代の絳への遷都」という記事が記される。穆侯は周の宣王時期の人物である。北趙墓地最末期の墓はM93組であるが，M93がその出土青銅器の時期から判断して春秋初頭にまで下り得るという事実を考えれば，穆侯代の遷都は矛盾する。しかしここで重要になるのが，M93からは「晋侯某」という銘文を持つ青銅器が検出されず，その被葬者が「晋叔家父」と考えられる点である。西周末から春秋初頭の晋国において叔という立場にあった人物，それは系譜1にみえる曲沃侯桓叔に始まる，曲沃侯の系譜である。

M93を晋の叔たる曲沃侯の墓として見るならば，西周末〜春秋初頭の墓という条件から，被葬者として可能性があるのは桓叔，荘伯の二人である。そしてこの場合，M64出土の「叔釗父」銘がさらに焦点となる（第14表）。M64被葬者を「叔釗父」と考えれば，この墓もまた「叔」の墓であり，曲沃伯の墓と見ることが可能である。M93被葬者を荘伯とした場合，M64被葬者にその父である桓叔を当てることができ，北趙墓地を穆侯の遷都後には曲沃侯が埋葬された墓地と見ることができるのである。

M64，M93の被葬者を曲沃侯と考えると，西周末の晋国史について次のような展開が想定される。成侯による曲沃平陽への遷都が行われ，それに伴って現在の北趙村付近に晋侯を中心とする宗族墓地が造営された。これが北趙墓地である。穆侯の時代に絳へ遷都が行われると，旧王陵区としての曲沃の地を別に管理する必要に迫られた。その役を担ったのが曲沃侯で，彼らは自らもこの墓地に埋葬させた。そのため，荘伯の子の武公が翼の晋侯を滅ぼし統一晋の侯となると，北趙墓地は廃棄されたのである。

この場合，武侯以前・文侯以後の晋侯墓地が別に存在することになる。第2章第1節でも触れたが，近年，山西省曲沃県羊舌村で2基の大墓が発見された。羊舌村M1・M2は2基並列の中字形大型墓で，盗掘を受けるものの，大量の青銅器・玉器を出土し，石墩・石梁を持つ墓室構造も北趙墓地と非常によく似ている。西周後期の遺物が出土することから，報告者も当墓を文侯仇の墓と見なしているようである（晋6）。羊舌村大墓は北趙墓地に後続する晋侯墓の一つであり，同様に武侯以前の晋侯墓地が今後発見される可能性は極めて高いと考えている。

本節では，晋国青銅鼎の編年をもとに晋国青銅器の性格と北趙墓地の墓地造営順序について再考を試みた。また，晋国出土青銅器と周原・豊鎬出土青銅器を比較した結果，両者の間には差異がほとんど見られず，西周前期から後期にかけて，晋国は積極的に王朝の青銅彝器を受け入れてきたといえる。それは，晋国と周王朝の関係の強さを物語っている。

一方で，周原・豊鎬で西周後期以降に顕在化する青銅器窖蔵は，晋国内では発見されていない。第3章で論じたように，周原における青銅彝器利用の変化は西周中期後段から後期にかけて，い

わゆる礼制の大きな変革が行われたことを反映したものである。晋国出土の青銅鼎の型式は周原における型式変化と対応しており，青銅彝器という器物の受容に関してならば晋国は王朝の礼制の変革に対応している。しかし，西周後期以降も晋国では大量の青銅器が墓に副葬されており，副葬青銅器から窖蔵青銅器への移行という面では，王朝の変化は晋国にまで及んでいないことが指摘しうる。器物の面では全くの併行関係にありながらも，その利用方法という面では両者の青銅彝器に対する意識に違いが認められるのである。

晋国と王朝との関係は次のようにまとめることができよう。晋国と西周王朝との関係は密接であり，晋は積極的に王朝の礼を受け入れてきた。しかし，西周中期後段以降に活発化した王朝による礼の変革は，完全な形で晋国に受け入れられることはなかった。西周末の晋国における晋侯と曲沃侯の間の混乱の背景として，このような王朝の規制から離れた青銅彝器の私的な所有とそれにともなう諸侯国側での祭祀の独自化を想定する必要があるであろう。

第2節　強国墓地の研究

西周諸侯墓のうち発掘調査によってその全体像を把握することができる墓地として，陝西省宝鶏強国墓地がある[20]。強に関する記述は既知の文献や金文中には全く見られず，その点で西周時代の一集団としての強の情報は極めて少ない。一方で，強国墓地は盗掘の被害をほとんど受けておらず，遺物がほぼ完全な形で出土したという点に大きな意義があり，西周時代諸侯の墓地を出土遺物から総合的に解釈するにために，非常に有効な材料を提供している。本稿では，出土遺物に対する検討を通して強集団の性格を二つの点から考察してみたい。ひとつは強国墓地内での出土遺物の格差とその変化とに注目し，当墓地における男女埋葬の制度とその変化を読み取ること。もうひとつはその変化を西周王朝との関係性の中で位置づけることである。

1. 強国墓地の発見とその概要
(1) 強国墓地の概要

関中平原の西南端に位置する陝西省宝鶏市から，「強」を担った集団の墓地が発見されたのは，1970年代半ばであった。宝鶏市周辺からは，清代に既に虢季子白盤などの青銅器が出土した記録があり[21]，西周時代遺跡が集中的に存在することは以前から注目されていた。強国墓地に対する本格的な調査は1974年の茹家荘車馬坑に始まり，以降1981年までの間に，紙坊頭・竹園溝・茹家荘の3地点で西周時代の大規模墓地が発掘されている[22]。紙坊頭は宝鶏市の西部，渭河の北岸に位置し，竹園溝と茹家荘はどちらも宝鶏市南部，秦嶺から渭河へと注ぐ清姜河の南岸に位置する（第59・60図）。これらの墓地がどれも強集団の墓地として認知された理由は，紙坊頭一号墓から「強伯」，竹園溝墓地から「強季」，茹家荘墓地から「強伯」という銘文を持つ青銅器がそれぞれ検出されたためであり，このことによって西周時代宝鶏市周辺に「強」という集団が存在していたことが初めて明らかになった。この強に関する発掘成果は数次にわたって報告され（秦

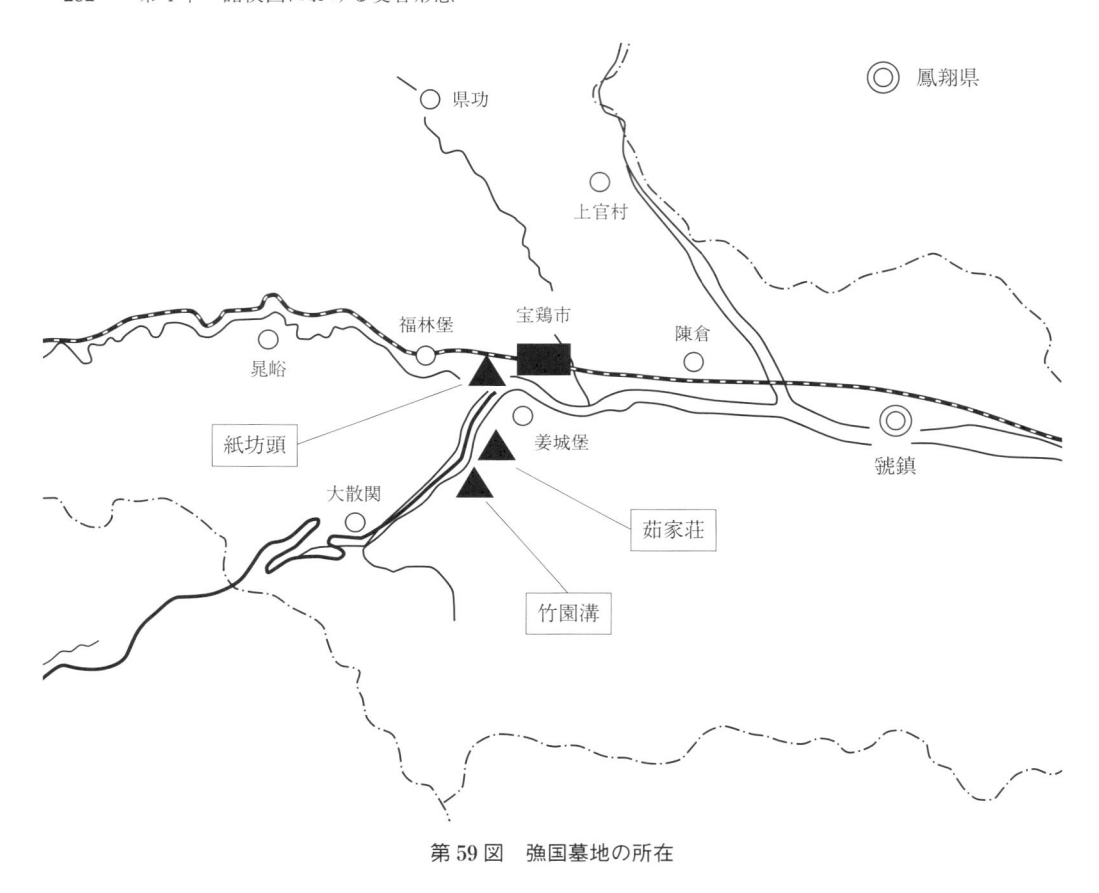

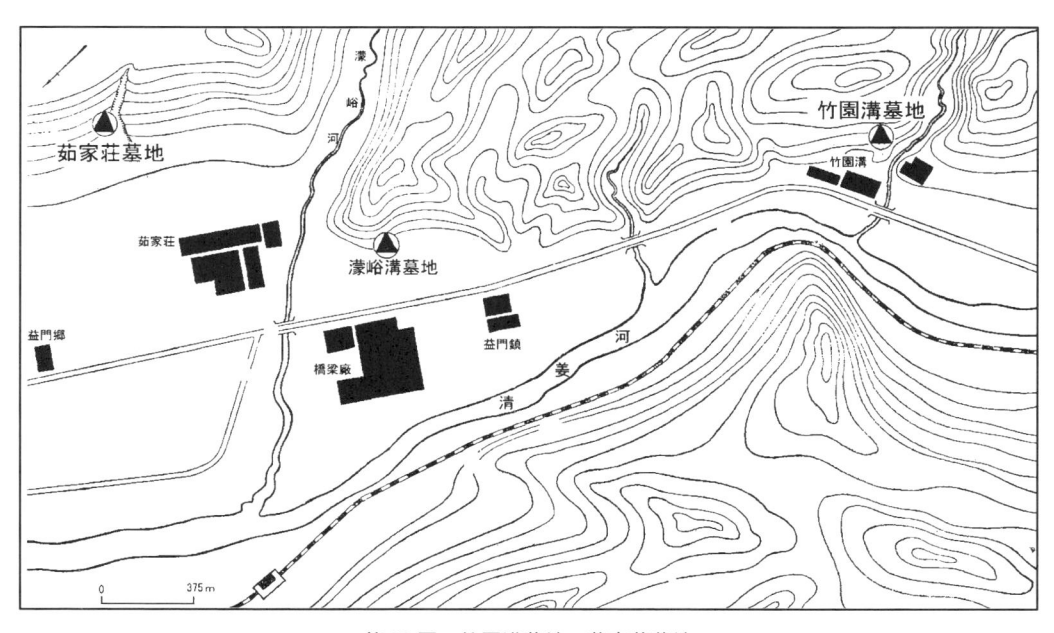

202　第4章　諸侯国における受容形態

第59図　強国墓地の所在

第60図　竹園溝墓地・茹家荘墓地

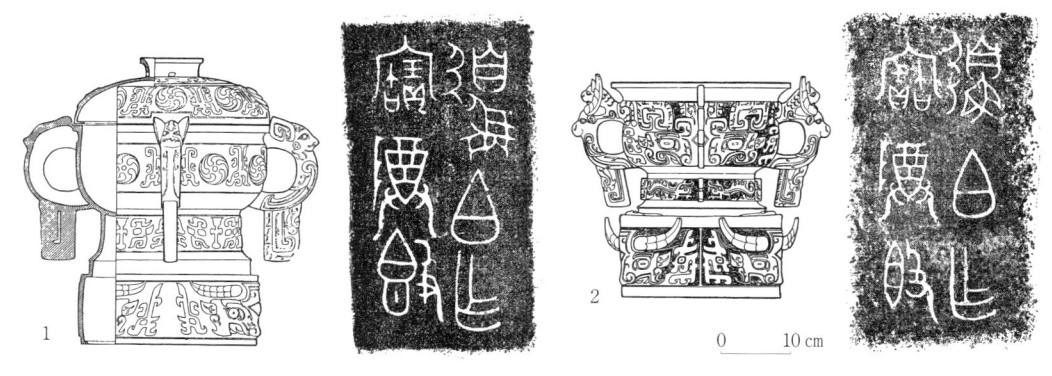

第 61 図　紙坊頭 1 号墓出土「弓魚伯」銘を持つ青銅器
1 BZFM1: 6　2 BZFM1: 7

10, 秦144〜秦146, 盧連成・胡智生 1983a, 胡智生ほか 1988), 後に報告書『宝鶏弓魚国墓地』(以下,『弓魚国』とする) としてまとめられている (秦175)。

【紙坊頭墓地】

　弓魚国墓地を構成するのは紙坊頭・竹園溝・茹家荘の 3 箇所の墓地であるが, 紙坊頭では大型墓が 1 基確認されるのみである (紙坊頭 1 号墓, BZFM1)。唯一確認されたこの 1 号墓も崖の崩落によって発見されたものであり, 副葬遺物の一部は発見時点ですでに失われていた可能性が高い。

　BZFM1 出土の青銅器のうち, 「弓魚」銘を持つものが 2 点確認されている。簋 BZFM1: 6 は蓋内側に銘文を持ち, 「弓魚白乍寶䵼殷」(弓魚伯, 寶䵼殷を作る) と記される (第61図1)。弓魚銘を持つもう一点の簋 BZFM1: 7 は器内底部に銘を持ち, 同じく「弓魚白乍寶䵼殷」(弓魚伯, 寶䵼殷を作る) と記される[23] (第61図2)。「弓魚」字は「弓魚」字の異体字とされるため, この墓の被葬者が「弓魚伯」, すなわち弓魚集団の支配階級にあたることを示す重要な証拠となっている。

【竹園溝墓地】

　竹園溝墓地では計 22 基の西周墓が確認され, その多くが後代の攪乱を受けていない状態であった (第62図)。全ての墓が長方形竪穴土坑墓であり, 他の西周諸侯墓で確認されるような甲字形墓, 中字形墓は見つかっていない。22 基のうち, 13 号墓 (BZM13), 7 号墓 (BZM7), 4 号墓 (BZM4) は特に大型で, 中央に主体被葬者を埋葬し, 主体被葬者から見て左隣に副次的な被葬者を埋葬する (第63図)。『弓魚国』では主体被葬者を男性, 副次的被葬者を女性と判断しており, 夫婦合葬墓であるとされる。被葬者名として特徴的な青銅器銘文としては, BZM7 から「白各乍寶䵼葬」(伯各, 寶䵼葬を作る) 銘が三点[24], BZM4 から「弓魚季乍寶旅葬」(弓魚季, 寶旅葬を作る) 銘が二点検出されており, M7 被葬者は伯各, M4 被葬者は弓魚季であるとされる (第64図)。なお, BZM1, BZM2, BZM21, BZM22 は後代の削平を受けて墓坑の一部が失われている。竹園溝墓地出土の青銅器について第16表にまとめた。

第4章　諸侯国における受容形態

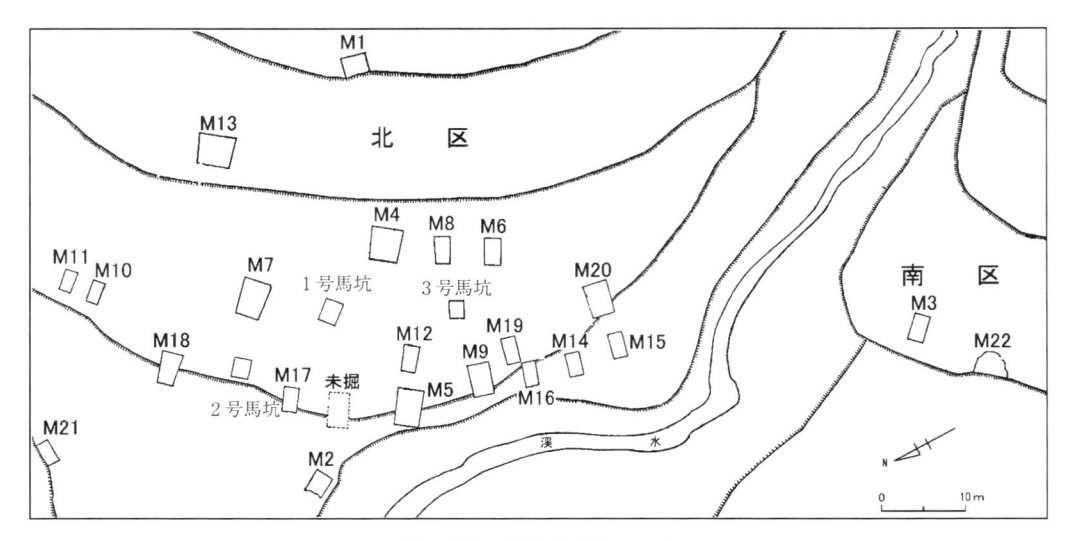

第62図　竹園溝墓地平面図

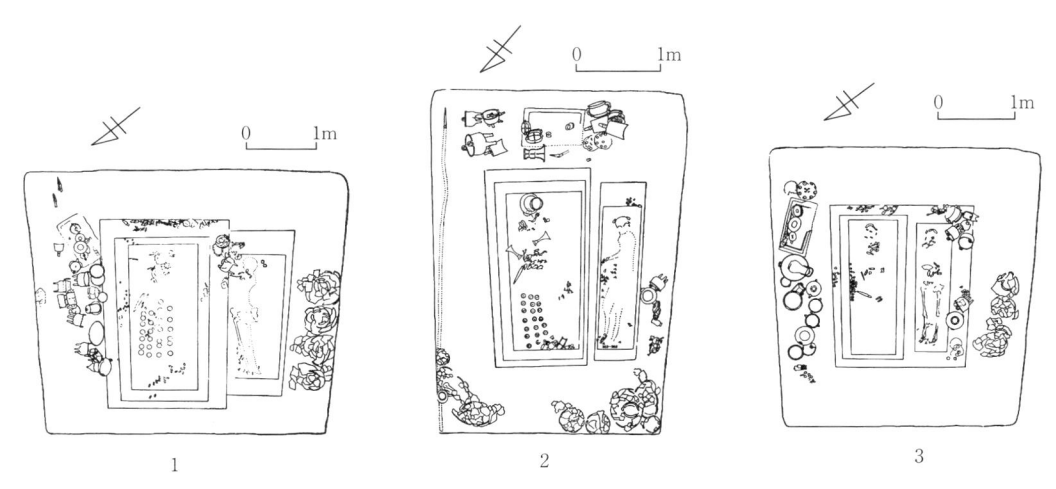

第63図　竹園溝墓地の夫婦合葬墓
　　1 BZM13　　2 BZM7　　3 BZM4

第 2 節　強国墓地の研究　205

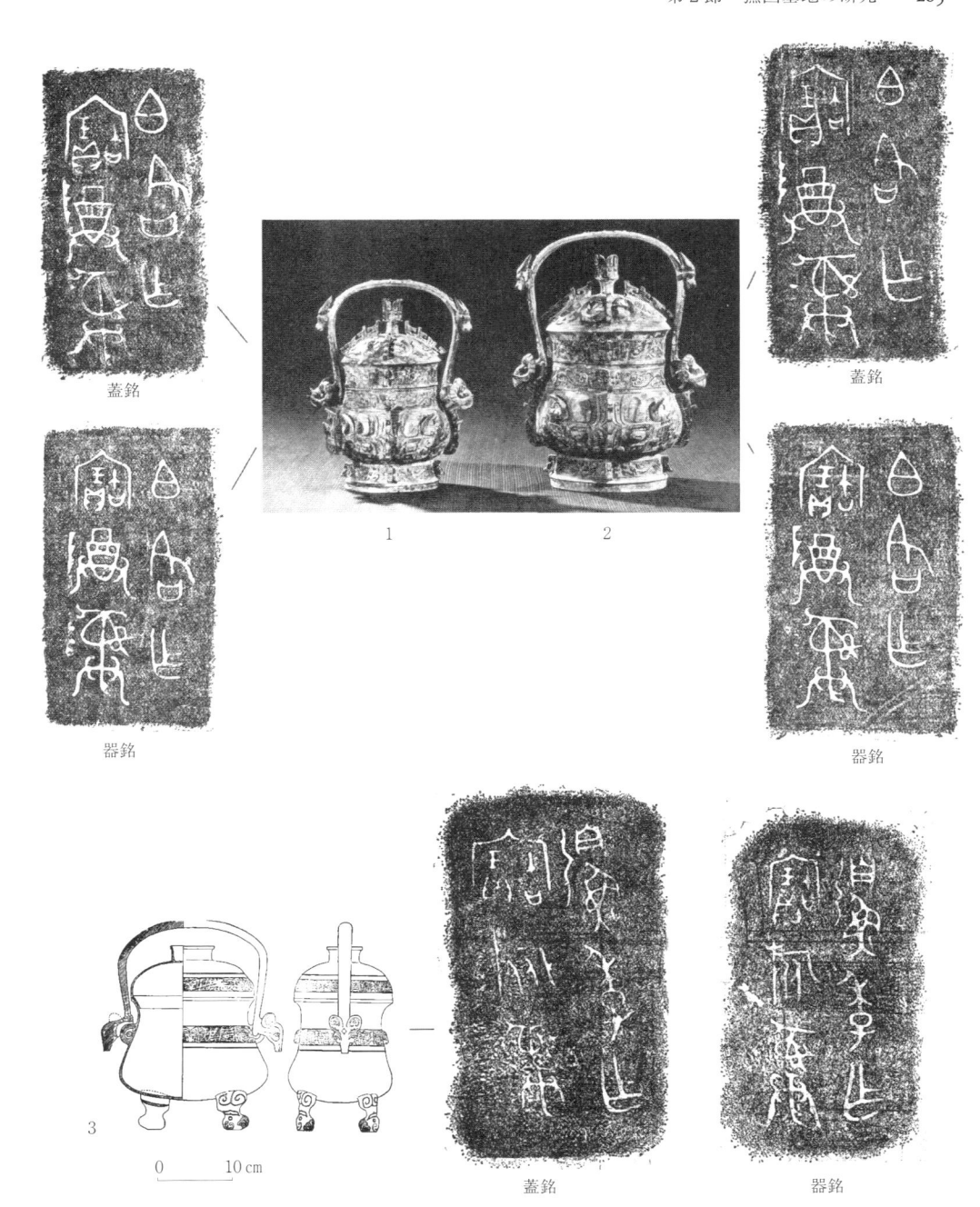

蓋銘　　　　　　　　　　　　　　　　　　　　　　　　　蓋銘

器銘　　　　　　　　　　　　　　　　　　　　　　　　　器銘

蓋銘　　　　　　　　　器銘

第 64 図　BZM7 出土「伯格」銘・BZM4 出土「彊季」銘青銅器
1　BZM7 : 6　　2　BZM7 : 7　　3　BZM4 : 1

第4章　諸侯国における受容形態

第16表　竹園溝墓地出土青銅彝器・武器一覧

墓号	合葬墓	青銅彝器	青銅武器	被葬者
BZM1※		鼎5　簋3　爵1　盤1	戈4　明器戈9　矛1　剣1	
BZM2※		なし	なし	
BZM3		鼎1　簋1	戈2　明器戈5	
BZM4	○	鼎7　簋3　卣1　尊1　鬲3　甗1　觶3　爵1　盤1　壺1　斗1	戈7　明器戈6　矛2　剣1　鐏1	彊季
BZM5		なし	なし	
BZM6		なし	なし	
BZM7	○	鼎4　簋3　卣2　尊2　觚2　觶2　罍1　斗1　鐘3	戈3　明器戈10　矛1　鉞1　剣1	伯各
BZM8		鼎1　簋1　卣2　尊1　觶1　爵1	戈3　明器戈8　剣1　戟1	
BZM9		鼎2　簋2（うち鼎1・簋2は錫器）	なし	
BZM10		なし	戈1　明器戈2	
BZM11		鼎1	戈1　明器戈3　剣1	
BZM12		なし	なし	
BZM13	○	鼎9　簋4　卣2　尊1　甗1　觚1　觶1　爵1　盤1　壺1　盂1　豆1　鏡1　斗1	戈6　明器戈14　矛3　鉞1　剣1　鏃5　異形器1	
BZM14		鼎1　簋1	戈2　明器戈6　剣1	
BZM15		なし	なし	
BZM16		なし	なし	
BZM17		觶1	なし	
BZM18		鼎1　簋1	戈3　明器戈6　矛3　剣1	
BZM19		鼎1　簋1	戈3　明器戈6　剣1	
BZM20		鼎2　簋2　盒1	戈5　明器戈6　剣1　鏃9	
BZM21※		なし	明器戈10　剣1　戟1	
BZM22※		なし	戈1	

※は後代の攪乱を受けている墓。

【茹家荘墓地】

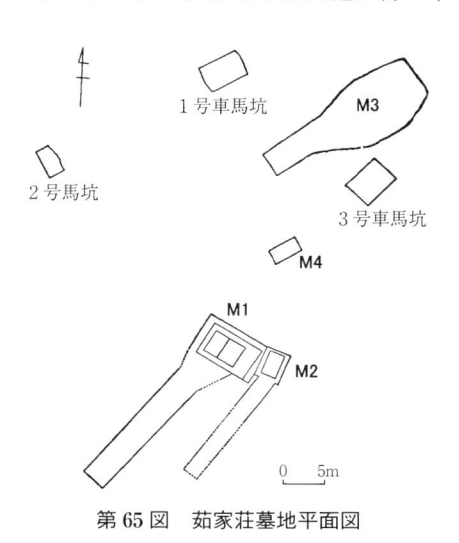

茹家荘墓地は竹園溝墓地の北東約3kmに位置する。4基の墓が検出されているが、3号墓（BRM3）は報告者によって「仮大墓」の可能性が指摘されており、遺物はほとんど検出されていない（第65図）。BRM1は墓道を持つ甲字形墓で、墓室は木製の隔壁によって区切られそれぞれ甲室・乙室とされる。甲室被葬者が女性、乙室被葬者が男性とされ、BRM1も夫婦合葬墓と言える。BRM2はBRM1を一部壊す形で作られ、造営時期がBRM1よりもやや遅い（第66図）。BRM1乙室からは多くの銘文を持つ青銅器が出土しており、鼎BRM1乙：13には「彊伯乍自爲鼎毀」（彊伯、自ら爲れる鼎毀を作る）、甗BRM1乙：22には「彊伯自爲用鬳」（彊伯、自ら用ふる鬳を爲る）、鬲BRM1乙：33には「彊伯乍鬳」（彊伯、鬳を作る）、簋BRM1乙：6には「彊伯乍自爲鼎毀」（彊伯、自ら爲れる鼎毀を作る）、簋BRM1乙：8には「彊伯乍旅用鼎毀」（彊伯、旅に用ふる鼎毀を作る）、盂[25]BRM1乙：18と盤BRM1乙：1には「彊伯自乍

第65図　茹家荘墓地平面図

第 2 節　強国墓地の研究　207

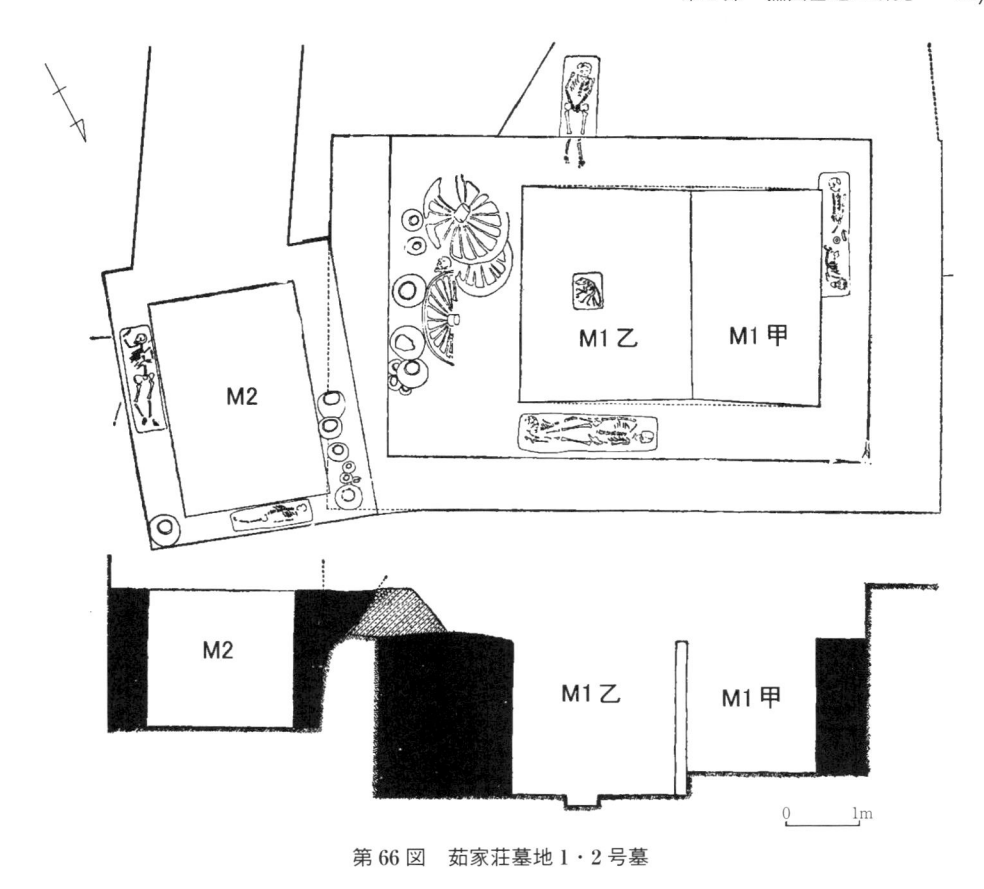

第 66 図　茹家荘墓地 1・2 号墓

般鎣」（強伯，自ら盤鎣を作る），盤 BRM1 乙：2 には「強白乍用盤」（強伯，用ふる盤を作る）とそれぞれ鋳される（第 67 図）。これらに見える「強白」「彊白」「𢎑白」はどれも同一人物で，BRM1 乙室被葬者だと考えられている[26]。一方で BRM1 甲室からは検出される青銅器銘文は「兒」一文字を持つもののみである。

　BRM2 にも青銅器銘文が確認される。鼎 BRM2: 5 内壁には「𢎑白乍井姫用鼎」（𢎑伯，井姫の用ふる鼎を作る）という銘が確認できる。この「井姫」なる人物は当墓の被葬者とされるが，その名は他にも多くの銘に見える。鼎 BRM2: 2 と鼎 BRM2: 3 には「井姫曋亦俻祖考□公宗室孝祀孝祭隹𢎑白乍井姫用鼎殷」（井姫，曋し，亦た祖考□公の宗室に俻し，孝祀し孝祭せり。惟れ𢎑伯，井姫の用ふる鼎殷を作る）と同銘が鋳される。鼎 BRM2: 1 には「𢎑乍井姫用鼎」（𢎑，井姫の用ふる鼎を作る），鼎 BRM2: 6 には「𢎑白乍井姫突鼎」（𢎑伯，井姫の突鼎を作る），甗 BRM2: 21 には「𢎑白乍井姫鬻用」（𢎑伯，井姫の用ふる鬻を作る），鳥獣尊[27] BRM2: 16 は「𢎑白匂井姫用盂錐」（𢎑白，井姫の用ふる盂錐を匂ふ），とそれぞれ鋳される[28]（第 68 図）。この BRM2 被葬者とされる井姫であるが，西周中期以降の青銅器銘文に多く現れる「井伯」「井叔」と同じく，西周王室の重臣であった井氏の出身であることがすでに指摘されており（西江 1999），強人と西周王室との強い結びつきが想定される。

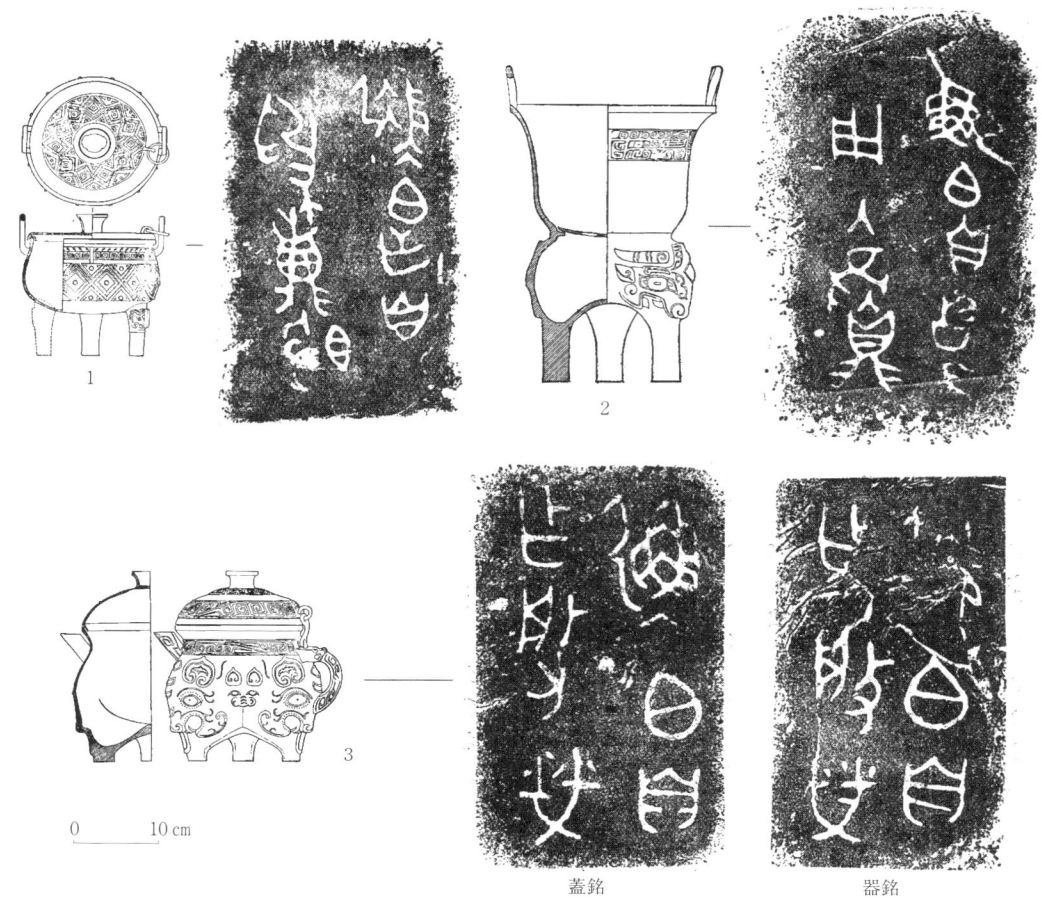

208 第4章 諸侯国における受容形態

第67図　BRM1乙室出土「強伯」銘青銅器
1 BRM1乙：13　　2 BRM1乙：22　　3 BRM1乙：18

以上，茹家荘墓地出土の青銅器について第17表にまとめた[29]。
(2) 強国墓地各墓の時期区分について

『強国』では紙坊頭，竹園溝，茹家荘の各墓について，それぞれ造営年代を与えており，紙坊頭1号墓は武王～成王期，茹家荘墓地は昭王～穆王期とする。竹園溝墓地については大きく二期区分し，M1・2・3・4・6・7・8・10・11・13・14・15・16・17・18・19・20・21・22を第一期，M5・9・12を第二期とする。第一期はさらに前半と後半に分け，前半にM1・6・7・8・10・11・13・14・15・16・18・19・20，後半にM2・4・17を置く。また，西周王世との対応に関しては一期前半を成王～康王期，一期後半を昭王～穆王期，二期を穆王期としている。

ここで出土青銅器から竹園溝墓地の各墓の時期を検討したい（第69図）。筆者は西周時代青銅器の時期区分について，西周時代を前期・中期・後期の3期に分け，さらに各期を前段と後段とに細分している（角道2007・2010)[30]。竹園溝墓地出土青銅器のうち最も多く検出される器種である鼎を中心に見ると，BZM1・8・13・14・20の各墓から出土した青銅鼎は腹部の垂腹化の出現

第 2 節　強国墓地の研究　209

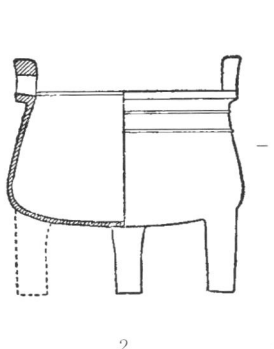

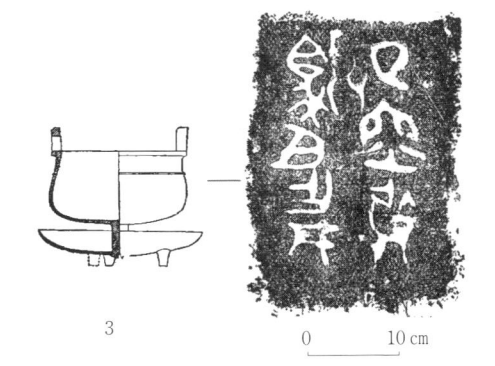

第 68 図　BRM2 出土「井姫」銘青銅器
1 BRM2: 2　　2 BRM2: 1　　3 BRM2: 6

第 17 表　茹家荘墓地出土青銅彝器・武器一覧

墓号	合葬墓	青銅彝器	青銅武器	被葬者
BRM1 甲室		鼎 5　簋 4　鎮 1	なし	㚤
BRM1 乙室	○	鼎 8　簋 5　卣 1　尊 5　鬲 2 甗 1　觶 1　爵 2　罍 1　盤 2 壺 2　盉 1　豆 4　斗 1　鐘 3	戈 8　鉞 2 剣 2　鐏 2	強伯
BRM2	○ （BRM1 に伴う）	鼎 6　簋 5　尊 1　鬲 3　甗 1 盤 1　盉 2	なし	井姫
BRM3		なし	なし	

210　第4章　諸侯国における受容形態

西周前期前段

西周前期後段

西周中期前段

西周中期後段

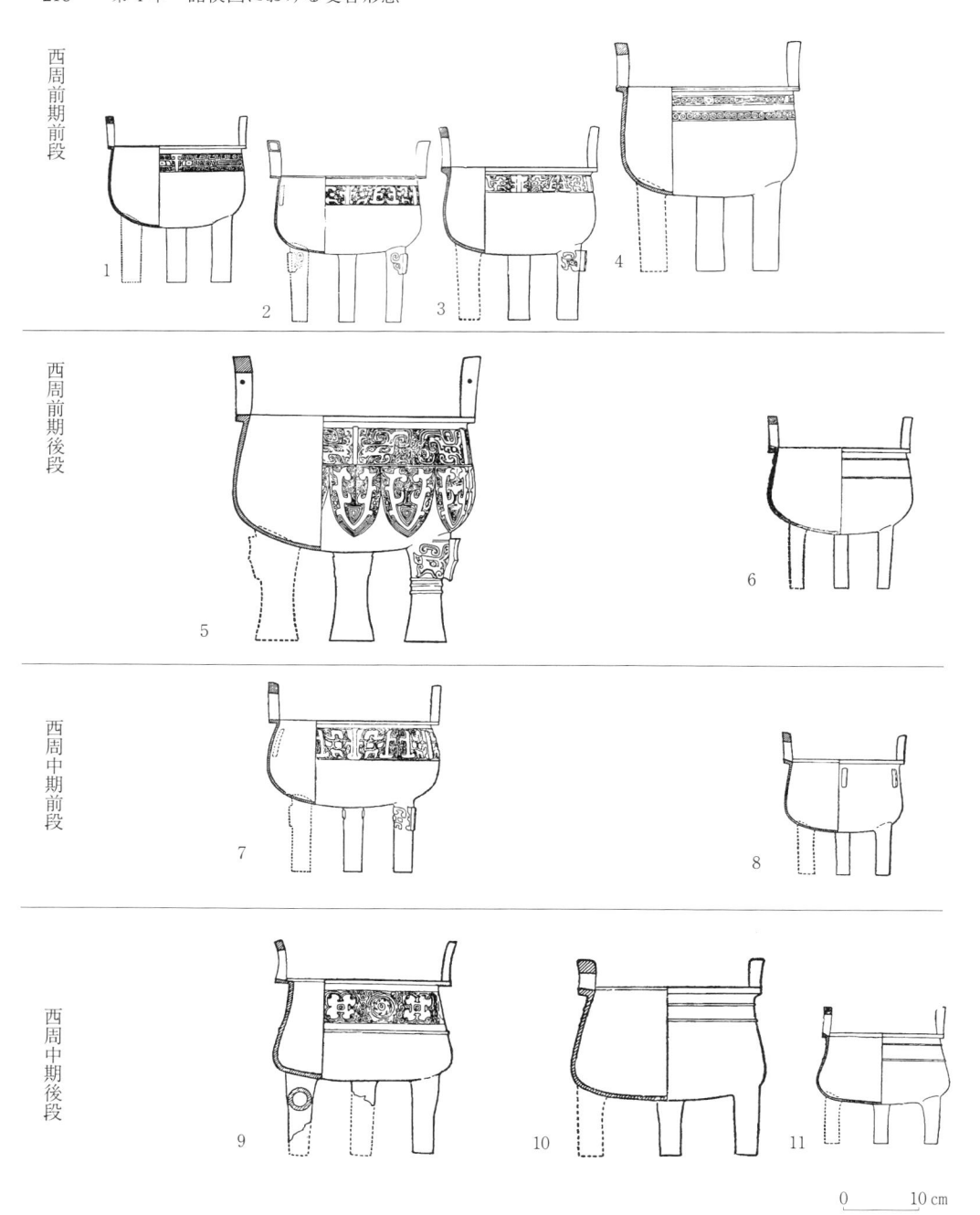

0　　10 cm

第 69 図　弻国墓地出土青銅鼎編年

1 BZM14: 1	2 BZM1: 2	3 BZM13: 15	4 BZFM1: 2
5 BZM7: 1	6 BZM11: 10	7 BZM4: 12	8 BZM3: 2
9 BZM9: 1	10 BRM2: 1	11 BRM1 乙: 10	

が看取されるもののその程度は比較的緩やかであり，その側視形は張家坡 M62: 1 や天馬―曲村 M7004: 2，M6235: 3 と近く（第 6・56 図），西周前期前段～前期後段の時期が与えうる。一方で BZM7・11・18・19 出土の青銅鼎は垂腹化の程度から西周前期後段に相当する。BZM3: 2 は垂腹化がさらに進行した西周中期前段の段階で，張家坡 M217: 1 や天馬―曲村 M7052: 1 と対応する。BZM4 出土青銅鼎は西周前期の特徴を残すが，同出する卣 BZM4: 1 の形状から判断して，この墓も西周中期前段に属するものと考えたい。BZM9 出土青銅鼎は底部が完全に平坦化し，天馬―曲村 M7113: 5 に似る。西周中期後段に相当する。各墓の相対的な前後関係は基本的に『彊国』に示された時期区分と一致し，また鼎以外の青銅彝器の年代観から見ても，上述の時期設定には問題が無い。ここで，『彊国』の竹園溝一期前半は西周前期前段～前期後段に，一期後半は西周中期前段に，二期は西周中期後段にそれぞれ対応するものとして考えたい[31]。

　第 69 図では以上の竹園溝墓地の青銅鼎編年に加えて，紙坊頭・茹家荘墓地出土の青銅鼎も合わせて示している。紙坊頭 1 号墓・竹園溝墓地・茹家荘墓地を総合して考えると，紙坊頭出土の青銅器の型式は『彊国』のいう竹園溝一期前半とほぼ一致し，西周前期末に相当する。一方で茹家荘墓地出土青銅器は竹園溝 M9 出土のものに似て，垂腹化が進行した西周中期後段の様相を呈する。茹家荘諸墓は竹園溝二期に並行するものと考えられる。

　最後に，竹園溝墓地出土の土器罐について検討する（第 70 図）。彊国墓地出土の土器のうち常に定型化したセットをなすのが平底罐と尖底罐であるが，特に平底罐についてはその頸部の変化に特徴が見られる。円肩罐と桶状罐[32]のうち，西周前期の段階では円肩罐の頸部は直に立ち上がった後に外反するが，桶状罐は頸部がすぼまった後に立ち上がることなく外反しながら口が開く。これが西周中期の段階になると，桶状罐のグループは頸部のすぼまりが弱まり，口が大きく開く型式へと変化する。一方で西周中期の円肩罐では頸部の立ち上がりが無くなりそのまま外反するようになる。この土器罐の検討から，青銅鼎を持たない墓のうち BZM6 は西周前期前段～前期後段，BZM21 は西周前期後段，BZM2・17 は西周中期前段，BZM5・BZM12 は西周中期後段に相当すると考えられる。BZM12 出土罐は BZM5 出土罐に比べやや型式が遡る可能性がある。BZM10・15・16・22 は出土遺物から年代が与えにくい。『彊国』では BZM10・15・16 に竹園溝一期前半の年代が与えられているため，ここではそれに従い西周前期と見なす。また，BZM22 は BZM3 とともに竹園溝墓地の中心から離れて南側の丘陵上に造営されていることから，M3 と同時期，すなわち西周中期前段の墓と捉えたい。

　彊国墓地を構成する 3 箇所の墓の年代は，以上のように西周前期前段～前期後段，中期前段，中期後段の 3 時期にほぼ収まることになる。ここで彊国墓地全体の時期として，彊国 1 期，彊国 2 期，彊国 3 期を設定し，西周前期前段～前期後段，中期前段，中期後段をそれぞれ対応させ，各墓に時期を与えた結果をまとめたものが第 18 表である。彊国 1 期に BZFM1 と BZM1・6・7・8・10・11・13・14・15・16・18・19・20・21 が属し，最も盛んに墓の造営が行われた時期だと言える。BZM7・11・18・19 は青銅器の型式から同じ彊国 1 期でもやや時期が下るものと考えられ，また BZM21 も土器型式からこの時期を与えた。彊国 2 期には BZM2・3・4・17・

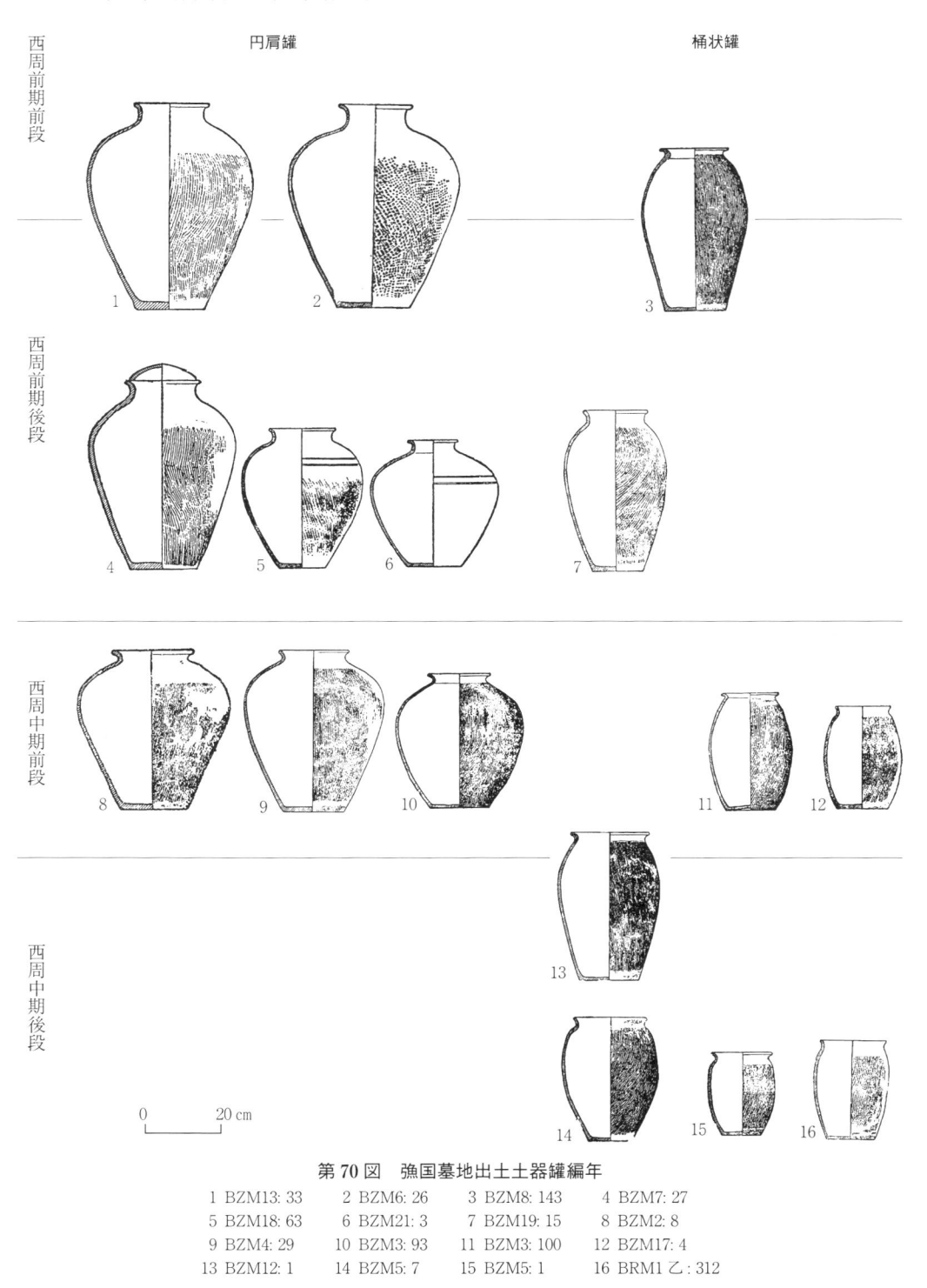

212　第4章　諸侯国における受容形態

西周前期前段　円肩罐　桶状罐

西周前期後段

西周中期前段

西周中期後段

0　20cm

第70図　弻国墓地出土土器罐編年
1 BZM13: 33　2 BZM6: 26　3 BZM8: 143　4 BZM7: 27
5 BZM18: 63　6 BZM21: 3　7 BZM19: 15　8 BZM2: 8
9 BZM4: 29　10 BZM3: 93　11 BZM3: 100　12 BZM17: 4
13 BZM12: 1　14 BZM5: 7　15 BZM5: 1　16 BRM1乙: 312

第 2 節　彊国墓地の研究　213

第 18 表　彊国の時期区分と対応する墓

時期	墓号		対応する西周王世
彊国 1 期 （西周前期前段 ｜ 西周前期後段）	BZFM1　BZM1　BZM6　BZM8 BZM13　BZM14　BZM20	BZM10 BZM15 BZM16	武王 ｜ 康王
	BZM7　BZM11　BZM18　BZM19 BZM21		
彊国 2 期 （西周中期前段）	BZM2　BZM3　BZM4　BZM17　BZM22		昭王 ｜ 懿王
彊国 3 期 （西周中期後段）	BZM5　BZM9　BZM12　BRM1　BRM2 BRM4		

22 が属し，彊国 3 期には BZM5・9・12，BRM1・2・4 が属する。茹家荘墓地はすべて彊国 3 期に相当する。この 3 期区分を基礎として，次に各墓出土の副葬品の関係について検討したい。

2. 彊国墓地の男女埋葬とその変化

(1) 彊国墓地副葬品格差への検討

　紙坊頭・竹園溝・茹家荘の 3 箇所に跨って分布する彊国墓地は，西周前期から中期にかけて存続した墓地である。それはすなわち西周王朝が成立し周辺地域の平定を経て安定期から拡張期に差し掛かるとされる時期に相当する。この時代に彊国墓地に埋葬された人々はどのような集団であったのか。被葬者の階層という視点から，彊国墓地を分析する。

　西周時代の副葬青銅彝器は多岐にわたるが，その中で最も重要な組合せを作るのが，鼎と簋である。『春秋公羊伝』桓公二年注には「天子九鼎，諸侯七，卿大夫五，元士三也」とあり，西周期の祭器として鼎が重要な位置を占めていたことを伝えている。実際に西周墓からは鼎と簋が複数個出土する例が多くあり，鼎と簋のセットが身分表象として重要であったと考えられる。彊国墓地では鼎・簋の他にも青銅彝器が検出されているが，やはり出土青銅彝器の中心は鼎と簋と言ってよい。ここでは，彊国墓地に属する各墓を，鼎と簋の組を中心に出土遺物の規模によって分類する。

　彊国墓地の副葬品規模は以下の三類に分けられる。I 類が最も青銅器が豊富に出土する墓で，III 類は最も乏しい墓である。墓が 1 基のみしか検出されず出土青銅器組成も不明な紙坊頭墓は今回の分析では対象外とし，竹園溝，茹家荘の計 25 基の墓について検討を行った。なお，BZM13・7・4，及び BRM1 は男女同穴合葬墓であり，『彊国』の記述に従って両者の副葬遺物を区別して扱った[33]。

　　I 類：鼎・簋を 2 組以上持ち，他の青銅彝器も多く有する墓
　　II 類：青銅彝器を有するが，鼎・簋を 1 組以下しか持たない墓，および鼎・簋を 2 組以上持つものの他の青銅彝器が極めて乏しい墓
　　III 類：青銅彝器を持たない墓

　彊国墓地の各墓について，出土遺物から I 類〜III 類を与えたものが第 19 表である。I 類にはBZM13 甲，BZM7 甲，BZM4 甲，BZM1，BRM1 甲・乙，BRM2 の計 6 基 7 人が相当する。「彊

第 4 章 諸侯国における受容形態

第 19 表 各墓出土の青銅鼎・簋と類

墓号	時期	類	出土青銅葬器
BZM13 甲組（墓主）	1期	I	鼎7 簋3 +（卣2 尊1 甗1 觚1 觶1 爵1 盤1 壺1 盂1 豆1 斗1 鏡1）
乙組（妾）		II	鼎2 簋1
BZM7 甲組（墓主）	1期	I	鼎3 簋2 +（卣2 尊2 觚2 觶1 斗1 鐘3）
乙組（妾）		II	鼎1 簋1 +（罍1 觶1）
BZM4 甲組（墓主）	2期	I	鼎4 簋2 +（卣1 尊1 鬲1 甗1 觶2 爵1 盤1 壺1 斗1）
乙組（妾）		II	鼎3 簋1 +（鬲2 觶1）
BZM1	1期	I	鼎5 簋3 +（爵1 盤1）
BRM1 乙室（墓主）	3期	I	鼎8 簋5 +（卣1 尊5 鬲2 甗1 觶1 爵2 罍1 盤2 壺2 盂1 豆4 斗1 鐘3）
甲室（妾）		I	鼎5 簋4 +（鎮1）
BRM2	3期	I	鼎6 簋5 +（尊1 鬲3 甗1 盤1 盒2）
BZM8	1期	II	鼎1 簋1 +（卣2 尊1 觶1 爵1）
BZM20	1期	II	鼎2 簋2 +（盒1）
BZM9	3期	II	鼎2 簋2 （うち鼎1・簋2は錫器）
BZM19	1期	II	鼎1 簋1
BZM14	1期	II	鼎1 簋1
BZM18	1期	II	鼎1 簋1
BZM3	2期	II	鼎1 簋1
BZM11	1期	II	鼎1
BZM17	2期	II	觶1
BZM21	1期	III	なし
BZM6	1期	III	なし
BZM10	1期	III	なし
BZM15	1期	III	なし
BZM16	1期	III	なし
BZM2	2期	III	なし
BZM22	2期	III	なし
BZM5	3期	III	なし
BZM12	3期	III	なし
BRM4	3期	III	なし

第 2 節　虢国墓地の研究　215

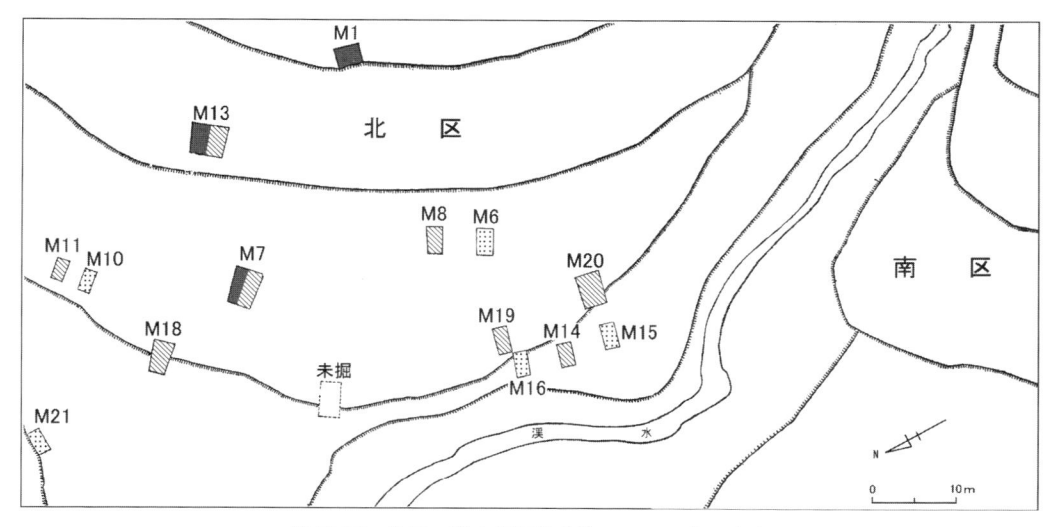

第 71 図　虢国 1 期の竹園溝墓地における墓の分布

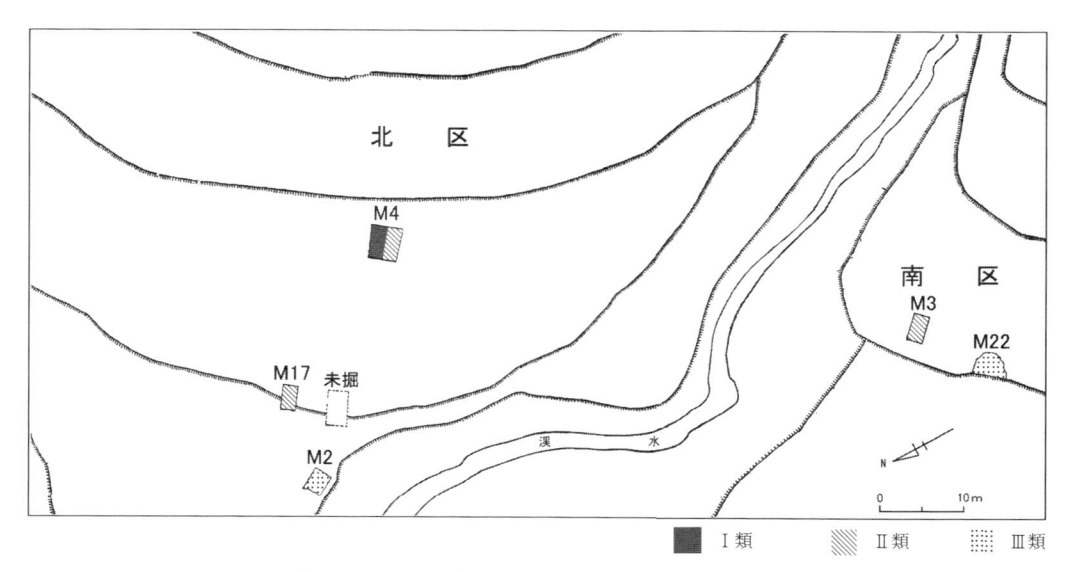

第 72 図　虢国 2 期の竹園溝墓地における墓の分布

白」「虢季」といった，虢の指導的立場にあったと考えられる人物の墓はみな I 類に属する。II 類には BZM13 乙，BZM7 乙，BZM4 乙，BZM8，BZM20，BZM9，BZM19，BZM14，BZM18，BZM3，BZM11，BZM17 の計 12 基 12 人が該当する。茹家荘墓地には見られない。III 類は BZM21，BZM6，BZM10，BZM15，BZM16，BZM2，BZM22，BZM5，BZM12，BRM4 の 10 基 10 人である。

　この I～III 類の別を，虢国墓地の時期ごとに第 71 図～第 73 図に示した。虢国 1 期・2 期に竹園溝墓地に造営される墓のうち，1 期の段階では I・II・III 類ともに多数分布するのに対して，2 期では造営数が減少し，わずかに夫婦合葬の I・II 類墓が 1 基と II 類墓，III 類墓が 2 基ずつ存

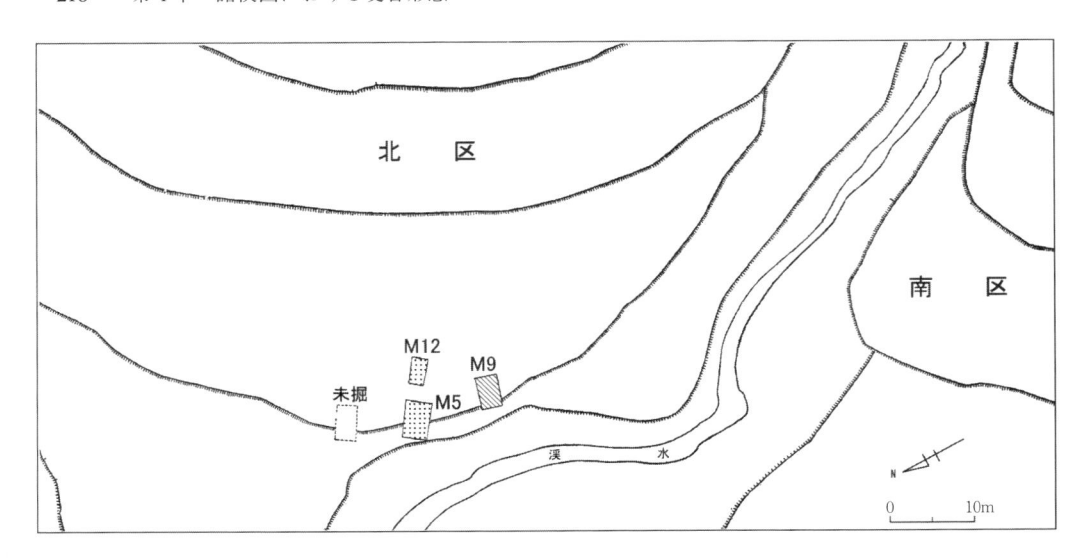

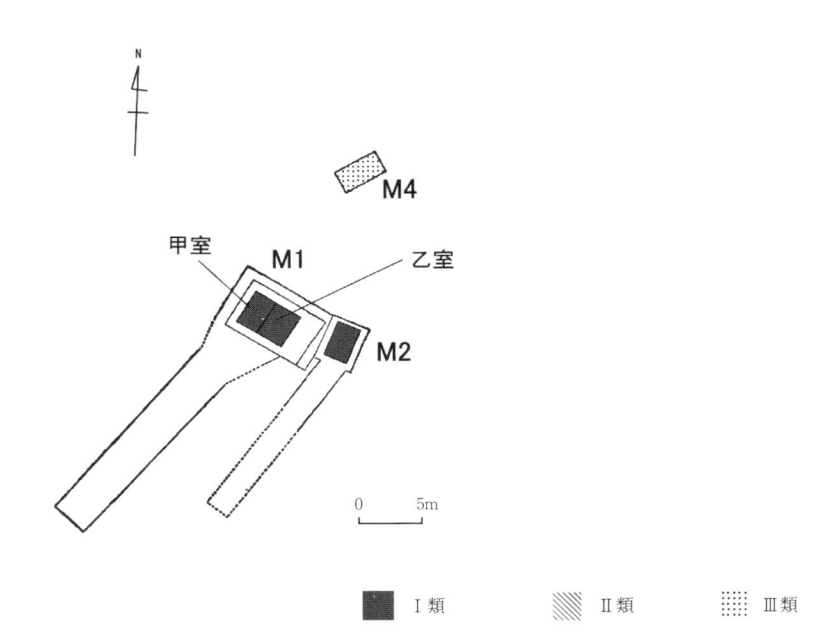

216　第4章　諸侯国における受容形態

　　　　　　　　　　Ⅰ類　　　　Ⅱ類　　　　Ⅲ類

第73図　彊国3基の竹園溝墓地・茹家荘墓地における墓の分布
（上　竹園溝墓地　下　茹家荘墓地）

第 2 節　強国墓地の研究　217

第 20 表　強国墓地夫婦合葬墓出土の青銅武器・工具

	墓号	時期	類	青銅武器										青銅工具					
				鉞	戈	明器戈	戟	矛	鐏	剣	鏃	盾飾	異形器	斧	鑿	錛	鑿	銅刀	銅弾丸
男性墓	BZM13 墓主	1期	I	1	6	14		3		1	5	4		1	1	2	2		
	BZM7 墓主	1期	I	1	3	10		1			1	1		1		1	1		4
	BZM4 墓主	2期	I		7	6		2	1	1		3		1	1	2	1		
	BRM1 墓主	3期	I	2	8				2	2		2		2		4	1	1	
女性墓	BZM13 妾	1期	II																
	BZM7 妾	1期	II															1	
	BZM4 妾	2期	II																
	BRM1 妾	3期	I																
	BRM2	3期	I																

在するのみである。この傾向は 3 期に入っても継続し，竹園溝墓地では I 類墓が廃絶する。II 類墓が 1 基，III 類墓が 2 基確認され，代わって同じ強国 3 期の I 類墓は茹家荘に出現するようになる。茹家荘では I 類墓 3 基と III 類墓 1 基が造営されている。

　以上のように，竹園溝墓地が衰退し茹家荘墓地へと移行する流れにおいて，最も副葬品を豊富に有する I 類墓，I 類墓には及ばないものの青銅彝器を有する II 類墓，全く青銅彝器を待たない III 類墓の 3 種類の墓が存在することが分かった。この墓における区分が何に起因するものなのかを検討するために，特に性別の問題を中心に I〜III 類の被葬者たちの関係性について考察する。
(2) 強国墓地における男女埋葬状況

　強国墓地では 4 基の夫婦同穴合葬墓が確認されており，BZM13・7・4 と BRM1 がそれに当たる。それぞれ主体的被葬者は男性で，それに伴うかたちで女性が埋葬されているという状況は前述の通りである。ここで夫婦同穴合葬墓における男女間の副葬品の差異について着目すると，青銅武器・青銅工具の有無が指標となりうる点が指摘されている（秦 175，江瑜 2006)[34]。

　強国墓地における夫婦合葬墓出土の青銅武器・青銅工具について第 20 表に示した。主体的被葬者を男性，妾とされる被葬者を女性として見ると，男女間で明確な差異が存在しており，強国墓地においては青銅武器と工具は圧倒的に男性墓から出土し女性墓にはほとんど伴わないということが読み取れる。唯一例外といえるのが BZM7 妾の銅刀であるが，これは二層台上からの検出であり，確実に BZM7 妾に伴う遺物だとは言えない。したがって強国墓地においては，男性墓では青銅武器・工具が検出され，女性墓ではこれらの遺物が検出されないという傾向を与えることが可能である。

　強国墓地の青銅武器・青銅工具出土墓について，夫婦合葬墓を除いた単独墓についても検討したものが第 21 表である。こちらも，青銅武器・工具を持つ墓のグループ（BZM1〜BZM22）と，青銅武器・工具を持たない墓のグループ（BZM6〜BRM4）とにきれいに分かれた。このうち，強国 1 期に属し青銅武器・工具を持つ墓は BZM1・20・14・8・18・19・11・21 の計 8 基，一方で強国 1 期に属し武器・工具を持たない墓は，BZM6・10・15・16 の計 4 基となる。BZM10 は報

第 21 表　強国墓地各墓出土の青銅武器・工具

| | 墓号 | 時期 | 類 | 青銅武器 ||||||||| 青銅工具 ||||||
				鉞	戈	明器戈	戟	矛	鐏	剣	鏃	盾飾	異形器	斧	鏟	錛	鑿	銅刀	銅弾丸
男性墓	BZM1※	1期	Ⅰ	4	9		1		1		1			1	1				
	BZM20	1期	Ⅱ	5	6					1	9	3				1	1	1	
	BZM14	1期	Ⅱ	2	6					1		1							
	BZM8	1期	Ⅱ	3	8		1			1		1			1				
	BZM18	1期	Ⅱ	3	6			1		1		4		1		1	1	1	
	BZM19	1期	Ⅱ	3	6					1				1		1	1	1	
	BZM11	1期	Ⅱ	1	3					1									
	BZM21※	1期	Ⅲ			10	1			1		2		1		1	1	1	
	BZM3	2期	Ⅱ	2	5									1					
	BZM22※	2期	Ⅲ	1											1	1	1		
	BZM2※	2期	Ⅲ																
女性墓	BZM6	1期	Ⅲ																
	BZM10	1期	Ⅲ		1	2													
	BZM15	1期	Ⅲ																
	BZM16	1期	Ⅲ																
	BZM17	2期	Ⅱ																
	BZM9	3期	Ⅱ																
	BZM5	3期	Ⅲ																
	BZM12	3期	Ⅲ																
	BRM4	3期	Ⅲ																

※ は後代の攪乱を受けているもの。

告でⅢ式銅戈1点と明器戈を2点出土するが，これらの戈は非常に小さく，実用武器としての役割は果たさない。また後述するように，この器は強国と四川地域との関連性を表す特徴的な遺物であり族集団の出自を象徴する遺物としての性格が強く，特殊な遺物である。したがって，ここではBZM10のⅢ式戈・明器戈を例外と考え，当墓も青銅武器・工具を持たないグループとして分類している。

　この8基と4基の墓は，墓の配置という点で非常に意味のある結果を示す。第71図に示したように，今回，青銅武器・工具が出土した8基の墓のうち，BZM20・14・8・18・19・11の6基はどれもⅡ類に分類されるが，それぞれの墓の周辺にはⅢ類の墓が存在し，そのどれもが青銅武器・工具を持たない墓なのである。すなわち，青銅武器・工具を持つBZM11は，青銅武器・工具を持たないBZM10の北側に並列する。同様にM8はM6の北側に隣接し，BZM19はBZM16の北側に隣接している。BZM15はBZM20とBZM14の両方に近く位置するが，BZM14と並んでいると見た場合，やはり青銅武器・工具を持つBZM14が，武器・工具を持たないBZM15の北隣に位置しているのである。ここに表れた青銅武器・工具を持つ墓が，持たない墓の北隣に位置する，という様相は，上で見た夫婦合葬墓における男性墓・女性墓の状況と全く同じ様相を呈していると言える。青銅武器・工具を持つ墓を男性墓，持たない墓を女性墓として強

国1期の竹園溝墓地を見ると，BZM13組（BZM13墓主・妾），BZM7組（BZM7墓主・妾）という2組の夫婦合葬墓と，BZM11組（BZM11・BZM10），BZM8組（BZM8・BZM6），BZM19組（BZM19・BZM16），BZM14組（BZM14・BZM15）という4組の夫婦異穴合葬墓からなる大規模墓地として見ることができるのである。

1期のⅡ類墓は，すべて青銅武器・工具を出土した男性墓である。一方で，Ⅲ類墓はBZM21を除いて全て女性墓である。BZM21が後代の削平を受けていることを考えれば[35]，BZM21が造営された段階ではⅡ類を満たす量の副葬遺物を有していた可能性も大いにありえる。この場合，1期の単独墓のうち男性墓は，対応する女性墓を持たないBZM1（Ⅰ類）を除いてすべてⅡ類となり，女性墓はⅢ類と対応する。また合葬墓では，男性は全てⅠ類であり対応する女性墓はⅡ類である。つまり，1期合葬墓においてはⅠ類墓とⅡ類墓の別が，1期単独墓においてはⅡ類墓とⅢ類墓の別が，男女差に起因するものである。したがって，竹園溝墓地でⅠ類に相当するBZM13・7・4・1などは副葬品が豊富で青銅器銘にも「強白」「伯各」などと鋳しており，これらⅠ類墓男性被葬者を首長階層の身分と考えるならば，強国1期では首長とそれより一段下がる貴族階層の男性が埋葬され，そのそれぞれが自らよりも副葬品規模の一段低い配偶者墓を伴っている。どちらの階層に属する女性であっても，青銅彝器から見た副葬品規模は配偶者たる男性墓より一段劣っている。そして首長階層に属する女性墓と貴族階層に属する男性墓の副葬品の規模はほぼ一致していると考えてよい。

1期に属する14基の墓のうち，単独で存在するBZM1，BZM18，BZM20，BZM21の4基を除いた10基の墓は，どれも頭位を東として，北側（向かって左側）に男性，南側（向かって右側）に女性を埋葬する夫婦異穴合葬墓であった。この北側男性・南側女性という様式は首長階層の合葬墓においても当てはまる。しかし，強国2期ではこの傾向が読み取りにくい（第72図）。強国2期の竹園溝墓地ではBZM4が首長階層に属する夫婦合葬墓で，男性が北側，女性が南側に埋葬される。当墓は強国1期の夫婦合葬墓の男女間差異をそのまま踏襲しており，男女の南北埋葬関係も1期と同じ傾向を示している。変化が見られるのは貴族階層を構成するⅡ類・Ⅲ類墓である。Ⅱ類墓とⅢ類墓が組を為す点では1期と同様で，BZM3（Ⅱ類）とBZM22（Ⅲ類），BZM17（Ⅱ類）とBZM2（Ⅲ類）が対応[36]し，Ⅱ類墓がⅢ類墓の北側に位置する点は同様だが，BZM22はⅢ類墓であるにもかかわらず武器・工具を出土しており，逆にBZM17はⅡ類墓だが武器・工具が検出されない（第21表）。BZM17組を例にとると，女性墓においても武器の副葬が行われるようになったとも考えられるが，BZM2が後世の削平を受けていることから当墓もまた青銅彝器を有したⅡ類男性墓であった可能性はある。この場合，Ⅱ類墓同士が並ぶこととなるが，BZM17はⅡ類に分類されるもののその出土青銅彝器は小型の觶1点のみであり，同じ2期のⅡ類墓であるBZM3が一鼎一簋を出土することと比べても規模の低さが顕著である。やはり武器が検出されないBZM17はⅡ類男性墓BZM2に対応する女性墓であり，副葬品が1期に比べてやや豊かになったものと考えたい。この組では，1期に普遍的であった男性北側・女性南側という対応関係が崩れている。また，BZM22も後代の削平を受けておりⅡ類墓であった可

能性がある。その場合，BZM3 と BZM22 は同じ II 類男性墓であり対応する夫婦墓ではないということになる。削平や未掘墓の関係で判断が難しいが，いずれの場合でも 1 期にみえた規則性が失われていることは明らかであり，この貴族階層の墓から見られる傾向は，1 期の慣例を継続する BZM4 とは明らかな違いを表出している。

　強国 3 期では大きく変化する（第 73 図）。竹園溝墓地からは I 類墓が消滅し，代わりに茹家荘墓地に I 類墓が出現するが，BRM1 は墓主たる強伯を南東側（乙室），その夫人を北西側（甲室）に埋葬する。また，BRM2 も BRM1 の墓主に伴う女性墓であると考えられており，男性一人に女性二人という様相を呈する。どの墓からも大量の青銅葬器が検出されており，貴族階層の墓との隔絶化が進行している。同時期の竹園溝墓地では II 類墓，III 類墓が造営されるが，これも強国 1 期の傾向とは異なり，II 類墓である BZM9 からは武器は出土せず，III 類墓 BZM5・12 とともに女性墓であると考えられる。BZM9 は 4 点の葬器を持つ墓であるが，そのうち 3 点が錫製という点で特徴的であり，見かけ上は，2 期に見られた貴族階層女性墓の副葬品規模の豊富化を進行させた形に見える。

　以上，強国墓地の夫婦合葬という特徴とその変化の過程を時期ごとに追った。1 期墓の特徴は明確で，首長階層と貴族階層との間には男女共に一段階の差異が存在し，男女間にも同様の差異が存在する。また男女の合葬に規則性が見られ，男性が北側，女性が南側に埋葬される。この規則性は 2 期貴族墓において変化が起き，3 期には首長墓も含め完全に崩れている。副葬品規模の面について言えば，2 期 3 期を通じて貴族階層女性墓では副葬品を多く埋葬するような変化が見られ，一方で 3 期首長階層墓では男女共に多くの副葬青銅器を有するようになる。この墓地における変化が，王朝との関係の中でどのように論じられるのか，次項で検討する。

3. 強国墓地における副葬品系統の変化

　強国墓地と他地域との関連性についてはすでに多くの研究者が指摘するところであり，強と矢[37]・井[38] といった他氏族集団との関係が議論されており，また BZM1 出土双耳罐の形状から西方の寺窪文化との関係性も指摘されている[39]。このような周辺地域との関連で最も注目されるのが四川地域との遺物の類似性である。西江清高氏はその研究の中で，強国墓地出土の土器を中心にその組成の特異性を指摘し，強を担った強集団とは秦嶺西南部から四川川西盆地にかけての一帯に出自する集団であり，殷末周初時期に十二橋文化の要素を伴って宝鶏地区へ北上したという動向について明らかにしている（西江 1999）。また，西江氏は強国墓地出土青銅器についても王朝系・在地系の別を論じ，土着的青銅器の器種の製作が衰退する一方で王朝系青銅器の在地製作が増加したことについて言及している。強集団と四川地域との関連性の指摘に留まらず，強集団の移動と「強国」成立後の王朝系青銅器の受容状況について考察を与えており，参照すべき研究である。また，西周王朝下における一諸侯としての強集団と王朝との関係を追った武者章氏の研究があり，強と周辺諸国との通婚関係などに言及する。当時の強と王朝系青銅器の関係を考える上で重要な研究である（武者 1999）。

第 2 節　強国墓地の研究　221

　筆者は，強集団内部の変化を考える上で最も重要になるのはやはり王朝との関係であると考える。西周王畿に近い関中平原西部に位置しながら独自の文化様相を呈する強集団は，ともすればその特殊性・独自性ばかりが強調されてきた。もちろん強集団が周族とは別の文化内容を持ち，西周前期から中期にわたって独自の文化を保ったことは疑いないが，より重要なのは，そのような他氏族出自としての強集団が，西周時代に入り王朝の中心地に隣接しながら，どのように王朝と交渉し，その文化を受容していったのかを明らかにすることだと考える。

　ここでは，王朝系・在地系という概念を利用し，西周時代有力集団としての強と王朝との交渉を検討したい。

　強国墓地出土青銅器からは，おおよそ以下の三系統が抽出できる。

　　王朝系：青銅彝器を中心とする，西周王朝中心地で普遍的な遺物[40]
　　四川系：三角援戈・尖底罐など，主に四川地域に起源を持つ遺物
　　在地系：柳葉形短剣・平底罐など，強国墓地に特徴的な遺物

　王朝系青銅器とは周原・豊鎬などの西周王朝の中心地で一般的にみられる器を指し，強国墓地出土のほとんどの青銅彝器と一部の青銅武器が含まれる。西周期の青銅器副葬品組成として一般的な遺物であろう。

　四川系遺物には，青銅製尖底罐，三角援戈，明器戈などが相当する。四川〜漢中地域との関わりが強く，どれも在地生産されたと考えられる遺物である。強国墓地で発見される土器尖底罐が四川系の遺物であることはすでに指摘されており，西江氏のⅤ群土器に当たる。青銅製尖底罐は現状では強国墓地でのみ出土する特徴的な青銅器であるが，土器尖底罐を模して作られたことは明らかであり，ここでは土器尖底罐との関係性から四川系の遺物とみなしたい。竹園溝墓地でⅡ・Ⅲ式戈とされる戈は別に三角援戈とも呼ばれ，その名の示すように三角形の援を持つ戈である。この三角援戈に関しては多くの先行研究が存在し[41]，西周王畿や殷墟などでも少数検出された青銅器であるものの，多くの出土例は殷後期から西周前期にかけての四川成都，および漢中城固・洋県地域に集中している。これも四川系統の遺物の一つと考えて差し支えないであろう。明器戈は小型の戈で，実際には使用できないほど小さくまた粗製なため副葬専用のミニチュアとされるものである。明器戈は武器としての役割はすでに失われているが，三角援戈から変化して成立したと考えられるため[42]，これも四川系遺物と考える。

　在地系遺物には，青銅短剣・青銅製平底罐・浅盤器・曲柄斗形器が相当する。青銅短剣は柳葉形と称される形のもので，西周期の遺物としては非常に数が少ない[43]。この短剣は後に巴蜀式青銅器の主要な器種として発展するものであるが，西周前期〜中期にかけての出土例は強国墓地に集中しており，当地において柳葉形青銅短剣が成立したものと見なすことができる。青銅製平底罐・浅盤器・曲柄斗形器はともに現状では強国墓地に集中的に見られる青銅器であり，青銅製尖底罐と合わせてセットをなすことが多い。

　強国墓地を構成する竹園溝・茹家荘の 26 基 29 人の墓から出土した青銅器について，攪乱を受けた墓を除いて王朝系・四川系・在地系のそれぞれに分類したものを第 22 表・第 23 表に示した。

第 22 表　強国墓地出土王朝系遺物

墓号	時期	類	鐘	鏡	鼎	甗	鬲	簋	豆	尊	卣	罍	觚	觶	爵	斗	盉	壺	盤	旂	鉞	戈	合計
BZM13 墓主	1期	I		1	7	1		3	1	1	2		1	1	1	1	1	1	1	1	1	5	30
BZM7 墓主	1期	I	3		3			2		2	2		2	1		1			1	1			18
BZM13 妾	1期	II			2			1															3
BZM7 妾	1期	II			1			1			1		1										4
BZM8	1期	II			1			1	1	2			1	1								1	8
BZM20	1期	II			2			2														4	8
BZM19	1期	II			2																	3	5
BZM14	1期	II						2														2	4
BZM18	1期	II			1			1														2	4
BZM11	1期	II			1																		1
BZM6	1期	III																					0
BZM15	1期	III																					0
BZM16	1期	III																					0
BZM10	1期	III																					0
BZM4 墓主	2期	I			4	1	1	2		1	1		2	1	1		1	1				3	19
BZM4 妾	2期	II			3		2	1					1										7
BZM3	2期	II																				1	3
BZM17	2期	II											1										1
BRM1 墓主	3期	I	3		8	1	2	5	4	5	1	1		1	2	1	1	2	2	1	2	8	50
BRM1 妾	3期	I			5			4															9
BRM2	3期	I			6	1	3	5		1									1				17
BZM9	3期	II			2			2															4
BZM5	3期	III																					0
BZM12	3期	III																					0
BRM4	3期	III																					0

　第22表・第23表をもとに時期別に出土点数を平均して各系統内における割合の時間的変化を示したものが第74図1であり，さらに男女別・階層別に図示したものが第74図2である[44]。全体的な傾向として，四川系統遺物は2期から3期にかけて急激に減少し，3期墓では四川系統がほとんど見られなくなる。在地系は四川系ほどの大きな変化は見せないものの漸次減少している。一方で王朝系は1期から3期にかけて増加しており，四川・在地系に替わり王朝系青銅器が強国青銅器の中心の位置を占めるようになってゆく。

　このような王朝系青銅器の増加は主に首長階層の墓で見られるため，上述の変化を担った層が首長階層であったことが読み取れる。強国3期における王朝系青銅器の増加と四川系青銅器の減少という傾向はそのまま首長階層男性墓においても同様である。四川系は武器が主体的な器種であるために首長階層女性墓ではその変化が読み取れないものの，王朝系の増加という点では男性墓に準じている。貴族階層男性墓では系統ごとの大きな変化は無いが，全体的に副葬青銅器自体が減少している点を指摘できる。また，強国1期から2期にかけての王朝系青銅器の増加は首長

第 23 表　彊国墓地出土四川系・在地系遺物

墓号	時期	類	四川系				在地系				
			三角援戈	明器戈	銅尖底罐	合計	剣	銅平底罐	浅盤器	曲柄斗形器	合計
BZM13 墓主	1期	I	1	14	1	16	1	1	1	1	4
BZM7 墓主	1期	I	3	10	1	14	1	1	1	1	4
BZM13 妾	1期	II			1	1		1	1	1	3
BZM7 妾	1期	II			1	1		1	1	1	3
BZM8	1期	II	2	8	1	11	1	1		1	3
BZM20	1期	II	1	6		7	1			1	2
BZM19	1期	II		6	1	7	1	1	1	1	4
BZM14	1期	II		6	1	7	1	1	1	1	4
BZM18	1期	II	1	6	1	8	1	1	1	1	4
BZM11	1期	II	1	3		4	1				1
BZM6	1期	III			1	1			1		1
BZM15	1期	III				0					0
BZM16	1期	III				0					0
BZM10	1期	III	1	2		3					0
BZM 墓主	2期	I	4	6	1	11	1	1	1		3
BZM4 妾	2期	II			1	1		1	1	1	3
BZM3	2期	II	1	5		6			1		1
BZM17	2期	II				0					0
BRM1 墓主	3期	I				0	2				2
BRM1 妾	3期	I				0					0
BRM2	3期	I				0					0
BZM9	3期	II				0					0
BZM5	3期	III				0					0
BZM12	3期	III			1	1		1	1	1	3
BRM4	3期	III				0					0

階層女性墓と貴族階層女性墓とで見られる現象で，これは女性の地位の相対的な向上を示しているものと考えられる。以上を総合すると，彊国墓地では3期において西周王朝系の青銅器を多く副葬するようになるが，それは主に彊集団の指導的地位にあったと考えられる首長階級の人々によって担われたものであり，同時に女性墓では全体的に王朝系青銅器の副葬が増加していったと言える。

　2期から3期にかけて強まる西周王朝の影響というものは，彊国史の中でどのように位置づけられるであろうか。西江氏が既に指摘したように，彊国墓地では在地生産と考えられる特異な形の青銅彝器が数多く出土している（第75図）（西江1999）。また第76図に示したように，彊国墓地出土の青銅器銘文のうちには非常に崩れた字体を有するものがある（第76図4・5）。この変化は前述の彊国3期における変化と無関係ではあるまい。当該の青銅器銘文のなかに反転文字が散見されることも，当銘文がいかに文字理解に乏しい者の手によっているかを物語っている[45]。

　田畑潤・近藤はる香氏の研究によれば，これらの在地生産と考えられる青銅器は茹家荘墓地1

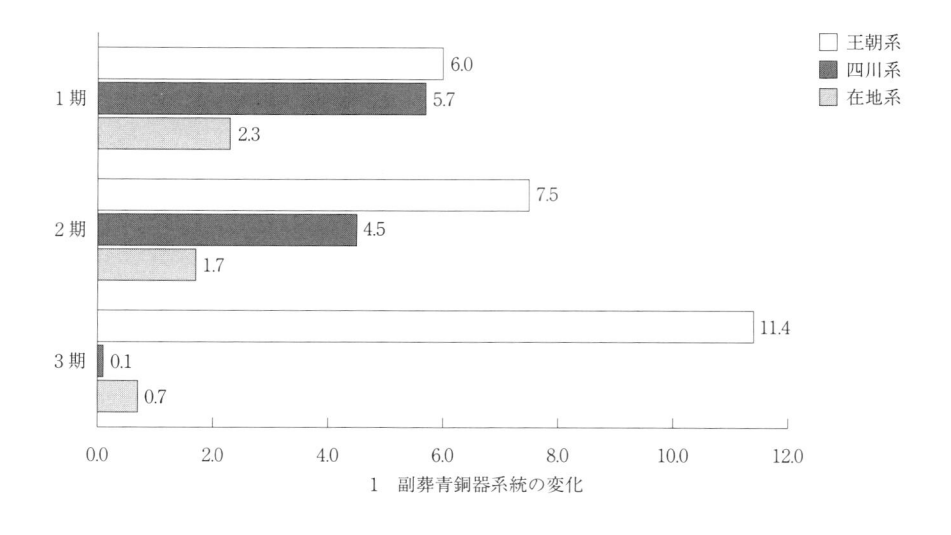

第 4 章　諸侯国における受容形態

凡例：□ 王朝系　■ 四川系　▨ 在地系

1期：王朝系 6.0、四川系 5.7、在地系 2.3
2期：王朝系 7.5、四川系 4.5、在地系 1.7
3期：王朝系 11.4、四川系 0.1、在地系 0.7

1　副葬青銅器系統の変化

首長階層・男性
1期：24.0／15.0／4.0
2期：19.0／11.0／3.0
3期：50.0／0／2.0

首長階層・女性
1期：3.5／1.0／3.0
2期：7.0／1.0／3.0
3期：13.0／0／0

貴族階層・男性
1期：5.0／7.3／3.0
2期：3.0／6.0／2.0
3期：—／—／—

貴族階層・女性
1期：0／1.0／0.2
2期：1.0／0／0
3期：1.0／0.2／0.7

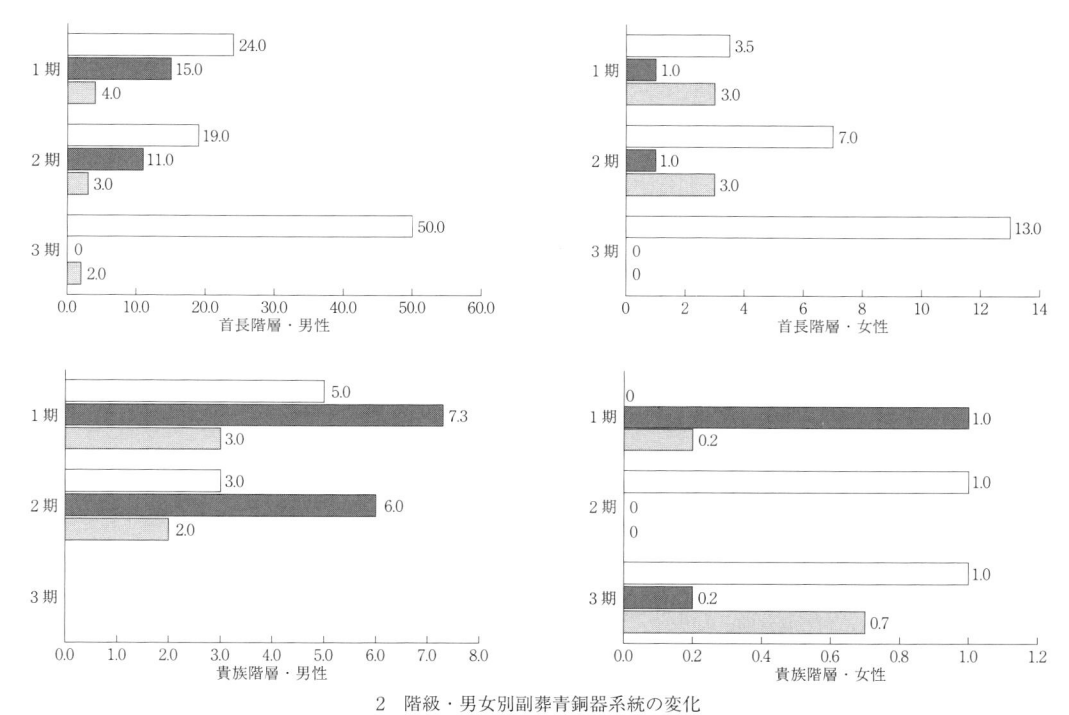

2　階級・男女別副葬青銅器系統の変化

第 74 図　彊国墓地における青銅器系統の変化

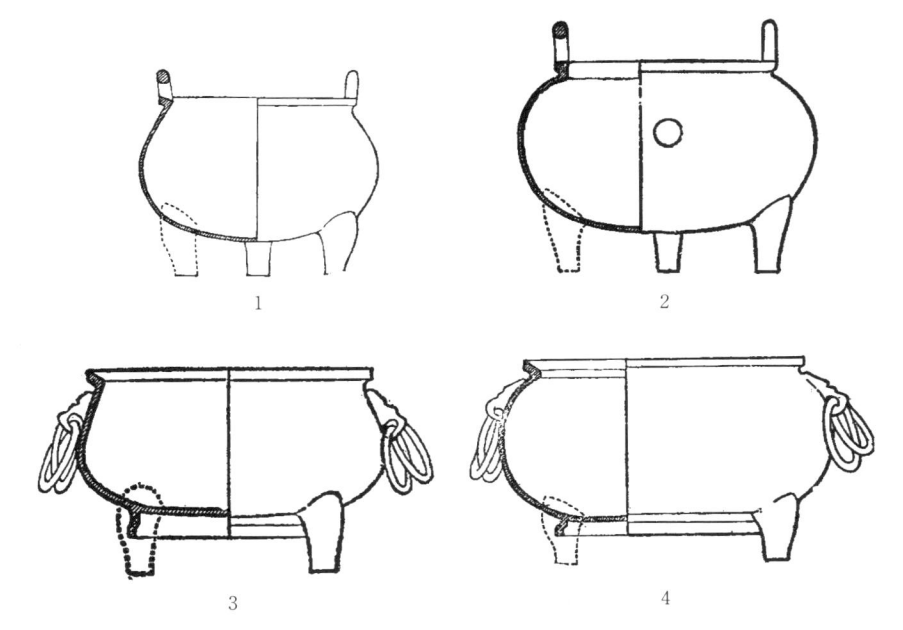

第 75 図　茹家荘 1，2 号墓出土の地方型青銅器
1 BRM1 乙：12　2 BRM2：4　3 BRM1 乙：8　4 BRM2：11

号墓・2号墓で多く出土し，特に被葬者が女性と考えられるBRM1甲室とBRM2に集中している（田畑・近藤2010）。したがって3期における王朝系青銅器の割合の増加は在地製王朝系青銅器の増加を反映したものであり，その主体が首長階層を構成する集団であったということは，彊国支配層が自らの体制内に王朝の礼制という権威を取り込もうとした姿勢の表れであると解釈すべきであろう。一方で女性墓における副葬品の変化という観点に立てば，この在地製王朝系青銅器の増加が，女性墓における青銅彝器副葬の豊富化を推進したという側面がある。2期首長階層女性墓BZM4妾出土の青銅彝器からは在地製作のものをほとんど見出せないが，出土数がより増加した3期首長階層女性墓BRM1妾出土のそれは全てが在地製と指摘しうるものである。また，3期貴族階層女性墓BZM9出土の4点の青銅彝器のうち3点は錫製であるが，これも在地製作の可能性が高いと思われる。彊国2期における女性墓副葬品の豊富化が真の王朝系青銅器の増加に起因しているのに対して，この3期女性墓における副葬品の豊富化が在地製王朝系青銅器の増加を主な要因として持つ以上，後者を直ちに女性の地位向上と結びつけることはできない。逆に言えば，3期に在地製王朝系青銅器の製作が一般化することによって，女性墓においても王朝系青銅器を中心とする礼制を取り入れようとする動きが容易に達成されるようになったということは指摘できよう。

　彊国1期に竹園溝墓地で見られた埋葬の規則性は2期に崩れ始め，3期には完全に見られなくなる。一方，彊国墓地の遺物の系統性という視点に立つと，彊国墓地は2期から3期の間に大きな変化が訪れたと言える。墓地造営と遺物系の両面から見て，彊国墓地の画期は2期と3期の

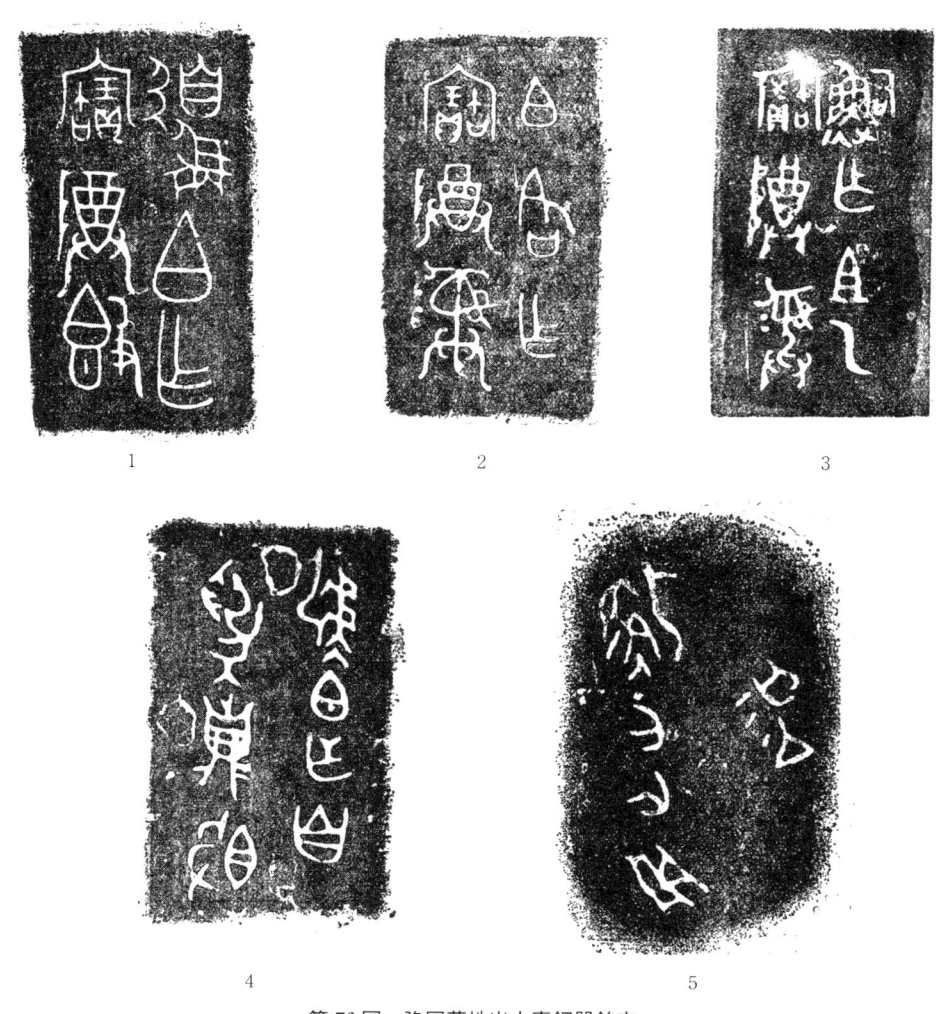

226　第4章　諸侯国における受容形態

第76図　強国墓地出土青銅器銘文
1 BZFM1:6　2 BZM7:6　3 BRM1乙:3　4 BRM1乙:6　5 BRM1乙:2

間に求めることができそうである。そしてその変化は，西周王朝の影響を強く受けるものであり，強側が西周王朝の礼制を利用して支配体制を強化しようという試みであった。

　茹家荘2号墓の被葬者は井姫なる女性で，茹家荘1号墓の墓主である強伯の夫人であるとされている。前述のように井姫を輩出した井氏は，西周王室と同じ姫姓を持つ重臣であった。この井氏と婚姻関係を結ぶという行為もまた，王朝の権威を志向した強集団支配層の意識の表れであると言えるのではないであろうか。

　以上，強国墓地の性格について再検討を行った。強集団支配層はその2期から3期，すなわち西周中期にかけて青銅葬器と文字という西周王朝の礼制を取り入れることで，自らの支配を強化しようとした。そしてその試みは，3期における首長階層墓と貴族階層墓の副葬品規模に表出した格差から見る限り，ある程度の成功を収めたようである。しかし，強集団の動向は茹家荘墓地

廃絶以降，一切が不明である。おそらくは西周王朝の体制内に組み込まれその独自性を失っていったのではないかと推定される。

第3節　西周青銅器銘文にみる礼制の受容

　西周王朝が製作した青銅彝器は，王畿である関中平原を超えて黄河流域からひろく出土していたものの，前節までの検討によって諸侯国における西周青銅彝器の受容形態は一様ではなく，その背景には諸侯国側の意図が大きく関与していたことが明らかとなった。均質性をもった祭祀具が広い範囲に分布することは，王朝によって規定された祭祀行為がある一定の範囲で共有されていたことを示唆するが，その実質的な範囲をさらに踏み込んで検討するためには青銅彝器を利用した祭祀活動が諸侯国地域でどのように執り行われ，どのような点で王朝と共通性を有していたのかを評価する必要がある。出土遺物から祭祀行為を復元することは容易ではないが，青銅彝器上に記された銘文は祭祀行為復元のための手がかりとなり得る。本節では青銅器銘文の内容に焦点を当て，青銅彝器の拡散範囲と祭祀行為が共通する範囲の複層的な関係を抽出することを目的とし，黄河流域で出土した青銅彝器の銘文を比較することで地域的な差異を読み解くことを試みる。青銅器銘文はその性格上，祭祀行為と密接に関連しており，銘文内容の傾向から祭祀が共有された範囲の時間的・空間的な変化を明らかにすることが可能となるであろう

1.　西周青銅器銘文研究と問題の所在

　古典籍に十分に記載されない歴史的事実を知るための手がかりとして，青銅器銘文は古くから研究の対象とされてきた。先秦金文や石刻文の内容理解を目的とする金石学は宋代に大きく発展し，清代にも考証学の流行の影響を受けて金石学が再び興隆しており，清末から民国初期にかけては呉大澂・孫詒讓・羅振玉・王国維といった研究者らが多くの業績を残している。このような金文に対する金石学的研究は郭沫若『両周金文辞大系』（1932年，東京）の登場を以って一つの集大成を迎えたと目することができる。その後も陳夢家などが西周金文に対して優れた研究を行っており（陳夢家2004），また著録の方面でも中国社会科学院考古研究所編『殷周金文集成』全18巻（1984-1994，中華書局）によって全面的な集成が行われ，金文研究に大きく貢献している。日本における金文研究は白川静『金文通釈』第1-56輯（1962-1984，白鶴美術館）がその代表であり，他にも松丸道雄氏や林巳奈夫氏によって注目すべき研究がなされている（松丸1977，林1983）。しかしながら，これまでの金文研究の多くは個々の金文が語る内容の解釈に重点が置かれており，西周金文の分布とその変化を巨視的に概観する研究はあまりなされてこなかったように思われる。その最大の理由は金文資料の大多数が出土地不明の蒐集品であった点にあり，この場合金文自体への検討が中心となり長銘を有する青銅器が重視されたことは当然と言える。しかし中国各地で発掘調査が盛んに行われ大量の西周青銅器の出土が報告されている今，時間的・空間的な帰属が明らかな金文を定量的に分析することは大きな意味を持つと考える。

殷周時代の青銅彝器に鋳込まれる銘文には，西周以降，長銘が出現する。西周中期〜後期にかけて多く見られる冊命金文のように，金文中に王とその臣下たる作器者[46]との関係が強調されるようになるのも，西周金文の特徴と言えるであろう。西周青銅彝器は基本的に王室側によって製作されたものであり，臣下が祖先祭祀の場においてそれを使用する際に，王との君臣関係を再確認させるという政治的な意味が付与されていたことが指摘されている（松丸 1977・1979）。ここで重要な点は，西周の王朝によって青銅彝器に込められた上記のような意図が，諸侯・諸氏族においてどの程度まで受容されていたのかにある。金文に述べられた王・王朝との関係が祭祀の重要な要素である以上，金文の共通性は祭祀の共通性を意味しており，また祭祀を通じた社会秩序の維持が王朝の意図であるならば，祭祀の共通範囲はそのまま当時の社会的なまとまりを意味するであろう。

以下，本節では器物としての西周青銅彝器の広がりを概観した上で，そこに鋳込まれた銘文がどのように受容されていたのかに関して地域ごとの比較検討を行う。

2. 諸侯国における青銅彝器組成

西周時代の青銅彝器の配布と受容を検討する際，その生産体制の解明が最大の課題となる。現状では工房遺跡や鋳型の報告は限定的でその生産と管理に関しては未だ不明な点が多いが，洛陽や豊鎬・周原の地で鋳造関連遺構・遺物の報告がなされており（中国科学院考古研究所灃西発掘隊 1962，秦 42，豫 47），これらの地はいずれも西周王朝の中心的地域であったことから，当地に王朝による青銅彝器生産の工房が存在したことが推定される。一方で，これらの王朝中心地区以外における青銅器工房に関しては確実な遺跡・遺物の発見がない[47]。林巳奈夫氏がその研究の中で地方型と分類した青銅器のように，在地生産の青銅器が存在することは確かであるが（林 1984），黄河流域地帯では青銅彝器の在地生産[48]はあくまで例外的なものであり，その具体的な生産規模についても未解明の点が多いことには注意する必要がある。

一部の在地系青銅器を除く大多数の青銅彝器には地域を超えた共通の型式変化が認められるが，筆者はこれを西周王朝によって青銅彝器の分配が行われた結果であると考えている（角道 2010）。また朱鳳瀚氏は西周青銅器を全面的に検討し，関中や洛陽における青銅器の型式変化と同様の変化が諸侯国においても広く認められることを指摘し，両者の間に非常に密接な関係があったことを述べている（朱鳳瀚 2009）。ここでは西周期の青銅彝器の広がりを再確認するために，黄河流域の各地における青銅彝器組成を比較したい。

(1) 対象とする地域

関中平原の周原地域・豊鎬地域は西周王朝の中心地とされ，数多くの青銅器が墓・窖蔵から出土している。これらの発見は，以前は発掘簡報という形でのみ報告されており，その活用に一定の限界があったが，近年の報告書や図録類の刊行によって研究環境が整備されつつある。また同時に，西周時代の諸侯国墓地の発掘も盛んに行われ，正式な報告書が刊行された遺跡も少なくない。本節では出土遺構が明確で資料数も豊富な以下の 10 地域を対象として設定した。

【周原】

周原地区は関中平原の西部に位置し，北を岐山，南を渭河に囲まれた一帯で，今日の扶風県法門鎮・黄堆郷から岐山県京当郷にかけての地域に相当する。これまで墓・窖蔵・大型の建築遺構などが発見されており，一説には周の太王の居た「岐下」であるともされる周人の中心地域の一つである。墓・窖蔵からの出土青銅器は 400 点以上が知られている。西周前期～後期の青銅器がそれぞれ数多く出土するが，前期・中期は主に墓に副葬されるのに対し，後期には膨大な数の青銅器が窖蔵から出土し，墓に副葬される点数は少なくなる。

【豊鎬】

現在の西安市の西方を南北に流れる灃河の両岸地帯に西周遺跡が集中的に分布し，これらの遺跡群は西周期の都の名前をとって豊鎬遺跡と称されている。張家坡村・馬王村を中心とする灃西地区からは 300 点を超える青銅彝器が出土しており，これは単純な点数では周原地区に次ぐ量であって，当地もまた周人の活動の中心地のひとつであることを物語っている。周原と同じく豊鎬からも前期～後期の青銅器が出土する。窖蔵出土の青銅器が後期に増加する点も周原と同様である。

【洛陽】

西周時代に成周と呼ばれる都が置かれたとされる洛陽地域では，洛河に沿って西は澗河両岸から東は白馬寺周辺に至る幅広い範囲で，合計 150 点以上の青銅彝器が墓から出土している。特に洛陽老城の北東に位置する北窯村周辺では多くの西周墓と青銅器鋳造遺構が発見され，青銅器が集中的に出土している。洛陽でも西周前期～後期の青銅器が出土する。現状ではそのほとんどが墓からの出土で，周原・豊鎬と異なり基本的に青銅器窖蔵は検出されない。

【宝鶏】

陝西省西部の宝鶏市茹家荘で 1974 年に大型の西周墓が発見されたことを契機として，紙坊頭・竹園溝・茹家荘の三地点で"強"銘を有する青銅彝器が相次いで出土した。これによって西周時代，宝鶏市に"強"という集団が存在していたことが初めて明らかになった。特に茹家荘墓地・竹園溝墓地は盗掘の被害を受けておらず，副葬された西周青銅器の組成を検討する際に重要な手掛かりを提供している。紙坊頭・竹園溝・茹家荘の各墓から出土した青銅器は西周前期～中期の年代が与えられ，後期に属する青銅器は無い。また，窖蔵も基本的には作られない。

【白草坡】

1967 年，平涼市霊台県白草坡で 8 基の西周墓と 1 基の車馬坑が発見され，墓地南部に位置する M1 と M2 からは計 32 点の青銅彝器が出土した。出土した尊と卣の銘文から，M1 の被葬者は"潶伯"であるとみなされている。正式報告が未刊行のため墓地の全容は明らかでないが，M1・M2 は共に西周前期の諸侯クラスの人物の墓であると考えられる。

【三門峡】

1956 年から 1957 年にかけて三門峡市上村嶺で発掘調査が行われ，墓 234 基と車馬坑 3 基，馬坑 1 基が発掘された。また，1990 年から 1999 年にかけて墓地北区の墓 18 基と車馬坑 4 基，馬

坑1基が発掘された。いずれも西周後期〜春秋前期の墓であり，300点以上の青銅葬器が出土した。M2001からは"虢季"，M2008からは"虢宮父"という銘を持った青銅器がそれぞれ出土しており，この墓地は文献資料にみえる「虢国」の侯およびその一族の墓地だと考えられている。また虢国墓地の周辺に位置する李家窯村や花園北街でも西周後期の青銅葬器が出土しており，これらも虢国墓地と関連する遺物である可能性が高い。

【天馬—曲村】

山西省曲沃県に位置する天馬—曲村遺跡は西周時代遺構を中心とする大規模な複合遺跡で，1979年から調査が行われ，曲村の北側に位置する曲村墓地からは多数の青銅葬器が出土した。また1991年には遺跡区のほぼ中央に位置する北趙村で19基の大型墓からなる墓地が発見され，「晋侯某」銘を有する青銅葬器が出土したことから，北趙墓地は西周期の歴代の晋侯が埋葬された墓地であり，天馬—曲村遺跡は西周晋国の中心地であったと考えられている。天馬—曲村遺跡では西周前期〜後期の青銅葬器が多数出土しているが，いずれも墓からの出土である。

【平頂山】

河南省平頂山市では1979年代以降，市中心部から西へ20kmほどの薛荘郷北滍村周辺で西周期の遺物が陸続と発見され，出土した青銅器の銘に"応""応侯"という名がみえることから，西周期の諸侯国の一つである応国が当地にあった可能性が指摘されている。北滍村西周墓地から出土した青銅器の総点数は多くはないものの，西周前期〜後期までの青銅器が確認でき，特に西周後期墓のM95では30点を超える青銅葬器が副葬されていた。諸侯クラスの墓として十分な規模を備えていると言える。

【辛村】

濬県辛村遺跡は現在の河南省鶴壁市淇濱区に位置する。1932年から1933年にかけて中央研究院歴史語言研究所によって調査が行われ，82基の西周墓が発掘された。そのうちの8基の大型墓は南北に墓道を有する中字形墓であったという。多くの墓が盗掘を受けていたものの，6基の墓から計15点の青銅葬器が出土した。1961年には近接する鶴壁市龐村で西周墓1基が発掘されており，この墓も辛村墓地を構成する墓の一つであった可能性が高い。報告者は辛村墓地を西周前期から後期まで営まれた墓地とするが，出土した青銅器の年代は西周前期に集中している。辛村墓地M68出土の銅泡の銘には"衛自易"とあり，また出土遺物ではないが濬県車站で回収された青銅鬲の銘に"衛夫人□□乍其行鬲用…"とあることから，当墓地は西周時代の衛国墓地であると考えられている。

【琉璃河】

琉璃河墓地は北京市の南郊，房山区に位置する西周期の大型墓地である。北京市文物管理処らによって1973年から1977年まで調査が行われ，計61基の墓が発掘され多数の青銅葬器が検出された。1981〜1983年，1986年にも発掘が行われている。琉璃河墓地は西周前期〜後期まで継続して営まれるが，出土した青銅葬器の多くは西周前期のものである[49]。出土した青銅器銘文に"匽（燕）"字が見られることから，琉璃河墓地は西周時代の燕国の貴族墓地であると考えられて

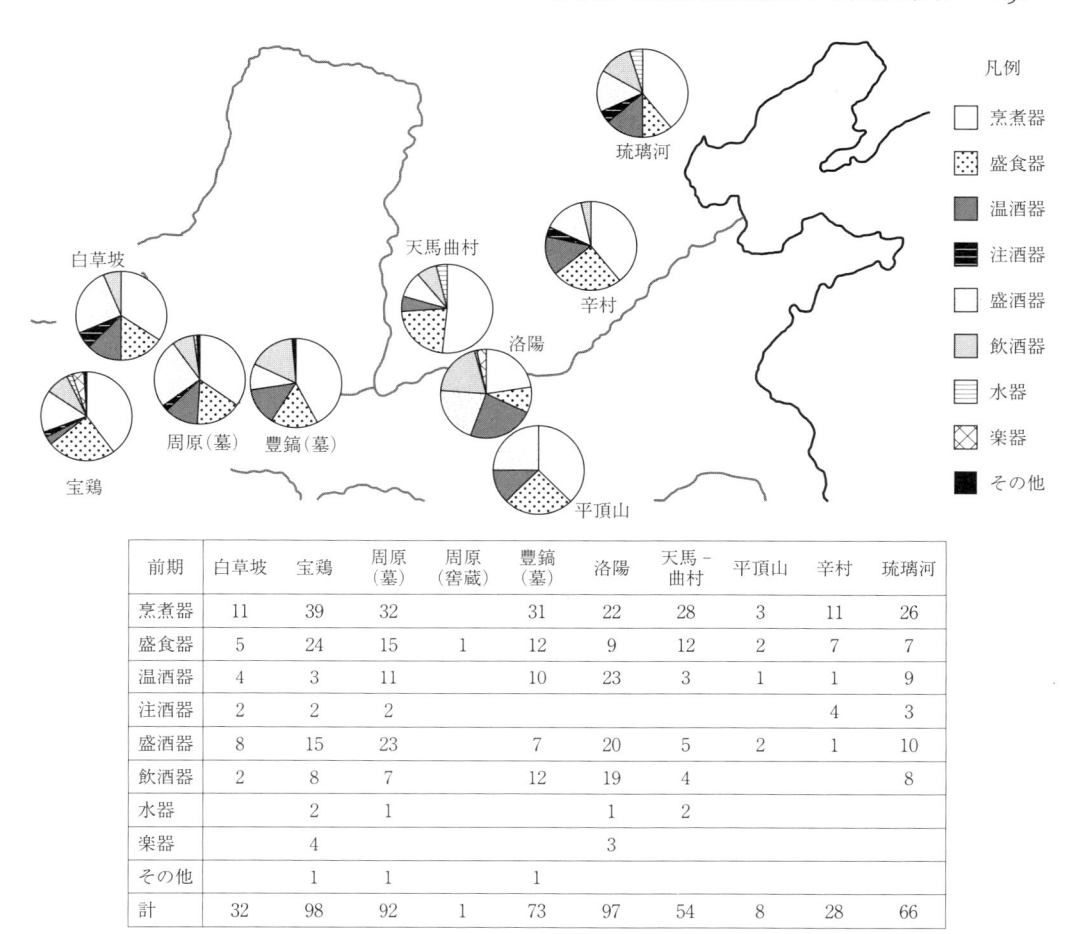

第3節　西周青銅器銘文にみる礼制の受容　231

前期	白草坡	宝鶏	周原(墓)	周原(窖蔵)	豊鎬(墓)	洛陽	天馬-曲村	平頂山	辛村	琉璃河
烹煮器	11	39	32		31	22	28	3	11	26
盛食器	5	24	15	1	12	9	12	2	7	7
温酒器	4	3	11		10	23	3	1	1	9
注酒器	2	2	2						4	3
盛酒器	8	15	23		7	20	5	2	1	10
飲酒器	2	8	7		12	19	4			8
水器		2	1			1	2			
楽器		4				3				
その他		1	1		1					
計	32	98	92	1	73	97	54	8	28	66

第77図　西周前期の青銅器組成
表の数値は出土した各種彝器の点数を示す

いる。
(2) 各地域における青銅器組成の様相
　以上の10地域から出土した青銅彝器に対して時期別に器種構成を比較し，地域差が認められるかどうかを検討する。なお青銅彝器には数多くの器種が存在するが，簋と盨，觚と觶のように，器種を異にしても本質的な用途は変わらない器が存在する。検討すべきは祭祀行為の共通性であり，個々の器の消長よりも用途ごとの器種構成の推移にこそ注目すべきであると考え，本書では青銅彝器の各器種をその用途にしたがって以下のように分類した[50]。

　　烹煮器：鼎・鬲鼎・方鼎・鬲・甗
　　盛食器：簋・大型盂・小型盂・盨・簠・豆
　　温酒器：爵・角・斝
　　注酒器：盉・兕觥
　　盛酒器：尊・動物尊・方彝・卣・罍・壺・瓿

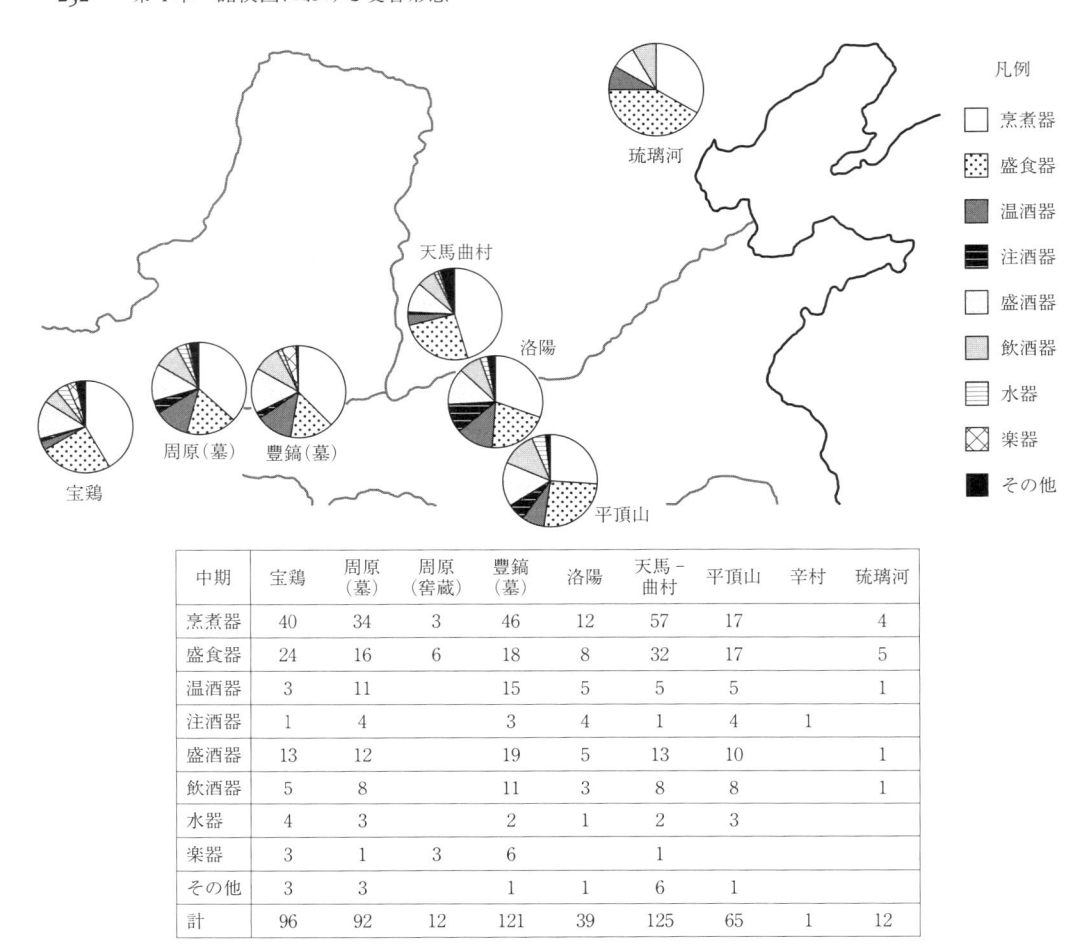

232　第4章　諸侯国における受容形態

中期	宝鶏	周原(墓)	周原(窖蔵)	豊鎬(墓)	洛陽	天馬-曲村	平頂山	辛村	琉璃河
烹煮器	40	34	3	46	12	57	17		4
盛食器	24	16	6	18	8	32	17		5
温酒器	3	11		15	5	5	5		1
注酒器	1	4		3	4	1	4	1	
盛酒器	13	12		19	5	13	10		
飲酒器	5	8		11	3	8	8		1
水器	4	3		2	1	2	3		
楽器	3	1	3	6		1			
その他	3	3		1	1	6	1		
計	96	92	12	121	39	125	65	1	12

第78図　西周中期の青銅器組成
表の数値は出土した各種葬器の点数を示す

　　飲酒器：觚・觶・杯
　　水　器：盤・匜
　　楽　器：鐘・鐃

　上の基準に従い，西周前期・中期・後期の各地域における青銅葬器の用途別組成を示したものが第77～79図である[51]。第77・78図から明らかなように，前期・中期の青銅葬器は烹煮器・盛食器・盛酒器が組成の主体であり，その傾向は各地で変わることがない。唯一，前期の洛陽で温酒器の割合が大きい点が特徴的である。酒器は殷人が好んで製作した青銅器であるが，これは殷遺民が成周の地へ移されたとする文献記載[52]とあるいは関連するのかもしれない。第79図は西周後期の各地の青銅葬器組成であるが，前期・中期と比べ大きく変化している。烹煮器・盛食器が主体となる点では近似するが，酒器の占める割合が大きく減少し，代わって水器・楽器の割合が増加する。周原・豊鎬では墓から出土する青銅葬器が減少し代わって窖蔵からの出土が主体的になるが，その組成は他地域の副葬青銅器組成と類似していると言ってよいであろう。西周中期

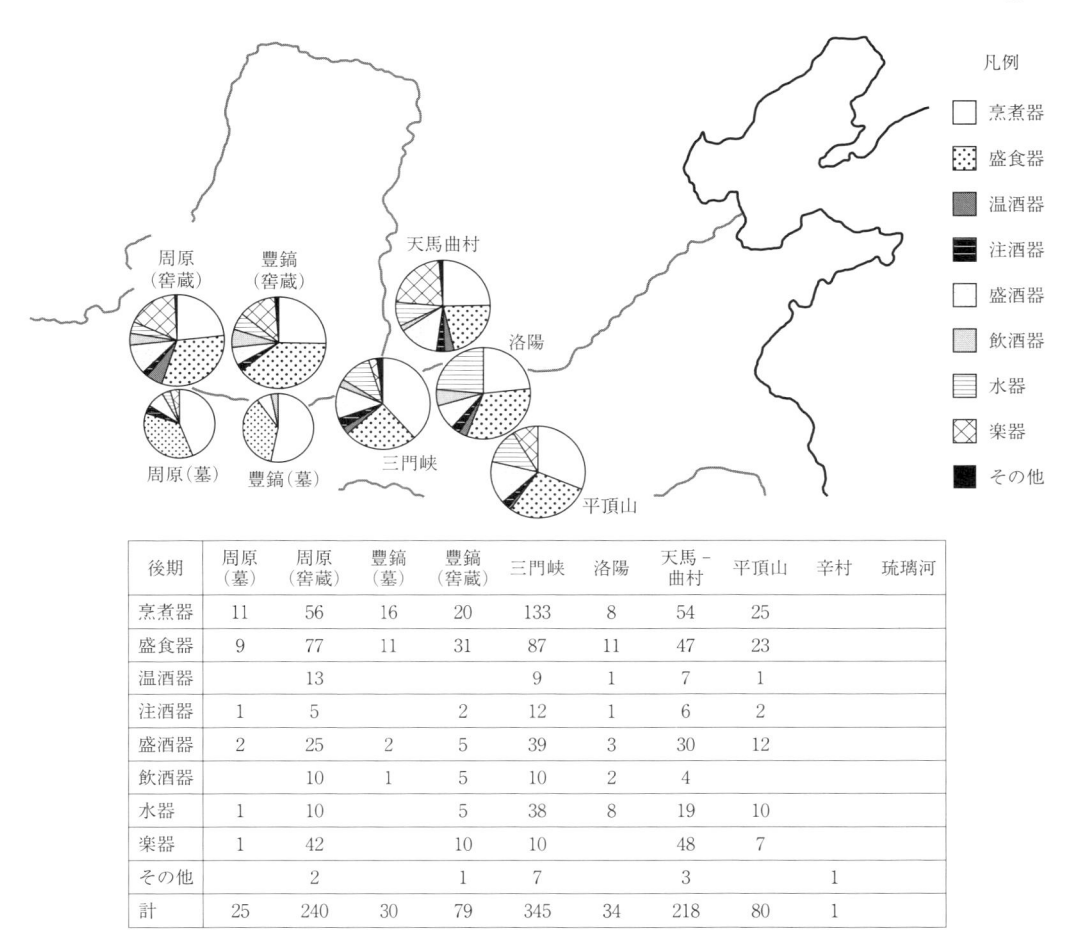

後期	周原 (墓)	周原 (窖蔵)	豊鎬 (墓)	豊鎬 (窖蔵)	三門峡	洛陽	天馬－ 曲村	平頂山	辛村	琉璃河
烹煮器	11	56	16	20	133	8	54	25		
盛食器	9	77	11	31	87	11	47	23		
温酒器		13			9	1	7	1		
注酒器	1	5		2	12	1	6	2		
盛酒器	2	25	2	5	39	3	30	12		
飲酒器		10	1	5	10	2	4			
水器	1	10		5	38	8	19	10		
楽器	1	42		10	10		48	7		
その他		2		1	7		3		1	
計	25	240	30	79	345	34	218	80	1	

第79図　西周後期の青銅器組成
表の数値は出土した各種彝器の点数を示す

から後期にかけての酒器の減少と水器・楽器の増加に関してはすでに多くの先行研究が指摘するところである[53]が，この変化が諸侯国を含めた各地でほぼ同時期に起こっている点に注目したい。同質な組成変化が広範囲にわたって見いだされるという事実は，すべての地域で王朝による青銅器の生産・管理が徹底され，王朝を中心とする画一的な青銅器祭祀が行われていたことを意味するのであろうか。

　青銅器組成の共通性が祭祀の近似性を意味していることは確かであろう。小澤正人氏は西周後期に属する虢国墓地2001号墓と晋侯墓地93号墓の副葬青銅彝器の詳細な検討を通じて両国の祭祀に共通性があったことを指摘し，その背景として周王朝が規定する祭祀の大まかな枠組みの存在を想定している（小澤2010）。ここで問題とすべき点は，小澤氏も指摘するように，周王朝による祭祀の大枠は各地で受容されているものの，その細部においては諸侯国側での自由性が看取されるという点にある。この点に関わる問題として，諸侯製作器の存在がある（松丸1977・1979）。松丸氏が指摘したような諸侯側による青銅彝器の製作は西周前期の段階から一定数とはいえ存在

第80図　衛簋とその銘文

していたのであり，その形や文様の選択に際しては王朝の祭祀的枠組みの中に含まれ，器自体は王朝から賜与されたものとよく似る一方で，そこに記される銘文には諸侯独自の立場が強調されるのである。

　このように，器物の受容は祭祀を通じて共有される思想的・政治的なまとまりに属することを必ずしも意味しない。王朝による大規模な青銅彝器の配布があったことは認められようが，祭祀行為の中に自らの意向を反映させようとする諸侯側の試みもまたあったことを無視することはできない。以下，器物を受容した範囲の中から祭祀の共通する範囲を抽出するために，祭祀行為と直接的に関係がある青銅器銘文の分類を試みたい。

3. 金文類型とその地域性

　1975年に岐山県董家村の窖蔵から出土した衛簋はその形から西周中期の器であると考えられている（秦139）。銘文には，

　　隹廿又七年三月既生霸戊戌，王才周，各大室，即立。南白入右裘衛，入門立中廷，北郷。王乎内史易衛䞇市・朱黄・䜌。衛捧頴首，敢對䚈天子不顯休，用乍朕文祖考寶殷。衛其子々孫々永寶用。

　　（惟れ王の廿有七年三月既生霸戊戌，王　周に在り。大室に格（いた）り，位に即く。南伯入りて裘衛を右（たす）け，門に入りて中廷に立ち，北嚮せしむ。王，内史を呼び，衛に䞇韍・朱黄・䜌を賜ふ。衛　拜し稽首し，敢へて天子の丕顯なる休（たまもの）に對揚せり。用つて朕が文祖考がために寶殷を作る。衛よ，其れ子々孫々永く寶用せよ。）

と記されており（第80図），衛なる人物が周王から物品を授与されたこと，衛はそのような戴き

物に感謝して祖先のための寶の簋を製作したこと，が述べられる。職事の任命が記されない点で後期の典型的な冊命金文とはやや異なるが，西周金文としては頻出する文章構成である。祭祀の場で衛簋の銘文が読まれることで，衛とその子孫たちは周王の恩を常に再認識する。王および王室にとって都合の良い内容であり，そのような寶器を「子々孫々　永く寶用」するよう要求する点でも，王朝の意図がきわめて忠実に反映された金文であることが理解される。

上記の衛簋のように王と作器者の関係が明記される内容は西周金文中に少なくないが，他方で「何某が寶障彝を作った」とのみ記述するような短銘も数多く存在する。王朝との関係が述べられる金文の多寡や王以外の個人との関係が強調される金文の有無を数量的に把握することで，王朝側の意図が及んだ範囲を読み解くための指標が得られるであろう。本稿では金文を，その作器対象によってＡ・Ｂ・Ｃの３種に，その叙述形式によってⅠ～Ⅴの五種に細分し，地域間で比較検討を行う。

(1) 金文類型の設定

作器対象による分類　青銅彝器の多くは祖先祭祀の場で使用された祭器であると考えられており，金文中にも「父辛」「皇母」「文考」など祭祀対象と考えられる祖先名を記す例が多く存在する。一方で祖先とは考えられない人物のために器を作ったことが記される例もまた少なくない。ここでは祖先祭祀のための器であるのか否かに注目し，作器対象にしたがって金文を以下の３種に分類する。

　Ａ類：作器対象が明記されないもの。出土した青銅器銘文の圧倒的多数には作器対象が明記されない。何者のために製作されたのか金文上で言及されないものをすべてＡ類として扱った。

　Ｂ類：祖先のための器であることが明記されるもの。多くは「某乍××寶障彝」（某，××（のための）寶障彝を作る）という一文，あるいは「某乍…，用孝于××」（某，…を作る。用つて××に孝す）という一文の××部に「父己」「朕文考」などが挿入される。祖先名には「父（または母）」や「祖」に十干を加えて表されるものや「文考」「剌祖」など尊称を用いるものが多数である。

　Ｃ類：自身・近親者など，祖先ではない生者のための器であることが明記されるもの。媵器と呼ばれる，嫁入りの道具として嫁ぎ先へもたらされた性格を持つ器がその代表である。西周後期から春秋にかけての金文中には「某乍××媵鼎」（某，××の媵鼎を作る）という記述がみられるが，一般的には××は作器者某の娘であるとされる。媵器に関しては陳昭容氏に専論があり，金文中に「媵」字を持たない場合でも媵器として理解すべき器が多数存在することを指摘している（陳昭容2006）。祖先祭祀の場での使用を前提としない器を他と区別するため，このような生者のための器をＣ類とした。本稿では媵器の他，祖先とは考えられない人物名を冠する器や，作器者自らのために作られたことが記される器もＣ類に含めている。

叙述形式による分類　冊命金文のように王朝との関係が強調されるような金文は必然的に長銘となるが，西周金文の大半は短銘であり文章を成さない銘も多数存在する。また王ではなく，某

236　第4章　諸侯国における受容形態

1　AⅠ類金文　　　　　乍寶彝。　　　　　　　　2　BⅠ類金文　　父己。

第81図　Ⅰ類金文の例

1　AⅡ類金文　白乍障彝。　　2　BⅡ類金文　衛乍父庚寶障彝。　　3　CⅡ類金文　憧季徠父乍豊姫寶障彝。

第82図　Ⅱ類金文の例

1　AⅢ類金文　白車父乍旅盨，其萬年永寶用。　　2　BⅢ類金文　槭車父乍皇母嬴姜寶壺，用逆姞氏，白車父其萬年子子孫孫永寶。　　3　CⅢ類金文　槭車父鄑姞鯀殷，其萬年子子孫孫永寶。

第83図　Ⅲ類金文の例

第3節 西周青銅器銘文にみる礼制の受容   237

1 AⅣ類金文

隹八月既望戊辰、王
才上医庭、葉鄭。
貝十朋。不䚏揚諸首、敢
䚏王休、用乍寶邢彝。

2 BⅣ類金文

隹廿又七年三月既生霸戊
戌、王才周、各大室、即立、南
白入右衰衛、入門立中廷、
北鄉。王乎内史易衛載市、
朱黄、縊。衛捧諸首、敢對揚
天子不顯休、用乍朕文且
考寶殷、衛其子子孫孫永寶用。

3 CⅣ類金文

隹王征月初吉、辰
才壬寅、尸白尸千西
宮䊒貝十朋、敢對
陽王休、用乍尹姑
寶殷、子子孫孫永寶用。

第84図 Ⅳ類金文の例

公・某伯との関係が記される器もあり、これらを区別して扱う必要がある。作器者が明記されているか、また何者との関係を重視した内容となっているのかに注目し、叙述形式にしたがって金文を以下の五種に分類する。

　Ⅰ類：作器者名を持たないもの、また文章を成さないもの（第81図）。「某乍××鼎」「某乍寶彝」のように一般的な金文では作器者名が記されるが、「乍寶彝」のように作器者名が記されない金文も数多く存在する。また図象記号[54]や祖先名のみが鋳込まれ、文章を構成しないものも多い。多くは1～3文字程度の短銘である。このような情報に乏しい金文をⅠ類とする。

　Ⅱ類：作器者名を持つもの（第82図）。「某乍××彝」のように作器者が明記される金文をⅡ

238　第4章　諸侯国における受容形態

1　AV類金文

乙丑公中易
庶貝十朋庶
用乍寶障彝

2　BV類金文

隹九月初吉庚
午晉侯斷作䵼
設用享于文祖皇
考其萬億永寶用

3　CV類金文

唯七月丁亥應姚乍
叔詣父障設叔詣
父其用□眉壽永
命子子孫孫永寶用享

第85図　V類金文の例

　　類とする。また「某伯」「某公」など，「乍」以下を持たない場合でも作器者名である可能性
　　が高いものに関してはII類に含めた。
III類：文末に「子々孫々」「萬年無疆」「永寶用」などの表現を持ち，長期にわたる使用への願
　　望が述べられるもの（第83図）。主に文末に，末永く寶として用いるように，という趣旨の
　　句が加わることが多い。基本的な構成は「某乍××寶彝，永寶用」「某乍××簋，其子二孫二
　　永寶用」の如くである。青銅器の使用方法に関して直接かかわる部分であり，例えばIV類
　　金文・V類金文のように特定の人物からの賜与が記された金文にこの表現が加わることで，
　　その個人と作器者との関係が子孫の代まで再確認されることになる。しかし，賜与などの記

述がなく単純に「某乍××簋」に「永寶用」が続く例も多いため，このような金文をIII類とした[55]。

IV類：王による職事の任命や物品の賜与など，王との関係が述べられるもの（第84図）。衛簋のように金文中に王が登場し，作器者に何らかの恩恵が与えられる。また王による征伐命令が述べられるものもIV類とした。この類の金文は王朝が青銅葬器に与えた役割を直接的に反映している。基本的にはどれも作器者名，「永寶用」などの表現を有する。また，文頭に「王〇年」「王〇月」や干支・月相など，暦に関係する記述が付加されることが多い。古代において暦の製作・使用は王権に結びつくものであるため，暦の記述がIV類金文に一般的なこともその性格上当然のことと言える[56]。

V類：王以外の個人が強調されるもの（第85図）。作器者に対して物品が賜与されたことが述べられるものの，賜与者は王ではなく諸侯など別の有力者である。文章構造としてはIV類金文に類似するものの，注目される存在が王ではない点が大きく異なる。また，暦を記すものの王年が記載されず，単純に「〇月」や干支のみが文頭に置かれる金文もV類に分類した。第85図2は山西省曲沃県北趙村の晋侯墓地M8出土の簋（M8: 23）の銘文である（晋14）。「隹九月初吉庚午，晋侯斯乍盧殷，用享于文祖皇考。其萬億永寶用」（惟れ九月初吉庚午，晋侯斯，盧殷を作る。用つて文祖皇考に享す。其れ萬億，永く寶用せよ）とあるように，月・月相・干支を有するものの王年が記されない。暦に関するこのような記載法は，すでに松丸氏が指摘しているように，周正を用いたくなかったという諸侯側の意図の表れと理解すべきであろう（松丸1977）。

以上の二つに基準にしたがって対象とする各地域から出土した青銅葬器の銘文を分類した[57]。上で設定した10地域から出土した青銅器銘文のうち，CI類型に相当する銘文は存在しなかった[58]ため，以下AI～AV，BI～BV，CII～CVの14類型に対して検討を加える。

(2) 作器対象と叙述形式，および出土遺構・時期との相関性

上述の10地域から出土した青銅器のうち，銘文内容を確認することができた器は833点であった（附表4～15）。第86図はこれらの金文について，A・B・Cそれぞれの作器対象とI～Vの叙述形式の対応関係を図示したものである。A類に属する金文はI・II・III類を有するものが大多数であり，特にII類金文は4割を占める。I・II・III類はいずれも比較的短文であり，したがってA類金文は簡潔な記載と相関性が高く，王朝や諸侯との関係は言及されにくい。B類はA類と異なり，IV・V類金文との関係が強い。特にIV類金文に限れば92点中61点がB類に属しており，7割弱に相当する。おそらく銘文起草時点で，王朝との関係を説くIV類金文を祖先祭祀の場で使用させることが意図されていたのであろう。C類の傾向は特徴的で，約半数がIII類の叙述形式を有する。作器者が，別の人間に器を与え長期にわたって使用することを願うものであり，この種の金文では作器者と受領者の間の個人的なつながりに重点が置かれている。そして多くの場合，CIII類金文の作器者は某伯・某侯のような諸侯クラスの人物である。

第87図はA・B・Cの作器対象を有する青銅器がどの時期に作られ，どのような遺構から出

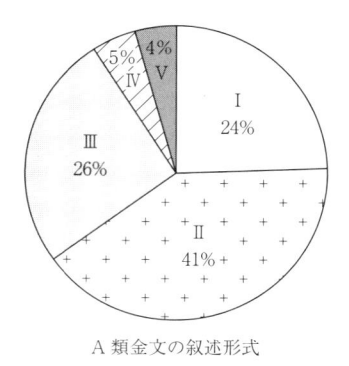

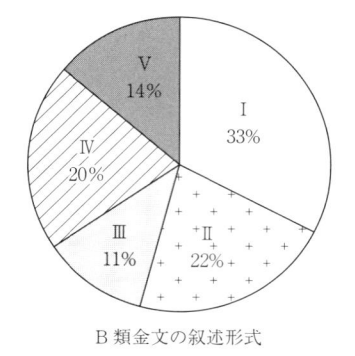

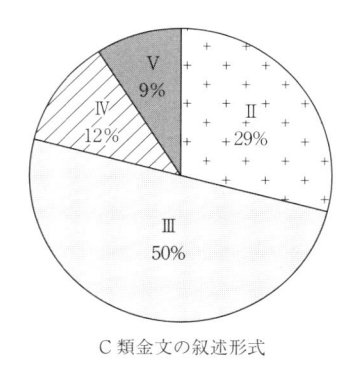

240　第4章　諸侯国における受容形態

	A	B	C	計
I	110	98	0	208
II	183	65	24	272
III	116	35	42	193
IV	21	61	10	92
V	19	41	8	68
計	449	300	84	833

第86図　作器対象と叙述形式の相関性

土したのかを示したものである[59]。A類金文が主に墓から出土するのに対し，B類は窖蔵からも一定数が出土している点が異なるが，ともに前期・中期・後期のいずれの時期にも製作されていたことがわかる。対照的にC類金文を有する例は7割以上が後期に製作されている。

　このようにC類金文は西周後期になって増加し，その多くはIII類金文と結びつく。作器者と授与者の関係に焦点が当てられ王の関与は無視あるいは排除されている。CIII類金文はCV類と同様に，王朝と作器者の関係を強調するBIV類金文の対極に位置する金文であるといえるであろう。

(3)　金文類型と地域差

　金文の14類型の消長を時期別・地域別に図示したものが第88図である。まずは周原・豊鎬という周王朝の中心地における金文の利用状況を検討したい。周原と豊鎬では青銅器窖蔵から多くの青銅彝器が出土するが，ほとんどの窖蔵は西周後期に作られたものである。出土する青銅彝器も後期のものが中心であるが，伝世品とみられる前期・中期の青銅彝器も同じ窖蔵から併せて出土することがある。第88図から明らかなように，窖蔵出土の前期・中期の金文は同時期の墓出土の金文に比べ，IV類金文，すなわち王朝と関係を強調する銘文が多い。また，その多くが上述のように祖先祭祀を目的とするB類金文である。このことはつまり，王朝の正当性を認めるようなIV類金文を有する青銅器が墓に埋められることなく，後期まで使用され続け最終的に窖

第3節　西周青銅器銘文にみる礼制の受容　241

A類金文の出土遺構・時期

B類金文の出土遺構・時期

C類金文の出土遺構・時期

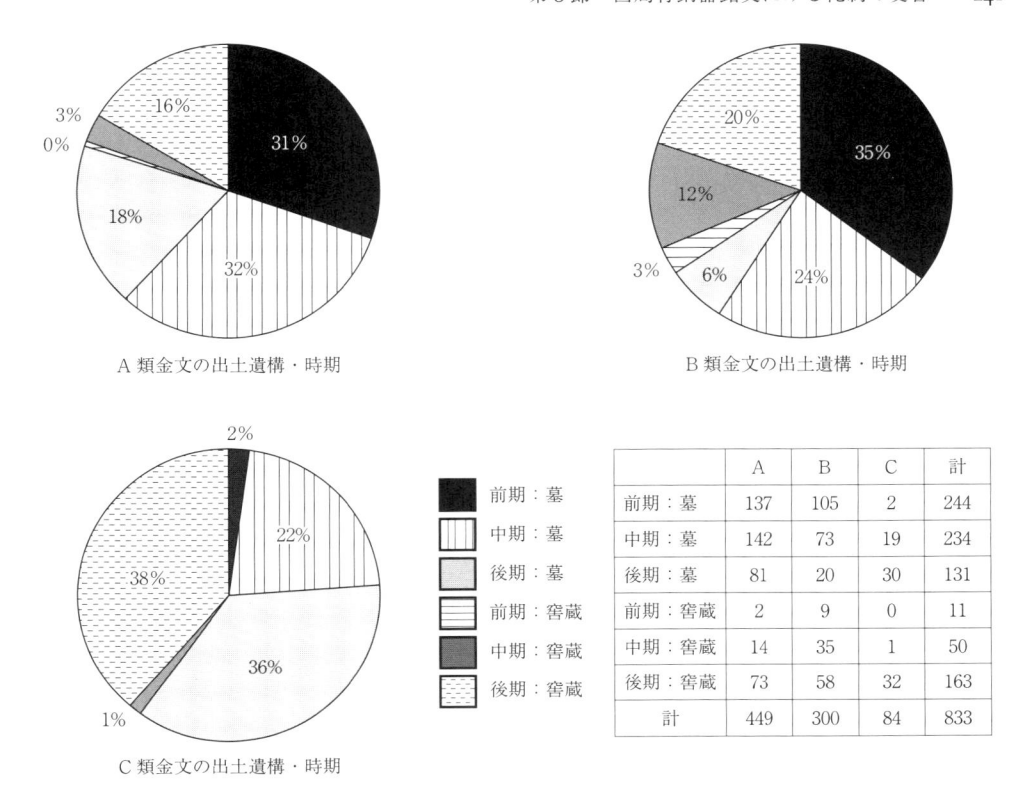

凡例：
- 前期：墓
- 中期：墓
- 後期：墓
- 前期：窖蔵
- 中期：窖蔵
- 後期：窖蔵

	A	B	C	計
前期：墓	137	105	2	244
中期：墓	142	73	19	234
後期：墓	81	20	30	131
前期：窖蔵	2	9	0	11
中期：窖蔵	14	35	1	50
後期：窖蔵	73	58	32	163
計	449	300	84	833

第87図　作器対象と出土時期・遺構の相関性

蔵内に埋められた，ということを意味している。王からの恩恵を強調する銘文を有する青銅器が，王朝の期待通り「永く寶として用い」られたのである。BIV類金文が窖蔵に集中するという事実から，西周王朝の中心地においては王朝の意図する青銅器祭祀が比較的厳格に行われていたとみなすことができるであろう。

　次に墓から出土した青銅器銘文に関して，地域ごとの傾向を検討する。前期の周原や豊鎬では過半数の金文がI類であり，残りのほぼすべてをII類金文が占める。割合の違いはあるものの，同様の傾向が白草坡・宝鶏・洛陽・天馬―曲村・辛村でも看取される。唯一，琉璃河のみ異なり，IV類金文を有する青銅器が墓に副葬されている。これは「祭祀の場で代々使用することが求められている器」を墓に埋める行為である。またV類金文の副葬も前期では琉璃河のみにみられる特徴である。中期では白草坡・辛村で青銅彝器が出土せず，琉璃河での出土点数も非常に少ない。周原・豊鎬ではII類金文が主体となり，I類金文がこれに次ぐ。宝鶏・洛陽・天馬―曲村でも同様である。一方で平頂山ではIII類金文がその主体となっており，他地域と様相が大きく異なる。また，前期に琉璃河でみられたV類金文が天馬―曲村や平頂山で出現するようになる。後期では宝鶏強国墓地と琉璃河で青銅器が出土せず，三門峡で虢国関係の青銅器が新たに出現するが，天馬―曲村・三門峡・平頂山という諸侯国地域においてIII・V類金文が主体となり，互いの銘文組成が近似する。

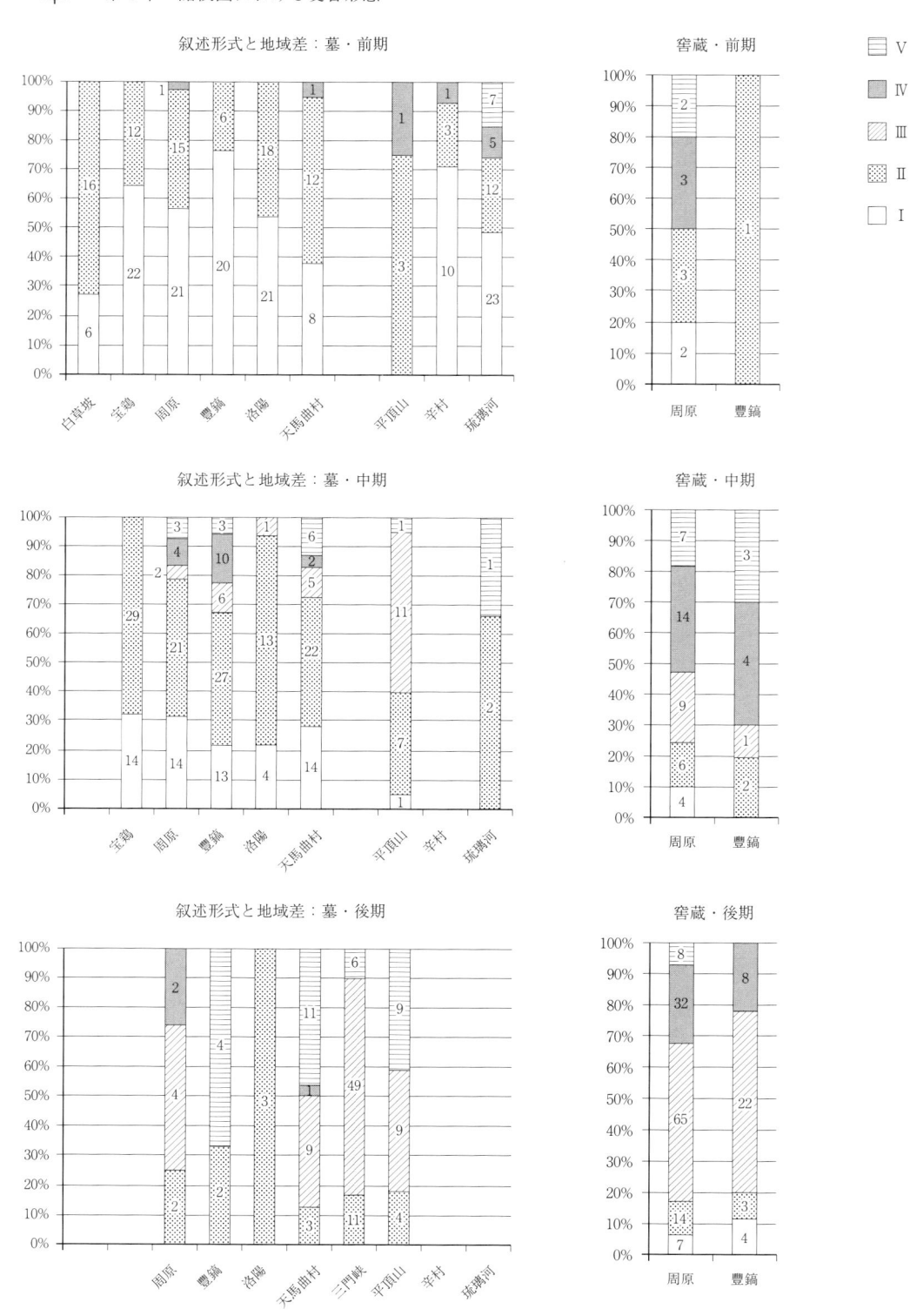

242 第4章 諸侯国における受容形態

第88図 金文の叙述形式と地域差

以上の分析から，西周金文の基本的な性格とその受容のあり方を知ることができる。周原・豊鎬という王朝の中心地域では前期・中期の段階で，基本的にはⅠ・Ⅱ類を中心とした短銘を有する青銅彝器を墓に副葬し，王朝との関係が述べられるようなⅣ類金文は副葬されない。後期にはそもそも墓に青銅彝器があまり副葬されない[60]。西周前期・中期のⅣ類金文は後期まで使用され，後期の窖蔵内から出土する。これは王朝が青銅器祭祀に込めた意図を正確に反映するものである。言い換えれば，銘文を有する青銅器の墓への副葬に関しては王朝による厳密な規定が存在していたと言える。墓に埋めるべきでない器こそが，宗廟における祭礼の場で代々使用される器を構成したのであろう。中期以降，Ⅲ類金文が増加するが，周原・豊鎬ではやはりあまり副葬されず，後期に窖蔵が作られるまで祭祀の場で利用されたことが知られる。Ⅲ類金文は「永寶用」銘を有するものであり，その通りの扱われ方をしていたことになる。前期・中期における副葬青銅器銘文の選択性という点では洛陽も同様の傾向を示しており，青銅器祭祀における規制の順守という面では当地を周原・豊鎬と並置することに問題はない。

 このような副葬に関する規制は，諸侯国側でも受容されたようである。前期の白草坡・宝鶏・天馬―曲村・辛村の各墓地ではⅣ・Ⅴ類金文は副葬されず，中期の宝鶏・天馬―曲村でもⅢ・Ⅳ・Ⅴ類金文はあまり副葬されない。このような地域をこそ，王朝が規定する祭祀行為が共通する範囲としてみなすべきであろう。他方，前期の琉璃河はⅣ・Ⅴ類金文を，中期の平頂山はⅢ類金文を墓に埋めており，これは王朝的な祭祀行為の規範から逸脱している。既に西周前期の段階で琉璃河地域では王朝の意図とは異なる青銅器祭祀が行われた可能性が高く，中期の平頂山も含め，青銅器銘文の理解・受容に明確な地域差が存在するのである。後期の天馬―曲村・三門峡・平頂山の各地はⅢ・Ⅳ類金文を主体とし，これは周原・豊鎬の窖蔵出土金文の組成とも大きく異なる。これらの諸侯国において，少なくとも銘文の利用に関しては王朝の祭祀体系とは全く異質な性格が一般化したとみてよいであろう。後期に諸侯国地域で増加するⅤ類金文の多くは諸侯とその臣下の関係を強調した内容となっており，このような銘文が諸侯に利するものであることは明らかであり，また上述したように，Ⅲ類金文の約半数を占めるCⅢ類金文もまた諸侯など特定の作器者を称揚するものであることを考慮すれば，後期に増加するこれらCⅢ類金文・Ⅴ類金文を有する器の多くを諸侯側で製作された器とみなすことはある程度の妥当性を持つことであると考える。したがって大まかな傾向としては，前期・中期には王朝の製作による青銅器をどのように副葬するのかによって地域差が見いだされるが，後期に入ると一定数の諸侯自作器が加わることにより地域差がより明確化する，と結論付けることができる。後期における金文の地域差とは，王朝のものであった青銅器祭祀を諸侯国が自己所有するための試みの表れであった。

 西周時代の黄河流域では王朝が製作した青銅彝器が広い範囲で受容されており，その器種構成も地域間で大きな差異は見られない。その背景には王朝による祭祀行為の大きな枠組みが存在したことが想定されよう。しかし前期の琉璃河や中期の平頂山のように，金文の利用という面においては必ずしも王朝の意図が汲み取られていたとは言いがたく，青銅器銘文の利用を前提とする

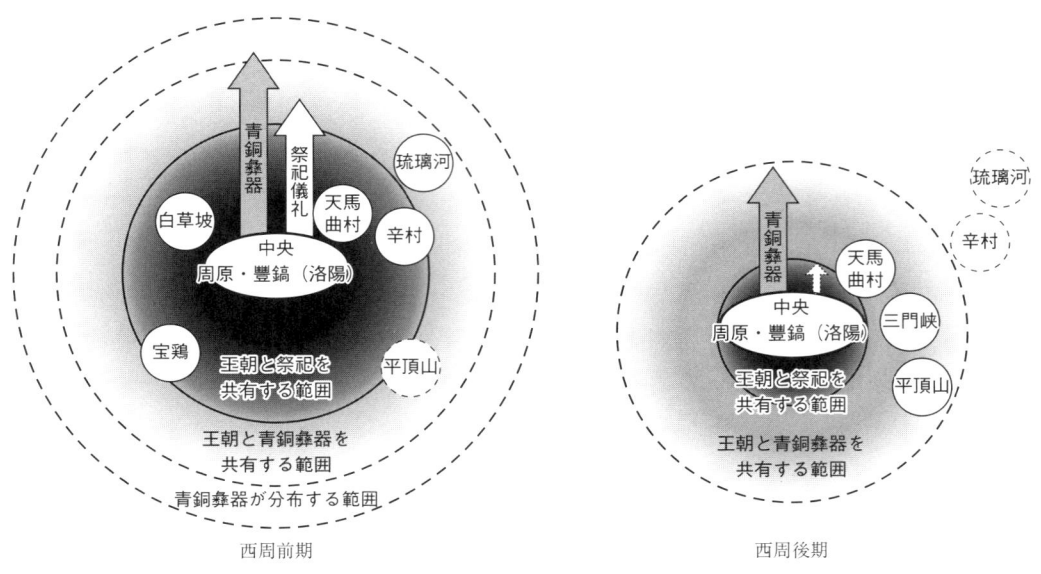

第89図　西周王朝の青銅彝器と祭祀の広がり

　王朝の祭祀体系は，諸侯国において完全な形で受容されたわけではなかった。西周青銅器の広がる範囲とそれによって規定されるべき祭祀行為が共有された範囲との間には，明らかなギャップが存在するのである。
　琉璃河や辛村，白草坡といった地域では西周中期以降の青銅彝器がほとんど出土しないが，西周前期に既に王朝による祭祀からの逸脱をみせていた琉璃河地域で中期以降の青銅彝器が出土しないことは非常に示唆的である。王朝的な祭祀が定着しなかったがゆえに周王朝という体制からの離脱が比較的早くに起こったという可能性を考慮すべきであり，関中平原から地理的に離れた琉璃河・平頂山といった諸侯国に関しては，王朝との流動的な関係性が想起されるのである。西周の王朝としての広がりを考える際，祭祀行為を共有する地域こそが，王と臣との関係が相互に理解され実質的な政治的まとまりを構成した地域であり，そのようなまとまりの外側に琉璃河や平頂山に代表される地域が存在していた。そして後期の天馬─曲村の例が示すように，この境界は時代と共に変化するものであったと考えられる（第89図）。
　王朝中心地と諸侯国地域の間で祭祀行為に明確な差異が生じたのは西周後期のころであるが，この時期はまさしく青銅器の型式・組成に大きな変化が生じ，また関中平原では墓に代わって窖蔵に青銅器が埋められる時期でもある。諸侯国側における祭祀行為の自己所有化も，西周中期から後期にかけての大きな社会変化の一部としてみなすことができるであろう。

第4節　小　結

　以上，西周青銅彝器の諸侯国地域での受容のあり方を検討し，西周王朝の「礼」が及ぶ程度に

第 4 節　小　結

関して考察を加えた。本章での指摘を要約すれば，次のようになる。

　第 1 節では晋国における青銅彝器の受容状況を分析した。晋国中心地域と考えられる天馬―曲村遺跡と北趙晋侯墓地から出土する青銅鼎への検討から，当地における青銅彝器は西周王畿の型式変化と連動しており，西周王朝と晋国の間には青銅彝器を通じた強い結びつきが想定される。しかしながら西周後期でも墓に青銅彝器を副葬する点では王畿と明らかに性格が異なっており，晋国による自律的な青銅彝器の利用が西周後期には起こっていたことが窺われる。また，青銅器編年に基づいて北趙墓地の造営順序について従来の青銅器銘文研究から想定される造営順序とは異なる見解を得ることができた。北趙墓地は西周時代の一定期間，晋侯およびその宗族によって営まれた墓地と見なすべきであり，西周末の晋国の混乱の背景として晋国と王朝の関係性の変化が及ぼした影響を考慮すべきである。

　第 2 節では宝鶏弭国墓地を対象とし，文献に現れない在地的な氏族集団としての弭集団の性格を西周王朝との関係の中で考察した。弭国墓地の各墓から出土する青銅彝器の点数と被葬者の性別に注目することで，当墓地の被葬者を首長階級・貴族階級の男性墓と女性墓とに分類し時期ごとの変化を追うことが可能となる。弭国 1 期の段階では首長墓・貴族墓ともに規則的な配置を見せるが，2 期以降，その規則性は崩れる。また，弭国墓地出土遺物を王朝系・四川系・在地系という三つの系統に分け，副葬品に占めるそれぞれの割合を時期ごとに整理すると，四川系の漸次的な減少と 3 期における王朝系の増加という傾向を読み取ることができた。これら弭国 2 期から 3 期にかけての変化の背景としては，王朝礼制を積極的に利用しようとした集団支配層の意志があったことを強く認識すべきであり，これは西周期の諸侯国の一部地域で「王朝による青銅彝器を利用した秩序維持の枠組み」が縮小再生産されていたことを示す格好の事例である。

　西周時代の青銅彝器には広く銘文が鋳込まれており，そこには作器者と周王との関係が記されることが少なくない。西周青銅器を利用した祭祀行為が王権の正当化に寄与するならば，銘文を有する青銅彝器利用の在り方を地域間で比較することで，祭祀行為が共有される範囲を明確化することが可能となる。このような前提のもと，第 3 節では銘文内容の比較から，西周王朝が想定する青銅器祭祀が共有された範囲を検討した。青銅彝器の組成は黄河流域で基本的に一致する一方で，青銅器銘文の利用には地域的な差異が存する。作器者と王朝との関係が強調される金文を持つ青銅器は周原・豊鎬のような王朝の中心地域では墓に埋められず，王朝の期待通り祭祀の場で使用され続けられた。しかし西周前期の琉璃河墓地や西周中期の平頂山墓地ではこの規範からの逸脱が確認され，後期に至ると多くの諸侯国で独自の銘文利用が開始される。器物の広がりと祭祀行為の広がりは一致せず，後者の範囲を王朝の実質的な範囲とみなすべきであろう。西周王朝と一体の政治体を構成していた地域は従来想定されていたよりも限定的であったのである。

　注
1) 旧地名と現地名との対応については，江林昌氏の検討（江林昌 2006）に従った。
2) 『史記』ではこの靖侯の時代から紀年の推定が可能とし，周の共和元年を晋の靖侯十八年としている。

3) 殤叔は後に文侯仇により侯位を追われたため，諡号としての「某侯」という呼び方は不明である。
4) なお，李朝遠氏により北趙墓地出土青銅器が一覧にされている（李朝遠 2002）が，原報告に報告されている器を数えない点や総数の集計に誤りがあるなど不明な点が多く，ここでは原報告に基づいて集計した。
5) M64 組に属すると考えられている M63 について，これを同じ中字形墓である M93 に対応する晋侯夫人墓と見なす見解がある（秋山 1996，飯島 1998・2003）。墓室の構造の類似や出土遺物の年代観から考えても M63 を M93 と同時期と見なすことに問題はなく，妥当な見解である。
6) 他にも M1・2 組から出土したとされる青銅製の鼎や豆，匜などが報告されているが，これらが M1・2 出土と判断された根拠は，この器の銘文中の作器者が M1・2 の被葬者とされる人物の名と一致するためのようである。しかし，後述するように北趙墓地出土の青銅器銘文では，同一の作器者銘が複数の墓から検出されることや同一墓から複数の作器者銘が確認されており，作器者銘のみを以て出土墓を決定する根拠とすることはできない。
7) 回収遺物の晋侯穌鐘は「晋侯穌」を作器者とするが，この「晋侯穌」と「晋侯櫾」とは同一人物のことを指すと考えて問題ない。銘文拓本で確認すると「穌」字は左旁に「魚」，右旁に「木」を作る一方，「櫾」字は左旁に「木」，右旁に「魚」を作り，どちらも従う構成要素は同一であり，異体字の範疇に収まるものであろう。本論文では正確な字釋を心掛けたため「穌」「櫾」の二字に作ったが，どちらか一方を本字，もう一方をその異体字と考えて，同一文字として扱うことが可能である。
8) 『周礼』春官・宗伯に「先王之葬居中，以昭穆為左右，凡諸侯居左右以前，卿大夫士居後，各以其族」とあり，昭＝左，穆＝右とする整然とした墓の配置を想定させる内容が記述される。
9) なお，盧氏のこの見解は M114・113 が発見される前に提出されているため，M114 組の位置づけは不明である。
10) 古音韻学では，同系列音の文字の読み替えが行われていたことを是とする。同音または同系列音の文字は仮借関係にあると言い，このとき行われる読み替えを通仮と呼ぶ。「棘」字と「服」字の通仮については後述する。
11) 墓地出土の青銅葬器を利用する際に注意しなければならない問題の一つに，伝世使用の問題がある。かつて松丸氏が指摘したように，西周中期〜後期の金文の常套句として知られる「其れ，子々孫々，永く寶として用ひよ」という一文に示されるような，祖先祭祀を通した周王室体制の再確認が，王室側から期待され，かつ実際に諸侯地域において実施されていた可能性は極めて高い（松丸 1977・1979）。そのような，子孫によって行われる祭祀行為が作器者（当該の青銅葬器は作器者の世代に属する遺物として製作される）の死後，一定期間継続したと考えられるにも拘らず，青銅葬器は墓に副葬される。現状では青銅葬器の使用期間について明快に解決する方法はないが，その製作時期と副葬年代のズレの可能性は青銅葬器を編年として利用しようとする場合に常に念頭に置かなければならない問題である。
12) 各期と西周王世との大まかな対応関係に関しては第 1 章第 2 節を参照のこと。
13) なお，方鼎と二層式鼎については今回の検討対象から除外した。
14) 本書での紋様名称は林氏の研究に従った（林 1986）。
15) 報告者は当器を M33 組出土遺物としているが，その根拠は明確には示されていない（孫永和・吉吉琨璋 2002）。
16) なお張家坡墓地の時期設定に関して，報告書が M304 と M320 を共に西周後期後段としている点のみ筆者の見解と異なる（秦 113）。M304 出土の青銅壺蓋は鈕が大型化しない段階であり西周中期の年代を与

第 4 節 小 結

えるべきであり，M320 は供伴する簋の型式から見てもやはり中期段階に相当すると考える。

17) 通仮については注 10 参照。仮借が成立するためには声母（子音）と韻母（母音）とがそれぞれ同系列のグループに属してなければならない。「籍」は声母が従母，韻母が魚部であり，一方「穌」は「蘇」と同音で，声母が心母，韻母が鐸部である。従母と心母はともに歯頭音で同系列声母であり，魚部と鐸部も同系列韻母である。この場合，通仮可能となる。なお，古代音韻の復元および仮借関係については宋代の音韻書である『廣韻』『集韻』，及び，郭錫良 1986，高亨・董治安 1989 に従った。

18) 「剌」は来母・月部，「烈」も来母・月部で通仮可能。

19) 「棘」字解釈の混乱の一つに，「棘」字と「棶」字との問題がある。当初の発掘簡報の段階では「棶馬」を厲侯福に比定する根拠が示されず，また「棘」（「棘」＋「人」）がしばしば「棶」（「棶」＋「人」）と表記されているように見える例があり，読者の混乱を招いた。仮に「棶馬」であった場合，「束」を音符と考えると，同じ音符に従う「剌」との通仮が可能となる。「剌」と「厲」の仮借関係については，前述の通り通仮可能である。ここから「棶」＝「厲」，すなわち晋侯棶馬を厲侯福とする議論が成り立ち得る。しかし，そもそも「厲侯」などの侯名は主に諡号であり，生称である「晋侯棶馬」と対応する必要はない。また銘文の検討からも，当該字の「人」の両脇にある字形は，「束」とは明らかに異なり，「朿」に作るべきである。したがって当該字はやはり「棘」に作るべきであり，「棶馬」ではなく「棘馬」である。

20) 「強」は文献資料にも言及されずその出自が不明である。西周王朝の構成員として封建を受けて成立した勢力と考えるには疑問が残る。むしろ当地の在地勢力が自ら「強」を名乗った可能性が強く，その点で当集団を諸侯と呼ぶのには語弊があり，またその墓地は強族墓地と呼ぶ方がよりふさわしい。しかしながら本書では便宜上，墓地名称に限って「強国墓地」の呼称を用いることとする。

21) 虢季子白盤は既存の青銅器銘文著録中に確認できる。『三代吉金文存』，『両周金文辞体系図録考釋』など。

22) なお，竹園溝墓地と茹家荘墓地のほぼ中間に位置する瀤峪溝墓地からも幾つかの西周時代遺物が検出されているが，墓地の詳細が報告されず遺物も多くが採集遺物であるため，今回の考察対象からは除外した。

23) 字釋は基本的に『強国』の報告に従ったが，一部簡体字表記されているものを繁体字表記に改めた。また，書き下し文は筆者が作成したものである。以下同様。

24) 3 点のうち 2 点（卣 BZM7: 6，卣 BZM7: 7）からは器・蓋にそれぞれ同銘が鋳されており，同銘自体は合計 5 銘存在する。同様に，BZM4 出土の卣 BZM4: 1 は器・蓋同銘で，銘文は計 3 銘である。

25) 『強国』では，その銘文に「鏊」と自銘することから当器は鏊とされるが，その形は盉と全く同じである。また，BRM1 乙: 18 は器・蓋同銘である。

26) 「強」「彊」「䰙」はどれも弓と魚に従う字であり，「彊」「䰙」は「強」の異体字とされる。

27) 『強国』では，その銘文に「錐」と自銘することから当器は錐とされるが，その形は動物尊と同一である。

28) 茹家荘出土青銅器銘文の「井姫」であるが，その多くは「井」ではなく「丼」に作られる。青銅器銘文中では「井」「丼」を区別しないことが多く，両者の関係については尚志儒 1993 に詳述されている。

29) なお，BRM1 甲室の被葬者については出土青銅器銘文の「兒」をその名と見ることができ（武者 1999），本書でも当被葬者名を「兒」とした。

30) 各期と王世との対応に関しては第 1 章第 2 節を参照のこと。

31) ただし，西周王世との対応に関しては『強国』との間にズレが生じている。

32) 彊国墓地出土土器の名称については基本的に西江氏の研究に従った（西江 1993・1994・1999）。
33) 茹家荘 1 号墓（BRM1）は夫婦と考えられる男女が乙室と甲室とに別れて埋葬されるが，副葬遺物も同様に完全に分けて配置される。従って，当墓は，主体被葬者である乙室墓主と副次的被葬者である甲室墓主とを分けてその副葬品について分析することが可能と判断した。また竹園溝墓地の合葬墓では副葬遺物が二層台上に配置されることが多く，これらの遺物の帰属については報告書の判断に従っている。
34) 『彊国』では合葬墓の出土人骨についてどのように性別の判定を行ったのか明確に記述されない。一部の人骨は性別と年齢とについて言及されているため，状態の良い人骨については鑑定を行ったものと思われる。一方で合葬墓以外の一部の単独墓では，青銅武器を出土するために男性であろう，とする記述があり，出土遺物からの男女判定も簡単に述べられている。しかしこの判定も，全ての墓について総合的になされておらず基準が曖昧である。江瑜 2006 は BRM1 における男女合葬の様相を詳細に検討し，青銅武器と青銅工具が男女を区別する基準になりうることを指摘したが，残念ながら竹園溝墓地に関する記述がほとんどなされていない。
35) BZM21 は竹園溝墓地の北端に位置し，崖に削られた状態で発見された。
36) ただし，BZM2 の南東側に未発掘墓が報告されており，BZM17 はこの未発掘墓と対を成す可能性もある。
37) 紙坊頭 1 号墓（BZFM1）から「矢」銘を持つ青銅器が検出されている。この問題を詳述した論文としては，劉啓益 1982，秦 174 盧連成・尹盛平 1982，盧連成・胡智生 1983a，田仁孝ほか 1994 などが挙げられる。
38) 「井（丼）」銘は茹家荘 2 号墓（BRM2）から出土した青銅器に多く見られる。「井（丼）」については，張長壽 1990，張桂光 2005 などを参照。
39) 濛峪溝墓地からも寺窪文化系の遺物が複数確認されている（盧連成・胡智生 1983a，西江 1999）。
40) ここでいう王朝系遺物には，王朝系遺物そのものと王朝系遺物の影響を受けて在地で製作されたと考えられる遺物（西江氏の在地系 I 類）の両方を含むものとする。
41) 三角援戈に関する議論としては，李伯謙 1983，盧連成・胡智生 1983b，秦 175 盧連成・胡智生 1988，潘融 1993，張文祥 1996 などに詳述されている。また，城固・洋県に関しては，唐金裕ほか 1980，および西北大学文博学院・陝西省文物局 2006 を参照のこと。
42) 竹園溝墓地出土の III 式戈とされる戈の中には非常に矮小なものも多くあり，本来的な竹園溝 III 式戈が縮小して明器戈が成立した過程を看取することが可能である。
43) 私見では，柳葉形青銅短剣は，殷末から西周前期にかけて北方系青銅短剣の影響を受けて当地で成立したものと考えている。西周前期における彊国墓地以外の出土例としては，甘粛省霊台白草坡・陝西省岐山賀家村・陝西省灃西張家坡・北京琉璃河，などが挙げられる（隴 2，秦 86，秦 110，秦 113，京 6）が，いずれも華北地域から出土している。その後，巴蜀式青銅器の一部を構成するに至ったことに関しては，多くの先行研究が指摘する通りである（西江 1987，段渝 1996，高西省 1998，李伯謙 1998，張天恩 2001）。
44) 平均点数を算出するに当たり，小数点第二位以下の値は切り捨てて計算した。
45) 例えば，茹家荘出土青銅器の銘文中には「乍」字を左右反転させて鋳したものが複数存在する（BRM1 乙：8，BRM1 乙：33 など）。青銅器銘文中の反転文字については松丸 1977・1979 を参照のこと。粗雑な字体の銘文の存在は彊国の側で青銅器銘文をも利用しようとした可能性が高いことを示している。
46) ここでいう作器者とは，青銅器銘文上に「某乍○○尊彝」などの形式で表される「某」のことであり，青銅器を実際に鋳造した工人を意味するものではない。銘文に記された内容に従えば器の発注者と理解す

第 4 節　小　結

べき存在であるが，後述するように青銅彝器は王朝が一括的に生産・管理していた可能性が高く，器の発注者とここでいう作器者は必ずしも一致しない。実質的には器の受領者・使用者であるが，本書では便宜上，通例に従い作器者の呼称を用いる。

47) 筆者は青銅彝器の在地生産・使用が西周前期の段階から広く一般的に行われていたという観点に対して懐疑的である。近年の発掘調査の増加によって，陝西省関中平原内の各地で鋳型や土製羽口といった鋳造関連遺物が発見されているようであるが，その多くは武器や工具・車馬具などと関係するものであり，確実に青銅彝器の製作と関係する遺物は極めて限定的である。殷周青銅彝器は陶模法と呼ばれる特殊な製作法が用いられており，武器・工具などのより一般的な青銅器とは要求される技術レベルに大きな差がある。鋳造関連遺物の出土を青銅彝器の在地生産と結びつけるには，より慎重な姿勢が必要であろう。

48) 黄河流域での青銅彝器在地生産について，陝西省宝鶏市の弭国墓地出土の一部の青銅器が例として挙げられる。前節参照。長江流域の在地系青銅器に関しては難波純子氏の研究に詳しい（難波 1998）。

49) なお，報告者は青銅彝器出土墓をすべて西周前期の墓とみなしているが，筆者は一部の青銅器の年代は西周中期にまで下ると考えている。第2章第1節参照。

50) 各器種の名称とその用途については主に林巳奈夫氏（林 1984），廣川守氏（廣川 2002），飯島武次氏（飯島 2003）に拠った。

51) 用途別の点数を算出するに当たり，小方彝や筒型器など少数の特殊な器は「その他」に分類した。

52) 例えば，『史記』「周本紀」には「成王既遷殷遺民，周公以王命告，…」とあり，また『漢書』地理志・河南郡雒陽県の注には「周公遷殷民，是為成周。」とある。

53) 西周中期から後期にかけての青銅器上に現れる大きな変革に関しては李朝遠 1994，曹瑋 1998，ファルケンハウゼン 2006，田畑 2009 などを参照のこと。

54) 図象記号は殷代の青銅器上に多見される記号である。文章を構成せず，単独で用いられるか文章の末尾に署名のように付加される。人や動物を象ったものが多く，特定の氏族のトーテムを表現したものであると考えられるため，族徽とも呼ばれる。

55) なお稀ではあるが，「乍宝尊彝，永寶用」のように，作器者名が述べられない場合がある。

56) 一方で，王による任命・賜与が記述されないにもかかわらず「王〇年」「王〇月」を有する金文が少数ながら存在する。王との関係を直接的に示すものではないが，本稿ではこのような金文も便宜上IV類として扱った。

57) 図象記号は作器対象・叙述型式に関わらず見いだされる。分類の煩雑を避けるため，本書では図象記号を分類基準として取り扱わないこととした。

58) CI類型とは「祖先ではない生者の名が文章を成さずに記されるもの」である。具体的には器が与えられるべき個人名が単独で表される例がこれに相当する。しかし，ある人物が某伯のために器を作ったと仮定し，その銘文が「某伯」のみであった場合，これを作器者名ととるか作器対象ととるか，その判別には困難を伴う。したがって今回，AIやAIIに分類した金文のうちには本来CIとすべきであったものが含まれている可能性があることに留意されたい。

59) 第87・88図の前期・中期・後期の別は，器の型式に基づいて与えられた製作年代であり，出土した遺構の年代ではない。後述するように窖蔵からは異なる時期に製作された青銅器が一括して出土する例があり，器の年代と遺構の年代は必ずしも一致しない。前期に製作された器が後期の窖蔵から出土することの意味を検討する必要から，第87図・第88図ではそれぞれの器をその埋蔵年代ではなく製作年代に帰属させた。

60)　筆者はその背景として，青銅器の副葬を制限するような王朝による祭祀行為への規制が西周後期に起こったと考えており，窖蔵の出現は墓への青銅彝器副葬に変わる新たな祭祀儀礼を反映するものと考えている。第3章第2節参照。

第5章　西周の政体と領域

　本書が一貫して追求してきたのは，国家としての西周王朝の実態を解明することである。考古資料から実証的にこれを論ずる場合，最も有効な資料は青銅彝器である。それは王朝が自らを中心とする秩序を維持するために作り出された装置であり，その舞台が祖先祭祀の場であった。本書では青銅彝器を利用した祭祀行為が王朝体制の中で占めた役割を読み解き，あわせて諸侯国における王朝的秩序の受容のあり方から西周王朝の広がりを検討することを試みたが，結果的に「天下の王朝」としての西周王朝とは異なった，新たな西周王朝像を提示することができたと考える。

　西周期の中国では，異なる三つの青銅器文化圏が存在していた。西周時代の青銅器文化は大きく三つに分けることができ，その中で西周を中心とする青銅器文化が及んだのは黄河流域であった。文化圏ごとの青銅器組成の相異は，重視された祭祀行為が互いに異なっていたことを意味している。三者の間では相互に交流があったことが想定されるが，そこに支配・被支配という関係を推定することはできない。湘贛地域や華東地域が黄河流域と共通する文化的背景を持つのは西周後期以降，おそらく春秋期においてであり，西周時代の長江以南の多くは王朝にとっての外地であったと理解されるのである。

　一方で，西周青銅器文化圏の中においても青銅彝器の分布は一様ではない。西周全期を通じて分布の中心であったのは陝西省関中平原から山西省臨汾盆地にかけての一帯であり，その外側の地域では分布に時期的な濃淡が現れている。特に注意すべきは西周中期には河南省をはじめ広い範囲で青銅彝器が出土せず，西周青銅器文化圏の大きな縮退がみられることである。河南省鶴壁市の辛村墓地の例からは西周中期以降には当地まで青銅彝器が及んでいなかったことが知られ，このような王朝的な青銅器祭祀の枠組みからの離脱は西周中期以降，広範囲で発生していたものと考えられる。この意味で，西周王朝による青銅器祭祀の枠組みは強固で永続的なものでは決してなく，極めて動的なものであった。

　西周の根拠地である関中平原においても同様の分布域の縮小がみられる。分布域の縮小を王朝系青銅彝器の利用が定着しなかった結果であると理解するならば，反対に西周期を通じて分布に変化がない地域を西周王畿と見なし得るであろう。その範囲は，現在の岐山県から西安市臨潼地区までが相当し，鳳翔地域以西や涇河流域は王朝から比較的独立した諸氏族が立つ畿外であった可能性が高い。西周王畿内においては青銅彝器の出土は豊鎬地区と周原地区に集中しており，他の地点では単発的な出土があるのみである。青銅器を利用した祖先祭祀は各邑で自由に行われず，王朝による青銅彝器利用の管理があったことが想定される。王畿内にあっては，邑と呼ばれる

個々の共同体の政治力は弱く，このような共同体の在り方は，西周時代を通じて持続したものと考えられる。

　西周中期から後期にかけての青銅葬器利用の変化を中心とする，いわゆる「礼制改革」の内容は多岐にわたり，器種組成や銘文内容の変化などさまざまな角度から指摘されているが，これら西周中期・西周後期における変革の根本には西周王朝による青銅葬器の位置づけの変化があったと考えられる。その意識変化とは青銅葬器を墓の副葬品として使用する従来のあり方を禁じ，祭祀の場で青銅葬器を使用することを強く期待するものであり，西周後期の関中平原で墓から出土する青銅葬器が激減し代わって窖蔵青銅器が増加する現象はその表れである。

　周原地区と豊鎬地区から出土した青銅器の銘文への検討によって，窖蔵に埋められた青銅器と墓に副葬された青銅器の間にはその役割に相違があることが明らかとなった。作器者と王との関係を強調する銘文を有する青銅器は選択的に窖蔵に埋められているが，これは王朝秩序の維持に有益な青銅器が数世代にわたって作器者の一族によってその宗廟で使用され続けたことを意味しており，そのため窖蔵は青銅葬器の持つ祖先祭祀的側面と強く結びついている。青銅器窖蔵の持つこのような特性を理解して初めて，西周後期の窖蔵青銅器の増加という現象を，周王朝を中心とする秩序強化・青銅器祭祀の再定義という流れの中に位置づけることが可能となるのである。本書中では周原地区に属する斉家村石玦工房区墓地への検討を通じて西周後期における青銅葬器の墓への副葬の制限を論じた。今後，関中平原における発掘調査がより進展し数多くの青銅葬器が出土したとしても，上記のような全体的な傾向は変わることがないものと信じる。

　青銅葬器副葬に対する制限は西周中期後段以降，徐々に強まったと考えられるが，このことは副産物を生みだした。小型明器の出現である。周原地区では青銅明器は窖蔵からは一切出土せず，中期後段以降の墓の副葬品として出現する。明器とは本来の青銅葬器の代替品として副葬のために製作されたのであり，周原で明器の出現率が高いことは，副葬に関する規制が周原においてより厳密に実行されたこと物語っている。

　窖蔵の増加は周原地区に集中しており，もう一つの中心地である豊鎬地区と比較しても，周原こそが祭祀行為の中心であったことが知られる。筆者は祭祀都市としての周原の性格を，金文資料中の「宗周」の中に読み取った。宗周の地は一般的に武王が都とした鎬京の地であると考えられているが，古典籍の記述以外に宗周を鎬京とみなす積極的な根拠は無く，むしろ金文中では「宗周」は「周」と別地点として必ずしも位置づけられていないのである。本書では宗周の地を岐邑，すなわち現在の周原遺跡群に比定する陳夢家氏の見解を再評価し，金文中に見える宗周の祭祀空間としての性格を考古学的に復元された周原遺跡の性格と一致するものとして理解している。青銅葬器の出土状況と銘文記事の傾向から，周原こそが宗周であり，すなわち周王朝の宗廟の地であるとみなすことが可能となる。このような理解のもとに西周の「都」を考える際，宗廟の地としての周原という都の性格と，同じく周の都として理解されてきた豊京・鎬京との性格には大きな差異が存在している。青銅葬器の下賜とそれに伴う儀礼行為がすぐれて政治的な性格を有していた以上，王の所在・政治体制の重点は必然的に前者の地にあり，周原と豊鎬を「王朝の

第90図 西周の国家と青銅彝器

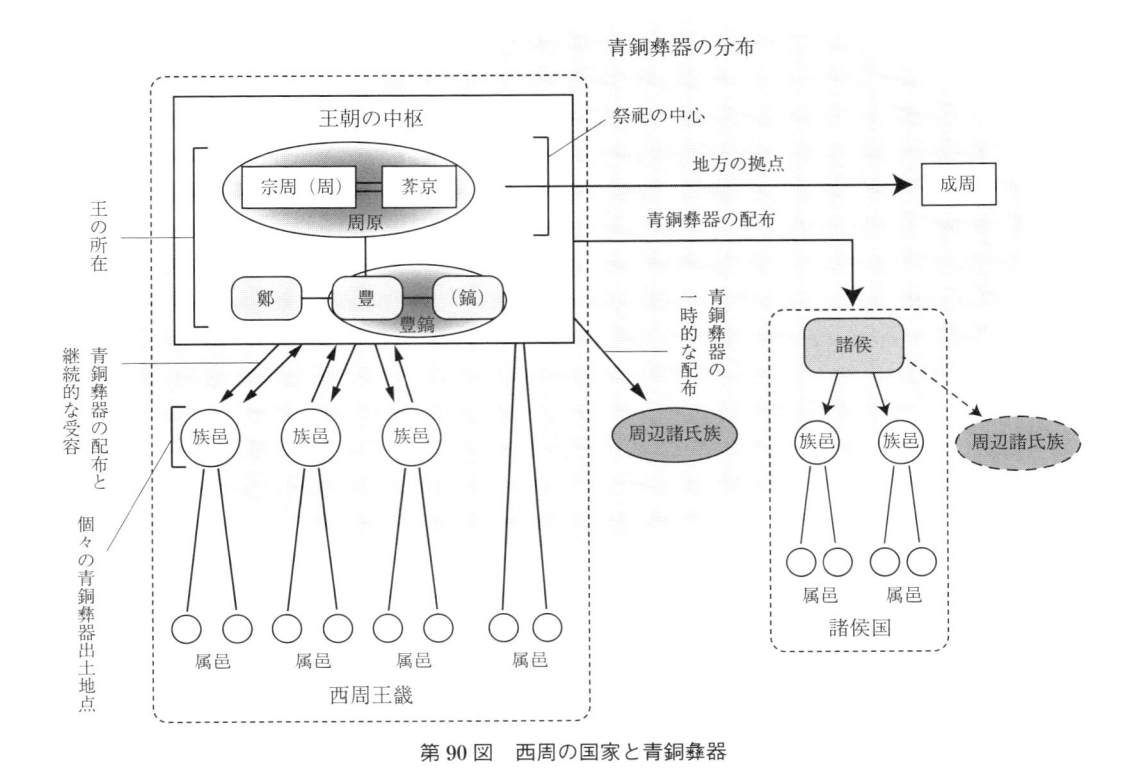

中心として並立する，性格の異なる二つの都」として位置づける見解は改める必要があるであろう。豐鎬遺跡が王朝の拠点であったことは間違いがないが，中心地としての役割は周原に次ぐものである。豐鎬遺跡を周原遺跡と並置させる見解は金文中における「宗周」の地の重要性に立脚しているが，「宗周」を鎬京に比定する根拠のあいまいさを再確認したうえで，周原遺跡の優位性を強く意識すべきであろう。

　本書の第3章で論じた上記のような王朝の政体と青銅彝器との関係を，松丸道雄氏や李峰氏による邑制国家のモデル（松丸1970，李峰2010）の上に示したものが第90図である。金文上に現れる王の所在地としての宗周・莽京・豐・鄭などが王朝の中枢を構成するが，祭祀儀礼の中心は宗周とそれに近接する莽京にあり，西周の都としての性格を備えた地であった。成周の性格も宗周・莽京と同質であり，王朝の東方経営の拠点としての役割を担っていたのであろう。豐・鄭などの地は周原にあって宗教的・政治的中心の役割を果たした宗周のもとで，異なる機能を与えられた副次的な拠点とみなすべきであろう。周王室に服属し西周王畿を構成する諸氏族の拠点を族邑と置いた場合，第3章第1節で検討した王畿内の青銅彝器分布地点がこれに相当する。彼らは直接的に王との関係を持ち，青銅彝器の祭祀を媒介として西周王朝の体制下に組み込まれた王朝の主要な成員であった。これらの貴族階層の下に集落共同体としての属邑が存在したことが想定される。西周時代の集落遺跡の調査は目下，積極的に進められており，今後の資料の増加を以て族邑と属邑との間の具体的な関係性が明らかになるであろう。

このような西周王朝による青銅器政策に対して，諸侯国の側ではそれぞれの立場から異なる受容のあり方が採られていたようである。山西省の天馬―曲村遺跡と北趙墓地から出土した青銅鼎の型式変化の様相は，周原・豊鎬出土の青銅鼎のそれと相同であった。北趙墓地からは双耳罐・三足甕・異形甗など晋国独自の青銅葬器が出土しており，西周前期の段階から青銅製の容器を鋳造する技術を保有していたと考えられる。それにも拘らず，そのような在地生産による青銅容器が副葬青銅器の主流とならず，出土青銅器の大多数が王朝系青銅器と同一の様相を呈することから，晋国側が意識的に王朝青銅器を選択していたことがうかがわれる。晋国が西周時代を通じて王朝との強い結びつきを志向したことが，青銅器から読み取れるのである。

しかし，周原・豊鎬で西周後期以降に顕在化する青銅器窖蔵は，晋国内では発見されない。青銅葬器という器物の受容に関してならば晋国は王朝の礼制の変革に対応しているが，西周後期以降も晋国墓地では大量の青銅器が副葬品として選択されており，青銅葬器の使用に際しては王朝からの乖離が看取される。青銅器銘文に対する検討からも，西周後期には晋国出土青銅器の銘文は王朝中心地域での傾向から逸脱しており，いくつかの在地製作器・在地作銘器の存在も想定される。晋国内から出土する西周後期青銅葬器には，青銅葬器のスタイルとしての王朝系青銅器の受容と，利用手段における独自化傾向という，相反する二つの性格が同時存在していた。西周後期の晋国では，王朝の礼制下から抜け出そうとする意識が生まれていたのである。本書において筆者は西周末の晋国の混乱を晋侯一族の宗族墓地への検討から読み解くことを試みたが，その背景として，このような王朝の規制から離れた青銅葬器の私的な所有とそれにともなう諸侯国側での祭祀の独自化・王朝秩序からの離脱があったことを想定する必要があるであろう。

関中平原西部に位置する弓魚国墓地では晋国とは異なる青銅葬器の受容形態がとられていた。弓魚集団の活動拠点は関中平原と漢中盆地とをつなぐ要衝に位置しており，その埋葬形態や副葬遺物には成都平原からの影響や独自の風習が色濃く反映されていたが，西周中期以降，埋葬形態は変化し副葬品中に占める王朝系遺物の割合が増加する。この王朝系遺物の増加とは，実際には弓魚集団が王朝系青銅器を模した在地生産の青銅葬器の出現を反映したものであり，主に茹家荘1号墓・2号墓と言う弓魚集団の首長階級の墓でみられる現象であった。これは，弓魚国支配層による，王朝の礼制という新たな権威を取り込み自らの支配体制を強化することを試みた姿勢の表れであると解釈することができよう。そしてその試みは，首長階層墓と貴族階層墓の副葬品格差から見る限り，ある程度の成功を収めたようである。

弓魚集団のように王朝の礼制から比較的早い段階で離脱していった諸侯の存在を，青銅器銘文の検討から指摘することができる。周原・豊鎬という王朝の中心地域では前期・中期の段階で，墓の副葬青銅器として選択された器は短銘の器に限られており，王朝との関係が述べられるような金文は副葬されなかった。西周前期・中期に製作された長銘青銅器は宗廟祭祀の場で長期間利用され続け，後期の窖蔵内に収められたが，これは王朝が青銅器祭祀に込めた秩序維持のための意図を正確に反映した使用方法であった。前期・中期においては洛陽の出土状況も同様であり，周原・豊鎬と同じく王朝の意図が正確に理解されていた地域である。このような副葬に関する規制

は，諸侯国側でも受容されたようであり，前期の白草坡・宝鶏・天馬―曲村・辛村の各墓地で同様の傾向が看取される。祭祀行為が共通する範囲としての当該地域を，王朝に実質的に服属していた諸侯国とみなすことができ，西周王畿とこれらの諸侯国を含めた範囲が，西周王朝の政治的な領域を構成する。一方で前期の琉璃河墓地・中期の平頂山墓地では本来墓に埋めるべきではない青銅彝器が副葬されており，王朝の祭祀行為が理解されていなかった，あるいは意識的に無視されていた可能性が高い。西周後期には王朝の祭祀体系とは異なる青銅彝器の使用方法が複数の諸侯国で一般化したとみなしうる。

　西周の王朝としての広がりを考える際，青銅彝器と銘文とによって規定された祭祀の枠組みとしての礼制が十分に機能した範囲をこそ，王朝が実質的に影響力を及ぼした政治体としてみなすべきである。琉璃河や平頂山は純粋な王朝の構成員とは一線を画す存在であり，同じく諸侯国として扱われる晋国との間には明確な差異が存在している[1]。さらに，後期の天馬―曲村の例が示すように，この境界は時代と共に変化するものであったと考えられるのである。

　王朝中心地と諸侯国地域の間で祭祀行為に明確な差異が生じたのは西周後期のころであり，それとほぼ同時期に王朝による青銅彝器利用の変化が起こったことはすでに指摘した。おそらく両者は無関係ではなく，西周中期から後期にかけて行われた王朝によるいわゆる礼制改革は，独自化する諸侯国を牽制し服属諸氏族を再編成する目的を持って行われたものなのであろう。しかしながら，晋国における反応を検討する限り，このような西周王朝の意図が成功したとは言い難い。中期から後期にかけての礼制改革の失敗こそが，西周の滅亡を決定づけたのである。

　以上のような分析を経て復元される西周時代の政治的領域と青銅彝器分布範囲の重層的な関係は，"中華"的世界観の形成を考察する際に重要である。第91図に示したように，西周王朝の領域と青銅彝器分布範囲は大きく乖離しているが，春秋期以降に"中華"として観念的に共有される世界を形成していったのはまさしく後者の範囲においてである。したがって，"中華"世界の原形を西周王朝の政治的領域に求めることは誤りである。礼と呼称される規則の一部を構成した，青銅器の使用によって特徴づけられる祭祀の枠組みへの帰属に関わらず，ただ器物としての青銅彝器の受容を通じて礼というシステムの存在を知り得た地域が後の"中華"的世界を形成してゆくのである。

　西周王朝とその社会に対する具体的な検討を経て，中国という古代国家の形成に関して以下のような提言をすることができるであろう。西周期の王朝領域は非常に限定的であり，春秋期以降の"中華"的世界に対応しうるような政治的・思想的な実体は存在しない。ただ西周の青銅彝器とその背後に付随した政治的な枠組みのにおいを知ることができた地域が，互いに想念としての共同体を作り上げていくのであろう。青銅彝器の持つ重器としての側面が分布の拡散を推し進めたのであり，結果的に広範囲に及ぶ"中華"をもたらすのである。その意味において，西周王朝の意図を超えたところで西周青銅器は古代中国の方向性を決定づけたといえる。

256　第5章　西周の政体と領域

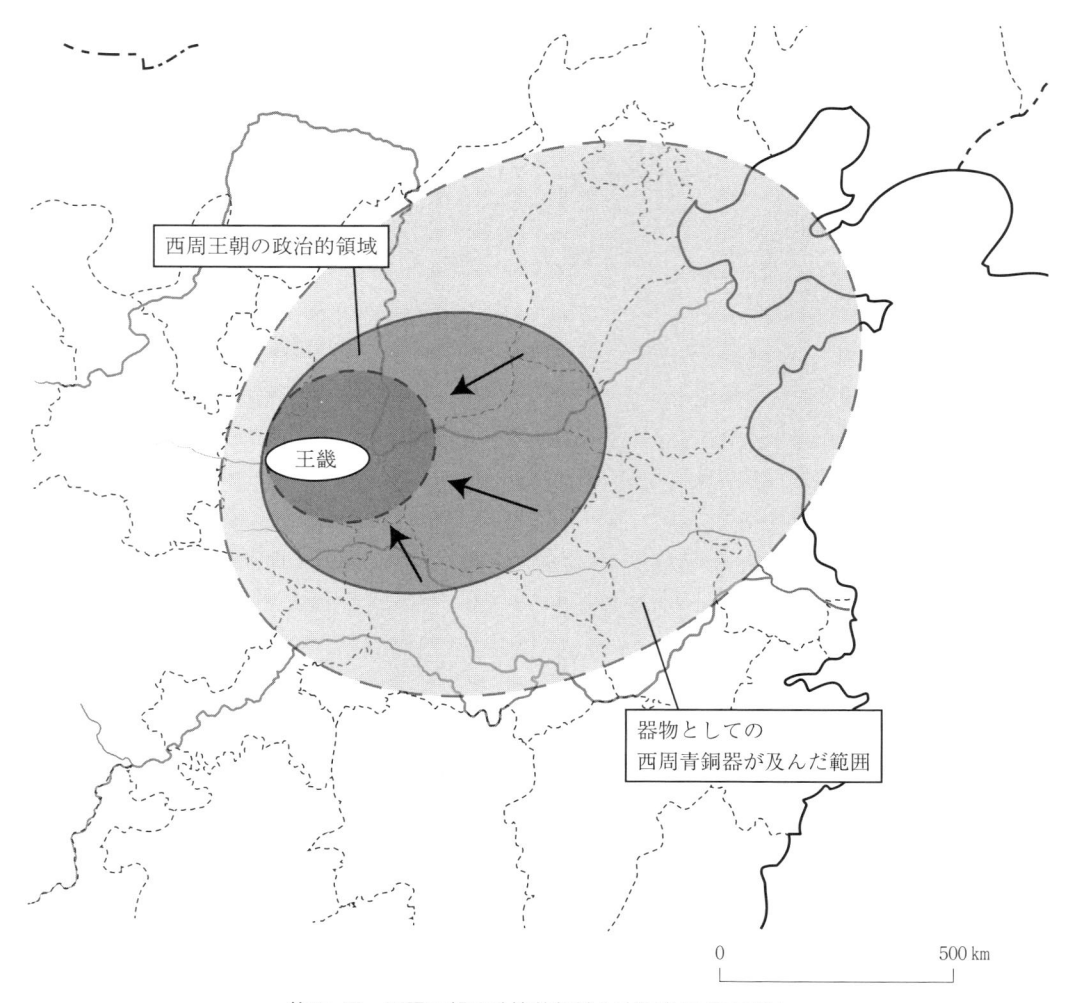

第91図　西周王朝の政治的領域と青銅彝器の広がり

注
1) 西江清高氏は二里頭文化の拡張期に生まれた二里頭文化分布圏の辺縁部を，二次的地域と呼んでいる（西江2005a）。西江氏の表現を借りてこれらの諸侯のあり方を呼称するならば，晋国を一次的諸侯，彊国・燕国を二次的諸侯として規定することができよう。筆者は二次的諸侯を，王朝の青銅器文化圏の辺縁に位置しその外側と内側を容易に行き来する存在として捉えている。二次的諸侯とその外側，すなわち外地との境界は本質的に不明瞭であり，それこそが二次的諸侯の特徴である。

参考文献

(日文)

秋山進午 1996「晋侯墓地の発掘と幾つかの問題」『日本中国考古学会会報』第6号

飯島武次 1985『夏殷文化の考古学研究』山川出版社

飯島武次 1998a「先周文化の諸問題」『中国周文化考古学研究』同成社

飯島武次 1998b「先周・西周都城研究」『中国周文化考古学研究』同成社

飯島武次 1998c「西周土器の編年」『中国周文化考古学研究』同成社

飯島武次 1998d「東周土器の研究」『中国周文化考古学研究』同成社

飯島武次 2003『中国考古学概論』同成社

飯島武次 2009「中国渭河流域における先周・西周時代遺跡の踏査」飯島武次編『中国渭河流域の西周遺跡』同成社

今津節生・鳥越俊行・河野一隆・市元塁・樋口隆康・廣川守 2010「X線CTを利用した殷周青銅器の構造解析（Ⅰ）―館蔵爵・斝の調査―」『泉屋博古館紀要』第26巻

今津節生・鳥越俊行・河野一隆・市元塁・樋口隆康・廣川守 2011「X線CTを利用した殷周青銅器の構造解析（Ⅱ）―館蔵鼎・簋の調査―」『泉屋博古館紀要』第27巻

大貫静夫 1997「『中国文物地図集―河南分冊―』を読む―嵩山をめぐる遺跡群の動態―」藤本強編『住の考古学』同成社

岡村秀典 1986「呉越以前の青銅器」『古史春秋』3

岡村秀典 2005『中国古代王権と祭祀』学生社

岡村秀典 2006「礼制から見た国家の成立」田中良之・川本芳昭『東アジア古代国家論―プロセス・モデル・アイデンティティ―』すいれん舎

岡本真則 2009「関中地区における西周王朝の服属諸氏族について」工藤元男・李成市編『東アジア古代出土文字資料の研究』雄山閣

小澤正人 2005「東周時代青銅礼器の地域性とその背景」『中国考古学』第5号

小澤正人 2010「西周時代後期における青銅礼器の副葬についての一考察」菊池徹夫編『比較考古学の新地平』同成社

小澤正人・谷豊信・西江清高 1999『中国の考古学』同成社

落合淳思 2006「西周時代の姓」立命館東洋史学会中国古代史論叢編集委員会編『中国古代史論叢』3

貝塚茂樹 1952『中国の古代国家』弘文堂

角道亮介 2007「西周時代晋国墓地の研究―晋国青銅器を中心として」『中国考古学』第7号

角道亮介 2008「宝鶏強人墓における葬礼の差異とその変化」『東京大学考古学研究室研究紀要』第22号

角道亮介 2010「西周時代関中平原における青銅彝器分布の変化」『中国考古学』第10号

岐阜市歴史博物館編 1988『中国陝西省宝鶏市周原文物展：周王朝・豊かなる遺宝』岐阜市歴史博物館

許宏 1995「曲阜魯国故城をめぐる諸問題について」『東洋学報』第77巻第1・2号

甲元眞之 2006『東北アジアの青銅器文化と社会』同成社

小南一郎 2006『古代中国　天命と青銅器』京都大学学術出版会

コリン・レンフルー，ポール・バーン 2007 池田裕・常木晃・三宅裕監訳　松本建速・前田修訳『考古学―理論・方法・実践』東洋書林

近藤喬一　2008「周原銅器窖蔵考」『アジアの歴史と文化』第12輯
佐藤信弥　2005「西周期における莽京の位相」立命館東洋史学会中国古代史論叢編集委員会編『中国古代史論叢』続集
佐藤信弥　2007「会同型儀礼から冊命儀礼へ ―儀礼の参加者と賜与品を中心として見る―」立命館東洋史学会中国古代史論叢編集委員会編『中国古代史論叢』4
佐藤信弥　2008「西周祭祀儀礼研究の手法について ―二重証拠法と文化人類学的手法―」立命館東洋史学会中国古代史論叢編集委員会編『中国古代史論叢』第5集
下田誠　2008『中国古代国家の形成と青銅兵器』汲古書院
白川静　1962-1984「金文通釈」『白鶴美術館誌』第1-56輯
竹内康浩　2001「殷周時代法制史研究の問題点」殷周秦漢時代史の基本問題編集委員会『殷周秦漢時代史の基本問題』汲古書院
竹内康浩　2003「西周」松丸道雄・池田温・斯波義信・神田信夫・濱下武志編『中国史1 ―先史～後漢―』山川出版社
谷秀樹　2010「西周代陝東出自者「周化」考」『立命館文学』617
田畑潤　2006「西周時代における青銅器副葬配置についての検討 ―陝西省豊鎬・周原地域の事例を中心に―」『青山考古』第23号
田畑潤　2008「西周時代前期における天馬―曲村墓地の被葬者集団について ―西銅礼器副葬配置の分析から―」『中国考古学』第8号
田畑潤　2009「西周時代後期における葬制の変革 ―河南省三門峡市虢国墓地の青銅礼器副葬配置の分析を中心に―」『青山考古』第25・26合併号
田畑潤・近藤はる香　2010「西周時代彊国における対外関係についての考察 ―葬制と青銅器生産系統の分析から―」『中国考古学』第10号
張光直　1989　小南一郎・間瀬収芳訳「夏商周三代の考古学から三代間の関係と中国古代国家の形成とを論ず」『中国青銅時代』平凡社
張光直　2000　小南一郎・間瀬収芳訳『中国古代文明の形成 ―中国青銅時代　第二集』平凡社
堤絵莉子　2010a「金文資料からみた西周王室と冊命儀礼」龍田考古会編『先史学・考古学論究Ⅴ』龍田考古会
堤絵莉子　2010b「殷周時代における腰坑の研究」（東京大学大学院人文社会系研究科修士論文）
長尾宗史　2009「渭河流域における先周・西周時代墓地の地形図と分布図」飯島武次編『中国渭河流域の西周遺跡』同成社
難波純子　1998「華中型青銅彝器の発達」『日本中国考古学会会報』第8号
難波純子　2005「商周青銅彝器のひろがり ―青銅器のGIS解析より―」『中国考古学』第5号
西江清高　1987「春秋戦国時代の湖南，嶺南地方 ―湘江・嶺南系青銅器とその銅剣をめぐって―」『紀尾井史学』第7号
西江清高　1993「西周式土器成立の背景（上）」『東洋文化研究所紀要』第121冊
西江清高　1994「西周式土器成立の背景（下）」『東洋文化研究所紀要』第123冊
西江清高　1999「西周時代の関中平原における『彊』集団の位置」『論集　中国古代の文字と文化』汲古書院
西江清高　2003「先史時代から初期王朝時代」松丸道雄・池田温・斯波義信・神田信夫・濱下武志編『中国史1 ―先史～後漢―』山川出版社

西江清高 2005a「地域間関係から見た中原王朝の成り立ち」前川和也・岡村秀典編『国家形成の比較研究』学生社

西江清高 2005b「関中平原と周王朝 ―「地域」としての周原をめぐって」『アカデミア　人文・社会科学編』第 81 号

西江清高・渡部展也 2009「関中平原西部における周遺跡の立地と地理環境 ―水資源の問題を中心として―」飯島武次編『中国渭河流域の西周遺跡』同成社

西江清高・渡部展也 2013「関中平原東部における遺跡分布と地理環境」飯島武次編『中国渭河流域の西周遺跡 II』同成社

林巳奈夫 1983「殷―春秋前期金文の書式と常用語句の時代的変遷」『東方学報』第 55 冊

林巳奈夫 1984『殷周時代青銅器の研究　殷周青銅器綜覧 1』吉川弘文館

林巳奈夫 1986『殷周時代青銅器紋様の研究　殷周青銅器綜覧 2』吉川弘文館

林巳奈夫 1989『春秋戦国時代青銅器の研究　殷周青銅器綜覧 3』吉川弘文館

林巳奈夫 1994「華中青銅器若干種と羽渦紋の伝統」『泉屋博古館紀要』第 10 巻

費孝通編 2008 西澤治彦・塚田誠之・曽士才・菊池秀明・吉開将人訳『中華民族の多元一体構造』風響社

平勢隆郎 1996『中国古代紀年の研究　天文と暦の検討から』東京大学東洋文化研究所

平勢隆郎 2001a『よみがえる文字と呪術の帝国　古代殷周王朝の素顔』中央公論新社

平勢隆郎 2001b「暦と称元法について」殷周秦漢時代史の基本問題編集委員会『殷周秦漢時代史の基本問題』汲古書院

平勢隆郎 2005『中国の歴史 02　都市国家から中華へ　殷周・春秋戦国』講談社

廣川守 1994「遼寧大凌河流域の殷周青銅器」『泉屋博古館紀要』第 10 巻

廣川守 2002「総説」泉屋博古館編『泉屋博古　中国古銅器編』所収

廣川守・今津節生・鳥越俊行・輪田慧 2010「X 線 CT スキャナを利用した殷代青銅兕觥の内部構造解析」『中国考古学』第 10 号

ファルケンハウゼン，ロータール・フォン 2006 吉本道雅解題・訳『周代中国の社会考古学』京都大学学術出版会

増淵龍夫 1960「先秦時代の封建と郡県」『中国古代の社会と国家』弘文堂

松井嘉徳 2001「周の国制 ―封建制と官制を中心として―」殷周秦漢時代史の基本問題編集委員会『殷周秦漢時代史の基本問題』汲古書院

松井嘉徳 2002『周代国制の研究』汲古書院

松丸道雄 1970「殷周国家の構造」荒松雄ほか編『岩波講座　世界歴史 4　古代 4　東アジア世界の形成 I』岩波書店

松丸道雄 1977「西周青銅器製作の背景 ―周金文研究・序章―」『東洋文化研究所紀要』第 72 冊（松丸道雄編 1980『西周青銅器とその国家』東京大学出版会　に再録）

松丸道雄 1979「西周青銅器中の諸侯製作器について ―周金文研究・序章その二―」『東洋文化』（東洋文化研究所東洋学会，東京大学出版会）第 59 号（松丸道雄編 1980『西周青銅器とその国家』東京大学出版会　に再録）

松丸道雄編 1980『西周青銅器とその国家』東京大学出版会

松丸道雄 2001「殷周春秋史総説」殷周秦漢時代史の基本問題編集委員会『殷周秦漢時代史の基本問題』汲古書院

松丸道雄 2004「河南鹿邑県長子口墓をめぐる諸問題 —古文献と考古学との邂逅—」『中国考古学』第 4 号
松本光雄 1952「中国古代の邑と民・人との関係」『山梨大学学芸学部研究報告』3 号
宮崎市定 1933「中国城郭の起源異説」『歴史と地理』第 32 巻第 3 号
宮崎市定 1950「中国上代は封建制か都市国家か」『史林』32 巻 2 号
宮本一夫 1999「琉璃河墓地からみた燕の政体と遼西」『考古学研究』第 46 巻第 1 号
宮本一夫 2005『中国の歴史 1　神話から歴史へ』講談社
宮本一夫 2006「中国における初期国家形成過程を定義づける」田中良之・川本芳昭『東アジア古代国家論 —プロセス・モデル・アイデンティティー—』すいれん舎
武者章 1979「西周冊命金文分類の試み」『東洋文化』（東洋文化研究所東洋学会，東京大学出版会）第 59 号（松丸道雄編 1980『西周青銅器とその国家』東京大学出版会　に再録）
武者章 1989「先周青銅器試探」『東洋文化研究所紀要』第 109 冊
武者章 1999「西周『彊』史研究」『論集　中国古代の文字と文化』汲古書院
村野正景 2005「中国周代における青銅鼎の動態とその背景 —湖南省鎬地域を中心に—」『古文化談叢』第 53 集
持井康孝 1980「西周時代の成周鋳銅工房について —洛陽出土の熔范をめぐって—」松丸道雄編『西周青銅器とその国家』東京大学出版会
吉本道雅 1991「西周冊命金文考」『史林』第 74 巻第 5 号
吉本道雅 2001「国制史」殷周秦漢時代史の基本問題編集委員会『殷周秦漢時代史の基本問題』汲古書院
渡部展也・西江清高 2009「GIS を利用した遺跡分布の空間分析 —関中平原における周遺跡を事例として—」『中国考古学』第 9 号
渡邉英幸 2010『古代〈中華〉観念の形成』岩波書店

（中文）
尹盛平 1983「試論金文中的"周"」『考古与文物叢刊』第 3 号（陝西省考古学会第一届年会論文集）
尹盛平 1988　高木智見訳「金文資料中に見える『周』について」岐阜市歴史博物館編『中国陝西省宝鶏市周原文物展』岐阜市歴史博物館
尹盛平 1992『西周微氏家族青銅器群研究』文物出版社
王恩田 2002「鹿邑太清宮西周大墓与微子封宋」『中原文物』2002 年第 4 期
王光永 1991「陝西宝鶏戴家湾出土商周青銅器調査報告」『考古与文物』1991 年第 1 期
王世民・陳公柔・張長壽 1999『西周青銅器分期断代研究』文物出版社
郭錫良 1986『漢字古音手冊』北京大学出版社
郭沫若 1932『両周金文辞大系』，文求堂書店
郭沫若 1956「矢殷銘考釋」『考古学報』1956 年第 1 期
河南省文物考古研究所・桐柏県文物管理委員会 2005「河南桐柏月河墓地第二次発掘」『文物』2005 年第 8 期
河北省文物研究所・邢台市文物管理処 1992「邢台南小汪周代遺址西周遺存的発掘」『文物春秋』1992 年増刊号
黄川田修 2009「華夏系統国家群之誕生 —討論所謂"夏商周"時代之社会結構」中国社会科学院考古研究所夏商周考古研究室『三代考古』（3）

黄川田修 2010「韓城梁帯村両周銅器考 —試論芮国封地之歴史背景」『早期中国史研究』第 2 巻第 1 期
許宏 2000「曲阜魯国故城之再研究」許宏『先秦城市考古学』北京燕山出版社
胡智生・劉寶愛・李永澤 1988「宝鶏紙坊頭西周墓」『文物』1988 年第 3 期
高亨・董治安 1989『古字通仮会典』斉魯書社
高至喜 1984「中国南方出土商周銅鏡概論」『湖南考古輯刊』第 2 集
黄錫全 1998「関于晋侯墓地幾位晋侯順序的排列問題」于炳文編『跋渉集 —北京大学歴史系考古専業七五届卒業生論文集』北京図書館出版社
黄錫全 2002「晋侯墓地諸位晋侯的排列及叔虞方鼎補證」上海博物館編『晋侯墓地出土青銅器国際学術研討会論文集』上海書画出版社
高西省 1998「試論西周時期的扁茎柳葉形短剣」『遠望集：陝西省考古研究所華誕四十周年紀念文集』上冊
黄展岳 1986「論両広出土的先秦青銅器」『考古学報』1986 年第 4 期
向桃初 2006「南方商周銅鏡的分類和年代問題」陳建明主編『湖南省博物館館刊』第 3 期，船山学刊
江瑜 2006「宝鶏茹家荘西周強人 1，2 号墓葬所表現的葬礼，葬者身分与両性関係問題」林嘉琳・孫岩『性別研究与中国考古学』科学出版社
江林昌 2006「晋侯墓地与夏墟，唐風，晋都」『光明日報』2006 年 9 月 14 日
考古研究所洛陽発掘隊 1959「洛陽澗濱東周城址発掘報告」『考古学報』1959 年第 2 期
江西省文物考古研究所・江西省博物館・新干県博物館 1997『新干商代大墓』文物出版社
江西省文物考古研究所・樟樹市博物館編著 2005『呉城 1973-2002 年考古発掘報告』科学出版社
湖南省博物館編 2007『湖南出土殷商西周銅器』岳麓書社
施勁松 1997「我国南方出土銅鐃及甬鐘研究」『考古』1997 年第 10 期
上海博物館編 2002『晋国奇珍　山西晋侯墓群出土文物精品』上海人民美術出版社
朱乃誠 2008「蘇秉琦学術体系的形成和尚待研究証実的両個問題 —蘇秉琦与中国文明起源研究」『東南文化』2008 年第 1 期
朱鳳瀚 2009『中国青銅器綜論』上海古籍出版社
周亜 1997「呉越地区土墩墓出土的青銅器研究」馬承源主編『呉越地区青銅器研究論文集』両木出版社
徐天進 2002「晋侯墓地的発現及研究現状」上海博物館編『晋侯墓地出土青銅器国際学術研討会論文集』上海書画出版社
蒋剛・王志剛 2010「関于囲坊三期文化和張家園上層文化的再認識」『考古』2010 年第 5 期
尚志儒 1993「西周金文中的井国」『文博』1993 年第 3 期
鍾柏生・陳昭容・黄銘崇・袁国華編 2006『新収殷周青銅器銘文暨器影彙編』3 冊，藝文印書館
肖夢龍 1984「母子墩墓青銅器及有関問題探索」『文物』1984 年第 5 期
岑仲勉 1956『西周社会制度問題』上海人民出版社
潘融 1993「試論三角援青銅戈」『文物』1993 年第 3 期
鄒衡 1980「論先周文化」『夏商周考古学論文集』文物出版社
井中偉 2002「我国南方出土商周銅鏡的類型学研究」『文物春秋』2002 年第 1 期
西北大学文博学院・陝西省文物局 2006『城洋青銅器』科学出版社
石璋如 1949「伝説中周都的実地考察」『国立中央研究院歴史語言研究所集刊』第 20 本下冊
陝西周原考古隊 1979a「陝西岐山鳳雛村西周建築基址発掘報告」『文物』1979 年第 10 期
陝西周原考古隊 1979b「陝西岐山鳳雛村発掘発現周初甲骨文」『文物』1979 年第 10 期

陝西周原考古隊 1980「扶風雲塘西周骨器製造作坊遺址試掘簡報」『文物』1980 年第 4 期
陝西周原考古隊 1981a「扶風召陳西周建築群基址発掘簡報」『文物』1981 年第 3 期
陝西周原考古隊 1981b「扶風県斉家村西周甲骨発掘簡報」『文物』1981 年第 9 期
陝西省考古研究院・宝鶏市考古研究所・眉県文化館 2008『吉金鋳華章　宝鶏眉県楊家村単氏青銅器窖蔵』文物出版社
陝西省考古研究院商周考古研究部 2008「陝西夏商周考古発現与研究」『考古与文物』2008 年第 6 期
陝西省博物館・陝西省文物管理委員会編 1963『扶風斉家村青銅器群』文物出版社
蘇秉琦 1948『闘鶏台溝東区墓葬』国立北平研究院歴史学研究所陝西考古発掘報告　第一種第一号
蘇秉琦 1981「関于考古学文化的区系類型問題」『文物』1981 年第 5 期
蘇秉琦 1997『中国文明起源新探』商務印書館
蘇秉琦・殷瑋璋 1981「関于考古学文化的区系類型問題」『文物』1981 年第 5 期
曹瑋 1994「周原西周銅器的分期」北京大学考古系編『考古学研究』(2)，北京大学出版社
曹瑋 1998「従青銅器的演化試論西周前後期之交的礼制変化」周秦文化研究編集委員会編『周秦文化研究』陝西人民出版社
曹瑋編著 2002『周原甲骨文』世界図書出版公司
曹瑋主編 2006『漢中出土商代青銅器』巴蜀書社
曹淑琴・殷瑋璋 1986「長江流域早期甬鐘的形態学分析」文物出版社編集部編『文物与考古論集　文物出版社成立三十周年紀念』文物出版社
早期秦文化連合考古隊 2008a「2006 年甘粛礼県大堡子山 21 号建築基址発掘簡報」『文物』2008 年第 11 期
早期秦文化連合考古隊 2008b「2006 年甘粛礼県大堡子山祭祀遺跡発掘簡報」『文物』2008 年第 11 期
孫永和・吉琨璋 2002「曲沃県博物館蔵晋侯墓地被盗文物介紹」，上海博物館編『晋侯墓地出土青銅器国際学術研討会論文集』上海書画出版社
孫慶偉 2007「従新出䚡甗看昭王南征与晋侯燮父」『文物』2007 年第 1 期
段渝 1996「巴蜀青銅文化的演進」『文物』1996 年第 3 期
中国科学院考古研究所 1956『輝県発掘報告』科学出版社（中国田野考古報告集　第 1 号）
中国科学院考古研究所 1962『美帝国主義却掠的我国殷周銅器収録』（復刻改編本：陳夢家編　松丸道雄改編 1977『殷周青銅器分類図録』汲古書院）
中国科学院考古研究所灃西発掘隊 1962「陝西長安鄠県調査与試掘簡報」『考古』1962 年第 6 期
中国社会科学院考古研究所 1980『殷墟婦好墓』文物出版社
中国社会科学院考古研究所 1984-1994『殷周金文集成』18 冊，中華書局
中国社会科学院考古研究所洛陽漢魏城隊 1998「漢魏洛陽故城城垣試掘」『考古学報』1998 年第 3 期
中国青銅器全集編集委員会編 1993『中国青銅器全集：5 西周 (1)』文物出版社
張桂光 2005「周金文所見"井叔"考」陝西師範大学・宝鶏青銅器博物館編『黄盛璋先生八秩華誕紀念文集』中国教育文化出版社
張昌平 2009『曾国青銅器研究』文物出版社
趙瑞民・韓炳華 2005『晋系青銅器研究 ―類型学与文化因素分析』山西人民出版社
張長壽 1990「論井叔銅器：1983～1986 年灃西発掘資料之二」『文物』1990 年第 7 期
張長壽 2002「晋侯墓地的墓葬序列和晋侯銅器」上海博物館編『晋侯墓地出土青銅器国際学術研討会論文集』上海書画出版社

張天恩 2001「中原地区西周青銅短剣簡論」『文物』2001 年第 4 期
張文祥 1996「宝鶏国弥墓地淵源的初歩探討：兼論蜀文化与城固銅器群的関系」『考古与文物』1996 年第 2 期
陳昭容 2006「両周婚姻関係中的「媵」與「媵器」―青銅器銘文中的性別，身分與角色研究之二」『中央研究院歴史語言研究所集刊』第 77 本第 2 分
陳存洗・楊琮 1990「福建青銅文化初探」『考古学報』1990 第 4 期
陳夢家 1955「西周銅器断代（二）」『考古学報』1955 年第 10 冊（陳夢家著 2004 趙誠・兪国林責任編集『陳夢家著作集　西周銅器断代』中華書局　に再録）
陳夢家著 2004 趙誠・兪国林責任編集『陳夢家著作集　西周銅器断代』中華書局
陳芳妹 2002「晋侯墓地青銅器所見性別研究的新線索」上海博物館編『晋侯墓地出土青銅器国際学術研討会論文集』上海書画出版社
陳連開 1988「中華新石器文化的多元区域性発展及其匯聚與輻射」『北方民族』1998 年第 1 期
鄭小爐 2007『呉越和百越地区周代青銅器研究』科学出版社
田仁孝・劉棟・張天恩 1994「西周弥氏遺存幾箇問題的探討」『文博』1994 年第 5 期
天津市歴史博物館考古隊 1984「天津薊県張家園遺址第二次発掘」『考古』1984 年第 8 期
唐雲明 1960「邢台西関外遺址試掘」『文物』1960 年第 7 期
唐金裕・王壽芝・郭長江 1980「陝西省城固県出土殷商銅器整理簡報」『考古』1980 年第 3 期
陶正剛・葉学明 1962「古魏城和禹王古城調査簡報」『文物』1962 年第 4・5 期合刊
童忠良 2001「論寧郷商鏡一脈相承的楽学内涵」『音楽季刊』2001 年第 1 期
唐蘭 1956「宜侯夨殷考釋」『考古学報』1956 年第 2 期
唐蘭 1962「西周銅器断代中的"康宮"問題」『考古学報』1962 年第 1 期
唐蘭 1976「何尊銘文解釋」『文物』1976 年第 1 期
南陽市文物研究所・桐柏県文管協 1997「桐柏月河一号春秋墓発掘簡報」『中原文物』1997 年第 4 期
馬承源 1986『商周青銅器銘文選』(3)，文物出版社
馬承源 1987「長江下遊土墩墓出土青銅器的研究」『上海博物館輯刊』第 4 輯
費孝通編 1989『中華民族多元一体格局』中央民族学院出版社
北京大学考古文博学院・北京大学古代文明研究中心 2002『吉金鋳国史　周原出土西周青銅器精粋』文物出版社
北京大学歴史系考古教研室商周組編著 1979『商周考古』文物出版社
方濬益 1894（成），1935（刊）『綴遺齋彝器款識考釋』30 巻
兪偉超 1985「関于楚文化発展的新探索」『先秦両漢考古学論文集』文物出版社
兪偉超・高明 1978a「周代用鼎制度研究（上）」『北京大学学報』哲学社会科学版第 1 期
兪偉超・高明 1978b「周代用鼎制度研究（中）」『北京大学学報』哲学社会科学版第 2 期
兪偉超・高明 1979「周代用鼎制度研究（下）」『北京大学学報』哲学社会科学版第 1 期
熊伝薪 1986「湖南省周青銅器的発見与研究」湖南省博物館編『湖南省博物館開館 30 周年暨馬王堆漢墓発掘 15 周年紀念文集』湖南省博物館
楊寛 2003『西周史』（中国断代史系列）上海人民出版社
楊傑 2010「広東早期青銅文化試析」『華夏考古』2010 年第 3 期
容庚 1941『商周彝器通考』哈佛燕京学社

羅西章 1992「扶風斉家村西周石器作坊調査記」『文博』1992 年第 5 期
羅泰 1997「有関西周晚期礼制改革及荘白微氏青銅器年代的新仮説：従世系銘文説起」臧振華編『中国考古学與歴史学之整合研究』中央研究院歴史語言研究所（中央研究院歴史語言研究所会議論文集 4）
雷興山 2010『先周文化探索』科学出版社
洛陽市文物工作隊編著 2009『洛陽王城広場東周墓』文物出版社
李維明 2009『豫南及隣境地区青銅文化』綫装書局
李燁・張歴文 1996「洋県出土殷商銅器簡報」『文博』1996 年第 6 期
李学勤 1999「異形獣面紋卣論析」『保利蔵金』編集委員会編著『保利蔵金』嶺南美術出版社
李宏・鄭志 1993「河南出土西周青銅礼器的研究」『中原文物』1993 年第 2 期
李純一 1996『中国上古出土楽器綜論』文物出版社
李仲操 1983「莽京考」『人文雑誌』1983 年第 5 期
李仲操 1998「王作帰盂銘文簡釈 —再談莽京為西周宮室之名」『考古与文物』1998 年第 1 期
李朝遠 1994「青銅器上所見西周中期的社会変遷」『学術月刊』1994 年第 11 期
李朝遠 2002「晋侯墓地出土青銅器綜覧」上海博物館編『晋国奇珍　山西晋侯墓群出土文物精品』上海人民美術出版社
李伯謙 1983「城固銅器群与早期蜀文化」『考古与文物』1983 年第 2 期
李伯謙 1998「商周青銅短剣発展譜系的縮影」李伯謙『中国青銅文化結構体系研究』科学出版社
李伯謙 2000「晋侯墓地墓主之再研究」北京大学中国伝統文化研究中心編『文化的饋贈 —漢学研究国際会議論文集　考古学巻』北京大学出版社
李峰 2007 徐峰訳，湯恵生校『西周的滅亡：中国早期国家的地理和政治危機』上海古籍出版社
李峰 2010『西周的政体：中国早期的官僚制度和国家』生活・読書・新知三聯書店
劉雨 1982「金文莽京考」『考古与文物』1982 年第 3 期
李龍章 1994「試論両広先秦青銅文化来源」『南方文物』1994 年第 1 期
劉啓益 1982「西周矢国銅器的新発現与有関的歴史地理問題」『考古与文物』1982 年第 2 期
劉克甫 2002「"北趙晋国墓地即晋侯墓" 一説質疑」上海博物館編『晋侯墓地出土青銅器国際学術研討会論文集』上海書画出版社
林永昌 2007「遼西地区銅器窖蔵性質再分析」『古代文明研究通訊』総第 34 期
林歓 2003「試論太清宮長子口墓与商周 "長" 族」『華夏考古』2003 年第 2 期
盧連成 1995「西周金文所見莽京及相関都邑討論」『中国歴史地理論叢』1995 年 3 輯
盧連成 1996「天馬―曲村晋侯墓地年代及墓主考訂」中国考古学会・山西省考古学会・山西省考古研究所編『汾河湾　丁村文化与晋文化考古学術研討会文集』山西高校聯合出版社
盧連成・胡智生 1983a「宝鶏茹家荘，竹園溝墓地有関問題的探討」『文物』1983 年第 2 期
盧連成・胡智生 1983b「宝鶏茹家荘，竹園溝墓地出土兵器的初歩研究：兼論蜀式兵器的淵源和発展」『考古与文物』1983 年第 5 期

（英文）

Barnard, Noel. 1958. "A Recently Excavated Inscribed Bronze of Western Chou Date." *Monumenta Serica: journal of Oriental studies of the Catholic University of Peking* 17

(報告書)
　陝西省
秦 1　閻宏斌 1988「宝鶏林家村出土西周青銅器和陶器」『文物』1988 年第 6 期
秦 2　王永剛・崔風光・李延麗 2007「陝西甘泉県出土晩商青銅器」『考古与文物』2007 年第 3 期
秦 3　王桂枝 1985「宝鶏下馬営旭光西周墓清理簡報」『文博』1985 年第 2 期
秦 4　王桂枝 1997「宝鶏市郊出土的部分西周時期青銅器」『文物』1997 年第 9 期
秦 5　王桂枝・高次若 1981「宝鶏地区発現幾批商周青銅器」『考古与文物』1981 年第 1 期
秦 6　王桂枝・高次若 1983「宝鶏新出土及館蔵的幾件青銅器」『考古与文物』1983 年第 6 期
秦 7　王玉清 1959「岐山発現西周時代大鼎」『文物』1959 年第 10 期
秦 8　王光永 1975「陝西省宝鶏市峪泉生産隊発現西周早期墓葬」『文物』1975 年第 3 期
秦 9　王光永 1977「陝西省岐山県発現商代銅器」『文物』1977 年第 12 期
秦 10　王光永 1980「宝鶏茹家荘発現西周早期銅器」『考古与文物』1980 年第 1 期
秦 11　王光永・曹明檀 1979「宝鶏市郊区和鳳翔発現西周早期銅鏡等文物」『文物』1979 年第 12 期
秦 12　王長啓 2002「西安豊鎬遺址発現的車馬坑及青銅器」『文物』2002 年第 12 期
秦 13　葛今 1972「涇陽高家堡早周墓葬発掘記」『文物』1972 年第 7 期
秦 14　韓偉・呉鎮烽 1982「鳳翔南指揮西村周墓的発掘」『考古与文物』1982 年第 4 期
秦 15　咸陽市文物考古研究所・旬邑県博物館 2006「陝西旬邑下魏洛西周早期墓発掘調査簡報」『文物』2006 年第 8 期
秦 16　祁健業 1982「岐山県北郭公社出土的西周青銅器」『考古与文物』1982 年第 2 期
秦 17　祁健業 1984「岐山県博物館近幾年来徴集的商周青銅器」『考古与文物』1984 年第 5 期
秦 18　姫乃軍・陳明徳 1993「陝西延長出土一批西周青銅器」『考古与文物』1993 年第 5 期
秦 19　鞏啓明 1981「西安袁家崖発現商代晩期墓葬」『文物資料叢刊』第 5 集
秦 20　巨万倉 1985「陝西岐山王家嘴，衙里西周墓葬発掘簡報」『文博』1985 年第 5 期
秦 21　涇陽県博物館 1997「涇陽高家堡出土的青銅器」『文博』1997 年第 5 期
秦 22　高次若 1993「宝鶏石嘴頭発現西周早期墓葬」『文物』1993 年第 7 期
秦 23　高次若・劉明科 1990「宝鶏茹家荘新発現銅器窖蔵」『考古与文物』1990 年第 4 期
秦 24　高西省 1988「扶風近年徴集的商周青銅器」『文博』1988 年第 6 期
秦 25　高西省 1989「扶風唐西塬出土青銅器」『考古与文物』1989 年第 1 期
秦 26　苟保平 1996「城固県文化館収蔵的青銅器」『文博』1996 年第 6 期
秦 27　康楽 1986「武功県出土商周青銅器」『文博』1986 年第 1 期
秦 28　黒光・朱捷元 1975「陝西綏徳墕頭村発現一批窖蔵商代銅器」『文物』1975 年第 2 期
秦 29　呉大焱・羅英傑 1976「陝西武功県出土駒父盨蓋」『文物』1976 年第 5 期
秦 30　呉鎮烽・朱捷元・尚志儒 1979「陝西永寿，藍田出土西周青銅器」『考古』1979 年第 2 期
秦 31　呉鎮烽・雒忠如 1975「陝西省扶風県強家村出土的西周銅器」『文物』1975 年第 8 期
秦 32　胡百川 1987「隴県梁甫出土西周早期青銅器」『文博』1987 年第 3 期
秦 33　呉蘭・宗于 1988「陝北発現商周青銅器」『考古』1988 年第 10 期
秦 34　左忠誠 1980「渭南県南堡村発現三件商代銅器」『考古与文物』1980 年第 2 期
秦 35　左忠誠 1980「陝西渭南県南堡西周初期墓葬」『文物資料叢刊』第 3 集
秦 36　史言 1972「扶風荘白大隊出土的一批西周銅器」『文物』1972 年第 6 期

秦 37　史言　1972「眉県楊家村大鼎」『文物』1972 年第 7 期
秦 38　秋維道・孫東位　1980「陝西礼泉県発現両批商代銅器」『文物資料叢刊』第 3 集
秦 39　周原考古隊　1982「周原出土伯公父簠」『文物』1982 年第 6 期
秦 40　周原考古隊　2003「2002 年周原遺址（斉家村）発掘簡報」『考古与文物』2003 年第 4 期
秦 41　周原考古隊　2003「1999 年度周原遺址 IA1 区及 IVA1 区発掘簡報」北京大学中国考古学研究中心・北京大学震旦古代文明研究中心編『古代文明　第 2 巻』文物出版社
秦 42　周原考古隊　2004「2003 年秋周原遺址（IVB2 区与 IVB3 区）的発掘」北京大学中国考古学研究中心・北京大学震旦古代文明研究中心編『古代文明　第 3 巻』文物出版社
秦 43　周原考古隊　2004「陝西周原遺址発現西周墓葬与鋳銅遺址」『考古』2004 年第 1 期
秦 44　周原考古隊　2008「陝西扶風県周原遺址荘李西周墓発掘簡報」『考古』2008 年第 12 期
秦 45　周原博物館　2005「1995 年扶風黄堆老保子西周墓清理簡報」『文物』2005 年第 4 期
秦 46　周原博物館　2005「1996 年扶風黄堆老保子西周墓清理簡報」『文物』2005 年第 4 期
秦 47　周原博物館　2007「周原遺址劉家墓地西周墓葬的整理」『文博』2007 年第 4 期
秦 48　周原扶風文管所　1985「扶風斉家村七，八号西周銅器窖蔵清理簡報」『考古与文物』1985 年第 1 期
秦 49　周原扶風文管所　1987「陝西扶風強家一号西周墓」『文博』1987 年第 4 期
秦 50　周文　1972「新出土的幾件西周銅器」『文物』1972 年第 7 期
秦 51　珠葆　1984「長安灃西馬王村出土"䣄男"銅鼎」『考古与文物』1984 年第 1 期
秦 52　淳化県文化館　1980「陝西淳化史家塬出土西周大鼎」『考古与文物』1980 年第 2 期
秦 53　肖琦　1991「陝西隴県出土周代青銅器」『考古与文物』1991 年第 5 期
秦 54　尚志儒・呉鎮烽・朱捷元　1978「陝西省近年収集的部分商周青銅器」『文物資料叢刊』第 2 集
秦 55　尚志儒・樊維岳・呉梓林　1976「陝西藍田県出土㝬叔鼎」『文物』1976 年第 1 期
秦 56　徐天進　2006「周公廟遺址的考古所獲及所思」『文物』2006 年第 8 期
秦 57　靱松・樊維岳　1975「記陝西藍田県新出土的応侯鐘」『文物』1975 年第 10 期
秦 58　綏徳県博物館　1982「陝西綏徳発現和収蔵的商代青銅器」『考古学集刊』第 2 集
秦 59　西安市文物管理処　1974「陝西長安新旺村，馬王村出土的西周銅器」『考古』1974 年第 1 期
秦 60　斉天谷　1989「陝西子長県出土的商代青銅器」『考古与文物』1989 年第 5 期
秦 61　石興邦　1954「長安普渡村西周墓葬発掘記」『考古学報』1954 年第 8 冊
秦 62　陝西周原考古隊　1978「陝西扶風荘白一号西周青銅器窖蔵発掘簡報」『文物』1978 年第 3 期
秦 63　陝西周原考古隊　1978「陝西扶風県雲塘，荘白二号西周銅器窖蔵」『文物』1978 年第 11 期
秦 64　陝西周原考古隊　1979「陝西扶風斉家十九号西周墓」『文物』1979 年第 11 期
秦 65　陝西周原考古隊　1979「陝西岐山鳳雛村西周青銅器窖蔵簡報」『文物』1979 年第 11 期
秦 66　陝西周原考古隊　1980「扶風雲塘西周墓」『文物』1980 年第 4 期
秦 67　陝西周原考古隊　1983「陝西岐山賀家村西周墓発掘報告」『文物資料叢刊』第 8 集
秦 68　陝西周原考古隊　1986「扶風黄堆西周墓地鑽探清理簡報」『文物』1986 年第 8 期
秦 69　陝西周原扶風文管所　1982「周原西周遺址扶風地区出土幾批青銅器」『考古与文物』1982 年第 2 期
秦 70　陝西周原扶風文管所　1982「周原発現師同鼎」『文物』1982 年第 12 期
秦 71　陝西省考古研究院　2009「陝西韓城市梁帯村芮国墓地 M28 的発掘」『考古』2009 年第 4 期
秦 72　陝西省考古研究院・渭南市文物保護考古研究所・韓城市景区管理委員会　2010『梁帯村芮国墓地 ― 2007 年度発掘報告』文物出版社

秦 73　陝西省考古研究院・渭南市文物保護考古研究所・韓城市文物旅遊局 2007「陝西韓城梁帯村遺址 M27 発掘簡報」『考古与文物』2007 年第 6 期

秦 74　陝西省考古研究院・渭南市文物保護考古研究所・韓城市文物旅遊局 2010「陝西韓城梁帯村墓地北区 2007 年発掘簡報」『文物』2010 年第 6 期

秦 75　陝西省考古研究院・北京大学考古文博学院・中国社会科学院考古研究所　周原考古隊 2010『周原 ― 2002 年度斉家製玦作坊和礼村遺址考古発掘報告』科学出版社

秦 76　陝西省考古研究所 1995『高家堡戈国墓』三秦出版社

秦 77　陝西省考古研究所 2009『少陵原西周墓地』科学出版社

秦 78　陝西省考古研究所・渭南市文物保護考古研究所・韓城市文物旅遊局 2007「陝西韓城梁帯村遺址 M19 発掘簡報」『考古与文物』2007 年第 2 期

秦 79　陝西省考古研究所・渭南市文物保護考古研究所・韓城市文物旅遊局 2008「陝西韓城梁帯村遺址 M26 発掘簡報」『文物』2008 年第 1 期

秦 80　陝西省考古研究所・陝西省文物管理委員会・陝西省博物館 1979『陝西出土商周青銅器 (1)』文物出版社

秦 81　陝西省考古研究所・陝西省文物管理委員会・陝西省博物館 1980『陝西出土商周青銅器 (3)』文物出版社

秦 82　陝西省考古研究所・陝西省文物管理委員会・陝西省博物館 1984『陝西出土商周青銅器 (4)』文物出版社

秦 83　陝西省考古研究所・宝鶏市考古工作隊・眉県文化館 2003「陝西眉県楊家村西周青銅器窖蔵」『考古与文物』2003 年第 3 期

秦 84　陝西省考古研究所・宝鶏市考古工作隊・眉県文化館 2003「陝西眉県楊家村西周青銅器窖蔵発掘簡報」『文物』2003 年第 6 期

秦 85　陝西省博物館 1977「陝西長安澧西出土的𤸫盉」『考古』1977 年第 1 期

秦 86　陝西省博物館・陝西省文物管理委員会 1976「陝西岐山賀家村西周墓葬」『考古』1976 年第 1 期

秦 87　陝西省博物館・文管会岐山工作隊 1978「陝西岐山礼村附近周遺址的調査和試掘」『文物資料叢刊』第 2 集

秦 88　陝西省文物管理委員会 1957「長安普渡村西周墓的発掘」『考古学報』1957 年第 1 期

秦 89　陝西省文物管理委員会 1960「陝西岐山，扶風周墓清理記」『考古』1960 年第 8 期

秦 90　陝西省文物管理委員会 1961「陝西興平，鳳翔発現銅器」『文物』1961 年第 7 期

秦 91　陝西省文物管理委員会 1963「陝西扶風，岐山周代遺址和墓葬調査発掘報告」『考古』1963 年第 12 期

秦 92　陝西省文物管理委員会 1964「陝西省永寿県，武功県出土西周銅器」『文物』1964 年第 7 期

秦 93　陝西省文物管理委員会 1986「西周鎬京附近部分墓葬発掘簡報」『文物』1986 年第 1 期

秦 94　陝西省文物局・中華世紀壇芸術館 2003『盛世吉金 ―陝西宝鶏眉県青銅器窖蔵』北京出版社

秦 95　曹瑋主編 2005『周原出土青銅器』第 1 巻，巴蜀書社

秦 96　曹瑋主編 2005『周原出土青銅器』第 2 巻，巴蜀書社

秦 97　曹瑋主編 2005『周原出土青銅器』第 3 巻，巴蜀書社

秦 98　曹瑋主編 2005『周原出土青銅器』第 4 巻，巴蜀書社

秦 99　曹瑋主編 2005『周原出土青銅器』第 5 巻，巴蜀書社

秦 100　曹瑋主編 2005『周原出土青銅器』第 6 巻，巴蜀書社

秦101　曹瑋主編　2005『周原出土青銅器』第7巻，巴蜀書社
秦102　曹瑋主編　2005『周原出土青銅器』第8巻，巴蜀書社
秦103　曹瑋主編　2005『周原出土青銅器』第9巻，巴蜀書社
秦104　曹瑋主編　2005『周原出土青銅器』第10巻，巴蜀書社
秦105　曹瑋主編・陝西省考古研究院編著　2009『陝北出土青銅器』第1巻，巴蜀書社
秦106　曹瑋主編・陝西省考古研究院編著　2009『陝北出土青銅器』第2巻，巴蜀書社
秦107　曹発展・景凡　1984「陝西旬邑県崔家河遺址調査記」『考古与文物』1984年第4期
秦108　曹発展・陳国英　1981「咸陽地区出土西周青銅器」『考古与文物』1981年第1期
秦109　曹明檀・尚志儒　1984「陝西鳳翔出土的西周青銅器」『考古与文物』1984年第1期
秦110　中国科学院考古研究所　1963『澧西発掘報告　1955-1957年陝西長安県澧西郷考古発掘資料』文物出版社
秦111　中国科学院考古研究所　1965『長安張家坡西周銅器群』文物出版社
秦112　中国科学院考古研究所澧西考古隊　1965「陝西長安張家坡西周墓清理簡報」『考古』1965年第9期
秦113　中国社会科学院考古研究所　1999『張家坡西周墓地』中国大百科全書出版社
秦114　中国社会科学院考古研究所　2007『南邠州・碾子坡』世界図書出版社
秦115　中国社会科学院考古研究所豊鎬工作隊　1987「1984-1985年澧西西周遺址，墓葬発掘報告」『考古』1987年第1期
秦116　中国社会科学院考古研究所豊鎬工作隊　2000「1997年澧西発掘報告」『考古学報』2000年第2期
秦117　中国社会科学院考古研究所澧鎬隊　1994「1992年澧西発掘簡報」『考古』1994年第11期
秦118　中国社会科学院考古研究所豊鎬発掘隊　1984「長安澧西早周墓葬発掘記略」『考古』1984年第9期
秦119　中国社会科学院考古研究所澧西隊　1994「1987，1991年陝西長安張家坡的発掘」『考古』1994年第10期
秦120　中国社会科学院考古研究所澧西発掘隊　1980「1967年長安張家坡西周墓葬的発掘」『考古学報』1980年第4期
秦121　中国社会科学院考古研究所澧西発掘隊　1981「1976-1978年長安澧西発掘簡報」『考古』1981年第1期
秦122　中国社会科学院考古研究所澧西発掘隊　1983「陝西長安県新旺村新出西周銅鼎」『考古』1983年第3期
秦123　中国社会科学院考古研究所澧西発掘隊　1986「1979-1981年長安澧西，澧東発掘簡報」『考古』1986年第3期
秦124　中国社会科学院考古研究所澧西発掘隊　1986「1984年澧西大原村西周墓地発掘簡報」『考古』1986年第11期
秦125　趙永福　1984「1961-62年澧西発掘簡報」『考古』1984年第9期
秦126　趙学謙　1963「陝西宝鶏，扶風出土的幾件青銅器」『考古』1963年第10期
秦127　長水　1972「岐山賀家村出土的西周銅器」『文物』1972年第6期
秦128　張長壽　2000「澧西的先周文化遺存」『考古与文物』2000年第2期
秦129　陳穎　1985「長安県新旺村出土的両件青銅器」『文博』1985年第3期
秦130　鄭洪春　1981「長安県河迪村西周墓清理簡報」『文物資料叢刊』第5集
秦131　鄭洪春・穆海亭　1988「長安県花園村西周墓葬清理簡報」『文博』1988年第1期

秦 132　程学華　1959「宝鶏扶風発現西周銅器」『文物』1959 年第 11 期
秦 133　銅川市文化館　1982「陝西銅川発現商周青銅器」『考古』1982 年第 1 期
秦 134　唐蘭　1976「何尊銘文解釈」『文物』1976 年第 1 期
秦 135　馬琴莉　1996「三原県博物館収蔵的商周銅器和陶器」『文博』1996 年第 4 期
秦 136　樊維岳　1985「藍田出土一組西周早期青銅器」『文博』1985 年第 3 期
秦 137　樊維岳　1987「藍田出土一組西周早期銅器陶器」『考古与文物』1987 年第 5 期
秦 138　扶風県博物館　2007「陝西扶風県新発現一批商周青銅器」『考古与文物』2007 年第 3 期
秦 139　龐懐清・鎮烽・忠如・志儒　1976「陝西省岐山県董家村西周銅器窖穴発掘簡報」『文物』1976 年第 5 期
秦 140　宝鶏市考古研究所　2007「陝西宝鶏紙坊頭西周早期墓葬清理簡報」『文物』2007 年第 8 期
秦 141　宝鶏市考古研究所・扶風県博物館　2007「陝西扶風五郡西村西周青銅器窖蔵発掘簡報」『文物』2007 年第 8 期
秦 142　宝鶏市考古隊・扶風県博物館　1996「扶風県飛鳳山西周墓発掘簡報」『考古与文物』1996 年第 3 期
秦 143　宝鶏市考古隊・扶風県博物館　2007「陝西扶風県新発現一批西周青銅器」『考古与文物』2007 年第 4 期
秦 144　宝鶏市博物館　1983「宝鶏竹園溝西周墓地発掘簡報」『文物』1983 年第 2 期
秦 145　宝鶏市博物館・渭濱区文化館　1978「宝鶏竹園溝等地西周墓」『考古』1978 年第 5 期
秦 146　宝鶏茹家荘西周墓発掘隊　1976「陝西省宝鶏市茹家荘西周墓発掘簡報」『文物』1976 年第 4 期
秦 147　龐文龍　1994「岐山県博物館蔵商周青銅器録遺」『考古与文物』1994 年第 3 期
秦 148　龐文龍・崔玫英　1990「陝西岐山近年出土的青銅器」『考古与文物』1990 年第 1 期
秦 149　龐文龍・劉少敏　1992「岐山県北郭郷樊村新出青銅器等文物」『考古与文物』1992 年第 6 期
秦 150　穆暁軍　1998「陝西長安県出土西周呉虎鼎」『考古与文物』1998 年第 3 期
秦 151　姚生民　1986「陝西淳化県出土的商周青銅器」『考古与文物』1986 年第 5 期
秦 152　姚生民　1990「陝西淳化県新発見的商周青銅器」『考古与文物』1990 年第 1 期
秦 153　雒忠如　1963「扶風県又出土了周代銅器」『文物』1963 年第 9 期
秦 154　羅紅俠　1994「扶風黄堆老堡西周残墓清理簡報」『文博』1994 年第 5 期
秦 155　羅西章　1973「扶風新徴集了一批西周青銅器」『文物』1973 年第 11 期
秦 156　羅西章　1974「陝西扶風県北橋出土一批西周青銅器」『文物』1974 年第 11 期
秦 157　羅西章　1977「扶風白家窯水庫出土的商周文物」『文物』1977 年第 12 期
秦 158　羅西章　1978「扶風白龍大隊発現西周早期墓葬」『文物』1978 年第 2 期
秦 159　羅西章　1978「扶風美陽発現商周銅器」『文物』1978 年第 10 期
秦 160　羅西章　1979「陝西扶風発現西周厲王䵼䭉」『文物』1979 年第 4 期
秦 161　羅西章　1980「陝西扶風楊家堡西周墓清理簡報」『考古与文物』1980 年第 2 期
秦 162　羅西章　1980「扶風出土的商周青銅器」『考古与文物』1980 年第 4 期
秦 163　羅西章　1995『北呂周人墓地』西北大学出版社
秦 164　羅西章　1998「西周王盂考 ―兼論莽京地望」『考古与文物』1998 年第 1 期
秦 165　羅西章　1999「陝西周原新出土的青銅器」『考古』1999 年第 4 期
秦 166　羅西章・呉鎮烽・尚志儒　1976「陝西扶風県召李村一号周墓清理簡報」『文物』1976 年第 6 期
秦 167　羅西章・呉鎮烽・雒忠如　1976「陝西扶風出土西周伯㺇諸器」『文物』1976 年第 6 期

秦168　劉懐君 1987「眉県出土一批西周窖蔵青銅楽器」『文博』1987 年第 2 期
秦169　劉懐君・任周芳 1982「眉県出土"王作仲姜"宝鼎」『考古与文物』1982 年第 2 期
秦170　劉宏斌 2007「吉金現世　三秦増輝」『文博』2007 年第 1 期
秦171　劉少敏・龐文龍 1992「陝西岐山新出土周初青銅器等文物」『文物』1992 年第 6 期
秦172　梁星彭・馮孝堂 1963「陝西長安，扶風出土西周銅器」『考古』1963 年第 8 期
秦173　臨潼県文化館 1977「陝西臨潼発現武王征商簋」『文物』1977 年第 8 期
秦174　盧連成・尹盛平 1982「古矢国遺址，墓地調査記」『文物』1982 年第 2 期
秦175　盧連成・胡智生 1988『宝鶏強国墓地』文物出版社
秦176　盧連成・羅英傑 1981「陝西武功県出土楚殷諸器」『考古』1981 年第 2 期
秦177　高西省 1994「扶風巨良海家出土大型爬龍等青銅器」『文物』1994 年第 2 期
秦178　高西省・侯若斌 1985「扶風県発現一銅器窖蔵」『文博』1985 年第 1 期
秦179　曹永斌・樊維岳 1986「藍田洩湖鎮発現西周車馬坑」『文博』1986 年第 5 期
秦180　扶風県博物館 1986「扶風県官務窯出土西周銅器」『文博』1986 年第 5 期
秦181　羅西章 1982「扶風溝原発現叔趙父匜」『考古与文物』1982 年第 4 期
秦182　羅西章 1998「宰獣簋銘略考」『文物』1998 年第 8 期
　甘粛省
隴1　甘粛省博物館文物組 1972「霊台白草坡西周墓」『文物』1972 年 12 期
隴2　甘粛省博物館文物隊 1977「甘粛霊台白草坡西周墓」『考古学報』1977 年第 2 期
隴3　甘粛省博物館文物隊・霊台県文化館 1976「甘粛霊台県両周墓葬」『考古』1976 年第 1 期
隴4　甘粛省文物考古研究所 2009『崇信于家湾周墓』文物出版社
隴5　許俊臣 1983「甘粛慶陽地区出土的商周青銅器」『考古与文物』1983 年第 3 期
隴6　許俊臣・劉得禎 1985「甘粛寧県宇村出土西周青銅器」『考古』1985 年第 4 期
隴7　史可暉 1987「甘粛霊台県又発現一座西周墓葬」『考古与文物』1987 年第 5 期
隴8　劉玉林 1977「甘粛涇川発現早周銅鬲」『文物』1977 年第 9 期
隴9　劉得禎 1981「甘粛霊台両座西周墓」『考古』1981 年第 6 期
隴10　劉得禎 1983「甘粛霊台紅崖溝出土西周銅器」『考古与文物』1983 年第 6 期
　寧夏回族自治区
寧1　固原県文物工作站 1983「寧夏固原県西周墓清理簡報」『考古』1983 年第 11 期
　四川省
蜀1　王家祐 1961「記四川彭県竹瓦街出土的銅器」『文物』1961 年第 11 期
蜀2　四川省博物館・彭県文化館 1981「四川彭県西周窖蔵銅器」『考古』1981 年第 6 期
蜀3　馮漢驥 1980「四川彭県出土的銅器」『文物』1980 年第 12 期
　河南省
豫1　尹俊敏・劉富亭 1992「南陽市博物館蔵両周銘文銅器介紹」『中原文物』1992 年第 2 期
豫2　王儒林 1965「河南桐柏発現周代銅器」『考古』1965 年第 7 期
豫3　王龍正・姜濤・婁金山 1998「匍鴨銅盉与頫聘礼」『文物』1998 年第 4 期
豫4　王龍正・姜濤・袁俊傑 1998「新発現的柞伯簋及其銘文考釋」『文物』1998 年第 9 期
豫5　開封地区文管会・新鄭県文管会・鄭州大学歴史系考古専業 1978「河南省新鄭県唐戸両周墓葬発掘簡報」『文物資料叢刊』第 2 集

豫 6　賀官堡　1964「洛陽龐家溝出土西周銅器」『文物』1964 年第 9 期
豫 7　郭宝鈞　1936「濬県辛村古残墓之清理」『田野考古報告』第 1 冊
豫 8　郭宝鈞　1964『濬縣辛村』科学出版社
豫 9　河南省博物館　1977「河南省襄県西周墓発掘簡報」『文物』1977 年第 8 期
豫 10　河南省文化局文物工作隊第一隊　1957「河南上蔡出土的一批銅器」『文物参考資料』1957 年第 11 期
豫 11　河南省文化局文物工作隊第二隊　1956「洛陽的両個西周墓」『考古通訊』1956 年第 1 期
豫 12　河南省文物研究所・禹県文管会　1988「禹県呉湾西周晩期墓葬清理簡報」『中原文物』1988 年第 3 期
豫 13　河南省文物研究所・三門峡市文物工作隊　1992「三門峡上村嶺虢国墓地 M2001 発掘簡報」『華夏考古』1992 年第 3 期
豫 14　河南省文物研究所・平頂山市文管会　1988「平頂山市北滍村両周墓地一号墓発掘簡報」『華夏考古』1988 年第 1 期
豫 15　河南省文物研究所・平頂山市文物管理委員会　1992「平頂山応国墓地九十五号墓的発掘」『華夏考古』1992 年第 3 期
豫 16　河南省文物考古研究所・三門峡市文物考古研究所　2009「河南三門峡虢国墓地 M2008 発掘簡報」『文物』2009 年第 2 期
豫 17　河南省文物考古研究所・三門峡市文物工作隊　1995「上村嶺虢国墓地 M2006 的清理」『文物』1995 年第 1 期
豫 18　河南省文物考古研究所・三門峡市文物工作隊　1999『三門峡虢国墓（第一巻）』文物出版社
豫 19　河南省文物考古研究所・三門峡市文物工作隊　2000「三門峡虢国墓地 M2010 的清理」『文物』2000 年第 12 期
豫 20　河南省文物考古研究所・三門峡市文物工作隊　2000「三門峡虢国墓地 M2013 的発掘清理」『文物』2000 年第 12 期
豫 21　河南省文物考古研究所・周口市文化局　2000『鹿邑太清宮長子口墓』中州古籍出版社
豫 22　河南省文物考古研究所・周口地区文化局　2000「河南鹿邑県太清宮西周墓的発掘」『考古』2000 年第 9 期
豫 23　河南省文物考古研究所・平頂山市文物管理委員会　1998「平頂山応国墓地八十四号墓発掘簡報」『文物』1998 年第 9 期
豫 24　韓維龍・張志清　2000「鹿邑太清宮長子口墓出土青銅器」『中原文物』2000 年第 1 期
豫 25　関玉翠・趙新来　1966「泌陽県出土的両件西周銅壺」『文物』1966 年第 1 期
豫 26　崔慶明　1984「南陽市北郊出土一批申国青銅器」『中原文物』1984 年第 4 期
豫 27　三門峡市文物工作隊　1999「三門峡市花園北街発現一座西周墓葬」『文物』1999 年第 11 期
豫 28　三門峡市文物工作隊　2000「三門峡市李家窰四十四号墓的発掘」『華夏考古』2000 年第 3 期
豫 29　周到・趙新来　1980「河南鶴壁龐村出土的青銅器」『文物資料叢刊』第 3 集
豫 30　信陽地区文管会・信陽県文管会　1989「河南信陽県獅河港出土西周早期銅器群」『考古』1989 年第 1 期
豫 31　中国科学院考古研究所　1959『洛陽中州路（西工段）』科学出版社
豫 32　中国科学院考古研究所　1959『上村嶺虢国墓地』科学出版社
豫 33　張剣・蔡運章　1998「洛陽白馬寺三座西周晩期墓」『文物』1998 年第 10 期
豫 34　張剣・蔡運章　1998「洛陽東郊 13 号西周墓的発掘」『文物』1998 年第 10 期

豫 35　張肇武　1983「河南省平頂山市又出土一件鄧公簋」『考古与文物』1983 年第 1 期
豫 36　張肇武　1985「平頂山市出土周代青銅器」『考古』1985 年第 3 期
豫 37　鄭州市文物考古研究所　2001「鄭州窪劉西周貴族墓出土青銅器」『中原文物』2001 年第 2 期
豫 38　鄭州市文物考古研究所　2001「鄭州市窪劉村西周早期墓葬（ZGW99M1）発掘簡報」『文物』2001 年第 6 期
豫 39　裴琪　1958「魯山県発現一批重要銅器」『文物参考資料』1958 年第 5 期
豫 40　傅永魁　1959「洛陽東郊西周墓発掘簡報」『考古』1959 年第 4 期
豫 41　平頂山市文管会　1981「河南平頂山市発現西周銅殳」『考古』1981 年第 4 期
豫 42　平頂山市文管会・張肇武　1984「河南平頂山市出土西周応国青銅器」『文物』1984 年第 12 期
豫 43　平頂山市文管会・廖桂行・孫清遠　1988「平頂山市新出西周青銅器」『中原文物』1988 年第 1 期
豫 44　楊澍　1985「河南臨汝出土西周早器青銅器」『考古』1985 年第 12 期
豫 45　楊宝順　1972「新鄭出土西周銅方壺」『文物』1972 年第 10 期
豫 46　洛陽市第二文物工作隊　2000「洛陽市五女冢西周早期墓葬発掘簡報」『文物』2000 年第 10 期
豫 47　洛陽市文物工作隊　1983「1975-1979 年洛陽北窯西周鋳銅遺址的発掘」『考古』1983 年第 5 期
豫 48　洛陽市文物工作隊　1992「洛陽市東郊発現的両座西周墓」『文物』1992 年第 3 期
豫 49　洛陽市文物工作隊　1995「洛陽東郊 C5M906 号西周墓」『考古』1995 年第 9 期
豫 50　洛陽市文物工作隊　1999『洛陽北窯西周墓』文物出版社
豫 51　洛陽市文物工作隊　1999「洛陽林校西周車馬坑」『文物』1999 年第 3 期
豫 52　洛陽市文物工作隊　1999「洛陽東郊西周墓」『文物』1999 年第 9 期
豫 53　洛陽市文物工作隊　2003「洛陽東車站両周墓発掘簡報」『文物』2003 年第 12 期
豫 54　洛陽市文物工作隊　2004「洛陽市唐城花園 C3M417 西周墓発掘簡報」『文物』2004 年第 7 期
豫 55　洛陽市文物工作隊　2006「洛陽瀍河東岸西周墓的発掘」『文物』2006 年第 3 期
豫 56　洛陽市文物工作隊　2010『洛陽瞿家屯発掘報告』文物出版社
豫 57　洛陽市文物工作隊　2010「洛陽老城北大街西周墓」『文物』2010 年第 8 期
豫 58　洛陽博物館　1972「洛陽北窯西周墓清理記」『考古』1972 年第 2 期
豫 59　洛陽博物館　1972「洛陽龐家溝五座西周墓的整理」『文物』1972 年第 10 期
豫 60　洛陽博物館　1981「洛陽北窯村西周遺址 1974 年度発掘簡報」『文物』1981 年第 7 期
豫 61　劉東亜　1964「河南淮陽出土的西周銅器和陶器」『考古』1964 年第 3 期
豫 62　梁暁景・馬三鴻　1999「洛陽潤濱 AM21 西周墓」『文物』1999 年第 9 期
豫 63　娄金山　2003「河南平頂山市出土的応国青銅器」『考古』2003 年第 3 期
豫 64　河南省文物考古研究所・平頂山市文物管理局　2007「河南平頂山応国墓地八号墓発掘簡報」『華夏考古』2007 年第 1 期
豫 65　河南省文物考古研究所・平頂山市文物管理局　2012『平頂山応国墓地 I』大象出版社

山東省

魯 1　王錫平・唐禄庭　1986「山東黄県荘頭西周墓清理簡報」『文物』1986 年第 8 期
魯 2　山東省烟台地区文物管理委員会　1983「烟台市上夼村出土曩国銅器」
魯 3　山東省文物考古研究所　1996「山東済陽劉台子西周六号墓清理報告」『文物』1996 年第 12 期
魯 4　山東省文物考古研究所　2011「山東高青県陳荘西周遺存発掘簡報」『考古』2011 年第 2 期
魯 5　山東省文物考古研究所・山東省博物館・済寧地区文物組・曲阜県文管会　1982『曲阜魯国故城』斉魯

書社
魯6　寿光県博物館　1985「山東寿光県新発現一批紀国銅器」『文物』1985 年第 3 期
魯7　斉文濤　1972「概述近年来山東出土的商周青銅器」『文物』1972 年第 5 期
魯8　中国社会科学院考古研究所　2005『滕州前掌大墓地』文物出版社
魯9　鄭同修・隋裕仁　1995「山東威海市発現周代墓葬」『考古』1995 年第 1 期
魯10　滕県博物館　1984「山東滕県発現滕侯銅器墓」『考古』1984 年第 4 期
魯11　滕県博物館・万樹瀛　1981「滕県後荊溝出土不嬰簋等青銅器」『文物』1981 年第 1 期
魯12　徳州行署文化局文物組・済陽県図書館　1981「山東済陽劉台子西周早期墓発掘簡報」『文物』1981 年第 9 期
魯13　徳州地区文化局文物組・済陽県図書館　1985「山東済陽劉台子西周墓地第二次発掘」『文物』1985 年第 12 期
魯14　万樹瀛・楊考義　1979「山東滕県出土西周滕国銅器」『文物』1979 年 4 期
魯15　李歩青　1983「山東莱陽県出土紀国銅器」『文物』1983 年第 12 期
魯16　李歩青・林仙庭　1991「山東龍口市出土西周青銅鼎」『文物』1991 年第 5 期
魯17　李歩青・林仙庭　1991「山東黄県帰城遺址的調査与発掘」『考古』1991 年第 10 期
魯18　李魯滕　2002「鬲鼎及其相関問題」謝冶秀主編『斉魯文博』斉魯書社

山西省

晋1　解希恭　1957「山西洪趙県永凝東堡出土的銅器」『文物参考資料』1957 年第 8 期
晋2　山西省考古研究所　1994「1976 年聞喜上郭村周代墓葬清理記」『三晋考古』第 1 輯
晋3　山西省考古研究所　1994「聞喜上郭村 1989 年発掘簡報」『三晋考古』第 1 輯
晋4　山西省考古研究所・運城市文物工作站・絳県文化局　2006「山西絳県横水西周墓地」『考古』2006 年第 7 期
晋5　山西省考古研究所・運城市文物工作站・黄県文化局　2006「山西絳県横水西周墓発掘簡報」『文物』2006 年第 8 期
晋6　山西省考古研究所・曲沃県文物局　2009「山西曲沃羊舌晋侯墓地発掘簡報」『文物』2009 年第 1 期
晋7　山西省考古研究所・北京大学考古文博学院　2010「山西北趙晋侯墓地一号車馬坑発掘簡報」『文物』2010 年第 2 期
晋8　山西省考古研究所大河口墓地連合考古隊　2011「山西翼城県大河口西周墓地」『考古』2011 年第 7 期
晋9　山西省文物管理委員会　1955「山西洪趙県坊堆村古遺址墓群清理簡報」『文物参考資料』1955 年第 4 期
晋10　山西省文物工作委員会・洪同県文化館　1987「山西洪同永凝堡西周墓葬」『文物』1987 年第 2 期
晋11　朱華　1994「聞喜上郭村古墓群試掘」『三晋考古』第 1 輯
晋12　戴尊徳・劉岱瑜　1989「山西芮城柴村出土的西周銅器」『考古』1989 年第 10 期
晋13　張崇寧・楊林中　2007「山西発掘黎城西周墓地」『中国文物報』2007 年 4 月 25 日
晋14　北京大学考古学系・山西省考古研究所　1994「天馬―曲村遺址北趙晋侯墓地第二次発掘」『文物』1994 年第 1 期
晋15　北京大学考古学系・山西省考古研究所　1994「天馬―曲村遺址北趙晋侯墓地第三次発掘」『文物』1994 年第 8 期
晋16　北京大学考古学系・山西省考古研究所　1994「天馬―曲村遺址北趙晋侯墓地第四次発掘」『文物』1994 年第 8 期

晋 17　北京大学考古学系・山西省考古研究所 1995「天馬―曲村遺址北趙晋侯墓地第五次発掘」『文物』1995 年第 7 期

晋 18　北京大学考古学系商周組・山西省考古研究所 2000『天馬―曲村 1980-1989』科学出版社

晋 19　北京大学考古系・山西省考古研究所 1993「1992 年春天馬―曲村遺址墓葬発掘報告」『文物』1993 年第 3 期

晋 20　北京大学考古文博院・山西省考古研究所 2001「天馬―曲村遺址北趙晋侯墓地第六次発掘」『文物』2001 年第 8 期

晋 21　李発旺 1963「山西翼城発現青銅器」『考古』1963 年第 4 期

晋 22　臨汾地区文化局 1994「洪洞永凝堡西周墓葬発掘報告」『三晋考古』第 1 輯

河北省

冀 1　河北省文物管理処 1979「河北元氏県西張村的西周遺址和墓葬」『考古』1979 年第 1 期

冀 2　石従枝 1997「河北邢台市出土一件嵌青銅獣首玉戈」『文物』1997 年第 11 期

冀 3　石従枝・李軍 2003「河北邢台市南小汪発現西周墓」『考古』2003 年第 12 期

冀 4　唐雲明 1982「河北境内幾処商代文化遺存記略」『考古学集刊』第 2 集

冀 5　唐山市文物管理処・遷安県文物管理処 1997「河北遷安県小山東荘西周時期墓葬」『考古』1997 年第 4 期

冀 6　任亜珊・郭瑞海・賈金標 1999「1993-1997 年邢台葛家荘先商遺址，両周貴族墓地考古工作的主要収穫」『三代文明研究』編集委員会『三代文明研究 (1)』科学出版社

冀 7　李学勤・唐雲明 1979「元氏銅器与西周的邢国」『考古』1979 年第 1 期

冀 8　李軍 2005「邢台南小汪 28 号西周墓」『文物春秋』2005 年第 2 期

冀 9　李軍・石従枝・李恩瑋 1999「邢台南小汪西周遺址考古新収穫」『三代文明研究』編集委員会『三代文明研究 (1)』科学出版社

北京市

京 1　中国科学院考古研究所・北京市文物管理処・房山県文教局琉璃河考古工作隊 1974「北京附近発現的西周奴隷殉葬墓」『考古』1974 年第 5 期

京 2　中国社会科学院考古研究所・北京市文物研究所琉璃河考古隊 1990「北京琉璃河 1193 号大墓発掘簡報」『考古』1990 年第 1 期

京 3　中国社会科学院考古研究所・北京市文物工作隊琉璃河考古隊 1984「1981-1983 年琉璃河西周燕国墓地発掘簡報」『考古』1984 年第 5 期

京 4　程長新 1983「北京市順義県牛欄山出土一組周初帯銘青銅器」『文物』1983 年第 11 期

京 5　北京市文物管理処 1976「北京地区的又一重要考古収穫 ―昌平白浮西周木槨墓的新啓示」『考古』1976 年第 4 期

京 6　北京市文物研究所 1995『琉璃河西周燕国墓地 1973-1977』文物出版社

京 7　北京市文物研究所・北京大学考古学系 1996「1995 年琉璃河遺址墓葬区発掘簡報」『文物』1996 年第 6 期

京 8　北京市文物研究所・北京大学考古文博院・中国社会科学院考古研究所 2000「1997 年琉璃河遺址墓葬発掘簡報」『文物』2000 年第 11 期

京 9　北京市文物工作隊 1963「北京房山県考古調査簡報」『考古』1963 年第 3 期

京 10　北京大学考古学系・北京市文物研究所 1996「1995 年琉璃河周代居址発掘簡報」『文物』1996 年第 6

期
京11　琉璃河考古隊　1997「琉璃河遺址1996年度発掘簡報」『文物』1997年第6期
　天津市
津1　天津市歴史博物館考古部　1993「天津薊県張家園遺址第三次発掘」『考古』1993年第4期
　遼寧省
遼1　喀左県文化館・朝陽地区博物館・遼寧省博物館　1977「遼寧省喀左県山湾子出土殷周青銅器」『文物』1977年第12期
遼2　喀左県文化館・朝陽地区博物館・遼寧省博物館北洞文物発掘小組　1974「遼寧喀左県北洞村出土的殷周青銅器」『考古』1976年第6期
遼3　孫思賢・邵福玉　1982「遼寧義県発現商周銅器窖蔵」『文物』1982年第2期
遼4　陳夢家　1955「西周銅器断代（2）」『考古学報』第10冊，24（陳夢家著作集　2004『西周銅器断代』中華書局　再録）
遼5　熱河省博物館籌備組　1955「熱河省凌源県海島営子村発現的古代青銅器」『文物参考資料』1955年第8期
遼6　遼寧省博物館・朝陽地区博物館　1973「遼寧喀左県北洞村発現殷代青銅器」『考古』1973年第4期
遼7　遼寧省文物考古研究所・喀左県博物館　1989「喀左和尚溝墓地」『遼海文物学刊』1989年第2期
　内蒙古自治区
蒙1　項春松・李義　1995「寧城小黒石溝石槨墓調査清理報告」『文物』1995年第5期
蒙2　内蒙古自治区文物考古研究所・寧城県遼中京博物館編著　2009『小黒石溝 ―夏家店上層文化遺址発掘報告』科学出版社
　安徽省
皖1　安徽省文化局文物工作隊　1959「安徽屯溪西周墓葬発掘報告」『考古学報』1959年第4期
皖2　殷滌非　1990「安徽屯溪周墓第二次発掘」『考古』1990年第3期
皖3　穎上県文化局文物工作組　1984「安徽穎上県出土一批商周青銅器」『考古』1984年第12期
皖4　胡文　1965「安徽屯溪奕棋又出土大批西周珍貴文物」『文物』1965年第6期
皖5　徐之田　1991「安徽宣州市孫埠出土周代青銅器」『文物』1991年第8期
皖6　宋永祥　1987「安徽郎渓県発現的西周銅鼎」『文物』1987年第10期
皖7　程先通　1988「黄山鳥石郷出土一件西周甬鐘」『考古』1988年第5期
皖8　李国梁主編　2006『屯溪土墩墓発掘報告』安徽人民出版社
　江蘇省
蘇1　王志敏・韓益之　1956「介紹江蘇儀徴過去発現的幾件西周青銅器」『文物参考資料』1956年第12期
蘇2　江蘇省文物管理委員会　1955「江蘇丹徒県煙墩山出土的古代青銅器」『文物参考資料』1955年第5期
蘇3　江蘇省文物管理委員会　1956「江蘇丹徒煙墩山西周墓及附葬坑出土的小器物補充材料」『文物参考資料』1956年第1期
蘇4　張敏　2002「破山口青銅器三題」『東南文化』2002年第6期
蘇5　鎮江市博物館・丹陽県文物管理委員会　1980「江蘇丹陽出土的西周青銅器」『文物』1980第8期
蘇6　鎮江博物館・丹徒県文管会　1984「江蘇丹徒大港母子墩西周銅器墓発掘簡報」『文物』1984年第5期
蘇7　鎮江市博物館・溧水県文化館　1978「江蘇溧水烏山西周二号墓清理簡報」『文物資料叢刊』第2集
蘇8　南京博物院・丹徒県文管会　1985「江蘇丹徒磨盤墩周墓発掘簡報」『考古』1985年第11期

蘇9　李蔚然 1960「南京発現周代銅器」『考古』1960 年第 6 期
蘇10　劉興・呉大林 1976「江蘇溧水発現西周墓」『考古』1976 年第 4 期
　浙江省
浙1　浙江省文物管理委員会 1960「浙江長興県出土的両件銅器」『文物』1960 年第 7 期
浙2　浙江省文物考古研究所・黄岩市博物館 1993「黄岩小人尖西周時期土墩墓」浙江省文物考古研究所編『浙江省文物考古研究所学刊　建所 10 周年紀念（1980-1990)』科学出版社
浙3　浙江省文物考古研究所・温州市文物保護考古所・甌海区文博館 2007「浙江甌海楊府山西周土墩墓発掘報告」『文物』2007 年第 11 期
浙4　台州地区文管会・温嶺県文化局 1991「浙江温嶺出土西周銅盤」『考古』1991 年第 3 期
浙5　趙一新 1987「浙江磐安深澤出土一件雲紋鏡」『考古』1987 年第 8 期
浙6　長興県革委会報道組 1977「浙江長興県発現西周銅鼎」『文物』1977 年第 9 期
浙7　長興県文化館 1973「浙江長興県的両件青銅器」『文物』1973 年第 1 期
浙8　張翔 1985「浙江蕭山社家村出土青銅甬鐘」『文物』1985 年第 4 期
浙9　彭適凡・孫一鳴 2011「浙江温州市甌海楊府山土墩墓的年代及相関問題」『考古』2011 年第 9 期
　湖北省
鄂1　王毓彤 1963「江陵発現西周銅器」『文物』1963 年第 2 期
鄂2　鄂兵 1973「湖北随県発現曽国銅器」『文物』1973 年第 5 期
鄂3　黄陂県文化館・考感地区博物館・湖北省博物館 1982「湖北黄陂魯台山両周遺址与墓葬」『江漢考古』1982 年第 2 期
鄂4　湖北黄岡市博物館・湖北蘄春県博物館 1997「湖北蘄春達城新屋塆西周銅器窖蔵」『文物』1997 年第 12 期
鄂5　湖北省文物考古研究所・随州市博物館 2011「湖北随州葉家山西周墓地発掘簡報」『文物』2011 年第 11 期
鄂6　湖北省博物館 1972「湖北京山発現曽国銅器」『文物』1972 年第 2 期
鄂7　湖北省博物館 1975「湖北棗陽県発現曽国墓葬」『考古』1975 年第 4 期
鄂8　襄樊市考古隊・湖北省文物考古研究所・湖北孝襄高速公路考古隊 2005『棗陽郭家廟曽国墓地』科学出版社
鄂9　随州市博物館 1982「湖北随県安居出土青銅器」『文物』1982 年第 12 期
鄂10　随州市博物館 1984「湖北随県発現商周青銅器」『考古』1984 年第 6 期
鄂11　随州市博物館 2009『随州出土文物精粹』文物出版社
鄂12　中国科学院考古研究所湖北発掘隊 1962「湖北蘄春毛家咀西周木構建築」『考古』1962 年第 1 期
鄂13　張昌平 2011「論随州羊子山新出噩国青銅器」『文物』2011 年第 11 期
鄂14　陳賢一 1982「黄陂魯台山西周文化剖析」『江漢考古』1982 年第 2 期
鄂15　田海峰 1983「湖北棗陽県又発現曽国銅器」『江漢考古』1983 年第 3 期
鄂16　李健 1963「湖北江陵万城出土西周銅器」『考古』1963 年第 4 期
鄂17　劉長葆・陳恒樹 1965「湖北浠水発現両件銅器」『考古』1965 年第 7 期
　江西省
贛1　郭遠謂 1965「江西近両年出土的青銅器」『考古』1965 年第 7 期
贛2　郭沫若 1960「釋応監甗」『考古学報』1960 年第 1 期

贛 3　厳霞峰　1984「江西靖安出土西周甬鐘」『考古』1984 年第 4 期
贛 4　江西省上饒県博物館　1989「上饒県馬鞍山西周墓」『東南文化』1989 年第 4・5 期合併号
贛 5　黄冬梅　1981「清江県発現西周甬鐘」『江西歴史文物』1981 年第 3 期
贛 6　敖有勝・肖一亭　1985「萍郷市又出土西周甬鐘」『江西歴史文物』1985 年第 2 期
贛 7　朱心持　1960「江西余干黄金埠出土銅甗」『考古』1960 年第 1 期
贛 8　薛堯　1963「江西出土的幾件青銅器」『考古』1963 年第 8 期
贛 9　彭適凡　1979「江西地区出土商周青銅器的分析与分期」『中国考古学会第一次年会論文集』文物出版社
贛 10　彭適凡　1998「贛江流域出土商周銅鐃和甬鐘概述」『南方文物』1998 年第 1 期
贛 11　彭適凡・李玉林　1983「江西新干県的西周墓葬」『文物』1983 年第 6 期
贛 12　余家棟　1982「江西新余連続発現西周甬鐘」『文物』1982 年第 9 期
贛 13　李家和・劉詩中　1980「吉安地区出土的幾件銅鐃」『江西歴史文物』1980 年第 3 期
贛 14　劉建・黄英豪・王煉　1984「万載県出土西周甬鐘」『江西歴史文物』1984 年第 1 期
贛 15　劉敏華　1998「江西萍郷新出土的西周甬鐘」『南方文物』1998 年第 1 期

　福建省
閩 1　玉振鏞　1980「福建建甌県出土西周銅鐘」『文物』1980 年第 11 期
閩 2　張家　1996「福建建甌県発現一件西周鐃甬鐘」『文物』1996 年第 2 期
閩 3　福建博物院・福建閩越王城博物館　2007「福建浦城県管九村土墩墓群」『考古』2007 年第 7 期

　湖南省
湘 1　袁家栄　1982「湘潭青山橋出土窖蔵商周青銅器」『湖南考古輯刊』第 1 集
湘 2　益陽地区博物館　1991「寧郷黄材出土周初青銅罍」湖南省博物館編『湖南省博物館文集』岳麓書社
湘 3　岳陽市文物管理所　1984「岳陽市新出土的商周青銅器」『湖南考古輯刊』第 2 集
湘 4　原韶山灌区文物工作隊　1977「在華主席関懐下韶山灌区文物考古工作的重大成果」『文物』1977 年第 2 期
湘 5　黄綱正・王自明　1997「湖南寧郷老糧倉出土商代銅編鐃」『文物』1997 年第 12 期
湘 6　高至喜　1960「商代人面方鼎」『文物』1960 年第 10 期
湘 7　高至喜　1963「湖南寧郷黄材発現商代銅器和遺址」『考古』1963 年第 12 期
湘 8　高至喜　1984「論湖南出土的西周銅器」『江漢考古』1984 年第 3 期
湘 9　高至喜　1984「湖南省博物館館蔵西周青銅楽器」『湖南考古輯刊』第 2 集
湘 10　高至喜　1986「論商周銅鎛」『湖南考古輯刊』第 3 集
湘 11　高至喜　1988「馬簋年代与族属考」『東南文化』1988 年第 2 期
湘 12　湖南省博物館　1966「湖南省博物館新発現的幾件銅器」『文物』1966 年第 4 期
湘 13　湖南省博物館　1972「湖南省工農兵群衆熱愛祖国文化遺産」『文物』1972 年第 1 期
湘 14　湖南省博物館編　1981『湖南省博物館』講談社
湘 15　湖南省博物館・長沙市文物工作隊　1986「新韶，瀏陽，株洲，資興出土商周青銅器」『湖南考古輯刊』第 3 集
湘 16　湖南省文物考古研究所・長沙市考古研究所・寧郷県文物管理所　2006「湖南寧郷炭河里西周城址与墓葬発掘簡報」『文物』2006 年第 6 期
湘 17　湖南省文物考古研究所・長沙市博物館・長沙市考古研究所・望城県文物管理所　2001「湖南望城県高砂脊商周遺址的発掘」『考古』2001 年第 4 期

湘18　蔡徳初　1984「湖南耒陽県出土西周甬鐘」『文物』1984 年第 7 期
湘19　周新民　1985「湖南衡陽出土両件西周甬鐘」『文物』1985 年第 6 期
湘20　饒澤民　1987「株洲発現西周青銅器」『湖南考古輯刊』第 4 集
湘21　饒澤民　1993「湖南株洲発現二件商周青銅器」『考古』1993 年第 10 期
湘22　邵陽県文物管理処・新寧県文管所　1997「湖南省新寧県発現商至周初青銅器」『文物』1997 年第 10 期
湘23　施勁松　2002「対湖南望城高砂脊出土青銅器的再認識」『考古』2002 年第 12 期
湘24　宋少華　1991「長沙出土商，春秋青銅器」湖南省博物館編『湖南省博物館文集』岳麓書社
湘25　陳国安　1983「湖南桃江県出土四馬方座銅簋」『考古』1983 年第 3 期
湘26　杜乃松・単国強　1978「記各省市自治区徴集文物彙報展覧」『文物』1978 年第 6 期
湘27　傅聚良　1995「湖南安仁県豪山発現西周銅鐃」『考古』1995 年第 5 期
湘28　熊建華　1991「湖南邵東出土一件西周四虎鎛」『考古与文物』1991 年第 3 期
湘29　熊建華　1991「湖南省博物館新徴集的西周歯紋銅鐃」湖南省博物館編『湖南省博物館文集』岳麓書社
湘30　熊伝薪　1981「湖南新発現的青銅器」『文物資料叢刊』第 5 集
湘31　熊伝薪　1983「湖南寧郷新発現一批商周青銅器」『文物』1983 年第 10 期
湘32　李喬生　1997「湖南寧郷出土商代大銅鐃」『文物』1997 年第 12 期
湘33　李紹南　2004「漢寿県三和出土青銅鐘」湖南省文物考古研究所・湖南省考古学会合編『湖南考古 2002』岳麓書社

広東省

粤1　広東省博物館・和平県博物館　1991「広東省和平県古文化遺存調査」『考古』1991 年第 3 期
粤2　広東省文物考古研究所編著　2005『博羅横嶺山　商周時期墓地 2000 年発掘報告』科学出版社
粤3　徐恒彬　1975「広東信宜出土西周銅盉」『文物』1975 年第 11 期
粤4　中山大学榕江流域史前期人類学考察課題組・潮陽市博物館　1998「広東潮陽市先秦遺存的調査」『考古』1998 年第 6 期

広西壮族自治区

桂1　賈光栄　1982「広西賀県発現青銅鎛鐘」『考古与文物』1982 年第 4 期
桂2　賀州市博物館　2001「広西賀州市馬東村周代墓葬」『考古』2001 年第 11 期
桂3　広西壮族自治区博物館　1984「近年来広西出土的先秦青銅器」『考古』1984 年第 9 期
桂4　広西壮族自治区文物工作隊・南寧市文物管理委員会・武鳴県文物管理所　1988「広西武鳴馬頭元龍坡墓葬発掘簡報」『文物』1988 年第 12 期
桂5　梁景津　1978「広西出土的青銅器」『文物』1978 年第 10 期

附表　1～15

附表1　西周青銅彝器の省別分布状況

省	地域	地点	出土年	報告書No.	器物年代	遺構	鼎	鬲鼎	方鼎	鬲	甗	簋	盂	小型盂	盨	簠	豆	爵	角	斝
陝西	関中平原	附表2参照			殷末周初〜西周後期		361	22	34	94	44	307	13	50	24	8	13	92	1	10
	城固・洋県	城固県柳林鎮	1983	秦26	西周後期		1													
		城固県博望鎮	1992	秦26	西周前期		1													
		洋県張鋪	1976	秦82	西周後期					1										
	勉県	勉県老道寺村	1976	秦82	西周中期		1													
	韓城	韓城市梁台村墓地南区	2005-2006	秦73,秦78,秦79	西周後期-春秋初頭	墓	16			9	3	15			2			1		
		韓城市梁台村墓地北・南・西区	2007	秦71,秦72,秦74	西周後期-春秋初頭	墓	10			4	1	9						1		
	洛川	洛川県百益郷居得村	1997	秦106	(西周前期)-西周中期		1													
	富県	富県洋泉郷下立石村	1984	秦106	西周前期		1													
	甘泉	甘泉県下寺湾	2005	秦2	殷後期-殷末周初		4				1			5						
	延長	延長県安溝郷岔口村	1988	秦18	西周前期・後期	窖蔵?			2		4									
	子長	子長県李家塌	1947	秦60	殷末周初	窖蔵	1					1						1		1
	清澗	清澗県解家溝郷解家溝村	1977	秦58	殷後期-殷末周初		2			1		1								
	呉堡	呉堡県郭家溝郷馮家塌村	1981	秦106	殷末周初							1								
	綏徳	綏徳県義合鎮塢頭村	1965	秦25,秦58	殷末周初	窖蔵?墓?	1					1						1		
		綏徳県満堂川郷高家川	1985	秦33	殷後期-殷末周初					1										
		綏徳県河底郷溝口村	1981	秦33	殷後期-殷末周初		2													
	合計						402	22	35	110	50	336	13	59	24	10	13	95	2	11
							鼎	鬲鼎	方鼎	鬲	甗	簋	盂	小型盂	盨	簠	豆	爵	角	斝
甘粛	霊台	霊台県白草坡	1967	隴1,隴2	西周前期	墓	3	2	4		2	5						2	1	1
		霊台県姚家河	1972	隴3	西周前期	墓	1					1								
		霊台県洞山	1972	隴3	西周前期	墓	2													
		霊台県西嶺	1972	隴3	西周前期	墓	1			1										
		霊台県百里郷寺溝村	1975	隴9	西周中期	墓	1													
		霊台県五星郷鄭家窪	1976	隴9	西周前期	墓	1													
		霊台県中台郷紅崖溝	1981	隴10	西周中期	墓	1													
		霊台県新集郷崖湾	1983	隴7	西周前期	墓						1								
	崇信	崇信県宇家湾	1982-1986	隴4	殷末周初・西周後期?	墓	2					4								
	涇川	涇川県涇明郷荘底村	1972	隴8	西周前期	墓				1										
	鎮原	鎮原県太平郷俠辺村	1980	隴5	西周後期-春秋初頭	墓	1					1								
	寧県	寧県宇村	1981,1983	隴5,隴6	西周後期	墓				1					1					
	正寧	正寧県西坡郷楊家台	1973	隴5	西周前期	墓	1					1								
		正寧県宮河鎮王禄村	1980	隴5	西周後期															
	合水	合水県西華地鎮師家荘郷兎児溝	1973	隴5	西周前期	墓	2													
	環県	環県曲子鎮双城村	1977	隴5	西周前期	墓	1				1									
	合計						17	2	4	3	3	14			1			2	1	1
							鼎	鬲鼎	方鼎	鬲	甗	簋	盂	小型盂	盨	簠	豆	爵	角	斝
寧夏	固原	固原県中河郷孫家荘	1981	寧1	西周前期	墓	1					1								
	合計						1					1								
							鼎	鬲鼎	方鼎	鬲	甗	簋	盂	小型盂	盨	簠	豆	爵	角	斝
四川	彭州	彭県竹瓦街	1959	蜀1	殷末周初	窖蔵														
		彭県竹瓦街	1980	蜀2	殷末周初	窖蔵														
	合計																			
							鼎	鬲鼎	方鼎	鬲	甗	簋	盂	小型盂	盨	簠	豆	爵	角	斝
	洛陽	附表3参照			殷末周初〜後期		34	1	4	5	25			2		1	27		2	

器種 盃	兕觥	尊	動物尊	方彝	卣	罍	壺	瓿	觚	觶	杯	盤	匜	鐘	鏡	その他	合計	備考
24	4	47	11	6	48	27	44	4	31	60	7	28	9	127		32	1582	
																	1	
				1													2	
																	1	
																	1	
3		1			1		6		1			2		8		8	76	M19：鼎4・鬲4・甗1・簋4・盉1・壺2・盤1・盆1，M26：鼎5・鬲5・甗1・簋4・簠2・盉1・壺2・盆1・方盆1・罐1，M27：鼎7・甗1・簋7・角1・盉1・尊1・卣1・壺2・瓿1・盤1・盆2・鐘8・鉦1・錞于1
2			2		2			1	2			8					42	M18・M28・M502・M586の総計
																	1	
																	1	
		1			2	1			2								16	報告者は殷虚二期後段とする
1	1						1			2						1	12	
												2					6	30点余りの青銅器が出土したが，多くは散逸した。
					2		2			1				1			11	
																	1	
				1	1	1											6	
																	1	報告者は殷中期とする
																	2	報告者は殷中期とする
30	5	48	11	8	51	29	56	5	39	61	9	33	9	143		42	1762	
盃	兕觥	尊	動物尊	方彝	卣	罍	壺	瓿	觚	觶	杯	盤	匜	鐘	鏡	その他	合計	
2		3			5							2					32	M1・M2の総計
																	2	
		1															3	
																	2	
																	1	
																	1	
																	1	"井白乍寶彝"銘あり
							1									5	12	「その他」：盆。報告者は遺跡の下限年代を西周中期とする
																	1	異形鬲
1					1							1					5	鼎・盤は春秋前期のものだが，簋・盉はやや時代が遡る可能性がある
													1				3	
																	2	
					1												1	蓋のみ
																	3	他に青銅武器が出土
																	2	
3		4			5		2			3	1	1				5	72	
盃	兕觥	尊	動物尊	方彝	卣	罍	壺	瓿	觚	觶	杯	盤	匜	鐘	鏡	その他	合計	
																	2	
																	2	
盃	兕觥	尊	動物尊	方彝	卣	罍	壺	瓿	觚	觶	杯	盤	匜	鐘	鏡	その他	合計	
		1					5			2							8	土器缸からの出土。出土した青銅器は計21点。
							4										4	土器缸からの出土。他に15点の青銅武器が出土。
		1					9			2							12	
盃	兕觥	尊	動物尊	方彝	卣	罍	壺	瓿	觚	觶	杯	盤	匜	鐘	鏡	その他	合計	
5		11			5	6	6		6	18		6	4		3	1	172	

地域	地点	遺跡	年代	編号	時期	種別	合計													
河南	三門峡	三門峡市上村嶺	1956, 1957, 1990-1999	豫13, 豫16, 豫17, 豫18, 豫19, 豫20	西周後期-春秋初頭	墓	75			48	8	57			4	14	9	9		
		三門峡市李家窯村	1995	豫28	西周後期	墓	1					2								
		三門峡市花園北街	1998	豫27	西周後期	墓	1					1								
	鄭州	中原区石仏郷窪劉村	1999-2000	豫37, 豫38	西周前期	墓	3				1	1								
	鶴壁	濬県辛村(現鶴壁市淇濱区)	1931-1933	豫7, 豫8	西周前期・西周後期	墓	4				2	4					1			
		鶴壁市龐村	1961	豫29	西周前期	墓	3				1	1	3				3			
	鹿邑	鹿邑県太清宮鎮	1997	豫21, 豫22, 豫24	殷末周初	墓	8	5	9	2	2	3					8	2	3	
	淮陽	淮陽県泥河村	1961, 1962	豫61	西周前期	墓?						1					2			
	上蔡	上蔡県田荘村	1956-1957	豫10	殷末周初-西周前期	墓				1							2			
	新鄭	新鄭市端湾村附近	1968	豫45	西周後期-春秋初頭															
	禹州	禹県呉湾村(現禹州市)	1979	豫12	西周後期		3								4	1				
	襄城	襄県丁営霍荘村(現襄城県)	1975-1976	豫9	西周前期	墓	1										2			
	平頂山	平頂山市薛荘郷北滍村周辺	1979-1988	豫3, 豫4, 豫14, 豫15, 豫23, 豫35, 豫36, 豫41, 豫42, 豫43, 豫63, 豫64, 豫65	西周前期～西周後期		32	1		8	4	37	1		4		7			
	汝州	臨汝県騎嶺郷大張村(現汝州市)	1983	豫44	殷末周初-西周前期		1					1					1			
	魯山	魯山県倉頭村(現倉頭郷)	1951	豫39	殷末周初												2			
	南陽	独山南麓ほか	1981	豫1, 豫26	西周後期-春秋初頭	墓	2					2								
	泌陽	泌陽県梁河村	1955	豫25	西周後期-春秋初頭	墓?	1													
	桐柏	桐柏県月河郷左荘村	1964	豫2	(西周後期)-春秋前期		1													
	信陽	信陽市㵐河港	1986	豫30	西周前期							3					2			
	合計						170	6	11	63	24	142	1	4	11	14	10	64	4	5
							鼎	鬲鼎	方鼎	鬲	甗	簋	盂	小型盂	盨	簠	豆	爵	角	斝
山東	曲阜	曲阜市魯国故城	1987-1978	魯5	西周後期	墓	5					1								
		曲阜市護城河北岸	1969	魯7	西周後期	墓						6				2				
	滕州	滕州市荘里西村	1978, 1982, 1989	魯10, 魯14, 魯18	西周前期～西周中期	墓	2		1	3		4					2			
		滕州市後荊溝村	1981	魯11	西周後期-春秋初頭	墓	2			2		2			2					
		滕州市官橋鎮前掌大村	1981-1998	魯8	西周前期	墓	7	3	4	1	3	5					20	10	2	
	済陽	済陽県劉台子村	1967, 1979, 1982, 1985	魯3, 魯12, 魯13	西周前期～西周中期	墓	6		3	2	1	8					2			
	高青	高西県陳荘村-唐口村	2008	魯4	西周中期	墓	2			2	3						2			
	臨淄	淄博市臨淄区河崖頭村	1965	魯7	(西周後期)-春秋前期	窖蔵					1	1								
	寿光	寿光市古城郷	1983	魯6	殷末周初		3	2			1	1					5		1	
	莱陽	莱陽市中荊前河前村	1974	魯15	西周後期-春秋初頭		2			1										
	龍口	龍口市蘆頭鎮韓欒村	1964	魯16	西周前期			1												
		帰城遺跡:龍口市姜家村	1965	魯7	西周中期		2			1		2					2			
		帰城遺跡:龍口市小劉荘	1969	魯7	西周中期															
		帰城遺跡:龍口市曹家村	1965	魯17	西周中期	墓	2			1							2			
		帰城遺跡:龍口市和平村・董家村	1950, 1965, 1969, 1974	魯17	西周後期-春秋初頭		2			1	2									

11		4		10			25		1	9		26	11	8	2	7		338	M2001：虢季墓，M2008：虢宮父墓，とされる
																		3	M44からの出土
1									1									4	
1		1			3	1			1									12	
1		1		1												1		15	「その他」：小方彜
1		1		1						1								15	
1	3	5			7	2	1		8	5		1				6		81	中字形墓。被葬者は長子口とされる。
					1				1									5	出土地点の周囲から人骨が出土
		1			1					1	1							9	上田M3からの出土
							2											2	この他，新鄭市唐戸村から春秋前期とみられる彜器が複数出土している（豫5）
																		8	
		1			1				1									7	
6		8		3	7		6		8	9	4		7			1		153	"応某"銘を持つ青銅器が多数出土
									1									4	
	1			1					1									5	遺物は一部散逸
												1						5	鼎1点は回収遺物
					2													3	
					1					1	1							4	春秋前期の遺物である可能性が高い
	1	2		3			1	1										13	報告者は"鄝国"に関連遺跡だとする
27	4	36	13	31	10	42		19	46		45	20	15	11	10			858	
盂	兕觥	尊	動物尊	方彜	卣	罍	壺	瓿	甗		觶	杯	盤	匜	鐘	鏡	その他	合計	
																		6	M11・M25・M20・M23・M46の5基を西周墓とみなした
																		8	
		1			2				1	2	1							19	"縢"銘を有する青銅器が出土している
												1	1			2		12	「その他」：罐。14点の彜器が出土したことが報告されるが，残り2点の器種は不明
3		6			5	1	2		18	13			1					104	南I区に位置する西周墓13基を対象とした
1		1							3	1								29	出土遺構不明(1967)：鼎1 M2(1979)：鼎1・鬲1・甗2・觶1 M3(1982)：鼎1・甗1 M6(1985)：鼎3・方鼎3・鬲1・甗1・簋5・爵2・盉1・尊1・卣1・觶2・盤1
1	1	2			2		1			2	1							19	6基の墓から50点余りの青銅器が出土したとされるが，報告されるのはM8・M11出土器のみ M8：鼎1・甗1・簋1・爵1・兕觥1・尊1・卣1・觶1 M27：鼎1・甗1・簋2・爵1・盉1・尊1・卣1・壺1・觶1・盤1
													1					3	出土遺物の一部が報告されるのみであり，より多くの器が出土した可能性がある
		2			2	1			3									21	"己"銘を有する青銅器が出土している
					2					1	1							7	"己"銘を有する青銅器が出土している
																		1	
		1			1		1			1								9	
1		1							1									4	
		1			1	1												8	
					1					1			2					9	1950年の和平村では30点余りの青銅器が出土したとされるが，器種は鬲1点のみが報告される

地域	地区	遺跡	年代	編号	時期	種類	鼎	鬲鼎	方鼎	鬲	甗	簋	盂	小型盂	盨	簠	豆	爵	角	斝
		龍口市荘頭村	1980	魯1	西周前期-西周中期		3			1	2						2			
	烟台	烟台市上夼村	1969	魯2, 魯7	西周後期	墓	2													
	威海	威海市田村鎮河北村	1977	魯9	西周中期〜西周後期	墓	3			1										
	合計						43	6	8	9	14	33	1		2	2	37	10	3	
							鼎	鬲鼎	方鼎	鬲	甗	簋	盂	小型盂	盨	簠	豆	爵	角	斝
山西	芮城	芮城県柴村	1979, 1985	晋12	西周中期〜西周後期		4					6								
	聞喜	聞喜県上郭村	1974-1976, 1989	晋2, 晋3, 晋11	西周後期-春秋初頭	墓	5			1	2									
	絳県	絳県横水鎮横北村	2004-2005	晋4, 晋5	西周中期	墓	19			3	2	10	1					1		
	曲沃	曲沃県曲村・北趙村	1980-1989, 1992-2001	晋14, 晋15, 晋16, 晋17, 晋18, 晋19, 晋20	西周前期〜西周後期	墓	108	1	1	13	16	77	2	1	8	2	1	15		
	翼城	翼城県城関鎮鳳家坡村	1962	晋21	西周前期	墓				1	1									
		翼城県大河口村	2007-2011	晋8	西周前期〜西周中期	墓	41		7	10	4	22	1		2		4	13	1	
	洪洞	洪洞県坊堆村	1952-1954	晋9	殷末周初		2	2			2	2								
		洪洞県永凝堡	1957, 1980	晋1, 晋10, 晋22	西周前期〜西周後期	墓	13			1	1	14								
	合計						192	3	8	27	27	134	4	1	10	2	5	29	1	
							鼎	鬲鼎	方鼎	鬲	甗	簋	盂	小型盂	盨	簠	豆	爵	角	斝
河北北京天津	邢台	邢台市南小汪村	1992	冀2, 冀3, 冀8, 冀9	西周前期	墓	1	1										1		
		邢台市葛家荘	1993	冀6	殷末周初	墓	1					1								
	元氏	元氏県西張村	1978	冀1	西周中期	墓	1				1							2		
	遷安	遷安県小山東荘	1983, 1984	冀5	西周前期	墓	3			1										
	盧龍	盧龍県東闞各荘	1972	冀4	殷末周初	墓		1				1								
	房山	北京市房山区琉璃河	1973-1977, 1981-1983, 1986	京1, 京2, 京3, 京6, 京7, 京8, 京10, 京11	西周前期〜西周中期	墓	18	1		9	2	12						10		
	昌平	北京市昌平県白浮村（現昌平区）	1975	京5	西周前期	墓	3					3								
	順義	北京市順義県牛欄山金牛（現順義区金牛村）	1982	京4	西周前期	墓	1											2		
	薊県	天津市薊県張家園村	1987	津1	殷末周初	墓	2	1				1	1							
	合計						30	3	1	9	3	19	2					15		
							鼎	鬲鼎	方鼎	鬲	甗	簋	盂	小型盂	盨	簠	豆	爵	角	斝
遼寧	喀左	喀左県小城子郷咕嚕溝	1941	遼4	西周前期		1													
		喀左県海営子村馬廠溝	1955	遼5	殷末周初〜西周前期	窖蔵	1			2		2	1							
		喀左県平房子鎮北洞村	1973	遼2, 遼6	殷後期〜殷末周初	窖蔵	2		1			1								
		喀左県平房子鎮山湾子村	1977	遼1	殷末周初〜西周前期	窖蔵	1			1	3	9			2					
		喀左県興隆荘郷宣家窩鋪村和尚溝	1979	遼7	殷末周初〜西周前期	墓														
	義県	義県花児楼村	1979	遼3	殷後期〜殷末周初	窖蔵	1				2	1								
	合計						6		1	1	7	13	1		3					
							鼎	鬲鼎	方鼎	鬲	甗	簋	盂	小型盂	盨	簠	豆	爵	角	斝
内蒙古	寧城	寧城県甸子郷小黒石溝	1985	蒙1, 蒙2	西周中期〜春秋前期	墓		1			1	1		1			1			
	合計							1			1	1		1			1			
							鼎	鬲鼎	方鼎	鬲	甗	簋	盂	小型盂	盨	簠	豆	爵	角	斝
	穎上	穎上県王崗鎮鄭家湾村	1982	皖3	西周前期		1											2		
	黄山	黄山市鳥石郷揚村	1982	皖7	西周															

				1		1		1						1	12	「その他」：盆1
					2					1	1				6	"己"銘を有する青銅器が出土している
					1							2			7	M1：鼎2・甗1・壺1・鏡2 M2：鼎1
6	1	15		16	2	13		23	22	6	3	4	2	3	284	
盉	兕觥	尊	動物尊	方彝	卣	罍	壺	瓿	觚	觶	杯	盤	匜	鐘	鏡	その他	合計

												1			11	
1			1			1				3	3			3	20	「その他」：盆形器2・異形杯1。M49・M55・M373・M374（以上，1974年発掘墓）・75M1（1975年発掘墓）・89WSM23・89WSM28（以上，1989年発掘墓）を西周墓とみなした。
3		1		1	2		2		3			10		2	60	「その他」：盆2。 M1：鼎5・鬲1・甗1・簋5・盂1・盉2・壺2・觶1・盤2・鐘5 M2：鼎3・甗1・簋1・爵1・盉1・尊1・卣1・罍1・觶1・盤1・鐘5 その他の墓：鼎11・鬲2・簋4・盆2
7		12	5	4	11		16		2	14		17	6	48	1	9	397	「その他」：盆・罐・甕・盆など多種。
					1										3	
4		5			7	2	1		4	10		4		7	3	6	158	"覇"銘を有する青銅器が出土している
															8	鼎と高鼎は合計して4点と報告されており，当表での両者の内訳は便宜的なものである
					3							1	2	2		1	38	墓（1957出土）：鼎1・簋2 墓（1980出土）：鼎12・鬲1・甗1・簋14・壺3・盤1・匜・鐘2・その他1
15		18	5	5	20	2	23		6	26		28	11	68	4	21	695	
盉	兕觥	尊	動物尊	方彝	卣	罍	壺	瓿	觚	觶	杯	盤	匜	鐘	鏡	その他	合計

		1						1							5	M28出土遺物
															2	M73出土遺物
1		1		2						1					10	一部の器を西周前期の遺物とみなす解釈も存在する
															4	金製耳飾り・金製釧などが出土
															2	金製釧などが出土
3		5			3	2	1			9		3					78	"匽侯"・"太保"銘を有する青銅器が出土しており，燕国墓地だと考えられる
					1											7	M2・M3より出土
		1			1				2	1					8	他にいくつかの鉛器の破片が採集されたという
															5	M2・M3・M4より出土。M1・M3・M4からは金製耳飾りが出土
4		8		6	2	2			2	11		4					121	
盉	兕觥	尊	動物尊	方彝	卣	罍	壺	瓿	觚	觶	杯	盤	匜	鐘	鏡	その他	合計

																1	器散逸。スケッチのみ遺る。
			1		2	2	1			1						14	他に修復不能な彝器破片2点が出土。鼎（盤鼎）は異形器であり，西周中期に下る可能性がある
					6		1									1	12	「その他」：鉢状器 1号窖蔵：簋5・瓿1 2号窖蔵：鼎2・方鼎1・簋1・罍1・鉢状器1 2号窖蔵の鼎（獣面蝉紋鼎）や簋はやや時代が下る可能性がある
		1			1	3									21	方鼎・鬲・蠆伯簋は西周前期後段～西周中期に散見される型式
					2										2	報告では卣のうち1点は「壺」とされる
												1			5	
		1	1		5	11	1	1				1			2	55	
盉	兕觥	尊	動物尊	方彝	卣	罍	壺	瓿	觚	觶	杯	盤	匜	鐘	鏡	その他	合計

1		1			1	1						7			16	M8501からの出土
1		1			1	1						7			16	
盉	兕觥	尊	動物尊	方彝	卣	罍	壺	瓿	觚	觶	杯	盤	匜	鐘	鏡	その他	合計

		1		1											5	
												1			1	写真が不鮮明であり詳細な型式不明

省	地点	遺跡	年代	編号	時期	性格	鼎	鬲鼎	方鼎	鬲	甗	簋	盂	小型盂	罍	簠	豆	爵	角	斝
安徽	屯渓	黄山市屯渓区奕棋郷奕棋村	1959-1975	皖1, 皖2, 皖4, 皖8	西周前期～春秋前期	墓	8			2					10		2			
	宣州	宣城県孫埠郷正興村（現宣城市宣州区孫埠鎮）	1981	皖5	西周後期-春秋初頭		2			1										
	郎渓	郎渓県宣郎広茶場	1985	皖6	西周後期-春秋初頭		1													
	合計						12			2	1				10		2			2
							鼎	鬲鼎	方鼎	鬲	甗	簋	盂	小型盂	罍	簠	豆	爵	角	斝
江蘇	溧水	溧水県烏山鎮崗沿三崗	1974, 1975	蘇7, 蘇10	西周前期？	墓	1			1										
	丹陽	丹陽市司徒鎮	1976	蘇5	西周中期～春秋前期	窖蔵？	11								7					
	江寧	南京市江寧県陶呉鎮（現南京市江寧区）	1960	蘇9	西周後期-春秋初頭		1			1										
	儀徴	儀徴県破山口（現儀徴市）	1930	蘇1, 蘇4	西周中期～春秋前期		1					2	1		1					
	丹徒	鎮江専区丹徒県煙墩山（現鎮江市京口区大港鎮煙墩山）	1954	蘇2, 蘇3	西周前期・西周後期-春秋初頭	墓	5			1					2					
		丹徒県大港鎮母子墩	1982	蘇6	西周中期～春秋前期	墓	2			1					2					
		丹徒県大港鎮磨盤墩	1982	蘇8	西周後期-春秋初頭	墓														
	合計						21			1	5	1			12					
							鼎	鬲鼎	方鼎	鬲	甗	簋	盂	小型盂	罍	簠	豆	爵	角	斝
浙江	長興	長興県小浦鎮草楼村	1959	浙1	西周前期							1								
		長興県雉城鎮長興中学校	1969	浙7	西周前期															
		長興港	1976	浙6	西周後期		1													
	蕭山	蕭山県所前鎮杜家村（現杭州市蕭山区）	1981	浙8	西周中期															
	磐安	磐安県深澤郷	1986	浙5	西周前期															
	路橋	黄山市路橋鎮小人尖（現台州市路橋区）	1990	浙2	西周中期？	墓														
	温嶺	温嶺市琛山郷楼旗村	1984	浙4	西周後期？															
	甌海	温州市甌海区仙岩鎮穂豊村楊府山	2003	浙3, 浙9	西周中期？	墓	1					1								
	合計						2					2								
							鼎	鬲鼎	方鼎	鬲	甗	簋	盂	小型盂	罍	簠	豆	爵	角	斝
湖北	棗陽	棗陽市熊州鎮茶庵村	1972, 1973	鄂7	西周後期-春秋初頭	墓	3					4								
		棗陽市呉店鎮東趙湖村曹門湾	1972, 1983	鄂7, 鄂8, 鄂15	西周後期～春秋前期	墓	3					4								
		棗陽市呉店鎮東趙湖村郭家廟	2002	鄂8	西周後期	墓														
	随州	随県均川区熊家老湾（現随州市曽都区熊家老塆）	1970, 1972, 1976	鄂2, 鄂10	殷末周初・西周後期-春秋初頭		3					1	6							
		随県万店鎮周家崗（現曽都区）	1976	鄂10	（西周後期）-春秋前期	墓	2			2		2								
		随県安居鎮桃花坡	1979	鄂9	（西周後期）-春秋前期	墓	6			6		5								
		随県安居鎮羊子山	1975, 1980 ほか	鄂9, 鄂10, 鄂11, 鄂13	西周前期・西周中期	墓	3	2		1		5						5		1
		随州市随県葉家山村	2010-2011	鄂5	西周前期	墓	9	4	6	4	3	8						5		1
	京山	京山県坪壩鎮蘇家壠	1966	鄂6	（西周後期）-春秋前期		9			9	1	7			2					

	盉	兕觥	尊	動物尊	方彝	卣	罍	壺	瓿	觚	觶	杯	盤	匜	鐘	鏡	その他	合計	
	1		7	1		5	1						7				4	48	「その他」：盆2・鑑2 M1：鼎4・簋2・盂1・尊2・卣2・盤2 M2：簋1・尊1 M3：鼎4・方鼎2・簋6・盂1・動物尊1・卣2・壺1・盤5・盆2・鑑2 M4：尊1 M5：尊1・盂1 M6：尊1 表採：簋1・尊1・卣1
																	1	4	
																		1	鼎であるが，内壁部に簧受けがある
	1		8	1		6	1						7		1	1	4	59	
	盉	兕觥	尊	動物尊	方彝	卣	罍	壺	瓿	觚	觶	杯	盤	匜	鐘	鏡	その他	合計	
						1							1					4	M1：鼎1 M2：方鼎1・卣1・盤1
			4						1				3					26	土墩墓出土遺物ではないか？
						1							1					4	卣は器形が報告されない
			2										3				1	11	「その他」：釜。「簋」は「瓿」とも報告される。 蘇1と蘇10とで出土遺物の数に相異が見られる。 当表は蘇1に従った場合の点数。
	2	2											2				2	16	「その他」：角形器2 M1：鼎1・鬲1・簋2・盂2・兕觥2・盤2・角形器2 陪葬坑：鼎4 M1出土簋（宜侯矢簋）のみ西周前期の年代を与えうる
			1	1		1	1											9	方座簋のみ西周中期の年代を与えうる
			1											1				2	
	2	2	8	1		3	1	1					9	2			3	72	
	盉	兕觥	尊	動物尊	方彝	卣	罍	壺	瓿	觚	觶	杯	盤	匜	鐘	鏡	その他	合計	
																1		2	
																1		1	
																		1	
											1							1	
															1			1	
	1																	1	
									1									3	青銅武器が大量に出土している
		1											1			1	4	11	
	盉	兕觥	尊	動物尊	方彝	卣	罍	壺	瓿	觚	觶	杯	盤	匜	鐘	鏡	その他	合計	
															2			9	"曽子"銘を有する器が出土
															1			8	同地から"曽侯"銘を有する銅戈が出土
															7			7	GM21出土のもの。同墓出土の鉞には"曽白"銘が見られる。同じく西周後期に属するCM01・CM02はどちらも上記の曹門湾墓を指す
			1		1	1							1	1			1	16	「その他」：罐 "曽白"・"曽仲"銘を有する青銅器が出土
						2							1	1				10	春秋前期の器である可能性が高い
						1							1	1				20	M1：鼎2・鬲4・簋4・壺1・盤1・匜1 M2：鼎4・鬲2・簋1 春秋前期の器である可能性が高い
	1		4			4	2				2		1					31	墓（1975発掘）：鼎1・簋1・爵1・尊1 墓（1980発掘）：鼎1・簋1・爵1・尊1・卣2・觶1 M4：鼎1・方鼎2・甗1・簋3・爵3・斝1・盉1・尊2・卣2・罍2・觶1
	1	1	2			2	3	3		3	5		1					61	"曽侯"銘を有する器が出土
	1					2							1	1				33	"曽侯"銘を有する器が出土 春秋前期の器である可能性が高い

							鼎	鬲鼎	方鼎	鬲	甗	簋	盂	小型盂	罍	簠	豆	爵	角	斝
	荊州	江陵県万城（現荊州市荊州区万城）	1961	鄂1	西周中期	墓	2			2	2						3			
	黄陂	武漢市黄陂区魯台山	1977	鄂3	西周前期	墓	3		4	2	2						9			
	浠水	浠水県策山	1961	鄂17	殷末周初	窖蔵						1								1
	蘄春	蘄春県新屋塆	1996	鄂4, 鄂12	西周前期	窖蔵	1		5											
	合計						44	4	17	21	11	45					2	22		3
							鼎	鬲鼎	方鼎	鬲	甗	簋	盂	小型盂	罍	簠	豆	爵	角	斝
江西	靖安	靖安県林科所	1983	贛4	西周前期															
	余干	余干県黄金埠鎮	1958	贛2, 贛7	西周前期							1								
	万年	万年県西山蔡家村	1964	贛1	殷末周初		1													
	上饒	上饒県樟宅橋村馬鞍山	1988, 1989	贛4	西周後期-春秋初頭	墓														
	樟樹	清江県山前郷双慶橋（現樟樹県）	1979	贛5	西周前期															
	新干	新干県大洋洲鎮中稜ダム	1976	贛9, 贛11	殷後期-殷末周初	墓	5					1								
	新余	新余市渝水区界水郷主龍山	1962	贛8	西周中期															
		新余市渝水区羅坊鎮鄧家井	1980	贛10, 贛12	西周中期															
		新余市渝水区水西鎮家山	1981	贛10, 贛12	西周中期															
	万載	万載県株潭郷常家里	1965	贛14	西周中期															
	宜春	宜春市袁州区下浦郷金橋村	1984	贛10	西周中期															
		宜春市袁州区慈化鎮蜈蚣塘	1997	贛10	西周中期															
	萍郷	萍郷市彭家橋	1962	贛8	西周中期															
		萍郷市蘆溪県銀河郷鄧家田	1984	贛6	西周中期															
		萍郷市安源鎮十里埠（現安源区十里村）	1989	贛10, 贛15	西周中期															
	永新	永新県高溪県横石村	1995	贛10	西周前期															
	吉水	吉水県	1978	贛13	西周前期															
	吉安	吉安県印下江	1974	贛13	西周前期															
	合計						6		2								1			
							鼎	鬲鼎	方鼎	鬲	甗	簋	盂	小型盂	罍	簠	豆	爵	角	斝
福建	浦城	浦城県管九村	2005-2006	閩3	西周後期-春秋初頭	墓														
	建甌	建甌市小橋鎮陽澤村	1978	閩1	西周前期															
		建甌市南雅鎮梅村	1990	閩2	西周前期															
	合計																			
							鼎	鬲鼎	方鼎	鬲	甗	簋	盂	小型盂	罍	簠	豆	爵	角	斝
	岳陽	岳陽県黄沙街鎮坪中村	1982	湘3	殷末周初	窖蔵	1													
	湘陰	湘陰県	1950頃？	湘8	春秋前期-春秋中期															
	漢寿	漢寿県三和郷宝塔舗村	2001	湘33	西周中期	窖蔵														
	桃江	桃江県連河冲郷金泉村	1982	湘25	西周中期							1								
		桃江県馬跡塘鎮		湘8	西周後期		1													
	望城	望城県高塘嶺鎮高砂脊	1975, 1999	湘8, 湘17, 湘23	西周前期	墓	9					1								
	長沙	長沙県福臨鎮	1970年代	湘24	春秋前期-春秋中期		6													
		長沙県路口鎮高橋郷	1970年代	湘24	春秋前期-春秋中期		2													
		長沙県望新郷板橋村	1979	湘30	西周前期															
	寧郷	寧郷県師古寨山	1959, 1993	湘5, 湘12, 湘32	殷後期～殷末周初	窖蔵														
		寧郷県老糧倉郷北峰灘	1977	湘26, 湘31	殷末周初	窖蔵														
		寧郷県黄材鎮炭河里	1959, 1962, 1970, 1973, 2001-2005	湘6, 湘7, 湘13, 湘14, 湘16	殷末周初～西周前期		6	1	1								2			
		寧郷県黄材鎮葛藤村	1976	湘31	殷後期-（西周前期）	窖蔵														
		寧郷県黄材鎮	1966以前, 1989	湘2, 湘12	殷末周初・西周中期															
		寧郷県五里堆	1975	湘31	西周後期															

盃	咒	觥	尊	動物尊	方彝	卣	罍	壺	瓿	瓠	觶	杯	盤	匜	鐘	鏡	その他	合計	
			1			1	2				2	1						16	
			1			2			1		5							29	M30 は甲字形墓，M31 とともに時代がやや下る可能性がある。
																		2	
																		6	
3	1		8	1	9	8	12		6	13		6	4	7		1		248	
盃	咒	觥	尊	動物尊	方彝	卣	罍	壺	瓿	瓠	觶	杯	盤	匜	鐘	鏡	その他	合計	
																1		1	西周中期の遺物とみなす見解もある
																1		1	"應監"銘を有する もとは河南省平頂山で出土した器であったとされる
																		1	
							1											1	
										1								1	西周中期・西周後期の遺物とみなす見解もある
																		7	
							1											1	西周前期の遺物とみなす見解もある
							1											1	西周前期の遺物とみなす見解もある
							1											1	西周前期の遺物とみなす見解もある
							1											1	殷後期・殷末周初期の遺物とみなす見解もある
							2											2	西周前期の遺物とみなす見解もある
																			西周前期の遺物とみなす見解もある
												2						2	
							1												西周前期の遺物とみなす見解もある
							2												殷末周初・西周前期の遺物とみなす見解もある
							1											1	
							3											3	回収遺物
							1											1	報告者は泰和県出土とするが，贛10に従って吉安出土とした
盃	咒	觥	尊	動物尊	方彝	卣	罍	壺	瓿	瓠	觶	杯	盤	匜	鐘	鏡	その他	合計	
														1	5	13		28	
			1								1	1						3	PYD11M11 からの出土
															1			1	
															1			1	西周中期の遺物とみなす見解もある
	1											1	1		2			5	
盃	咒	觥	尊	動物尊	方彝	卣	罍	壺	瓿	瓠	觶	杯	盤	匜	鐘	鏡	その他	合計	
																		1	
				1														1	西周中期・後期の遺物とみなす見解もある
													2					2	
																		1	異形の方座簋
																		1	出土年不明
	1																	11	
																		6	西周後期の遺物とみなす見解もある
																		2	西周後期の遺物とみなす見解もある
															1			1	西周中期の遺物とみなす見解もある
															17			17	殷末周初〜西周前期の遺物とみなす見解もある
															2			2	殷後期の遺物とみなす見解もある
					4		1								1	2		18	「その他」：器種不明破片 2 破片多数。
						1												1	西周前期まで下る可能性がある
					1										1			2	鐘を東周期の遺物とみなす見解もある
															1			1	

							鼎	甗鼎	方鼎	鬲	甗	簋	盂	小型盂	罍	簠	豆	爵	角	斝
湖南		寧郷県回龍鋪鎮洋泉河	1978	湘31	殷末周初	窖蔵														
	株洲	株洲県大湖郷頭壩	1972	湘30	西周中期															
		株洲県南陽橋郷鉄西村	1976	湘15, 湘20	西周前期	窖蔵	1													
		株洲県堂市郷黄竹村	1981	湘8	西周中期															
		株洲県仙井郷漂砂井村	1985	湘20	西周中期															
		株洲県朱亭鎮興隆村	1988	湘29	殷末周初？															
		株洲県淦田鎮上港新村	1988	湘21	殷後期-殷末周初		1													
	湘潭	湘潭県花石鎮洪家峭	1965	湘12	西周中期-西周後期	墓														
		湘潭県青山橋鎮高屯村	1981	湘1	殷末周初～西周後期	窖蔵	3									6				
	湘郷	湘郷県狗頭壩	1965	湘4	西周中期-西周後期															
		湘郷県月山鎮馬龍村	1968	湘9	西周中期-西周後期															
		湘郷県金石鎮坪如村	1982	湘9	西周中期															
		湘郷県金石鎮黄馬寨	1975	湘9	殷末周初															
	邵東	邵東県霊官殿鎮毛荷殿村	1985	湘28	西周中期															
	衡陽	衡陽県長安郷	1977	湘19	西周中期															
		衡陽県欄壟郷泉口村	1979	湘19	西周前期															
		衡陽市北塘村	1978	湘8	西周中期															
	安仁	安仁県豪山郷湘湾村	1991	湘27	西周中期	窖蔵？														
	耒陽	耒陽県東湖郷夏家山	1980	湘18	西周前期															
	資興	資興市蘭市郷	1980	湘15	西周前期	窖蔵														
		資興市天鵝山	1983	湘15	西周前期	窖蔵														
	新寧	新寧県飛仙橋郷仙橋村	1990	湘22	西周後期-春秋初頭		1													
	合計						30	1	1	1	2					8				

							鼎	甗鼎	方鼎	鬲	甗	簋	盂	小型盂	罍	簠	豆	爵	角	斝
広東	曲江	曲江県馬壩鎮馬鞍山（現韶関市曲口区）	1984	黄展岳1986	西周前期															
	潮南	潮南区両英鎮禾皐	1983	粤4	西周前期-西周中期															
	博羅	博羅県横嶺山	1999-2000	粤2	（西周後期）-春秋前期	墓	1													
	合計						1													

							鼎	甗鼎	方鼎	鬲	甗	簋	盂	小型盂	罍	簠	豆	爵	角	斝
広西	灌陽	灌陽県灌陽鎮仁江郷	1976	桂5	西周前期															
	桂嶺	賀州市八歩区桂嶺鎮英民村	1979	桂1	西周後期-春秋初頭															
	賀州	賀州市沙田鎮馬東村	1996	桂2	西周前期～春秋初頭	墓	1													
	荔浦	荔浦県栗木社区馬蹄塘	1984以前	桂3	春秋前期-春秋中期															
	忻城	忻城県大塘鎮大塘中学	1976	桂5	西周中期															
	北流	北流市		桂3	西周中期-西周後期															
	陸川	陸川県烏石鎮塘域村		桂3	春秋前期-春秋中期															
	横県	横県鎮龍区那旭郷那桑村（現鎮龍郷）	1958	桂5	西周															
	賓陽	賓陽県武陵鎮木栄村	1984以前	桂3	西周中期-西周後期？															
	武鳴	武鳴県馬頭郷勉嶺山	1974	桂5	殷末周初	窖蔵														
		武鳴県馬頭郷元龍坡	1985-1986	桂4	西周後期-春秋初頭	墓														
	南寧	南寧市那洪鎮蘇盤村	1949以前	桂5	（西周後期）-春秋初頭															
	合計						1													

盃	咒甗	尊	動物尊	方彝	卣	罍	壺	瓿	觚	觶	杯	盤	匜	鐘	鏡	その他	合計	備考
			1														1	
														1			1	
																	1	
														1			1	
														1			1	
														1			1	紋様が特異
																	1	
														2			2	
	1											2		1			13	遺構の年代は春秋期と考えられる
														1			1	
														1			1	
														1			1	
																1	1	「その他」：鎛。殷末周初期の遺物とみなす見解もある
														1			1	
														1			1	西周中期の遺物とみなす見解もある
														1			1	
														1			1	西周前期の遺物とみなす見解もある
														1			1	
														1			1	西周中期の遺物とみなす見解もある
														1			1	西周中期の遺物とみなす見解もある
			1														2	
	2		5	1	2	1	1	2						9	34	3	103	

盃	咒甗	尊	動物尊	方彝	卣	罍	壺	瓿	觚	觶	杯	盤	匜	鐘	鏡	その他	合計	備考
														1			1	
														1			1	
														2			3	報告者は西周中期の器とする M182：鐘 2 M201：鼎 1
														2	2		5	

盃	咒甗	尊	動物尊	方彝	卣	罍	壺	瓿	觚	觶	杯	盤	匜	鐘	鏡	その他	合計	備考
														1			1	西周中期の遺物とみなす見解もある
																1	1	「その他」：鎛
			1											1			3	M1：罍 1 M2：鼎 1・鐘 1 墓の年代はいずれも西周後期〜春秋初頭である
			1														1	西周後期まで遡る可能性もある
														1			1	
														1			1	出土地点・出土年不明
			1														1	出土年不明 西周後期まで遡る可能性もある
														1			1	
			1														1	春秋前期まで下る可能性も高い
		1															1	
			1									1					2	M33：盤 1 M147：卣 1
														1			1	
		2	4								1		4	2	1		15	

附表 2　関中平原出土西周青銅器一覧

地域	No.	地点	出土年	報告書 No.	器物年代	遺構	鼎	鬲鼎	方鼎	鬲	甗	簋	盂	小型盂	罍	簠	豆	爵	角	斝
白水	1	渭南白水県	1971	秦54	西周前期							2								
白水西	2	印台区紅土鎮	1974	秦82: 194	西周前期								1							
宜君	3	宜君県城関鎮東十里舗	1975.5	秦82: 193, 秦133	西周前期		1													
印台	4	印台区三里洞	1962	秦133	殷末周初		1													
清峪河流域	5	三原県洪水村邵家河	1974.5	秦135	殷末周初～西周後期		5											1		
	6	三原県嵯峨郷馮村	1976.11	秦82: 192	西周後期							1								
	7	咸陽淳化県夕陽郷黒豆嘴村	1982.12	秦151	殷末周初	墓												1		
	8	咸陽淳化県夕陽郷田家村	1987.4	秦152	西周前期		1													
淳化南東	9	淳化県石橋公社史家塬	1979.12	秦52	西周前期	墓	1					1	1							
淳化北	10	咸陽淳化県鉄王郷紅崖村	1985.7	秦152	西周前期							1								
涇陽北西	11	涇陽県興隆郷高家堡	1971-1991	秦13, 秦21, 秦76	西周前期		6		2	1	4	6						4		1
礼泉北	12	礼泉県泔河水庫	1971.9	秦38	殷末周初		2							3						
淳化北西	13	咸陽淳化県潤鎮西梁家村	1985.4	秦152	西周前期		1													
姜源河流域	14	咸陽淳化県官荘郷張家荘	1964	秦151	殷末周初	墓	1													
	15	咸陽淳化県官荘郷張家荘	1982.3	秦151	殷末周初	墓	1													
旬邑	16	咸陽旬邑県城関公社崔家河東村	1980.12	秦107	殷末周初	墓	1					1								
	17	咸陽旬邑県赤道鎮下魏洛村	2003.8	秦15	殷末周初～西周前期	墓	4			1	1							2		1
長武南東	18	長武県冉店郷礆子坡	1981	秦114	殷末周初	窖蔵	2													
長武	19	長武県丁家郷劉主河	1969.10	秦82: 154-155	西周前期			1				1								
	20	咸陽長武彭公公社方荘	1975	秦108	西周後期			1												
	21	咸陽長武県棗園公社張家溝	1972.11	秦82: 156-159, 秦108	殷末周初・西周前期		1			2		1								
	22	咸陽長武県棗園村	1972	秦82: 160	西周前期			1												
渭南南	23	渭南県陽郭公社南堡村	1975春	秦34, 秦35	殷末周初	墓	2					1	1							
渭南西	24	臨潼県零口西段村東（南羅村南）	1976.3	秦173	西周前期～西周後期	窖蔵？						2								
藍田北西	25	西安藍田県洩湖公社兀家崖	1982.10	秦136, 秦137	西周前期		1					1								
	26	藍田洩湖鎮西北	1985.4	秦179	殷末周初							1	1							
灞橋区	27	西安市洪慶公社袁家崖生産大隊	1978.10	秦19, 秦57	殷末周初・西周後期	墓												1		
	28	藍田県紅星公社	1974.3	秦57	西周後期															
長安区	29	長安区杜曲鎮東楊万村少陵原	2004-2005	秦77	西周中期	墓	3													
	30	長安県申店郷徐家寨	1992	秦150	西周後期		1													
豊鎬南	31	長安県五星公社河迪村	1978.12	秦130	西周前期	墓	2					2						1		
豊鎬	32	長安県斗門鎮普渡村	1953-1954	秦61	西周中期	墓	1		2				1					2		
	33	長安県斗門鎮普渡村	1954.10-12	秦88	西周中期	墓	4		2	1	2							2		
	34	長安県灃西張家坡・客省荘	1955-1957	秦110	西周前期・西周中期	墓	4			1										
	35	長安県張家坡	1961	秦111	西周後期	窖蔵			10		22					1				
	36	長安県灃西公社馬王村	1961	秦125	西周中期	墓	1			1										
	37	長安県灃西公社馬王村白家堡子村・張家坡	1961-1962	秦125	西周前期・西周後期	墓	4					1						3		
	38	長安県灃西公社馬王村	1963	秦172	西周前期	墓	1	1		1		1								
	39	長安県張家坡	1964.10	秦112	西周前期・西周後期	墓	3					4								
	40	長安県灃西公社馬王村	1967	秦51	西周後期	窖蔵	3													

器種 盉 觥 觚 尊 鳥獣尊 方彝 卣 罍 壺 瓿 觚 觶 杯 盤 匜 鐘 鏡 その他	合計	備考
	2	
	1	
	1	
	1	殷末周初期の器物か。他に二里岡期の銅鼎も出土。
	6	
	1	
1	2	
	1	
	3	報告では「簋」2点とされるが，うち1点を「小型盉」とした。
	1	
2　　4　　　　6　1　　　　2　4　　2	45	鼎1点は後の回収遺物。M1 盉の形がやや特殊。報告で「瓿」とされる器（M4: 8）は口沿の広がらない有肩尊か。殷代中〜後期の特徴があり，時代が合わない。
	5	「簋」と報告される器を「小型盉」とした。
	1	
	1	1983年に届けられたもの。出土時にはほかにも青銅彝器があったが、失われたという。
	1	殷後期〜殷末周初期のもの。
	2	「簋」と報告される器を「小型盉」とした。
1　　　　　　　　　　　　1	11	
1	3	
	2	
	1	
	4	報告では「簋」3点とされるが，うち1点を「小型盉」とした。また秦82『陝西出土商周青銅器（4）』の158「父乙簋」は別の地点で出土したものが整理の際に紛れ込んだ可能性がある。
	1	
	4	広口の容器は報告では「尊」または「簋」とされるが，「小型盉」とみるべき。鼎一点は図版なし。簋は把手を持たない。
1　　　　　　2　　　　　　　　13	18	利簋は武王時代。遺物自体の年代は西周前期〜東周初頭とされる。
	2	
	2	車馬坑からの出土
1	2	
1	1	
	3	
	1	
1　　　　　　　　1	7	
1	7	「簋」と報告される器を「小型盉」とした。
1　　　　1　1　1　　2　　1　　3	21	
1	6	「その他」：器蓋
2　　　　　　2　　　　5　2	44	「盉」2点のうち1点は「鋅」と自銘する
	2	
1　　　　　　1　3	13	「簋」と報告される器を「小型盉」とした。
2　　1　　　　1　1	9	「簋」と報告される器を「小型盉」とした。
2	9	
2　　　　　　　　1	6	「その他」：報告は「罍」とするが，形は罐である

地域	No.	地点	出土年	報告書 No.	器物年代	遺構	鼎	鬲鼎	方鼎	鬲	甗	簋	盂	小型盂	盨	簠	豆	爵	角	斝
豊鎬	41	長安県張家坡	1967.4-12	秦120	西周前期〜西周後期	墓	6	2				2		1			6			
	42	長安県灃西公社新旺村	1967.7	秦85	西周中期・西周後期	窖蔵？						1								
	43	長安県灃西公社張家坡	1971-1981	秦123	西周前期・西周後期	墓	2			1							1			
	44	長安区豊鎬地区	1972-1975	秦12	殷後期〜西周中期		4			1		2					1			1
	45	長安県灃西公社新旺村	1973.5	秦59	西周前期・西周後期	窖蔵	1					1								
	46	長安県灃西公社馬王村	1973.5	秦59	西周中期・西周後期	窖蔵	3				1	6								
	47	長安県灃西公社張家坡・客省荘	1976-1978	秦121	西周前期	墓	4			1	1	2								
	48	長安県新旺村	1980.3	秦125	西周後期		1					1								
	49	長安県斗門鎮（花園村・普渡村）	1980.10-1981	秦93	西周中期	墓	5		3		1	2		2			4			
	50	長安県灃西公社新旺村	1982.1	秦122	西周後期	窖蔵	2													
	51	長安県灃西公社張家坡	1983	秦119, 秦128	殷末周初	墓	1					1								
	52	長安県馬王村鎮張家坡村	1983-1986	秦113, 秦124	西周前期〜西周後期	墓	26	2	1	2	2	15					3			
	53	長安県灃西地区	1984-1985	秦115	西周前期	墓	1					1					1			
	54	長安県花園村	1986.7	秦131	西周中期	墓	1													
	55	長安県張家坡村	1987春, 1991	秦119	西周前期・西周後期	墓	2										2			
	56	長安県張家坡・馬王村	1992春	秦117	西周中期	墓	2					2								
	57	長安県馬王村・大原村	1997	秦116	西周中期	墓	1										1			
戸県	58	戸県玉蟬郷孫家碥	1969	秦82: 162	西周前期							1								
藍田南東	59	藍田県草坪公社草坪大隊	1973.3	秦55	西周後期		1													
藍田南	60	藍田県輞川公社指甲湾村	1974.1	秦30	西周後期										2					
周至東	61	周至県終南公社豆村	1974	秦108	西周前期							1		1			1			
周至	62	周至県城関鎮	1974.1	秦82: 174	西周前期	墓						1								
周至西	63	眉県青化公社油房堡大隊	1981.3	秦169	西周前期	窖蔵	2													
	64	眉県青化郷鳳池村	1975	秦81: 190-191	西周前期				1			1								
	65	周至県竹峪村	1972	秦82: 164-165	西周前期												1			
	66	周至県竹峪公社五星大隊	1973	秦82: 167-168, 秦108	西周前期		1					1								
	67	周至県竹峪村	1977	秦82: 172	西周中期		1													
眉県南東	68	眉県小法儀公社小法儀大隊	1980.7	秦5	殷後期-殷末周初															1
乾県南東	69	乾県薛録公社	1970	秦54	西周後期		1													
	70	乾県薛録公社	1972	秦54	西周後期															
武功	71	武功県南仁鎮北坡村	1963.4	秦82: 117-118, 秦92	西周後期		1					2								
麟游	72	麟游県九成官鎮蔡家河	1974	秦81: 141-147	西周前期			1		4		2								
永寿	73	咸陽永寿県店頭公社好時河		秦108	西周後期															
	74	永寿県店頭公社好時河	1962	秦92	西周後期	窖蔵？	1					1								
	75	永寿県店頭好時河	1967	秦30	西周後期					3		1								
乾県西	76	乾県石牛公社周家河大隊	1978.10	秦108	西周中期															
	77	乾県臨平公社	1970	秦54	西周前期		3					1								
武功北西	78	武功県蘇坊公社金龍大隊回龍生産隊	1974	秦29, 秦82: 133-134	西周後期		1					1								
	79	武功県蘇坊郷任北村	1978.4	秦82: 120-132, 秦176	西周後期							13								
	80	武功県游風鎮浮沱村	1959	秦80: 125-131	殷末周初		3			1	1	1								
	81	武功県游風鎮渠子村	1974	秦82: 119	西周中期		1													
	82	武功県游風鎮渠子村	1976	秦82: 110-113	西周前期					1		3								
	83	武功県游風郷黄南窯村（黄家河村）	1982	秦27	西周前期		1					1								
	84	扶風県召公郷巨良海家村	1992	秦177	西周後期	窖蔵														

器種 盉	觥	觚	尊	鳥獣尊	方彝	卣	罍	壺	瓿	觚	觶	杯	盤	匜	鐘	鏡	その他	合計	備考
		1			1					2	2						1	24	「その他」：報告は「盂」とするが、「盆」に近い。また報告では「簋」3点とされるが、うち1点を「小型盂」とした。
														1				2	
								1	1									6	
	1			2	1		2							2				17	墓からの出土遺物のようだが、明確な出土状況は不明
																		2	
						1							1	1			10	23	
																		8	報告では「簋」3点とされるが、うち2点を「小型盂」とした。また、張家坡76M5より「罩形器」が出土しているが、彝器として含めなかった。
																		2	発見者が博物館に送ったもの。
1		2		3		2	1	2						1				30	「その他」：釜。また、報告では「簋」4点とされるが、うち2点を「小型盂」とした。
																		2	
																		2	「簋」と報告される器を「小型盂」とした。
1		1	2	1	1		2			3	1			3			2	68	「その他」：異形鼎
	1				1													5	「簋」と報告される器を「小型盂」とした。
																		1	
	1				1													6	
																		4	
					1													3	
																		1	
																		1	
													1	1				4	
																		3	報告では「簋」2点とされるが、うち1点を「小型盂」とした。
																		1	
																		2	ただし窖蔵の時期は西周後期であるとされる。
																		2	
					1													2	
																		2	同村内の別地点から出土した可能性がある。
																		1	
																		1	
																		1	
1																		1	「盦」と報告される器を「盂」とした。
																		3	簋は2点とも蓋のみ。
																		7	
															4			4	出土年への言及なし。
																		2	秦30に窖蔵出土であったと記される。
																		4	
															1			1	
																		4	「簋」と報告される器を「小型盂」とした。
															1			3	鐘の出土に関しては秦84に記載があるが器形が確認できない。
																		13	うち3点は蓋のみの出土
					1													7	報告では「簋」2点（秦80: 125・126）とされるが、うち1点（秦80: 126）を「小型盂」とした。
																		1	
																		4	
					1													3	
															3			3	鐘3点のうち1点は破片。また青銅製の龍形器が出土

地域	No.	地点	出土年	報告書 No.	器物年代	遺構	鼎	鬲鼎	方鼎	鬲	甗	簋	盂	小型盂	罍	簠	豆	爵	角	斝
漆水河下流部	85	武功県大荘鎮徐家湾	1975	秦82: 115-116	西周前期													1		
	86	武功県大荘鎮徐家湾	1976	秦82: 114	殷末周初															
	87	楊陵区柴家咀	1959	秦82: 108-109	西周前期							2								
周原北東	88	扶風県南陽公社五嶺大隊豹子溝	1979.5	秦162	西周後期	窖蔵														
	89	扶風県南陽公社魯馬大隊溝原生産隊	1981.10	秦181	西周後期	窖蔵						1								
周原	90	扶風県法門公社荘白大隊任家村	1940代	秦162	西周後期	窖蔵	2													
	91	扶風県荘白	1946	秦162	西周中期	窖蔵	1													
	92	扶風県黄堆公社雲塘大隊斉鎮生産隊	1948	秦162	西周中期	墓											1			
	93	扶風県法門公社馬家大隊七里橋村	1949	秦81: 130, 秦104: p. 2154, 秦155	西周後期							1								
	94	扶風県法門公社荘白大隊任家村	1949以前	秦104: p. 2017・p. 2067	西周中期・西周後期		1													
	95	岐山県京当公社礼村	1949以前	秦17, 秦104: p. 2171	西周前期															
	96	扶風県黄堆付近	1949以前	秦17	西周中期															
	97	岐山県礼村	1950	秦80: 137, 秦104: p. 2042	西周前期					1										
	98	扶風県雲塘村	1950	秦81: 65-66	西周前期					1										
	99	扶風県荘白村	1952	秦104: p. 2156	西周後期										1					
	100	岐山県清華鎮童家村	1952	秦7, 秦104: p. 2052	西周中期		1													
	101	扶風県法門郷南作村	1953	秦104: p. 2057	西周前期		1													
	102	岐山県京当郷礼村	1953	秦104: p. 2188・p. 2194	西周前期													1		
	103	岐山県王家嘴	1953	秦80: 139-140	西周前期		1					1								
	104	岐山県賀家村	1955	秦104: p. 2103・p. 2181	殷後期							1								
	105	岐山県京当公社賀家村	1956	秦17, 秦104: p. 2050	西周前期		1													
	106	岐山県京当公社礼村	1957	秦17, 秦104: pp. 2070-2074, 秦147	西周中期		2													
	107	扶風県上康村	1957.8	秦89	西周中期	墓	2					2								
	108	岐山県京当郷双庵村	1958	秦104: p. 2126	西周中期							1								
	109	岐山県祝家荘郷	1958	秦147	西周前期		1													
	110	扶風鎮黄堆郷斉家村	1958.1	秦95: pp. 6-19, 秦132	西周後期	窖蔵			2			2								
	111	扶風県斉家村	1960	秦90, 秦95: pp. 20-150	西周後期	窖蔵	2		1	2	8	1		1						
	112	扶風県荘白大隊召陳村	1960	秦36, 秦96: pp. 154-215	西周中期・西周後期	窖蔵	5				8									
	113	扶風県斉家村	1960.7	秦91, 秦100: pp. 1072-1079	西周前期	墓											1			
	114	礼村附近礼村附近	1960-62	秦87	殷末周初			1				1								
	115	扶風県黄堆公社雲塘大隊斉家村	1961.2	秦54	西周後期	窖蔵				1										
	116	扶風県斉家村	1961.4	秦96: pp. 216-227, 秦126	西周後期	窖蔵				3										
	117	扶風県召陳村	1962	秦104: p. 2106	西周後期				1											
	118	岐山県賀家村	1963.3	秦104: p. 2176	西周中期															
	119	扶風県法門公社斉家村	1963.1-2	秦96: pp. 228-265, 秦153, 秦172	西周中期・西周後期	窖蔵														
	120	扶風県荘李村	1963.1-2	秦104: p. 2078・pp. 2133-2139, 秦153	西周後期		1			4										
	121	岐山県賀家村	1964	秦147	殷末周初												1			
	122	扶風県斉家生産隊	1966	秦104: pp. 2021-2026, 秦162	西周中期	窖蔵														

器種	盉	兕觥	尊	鳥獣尊	方彝	卣	罍	壺	瓿	觚	觶	杯	盤	匜	鐘	鏡	その他	合計	備考
						1												2	報告で「壺」とされる器（秦82: 116）を「卣」とした。
		1									1							2	觶の器形不明。
																		2	
													1					1	
																		1	蓋のみ
													1					3	うち2点は，1940年代に出土・売却された後，買い戻した収集遺物。
																		1	
			1															2	1948年に10数点出土した内，当該の2点のみ現存。1975年に博物館蔵。
																		1	秦104: p. 2154では1950年出土とされ，秦81: 130でも1950年12月出土とされるが，秦155とおそらく同一器。
														1				2	鐘（西周後期）はNo.90: 1940年代荘白出土器と，鼎（西周中期）はNo.87: 1946年荘白出土器と同器である可能性が高い。
1																		1	
								1										1	
																		1	岐阜市歴史博物館『中国陝西省宝鶏市周原文物展』は1974年の出土とする。
1																		2	おそらく同一地点出土。
																		1	
																		1	秦104: p. 2052は「丁童村」と表記。
																		1	
						1												2	おそらく同一地点出土。
																		2	他に戈などの青銅器が4点出土。
		1																2	おそらく同一地点出土。
																		1	秦104は1949以前出土とするが，器形・文様が当器と一致する。
																		2	
																		4	
																		1	
																		1	
																		4	卜骨出土。
						2	4					1	1		16			39	
							2					1	1					17	他に勺2点が出土している。
								1										2	
																		2	先周墓か。「簋」と報告される器を「小型盉」とした。
																		1	報告者によれば4点の簋が出土したとされるので，おそらく同型同銘器であるNo.116: 斉家村1961.4（秦96: pp. 216-227，秦126）出土の3点と同出であり，あわせて4点になるものと考えられる。
																		3	秦54報告者によれば4点の簋が出土したとされるので，おそらく同型同銘器であるNo115: 斉家村1961.2（秦54）出土の1点と同出であり，あわせて4点になるものと考えられる。
																		1	No.139: 召陳村1973出土の鬲（秦162-総173，斜角雷紋鬲）に酷似するが，口径が異なっており，別器の可能性を否定できない。
			1															1	牛尊。No.127: 1967年3月賀家村出土とされる牛尊（秦127）があるが，法量の一部が一致しており，当器と同一器の可能性が極めて高い。
1	1	1		1									1	1				6	
																		5	出土地点について秦104では「荘白李村」，秦153では「荘李村」とされるが，おそらく同一の村。鼎の銘文に削りとった痕跡あり。
																		1	「簋」と報告される器を「小型盉」とした。
															2			2	

地域	No.	地点	出土年	報告書No.	器物年代	遺構	鼎	鬲鼎	方鼎	鬲	甗	簋	盂	小型盂	盨	簠	豆	爵	角	斝
	123	扶風県上康村（扶風県法門公社黄堆大隊？）	1966	秦50, 秦104: p. 2197	西周前期															
	124	扶風県斉鎮村	1966	秦96: p. 268	西周中期															
	125	岐山県賀家村	1966.12	秦80: 149-158, 秦100: pp. 1080-1117, 秦127	西周前期	墓	1	1	2		1	1						1		
	126	扶風県斉鎮村	1966 冬	秦50, 秦81: 60・62, 秦96: pp. 266-267・pp. 271-279, 秦104: p. 2024, 秦162	西周後期	窖蔵									1					
	127	岐山県賀家村	1967.3	秦127	西周前期？															
	128	扶風県黄堆公社雲塘大隊斉鎮生産隊	1971.9	秦50, 秦100: pp. 1118-1145, 秦162	西周中期	墓	2		2	2										
	129	扶風県斉家村	1971 以前	秦50	西周後期										1					
	130	扶風県劉家村	1972	秦100: pp. 1146-1197, 秦81: 35-50	西周前期	墓	3			1	1	3						1		
	131	扶風県法門公社召李大隊康家村	1972	秦104: p. 2082, 秦155	西周後期		1													
	132	岐山県京当郷喬家村	1972	秦104: p. 2108, 秦147	西周後期							1								
	133	岐山県京当村	1972.1	秦9, 秦96: pp. 280-299	殷前期	窖蔵				1								1		1
周原	134	扶風県劉家水庫	1972.12	秦104: p. 2008, 秦162	西周後期	窖蔵														
	135	岐山県青化郷南祁家村	1973	秦147	殷末周初							1								
	136	岐山県京当郷劉家村	1973	秦147	西周後期？		1													
	137	扶風県劉家村東北	1973.3	秦104: p. 2213, 秦162	西周後期	窖蔵						1								
	138	扶風県劉家水庫	1973.10	秦100: pp. 1210-1223, 秦162	西周中期	墓	1			1										
	139	扶風県召陳村	1973.12	秦104: pp. 2226-2228, 秦162	西周後期	窖蔵				1					1					
	140	岐山県賀家村	1973 冬	秦86, 秦100-101: pp. 1224-1319	殷末周初～西周後期	墓	3		1	2	1	2						1		
	141	扶風県法門公社美陽大隊	1973 年末	秦80：41-46, 秦100；pp. 1198-1209, 秦159	殷後期	墓	1		1	1										
	142	岐山県京当郷北窯村	1974	秦147	殷末周初		1													
	143	岐山県京当郷賀家村	1974	秦104: p. 2059・2065・2191, 秦147	殷末周初・西周前期		2													
	144	扶風県黄堆公社雲塘大隊斉家村	1974	秦54, 秦104: p. 2202-2207	西周中期															
	145	扶風県斉家村	1974 夏	秦81: 12	西周前期															
	146	岐山県賀家村	1974 夏	秦81: 4	西周前期													1		
	147	岐山県賀家村	1974.12	秦81: 5	西周後期	窖蔵	1													
	148	扶風県黄堆公社雲塘大隊強家生産隊	1974.12	秦31, 秦96: pp. 300-321	西周中期	窖蔵	1					4			1					
	149	扶風県荘白村	1975	秦104: p. 2192	西周前期？															
	150	岐山県京当郷衙里村	1975	秦147	殷末周初													1		
	151	岐山県京当公社董家村	1975.2	秦139, 秦96-97: pp. 322-475	西周中期・西周後期	窖蔵	13		2	14					2					

盉	兕觥	尊	鳥獣尊	方彝	卣	罍	壺	瓿	觚	觶	杯	盤	匜	鐘	鏡	その他	合計	備考
													1				1	蓋のみ。秦104は上康村出土，秦50は黄堆大隊で1971年以前に出土，とするが，おそらく同一器であろう。
															1		1	秦96で，No.126: 1966年斉鎮一括出土遺物の一つとして収録されているが，おそらく別物である。下記（No.126）参照。
		1			1	1										1	11	「その他」:「調色器」。合計17点の容器が出土したとされるが，詳細不明。また，甗・尊は図・写真がない。
														2			3	秦96で1966年に斉鎮で出土したとされる一括遺物（秦96: pp. 266-279）の中では，秦162で報告された鐘（T0026）が含まれず，上記の別の鐘（No.124，秦96: p. 268，用享鐘）が代わりに含まれている。本来一括のはずの鐘は単独出土品として扱われている（秦104: p. 2024，総0091）。おそらく整理段階での遺物の取り違えであろう。なお秦81でも同じく別の鐘（No.124，用享鐘）が一括出土とされており（秦81: 61），この段階で既に取り違えが起こっていたことが理解される。
			1														1	秦127では裏表紙に図版が紹介されているかのように記述されるが，写真・図ともに未掲載。記述されている器形の特徴は，No.118: 1963年3月賀家村出土とされる牛尊（秦104: p. 2176）と一致しており，器長・器高ともに一致するが重量が異なる。同一器の可能性が極めて高いが，推定に止まる。
																	6	M1: 鼎1・鬲1，M2: 鼎1鬲1，M3: 方鼎2。いずれも西周中期。図・写真は秦50に方鼎1，秦162に円鼎1・鬲2が紹介される。
																	1	
1					3	2	1				3	1					20	卣1・盉1・盤1は鉛製。
																	1	1933年に発見された青銅器群の一部が埋め戻されたもの。
																	1	
									1								4	秦9は出土葬器4点（鬲1・爵1・斝1・觚1）とするが，秦96は鬲の出土を2点とし，葬器の合計を5点とする。秦96で新たに報告される鬲（秦96: p. 282，弦紋鬲）は整理作業中に混入した別地点出土器ではないかと思われる。
														1			1	
																	1	「盨」と報告される器を「小型盂」とした。
																	1	報告は西周後期の器とするが，図がなく判断不能。
																	1	
																	2	他に7点の鈴・鑾鈴が出土。
																	2	並列して報告されるが別地点から出土したとされ，異なる窖蔵に属する遺物である可能性が高いが，鬲の出土年が明記されず詳細が不明である。この鬲（秦162-総173，斜角雷紋鬲）はNo.117: 召陳村1962年出土鬲（秦104: p. 2106，斜角雲紋鬲）に酷似するが，口径が異なっており，別器の可能性を否定できない。
					2		1		1								14	M1（殷末）: 鼎1・簋1・卣2・斝1・罍1・瓿1と他に勺1，M3（後期）: 鼎1・盠2，M5（前期）: 鼎1・簋1，M6（中期）: 簋1・鬲1。報告で一号墓から出土したとされる「盨」を「小型盂」とした。
				1								1					5	鼎・鬲・卣は紛失した模様。
																	1	
												1					3	三器が異なる地点から出土した可能性もあるが，詳細不明。
						2											2	秦104はいずれもは1975年出土とするが，おそらく同一器。
							1										1	
																	1	
																	1	他に勺1・銅泡2が出土。
																1	7	簋4点の内訳は，簋本体2点・簋蓋2点であるが，いずれも別個体である。
													1				1	器の上半分が破損。
																	1	無柱の斝。岐阜市歴史博物館『中国陝西省宝鶏市周原文物展』は「帯鋬鬲」とする。
2					2						1	1					37	

地域	No.	地点	出土年	報告書 No.	器物年代	遺構	鼎	鬲鼎	方鼎	鬲	甗	簋	盂	小型盂	盨	簠	豆	爵	角	斝
	152	扶風県法門公社荘白大隊白家生産隊	1975.3	秦101: pp. 1348-1407, 秦167	西周中期	墓	1		2	1	1	1					2			
	153	扶風県召李村	1975.3	秦101: pp. 1320-1347, 秦166	西周前期	墓	1													
	154	扶風県黄堆公社雲塘村南地	1976	秦66, 秦101: pp. 1408-1489	西周前期・西周中期	墓	2		1	2		2					5			
	155	岐山県賀家村	1976	秦67, 秦101: pp. 1490-1513	西周前期	墓	2			1		1								
	156	岐山県京当郷賀家村	1976	秦104: pp. 2110-2111・2190, 秦147	西周前期・後期					1		1								
	157	扶風県黄堆公社雲塘生産隊	1976.1	秦63, 秦97: pp. 476-521	西周後期	窖蔵									6					
	158	扶風県法門公社荘白大隊白家生産隊	1976.12	秦62, 秦97-99: pp. 522-967	西周前期～西周後期	窖蔵	1		1	17		8			2	1	12	1		
	159	扶風県法門公社荘白生産隊	1976.12	秦63, 秦99: pp. 968-987	西周後期	窖蔵				1		1			1	1				
	160	扶風県斉家村	1977	秦101: pp. 1514-1521	西周前期	墓	1					1								
	161	岐山県王家嘴	1977	秦80: 12, 秦101: pp. 1522-1527	殷後期	墓	1													
	162	岐山県京当郷礼村	1977	秦147	西周後期		1													
	163	扶風県黄堆公社雲塘生産隊	1977.8	秦39, 秦104: p. 2158	西周後期	窖蔵									1					
	164	扶風県斉家村	1978	秦102: pp. 1538-1545	西周中期	墓	1													
	165	扶風県斉村	1978	秦102: pp. 1546-1551	西周中期？	墓						1								
	166	扶風県樊村	1978	秦104: p. 2085 秦104: p. 2085	西周後期		1													
	167	扶風県法門公社斉村	1978.5	秦104: p. 2140, 秦160	西周後期							2								
周原	168	扶風県斉家村	1978.8	秦64, 秦102: pp. 1552-1617	西周中期	墓	2			1		2					2			
	169	岐山県鳳雛村	1978.9	秦65, 秦99: pp. 988-1007	西周中期・西周後期	窖蔵	1			1		1			2					
	170	扶風県法門公社斉村陂塘	1979.8	秦104: p. 2045, 秦162	西周後期	窖蔵			1											
	171	扶風県法門公社李家生産隊	1980.1	秦69	西周前期												1			
	172	岐山県京当公社王家嘴	1980.3-10	秦20, 秦102: pp. 1722-1729	西周前期	墓	2													
	173	扶風県劉家村	1980.12	秦102: pp. 1714-1721	西周中期	墓	1													
	174	扶風県黄堆村	1980.6-1981.3	秦68, 秦102: p. 1618-1713	西周中期・西周後期	墓	1			4										
	175	岐山県京当郷賀家村	1981	秦104: pp. 2115	西周前期					1										
	176	扶風県荘白李村	1981	秦104: p. 2185	西周前期												1			
	177	扶風県荘白	1981.2	秦104: p. 2027	西周後期															
	178	岐山県京当公社劉家生産隊	1981.3	秦17, 秦104: p. 2087	西周後期		1			1										
	179	岐山県祝家荘公社宮里大隊流龍咀村西	1981 春	秦17	西周中期？															
	180	扶風県黄堆公社斉鎮村	1981.5	秦69, 秦104: p. 2165	西周後期										1					
	181	扶風県法門公社任家村	1981.7	秦69, 秦104: p. 2168	西周後期										1					
	182	扶風県黄堆郷強家村	1981.8	秦49, 秦102-103: pp. 1730-1875	西周後期	墓	4			4	1	5								
	183	扶風県黄堆公社下務子村	1981.12	秦70, 秦99: pp. 1008-1015	西周後期	窖蔵	2													
	184	扶風県召陳村	1982	秦104: pp. 2147-2153	西周後期							2								
	185	扶風県斉家村	1982	秦104: p. 2183	西周中期？												1			
	186	扶風県法門宝塔村	1982	秦104: p. 2089	西周後期		1													

器種																		合計	備考
盉	兕觥	尊	鳥獣尊	方彝	卣	罍	壺	瓿	觚	觶	杯	盤	匜	鐘	鏡	その他		
1						3			1			1					14	報告では「簋」2点（秦101: p. 1366・p. 1373）とされるが，うち1点（秦101: p. 1373）を「小型盉」とした。
					1		1			1							4	馬具が多数出土。
		3		2						2							19	M10（中期）：鼎1・尊1・爵1・觶1，M13（中期）：鼎1・鬲1・尊1・卣1・觶1，M20（前期）：鼎1・鬲1・簋2・尊1・卣1・爵2。
																	4	M112：簋1，M113：鼎2・甗1。
							1										3	鬲は西周後期，簋・觶は西周前期とされる。一方で，秦147では鬲と觶は同出とするが簋に関する言及がないため，簋のみ別地点で出土した可能性もある。
							1										7	他に勺2が出土。甕の内1点及び壺は蓋のみ。
1		3	1	2	5		7	3		1				21		2	90	「その他」：盆2。他に斗4，鈴7，匕2が出土している。なお，『文物』は方鬲1, 鬲17とするが，『周原出土』の方鼎1, 鬲17が正しいであろう。
														1			5	
																	2	
																	1	
																	1	
																	1	
																	1	
1																	2	2点とも明器。
																	1	
																	2	うち一点は厲王自作器と考えられている㝬簋。
1		1		1						1	1						12	
																	5	他に1点，西周前期の簋（収集遺物）の報告あり。
																	1	No.167: 㝬簋出土地点の付近。
																	1	
																	2	
																	1	
														2			7	M1（後期）：簋1（蓋と器とに別々の番号が振られるが，もとは一器），M3（後期）：簋1，M4（中期）：鼎1・簋2・鐘1，M16（後期）：簋1。
																	1	
																	1	
															1		1	
																	2	簋と簋蓋は口径の大きさが一致するが，銘文が異なるため元来別個体であった可能性もある。秦104: p. 2087は鼎の出土年を1980年とするが，おそらく同一個体であろう。
		1															1	蓋のみ。
																	1	「瑚」と報告される。
																	1	「瑚」と報告される。
1							2				1						18	
																	2	
																	2	2点とも蓋のみの出土。
																	1	
																	1	

地域	No.	地点	出土年	報告書No.	器物年代	遺構	鼎	鬲鼎	方鼎	鬲	甗	簋	盂	小型盂	盨	簠	豆	爵	角	斝
	187	扶風県斉家村	1982.3	秦48, 秦99: pp. 1016-1023	西周中期	窖蔵	1							1						
	188	扶風県斉家村	1984.3	秦48, 秦99: pp. 1024-1053	西周中期・西周後期	窖蔵						7								
	189	扶風県下務子村	1985	秦104: p. 2091	西周後期		1													
	190	扶風県荘李村	1987	秦99: pp. 1054-1063	西周後期	窖蔵						3								
	191	岐山県京当郷王家嘴村	1987	秦104: pp. 2048	西周前期		1													
	192	岐山県蒲村郷洗馬荘張家村	1987.4	秦148	西周中期		1													
	193	扶風県斉家村	1991	秦103: pp. 1920-1925, 秦104: 2075, 秦165	西周中期	墓	2													
	194	扶風県斉家村	1991	秦103: pp. 1876-1919	西周中期	墓			2			2					2			
	195	岐山県京当郷賀家村	1991	秦104: p. 2118	西周前期							1								
	196	岐山県京当郷双庵村	1991.4	秦171	西周前期				1			1								
	197	岐山県京当郷賀家村	1992	秦104: p. 2061	西周前期		1													
	198	扶風県黄堆郷黄堆村	1992春	秦103: pp. 1926-1945, 秦154	西周中期・西周後期	墓	2													
	199	岐山県京当郷賀家村	1993	秦104: pp. 2011-2016, 2128	西周中期							1								
周原	200	扶風県斉家村	1993	秦104: p. 2093	西周中期		1													
	201	扶風県法門鎮荘白村劉家組	1994.12	秦104: pp. 2218-2220, 秦164	西周前期	窖蔵						1								
	202	扶風県法門鎮黄堆村老堡子	1995	秦45, 秦103: pp. 1946-1997	西周中期・西周後期	墓	2					2								
	203	扶風県斉家村	1995	秦104: p. 2063	西周前期		1													
	204	扶風県法門鎮黄堆村老堡子	1996	秦46, 秦103: pp. 1998-2001	西周中期?	墓	1													
	205	扶風県荘白	1996冬	秦104: p. 2123, 秦165	西周前期	墓						1								
	206	扶風県斉家村	1997	秦104: pp. 2208-2211	西周前期															
	207	扶風県斉村	1998	秦104: p. 2041	西周?															
	208	扶風県召陳村	1998.7	秦104: p. 2036, 秦165	西周後期	窖蔵														
	209	扶風県斉家村	1999	秦41	西周中期	墓											1			
	210	扶風県黄堆郷斉家村	2002.9-2003.1	秦40, 秦75	西周前期～西周後期	墓	1	1	2			1					2			
	211	扶風県法門寺鎮荘李村（李家村）	2003.3-2004	秦43, 秦44	西周前期・西周中期	墓	3		1	1		2					2		1	
	212	扶風県法門鎮荘李村（李家村）	2003.秋	秦42	西周中期	墓	1					1								
	213	扶風県法門鎮荘白村劉家組	2004.4	秦47	西周中期	墓	1													
	214	扶風県召公公社	1961	秦54, 秦81: 28	殷末周初															
	215	扶風県召公郷呂宅村	1975.1	秦24	殷末周初									1						
周原東	216	扶風県召公公社後董大隊穆家生産隊	1976.3	秦162	西周後期	窖蔵	1													
	217	扶風県召公公社呂宅大隊胡西隊	1978.12	秦162	西周中期・西周後期	窖蔵	2													
	218	扶風県召公郷大陳村	1981冬	秦24	殷末周初?															
	219	扶風県建和公社東橋大隊北橋生産隊	1972	秦156	殷末周初・西周後期	窖蔵	1					3								
	220	扶風県白家村	1963.01-02	秦153	西周中期		1													
扶風東	221	扶風県杏林公社東坡大隊孫家台生産隊	1963	秦162	西周後期	窖蔵						4								
	222	扶風県太白公社長命寺大隊早楊生産隊	1973.8	秦81: 133, 秦162	西周後期	窖蔵	1													
	223	扶風県太白公社功夫溝	1979.1	秦162	西周前期		1													
	224	扶風県法門郷南佐村	1953	秦24	西周後期															
	225	扶風県白家窯水庫楊家堡	1974春	秦157	殷末周初				1	1										
扶風	226	岐山県青化郷周家村	1978	秦147	西周後期							2								
	227	扶風県白家窯水庫楊家堡	1979.11	秦161	西周前期	墓														
	228	扶風県法門郷官務吊荘	1982.9	秦178	西周中期?	窖蔵														
	229	岐山県青化郷丁童村	1984秋	秦148	西周前期・西周中期		1					1								

器種	盉	咒觥	尊	鳥獣尊	方彝	卣	罍	壺	瓿	觚	觶	杯	盤	匜	鐘	鏡	その他	合計	備考
																		2	7号窖蔵。鼎（秦 99: p1018）に銘文を削り取った痕跡あり。
																		7	8号窖蔵。
																		1	
																		3	うち1点は蓋のみ。
																		1	
																		1	
																	2	4	「その他」：2点とも盆。M1：鼎1・盆1（秦 104: p. 2075 では墓号不明で鼎1のみが報告される），M2（秦 103: pp. 1920-1925ではM8）：鼎1・盆1。
		1			1				2	1								11	M5。
																		1	
																		2	
																		1	
																		2	M37（中期）：鼎1，M45（後期）：鼎1。
															3			4	出土状況が不明だが，これら4器はおそらく同一地点出土であろう。
																		1	
																		1	圏足部のみ。瓦・礎石などとともに出土。
1												1						6	M55：鼎1・簋1・盉1・盤1（いずれも明器），M58：鼎1・簋1。M60からは，彝器はないものの数点の青銅器が出土している。
																		1	破片を接合したもの。
																		1	M71。明器。
																		1	
				2														2	
														1				1	甬部のみ。
														1				1	
	1						1											3	
	1		1							1								10	
1		1		1		1												14	
																		2	M17。
																1		2	「その他」：盆。
			1															1	扶風県張黄村出土とされる秦 81: 28 はおそらく同一器
																		1	
																		1	
																		2	
	1																	1	蓋の破片。
					1							2		2				9	法門寺の東に位置する。彝のみ年代が古い。
																		1	
																		4	
																	1	2	鼎は鼎足のみ。「その他」：甑。秦 81 は甑（秦 81: 133）を「扶風早陽村出土」とするが，秦 162 出土器と同一器である。
																		1	
																		1	
																		2	
																		2	
																	5	5	彝器は破片のみ出土。同一個体の破片5点の可能性もある。
			1												5			6	
																		2	

地域	No.	地点	出土年	報告書No.	器物年代	遺構	鼎	鬲鼎	方鼎	鬲	甗	簋	盂	小型盂	罍	盨	豆	爵	角	斝
扶風	230	扶風県法門郷官務窯院村	1985.11	秦180	西周中期	墓	1													
	231	扶風県城西南	不明	秦162	西周中期	窖蔵	1													
	232	扶風県城関公社下河東隊	1970.1	秦81: 63-64, 秦162	西周前期	墓	1					1								
	233	扶風県飛鳳山	1993.4	秦142	西周前期	墓	1					1								
扶風西	234	扶風県黄甫公社五郡西村	1973.6	秦162	西周後期	窖蔵									2					
	235	扶風県城関鎮五郡西村	2006.11	秦141, 秦143, 秦170	西周中期・西周後期	窖蔵	1					2								
	236	扶風県黄甫公社柳東	1950	秦81: 112, 秦162	西周中期		1													
	237	扶風県黄甫郷唐家河西堨村	1984.3	秦25	西周前期	墓	1					1								
岐山南東	238	岐山県蒲村郷宋家村	1976	秦147	殷末周初									1						
	239	岐山県益店鎮魏家河	1977	秦147	殷末周初		1													
	240	岐山県故郡郷牟家村	1974	秦147	殷末周初													1		
岐山北	241	岐山県北郭公社張家場	1974	秦16	西周前期？													1		
	242	岐山県北郭郷八廟溝村	1975	秦147	西周中期		1													
	243	岐山県北郭公社北寨子	1975.7	秦16, 秦80: 145-147, 秦147	殷末周初		1	1						2						
	244	岐山県北郭公社周公廟	1977.1	秦16	西周前期					1										
	245	岐山県北郭公社北楊村大隊呉家荘	1978.8	秦16	西周後期		1					1								
	246	岐山県北郭公社曹家溝	1981.5	秦16	西周後期		2													
	247	岐山県北郭郷廟王村	1984 春	秦148	殷後期		1													
	248	岐山県北郭郷樊村	1991.11	秦149	殷末周初															1
	249	岐山県北郭郷白草坡	2004 秋	秦56	西周中期-西周後期							2								
岐山北西	250	鳳翔県田家荘公社河北大隊	1973	秦109	西周前期		1					1								
	251	鳳翔県田家荘公社勧読大隊	1973.3	秦109	西周前期															
	252	鳳翔県田家荘公社勧読大隊	1974	秦109	西周前期															
岐山南	253	岐山県雍川鎮小営村	1970	秦80: 168	西周中期		1					1								
鳳翔東	254	鳳翔県彪角公社新荘河大隊	1976	秦11, 秦109	殷末周初	墓？	1					1								
	255	鳳翔県彪角公社官帽頭大隊董家荘	1978.7	秦109	殷末周初											1				
	256	鳳翔県郭店公社丁家大隊	1972	秦109	西周前期		1													
	257	鳳翔県郭店公社丁家河大隊	1972	秦109	殷末周初							1	1							
鳳翔南	258	鳳翔県南指揮公社西村大隊六小隊	1979-1980	秦14	殷末周初	墓	1	2				4								
扶風南東	259	扶風県揉谷公社白龍大隊	1975	秦158	西周前期	墓			1											
扶風南	260	扶風県上宋公社神村坡	1956	秦155	殷末周初		2													
	261	扶風県上宋公社北呂村	1977-1982	秦163	殷末周初~西周中期	墓	4					3	2							
	262	扶風県上宋公社東渠村	1978.12	秦162	西周中期	窖蔵														
	263	扶風県上宋郷紅衛村	2006.10	秦138	殷末周初	墓	1			1	1	1								
	264	扶風県段家郷大同村	1997.8	秦182	西周後期	墓？						1								
眉県	265	眉県東李村	1955	秦81: 193-197	西周中期															
	266	眉県眉站公社楊家村	1972.5	秦37	西周前期	窖蔵？	1													
	267	眉県馬家鎮楊家村	1985.8	秦168	西周中期・西周後期	窖蔵														
	268	眉県楊家村	2003.1	秦83, 秦84, 秦94	西周後期	窖蔵	12		9			1								
石頭河下流部	269	岐山県五丈原鎮東団荘	1973	秦147	西周前期		1					1								

器種 盉 兕觥 尊 鳥獸尊 方彝 卣 罍 壺 瓿 觚 觶 杯 盤 匜 鐘 鏡 その他	合計	備考
	1	
	1	
	2	
	2	
1	3	他，1点の青銅器片が出土。
5　　　　　　　2	10	「その他」：報告で「尊」とされる，土器の大口尊に似た器。報告では「簋」2点とされるが，ともに「小型盃」とした。
	1	
	2	
	1	「簋」と報告される器を「小型盃」とした。
	1	足部に破損が見られる。
1	2	
1	2	写真なし。
	1	
	4	「簋」と報告される器を「小型盃」とした。秦147は小型盃2点（報告では「簋」）とするが，秦16は小型盃1（同上）のみの出土とする。岐阜市歴史博物館『中国陝西省宝鶏市周原文物展』：19は「北郭西壕崖」出土の小型盃（簋）が報告されるが，おそらく当地出土の小型盃と同一器と思われる。
	1	
	2	簋は蓋のみ。鼎は三足が破損している。
	2	鼎のうち1点は盉から圈足部を取り除き，替りに三足をつけたような形であり，やや異型といえる。
	1	
	1	
	2	異型
	2	
1	1	
1	1	
	2	鼎の器形不明。
	2	「簋」と報告される器を「小型盃」とした。秦11は1976年の出土，秦109は1975年の出土とするが，報告される写真を見る限り同一器であると思われる。
1	2	
	1	
	2	報告では「簋」2点とされるが，うち1点を「小型盃」とした。
	7	
	1	
1	3	1972年に扶風県文化館に寄贈されたもの。現扶風県上宋郷と推定される。扶風県城の南。鼎1点と尊は出土の時点で破片であったという。
	9	「簋」と報告される器のうち2点を「小型盃」とした。M1（前期）：鼎1・簋1，M251（前期）：鼎1，M148（中期）：鼎2・簋1，収集：簋1（前期）・小型盃2（殷末周初）。
1	1	
1　　　　　2　　1	8	報告では「簋」2点とされるが，うち1点を「小型盃」とした。
	1	1971年以前に墓から出土した後に埋められたものか
1　　2　　2	5	鳥獸尊のうち1点は蓋のみ。
	1	
10　　　　3	13	「その他」：3点とも鏃。
1　　　　　　　2　　　　　　1　1	27	
	2	

地域	No.	地点	出土年	報告書 No.	器物年代	遺構	鼎	高鼎	方鼎	鬲	甗	簋	盂	小型盂	盨	簠	豆	爵	角	斝
石頭河下流部	270	岐山県五丈原鎮（高店鎮）	1962	秦 80: 170	西周中期		1													
	271	岐山県蔡家坡鎮永克村	1959	秦 147	西周前期					1										
	272	岐山県蔡家坡鎮	1974	秦 80: 169	西周前期-西周中期							1								
虢鎮周辺	273	宝鶏虢鎮	1949？	秦 82: 105	西周後期		1													
	274	宝鶏虢鎮	1955	秦 82: 101-103	西周中期					1		1								
金陵河上流部	275	宝鶏老虎溝	1956	秦 82: 98-100	西周前期		2					1								
宝鶏北	276	宝鶏金河公社石橋大隊	1979.9	秦 5	殷末周初		1					1		1						
	277	宝鶏金河公社石橋大隊	1979	秦 6	不明															
	278	宝鶏県県功公社白道溝大隊	不明	秦 5	殷末周初							1								
	279	宝鶏県県功鎮上王公社強家荘	1979.4	秦 5	殷末周初													1		
宝鶏東	280	宝鶏下馬営郷旭光村	1984.5	秦 3	西周前期	墓						1		1						
	281	宝鶏陳倉鎮代家湾	1980.7	秦 5	殷末周初							1								
	282	宝鶏渭濱区石壩河郷石嘴頭	1992.2	秦 22	西周前期	墓	1													
宝鶏	283	宝鶏姜城堡・陵塬		秦 4	西周前期		3	1				2		1						
	284	宝鶏市郊区	1958	秦 11	殷末周初	墓	3	1				1								
	285	宝鶏五里廟	1958.12	秦 126	西周前期		1			1	1									
	286	宝鶏青姜河桑園堡	1959.06	秦 132	西周前期	墓？	6			1	1	4								
	287	宝鶏市茹家荘	1970	秦 82: 39	西周前期															
	288	宝鶏峪泉生産隊	1970.5	秦 8	殷末周初	墓	1					2								
	289	宝鶏茹家荘	1971.11	秦 10	西周前期	墓	1					1						1		
	290	宝鶏茹家荘	1974-1977	秦 146, 秦 175	西周中期	墓	15		4	5	2	14						4	2	
	291	宝鶏竹園溝	1976-	秦 144, 秦 145, 秦 175	西周前期・西周中期	墓	29	3	3	3	2	22						1	4	
	292	宝鶏紙坊頭	1981.9	秦 175	西周前期	墓	2	1	1	2	1	5								
	293	宝鶏茹家荘	1988	秦 23	西周後期	窖蔵			1											
	294	宝鶏金台区長青村紙坊頭	2003.9	秦 140	殷末周初	墓	3	1	1		1	2								
	295	宝鶏県硤石郷林家村	1983.12	秦 1	西周前期	墓	1					1								
千河下流部	296	鳳翔県長青公社長青大隊化原村	1978.5	秦 109	西周前期					1								1		
	297	宝鶏賈村鎮	1963	秦 134	西周前期															
	298	宝鶏賈村公社上官村	1969	秦 6, 秦 174	西周後期							4								
千陽	299	千陽県柴鎮鄧家塬	1975	秦 81: 169-170	殷末周初		1					1								
	300	千陽県張家塬鎮寺坡村	1973	秦 81: 171	殷末周初															
	301	千陽県崔家頭鎮閻家嶺	1973	秦 81: 173	殷末周初							1								
千陽西	302	千陽県水溝鎮沙溝村	1973	秦 81: 172	殷末周初															
隴県南	303	隴県東風鎮南村	1963	秦 81: 165-167	西周前期	墓				1		1						1		
隴県	304	隴県牙科郷梁甫村	1986.7	秦 32	西周前期		2			1		1						1		
	305	隴県牙科梁甫村	1986.7	秦 53	西周前期							1								
	306	隴県東南鎮黄花峪	1973	秦 81: 168	西周前期	墓												1		
	307	隴県城関郷祁家荘	1974	秦 53	西周前期？															
	308	隴県城関北坡村	1974.10	秦 53	殷末周初	墓	1			1		2								
隴県西	309	隴県曹家湾公社南坡大隊	1974.7	秦 174	西周前期	墓	1	1		1		1								
	310	隴県天成郷韋家荘	1976	秦 53	西周前期	墓	1					1								
	311	隴県天成郷韋家荘	1977	秦 81: 156-162	殷末周初	墓	1					2						1		
		合計					361	22	34	94	44	307	13	50	24	8	13	92	1	10

器種 盉	觥	尊	鳥獣尊	方彝	卣	罍	壺	瓿	觚	觶	杯	盤	匜	鐘	鏡	その他	合計	備考
																	1	
																	1	
																	1	やや異形。
																	1	
														1			3	
																	3	
																	3	報告では「簋」2点とされるが，うち1点を「小型盂」とした。
										1							1	特殊な器形。
																	1	
						1	1										3	
																	2	「簋」と報告される器を「小型盂」とした。
						1											2	「簋」と報告される器を「小型盂」とした。
						1											2	
																	7	明確な出土地点不明。報告では「簋」3点とされるが，うち1点を「小型盂」とした。
																	5	「簋」と報告される器を「小型盂」とした。
																	3	鼎・甗は写真が報告されるが，鬲は無し。また文中には鬲ではなく「分襠鼎」とも記述されており，鬲ではなく高鼎である可能性もある。
																	12	「小型盂」：報告では「斜方格雷乳紋」「無耳」の「簋」とされる器（図版なし）。
			1														1	
					1					1							5	
					1					1							5	
1		2	4	1	1	2			1	3				3	3	3	67	「釜」と報告される器を「盂」とした。
1		5			7	1	2		3	8		3		3	2		102	
					1					1							14	
																4	6	「その他」：動物形器3，不明器蓋1。鳥獣尊は魚尊，方鼎も胴下部に門を作る異形器であり，いずれも在地生産の器物と思われる。
1										1	1						11	
																	2	
																	2	
		1															1	何尊。
																	4	うち2点は蓋のみ。矢関連遺物。秦6は1974出土，秦174は1969年出土とする。4点の簋が1969年と1974年にそれぞれ出土した簋の合計である可能性が高い。
																	2	「簋」と報告される器を「小型盂」とした。
																	1	「簋」と報告される器を「小型盂」とした。
																	1	
												1					1	
			1														4	簋は図版なし。
						1	1										7	
																	1	
									1								1	
																	4	報告では「簋」2点とされるが，ともに「小型盂」とした。
				1													5	鼎1点は発掘調査以前に発見されたもの。
																	2	図が不鮮明だが，報告で「簋」とされる器は「小型盂」である可能性がある。
1		1			1							1					8	
24	4	47	11	6	48	27	44	4	31	60	7	28	9	127		32	1582	

附表3　洛陽出土出土西周青銅器一覧

区	番号	地点	出土年	報告書 No.	器物年代	遺構	鼎	鬲鼎	方鼎	鬲	甗	簋	盂	小型盂	盨	簠	豆	爵
澗西区	1	銅加工廠	1987	豫62	西周中期	墓	1					1						
西工区	2	洛陽車駅西南部	1953-1954	豫11	西周前期	墓	1											2
	3	洛陽中州路	1954-1955	豫31	西周中期	墓	2					2						
	4	五女冢村東南	1998	豫46	殷末周初	墓	1					1						2
	5	瞿家屯村東南	2004-2006	豫56	西周後期	墓	1											
北窯村～瀍河両岸地帯	6	鄭州鉄路局鋼鉄廠工地	1959以前	豫40	西周前期	墓	2				1	1						2
	7	北窯村龐家溝	1963-1973	豫6、豫50、豫59	西周前期～西周後期	墓	18		1	2	1	13				1		6
	8	北窯村南	1971	豫58	西周前期	墓	1					1						2
	9	北窯村西南	1974、1991	豫48、豫60	西周前期～西周後期	墓												4
	10	洛陽市林業学校	1993	豫51	西周前期	墓												
	11	唐城花園	2002	豫54	西周前期	墓	1			1								2
	12	洛陽東駅	2003	豫53	西周前期	墓												2
	13	中窯村北	2003	豫55	西周前期	墓												1
	14	老城北大街	2007	豫57	西周前期	墓						1						1
瀍河東	15	洛陽東郊機車工廠	1972	豫34	西周前期	墓	1			1		1						2
	16	邙山南麓	1993、1997	豫49、豫52	西周後期	墓	3					2			2			
白馬寺周辺	17	白馬寺寺院東側	1953	豫33	西周後期	墓	2			1		4						1
合計							34	0	1	4	5	25	0	0	2	0	1	27

角	斝	盉	兕觥	尊	動物尊	方彝	卣	罍	壺	瓿	觚	觶	杯	盤	匜	鐘	鏡	その他	合計	備考
																			2	
		1					1					1		1	1				8	洛陽車駅から西南へ500 m、旧城東北門から北へ200 mの地点か
		1																1	6	「その他」：器蓋
									2										6	五女塚村の東南、東周王城の北城壁北側
																			1	
				2								1		1					10	
	3			3			1	3	3			5		3	1				64	26基の墓から50点が出土。他に出土遺構不明のものが14点
1		1					1					1		1					9	龐家溝西周墓群から南に340 mの地点
												3							7	青銅器製作工房遺跡の一部。大量の鋳型が出土。M13：爵1・觶1、M29：爵1・觶1（明器）、C3 M196：爵2・觶1
		1			1		3									3			8	車馬坑からの出土
												1							5	墓の年代は西周中期
		1							1			1							5	
												1							2	瀍河東岸500 mの地点
		1		1								1							5	
		1										1							7	機車工廠託児所の工事中に発見
								1						1	2				11	洛陽北站（旧名：楊文站）の西350～410 mの地点。C5 M906：鼎1・甗2・壺1・盤1・匜1　C5 M1135：鼎2・簋2・匜1
	1						2			2		2	1						16	17点の青銅器が出土したとされるが、報告されるのはM1とM21から出土した16点のみ
0	2	5	0	11	0	0	5	6	6	0	6	18	0	6	4	0	3	1	172	

附表4　周原・墓出土の金文類型（ ' は図象記号を有するもの）

番号	出土年	出土地点	遺構名	器種	器番号	器年代	図象記号	作器者	長期使用への願望	暦日	王からの賜与・任命	タイプ	出典	備考
1	1948	斉鎮		卣	七五 838	中期						AⅠ	考与文 1980.4p.13	
2	1960	斉家	M8	爵	総六〇 434	前期						BⅠ	周原 p.1076	
3	1960	斉家	M8	觶	総六〇 435	前期						BⅠ	周原 p.1078	
4	1966	賀家		方鼎（甲）	七二 199	前期		+				AⅡ	周原 p.1084	5・8と同銘
5	1966	賀家		方鼎（乙）	七二 192	前期		+				AⅡ	周原 p.1087	4・8と同銘
6	1966	賀家		鬲鼎	七二 202	前期		+				AⅡ	周原 p.1091	
7	1966	賀家		簋	総七二 193	前期		+	−	−		AⅣ	周原 p.1097	
8	1966	賀家		角	総七二 201	前期		+				AⅡ	周原 p.1105	4・5と同銘
9	1971	斉鎮	M1	鼎	71FQM1:1	前期	+					BⅠ'	数元 p.1123	
10	1971	斉鎮	M3	方鼎（甲）	総 0053	中期				+	+	AⅣ	周原 p.1136	11と同銘
11	1971	斉鎮	M3	方鼎（乙）	総 0054	中期				+	+	AⅣ	周原 p.1137	10と同銘
12	1972	劉家		鼎	総九二 2180	前期		+				AⅡ	周原 p.1150	
13	1972	劉家		簋	総九一 2176	前期？		+				BⅡ	周原 p.1165	
14	1972	劉家		尊	総九一 2245	前期		+				CⅡ	周原 p.1172	16・17と同銘
15	1972	劉家		尊	総九一 1270	中期		+				AⅡ	周原 p.1175	
16	1972	劉家		卣（甲）	総九一 2238	前期～中期		+				CⅡ	周原 p.1179	器蓋同銘、14・17と同銘
17	1972	劉家		卣（乙）	総九一 2179	前期～中期		+				CⅡ	周原 p.1182	器蓋同銘、14・16と同銘
18	1972	劉家		爵	総九一 2196	前期		+				AⅡ	周原 p.1186	
19	1972	劉家		觶	総九一 2194	前期						AⅠ	周原 p.1188	
20	1973	劉家溝水庫	M1	小型盃	総 0032	中期？		+				AⅡ	周原 p.1216	出典での器種名「簋」
21	1973	賀家	M1	小型盃	総七五 19	殷末周初	+					AⅠ'	周原 p.1231	出典での器種名「簋」
22	1973	賀家	M1	卣	総 A〔1〕017	殷末周初	+					AⅠ'	周原 p.1233	
23	1973	賀家	M1	瓿	七五 23	殷末周初	+					AⅠ'	周原 p.1250	
24	1973	賀家	M3	鼎	総七五 20	後期		+				CⅡ	周原 p.1289	BⅡの可能性もある
25	1973	賀家	M3	簋（甲）	総七五 21	後期		+	+			AⅢ	周原 p.1292	26と同銘
26	1973	賀家	M3	簋（乙）	総七五 22	後期		+	+			AⅢ	周原 p.1295	25と同銘
27	1973	賀家	M5	鼎	総七五 26	中期		+				BⅡ	周原 p.1308	
28	1973	賀家	M5	簋	総七五 25	中期		+				BⅡ	周原 p.1310	
29	1975	召李	M1	卣	総 0085	前期		+				AⅡ	周原 p.1330	
30	1975	召李	M1	卣	総 0086	前期	−					BⅠ	周原 p.1335	図象記号か？
31	1975	荘白		方鼎（甲）	総 0101	中期		+	+	+	+	BⅣ	周原 p.1355	器蓋同銘
32	1975	荘白		方鼎（乙）	総 0100	中期		+	+	+	+	BⅣ	周原 p.1359	
33	1975	荘白		鼎	総 0102	中期						AⅡ	周原 p.1363	
34	1975	荘白		甗	総 0094	中期						AⅡ	周原 p.1365	
35	1975	荘白		簋	総 0096	中期		+	+	+		BⅤ	周原 p.1371	
36	1975	荘白		小型盃	総 0097	中期		+				AⅡ	周原 p.1375	出典での器種名「簋」、字体が粗い
37	1975	荘白		爵	総 0104	中期						BⅠ	周原 p.1379	
38	1975	荘白		壺（甲）	総 0078	中期						AⅡ	周原 p.1383	
39	1975	荘白		壺（乙）	総七五 73	中期						AⅡ	周原 p.1388	杯に似た形、字体が粗い
40	1975	荘白		盂	総 0093	中期						AⅡ	周原 p.1395	杯に似た形、字体が粗い
41	1975	荘白		盤	総 0092	中期						AⅡ	周原 p.1400	CⅡの可能性もある
42	1976	雲塘	M10	方鼎	76FYM10:4	中期						AⅡ	周原 p.1412	
43	1976	雲塘	M10	尊	76FYM10:5	中期		+	+			CⅢ	周原 p.1415	
44	1976	雲塘	M10	爵	76FYM10:21	中期						AⅡ	周原 p.1418	
45	1976	雲塘	M13	鬲	76FYM13:17	中期						BⅡ	周原 p.1433	
46	1976	雲塘	M13	尊	76FYM13:18	中期						BⅡ	周原 p.1436	
47	1976	雲塘	M13	卣	76FYM13:22	中期						BⅡ	周原 p.1441	
48	1976	雲塘	M13	爵	76FYM13:16	中期		+				BⅡ	周原 p.1443	
49	1977	雲塘	M20	簋	76FYM20:1	前期						AⅠ	周原 p.1464	
50	1978	雲塘	M20	簋	76FYM20:8	前期						BⅠ	周原 p.1468	
51	1979	雲塘	M20	尊	76FYM20:2	前期						BⅠ	周原 p.1473	
52	1980	雲塘	M20	卣	76FYM20:7	前期						AⅠ	周原 p.1477, 1478	器蓋同銘
53	1981	雲塘	M20	爵	76FYM20:3	前期	+					AⅠ'	周原 p.1481	
54	1976	賀家	M112	簋	ⅠA012	前期						AⅠ	周原 p.1497	器蓋同銘
55	1976	賀家	M113	甗	ⅠA003	前期						AⅠ	周原 p.1509	「卦」とされる
56	1977	斉家	M1	鼎	77FQM1:1	前期		+				AⅡ	周原 p.1518	
57	1978	斉家	M19	鼎（甲）	78FQM19:27	中期						AⅠ	周原 p.1557	
58	1978	斉家	M19	鼎（乙）	78FQM19:28	中期						AⅠ	周原 p.1560	
59	1978	斉家	M19	甗	78FQM19:22	前期	−					BⅠ	周原 p.1565	図象記号か？
60	1978	斉家	M19	簋	78FQM19:16	中期						AⅠ	周原 p.1568	
61	1978	斉家	M19	簋（乙）	78FQM19:46	中期						AⅠ	周原 p.1571	
62	1978	斉家	M19	尊	78FQM19:40	中期						AⅠ	周原 p.1575	
63	1978	斉家	M19	卣	78FQM19:51	中期						AⅠ	周原 p.1580	器蓋同銘
64	1980	黄堆郷	M4	簋（甲）	80FQHM4:6	中期		+				BⅤ	周原 p.1672	65と同銘
65	1980	黄堆郷	M4	簋（乙）	80FQHM4:7	中期		+				BⅤ	周原 p.1676	66と同銘
66	1980	黄堆郷	M16	簋	80FQHM16:1	後期						AⅡ	周原 p.1705	器蓋同銘
67	1980	王家嘴	M1	鼎	総ⅠA004	前期						BⅠ	周原 p.1725	図象記号か？
68	1981	強家	M1	簋（甲）	81FQM1:5	後期		+	+	+	+	CⅣ	周原 p.1756, 1757	器蓋同銘、69と同銘
69	1981	強家	M1	簋（乙）	81FQM1:6	後期		+	+	+	+	CⅣ	周原 p.1763, 1765	器蓋同銘、68と同銘
70	1981	強家	M1	簋（甲）	81FQM1:7	後期		+	+			AⅢ	周原 p.1769, 1770	器蓋同銘、71と同銘
71	1981	強家	M1	簋（乙）	81FQM1:8	後期		+	+			AⅢ	周原 p.1774, 1775	器蓋同銘、70と同銘
72	1991	斉家	M5	鬲	91FQM5:3	中期	−					BⅠ	周原 p.1881	図象記号か？
73	1991	斉家	M5	簋（甲）	91FQM5:1	中期	−	+				BⅡ	周原 p.1883	74と同銘、図象記号か？
74	1991	斉家	M5	簋（乙）	91FQM5:2	中期	−	+				BⅡ	周原 p.1886	73と同銘、図象記号か？
75	1991	斉家	M5	尊	91FQM5:8	中期	−					BⅡ	周原 p.1888	76と同銘、図象記号か？
76	1991	斉家	M5	卣	91FQM5:12	中期	−					BⅡ	周原 p.1893, 1894	器蓋同銘、75と同銘、図象記号か？
77	1991	斉家	M5	觚（甲）	91FQM5:5	中期	−					BⅠ	周原 p.1897	78と同銘、図象記号か？
78	1991	斉家	M5	觚（乙）	91FQM5:6	中期	−					BⅠ	周原 p.1900	77と同銘、図象記号か？
79	1991	斉家	M5	爵	91FQM5:4	中期						BⅠ	周原 p.1902	
80	1991	斉家	M5	爵	91FQM5:11	中期						BⅠ	周原 p.1905	
81	1991	斉家		鼎	総 2504	中期		+	+			AⅢ	周原 p.2077、考古 1994.4pp.19	
82	1995	黄堆郷	M58	簋	95FHM58:2	中期						AⅠ	周原 p.1988	
83	1999	斉家	M19	爵	M19:5							AⅠ	古代文明 2p.525	
84	2002	斉家	M4	簋	M4:21	前期		+				AⅡ	周原 2002p.468	
85	2002	斉家	M4	卣	M4:20	前期		+				AⅡ	周原 2002p.469	器蓋同銘
86	2003	荘李	M9	爵	M9:4	前期						BⅠ	考古 2008.12p.12	
87	2003	荘李	M9	卣	M9:6	前期						AⅡ	考古 2008.12p.12	器蓋同銘
88	2003	荘李	M9	盂	M9:7	前期						AⅡ	考古 2008.12p.12	器蓋同銘
89	2003	荘李	M9	斝	M9:8	前期	−					AⅠ	考古 2008.12p.12	図象記号か？

附表 5　周原・窖蔵出土の金文類型（'は図象記号を有するもの）

番号	出土年	出土地点	遺構名	器種	器番号	器年代	図象記号	作器者	長期使用への願望	暦日	王からの賜与・任命	タイプ	出典	備考
1	1940	任家		鼎	21807	後期		+	+			AⅢ	考与文1980.4p.13	
2	1958	斉家		鬲（甲）	総五九352	後期						AⅠ	周原p.10	3と同銘、作器者名か？
3	1958	斉家		鬲（乙）	総五九353	後期						AⅠ	周原p.13	2と同銘、作器者名か？
4	1960	斉家		鬲	総60.0.205	中期	−	+				AⅡ	周原p.24	図象記号か？
5	1960	斉家		甗	総60.0.195	中期		+	+			CⅢ	周原p.28	
6	1960	斉家		簋（甲）	総60.0.191	後期		+	+			AⅢ	周原p.32	器蓋同銘、7と同銘
7	1960	斉家		簋（乙）	総60.0.192	後期		+	+			AⅢ	周原p.36	器蓋同銘、6と同銘
8	1960	斉家		簋（甲）	総60.0.193	後期		+	+			AⅢ	周原p.39	器蓋同銘、9と同銘
9	1960	斉家		簋（乙）	総60.0.194	後期		+	+			AⅢ	周原p.42	器蓋同銘、8と同銘
10	1960	斉家		盤	総60.0.196	後期		+	+			AⅢ	周原p.44	
11	1960	斉家		匜	総60.0.197	後期		+	+			AⅢ	周原p.47	
12	1960	斉家		鼎	総60.0.204	後期		+	+			AⅢ	周原p.65	
13	1960	斉家		甗	総60.0.202	後期		+	+			AⅢ	周原p.70	
14	1960	斉家		簋	総60.0.206	後期		+	+			AⅢ	周原p.83	
15	1960	斉家		壺（甲）	総60.0.171	後期		+	+	+		BⅤ	周原p.88	16と同銘
16	1960	斉家		壺（乙）	総60.0.172	後期		+	+	+		BⅤ	周原p.96	15と同銘
17	1960	斉家		鐘（甲）	総60.0.175	後期		+	+			BⅤ	周原p.100	17-21は同銘
18	1960	斉家		鐘（乙）	総60.0.176	後期		+	+			BⅤ	周原p.104	17-21は同銘
19	1960	斉家		鐘（丙）	総60.0.177	後期		+	+			BⅤ	周原p.108	17-21は同銘
20	1960	斉家		鐘（丁）	総60.0.178	後期		+	+			BⅤ	周原p.112	17-21は同銘
21	1960	斉家		鐘（戊・己・辛）	総60.0.179, 180, 181	後期		+	+			BⅤ	周原p.115, 118, 124	3器で一つの文章を作る。17-21は同銘
22	1960	斉家		鐘（甲）	総60.0.187	後期		+	+			AⅢ	周原p.127	22-29は同銘
23	1960	斉家		鐘（乙）	総60.0.188	後期		+	+			AⅢ	周原p.130	22-29は同銘
24	1960	斉家		鐘（丙）	総60.0.182	後期		+	+			AⅢ	周原p.133	22-29は同銘
25	1960	斉家		鐘（丁）	総60.0.189	後期		+	+			AⅢ	周原p.136	22-29は同銘
26	1960	斉家		鐘（戊）	総60.0.183	後期		+	+			AⅢ	周原p.140	22-29は同銘
27	1960	斉家		鐘（己）	総60.0.184	後期		+	+			AⅢ	周原p.143	22-29は同銘
28	1960	斉家		鐘（庚）	総60.0.185	後期		+	+			AⅢ	周原p.147	22-29は同銘
29	1960	斉家		鐘（辛）	総60.0.186	後期		+	+			AⅢ	周原p.150	22-29は同銘
30	1960	召陳		鼎（甲）	総七二238	後期		+	+	+	−	CⅣ	周原p.161	30-33は同銘
31	1960	召陳		鼎（乙）	総七二240	後期		+	+	+	−	CⅣ	周原p.165	30-33は同銘
32	1960	召陳		鼎（丙）	総七二242	後期		+	+	+	−	CⅣ	周原p.167	30-33は同銘
33	1960	召陳		鼎（丁）	総七二243	後期		+	+	+	−	CⅣ	周原p.173	30-33は同銘
34	1960	召陳		簋（甲）	総七二245	後期		+	+			CⅢ	周原p.177	器蓋同銘、34-37は同銘
35	1960	召陳		簋（乙）	総七二246	後期		+	+			CⅢ	周原p.180	器蓋同銘、34-37は同銘
36	1960	召陳		簋（丙）	総七二247	後期		+	+			CⅢ	周原p.184	器蓋同銘、34-37は同銘
37	1960	召陳		簋	総七二251	後期		+	+			CⅢ	周原p.187	器蓋同銘、34-37は同銘
38	1960	召陳		壺（甲）	総七二244	後期		+	+			BⅢ	周原p.194	39と同銘
39	1960	召陳		壺（乙）	総七二235	後期		+	+			BⅢ	周原p.200	38と同銘
40	1960	召陳		簋（甲）	総七二248	後期		+	+			CⅢ	周原p.210	器蓋同銘、41と同銘
41	1960	召陳		簋（乙）	総七二249	後期		+	+			CⅢ	周原p.213	40と同銘
42	1960	召陳		簋（丙）	総七二250	後期		(+)	(+)			(CⅢ)	周原p.214	銘文不詳だが、おそらく40・41と同銘であると思われる
43	1961	斉家		簋（甲）	総六二5	後期		+	+			BⅢ	周原p.221	43-45は同銘
44	1961	斉家		簋（乙）	総八六31	後期		+	+			BⅢ	周原p.227	43-45は同銘
45	1961	斉家		簋		後期		+	+			BⅢ	考古1963.10p.575	43-45は同銘
46	1963	斉家		尊	総六三110	中期	+	+				BⅢ'	周原p.234	46-48は同銘
47	1963	斉家		方彝	総六三109	中期	+	+				BⅢ'	周原p.239	器蓋同銘、46-48は同銘
48	1963	斉家		兕觥	総六三108	中期	+	+				BⅢ'	周原p.250, 251	器蓋同銘、46-48は同銘
49	1963	斉家		盉	総六三111	後期	−	+				AⅠ	周原p.259	50と同銘、図象記号か？
50	1963	斉家		盤	総六三113	後期		+				AⅠ	周原p.265	49と同銘、図象記号か？
51	1966	斉鎮		鐘	総69	後期		+	+			BⅢ	周原p.276	
52	1974	強家		鼎	総七五43	中期		+	+	+	+	BⅣ	周原p.305	
53	1974	強家		簋	総七五39	中期		+	+	+	+	BⅣ	周原p.308	
54	1974	強家		簋蓋（甲）	総七五40	中期？		+	+	+	+	BⅣ	周原p.312	55と同銘
55	1974	強家		簋蓋（乙）	総七五41	中期？		+	+	+	+	BⅣ	周原p.314	54と同銘
56	1974	強家		鐘	総七五44	中期		+	+			BⅢ	周原p.321	
57	1974	賀家		鼎	賀2	中期		+				CⅢ	陝西3-5	
58	1975	董家		簋	75QDJ:1	中期		+	+	+		BⅣ	周原p.329	器蓋同銘
59	1975	董家		盂	75QDJ:35	中期		+	+	+		BⅤ	周原p.335	
60	1975	董家		鼎	75QDJ:2	中期		+	+	+		BⅤ	周原p.339	
61	1975	董家		鼎	75QDJ:36	中期		+	+	+		BⅤ	周原p.343	
62	1975	董家		鼎	75QDJ:14	中期	+					AⅠ'	周原p.349	
63	1975	董家		簋（甲）	75QDJ:15	中期		+				AⅤ	周原p.355	63-66は同銘
64	1975	董家		簋（乙）	75QDJ:16	中期		+				AⅤ	周原p.359	63-66は同銘
65	1975	董家		簋（丙）	75QDJ:17	中期		+				AⅤ	周原p.363	63-66は同銘
66	1975	董家		簋（丁）	75QDJ:18	中期		+				AⅤ	周原p.367	63-66は同銘
67	1975	董家		壺（甲）	75QDJ:33	中期		+	+			AⅢ	周原p.377	器蓋同銘、68と同銘
68	1975	董家		壺（乙）	75QDJ:34	中期		+	+			AⅢ	周原p.382, 383	器蓋同銘、67と同銘
69	1975	董家		匜	75QDJ:37	後期		+	+			BⅤ	周原p.389	
70	1975	董家		鼎（甲）	75QDJ:3	後期		+	+	+	+	BⅣ	周原p.393	70-80は同銘
71	1975	董家		鼎（乙）	75QDJ:4	後期		+	+	+	+	BⅣ	周原p.397	70-80は同銘
72	1975	董家		鼎（丙）	75QDJ:5	後期		+	+	+	+	BⅣ	周原p.401	70-80は同銘
73	1975	董家		簋（甲）	75QDJ:6	後期		+	+	+	+	BⅣ	周原p.407, 409	器蓋同銘、70-80は同銘
74	1975	董家		簋（乙）	75QDJ:7	後期		+	+	+	+	BⅣ	周原p.413, 415	器蓋同銘、70-80は同銘

番号	出土年	出土地点	遺構名	器種	器番号	器年代	図象記号	作器者	長期使用への願望	暦日	王からの賜与・任命	タイプ	出典	備考
75	1975	董家		簋（丙）	75QDJ:8	後期		＋	＋	＋	＋	BⅣ	周原 p.419	70-80 は同銘
76	1975	董家		簋（丁）	75QDJ:9	後期		＋	＋	＋	＋	BⅣ	周原 p.423	70-80 は同銘
77	1975	董家		簋（戊）	75QDJ:10	後期		＋	＋	＋	＋	BⅣ	周原 p.427	70-80 は同銘
78	1975	董家		簋（己）	75QDJ:9[11？]	後期		＋	＋	＋	＋	BⅣ	周原 p.431	70-80 は同銘
79	1975	董家		簋（庚）	75QDJ:12	後期		＋	＋	＋	＋	BⅣ	周原 p.435	70-80 は同銘
80	1975	董家		簋（辛）	75QDJ:13	後期		＋	＋	＋	＋	BⅣ	周原 p.439	70-80 は同銘
81	1975	董家		鼎	75QDJ:20	後期		＋	＋			AⅢ	周原 p.442	
82	1975	董家		鼎	75QDJ:21	後期		＋	＋			CⅢ	周原 p.445	
83	1975	董家		鼎	75QDJ:22	後期		＋	＋			AⅢ	周原 p.448	
84	1975	董家		鼎	75QDJ:19	後期		＋	＋			AⅢ	周原 p.455	
85	1975	董家		鬲	75QDJ:27	後期		＋				CⅡ	周原 p.458	
86	1975	董家		鬲	75QDJ:26	後期		＋				CⅢ	周原 p.461	
87	1975	董家		甗	75QDJ:23	後期		＋	＋			AⅢ	周原 p.464	
88	1976	雲塘		盨蓋	76FYJ1:6	後期		＋	＋			AⅢ	周原 p.481	
89	1976	雲塘		壺蓋	76FYJ1:7	後期		＋	＋			CⅢ	周原 p.485	
90	1976	雲塘		勺（甲・乙）	76FYJ1:8,9	後期		＋	＋			BⅢ	周原 p.491, 495	2器で一つの文章を作る
91	1976	雲塘		盨（甲）	76FYJ1:1	後期		＋	＋			AⅢ	周原 p.500	器蓋同銘、91-94 は同銘
92	1976	雲塘		盨（乙）	76FYJ1:2	後期		＋	＋			AⅢ	周原 p.506, 507	器蓋同銘、91-94 は同銘
93	1976	雲塘		盨（丙）	76FYJ1:3	後期		＋	＋			AⅢ	周原 p.511, 512	器蓋同銘、91-94 は同銘
94	1976	雲塘		盨（丁）	76FYJ1:4	後期		＋	＋			AⅢ	周原 p.516, 517	器蓋同銘、91-94 は同銘
95	1976	荘白	J1	尊	76FZJ1:11	前期	＋	＋		＋		BⅤ'	周原 p.529	96 と同銘
96	1976	荘白	J1	卣	76FZJ1:42	前期	＋	＋		＋		BⅤ'	周原 p.536, 537	器蓋同銘、95 と同銘
97	1976	荘白	J1	尊	76FZJ1:43	前期	＋	＋		＋	＋	BⅣ'	周原 p.551	97-99 は同銘
98	1976	荘白	J1	兕觥	76FZJ1:41	前期	＋	＋		＋	＋	BⅣ'	周原 p.564, 565	器蓋同銘、97-99 は同銘
99	1976	荘白	J1	方彝	76FZJ1:24	前期	＋	＋		＋	＋	BⅣ'	周原 p.572	器蓋同銘、97-99 は同銘
100	1976	荘白	J1	罍	76FZJ1:23	前期	＋	＋				BⅡ'	周原 p.576, 577	おそらく器蓋同銘
101	1976	荘白	J1	爵	76FZJ1:89	前期	−					AⅠ	周原 p.579	図象記号か？
102	1976	荘白	J1	罍	76FZJ1:17	前期	＋	＋				BⅡ'	周原 p.583	
103	1976	荘白	J1	觚	76FZJ1:85	前期	＋					BⅠ'	周原 p.586	
104	1976	荘白	J1	尊	76FZJ1:1	中期	＋	＋		＋	−	BⅣ'	周原 p.613	105 と同銘
105	1976	荘白	J1	卣	76FZJ1:44	中期	＋	＋		＋	−	BⅣ'	周原 p.620, 621	器蓋同銘、104 と同銘
106	1976	荘白	J1	爵（甲）	76FZJ1:87	中期	＋	＋				BⅡ'	周原 p.624	106-108 は同銘
107	1976	荘白	J1	爵（乙）	76FZJ1:90	中期	＋	＋				BⅡ'	周原 p.626	106-108 は同銘
108	1976	荘白	J1	爵（丙）	76FZJ1:91	中期	＋	＋				BⅡ'	周原 p.628	106-108 は同銘
109	1976	荘白	J1	爵	76FZJ1:96	中期	＋					BⅠ'	周原 p.631	
110	1976	荘白	J1	爵	76FZJ1:72	中期	＋					AⅠ'	周原 p.641	
111	1976	荘白	J1	盤	76FZJ1:5	中期		＋	＋		＋	BⅣ'	周原 p.652, 653	
112	1976	荘白	J1	爵（甲）	76FZJ1:98	中期	＋	＋				BⅡ'	周原 p.655	113 と同銘
113	1976	荘白	J1	爵（乙）	76FZJ1:95	中期	＋	＋				BⅡ'	周原 p.657	112 と同銘
114	1976	荘白	J1	爵	76FZJ1:97	中期	＋					AⅠ	周原 p.659	
115	1976	荘白	J1	壺（甲）	76FZJ1:19	中期		＋	＋	＋	＋	BⅣ	周原 p.667	116 と同銘
116	1976	荘白	J1	壺（乙）	76FZJ1:20	中期		＋	＋	＋	＋	BⅣ	周原 p.674	115 と同銘
117	1976	荘白	J1	盨（甲）	76FZJ1:12	中期	＋	＋	＋	＋	＋	BⅣ'	周原 p.679	118 と同銘
118	1976	荘白	J1	盨（乙）	76FZJ1:15	中期	＋	＋	＋	＋	＋	BⅣ'	周原 p.683	117 と同銘
119	1976	荘白	J1	豆	76FZJ1:27	中期		＋	＋			AⅢ	周原 p.685	
120	1976	荘白	J1	壺（甲）	76FZJ1:21	中期		＋	＋	＋	＋	BⅣ	周原 p.692, 693	器蓋同銘、121 と同銘
121	1976	荘白	J1	壺（乙）	76FZJ1:22	中期		＋	＋	＋	＋	BⅣ	周原 p.701, 702	器蓋同銘、120 と同銘
122	1976	荘白	J1	鬲（甲）	76FZJ1:39	後期		＋				AⅡ	周原 p.704	122-126 は同銘
123	1976	荘白	J1	鬲（乙）	76FZJ1:82	後期		＋				AⅡ	周原 p.706	122-126 は同銘
124	1976	荘白	J1	鬲（丙）	76FZJ1:45	後期		＋				AⅡ	周原 p.708	122-126 は同銘
125	1976	荘白	J1	鬲（丁）	76FZJ1:48	後期		＋				AⅡ	周原 p.710	122-126 は同銘
126	1976	荘白	J1	鬲（戊）	76FZJ1:52	後期		＋				AⅡ	周原 p.712	122-126 は同銘
127	1976	荘白	J1	簋（甲）	76FZJ1:13	後期		＋	＋		＋	BⅣ	周原 p.717, 719	器蓋同銘、127-134 は同銘
128	1976	荘白	J1	簋（乙）	76FZJ1:14	後期		＋	＋		＋	BⅣ	周原 p.725, 727	器蓋同銘、127-134 は同銘
129	1976	荘白	J1	簋（丙）	76FZJ1:26	後期		＋	＋		＋	BⅣ	周原 p.733, 735	器蓋同銘、127-134 は同銘
130	1976	荘白	J1	簋（丁）	76FZJ1:47	後期		＋	＋		＋	BⅣ	周原 p.741, 743	器蓋同銘、127-134 は同銘
131	1976	荘白	J1	簋（戊）	76FZJ1:53	後期		＋	＋		＋	BⅣ	周原 p.749, 751	器蓋同銘、127-134 は同銘
132	1976	荘白	J1	簋（己）	76FZJ1:56	後期		＋	＋		＋	BⅣ	周原 p.756, 7758	器蓋同銘、127-134 は同銘
133	1976	荘白	J1	簋（庚）	76FZJ1:69	後期		＋	＋		＋	BⅣ	周原 p.763, 767	器蓋同銘、127-134 は同銘
134	1976	荘白	J1	簋（辛）	76FZJ1:6	後期		＋	＋		＋	BⅣ	周原 p.769, 771	器蓋同銘、127-134 は同銘
135	1976	荘白	J1	盆（甲）	76FZJ1:4	後期？		＋				AⅡ	周原 p.774	136 と同銘
136	1976	荘白	J1	盆（乙）	76FZJ1:7	後期？		＋				AⅡ	周原 p.777	135 と同銘
137	1976	荘白	J1	匕（甲）	76FZJ1:73	後期？		＋				AⅡ	周原 p.780	138 と同銘
138	1976	荘白	J1	匕（乙）	76FZJ1:74	後期？		＋				AⅡ	周原 p.783	137 と同銘
139	1976	荘白	J1	爵（甲）	76FZJ1:94	後期		＋				BⅡ	周原 p.785	
140	1976	荘白	J1	爵（乙）	76FZJ1:92	後期		＋				BⅡ	周原 p.787	141 と同銘
141	1976	荘白	J1	爵（丙）	76FZJ1:88	後期		＋				BⅡ	周原 p.789	140 と同銘
142	1976	荘白	J1	鐘	76FZJ1:64	中期		＋				BⅢ	周原 p.794, 795, 796	
143	1976	荘白	J1	鐘（甲）	76FZJ1:10	後期		＋	＋		＋	BⅣ	周原 p.802, 803, 804	143-146 は同銘
144	1976	荘白	J1	鐘（乙）	76FZJ1:29	後期		＋	＋		＋	BⅣ	周原 p.809, 810, 811	143-146 は同銘
145	1976	荘白	J1	鐘（丙）	76FZJ1:9	後期		＋	＋		＋	BⅣ	周原 p.817, 818, 819	143-146 は同銘
146	1976	荘白	J1	鐘（丁）	76FZJ1:32	後期		＋	＋		＋	BⅣ	周原 p.825, 826, 827	143-146 は同銘
147	1976	荘白	J1	鐘（甲・乙・丙・丁・戊・己）	76FZJ1:8, 30, 16, 33, 62, 65	後期		＋	＋		＋	BⅣ	周原 p.841, 847, 853, 859, 863, 867	
148	1976	荘白	J1	鐘（甲）	76FZJ1:28	後期		＋	＋			AⅢ	周原 p.871	148-150 は同銘
149	1976	荘白	J1	鐘（乙）	76FZJ1:31	後期		＋	＋			AⅢ	周原 p.877	148-150 は同銘
150	1976	荘白	J1	鐘（丙）	76FZJ1:57	後期		＋	＋			AⅢ	周原 p.881	148-150 は同銘

番号	出土年	出土地点	遺構名	器種	器番号	器年代	図象記号	作器者	長期使用への願望	暦日	王からの賜与・任命	タイプ	出典	備考
151	1976	荘白	J1	鐘（甲）	76FZJ1:59	後期	+					AI'	周原 p.904	152と同銘
152	1976	荘白	J1	鐘（乙）	76FZJ1:67	後期	+					AI'	周原 p.909	151と同銘
153	1976	荘白	J1	鬲（甲）	76FZJ1:38	後期	−					AI	周原 p.933	図象記号か？
154	1976	荘白	J1	鬲（甲）	76FZJ1:40	後期		+	+			AⅢ	周原 p.938	154-163は同銘
155	1976	荘白	J1	鬲（乙）	76FZJ1:46	後期		+	+			AⅢ	周原 p.941	154-163は同銘
156	1976	荘白	J1	鬲（丙）	76FZJ1:50	後期		+	+			AⅢ	周原 p.944	154-163は同銘
157	1976	荘白	J1	鬲（丁）	76FZJ1:51	後期		+	+			AⅢ	周原 p.947	154-163は同銘
158	1976	荘白	J1	鬲（戊）	76FZJ1:68	後期		+	+			AⅢ	周原 p.950	154-163は同銘
159	1976	荘白	J1	鬲（己）	76FZJ1:70	後期		+	+			AⅢ	周原 p.953	154-163は同銘
160	1976	荘白	J1	鬲（庚）	76FZJ1:37	後期		+	+			AⅢ	周原 p.956	154-163は同銘
161	1976	荘白	J1	鬲（辛）	76FZJ1:49	後期		+	+			AⅢ	周原 p.959	154-163は同銘
162	1976	荘白	J1	鬲（壬）	76FZJ1:54	後期		+	+			AⅢ	周原 p.962	154-163は同銘
163	1976	荘白	J1	鬲（癸）	76FZJ1:35	後期		+	+			AⅢ	周原 p.965	154-163は同銘
164	1976	荘白	J2	甗	76FZJ2:3	後期		+				AⅡ	周原 p.978	
165	1976	荘白	J3	盨	76FZJ2:5	後期		+	+			AⅢ	周原 p.981	
166	1976	荘白	J4	簠	76FZJ2:1	後期		+	+			AⅢ	周原 p.984	
167	1977	雲塘		簠	77FY採:1	後期		+	+		−	BⅣ	周原 p.2163, 2164 文物1982	器蓋同銘
168	1978	鳳雛		鼎	総ⅠA006	後期		+	+			AⅢ	周原 p.992	
169	1978	鳳雛		盨（甲）	総ⅠA014	後期		+	+	+	−	AⅣ	周原 p.1004	器蓋同銘、170と同銘
170	1978	鳳雛		盨（乙）	総ⅠA015	後期		+	+	+	−	AⅣ	周原 p.1007	器蓋同銘、169と同銘
171	1981	下務子		鼎	82FX徴:52	後期		+	+		+	AⅣ	周原 p.1013	
172	1984	斉家		簋蓋（甲）	84FQJ8:5	後期		+	+			BⅢ	周原 p.1047	172-174は同銘
173	1984	斉家		簋蓋（乙）	84FQJ8:6	後期		+	+			BⅢ	周原 p.1050	172-175は同銘
174	1984	斉家		簋蓋（丙）	84FQJ8:7	後期		+	+			BⅢ	周原 p.1053	172-176は同銘
175	1994	劉家		盂	総2890	前期		+				AⅡ	周原 p.2220 考与文1998	圏足部のみ残る。王の自作器か
176	1998	召陳	J5	鐘	98徴3008	後期		+	+			AⅢ	周原 p.2040 考古1999	

附表6 豊鎬・墓出土の金文類型（'は図象記号を有するもの）

番号	出土年	出土地点	遺構名	器種	器番号	器年代	図象記号	作器者	長期使用への願望	暦日	王からの賜与・任命	タイプ	出典	備考
1	1953-54	普渡村	M2	鼎	M2:24	中期		+				AⅡ	学報1954（8）p.117	拓本等未掲載
2	1953-54	普渡村	M2	簋	M2:23	中期	+					BⅠ'	学報1954（8）図版15	AⅠ'の可能性もある
3	1953-54	普渡村	M2	爵	M2:28	中期						AⅠ	学報1954（8）挿図14	4と同銘
4	1953-54	普渡村	M2	爵	M2:29	中期						AⅠ	学報1954（8）p.120	拓本等未掲載、3と同銘
5	1954	普渡村		甗	1号	中期	+	+	+			BⅢ'	学報1957.1p.79	
6	1954	普渡村		簋	5号	中期		+				AⅡ	学報1957.1p.79	器蓋同銘、7と同銘
7	1954	普渡村		簋	001号	中期		+				AⅡ	学報1957.1p.81	器破損、拓本等未掲載、6と同銘
8	1954	普渡村		鼎	002号	中期						AⅠ	学報1957.1p.79	
9	1954	普渡村		盂	004号	中期		+		+	+	AⅣ	学報1957.1p.79	
10	1954	普渡村		甗	005号	中期						AⅠ	学報1957.1p.79	
11	1954	普渡村		盤	006号	中期		+				AⅡ	学報1957.1p.82	器破損、拓本等未掲載
12	1954	普渡村		卣	007号	中期？	–					AⅤ	学報1957.1p.79	器破損
13	1954	普渡村		觚	008号	中期	+					AⅠ'	学報1957.1p.79	
14	1961	馬王村		簋		中期	+	+	+			BⅢ'	考古1984.9p.786	
15	1961-62	張家坡	M106	鼎	M106:3	前期	–					BⅠ	考古1984.9p.786	図象記号か？
16	1961-62	張家坡	M106	尊	M106:5	前期						BⅠ	考古1984.9p.786	
17	1961-62	張家坡	M106	觚	M106:4	前期	+					BⅠ'	考古1984.9p.786	
18	1961-62	張家坡	M106	爵	M106:6	前期	+					BⅠ'	考古1984.9p.786	
19	1961-62	張家坡	M106	觶	M106:7	前期						BⅠ	考古1984.9p.786	
20	1963	馬王村		爵	（図1-1）	前期	+					AⅠ'	考古1963.8p.413	拓本等未掲載
21	1963	馬王村		爵	（図1-2）	前期	–					AⅠ	考古1963.8p.413	図象記号？拓本等未掲載
22	1964	張家坡		鼎	7号	前期		+				AⅡ	考古1965.9p.448	字体が粗い
23	1964	張家坡		盨	1号	後期	+	+	+	+	–	CⅣ	考古1965.9 p.448, 449	器蓋同銘、23-26は同銘
24	1964	張家坡		盨	2号	後期	+	+	+	+	–	CⅣ	考古1965.9p.449	器蓋同銘、23-26は同銘
25	1964	張家坡		盨	3号	後期	+	+	+	+	–	CⅣ	考古1965.9p.449	23-26は同銘
26	1964	張家坡		盨	4号	後期	+	+	+	+	–	CⅣ	考古1965.9p.449	器蓋同銘、23-26は同銘
27	1967	張家坡	M16	爵	M16:1	前期	+					AⅠ'	学報1980.4p.468	
28	1967	張家坡	M54	高鼎	M54:2	前期						AⅠ	学報1980.4p.468	図象記号か？
29	1967	張家坡	M87	鼎	M87:1	前期						AⅠ	学報1980.4p.468	
30	1967	張家坡	M87	爵	M87:7	前期	+					AⅠ'	学報1980.4p.469	拓本等未掲載、31と同銘
31	1967	張家坡	M87	爵	M87:8	前期	+					AⅠ'	学報1980.4p.468	30.と同銘
32	1967	張家坡	M87	卣	M87:4	前期	+					BⅠ'	学報1980.4p.468	器蓋同銘
33	1967	張家坡	M87	尊	M87:5	前期	+					AⅠ'	学報1980.4p.468	BⅠ'の可能性もある
34	1967	張家坡	M80	爵	M80:1	中期？	+					AⅠ'	学報1980.4p.468	
35	1967	張家坡	M85	爵	M85:6	中期？						BⅠ	学報1980.4p.468	
36	1971-81	張家坡	79 M2	爵	M2:5	前期						BⅠ	考古1986.3p.199	
37	1971-82	張家坡	79 M2	觶	M2:6	前期	+					BⅠ'	考古1986.3p.199	
38	1976-78	張家坡	78 M1	甗	M1:1	前期		+				AⅡ	考古1981.1p.16	
39	1980-81	普渡・花園	長花 M15	鼎	M15:13	中期	+	+	+			BⅢ'	文物1986.1p.11	
40	1980-81	普渡・花園	長花 M15	鼎	M15:0.2	中期	+	+				BⅢ'	文物1986.1p.11	字体が粗い
41	1980-81	普渡・花園	長花 M15	尊	M15:19	中期	–					BⅡ	文物1986.1p.13	BⅠの可能性もある、42と同銘
42	1980-81	普渡・花園	長花 M15	卣	M15:17	中期						BⅡ	文物1986.1p.16	BⅠの可能性もある、41と同銘
43	1980-81	普渡・花園	長花 M15	尊	M15:20	中期						AⅡ	文物1986.1p.13	AⅡの可能性もある、44と同銘
44	1980-81	普渡・花園	長花 M15	卣	M15:18	中期						BⅡ	文物1986.1p.16	AⅡの可能性もある、器蓋同銘、43と同銘
45	1980-81	普渡・花園	長花 M15	方鼎	M15:14	中期	+	+		+	+	BⅣ'	文物1986.1p.10	45・46・50は同銘
46	1980-81	普渡・花園	長花 M15	方鼎	M15:0.4	中期	+	+		+	+	BⅣ'	文物1986.1p.10	拓本等未掲載、45・46・50は同銘
47	1980-81	普渡・花園	長花 M15	爵	M15:21	中期						BⅡ	文物1986.1p.15	
48	1980-81	普渡・花園	長花 M17	鼎	M17:5	中期						AⅠ	文物1986.1p.11	
49	1980-81	普渡・花園	長花 M17	鼎	M17:37	中期		+	+	+	+	BⅣ'	文物1986.1p.11	
50	1980-81	普渡・花園	長花 M17	方鼎	M17:35	中期	+	+		+	+	BⅣ'	文物1986.1p.10	拓本等未掲載、45・46・50は同銘
51	1980-81	普渡・花園	長花 M17	簋	M17:11	中期		+	+	–	+	AⅣ	文物1986.1p.12	52と同銘
52	1980-81	普渡・花園	長花 M17	簋	M17:16	中期		+	+		+	AⅣ	文物1986.1p.12	拓本等未掲載、51と同銘
53	1980-81	普渡・花園	長花 M17	尊	M17:14	中期						AⅠ	文物1986.1p.13	
54	1980-81	普渡・花園	長花 M17	壺	M17:43	中期？	+					BⅡ'	文物1986.1p.13	器蓋同銘、55と同銘
55	1980-81	普渡・花園	長花 M17	觚	M17:20	中期	+					BⅡ'	文物1986.1p.15	54と同銘
56	1980-81	普渡・花園	長花 M17	壺	M17:38	中期	+					BⅡ'	文物1986.1p.14	器蓋同銘
57	1980-81	普渡・花園	長花 M17	盤	M17:42	中期？		+				AⅡ	文物1986.1p.13	58と同銘
58	1980-81	普渡・花園	長花 M17	盂	M17:40	中期		+				AⅡ	文物1986.1p.15	57と同銘
59	1980-81	普渡・花園	長花 M17	卣	M17:39	中期						AⅠ	文物1986.1p.16	
60	1980-81	普渡・花園	長普 M14	鼎	M14:1	中期		+				AⅡ	文物1986.1p.11	
61	1983	張家坡	83澧毛 M1	鼎	澧毛 M1:1	殷末周初	+					AⅠ'	考古1984.9p.782	
62	1983-86	張家坡	M51	鼎	M51:1	中期		+				AⅡ	張家坡p.138	
63	1983-86	張家坡	M152	二層鼎	M152:15	中期		+				AⅡ	張家坡p.138	
64	1983-86	張家坡	M152	注口鼎	M152:51	中期	–					AⅡ	張家坡p.138	おそらく作器者名
65	1983-86	張家坡	M163	動物尊	M163:33	中期		+				AⅡ	張家坡p.164	器蓋同銘、66と同銘
66	1983-86	張家坡	M163	動物尊蓋	M163:43	中期		+				AⅡ	張家坡p.164	65と同銘
67	1983-86	張家坡	M163	鐘	M163:34	中期		+	+			BⅢ	張家坡p.166	
68	1983-86	張家坡	M163	鐘	M163:35	中期		+	+			BⅢ	張家坡p.167	
69	1983-86	張家坡	M163	尊	M163:36	中期						BⅠ	張家坡p.155	
70	1983-86	張家坡	M163	卣蓋	M163:38	前期						BⅠ	張家坡p.155	
71	1983-86	張家坡	M165	杯	M165:14	後期		+				AⅡ	張家坡p.155	
72	1983-86	張家坡	M170	方彝	M170:54	中期		+				AⅡ	張家坡p.155	器蓋同銘
73	1983-86	張家坡	M183	簋	M183:2	中期		+				AⅡ	張家坡p.149	
74	1983-86	張家坡	M183	甗	M183:3	中期		+				AⅤ	張家坡p.147	75と同銘

番号	出土年	出土地点	遺構名	器種	器番号	器年代	図象記号	作器者	長期使用への願望	暦日	王からの賜与・任命	タイプ	出典	備考
75	1983-86	張家坡	M183	鼎	M183:4	中期		+				AV	張家坡 p.136	74と同銘
76	1983-86	張家坡	M183	鼎	M183:5	中期		+		+	+	BIV	張家坡 p.136	
77	1983-86	張家坡	M183	爵	M183:13	前期						BI	張家坡 p.155	
78	1983-86	張家坡	M253	甗	M253:1	中期		+	+			BIII	張家坡 p.147	
79	1983-86	張家坡	M257	鬲鼎	M257:1	前期		+				AII	張家坡 p.138	
80	1983-86	張家坡	M284	方鼎	M284:1	中期		+				CII	張家坡 p.138	81と同銘
81	1983-86	張家坡	M284	簋	M284:2	中期		+				CII	張家坡 p.149	80と同銘
82	1983-86	張家坡	M285	簋	M285:2	前期		+				AII	張家坡 p.149	
83	1983-86	張家坡	M304	鼎	M304:1	中期		+				AII	張家坡 p.138	
84	1983-86	張家坡	M304	壺蓋	M304:2	中期		+		+	+	AIV	張家坡 p.158	
85	1983-86	張家坡	M304	盉蓋	M304:21	中期		+	+	+	+	AIV	張家坡 p.158	
86	1983-86	張家坡	M315	簋	M315:1	前期		+				AII	張家坡 p.149	
87	1983-86	張家坡	M319	鼎	M319:1	後期		+				AII	張家坡 p.138	
88	1983-86	張家坡	M390	簋	M390:2	前期		+				AII	張家坡 p.149	
89	1984-85	澧河鉄路橋西	M15	爵	M15:5	前期						BI	考古 1987.1 p.23	
90	1991	張家坡	M1	爵	M1:1	前期		+				BII	考古 1994.10 図版 5-4	
91	1997	馬王村	M4	爵	M4:2	中期						BI	学報 2000.2 p.231	

附表7　豐鎬・窖蔵出土の金文類型（'は図象記号を有するもの）

番号	出土年	出土地点	遺構名	器種	器番号	器年代	図象記号	作器者	長期使用への願望	暦日	王からの賜与・任命	タイプ	出典	備考
1	1961	張家坡		簋	1号	中期		+	+			BV	銅器群：図版5	1-3は同銘
2	1961	張家坡		簋	2号	中期		+	+			BV	銅器群：図版6	1-3は同銘
3	1961	張家坡		簋	3号	中期		+	+			BV	銅器群：p.15	拓本等未掲載、1-3は同銘
4	1961	張家坡		簋（甲）	4号	後期		+	+	+	+	BⅣ	銅器群：図版8	器蓋銘はほぼ相同、4-7は器・蓋が各々同銘
5	1961	張家坡		簋（甲）	5号	後期		+	+	+	+	BⅣ	銅器群：図版9	器蓋銘はほぼ相同、4-7は器・蓋が各々同銘
6	1961	張家坡		簋（甲）	6号	後期		+	+	+	+	BⅣ	銅器群：図版10,11	器蓋銘はほぼ相同、4-7は器・蓋が各々同銘
7	1961	張家坡		簋（甲）	7号	後期		+	+	+	+	BⅣ	銅器群：p.16	器蓋銘はほぼ相同、拓本等未掲載、4-7は器・蓋が各々同銘
8	1961	張家坡		簋（乙）	8号	後期		+	+	+	+	AⅣ	銅器群：図版14,15	器蓋同銘、8-10は同銘
9	1961	張家坡		簋（乙）	9号	後期		+	+	+	+	AⅣ	銅器群：図版16	器蓋同銘、8-10は同銘
10	1961	張家坡		簋（乙）	10号	後期		+	+	+	+	AⅣ	銅器群：p.16	拓本等未掲載、8-10は同銘
11	1961	張家坡		簋	15号	後期		+	+			BⅢ	銅器群：p.16	器蓋同銘、拓本等未掲載、11-14は同銘
12	1961	張家坡		簋	16号	後期		+	+			BⅢ	銅器群：p.16	器蓋同銘、拓本等未掲載、11-14は同銘
13	1961	張家坡		簋	17号	後期		+	+			BⅢ	銅器群：p.16	器蓋同銘、拓本等未掲載、11-14は同銘
14	1961	張家坡		簋	18号	後期		+	+			BⅢ	銅器群：図版21	器蓋同銘、11-14は同銘
15	1961	張家坡		簋	11号	後期		+	+			CⅢ	銅器群：図版19	器蓋同銘、14-18は同銘
16	1961	張家坡		簋	12号	後期		+	+			CⅢ	銅器群：図版18	器蓋同銘、14-18は同銘
17	1961	張家坡		簋	13号	後期		+	+			CⅢ	銅器群：図版19	器蓋同銘、14-18は同銘
18	1961	張家坡		簋	14号	後期		+	+			CⅢ	銅器群：p.16	器蓋同銘、拓本等未掲載、14-18は同銘
19	1961	張家坡		壺	33号	中期		+				AⅡ	銅器群：p.20	器蓋同銘、拓本等未掲載、20と同銘
20	1961	張家坡		壺	34号	中期		+				AⅡ	銅器群：図版26	器蓋同銘、19と同銘
21	1961	張家坡		盂	37号	後期		+	+			AⅢ	銅器群：図版24	
22	1961	張家坡		鬲	25号	後期		+	+			CⅢ	銅器群：p.15	拓本等未掲載、22-29は同銘
23	1961	張家坡		鬲	26号	後期		+	+			CⅢ	銅器群：図版2	22-29は同銘
24	1961	張家坡		鬲	27号	後期		+	+			CⅢ	銅器群：p.15	拓本等未掲載、22-29は同銘
25	1961	張家坡		鬲	28号	後期		+	+			CⅢ	銅器群：p.15	拓本等未掲載、22-29は同銘
26	1961	張家坡		鬲	29号	後期		+	+			CⅢ	銅器群：p.15	拓本等未掲載、22-29は同銘
27	1961	張家坡		鬲	30号	後期		+	+			CⅢ	銅器群：図版2	22-29は同銘
28	1961	張家坡		鬲	31号	後期		+	+			CⅢ	銅器群：p.15	拓本等未掲載、22-29は同銘
29	1961	張家坡		鬲	32号	後期		+	+			CⅢ	銅器群：p.15	拓本等未掲載、22-29は同銘
30	1961	張家坡		盂	38号	後期		+				CⅡ	銅器群：図版24	
31	1961	張家坡		盤	36号	後期		+				CⅡ	銅器群：図版31	
32	1961	張家坡		盤	35号	後期		+	+			CⅢ	銅器群：図版31	
33	1967	馬王村		罐		後期？	−					AⅠ	考与文1984.1p.66	報告では疊、図象記号か？
34	1967	馬王村		壺（甲）		後期	−					AⅠ	考与文1984.1p.66	図象記号か？
35	1967	馬王村		壺（乙）		後期	−					AⅠ	考与文1984.1p.66	図象記号か？
36	1967	馬王村		鼎		後期		+	+			CⅢ	考与文1984.1p.66	
37	1967	新旺村		盂		後期		+	+	+	−	BⅣ	考古1977.1 図版9-2	天君＝王妃とする場合
38	1973	馬王村		鼎	1号	中期		+	+			AⅢ	考古1974.1p.2	
39	1973	馬王村		鼎	3号	後期		+	+			BⅢ	考古1974.1p.2	
40	1973	馬王村		簋	5号	中期		+	+	+	+	BⅣ	考古1974.1p.2	器蓋同銘、拓本等未掲載、40-43は同銘
41	1973	馬王村		簋	6号	中期		+	+	+	+	BⅣ	考古1974.1p.2	器蓋同銘、拓本等未掲載、40-43は同銘
42	1973	馬王村		簋	7号	中期		+	+	+	+	BⅣ	考古1974.1p.3	器蓋同銘、40-43は同銘
43	1973	馬王村		簋	8号	中期		+	+	+	+	BⅣ	考古1974.1p.2	器蓋同銘、拓本等未掲載、40-43は同銘
44	1973	馬王村		簋	9号	後期		+	+			BⅢ	考古1974.1p.4	器蓋同銘、45と同銘
45	1973	馬王村		簋	10号	後期		+	+			BⅢ	考古1974.1p.4	器蓋同銘、44と同銘
46	1973	馬王村		匜	12号	後期		+				AⅡ	考古1974.1p.4	
47	1982	新旺村	H2	鼎	1号	前期	+	+				BⅡ'	考古1983.3p.218	
48	1982	新旺村	H2	鼎	2号	後期	+					AⅠ'	考古1983.3p.218	

附表8　洛陽・墓出土の金文類型（'は図象記号を有するもの）

番号	出土年	出土地点	遺構名	器種	器番号	器年代	図象記号	作器者	長期使用への願望	暦日	王からの賜与・任命	タイプ	出典	備考
1	1959 前	車站－白馬寺		觚		前期		+				AⅡ	考古 1959.4p.188	
2	1959 前	車站－白馬寺		爵		前期	−					AⅠ	考古 1959.4p.188	図4-4、図象記号か？
3	1959 前	車站－白馬寺		爵		前期						BⅠ	考古 1959.4p.188	図4-1
4	1959 前	車站－白馬寺		尊		前期	−					AⅠ	考古 1959.4p.188	図象記号か？
5	1959 前	車站－白馬寺		觚		前期						BⅠ	考古 1959.4p.188	
6	1963-66	北窯	M1	觶	M1:5	前期		+				AⅡ	北窯 p.94	
7	1963-66	北窯	M6	罍	M6:1	前期						BⅠ	北窯 p.91	器蓋同銘、AⅡの可能性もある
8	1963-66	北窯	M6	壺	M6:2	前期		+				AⅡ	北窯 p.93	
9	1963-66	北窯	M37	簋	M37:3	前期		+				AⅡ	北窯 p.84	
10	1963-66	北窯	M37	簋	M37:2	前期		+				AⅡ	北窯 p.85	
11	1963-66	北窯	N347	尊	M347:6	前期						BⅡ	北窯 p.87	
12	1963-66	北窯	M418	爵	M418:25	前期						BⅠ	北窯 p.93	13と同銘
13	1963-66	北窯	M418	爵	M418:24	前期						BⅠ	北窯 p.93	12と同銘
14	1963-66	北窯	M418	觶	M418:26	前期		+				BⅡ	北窯 p.94	15と同銘
15	1963-66	北窯	M418	觶	M418:27	前期		+				BⅡ	北窯 p.94	14と同銘
16	1963-66	北窯	M686	簋	M686:2	前期						AⅠ	北窯 p.82	
17	1963-66	北窯	M701	壺	M701:6	前期		+				AⅡ	北窯 p.93	
18	1963-66	北窯	M112	鼎	M112:2	中期		+				AⅡ	北窯 p.208	
19	1963-66	北窯	M359	豆	M359:1	中期						AⅠ	北窯 p.218	方豆
20	1963-66	北窯	M299	爵	M299:2	中期	−					AⅡ	北窯 p.218	
21	1963-66	北窯	M352	簋	M352:1	中期		+				BⅡ	北窯 p.211	破損しており全文不明
22	1963-66	北窯	M368	尊	M368:3	中期						AⅠ	北窯 p.213	
23	1963-66	北窯	M368	卣蓋	M368:6	中期		+				BⅡ	北窯 p.213	
24	1963-66	北窯	M368	爵	M368:4	中期		+				AⅡ	北窯 p.218	
25	1963-66	北窯	M410	鼎	M410:3	中期		+				AⅡ	北窯 p.208	
26	1963-66	北窯	M410	高	M410:1	中期						AⅠ	北窯 p.208	
27	1963-66	北窯	M410	簋	M410:2	中期		+				AⅡ	北窯 p.211	27-29は同銘
28	1963-66	北窯	M410	罍	M410:5	中期		+				AⅡ	北窯 p.213	27-29は同銘
29	1963-66	北窯	M410	壺	M410:4	中期		+				AⅡ	北窯 p.218	器蓋同銘、27-29は同銘
30	1963-66	北窯	M452	簋	M452:2	中期						BⅡ	北窯 p.211	
31	1963-66	北窯	採集	鼎	採:05	中期						AⅡ	北窯 p.208	
32	1963-66	北窯	採集	簋	採:09	中期		+	+			BⅢ	北窯 p.211	
33	1963-66	北窯	採集	尊	採:013	中期						BⅡ	北窯 p.213	
34	1963-66	北窯	採集	爵	採:014	中期						BⅡ	北窯 p.218	
35	1963-66	北窯	採集	爵	採:016	中期						BⅠ	北窯 p.218	
36	1963-66	北窯	採集	匜	採:019	後期						CⅡ	北窯 p.281	
37	1971	北窯村南		卣		前期		+				AⅡ	考古 1972.2p.36	37-41は同銘
38	1971	北窯村南		尊		前期						AⅡ	考古 1972.2p.36	拓本等未掲載、37-41は同銘
39	1971	北窯村南		罍		前期		+				AⅡ	考古 1972.2p.36	拓本等未掲載、37-41は同銘
40	1971	北窯村南		觚		前期		+				AⅡ	考古 1972.2p.36	37-41は同銘
41	1971	北窯村南		爵		前期		+				AⅡ	考古 1972.2p.36	拓本等未掲載、37-41は同銘
42	1971	北窯村南		爵		前期						BⅠ	考古 1972.2p.36	拓本等未掲載
43	1971	北窯村南		觶		前期	−					AⅠ	考古 1972.2p.36	拓本等未掲載
44	1972	洛陽東郊	M13	觚	M13:4	前期	+					BⅠ'	文物 1998.10p.40	45と同銘
45	1972	洛陽東郊	M13	簋	M13:30	前期	+					BⅠ'	文物 1998.10p.40	44と同銘
46	1972	洛陽東郊	M13	尊	M13:9	前期	+					BⅠ'	文物 1998.10p.40	
47	1993	洛陽東郊	C5 M906	盨	C5 M906:5	後期		+				BⅡ	考古 1995.9p.790	器蓋同銘
48	1997	洛陽東郊	C5 M1135	鼎	C5 M1135:1	後期		+				AⅡ	文物 1999.9p.23	
49	1998	五女冢	IM1519	爵	IM1519:9	前期	+					AⅠ'	文物 2000.10p.9	50と同銘
50	1998	五女冢	IM1519	爵	IM1519:10	前期	+					AⅠ'	文物 2000.10p.9	49と同銘
51	2002	唐城花園	C3 M417	鼎	C3 M417:12	前期	+					BⅡ	文物 2004.7p.8	
52	2002	唐城花園	C3 M417	高	C3 M417:23	前期	+					BⅠ'	文物 2004.7p.8	
53	2002	唐城花園	C3 M417	觶	C3 M417:25	前期	+					BⅠ'	文物 2004.7p.8	
54	2002	唐城花園	C3 M417	爵	C3 M417:26	前期						AⅡ	文物 2004.7p.8	
55	2003	中窯村	C3 M575	爵	C3 M575:3	前期						BⅠ	文物 2006.3p.19	
56	2003	中窯村	C3 M575	觶	C3 M575:2	前期						BⅠ	文物 2006.3p.19	
57	2003	洛陽東車站	M567	觚	M567:12	前期	−	+				AⅡ	文物 2003.12p.9	図象記号か？
58	2003	洛陽東車站	M567	觶	M567:15	前期						BⅠ	文物 2003.12p.9	
59	2003	洛陽東車站	M567	爵	M567:18	前期						BⅠ	文物 2003.12p.9	BⅡの可能性もある
60	2007	老城北大街	C2 M130	卣	C2 M130:8	前期		+				AⅡ	文物 2010.8p.7	

附表9　宝鶏・墓出土の金文類型（'は図象記号を有するもの）

番号	出土年	出土地点	遺構名	器種	器番号	器年代	図象記号	作器者	長期使用への願望	暦日	王からの賜与・任命	タイプ	出典	備考
1	1974-77	茹家荘	BRM1甲	鼎	BRM1甲:1	中期						ＡⅠ	彊国 p.288	1-9は同銘
2	1974-77	茹家荘	BRM1甲	鼎	BRM1甲:2	中期						ＡⅠ	彊国 p.279	1-9は同銘（うち2・5・9は破損のため推定）
3	1974-77	茹家荘	BRM1甲	鼎	BRM1甲:3	中期						ＡⅠ	彊国 p.288	1-9は同銘
4	1974-77	茹家荘	BRM1甲	鼎	BRM1甲:4	中期						ＡⅠ	彊国 p.288	1-9は同銘
5	1974-77	茹家荘	BRM1甲	鼎	BRM1甲:5	中期						ＡⅠ	彊国 p.279	1-9は同銘（うち2・5・9は破損のため推定）
6	1974-77	茹家荘	BRM1甲	鼎	BRM1甲:6	中期						ＡⅠ	彊国 p.288	1-9は同銘
7	1974-77	茹家荘	BRM1甲	簋	BRM1甲:7	中期						ＡⅠ	彊国 p.288	1-9は同銘
8	1974-77	茹家荘	BRM1甲	簋	BRM1甲:8	中期						ＡⅠ	彊国 p.288	1-9は同銘
9	1974-77	茹家荘	BRM1甲	簋	BRM1甲:9	中期						ＡⅠ	彊国 p.288	1-9は同銘（うち2・5・9は破損のため推定）
10	1974-77	茹家荘	BRM1乙	鼎	BRM1乙:15	中期		+				ＡⅡ	彊国 p.288	
11	1974-77	茹家荘	BRM1乙	鼎	BRM1乙:13	中期		+				ＣⅡ	彊国 p.288	15と同銘、自体が粗い
12	1974-77	茹家荘	BRM1乙	方鼎	BRM1乙:16	中期		+				ＡⅠ	彊国 p.288	字体が粗い
13	1974-77	茹家荘	BRM1乙	甗	BRM1乙:22	中期		+				ＣⅡ	彊国 p.288	
14	1974-77	茹家荘	BRM1乙	鬲	BRM1乙:33	中期		+				ＡⅡ	彊国 p.298	字体が粗い
15	1974-77	茹家荘	BRM1乙	簋	BRM1乙:6	中期		+				ＣⅡ	彊国 p.298	11と同銘、自体が粗い
16	1974-77	茹家荘	BRM1乙	簋	BRM1乙:8	中期		+				ＡⅡ	彊国 p.298	字体が粗い、30と同銘
17	1974-77	茹家荘	BRM1乙	簋	BRM1乙:5	中期		+				ＡⅡ	彊国 p.298	字体が粗い
18	1974-77	茹家荘	BRM1乙	尊	BRM1乙:34	中期		+				ＢⅡ	彊国 p.298	
19	1974-77	茹家荘	BRM1乙	卣	BRM1乙:3	中期		+				ＢⅡ	彊国 p.308	器蓋同銘
20	1974-77	茹家荘	BRM1乙	盂	BRM1乙:18	中期		+				ＡⅡ	彊国 p.308	出典での器種名「鋬」、器蓋同銘、21と同銘
21	1974-77	茹家荘	BRM1乙	盤	BRM1乙:1	中期		+				ＡⅡ	彊国 p.308	20と同銘
22	1974-77	茹家荘	BRM1乙	盤	BRM1乙:2	中期		+				ＡⅠ	彊国 p.308	字体が粗い
23	1974-77	茹家荘	BRM2	方鼎	BRM2:5	中期		+				ＣⅡ	彊国 p.370	字体が粗い
24	1974-77	茹家荘	BRM2	鼎	BRM2:2	中期		+				ＣⅡ	彊国 p.364	字体が粗い、25と同銘ＢⅡの可能性もある
25	1974-77	茹家荘	BRM2	鼎	BRM2:3	中期		+				ＣⅡ	彊国 p.370	字体が粗い、24と同銘ＢⅡの可能性もある
26	1974-77	茹家荘	BRM2	鼎	BRM2:1	中期		+				ＣⅡ	彊国 p.370	
27	1974-77	茹家荘	BRM2	鼎	BRM2:6	中期		+				ＣⅡ	彊国 p.369	字体が粗い
28	1974-77	茹家荘	BRM2	甗	BRM2:21	中期		+				ＣⅡ	彊国 p.369	字体が粗い
29	1974-77	茹家荘	BRM2	鬲	BRM2:12	中期		+				ＡⅡ	彊国 p.370	
30	1974-77	茹家荘	BRM2	簋	BRM2:1	中期		+				ＡⅡ	彊国 p.369	字体が粗い、16と同銘
31	1974-77	茹家荘	BRM2	簋	BRM2:8	中期		+				ＣⅡ	彊国 p.369	字体が粗い
32	1974-77	茹家荘	BRM2	動物尊	BRM2:16	中期		+				ＣⅡ	彊国 p.370	出典での器種名「錐」
33	1976-81	竹園溝	BZM13甲	鼎	BZM13:13	前期		+				ＢⅡ	彊国 p.60	
34	1976-81	竹園溝	BZM13甲	鼎	BZM13:17	前期	+					ＡⅠ'	彊国 p.60	
35	1976-81	竹園溝	BZM13甲	鬲鼎	BZM13:18	前期						ＢⅠ	彊国 p.60	拓本不鮮明
36	1976-81	竹園溝	BZM13甲	方鼎	BZM13:19	前期	−					ＡⅠ	彊国 p.60	図象記号か？
37	1976-81	竹園溝	BZM13甲	豆	BZM13:23	前期						ＢⅠ	彊国 p.60	
38	1976-81	竹園溝	BZM13甲	觶	BZM13:5	前期	+					ＡⅠ'	彊国 p.69	
39	1976-81	竹園溝	BZM13甲	爵	BZM13:6	前期	+					ＢⅠ'	彊国 p.69	
40	1976-81	竹園溝	BZM13甲	瓿	BZM13:24	前期						ＢⅠ	彊国 p.69	
41	1976-81	竹園溝	BZM13甲	盤	BZM13:25	前期						ＢⅠ	彊国 p.69	
42	1976-81	竹園溝	BZM7甲	鼎	BZM7:2	前期	−					ＢⅠ	彊国 p.108	図象記号か？
43	1976-81	竹園溝	BZM7甲	鼎	BZM7:3	前期		+				ＡⅡ	彊国 p.108	
44	1976-81	竹園溝	BZM7甲	簋	BZM7:4	前期						ＡⅠ	彊国 p.108	45と同銘
45	1976-81	竹園溝	BZM7甲	簋	BZM7:5	前期						ＡⅠ	彊国 p.108	44と同銘
46	1976-81	竹園溝	BZM7甲	尊	BZM7:8	前期		+				ＡⅡ	彊国 p.108	46-48は同銘
47	1976-81	竹園溝	BZM7甲	卣	BZM7:7	前期		+				ＡⅡ	彊国 p.113	器蓋同銘、46-48は同銘
48	1976-81	竹園溝	BZM7甲	卣	BZM7:6	前期		+				ＡⅡ	彊国 p.113	器蓋同銘、46-48は同銘
49	1976-81	竹園溝	BZM7甲	觶	BZM7:9	前期	−	+				ＢⅡ	彊国 p.108	図象記号か？
50	1976-81	竹園溝	BZM7乙	罍	BZM7:323	前期						ＡⅠ	彊国 p.113	
51	1976-81	竹園溝	BZM4甲	方鼎	BZM4:10	中期		+				ＡⅡ	彊国 p.152	
52	1976-81	竹園溝	BZM4甲	甗	BZM4:14	中期		+				ＡⅡ	彊国 p.152	
53	1976-81	竹園溝	BZM4甲	鬲	BZM4:9	中期						ＡⅠ	彊国 p.152	拓本不鮮明
54	1976-81	竹園溝	BZM4甲	尊	BZM4:2	中期		+				ＡⅡ	彊国 p.150	55と同銘
55	1976-81	竹園溝	BZM4甲	卣	BZM4:1	中期		+				ＡⅡ	彊国 p.150	器蓋同銘、54と同銘
56	1976-81	竹園溝	BZM4甲	觶	BZM4:3	中期		+				ＡⅡ	彊国 p.150	
57	1976-81	竹園溝	BZM4甲	觶	BZM4:5	中期	+					ＢⅠ'	彊国 p.151	72と同銘
58	1976-81	竹園溝	BZM4甲	爵	BZM4:6	中期						ＢⅠ	彊国 p.152	
59	1976-81	竹園溝	BZM4甲	壺	BZM4:8	中期	+					ＢⅠ'	彊国 p.151	器蓋同銘
60	1976-81	竹園溝	BZM4甲	盤	BZM4:7	中期						ＡⅡ	彊国 p.151	
61	1976-81	竹園溝	BZM4乙	鬲	BZM4:75	中期		+				ＡⅡ	彊国 p.152	
62	1976-81	竹園溝	BZM8	尊	BZM8:7	前期						ＡⅠ	彊国 p.179	62-64は同銘
63	1976-81	竹園溝	BZM8	卣	BZM8:6	前期						ＡⅠ	彊国 p.180	器蓋同銘、62-64は同銘
64	1976-81	竹園溝	BZM8	卣	BZM8:5	前期						ＡⅠ	彊国 p.180	器蓋同銘、62-64は同銘
65	1976-81	竹園溝	BZM8	爵	BZM8:3	前期	+					ＡⅠ'	彊国 p.179	
66	1976-81	竹園溝	BZM20	簋	BZM20:3	前期	+					ＡⅠ	彊国 p.192	器蓋同銘
67	1981	紙坊頭	BZFM1	方鼎	BZFM1:4	前期		+				ＡⅡ	彊国 p.37	
68	1981	紙坊頭	BZFM1	鬲	BZFM1:11	前期		+				ＡⅡ	彊国 p.37	69と同銘
69	1981	紙坊頭	BZFM1	鬲	BZFM1:12	前期		+				ＡⅡ	彊国 p.37	68と同銘
70	1981	紙坊頭	BZFM1	簋	BZFM1:6	前期		+				ＡⅡ	彊国 p.29	71と同銘
71	1981	紙坊頭	BZFM1	簋	BZFM1:7	前期		+				ＡⅡ	彊国 p.29	57と同銘
72	1981	紙坊頭	BZFM1	觶	BZFM1:14	前期	+					ＢⅠ'	彊国 p.37	
73	2003	紙坊頭	BZFM2	盂	BZFM2:1	前期						ＢⅠ	文物 2007.8 p.36	
74	2003	紙坊頭	BZFM2	甗	BZFM2:3	前期	−	+				ＢⅡ	文物 2007.8 p.36	図象記号か？
75	2003	紙坊頭	BZFM3	方鼎	BZFM3:5	前期						ＡⅠ	文物 2007.8 p.42	
76	2003	紙坊頭	BZFM3	簋	BZFM3:7	前期	+					ＢⅠ'	文物 2007.8 p.42	
77	2003	紙坊頭	BZFM3	壺	BZFM3:3	前期	+					ＢⅠ'	文物 2007.8 p.42	

附表10　白草坡・墓出土の金文類型（'は図象記号を有するもの）

番号	出土年	出土地点	遺構名	器種	器番号	器年代	図象記号	作器者	長期使用への願望	暦日	王からの賜与・任命	タイプ	出典	備考
1	1967	白草坡	M1	方鼎	M1:3	前期		−				AⅡ	学報 1977.2p.108	
2	1967	白草坡	M1	甗	M1:11	前期						AⅠ	学報 1977.2p.108	
3	1967	白草坡	M1	尊	M1:15	前期	+	+				BⅡ'	学報 1977.2p.108	
4	1967	白草坡	M1	尊	M1:16	前期		+				AⅡ	学報 1977.2p.108	4・11・12は同銘
5	1967	白草坡	M1	觶	M1:21	前期	+					BⅠ'	学報 1977.2p.108	
6	1967	白草坡	M1	爵	M1:18	前期	−					BⅠ	学報 1977.2p.108	図象記号か？
7	1967	白草坡	M1	角	M1:19	前期	+					BⅠ'	学報 1977.2p.108	
8	1967	白草坡	M1	斝	M1:20	前期	−					BⅠ	学報 1977.2p.108	図象記号か？
9	1967	白草坡	M1	盉	M1:17	前期		+				AⅡ	学報 1977.2p.108	
10	1967	白草坡	M1	卣	M1:12	前期	+					BⅠ'	学報 1977.2p.108	
11	1967	白草坡	M1	卣	M1:13	前期		+				AⅡ	文物 1972.12p.8	器蓋同銘、4・11・12は同銘
12	1967	白草坡	M1	卣	M1:14	前期		+				AⅡ	学報 1977.2p.108	器蓋同銘、4・11・12は同銘
13	1967	白草坡	M2	方鼎	M2:1	前期		+				AⅡ	学報 1977.2p.108	13-17・20-22は同銘
14	1967	白草坡	M2	方鼎	M2:2	前期		+				AⅡ	学報 1977.2p.106	13-17・20-22は同銘
15	1967	白草坡	M2	簋	M2:11	前期		+				AⅡ	学報 1977.2p.108	13-17・20-22は同銘
16	1967	白草坡	M2	簋	M2:12	前期		+				AⅡ	学報 1977.2p.106	13-17・20-22は同銘
17	1967	白草坡	M2	尊	M2:4	前期		+				AⅡ	学報 1977.2p.108	13-17・20-22は同銘
18	1967	白草坡	M2	觶	M2:6	前期		+				AⅡ	学報 1977.2p.108	
19	1967	白草坡	M2	爵	M2:5	前期		+				AⅡ	学報 1977.2p.108	
20	1967	白草坡	M2	盉	M2:7	前期		+				AⅡ	学報 1977.2p.108	器蓋ほぼ同銘、13-17・20-22は同銘
21	1967	白草坡	M2	卣	M2:8	前期		+				AⅡ	学報 1977.2p.108	器蓋同銘、13-17・20-22は同銘
22	1967	白草坡	M2	卣	M2:9	前期		+				AⅡ	学報 1977.2p.108	器蓋同銘、13-17・20-22は同銘

附表11　三門峡・墓出土の金文類型

番号	出土年	出土地点	遺構名	器種	器番号	器年代	図象記号	作器者	長期使用への願望	暦日	王からの賜与・任命	タイプ	出典	備考
1	1956-57	上村嶺	M1601	盤	M1601:15	後期	+	+				AⅢ	上村嶺 p.30	
2	1956-57	上村嶺	M1601	匜	M1601:16	後期	+	+				AⅢ	上村嶺 p.30	
3	1956-57	上村嶺	M1631	鬲	M1631:1	後期	+	+				AⅢ	上村嶺 p.32	
4	1956-57	上村嶺	M1753	鼎	M1753:1	後期	+					AⅡ	上村嶺 p.35	
5	1956-57	上村嶺	M1819	鼎	M1819:5	後期	+					AⅡ	上村嶺 p.37	
6	1956-57	上村嶺	M1820	豆	M1820:23	後期	+					AⅡ	上村嶺 p.39	
7	1956-57	上村嶺	M1820	盤	M1820:24	後期	+	+				AⅢ	上村嶺 p.39	
8	1990-91	上村嶺	M2001	鼎	M2001:390	後期	+	+				AⅢ	三門峡 p.33	8-14 は同銘
9	1990-91	上村嶺	M2001	鼎	M2001:66	後期	+	+				AⅢ	三門峡 p.34	8-14 は同銘
10	1990-91	上村嶺	M2001	鼎	M2001:82	後期	+	+				AⅢ	三門峡 p.35	8-14 は同銘
11	1990-91	上村嶺	M2001	鼎	M2001:83	後期	+	+				AⅢ	三門峡 p.36	8-14 は同銘
12	1990-91	上村嶺	M2001	鼎	M2001:106	後期	+	+				AⅢ	三門峡 p.37	8-14 は同銘
13	1990-91	上村嶺	M2001	鼎	M2001:71	後期	+	+				AⅢ	三門峡 p.38	8-14 は同銘
14	1990-91	上村嶺	M2001	鼎	M2001:72	後期	+	+				AⅢ	三門峡 p.39	8-14 は同銘
15	1990-91	上村嶺	M2001	鬲	M2001:84	後期	+	+				AⅢ	三門峡 p.43	15-22 は同銘
16	1990-91	上村嶺	M2001	鬲	M2001:110	後期	+	+				AⅢ	三門峡 p.43	15-22 は同銘
17	1990-91	上村嶺	M2001	鬲	M2001:85	後期	+	+				AⅢ	三門峡 p.43	15-22 は同銘
18	1990-91	上村嶺	M2001	鬲	M2001:73	後期	+	+				AⅢ	三門峡 p.43	15-22 は同銘
19	1990-91	上村嶺	M2001	鬲	M2001:74	後期	+	+				AⅢ	三門峡 p.43	15-22 は同銘
20	1990-91	上村嶺	M2001	鬲	M2001:68	後期	+	+				AⅢ	三門峡 p.43	15-22 は同銘
21	1990-91	上村嶺	M2001	鬲	M2001:116	後期	+	+				AⅢ	三門峡 p.43	15-22 は同銘
22	1990-91	上村嶺	M2001	鬲	M2001:69	後期	+	+				AⅢ	三門峡 p.43	15-22 は同銘
23	1990-91	上村嶺	M2001	甗	M2001:65	後期	+	−				AⅢ？	三門峡 p.44	銘文摩耗のため判別困難
24	1990-91	上村嶺	M2001	簋	M2001:95	後期	+	+				AⅢ	三門峡 p.50	器蓋同銘、24-26 は同銘
25	1990-91	上村嶺	M2001	簋	M2001:67	後期	+	+				AⅢ	三門峡 p.50	器蓋同銘、24-26 は同銘
26	1990-91	上村嶺	M2001	簋	M2001:146	後期	+	+				AⅢ	三門峡 p.50	器蓋同銘、24-26 は同銘
27	1990-91	上村嶺	M2001	簋	M2001:86	後期	+	+				AⅢ	三門峡 p.50	器蓋同銘、27-29 は同銘
28	1990-91	上村嶺	M2001	簋	M2001:94	後期	+	+				AⅢ	三門峡 p.50	器蓋同銘、27-29 は同銘
29	1990-91	上村嶺	M2001	簋	M2001:75	後期	+	+				AⅢ	三門峡 p.50	器蓋はおそらく同銘、27-29 は同銘
30	1990-91	上村嶺	M2001	盨	M2001:81	後期	+	+				AⅢ	三門峡 p.56	器蓋同銘、30-33 は同銘
31	1990-91	上村嶺	M2001	盨	M2001:91	後期	+	+				AⅢ	三門峡 p.56	器蓋同銘、30-33 は同銘
32	1990-91	上村嶺	M2001	盨	M2001:79	後期	+	+				AⅢ	三門峡 p.56	器蓋同銘、30-33 は同銘
33	1990-91	上村嶺	M2001	盨	M2001:97	後期	+	+				AⅢ	三門峡 p.56	器蓋同銘、30-33 は同銘
34	1990-91	上村嶺	M2001	簠	M2001:78	後期	+	+				AⅢ	三門峡 p.57	器蓋同銘、35 と同銘
35	1990-91	上村嶺	M2001	簠	M2001:77	後期	+	+				AⅢ	三門峡 p.51	拓本等未掲載、器蓋同銘、34 と同銘
36	1990-91	上村嶺	M2001	豆	M2001:105	後期	+	+				AⅢ	三門峡 p.60	出典での器種名「甫」、37 と同銘
37	1990-91	上村嶺	M2001	豆	M2001:148	後期	+	+				AⅢ	三門峡 p.60	出典での器種名「甫」、36 と同銘
38	1990-91	上村嶺	M2001	壺	M2001:90	後期	+	+				AⅢ	三門峡 p.63	39 と同銘
39	1990-91	上村嶺	M2001	壺	M2001:92	後期	+	+				AⅢ	三門峡 p.65	38 と同銘
40	1990-91	上村嶺	M2001	盤	M2001:99	後期	+	+				AⅢ	三門峡 p.66	
41	1990-91	上村嶺	M2001	鐘	M2001:45	後期	+	+	+			BⅤ	三門峡 p.73	41-44 は同銘
42	1990-91	上村嶺	M2001	鐘	M2001:49	後期	+	+	+			BⅤ	三門峡 p.74	41-44 は同銘
43	1990-91	上村嶺	M2001	鐘	M2001:48	後期	+	+	+			BⅤ	三門峡 p.75	41-44 は同銘
44	1990-91	上村嶺	M2001	鐘	M2001:44	後期	+	+	+			BⅤ	三門峡 p.76	41-44 は同銘
45	1990-91	上村嶺	M2001	鐘	M2001:50	後期	+					BⅡ	三門峡 p.77	46 と同銘
46	1990-91	上村嶺	M2001	鐘	M2001:51	後期	+					BⅡ	三門峡 p.78	45 と同銘
47	1990-91	上村嶺	M2001	鐘	M2001:46	後期	+					AⅡ	三門峡 p.78	48 と同銘
48	1990-91	上村嶺	M2001	鐘	M2001:47	後期	+					AⅡ	三門峡 p.78	47 と同銘
49	1990-91	上村嶺	M2006	盨	M2006:55	後期	+					CⅡ	文物 1995.1p.7	拓本等未掲載、器蓋同銘、おそらく 50 と同銘
50	1990-91	上村嶺	M2006	盨		後期	+					CⅡ	文物 1995.1p.7	拓本等未掲載、器蓋同銘、おそらく 49 と同銘
51	1990-91	上村嶺	M2006	簠	M2006:64	後期	+					AⅡ	文物 1995.1p.8	拓本等未掲載、器蓋同銘
52	1990-91	上村嶺	M2008	鬲	M2008:13	後期	+	+				AⅢ	文物 2009.2p.24	
53	1990-91	上村嶺	回収	鬲	SG:049	後期	+	+				AⅢ	文物 2009.2p.24	M2008 出土とされる
54	1990-91	上村嶺	M2008	匜	M2008:42	後期	+	+				AⅢ	文物 2009.2p.24	
55	1990-91	上村嶺	回収	盤	SG:060	後期	+	+				AⅢ	文物 2009.2p.24	M2008 出土とされる
56	1991-92	上村嶺	M2012	楕	M2012:92	期	+					AⅡ	三門峡 p.254	出典での器種名「小罐」
57	1991-92	上村嶺	M2011	匜	M2011:165	後期	+	+				AⅢ	三門峡 p.339	拓本不鮮明
58	1991-92	上村嶺	M2013	簠	M2013:2	後期	+					CⅢ	文物 2000.12p.28	
59	1991-92	上村嶺	M2013	匜	M2013:18	後期	+	+				AⅢ	文物 2000.12p.28	
60	1990-99	上村嶺	回収	鬲	SG:044	後期	+					CⅢ	三門峡 p.473	61 と同銘
61	1990-99	上村嶺	回収	鬲	SG:045	後期	+					CⅢ	三門峡 p.473	60 と同銘
62	1990-99	上村嶺	回収	鬲	SG:049	後期	+	+				AⅢ	三門峡 p.474	
63	1990-99	上村嶺	回収	簠	SG:062	後期	+	+				AⅢ	三門峡 p.483	器蓋同銘
64	1990-99	上村嶺	回収	盤	SG:060	後期	+	+				AⅢ	三門峡 p.486	
65	1995	李家窯	M44	簋	M44:10	後期	+	+	+			BⅤ	華夏 2000.3p.20	器蓋同銘、66 と同銘
66	1995	李家窯	M44	簋		後期	+	+	+			BⅤ	華夏 2000.3p.18	拓本等未掲載、器蓋同銘、65 と同銘

附表 12　天馬―曲村・墓出土の金文類型（'は図象記号を有するもの）

番号	出土年	出土地点	遺構名	器種	器番号	器年代	図象記号	作器者	長期使用への願望	暦日	王からの賜与・任命	タイプ	出典	備考
1	1980-89	曲村	M6081	方鼎	M6081:85	前期			+		+	+	BⅣ	天馬曲村 p.348	
2	1980-89	曲村	M6081	鼎	M6081:3	前期	+	−				BⅡ'	天馬曲村 p.348	
3	1980-89	曲村	M6081	鼎	M6081:88	前期		+				AⅡ	天馬曲村 p.348	4と同銘
4	1980-89	曲村	M6081	鼎	M6081:89	前期		+				AⅡ	天馬曲村 p.348	3と同銘
5	1980-89	曲村	M6081	尊	M6081:86	前期		+				AⅡ	天馬曲村 p.348	6と同銘
6	1980-89	曲村	M6081	卣	M6081:84	前期		+				AⅡ	天馬曲村 p.348	器蓋同銘、5と同銘
7	1980-89	曲村	M6081	盤	M6081:2	前期	+					BⅠ'	天馬曲村 p.348	
8	1980-89	曲村	M6069	甗	M6069:2	前期		+				AⅡ	天馬曲村 p.356	
9	1980-89	曲村	M6069	簋	M6069:4	前期						AⅠ	天馬曲村 p.356	
10	1980-89	曲村	M6069	卣蓋	M6069:3	前期		+				BⅡ	天馬曲村 p.356	10・18・19は同銘、11と同じ祭祀対象か
11	1980-89	曲村	M6069	卣器	M6069:3	前期						BⅠ	天馬曲村 p.356	10と同じ祭祀対象か
12	1980-89	曲村	M6195	鼎	M6195:33	前期						AⅠ	天馬曲村 p.361	"成周"
13	1980-89	曲村	M6195	鼎	M6195:34	前期	−	+				CⅡ	天馬曲村 p.361	図象記号か？
14	1980-89	曲村	M6210	鼎	M6210:1	前期						AⅠ	天馬曲村 p.375	
15	1980-89	曲村	M6210	簋	M6210:12	前期		+				AⅡ	天馬曲村 p.375	
16	1980-89	曲村	M6210	簋	M6210:13	前期						AⅠ	天馬曲村 p.375	
17	1980-89	曲村	M6210	爵	M6210:9	前期	+					AⅠ'	天馬曲村 p.375	
18	1980-89	曲村	M6210	尊	M6210:8	前期		+				BⅡ	天馬曲村 p.371	拓本等未掲載、10・18・19は同銘
19	1980-89	曲村	M6210	卣蓋	M6210:11	前期		+				BⅡ	天馬曲村 p.375	10・18・19は同銘
20	1980-89	曲村	M6210	卣器	M6210:11	前期		+				AⅡ	天馬曲村 p.375	
21	1980-89	曲村	M6308	鼎	M6308:1	中期		+				BⅡ	天馬曲村 p.381	
22	1980-89	曲村	M6080	鼎	M6080:13	中期						AⅠ	天馬曲村 p.398	23と同銘
23	1980-89	曲村	M6080	鼎	M6080:15	中期						AⅠ	天馬曲村 p.398	22と同銘
24	1980-89	曲村	M6080	簋	M6080:11	中期		+				AⅡ	天馬曲村 p.398	25と同銘
25	1980-89	曲村	M6080	簋	M6080:14	中期		+				AⅡ	天馬曲村 p.398	24と同銘
26	1980-89	曲村	M6197	鼎	M6197:8	中期						BⅠ	天馬曲村 p.407	
27	1980-89	曲村	M6197	鬲	M6197:12	中期						BⅠ	天馬曲村 p.405	銘文不鮮明
28	1980-89	曲村	M6197	簋	M6197:11	中期						BⅠ	天馬曲村 p.407	
29	1980-89	曲村	M6214	鼎	M6214:41	中期						BⅠ	天馬曲村 p.414	銘文不鮮明、AⅠの可能性もある
30	1980-89	曲村	M6214	鼎	M6214:42	中期						AⅠ	天馬曲村 p.411	拓本等未掲載
31	1980-89	曲村	M6214	觶	M6214:50	中期		+				AⅡ	天馬曲村 p.417	
32	1980-89	曲村	M6214	尊	M6214:48	中期						AⅠ	天馬曲村 p.417	33と同銘
33	1980-89	曲村	M6214	卣	M6214:45	中期						AⅠ	天馬曲村 p.417	器蓋同銘、32と同銘
34	1980-89	曲村	M6231	鼎	M6231:24	中期		+				AⅡ	天馬曲村 p.431	拓本等未掲載
35	1980-89	曲村	M6231	簋	M6231:22	中期						AⅠ	天馬曲村 p.436	
36	1980-89	曲村	M6231	尊	M6231:21	中期		+				AⅡ	天馬曲村 p.440	37と同銘
37	1980-89	曲村	M6231	卣	M6231:23	中期		+				AⅡ	天馬曲村 p.440	器蓋同銘、36と同銘
38	1980-89	曲村	M6231	壺	M6231:25	中期		+				AⅡ	天馬曲村 p.440	器蓋ほぼ同銘
39	1980-89	曲村	M6105	鼎	M6105:1	前期						BⅠ	天馬曲村 p.460	
40	1980-89	曲村	M6127	簋	M6127:1	中期						AⅠ	天馬曲村 p.466	拓本等未掲載
41	1980-89	曲村	M6130	鼎	M6130:1	中期		+				BⅡ	天馬曲村 p.471	
42	1980-89	曲村	M6130	簋	M6130:2	中期						AⅠ	天馬曲村 p.471	
43	1980-89	曲村	M6131	鼎	M6131:23	中期	+					AⅠ'	天馬曲村 p.480	
44	1980-89	曲村	M6131	鼎	M6131:21	中期		+				BⅡ	天馬曲村 p.480	器蓋同銘
45	1980-89	曲村	M6242	鼎	M6242:3	中期		+				AⅡ	天馬曲村 p.491	
46	1980-89	曲村	M6243	鼎	M6243:5	中期						AⅠ	天馬曲村 p.494	
47	1980-89	曲村	M6243	簋	M6243:4	中期		+				AⅡ	天馬曲村 p.494	
48	1980-89	曲村	M6384	簋	M6384:8	中期		+		−		BⅣ	天馬曲村 p.505	
49	1980-89	曲村	M6384	盉	M6384:15	中期		+	+			AⅢ	天馬曲村 p.505	器蓋同銘
50	1980-89	曲村	M6384	尊	M6384:11	中期		+				BⅢ	天馬曲村 p.505	51と同銘
51	1980-89	曲村	M6384	卣	M6384:13	中期		+				BⅢ	天馬曲村 p.505	器蓋同銘、50と同銘
52	1980-89	曲村	M6384	盤	M6384:5	中期		+	+			AⅢ	天馬曲村 p.505	
53	1980-89	曲村	M6434	簋	M6434:7	中期						AⅠ	天馬曲村 p.513	拓本等未掲載
54	1980-89	曲村	M7014	鬲	M7014:4	中期		+				AⅡ	天馬曲村 p.526	
55	1980-89	曲村	M7113	簋	M7113:8, 27	中期		+				AⅡ	天馬曲村 p.540	器蓋同銘
56	1980-89	曲村	M7070	簋	M7070:1	中期		+				AⅡ	天馬曲村 p.555	
57	1992	北趙	M1	破片	M1:051	中期		+	+	+		AⅤ	文物 1993.3 p.16	破片のため詳細不明
58	1992	北趙	(M1)	盨	上博 73249	中期		+	+	+		AⅤ	奇珍 p.77	器蓋同銘
59	1992	北趙	(M2)	盨	上博 73245	中期		+	+	+		AⅤ	奇珍 p.81	器蓋同銘、59-62は同銘
60	1992	北趙	(M2)	盨	上博 73246	中期		+	+	+		AⅤ	奇珍 p.82	器蓋同銘、59-62は同銘
61	1992	北趙	(M2)	盨	上博 73326	中期		+	+	+		AⅤ	奇珍 p.83	器蓋同銘、59-62は同銘
62	1992	北趙	(M2)	盨	Fan氏所蔵	中期		+	+	+		AⅤ	奇珍 p.84	器蓋同銘、59-62は同銘
63	1992	北趙	M13	鼎	M13:103	中期		+				AⅡ	奇珍 p.59	
64	1992	北趙	M13	簋	M13:98	中期		+				AⅡ	奇珍 p.60	異形簋
65	1993	北趙	M8	鼎	M8:28	後期		+	+			AⅢ	文物 1994.1 p.19	

番号	出土年	出土地点	遺構名	器種	器番号	器年代	図象記号	作器者	長期使用への願望	暦日	王からの賜与・任命	タイプ	出典	備考
66	1993	北趙	M8	簋	M8:23	後期		+	+	+		BⅤ	文物 1994.1p.19	器蓋同銘、67と同銘
67	1993	北趙	M8	簋	M8:30	後期		+	+	+		BⅤ	奇珍 p.99	器蓋同銘、66と同銘
68	1993	北趙	M8	壺	M8:26	後期		+	+	+		BⅤ	文物 1994.1p.19	69と同銘
69	1993	北趙	M8	壺	不明	後期		+	+	+		BⅤ	文物 1994.1p.17	拓本等未掲載、68と同銘
70	1993	北趙	M8	爵	M8:19	後期		+				AⅡ	文物 1994.1p.16	拓本等未掲載
71	1993	北趙	M8	鐘	M8:32, 33, 上博 73627-73640	後期		+	+	+	+	AⅣ	奇珍 pp.108-123、文物 1994.1p.19	15器で一つの文章を作る
72	1993	北趙	M64	鼎	M64:130	後期		+	+			AⅢ	文物 1994.8p.5	73と同銘
73	1993	北趙	M64	鼎	不明	後期		+	+			AⅢ	文物 1994.8p.5	拓本等未掲載、72と同銘
74	1993	北趙	M64	簋	M64:109	後期		+	+	+		BⅤ	文物 1994.8p.5	
75	1993	北趙	M64	甗	M64:120	後期		+	+			CⅢ	奇珍 p.149	
76	1993	北趙	M64	鐘	M64:93	後期		+	+	+		BⅤ	奇珍 p.154	“楚公逆”鐘
77	1993	北趙	M63	壺	M63:81	後期		+	+			AⅢ	文物 1994.8p.17	器蓋同銘
78	1994	北趙	M33	壺	不明	後期		+	+	+		BⅤ	文物 1995.7p.6	器蓋同銘、82と同銘
79	1994	北趙	M33	鼎	不明	後期		+				AⅡ	文物 1995.7p.36	破損のため原文不詳、80と同じくBⅤの可能性もある
80	1994	北趙	M33	盂	不明	後期		+				AⅡ	文物 1995.7p.36	破損のため原文不詳、80と同じくBⅤの可能性もある
81	1994	北趙	M91	壺蓋	M91:57	後期		+	+	+		BⅤ	文物 1995.7p.7	79と同銘
82	1994	北趙	M91	破片	M91:169	後期		+	+	+		BⅤ	文物 1995.7p.9	
83	1994	北趙	M93	壺	M93:31	後期		+	+			AⅢ	文物 1995.7p.23	器蓋同銘、85と同銘
84	1994	北趙	M93	壺	不明	後期		+	+			AⅢ	文物 1995.7p.26	拓本等未掲載、器蓋同銘、84と同銘
85	1994	北趙	M92	鼎	M92:9	後期		+	+	+		AⅤ	文物 1995.7p.14	
86	1994	北趙	M92	壺	M92:4	後期		+	+			AⅢ	文物 1995.7p.14	88と同銘
87	1994	北趙	M92	壺	M92:8	後期		+	+			AⅢ	文物 1995.7p.16	拓本等未掲載、87と同銘
88	1994	北趙	M92	盤	M92:6	後期		+	+	+		BⅤ	文物 1995.7p.14	
89	2000	北趙	M114	方鼎	M114:217	中期		+	+	+	+	AⅣ	文物 2001.8p.9	
90	2000	北趙	M114	動物尊	M114:210	中期		+				AⅡ	奇珍 p.51	器蓋同銘
91	2000	北趙	M113	鼎	M113:34	中期		+				AⅡ	文物 2001.8p.19	拓本等未掲載
92	2000	北趙	M113	甗	M113:55	中期		+				AⅡ	文物 2001.8p.20	拓本等未掲載
93	2000	北趙	M113	卣		中期		+				AⅡ	文物 2001.8p.17	器蓋同銘か、CⅡの可能性もある
94	2000	北趙	M113	動物尊	M113:28	中期		+				AⅡ	奇珍 p.52	器蓋同銘

附表 13　平頂山・墓出土の金文類型

番号	出土年	出土地点	遺構名	器種	器番号	器年代	図象記号	作器者	長期使用への願望	暦日	王からの賜与・任命	タイプ	出典	備考
1	1979	北滍		簋	(鄧公簋A)	後期	+	+				CⅢ	考古 1981.4 p. 370	1・2・7・8は同銘
2	1980	北滍		簋	(鄧公簋B)	後期	+	+				CⅢ	考与文 1983.1 p. 109	1・2・7・8は同銘
3	1982	北滍	M229	鼎	M229: 1	中期	+					AⅡ	文物 1984.12 p. 30 応国墓地 p. 191	
4	1982	北滍	M229	簋	M229: 2	中期	+					AⅡ	文物 1984.12 p. 30 応国墓地 p. 193	器蓋同銘
5	1982	北滍	M229	爵	M229: 3	中期	+					BⅡ	文物 1984.12 p. 30 応国墓地 p. 194	5・6は同銘
6	1982	北滍	M229	觶	M229: 4	中期	+					BⅡ	文物 1984.12 p. 30 応国墓地 p. 194	5・6は同銘
7	1984	北滍		簋	鄧公簋C	中期	+	+				CⅢ	考古 1985.3 p. 285	器蓋同銘, 1・2・7・8は同銘
8	1984	北滍		簋	鄧公簋D	中期	+	+				CⅢ	考古 1985.3 p. 286	器蓋同銘, 1・2・7・8は同銘
9	1984	北滍		鼎		中期	+	+				AⅢ	考古 1985.3 p. 286	
10	1985	北滍	M48	高鼎	M48: 1	前期	+					AⅡ	中原文 1988.1 p. 21 応国墓地 p. 282	
11	1985	北滍	M48	卣	M48: 4	前期	+					AⅡ	中原文 1988.1 p. 21 応国墓地 p. 285	
12	1985	北滍	M48	簋	M48: 3	前期	+					AⅡ	中原文 1988.1 p. 22 応国墓地 p. 285	錆のため文字が不鮮明
13	1986	北滍	M95	鼎	M95: 102	後期	+	+	+			CⅤ	華夏 1992.3 p 93	拓本等未掲載
14	1986	北滍	M95	鼎	不明	後期	+	+	+			CⅤ	華夏 1992.3 p 93	拓本等未掲載
15	1986	北滍	M95	鼎	不明	後期	+	+	+			CⅤ	華夏 1992.3 p 93	拓本等未掲載
16	1986	北滍	M95	簋	M95: 100	後期	+	+	+			CⅤ	華夏 1992.3 p 95	拓本等未掲載, 器蓋同銘
17	1986	北滍	M95	簋	不明	後期	+	+	+			CⅤ	華夏 1992.3 p 95	拓本等未掲載, 器蓋同銘
18	1986	北滍	M95	簋	不明	後期	+	+	+			CⅤ	華夏 1992.3 p 95	拓本等未掲載, 器蓋同銘
19	1986	北滍	M95	簋	不明	後期	+	+	+			CⅤ	華夏 1992.3 p 95	拓本等未掲載, 器蓋同銘
20	1986	北滍	M95	鬲	M95: 21	後期	+	+				CⅢ	華夏 1992.3 p 95	拓本等未掲載
21	1986	北滍	M95	鬲	不明	後期	+	+				CⅢ	華夏 1992.3 p 95	拓本等未掲載
22	1986	北滍	M95	鬲	不明	後期	+	+				CⅢ	華夏 1992.3 p 95	拓本等未掲載
23	1986	北滍	M95	鬲	不明	後期	+	+				CⅢ	華夏 1992.3 p 95	拓本等未掲載
24	1986	北滍	M95	甗	M95: 81	後期	+					AⅡ	華夏 1992.3 p 95	拓本等未掲載, 器蓋同銘
25	1986	北滍	M95	甗	不明	後期	+					AⅡ	華夏 1992.3 p 95	拓本等未掲載, 器蓋同銘
26	1986	北滍	M95	壺	M95: 77	後期	+					AⅡ	華夏 1992.3 p 95	拓本等未掲載
27	1986	北滍	M95	壺	不明	後期	+					AⅡ	華夏 1992.3 p 95	拓本等未掲載
28	1986	北滍	M95	盤	M95: 83	後期	+	+				AⅢ	華夏 1992.3 p 95	拓本等未掲載
29	1986	北滍	M84	鼎	M84: 76	中期	+					AⅡ	文物 1998.9 p. 10 応国墓地 p. 574	拓本等未掲載
30	1986	北滍	M84	甗	M84: 68	中期	+	+				BⅢ	文物 1998.9 p. 11 応国墓地 p. 578	器蓋同銘
31	1986	北滍	M84	甗	M84: 89	中期	+					AⅡ	文物 1998.9 p. 10 応国墓地 p. 574	
32	1986	北滍	M84	盤	M84: 50	中期		+				AⅢ	文物 1998.9 p. 10 応国墓地 p. 582	33と同銘
33	1986	北滍	M84	盉	M84: 28	中期		+				AⅢ	文物 1998.9 p. 10 応国墓地 p. 582	32と同銘
34	1986	北滍	M84	尊	M84: 99	中期	+	+				BⅢ	文物 1998.9 p. 10 応国墓地 p. 583	35と同銘
35	1986	北滍	M84	卣	M84: 103	中期	+	+				BⅢ	文物 1998.9 p. 10 応国墓地 p. 586	器蓋同銘, 34と同銘
36	1988	平頂山市郊区	PY臨M1	鼎	PY臨M1: 00795	後期	+		+			AⅤ	考古 2003.3 p. 92	
37	1988	平頂山市郊区	PY臨M1	簋	PY臨M1: 00779	後期	+	+	+			CⅤ	考古 2003.3 p. 93	器蓋同銘
38	1988	平頂山市郊区	PY臨M1	鬲	PY臨M1: 00759	後期	+	+				CⅢ	考古 2003.3 p. 93	
39	1988	平頂山市郊区	PY臨M1	盤	PY臨M1: 00782	後期	+	+				AⅢ	考古 2003.3 p. 92	
40	1988	平頂山市郊区	PY臨M1	匜	PY臨M1: 00792	後期	+	+				AⅢ	考古 2003.3 p. 92	
41	1988	北滍	M50	盉	M50: 1	中期	+	+	+			AⅤ	文物 1998.4 p. 93 応国墓地 p. 355	異形盉
42	1989	北滍	M8	鼎	M8: 33	後期	+	+		−		BⅢ	華夏 2007.1 p. 27	
43	1992	北滍	M213	鼎	M213: 8	中期	+					BⅠ	応国墓地 p. 383	AⅡの可能性もある
44	1992	北滍	M210	鼎	M210: 3	中期	+	+				CⅢ	応国墓地 p. 407	AⅢの可能性もある
45	1993	北滍	M242	簋	M242: 12	前期	+		+	+		BⅣ	文物 1998.9 p. 56 応国墓地 p. 154	
46	1993	北滍	M242	鼎	M242: 11	中期	+	−				BⅡ	応国墓地 p. 151	

附表 14　辛村・墓出土の金文類型（'は図象記号を有するもの）

番号	出土年	出土地点	遺構名	器種	器番号	器年代	図象記号	作器者	長期使用への願望	暦日	王からの賜与・任命	タイプ	出典	備考
1	1932-33	辛村	M60	鼎	M60:4	前期						ＢⅠ	辛村：図版55	
2	1932-33	辛村	M60	甗	M60:3	前期	+					ＡⅠ'	辛村：図版57	
3	1932-33	辛村	M60	尊	M60:5	前期		+				ＢⅤ	辛村：図版60	
4	1932-33	辛村	M60	卣	M60:7	前期	+	+				ＡⅡ'	辛村：図版60	
5	1932-33	辛村	M60	爵	M60:6	前期						ＢⅠ	辛村：図版56	
6	1932-33	辛村	M29	甗	M29:1	前期		+				ＡⅡ	辛村：図版57	
7	1961	龐村		甗	0940	前期						ＡⅠ	資料叢刊3 p.36	
8	1961	龐村		簋	0042	前期		+				ＡⅡ	資料叢刊3 p.36	
9	1961	龐村		簋	0123	前期						ＢⅠ	資料叢刊3 p.36	
10	1961	龐村		爵	0934	前期	+					ＢⅠ'	資料叢刊3 p.36	10-12は同銘
11	1961	龐村		爵	0934	前期	+					ＢⅠ'	資料叢刊3 p.36	10-12は同銘
12	1961	龐村		爵	0934	前期	+					ＢⅠ'	資料叢刊3 p.36	10-12は同銘
13	1961	龐村		觶		前期？	+					ＢⅠ'	資料叢刊3 p.36	
14	1961	龐村		卣	0043	前期	+					ＢⅠ'	資料叢刊3 p.36	器蓋同銘

附表 15 琉璃河・墓出土の金文類型（'は図象記号を有するもの）

番号	出土年	出土地点	遺構名	器種	器番号	器年代	図象記号	作器者	長期使用への願望	暦日	王からの賜与・任命	タイプ	出典	備考
1	1973-77	琉璃河	ⅠM50	爵	ⅠM50: 7	前期	+					BⅠ'	琉璃河 p. 168	
2	1973-77	琉璃河	ⅠM50	觶	ⅠM50: 5	前期						BⅠ	琉璃河 p. 173	
3	1973-77	琉璃河	ⅠM50	尊	ⅠM50: 4	前期	−					BⅠ	琉璃河 p. 174	図象記号か？
4	1973-77	琉璃河	ⅠM52	鼎	ⅠM52: 15	前期	+	+				BⅤ'	琉璃河 p. 102	
5	1973-77	琉璃河	ⅠM52	爵	ⅠM52: 9	前期						BⅠ	琉璃河 p. 176	
6	1973-77	琉璃河	ⅠM52	觶	ⅠM52: 24	前期						BⅠ	琉璃河 p. 171	拓本等未掲載
7	1973-77	琉璃河	ⅠM52	尊	ⅠM52: 11	前期	+	+				BⅤ	琉璃河 p. 182	
8	1973-77	琉璃河	ⅠM53	甗	ⅠM53: 8	中期		+				BⅤ	琉璃河 p. 135	器蓋同銘
9	1973-77	琉璃河	ⅠM54	鼎	ⅠM54: 27	前期		+				AⅡ	琉璃河 p. 120	BⅡの可能性もある
10	1973-77	琉璃河	ⅠM54	盤	ⅠM54: 28	前期	+					AⅠ'	琉璃河 p. 197	
11	1973-77	琉璃河	ⅠM65	爵	ⅠM65: 7	前期						BⅠ	琉璃河 p. 170	
12	1973-77	琉璃河	ⅡM209	鼎	ⅡM209: 28	前期		+				BⅡ	琉璃河 p. 119	
13	1973-77	琉璃河	ⅡM209	甗	ⅡM209: 1	中期		+				BⅡ	琉璃河 p. 190	器蓋同銘
14	1973-77	琉璃河	ⅡM251	鼎	ⅡM251: 17	前期	+					BⅠ'	琉璃河 p. 117	
15	1973-77	琉璃河	ⅡM251	鼎	ⅡM251: 24	前期						BⅠ	琉璃河 p. 117	
16	1973-77	琉璃河	ⅡM251	鼎	ⅡM251: 20	前期		+				AⅡ	琉璃河 p. 127	拓本不鮮明
17	1973-77	琉璃河	ⅡM251	甗	ⅡM251: 10	前期		+				BⅡ	琉璃河 p. 144	18と同銘
18	1973-77	琉璃河	ⅡM251	甗	ⅡM251: 11	前期		+				BⅡ	琉璃河 p. 146	17と同銘
19	1973-77	琉璃河	ⅡM251	甗	ⅡM251: 12	前期		+				AⅡ	琉璃河 p. 147	20と同銘
20	1973-77	琉璃河	ⅡM251	甗	ⅡM251: 13	前期		+				AⅡ	琉璃河 p. 147	19と同銘
21	1973-77	琉璃河	ⅡM251	鬲	ⅡM251: 23	前期		+			+	BⅤ	琉璃河 p. 160	器蓋同銘
22	1973-77	琉璃河	ⅡM251	鬲	ⅡM251: 16	前期		+				AⅡ	琉璃河 p. 161	
23	1973-77	琉璃河	ⅡM251	甑	ⅡM251: 25	前期	+					BⅠ'	琉璃河 p. 164	
24	1973-77	琉璃河	ⅡM251	爵	ⅡM251: 5	前期						BⅠ	琉璃河 p. 170	
25	1973-77	琉璃河	ⅡM251	爵	ⅡM251: 4	前期	−					AⅠ	琉璃河 p. 170	図象記号か？
26	1973-77	琉璃河	ⅡM251	觶	ⅡM251: 8	前期		+	+			AⅤ	琉璃河 p. 173	器蓋同銘
27	1973-77	琉璃河	ⅡM251	觶	ⅡM251: 9	前期		+	+			AⅤ	琉璃河 p. 173	器蓋同銘
28	1973-77	琉璃河	ⅡM251	尊	ⅡM251: 7	前期						BⅠ	琉璃河 p. 177	29と同銘，BⅡの可能性もある
29	1973-77	琉璃河	ⅡM251	卣	ⅡM251: 6	前期						BⅠ	琉璃河 p. 183	器蓋同銘，28と同銘，BⅡの可能性もある
30	1973-77	琉璃河	ⅡM251	盂	ⅡM251: 1	前期	+					BⅠ'	琉璃河 p. 194	
31	1973-77	琉璃河	ⅡM251	盤	ⅡM251: 2	前期		+				AⅡ	琉璃河 p. 197	
32	1973-77	琉璃河	ⅡM253	鼎	ⅡM253: 12	前期	+	+		+		BⅤ'	琉璃河 p. 106	
33	1973-77	琉璃河	ⅡM253	鼎	ⅡM253: 24	前期	+	+				AⅡ'	琉璃河 p. 112	
34	1973-77	琉璃河	ⅡM253	方鼎	ⅡM253: 11	前期		+				AⅤ	琉璃河 p. 110	器蓋同銘
35	1973-77	琉璃河	ⅡM253	高鼎	ⅡM253: 21	前期	−					BⅠ	琉璃河 p. 115	図象記号か？
36	1973-77	琉璃河	ⅡM253	甗蓋	ⅡM253: 14	前期		+			+	AⅣ	琉璃河 p. 151	37と同一器，器蓋は異銘，38・43と同銘
37	1973-77	琉璃河	ⅡM253	甗器	ⅡM253: 14	前期		+				AⅡ	琉璃河 p. 151	36と同一器，器蓋は異銘
38	1973-77	琉璃河	ⅡM253	甑	ⅡM253: 15	前期		+			+	AⅣ	琉璃河 p. 166	36・43と同銘
39	1973-77	琉璃河	ⅡM253	爵	ⅡM253: 7	前期	−					AⅠ	琉璃河 p. 168	40と同銘，図象記号か？
40	1973-77	琉璃河	ⅡM253	爵	ⅡM253: 6	前期	−					AⅠ	琉璃河 p. 169	39と同銘，図象記号か？
41	1973-77	琉璃河	ⅡM253	觶	ⅡM253: 3	前期		+				BⅡ	琉璃河 p. 173	
42	1973-77	琉璃河	ⅡM253	尊	ⅡM253: 2	前期						AⅠ	琉璃河 p. 180	
43	1973-77	琉璃河	ⅡM253	卣	ⅡM253: 4	前期		+			+	AⅣ	琉璃河 p. 187	器蓋同銘，36・38と同銘
44	1973-77	琉璃河	ⅡM253	卣	ⅡM253: 5	前期						AⅠ	琉璃河 p. 191	器蓋同銘
45	1973-77	琉璃河	ⅡM253	盂	ⅡM253: 10	前期						BⅠ	琉璃河 p. 196	
46	1981-83	琉璃河	M1026	鼎	M1026: 2	中期		+				AⅡ	考古 1984.5 p. 414	
47	1981-83	琉璃河	M1043	罍	M1043: 1	前期	+					BⅠ'	考古 1984.5 p. 414	
48	1981-83	琉璃河	M1043	爵	M1043: 29	前期	−					BⅠ	考古 1984.5 p. 414	図象記号か？
49	1986	琉璃河	M1193	罍	M1193: 168	前期		+			+	AⅣ	考古 1990.1 p. 25	器蓋同銘，50と同銘
50	1986	琉璃河	M1193	盂	M1193: 167	前期		+			+	AⅣ	考古 1990.1 p. 25	器蓋同銘，49と同銘

挿図出典一覧

第 2 章

第 1 図	秦 84，秦 95〜100，秦 104，秦 111，京 6，上海博物館編 2002
第 2 図	筆者作図（第 1 表参照）
第 3 図	中国社会科学院考古研究所 1980
第 4 図	1：晋 16　　2：秦 84
第 5 図	容庚 1941
第 6 図	秦 113 をもとに筆者作図
第 7 図	筆者作図
第 8 図	1・2：蜀 1　　3：遼 2
第 9 図	筆者作図
第 10 図	晋 18 を一部改変
第 11 図	晋 20 を一部改変
第 12 図	1：冀 1　　2：容庚 1941　　3：中国青銅器全集編集委員会編 1993　　4・5：京 6
第 13 図	皖 8 をもとに筆者作図
第 14 図	蘇 5 をもとに筆者作図
第 15 図	1〜9：蘇 6　　10：蘇 8
第 16 図	1：浙 1　　2・3：贛 10　　4：粤 2
第 17 図	鄂 11
第 18 図	1〜3：閩 3　　4・5：秦 111
第 19 図	1：粤 2　　2：粤 1
第 20 図	筆者作図
第 21 図	1：蘇 1　　2：浙 4
第 22 図	筆者作図
第 23 図	筆者作図
第 24 図	筆者作図
第 25 図	筆者作図
第 26 図	豫 8
第 27 図	豫 8
第 28 図	豫 8 をもとに筆者作図

第 3 章

第 29 図	Google Map の地図データをもとに筆者作図
第 30 図	Google Map の地図データをもとに筆者作図
第 31 図	Google Map の地図データをもとに筆者作図
第 32 図	Google Map の地図データをもとに筆者作図
第 33 図	Google Map の地図データをもとに筆者作図
第 34 図	1〜3：秦 97　　4〜8：秦 98
第 35 図	筆者作図
第 36 図	筆者作図
第 37 図	秦 95 をもとに筆者作図
第 38 図	秦 95 をもとに筆者作図
第 39 図	秦 95 をもとに筆者作図
第 40 図	筆者作図
第 41 図	秦 75 をもとに筆者作図
第 42 図	秦 75
第 43 図	1：秦 139　　2：尹盛平 1992　　3：秦 63　　4：秦 48　　5：陝西省考古研究院など 2008　　6：秦 141
第 44 図	筆者作図
第 45 図	秦 103
第 46 図	1〜8・11〜14・15・16：秦 102　　9・10・17・18：秦 103
第 47 図	陳夢家 2004
第 48 図	陳夢家 2004，集成 02787
第 49 図	中国青銅器全集編集委員会編 1993，集成 09454
第 50 図	陳夢家 2004，集成 02729
第 51 図	陳夢家 著 2004，集成 00147
第 52 図	集成 10581
第 53 図	陳夢家 2004，集成 02661
第 54 図	陳夢家 2004，集成 05432
第 55 図	筆者作図

第 4 章

第 56 図	晋 18 をもとに筆者作図
第 57 図	晋 14〜17・晋 19・晋 20・孫永和ほか

挿図出典一覧　327

	2002をもとに筆者作図	第76図	秦175
第58図	1・3：上海博物館 編2002　2：晋20	第77図	筆者作図
第59図	秦175を一部改変	第78図	筆者作図
第60図	秦175を一部改変	第79図	筆者作図
第61図	秦175	第80図	秦96
第62図	秦175を一部改変	第81図	1：秦100，秦101　2：秦100
第63図	秦175	第82図	1・2：秦101　3：秦101
第64図	秦175	第83図	1：秦100　2・3：秦96
第65図	秦175を一部改変	第84図	1：秦100　2：秦96　3：秦102
第66図	秦175を一部改変	第85図	1：京6　2：晋14　3：豫63
第67図	秦175	第86図	筆者作図
第68図	秦175	第87図	筆者作図
第69図	秦175をもとに筆者作図	第88図	筆者作図
第70図	秦175をもとに筆者作図	第89図	筆者作図
第71図	秦175をもとに筆者作図		
第72図	秦175をもとに筆者作図	第5章	
第73図	秦175をもとに筆者作図	第90図	筆者作図
第74図	筆者作図	第91図	筆者作図
第75図	秦175		

西周王朝和它的青铜器

(提要)

　　本书的目的是，从国家的角度出发对西周王朝的实质做出分析。在众多的考古资料中，如果从可以被论证的角度来看，青铜彝器无疑是最具代表性的。青铜彝器是一个王朝为了维持统治的秩序以自我为中心，创造的一种统治工具。青铜彝器活跃的场所就在"祖先祭祀"这个舞台上。

　　西周时期的中国，同时存在着三个不一样的青铜器文化圈。其中，以西周为中心的青铜器文化圈可以涉及到黄河流域。因为由青铜器而组成的文化圈的差别在于彼此的祭祀行为的不同，所以文化圈与文化圈之间可以推断他们是存在互相交流的，而非支配与被支配的关系。湘赣地域和华东地域与黄河流域拥有共同的文化背景恐怕要在西周后期或春秋时期以后了，而长江以南的多数地域在西周时期对整个王朝而言就可以被理解为"外地"了。

　　另一方面，即使在西周青铜器文化圈的中心，青铜彝器的分布也是不一样的。通过对整个西周的青铜彝器中心分布的情况来看，它的分布是从陕西的关中平原逐渐的转移到山西临汾盆地这一带，其外侧的地域的分布在不同时期也呈现出不一样的疏密状态。特别需要注意的是从西周中期开始在河南省有大范围的青铜彝器出土，从中可以看到西周青铜器文化圈的急剧缩减。以河南省鹤壁市的辛村墓地为例从西周中期以后当地的青铜彝器就看不到王朝的影响了。可以认为从西周中期开始大范围的发生了脱离王朝的青铜祭祀体系的行为。这意味着西周的青铜祭祀体系并不是一成不变的，是不断的变化着的。

　　同样的，作为西周王朝的根据地—关中平原的分布范围也在不断的缩小。我们利用王朝系青铜彝器来祭祀的范围的缩小的这个变化特点，相反来考虑，那么始终不变的那部分区域就可以被认为是"王畿地区"了吧。这个范围是从现在岐山县到西安的临潼地区。凤翔地区以西和泾河流域的氏族是相对于西周王朝而言相对独立的诸氏族，可以被称为"畿外地区"的可能性相当高。在西周王畿内，也就是丰镐地区和周原地区，集中出土和大量的青铜彝器，而其他地区只是单一的出土了少量的青铜彝器。各邑利用青铜器来进行祖先祭祀并不是自由的，笔者推测各邑的祖先祭祀是通过西周王朝对青铜器运用的规范来进行的。在王畿内，被称为"邑"的一个一个的政治力较弱的小共同体，笔者认为西周王朝通过这样的方式使得西周的政权能够实现持续性的统治。

　　从西周的中期到后期，以青铜彝器的使用为中心，出现了所谓的"礼制改革"。关于"礼制改革"的讨论已经有了很多，如从器种的组合到铭文的内容等多角度的不同的观点。而这些变革的根本在于西周王朝对青铜彝器的定位发生了改变。这个定位变化是指传统的使用方式，即青铜彝器作为陪葬品的方式被禁止，而在祭祀的场所直接的使用青铜彝器的方式被强烈的期待。西周后期从墓葬中出土的青铜彝器急剧的减少，取而代之的是窖藏青铜器的增加的现象正是这个变化的另一个佐证。

　　对周原地区和丰镐地区出土的青铜器的铭文进行研究，窖藏青铜器和陪葬青铜器之间使用意义的差异十分明显。比如，刻有作器者和王的关系的铭文的青铜器被有选择性的埋藏在窖中，成为了窖藏青铜器。在西周王朝持续的过程中，作器者家族连续几代人在宗庙使用有特殊意义的青铜彝器进

行祖先祭祀，这从侧面证明窖藏青铜器和祖先祭祀有着紧密的联系。要理解青铜器窖藏所拥有的特性，可以从西周后期窖藏青铜器增加的现象及周王朝为强化中心秩序，即青铜器在祭祀过程中地位的再定义的方向上去入手。

对青铜彝器做为陪葬品的限制是从西周中期后段慢慢的加强的。这时，小型明器作为作为它的替代品而出现。例如在西周中期后段，周原地区，青铜明器从未在窖藏中出土，而全部来自于墓里的陪葬。明器，原本是作为陪葬时青铜彝器的替代品而被制造的。而在周原，明器的出土率如此之高恰恰说明周原地区对陪葬制度执行的严格。

周原地区窖藏集中出现的现象与另一个中心——丰镐地区来比较的话，可以看到周原地区是开展祭祀行为的中心。笔者在对西周金文的解读中得出周原即宗周这个结论。根据古籍所记载宗周一般被认为是武王所做的镐京。虽然古籍中没有提供宗周是周原的证据，但是在金文中所说的"宗周"是"周"还是其他地方是可以讨论的。在本书中笔者认为宗周的所在地是岐邑，即周原遗迹群。通过对陈梦家先生见解的重新解读和对金文的研究得出宗周所在的大致位置，从考古学的角度复原周原遗迹群的特点和作用，从而得出宗周为周原这个结论。从对青铜彝器的出土状况和铭文记录的倾向来看，周原才是宗周，即为西周王朝的宗庙所在地的可能性是相当高的。如果周原才是宗周，那么我们可能不得不重新来理解西周的都城，因为同样作为都城，周原和丰京及镐京实在是太不一样了。因为青铜彝器的赏赐以及伴随它所产生的一系列的礼仪行为都带有强烈的政治性，而且王的所在是政治的中心，所以周原必然是西周王朝的中心。周原和丰镐，"作为王朝的中心而并立，但是各有特点和作用。"这样的说法也许需要重新考虑了。当然丰镐作为王朝的中心是没有问题的，只是在重要性上仅次于周原。虽然在对金文的解读中，丰镐和周原被并置也十分重要，但是"宗周"是丰镐的证据是模糊的，而是周原的可能性是有强烈的指向的。

在金文中出现的王的所在地有：宗周，莽京，镐，郑等。这些地区构成了王朝的中枢，其中，祭祀礼仪的中心是宗周和与宗周相邻的莽京，这两个地点才是具备了西周都城性格的地方。成周的特点和作用与宗周及莽京大致一样，即作为王朝在东方的一个据点而存在。在周原已经担当了王朝在宗教上的和政治上的中心，也就是宗周之后，丰和郑等地区应该算是被赋予了其他功能的次要据点了吧。服从于周王室的各氏族，建立各自的邑，从而构成了西周王畿，在第三章会探讨王畿内的青铜彝器的分布地点，他们直接的王保持关系，通过青铜彝器进行祭祀把他们纳入西周王朝的体制内成为王朝的主要成员。可以推测，在这些贵族之下，还应该有一些集落共同体作为他们的属邑而存在。

对于这样的西周王朝的青铜器政策，诸侯国方面从各自的立场出发有不用程度的采用。山西省的天马—曲村遗迹和北赵墓地出土的青铜鼎型式变化的状况和周原及丰镐地区出土的青铜鼎是一致的。然而，北赵墓地出土的双耳罐，三足甗，异形簋等器物都是带有晋国特点的青铜彝器。这说明这一地区从西周前期就已经拥有青铜器的铸造技术了。但是不必拘泥与这点，因为这些用于陪葬的青铜容器并不是主流，从大多数出土的青铜器的型式来看，还是呈现出和王朝系青铜器一致这一特点。这体现出晋国是有意识的选择了和王朝系青铜器一致的型式。在青铜器上可以读出，晋国，终整个西周时代都试图与王朝保持有强烈的联系。

但是在西周后期之后，在周原和丰镐地区出现窖藏青铜器的现象，在晋国境内并未发现。虽然关于接受青铜彝器这一器物而言，晋国在王朝的礼制的变革中也有着对应的变化，可是在西周后期之后，从晋国的墓地选择用大量的青铜器作为陪葬品可以看到，在青铜彝器的使用方面，晋国开始和王朝发生了背离。研究青铜器铭文也可以知道，西周后期晋国出土青铜器的铭文有脱离王朝中心地域的倾向，也出现了晋国本地铸造的器物和铭文。在晋国国内出土的西周后期的青铜彝器在风格上受到王朝系青铜器的影响，而使用方式上却有独立化的倾向，这两个相反的特点同时存在。西周后期的晋国从王朝的礼制下脱离的意识开始萌发。本书的作者希望通过对晋国一族的宗族墓地研究，从而尝试解读西周末期晋国的混乱。王朝开始对青铜彝器非公有化加以限制，即为了加强王朝秩序和各诸侯国祭祀的独立化，即为了脱离王朝秩序，这样的一对矛盾是可以作为背景来考虑的。

位于关中平原的鱼国墓地和晋国墓地对于青铜彝器的采用方式截然不同。鱼集团的活动地点主要是在关中平原和汉中盆地的接连要冲之处，所以它的埋葬形态和陪葬品受到来自成都平原风格的浓厚影响。自西周中期以后，埋葬形态发生了变化，在陪葬品种王朝系遗物的比例开始增加。王朝系遗物的增加这一现象，实际上是鱼集团在当地模仿铸造青铜器。鱼国的统治阶级从王朝的礼制中获取了新的权威，从而强化了自己的统治基础。他们还试着通过陪葬品来体现酋长墓和贵族墓的等级差，并在一定程度上取得了成功。

从金文中的描述可以知道，鱼国是比较早的脱离了王朝的礼制的诸侯国。周原和丰镐作为王朝的中心地区在前期和中期，选择铭文较短的，并与王朝有关系的器物进行陪葬。西周的前期和中期，铸造长铭文的青铜器，长期的使用并放置于祭祀场所中。到了西周后期，便成了窖藏青铜器。西周王朝，为了维持统治秩序，其中包含了正确的使用青铜器并进行祭祀。前期·中期，周原，丰镐和洛阳出土状况也是如此。这种对陪葬品的限制在各诸侯国之中也普遍被接受，如前期的白草坡，宝鸡，天马—曲村·辛村等墓地都可以看到这种情况。和王朝拥有共通的祭祀行为的诸侯国可以被视作是实质上服从了王朝的，西周王畿和这些诸侯国构成了西周王朝实质上的统治范围。而在前期的琉璃河墓地和中期的平顶山墓地中本不应该出现用青铜彝器来进行陪葬的行为，这被认为并不是遵从王朝的祭祀行为，也许是一种无意识的行为。西周后期，使用奇异的青铜彝器来进行王朝的祭祀被多数诸侯国一般化了。

西周，在王朝的扩张期来看，在祭祀礼制的体系中，对青铜彝器和铭文有着严格的规定。在这种礼制充分发挥作用的范围，应该就是王朝拥有实质影响力和统治力的范围。琉璃河及平顶山是姬姓的王朝成员，和同为诸侯国的晋国有着明显的区别。到了后期，如天马—曲村墓地所显示的那样，这个区别与时代一起也发生了改变。

王朝中心地区和各诸侯国之间的祭祀行为产生明显的差异是在西周后期，几乎同时期王朝对青铜彝器的使用方法也产生了改变。恐怕这两者之间并不是毫无联系的。西周的中期到后期，王朝进行了所谓的礼制改革，其目的可能是为了限制诸侯国的独立化并准备对服从的各氏族进行重新的分封。但从晋国的反应来看，王朝的改革很难说是成功的。从中期到后期的礼制改革的失败才是西周灭亡的决定性因素。

经过以上的分析，重新构架了西周王朝的统治区域和青铜彝器分布之间的关系，这对于探寻"中

华"的世界观的形成具有重要的参考意义。西周王朝的地域和青铜彝器的分布发生巨大的脱离，在春秋时期之后，"中华"这一概念作为大同世界而形成，指的就是后者的范围。因此，"中华"世界的原型被认为是西周王朝的统治地域是一种误读。在祭祀体系中，不同的礼和一些规则构成对青铜彝器的使用方式的不同，但是作为器物，通过礼和体系的存在使用青铜彝器来进行祭祀的地域是使得"中华"的世界渐渐形成的原因。

经过对西周王朝及其社会的具体研究，可以对中国的古代国家的形成进行以下的一些建议。西周王朝的实际统治领域是极其有限的，在春秋之后出现的"中华"世界并不是具体的拥有政治力和思想力的国家。它只是西周の青铜彝器及其背后蕴含着的能够了解这种行为的政治性的区域的集合体，他们所创造的互相认同的一种共同体。青铜彝器作为重器，它的推广和扩大，侧面上造成了"中华"的扩张。从这个意义上而言，西周青铜器的意义超过了西周王朝，可以说决定了中国古代国家的方向。

後　記

　本書は筆者が 2012 年 3 月に東京大学大学院人文社会系研究科に提出した学位論文『西周時代青銅器の研究』をもとに加筆・修正を加えたものである。各章のもとになった論文の初出は以下の通りである。本書収録に当たり必要な修正を加えた。

序　章　　書き下ろし
第 1 章　　書き下ろし
第 2 章
　　第 1 節　「西周時代関中平原における青銅彝器分布の変化」『中国考古学』第 10 号，2010 年
　　第 2 節・第 3 節　　書き下ろし
第 3 章
　　第 1 節　「西周時代関中平原における青銅彝器分布の変化」『中国考古学』第 10 号，2010 年
　　第 2 節　「青銅器窖蔵からみた周原遺跡の性格」『中国渭河流域の西周遺跡 II』，2013 年
　　第 3 節　書き下ろし
第 4 章
　　第 1 節　「西周時代晋国墓地の研究―晋国青銅器を中心として」『中国考古学』第 7 号，2007 年
　　第 2 節　「宝鶏強人墓における葬礼の差異とその変化」『東京大学考古学研究室研究紀要』
　　　　　　第 22 号，2008 年
　　第 3 節　「西周青銅器銘文の広がり」『中国考古学』第 12 号，2012 年
第 5 章　書き下ろし

　今回，再録するにあたり新たな発掘資料を加味しデータの更新に務めたが，基本的な論旨はいずれも変わらない。新たに書き下ろした章に関しても，既発表論文ですでに指摘した論点が含まれており，なるべく重複を削ったつもりであるが，記述に若干のくどさがあることを筆者自身感じている。

　本書の目的は西周青銅器を手掛かりに西周王朝の実体を解明することであるが，青銅器を通じた国家構造の解明は大学院在学中における筆者の一貫したテーマであった。考古学の手法を使い，青銅器というモノから当時の社会に近づきたい，という思いからタイトルを『西周王朝とその青銅器』とした。本書中では西周史における筆者なりの視点を示せるように務めたが，その試みが少しでも成功したことを祈っている。

　これまで研究を進めてくるにあたっては，国内外の多くの方々から教示や援助を受けてきた。指導教授である大貫静夫先生からは学部時代から常に温かくも厳しくご指導いただいた。「せっかく研究をするのだから，相手が予想していない，何か面白い，新しい内容になるよう心がけな

さい」という先生のご指導は，筆者にとって研究の原点である。筆者が曲がりなりにも本書を書き上げることができたのは，すべて大貫先生に研究の面白さを教えていただいた賜物であると考えている。

　飯島武次先生には大学院時代から幾度も中国の調査に加えていただき，中国というフィールドの面白さを教えていただいた。はじめて中国の発掘現場を経験したのは大学院修士課程に在籍中，駒澤大学の発掘実習に参加させていただいた際であった。そのとき感じた中国の発掘現場の広さと懐の深さは，今でも鮮明に心に残っている。それ以来ほぼ毎年，飯島先生の調査に参加させていただき，中国考古学への理解を深めることができた。中国考古学特有の，文献記載と考古学資料との狭間でどのような研究をするべきか悩んだ時期もあったが，「文献があるからこそ，中国考古学は面白い」という飯島先生のお言葉に霧が晴れる思いがした。ここに厚く御礼申し上げたい。

　また，歴史研究の門外漢であった筆者を常に温かくご指導いただいた松丸道雄先生・平勢隆郎先生，北京大学留学中の指導教授になっていただいた徐天進先生の学恩には謝して余りあるものがある。特に，松丸先生が編まれた『西周青銅器とその国家』は，本書の依って立つ根幹である。青銅器研究に際しての総合的な視点の重要性や歴史研究の深い視座など，松丸先生からお教えいただいたことはあまりにも大きい。平勢先生には大学院在学中，中華世界をめぐる多様性をお教えいただき，文盲学生であった筆者には歴史研究の奥深さに触れた思いがした。2年間の北京大学での留学期間中，各地の遺跡を巡り歩き，代えがたい経験を得ることができたのは，徐天進先生の温かいご配慮のゆえである。もし本書の内容に採るべきところがあるのであるとすれば，それはすべてこれら先生方のご指導・ご助言に帰するものであることを特に記しておきたい。

　本書の中国語訳は駒澤大学の劉宇毅君にお願いした。快く翻訳を引き受けてくださった劉君に心から御礼を申し上げる。

　本書の刊行を六一書房の八木会長にお願いしたところ，快諾していただき，出版の労をとってくださった。心より感謝申し上げたい。

　なお，本書は平成25年度東京大学学術成果刊行助成制度による助成金の交付を受けることができた。ここに感謝の意を表したい。

索引

【事項索引】

あ

亜字形墓　14
鋳型　6, 25, 47, 179, 228, 249
異穴合葬墓　60, 117
一次的諸侯　256
殷遺民　232
殷（王朝）　1-2, 4, 13, 18, 48-49, 119, 147
『殷周金文集成』（集成）　7, 14
飲酒器　99-100, 232
殷末周初　13, 15, 112, 130-131, 133, 145, 179-180, 220
印紋陶　70-71, 75-76, 88, 90
羽渦紋　18, 29, 78, 97, 113, 192
衛簋　234
永寶用　157, 164, 234, 238-239, 249
易姓革命　2, 4
越式鼎　71, 78, 90-91, 93, 97, 102
王畿　13, 99-100, 102-104, 119-120, 130, 133-135, 178, 180, 221, 227, 245, 251, 253, 255
王朝系青銅葬器→王朝系青銅器
王朝系青銅器（王朝系青銅葬器）　11, 13-14, 18, 32-33, 104, 109, 117, 130, 185, 220-223, 225, 251, 254
温酒器　99-100, 102, 231

か

会同型儀礼　168, 175, 183
夏（王朝）　1, 13-14, 48
夏墟　186
槨　147, 149, 151, 181
何尊　1, 49
楽器　14, 99-100, 102-103, 105, 117, 232-233
華東青銅器文化圏　105
棺　147, 149, 181
簡化獣面紋　39, 113
宜侯夨簋　76, 115
夔紋　94-95, 97-98
裘衛盉　169
共和　3, 13-14
曲柄斗形器　221
夔龍紋　93
金石学　227
金文　1, 157, 162-164, 166-167, 169, 175, 178, 183, 227-228, 235, 238-241, 243, 245, 249, 252-253
『金文通釈』（通釈）　8
邢侯簋　65

献侯鼎　169, 174
原始磁器　55, 70-71, 76, 85, 88
犬戎　3-4, 48, 135, 186
弦紋　18, 76, 192, 197
窖穴　157
『考古図』　7
甲骨文　1, 5
甲字形墓　14, 84, 109, 188, 206
考証学　227
窖蔵　5, 12, 15, 18, 35-36, 40, 43-44, 67-69, 75, 84, 88-94, 98, 103, 105, 112, 117, 129-130, 132, 135, 137, 145, 147, 153, 157-159, 161-162, 167, 178, 180, 200-201, 228-229, 232, 234, 240-241, 243-244, 249-250, 252, 254
交連紋　73, 75, 88, 102, 105
五祀衛鼎　32
遹盤　1

さ

祭祀儀礼　168-169, 176
在地型青銅葬器→在地製王朝系青銅器
在地製王朝系青銅器（在地型青銅葬器）　32, 225
采邑　5, 119, 179-180
作冊䰙卣　169
作器者　228, 237-240, 243, 246, 248-249, 252
册命儀礼　168-169, 175-176
册命金文　9, 158, 164, 175, 182, 228, 235
三角援戈　221, 248
三足甗　197, 254
三代　1
散伯車父鼎　32
山紋　29, 195
『史記』　1, 3-4, 13, 14, 33, 38, 48, 50-51, 53, 58, 120, 163, 177, 186-188, 191, 198-199, 245, 249
『詩経』　35, 120, 161, 163, 200
子々孫々　157, 164, 234-235, 238, 246
士上盉　163-164, 166
史頌鼎　164, 166, 182
史墻盤　35, 135
四川系青銅器　222
失蠟法　96
斜方格乳釘紋　38-40, 65, 75, 112-113, 179
周（王朝）　1-2, 4-5, 13, 15, 32, 48, 66, 83, 115, 119-120, 130, 133-134, 163, 177, 179, 185, 200, 233, 240, 244, 252
周原甲骨　183

事項索引

集成→『殷周金文集成』
周正　239
十二橋文化　220
『周礼』　246
『春秋公羊伝』　14, 213
『春秋左氏伝』　13, 48, 56, 63, 186
湘贛青銅器文化圏　105
頌簋　164
頌壺　164
『商周彝器通考』　7
『尚書』　48-49, 161-162
頌鼎　164, 166, 182
昭穆制　190
賜与行為　168
諸侯自作器　243
寺窪文化　220, 248
晋侯穌鐘　246
臣辰盉　163, 166
人面方鼎　91
神面紋　82, 115
水器　99-100, 102-103, 112, 158, 232-233
図象記号　237, 249
西周王室　207, 226
西周甲骨　5, 163
西周青銅器文化圏　103, 105, 112, 120, 185
『西周銅器断代』　7
盛酒器　99-100, 102-103, 112, 231-232
盛食器　99-100, 102, 231-232
『西清古鑑』　7
青銅彝器　10-15, 32-33, 99, 157-158, 161, 163, 178-179, 185, 188, 199-201, 213, 226-228, 231, 239, 243-245, 249, 251-255
青銅彝器組成　228, 231-232
青銅器政策　32, 120, 130, 133, 178-179, 254
青銅短剣→柳葉形青銅短剣
征伐・巡察の命令　168-169, 176
石刻文　227
竊曲紋　97, 113
単氏　135
先周文化　5, 10, 13-14, 114, 179
先商文化　114
尖底罐　211, 221
浅盤器　221
双耳罐　197, 254
宗族墓地　199-200, 254
宗廟　15, 137, 157-158, 163, 177-178, 243, 252, 254

た

大盂鼎　32, 67

『竹書紀年』　1, 13-14, 81
地方型青銅彝器（地方型青銅器）　13, 18, 98, 103, 112, 115
地方型青銅器→地方型青銅彝器
中華　255
中原王朝　12, 38
中字形墓　14, 50-51, 61, 63, 109, 188, 246
注酒器　99-100, 231
朝見儀礼　168-169, 176, 183
長由墓　5
鳥紋　192
通釈→『金文通釈』
東周（王朝）　1, 48, 186
饕餮紋　18, 69, 76, 78, 89-92, 98, 103, 113, 192
陶模法　249
徳方鼎　168, 183
土墩墓　70, 73-76, 79-80, 85, 87-88, 99, 102, 105, 112

な

二次的諸侯　256

は

『博古図録』　7
巴蜀式青銅器　221, 248
八師　162
反転文字　223, 248
萬年無疆　238
蟠龍紋　102
微氏　135
夫婦異穴合葬墓　188, 219
夫婦合葬墓　203, 206, 217-219
平底罐　211, 221
封建　3, 6, 13, 54, 58, 63, 67, 185, 247
烹煮器　99-100, 102, 231-232
卜骨　157
北方系青銅短剣　248

ま

明器　29, 109, 158-159, 161, 180, 182, 252
明器戈　218, 221, 248
毛公鼎　32

や

邑制国家　9
腰器　235
腰坑　147, 149, 151, 181-182
用鼎制度　8, 10, 14

ら

柳葉形青銅短剣(青銅短剣)　221, 248
『両周金文辞大系』　7, 227
礼制→礼

礼(礼制)　8-12, 14-15, 98, 133, 158, 179, 185, 201, 225-227, 244-245, 254-255
礼制改革　9-10, 113, 158, 252, 255
列鼎　8-10
列鱗紋　80, 192

【人名索引】

あ

飯島武次　8, 10, 49, 54, 120, 177, 249
懿王　3, 9, 13-14
夷王　3, 13-14
王国維　1, 7, 227
岡村秀典　10, 14, 73

か

郭宝鈞　6, 8, 10, 109, 117
郭沫若　7, 227
桓叔　186, 200
堯　1, 186
共王(恭王)　3, 9, 13-14, 32, 52
共伯和　3, 14
虞→叔虞
献侯　186, 188, 198
康王　2, 13-14, 32, 35, 63, 65, 76, 83, 115, 208
孝王　3, 13-14, 32
后稷　1, 33
公大史　169
高明　8, 10
古公亶父　1-2, 5, 33, 35, 120, 163, 179
呉大澂　7, 163, 227

さ

史頌　164, 166, 182
司馬遷　1, 4, 48
周公(周公旦)　2, 5, 48-49, 63, 119, 162, 179-180, 249
周公旦→周公
叔虞(虞、唐叔虞)　60, 186, 188, 191
朱鳳瀚　9, 33, 55, 63, 67, 71, 73, 99, 228
舜　1
頌　164, 166
昭王　3, 13-14, 35, 63, 65, 83, 208
召公奭　66
燮父　186, 190
白川静　8, 162, 166, 169, 227
晋侯櫖(鮇)　188, 198, 246
晋侯㯷馬　188, 190, 198-199
鄒衡　5-6, 8, 10, 14, 187

成王　2, 13-14, 48-49, 51, 63, 65, 76, 83, 162, 182, 186, 208, 249
井姫　207, 226, 247
井叔　207
井伯　207
石璋如　5
宣王　4, 13-14, 32, 200
曹瑋　8-9, 14, 40, 180
荘白　200
蘇秉琦　5, 10
孫詒讓　7, 227

た

太王　33, 229
紂　2, 48, 58, 66
長由　36
陳夢家　7-8, 15, 67, 162-163, 182, 227, 252
帝辛　1, 51
唐叔虞→叔虞

な

西江清高　10, 73, 103, 120, 220, 256

は

林巳奈夫　8, 15, 25, 42, 65, 78, 80, 94, 113, 116-117, 191, 227-228, 249
微子啓　51, 114, 117
平勢隆郎　1, 10, 13
廣川守　67, 69, 102, 249
武王　1-3, 13-14, 35, 48-50, 58, 66, 76, 120, 161-162, 167, 169, 179, 182, 208, 252
武公　186-187, 200
文王　1-3, 5, 13, 35, 53, 120, 161, 167, 179
文侯　61, 186, 188, 190, 200, 246
平王　1, 13-14, 48-49, 119
穆王　3, 5, 13-14, 32, 35-36, 65, 83, 162, 200, 208
穆侯　186, 190, 198, 200

ま

松丸道雄　9, 11, 119, 227, 239, 253
宮本一夫　66, 69
武者章　8, 120

や

兪偉超　8,10,71
幽王　1,4,13-14,48,81,186
容庚　7,15

ら

羅振玉　1,7,227
厲王　1,3-4,13-14,113,135
盧連成　163,167,182,190

【地名索引】

あ

渭河　12,33,120-121,127-131,133-134,178,201,229
殷墟　1,5,90,221
運城盆地　39,57-58
雲塘(村)　145
衛(国)　6,51,109,185,230
奕棋村(屯溪奕棋村)　70-71,73,76,78-79,85,88,90,95
燕(国)　6,66-67,69,105,230,256
煙墩山(丹徒煙墩山)　76,78
応(国)　52-53,85,230
王城　48-49,162,182
オルドス高原　39,43

か

賀家村　18,35,145,248
虢(国)　6,8,50,109,114,158,191,230,233,241
郭家廟墓地　81-82
漢魏洛陽城　45
関中平原　11-12,15,18,32-33,35,37-40,43,45,57,69,99-100,105,112,115,117,119-121,126,130-131,133-135,153,158,178-180,185,221,227-229,244,251-252,254
漢中盆地　12,33,37-38,129,133,254
紀(国)　56-57
岐　5
岐下　2,33,113,229
岐山　33,120-121,128-129,131,133-134,162-163,178,180,182,229
客省荘　5,10,127
岐邑　5,163,179,252
㢭(国)　6,32,36-37,103,113,131-133,185,201,203,208,211,213,215,217-218,220-223,225-226,229,241,245,247-249,254,256
鎬　5,35-36,120,161,168,76-177
蒿　167,168-169,183
強家村　145,159
鎬京　35-36,120,161-164,167-168,179,182,252-253

さ

三門峡　6,44,49,100,109,229,241,243
司徒鎮(丹陽司徒鎮)　73,75-76,78
紙坊頭　36,129,201,203,208,211,213,229,248
周　134,162-164,166,169,175-178,180,182-183,252
周原　5,15,18,28-29,32-33,35-36,113,119-121,126,128,130-132,134-135,137,145,147,153,157-159,161-164,167,177-180,182-183,191,195,197,200-201,221,228-229,232,240-241,243,245,251-254
周公廟　5,119,179-180
上郭村　58
召陳村　5,145,157,162,177
茹家荘　6,36,129,201,203,206,208,211,213,217,220-221,223,226,229,247-248,254
申(国)　4,54,81
晋(国)　6-7,59,85-187,191,197,199-201,230,245,254-256
新干大洋洲(大洋洲)　78,85
辛村　6-7,50-51,99,105,109,112,185,230,241,243-244,251,255
新邑　49,162,175
秦嶺　33,37,120-121,127-130,133-134,178,201,220
随棗走廊　80,83
芮(国)　14,38
西安　120,161-162,167,229
斉家(村)　5,18,35,137,145,147,149,151,153,157,178,180-182,252
成周　5,14,49,134,162,164,166-167,169,174-177,179-180,182,186,229,232,249,253
積石原　121,129
繒　4,81
曽(国)　80-83
曽侯乙墓　80
宗周　81,134,161-164,166-169,174-180,182,252-253
荘白(村)　5,35,135,137,145,153,157

た

邰　　1, 5
太行山脈　　44
大洋洲→新干大洋洲
炭河里　　91-92
丹徒煙墩山→煙墩山
丹徒母子墩→母子墩
丹陽司徒鎮→司徒鎮
竹園溝　　6, 36, 129, 201, 203, 206, 208, 211, 213, 215, 217, 219-221, 225, 229, 247-248
竹瓦街　　43-44, 68
中原　　12, 43, 69, 71, 74-75, 79-80, 89, 93, 95, 97-98, 103, 115-116
張家坡　　5, 10, 36, 88, 127, 137, 153, 197, 211, 229, 246, 248
長子口墓　　14, 51, 55, 117
鄭　　162, 177, 183, 253
瀍河（瀍水）　　45-49, 162
瀍水→瀍河
天馬一曲村　　6-7, 10, 59-60, 99, 185-187, 191, 195, 211, 230, 241, 243-245, 254-255
唐　　186
董家村　　5, 18, 137, 145, 153, 234
闘鶏台　　5, 7, 10
東周王城　　45-46, 49
屯溪奕棋村→奕棋村

な

南陽盆地　　12, 44, 53, 80

は

白草坡　　41, 113, 133, 229, 241, 243-244, 248, 255
豳　　1-2, 5, 33, 120, 179
普渡村　　5, 36, 93, 127
平頂山　　52, 85, 99, 105, 230, 241, 243-245, 255
豊　　5, 35-36, 48, 120, 161-162, 167-169, 176-177, 253
灃河（灃水）　　121, 127, 161-162, 167, 229
豊京　　5, 35, 120, 162, 167, 179, 252
茅京　　162-164, 167, 169, 174-177, 179, 182-183, 253
宝鶏　　229, 241, 243, 255
豊鎬　　18, 32, 35-36, 48, 119-120, 127-128, 130-132, 134-135, 137, 145, 153, 157-159, 161-162, 177-178, 180, 182, 191, 197, 200, 221, 228-229, 232, 240-241, 243, 245, 251-254
灃水→灃河
鳳雛村　　5, 18, 145, 157, 162, 177-178, 183
豊邑　　35-36
北趙墓地→北趙晋侯墓地
北趙晋侯墓地（北趙墓地）　　59-61, 109, 185, 187-188, 190-191, 195, 197-200, 230, 245-246, 254
北趙村　　7, 59, 200, 239
北窯（村）　　5, 46-48, 229
母子墩（丹徒母子墩）　　76, 78, 79

や

葉家山　　81-83, 103
楊家村　　135, 153
羊子山　　68, 82, 103, 115

ら

雒邑（洛邑）　　48-49, 119, 161-162, 182
洛陽　　1, 5, 13, 39, 44, 48-49, 99-100, 105, 134, 161-162, 166, 182, 186, 228-229, 232, 241, 243
洛陽中州路　　5
劉台子　　55, 99
梁帯村　　38, 113
臨汾盆地　　39, 57, 100, 105, 112, 251
琉璃河　　6, 65-68, 99, 105, 109, 117, 230, 241, 243-245, 248, 255
魯（国）　　6, 54
老堡子　　145, 159, 182
六盤山脈　　41, 43, 100
魯国故城　　6, 54, 114
魯台山　　84

著者略歴

角道　亮介（かくどう　りょうすけ）
1982 年　大阪府に生まれる
2005 年　東京大学文学部歴史文化学科を卒業
2012 年　東京大学大学院人文社会系研究科博士課程単位取得満期退学
2013 年　博士（文学）取得
現　在　日本学術振興会特別研究員（PD）

主要論文

「西周時代晋国墓地の研究―晋国青銅器を中心として―」『中国考古学』7 日本中国考古学会　2007 年
「西周青銅器銘文の広がり」『中国考古学』12 日本中国考古学会　2012 年
「青銅器窖蔵からみた周原遺跡の性格」『中国渭河流域の西周遺跡 II』同成社　2013 年

西周王朝とその青銅器

2014 年 3 月 25 日　初版発行

著　者　角道　亮介
発行者　八木　環一
発行所　株式会社　六一書房
　　　　〒101-0051　東京都千代田区神田神保町 2-2-22
　　　　TEL　03-5213-6161　　FAX　03-5213-6160
　　　　http://www.book61.co.jp　Email　info@book61.co.jp
　　　　振替　00160-7-35346
印　刷　株式会社　三陽社
装　丁　篠塚　明夫

ISBN 978-4-86445-037-9 C3022　　Ⓒ Ryosuke Kakudo 2014　　Printed in Japan